Möbius
Feb. '05

IMF
International Management and Finance

Herausgegeben von o. Professor Dr. Klaus Spremann

Bisher erschienene Werke:

Behr · Fickert · Gantenbein · Spremann, Accounting,
Controlling und Finanzen
Bernet, Institutionelle Grundlagen der Finanzintermediation
Scott, Wall Street Wörterbuch,
Börsenlexikon von A bis Z für den Investor von heute,
Englisch-Deutsch, Deutsch-Englisch, 2. Auflage
Spremann, Vermögensverwaltung
Spremann, Portfoliomanagement, 2. Auflage
Spremann, Modern Finance, 2. Auflage
Spremann, Valuation
Spremann, Wirtschaft, Investition und Finanzierung, 5. Auflage
Spremann · Gantenbein, Zinsen, Anleihen, Kredite, 2. Auflage
Spremann · Pfeil · Weckbach, Lexikon Value-Management
Yamashiro, Japanische Managementlehre – Keieigaku,
Japanisch-Deutsch mit Transkription,
1., deutschsprachige Auflage

Modern Finance

Rendite, Risiko, Wert

Von

Dr. Klaus Spremann

o. Professor für Betriebswirtschaftslehre
an der Universität St. Gallen und
Direktor am Schweizerischen Institut für
Banken und Finanzen

2. Auflage

R. Oldenbourg Verlag München Wien

Die erste Auflage ist unter dem Titel
„Finanzanalyse und Unternehmensbewertung"
erschienen.

Bibliografische Information Der Deutschen Bibliothek

Die Deutsche Bibliothek verzeichnet diese Publikation in der Deutschen
Nationalbibliografie; detaillierte bibliografische Daten sind im Internet
über <http://dnb.ddb.de> abrufbar.

© 2005 Oldenbourg Wissenschaftsverlag GmbH
Rosenheimer Straße 145, D-81671 München
Telefon: (089) 45051-0
www.oldenbourg-verlag.de

Das Werk einschließlich aller Abbildungen ist urheberrechtlich geschützt. Jede Verwertung außerhalb der Grenzen des Urheberrechtsgesetzes ist ohne Zustimmung des Verlages unzulässig und strafbar. Das gilt insbesondere für Vervielfältigungen, Übersetzungen, Mikroverfilmungen und die Einspeicherung und Bearbeitung in elektronischen Systemen.

Gedruckt auf säure- und chlorfreiem Papier
Gesamtherstellung: Druckhaus „Thomas Müntzer" GmbH, Bad Langensalza

ISBN 3-486-57609-7

Für wen: Dieses Buch bietet eine Darstellung der wichtigsten Prinzipien des *Finance* — Fragen der Finanzierung, der Investition und der Kapitalmärkte umfassend — an drei konkreten Gegenständen: 1. Markt, Rendite, Risiko, 2. Unternehmensbewertung, 3. Finanzmarktforschung. Es ist inhaltlich und didaktisch auf Lehrveranstaltungen für Studierende im dritten Studienjahr (Bachelor-Stufe) unserer Hochschulen abgestimmt, entspricht also einem 301-Kurs und weist einen mittleren Schwierigkeitsgrad auf.

Der Autor: Prof. Dr. KLAUS SPREMANN lehrt im Bereich *Finance* an der Universität St. Gallen — HSG; zudem ist er Direktor am Schweizerischen Institut für Banken und Finanzen. SPREMANN studierte Mathematik an der Technischen Universität *München*, dort Diplom-Mathematiker und Dr.rer.nat. Habilitation an der wirtschaftswissenschaftlichen Fakultät der Universität *Karlsruhe*. Sodann Professor im Studiengang Wirtschaftsmathematik an der Universität *Ulm*. Gastprofessuren führten ihn an die University of British Columbia in *Vancouver* B.C., an die National Taiwan University in *Taipeh* sowie die Universität *Innsbruck*. Zwei Jahre war er der HongkongBank Professor of International Finance an der University of *Hong Kong*.

Schlüsselbegriffe: Arbitrage Pricing Theory (APT), Beta, Binomial-Modell, Black-Scholes-Formel, Capital Asset Pricing Model (CAPM), Discounted Cash Flow (DCF), Dividend Discount Model (DDV), Earnings Yield, Economic Value Added (EVA), Entity-Value, Equity-Value, Ertragswert, Fisher-Separation, Dordon Growth Model (GGM), Kapitalkosten, Lineare Regression, Leverage-Effekt, Miles-Ezzell-Cost-of-Capital (MECC), Multiples, organisches Wachstum, Put-Call-Parität, Replikation, Residual Income Valuation (RIV), Transversalität, Weighted Average Cost of Capital (WACC).

Für Attilia

Inhaltsübersicht

Prolog 1

Teil I: Rendite, Risiko und Wert

1. Fisher-Separation 17
2. Dividend Discount Model 47
3. Marktrendite 71
4. Capital Asset Pricing Model 103

Teil II: Unternehmensbewertung

5. Wachstum und Multiples 127
6. Discounted Cash Flow 155
7. Cost of Capital 183
8. Flexibilität 215

Teil III: Finanzmarktforschung

9. Random Walk 233
10. Faktormodelle und APT 271
11. LR und ARCH 291
12. Finanzanalyse 311

Teil IV: Asset Pricing

13. Risikoneutrale Bewertung 339
14. Binomial-Modell 353
15. Diskontierung durch Replikation 373
16. Optionen 395

Konklusion 423

Gliederung

Prolog 1
   Das Buch 1
   Der Kurs 7
   Und was ich noch sagen wollte 14

Teil I: Rendite, Risiko und Wert

1. Fisher-Separation 17
   1.1 Finanzierung, Investition, Finanzmarkt 17
   1.2 Nutzen oder Wert? 📖 26
   1.3 Ergänzungen und Fragen 38
2. Dividend Discount Model 47
   2.1 Definitionen 47
   2.2 Transversalität 📖 53
   2.3 Ergänzungen und Fragen 64
3. Marktrendite 71
   3.1 Etwas Statistik 72
   3.2 Finanzmarktdaten 📖 80
   3.3 Realwirtschaftliche Schätzung 91
   3.4 Ergänzungen und Fragen 99
4. Capital Asset Pricing Model 103
   4.1 Das systematische Risiko 📖 103
   4.2 Empirie und Anwendungen 115
   4.3 Ergänzungen und Fragen 121

Teil II: Unternehmensbewertung

5. Wachstum und Multiples 127
   5.1 Das Dividenden-Wachstums-Modell 127
   5.2 Sind Ausschüttungen überhaupt wichtig? 📖 138
   5.3 Multiplikatorenansätze 147
   5.4 Ergänzungen und Fragen 150
6. Discounted Cash Flow 155
   6.1 Der Freie Cashflow 155
   6.2 Varianten für die Budgetierung 📖 163
   6.3 Ergänzungen und Fragen 172

7. Cost of Capital 183
   7.1 Equity-Value und Entity-Value 📖 183
   7.2 Entity-Value der besteuerten Unternehmung 200
   7.3 Hurdle Rate 208
   7.4 Ergänzungen und Fragen 211
8. Flexibilität 215
   8.1 Flexible Planung und Simulation 215
   8.2 Realoptionen 224
   8.3 Ergänzungen und Fragen 232

Teil III: Finanzmarktforschung

9. Random Walk 233
   9.1 Market Efficiency Hypothesis (MEH) 233
   9.2 Random Walk 📖 243
   9.3 Tests 257
   9.4 Ergänzungen und Fragen 266
10. Faktormodelle und APT 271
    10.1 Exposure gegenüber Risikofaktoren 271
    10.2 APT 📖 282
    10.3 Ergänzungen und Fragen 289
11. LR und ARCH 291
    11.1 Repetitorium: Lineare Regression 291
    11.2 ARCH und GARCH 301
    11.3 Ergänzungen und Fragen 308
12. Finanzanalyse 311
    12.1 Theorie und Anwendung 311
    12.2 Fundamental- und Technische Analyse 320
    12.3 Ergänzungen und Fragen 334

Teil IV: Asset Pricing

13. Risikoneutrale Bewertung 339
    13.1 Replikation 📖 339
    13.2 Pseudo-Wahrscheinlichkeiten 📖 346
    13.3 Ergänzungen und Fragen 351
14. Binomial-Modell 353
    14.1 Die Entwicklung des Underlying 📖 353
    14.2 Ein Instrument bewerten 📖 362
    14.3 Ergänzungen und Fragen 370

15. Diskontierung durch Replikation 373
    15.1 Replikation des Freien Cashflows..........................373
    15.2 Reifezeit..386
    15.3 Ergänzungen und Fragen 391
16. Optionen 395
    16.1 Terminkontrakte..395
    16.2 Finanzoptionen...402
    16.3 Ergänzungen und Fragen 415

Konklusion 423
    Die Kernideen der 16 Kapitel 423
    Zusammenstellung wichtiger Formeln 426
    Verzeichnis der Personen und der Stichworte 435

Prolog

Konzeption und inhaltlicher Aufbau des Buches in 16 Kapiteln. Empfehlungen zur Course-Outline in 12 Lektionen. Das Selbststudium. Hier die Inhaltsübersicht zum Prolog:

Das Buch..1
Der Kurs 7
Und was ich noch sagen wollte …...14

Das Buch

Herzlich willkommen

Dieses *Modern Finance* betitelte Buch bereitet für Sie das Fach auf, das in Anlehnung an das Angelsächsische mittlerweile auch bei uns als *Finance* bezeichnet wird. Ansonsten wird "Finanzierung" oder "Finanzwirtschaft" gesagt. Der Untertitel "Rendite, Risiko, Wert" nennt drei Begriffe, die im Kern der *Modern Finance* stehen: Die Behandlung von Geldanlagen und Investitionen in der Zeit (Rendite), die Quantifizierung der Unsicherheit (Risiko) und die Bewertung unsicherer zukünftiger Zahlungen. Die Materialien und die Darstellung sind inhaltlich gereift und didaktisch aufbereitet. Das Programm wurde mehrfach getestet. Doch Lesen, Mitdenken und Lernen müssen Sie natürlich selbst.

Vom Anspruchsniveau her wendet sich das Buch an Studierende der Wirtschaftswissenschaften im *dritten* Studienjahr, beispielsweise das letzte Jahr der dreijährigen *Bachelor-Stufe* (301-Kurs). Daneben wendet es sich an Personen in der Weiterbildung (*Executive Master in Business Administration* EMBA). An meiner Hochschule, der Universität St. Gallen — HSG, ist es als Lehrbuch im Kurs *Finanzierung* eingesetzt, der zum Pflichtprogramm aller betriebswirtschaftlichen Studierenden im fünften Semester gehört, und es wird zudem im EMBA der Universität verwendet. Das Buch ist also weder ganz einführender Natur noch wendet es sich in Tiefe und Details an Fortgeschrittene auf der Master-Stufe oder im Bereich der Doktoranden-Seminare. Natürlich freut es mich als Autor, wenn außerhalb eines Kurses an *Finance* Interessierte die Materialien als nützlich empfinden.

Im Kern der *Finance* stehen Themen wie der Kapitalmarkt, der Zusammenhang zwischen Renditeerwartung und Risiko, die Bewertung von Unternehmen und von Derivaten (wie Optionen). Zu diesen Themen stellt das Buch das im Fach anerkannte theoretische Denkgerüst dar. Zur Finanzierung gehören weiter praktische Fragen, wie die Finanzanalyse und das Corporate Finance, das Investment sowie Mergers & Acquisitions. Auch diese Fragen werden so behandelt, dass eine gut Grundlage gelegt wird und Sie eine Orientierung erhalten. Zu den eher praktischen Fragen gehören Multiplikatorenansätze bei der Unternehmensbewertung, und hierzu erfahren Sie gleichfalls das Wichtigste.

Hochschulen suchen heute die *Akreditierung*. Ein wichtiges Kriterium ist, dass die verwendeten Lehrmittel den Einstieg in die akademische Arbeit und die *wissenschaftliche Denkweise* fördern. In der Tat müssen nicht nur Studierende mit ihrer Thesis, sondern ebenso Personen, die bereits in der Berufspraxis stehen, immer wieder Berichte und Präsentationen verfassen, die trotz aller Praxisbelange wissenschaftliche Vorgehensweise belegen. Auch diese Hilfe dürfen Sie vom Buch erwarten, besonders wenn Sie den Hinweisen folgen, die unter "Selbststudium — Reader" am Ende dieses Prologs gegeben sind.[1]

Gegenstände und Methoden

Die Gebiete der Finanzierung, der Investition und der Finanzmärkte sind nach gut 50 Jahren intensiver Forschung zu einem etablierten und umfassenden Bereich der Wirtschaftswissenschaften verschmolzen. Zur Finance gehören verschiedene Gegenstände, die mit Stichworten umris-

---

[1] Zwei Dinge dürfen Sie *nicht* erwarten: Erstens haben Sie kein Buch über finanzielle Führung für Anfänger vor sich. Weder wird das Leasing noch das Factoring behandelt. Das Buch behandelt ebenso nicht das Finanzcontrolling. Es ist fernerhin kein Handbuch: Sie haben keinen Aktienführer vor sich oder eine Sammlung der Fakten über einen Börsenplatz. Aktuelle Materialien zu solchen Fragen finden Sie am besten in den periodischen Beilagen der Wirtschaftspresse (Handelsblatt, Finanz und Wirtschaft). Zweitens wird heute auf der Master-Stufe einer Universität an mathematischer Tiefe und ökonometrischer Methodik mehr verlangt, als hier gegeben wird. In diesem Buch ist die Zeit stets diskret. Auch wenn der Schritt zur stetigen Zeit (*continuous time*) hier nicht vollzogen wird, sind doch wichtige Grundlagen gelegt. Ferner finden Sie in diesem Buch Elemente empirischer Finanzmarktforschung, denen besonders auf der Master-Stufe und im Berufsleben wichtige Rollen zukommen.

sen sind wie Geld, Banken, Versicherungen, Kapitalmärkte, Unternehmensfinanzierung, Unternehmensbewertung, Finanzanalyse, Investment Banking, Mergers and Acquisitions (M&A).

Diese Fülle von Gegenständen kann niemand bewältigen, der an Finance Interesse hat. Deshalb gibt es im Beruf und zuvor im Studium Spezialisierungen, die Gruppen der eben genannten Gegenstände betonen. Solche Spezialisierungen und Studienschwerpunkte sind umschrieben mit *Banking and Finance, Accounting and Corporate Finance, Economics and Finance*.

Oft haben Studierende, die sich für diese Themen insgesamt interessieren, Mühe mit der Wahl einer dieser Spezialisierungen. Indessen geht für Niemanden mit dem dann schließlich gewählten Schwerpunkt etwas verloren, was die generelle Denkweise und Methodik von Finance betrifft. Hinter all den Studienschwerpunkten stehen dieselben Grundprinzipien. Zu den Prinzipien des Modern Finance gehören

1. das Abwägen von Risiko und Renditeerwartung,
2. die Bewertung von Investitionen anhand des Barwerts ihrer Rückflüsse,
3. die marktorientierte Perspektive und die Annahme, dass gut funktionierende Märkte keine Möglichkeit der Arbitrage bieten und dass sie effizient sind,
4. die Portfoliosicht und die Diversifikation von Risiken,
5. das Absichern (Hedgen) von Risiken mit Terminkontrakten, Futures und Optionen.

In allen Teilgebieten des Finance finden sich zudem nicht nur diese Grundprinzipien, sondern im übrigen die gleiche Arbeitsmethodik. Sie ist geprägt durch

1. das Denken in Modellen, die Quantifizierung und die Verwendung von Mathematik,
2. die empirische Forschung, das Arbeiten mit historischen Zeitreihen von Renditen, den Einsatz von Ökonometrie und Statistik.

Inhalt und Gliederung

Weil sich in allen Gegenständen des Finance immer wieder die genannten Grundprinzipien und die skizzierte Arbeitsmethodik finden, ist es *nicht* erforderlich, *alle* Gegenstände und Studienschwerpunkte in ihrer Vielfalt und Breite zu behandeln. Denn bereits einer der genannten Gegenstände reicht aus, um sich alle Prinzipien und Methoden des Finance anzueignen. Sie bilden dann den Schlüssel, wenn der Beruf ein Einarbeiten in einen anderen Gegenstand verlangt: Wer an *einem* Gegenstand Prinzipien und Arbeitsmethodik erlernt hat, kann sich bei Bedarf schnell in einen anderen Gegenstand des Finance einarbeiten, weil wie gesagt dort dieselben Prinzipien und Methoden zur Anwendung gelangen. Wir wählen vier Schwerpunkte, durch die das Buch in vier Teile gegliedert wird, und jeder Teil umfaßt vier Kapitel.

I. Teil: *Markt, Rendite und Risiko*,

II. Teil: *Unternehmensbewertung* (einschließlich Kapitalkosten),

III. Teil: *Finanzmarktforschung* (Random Walk, Faktormodelle),

IV. Teil: *Asset Pricing* (Bewertungstheorie und Optionsbewertung).

In diesen vier Teilen und Schwerpunkten des Buches tauchen alle zuvor genannten Grundprinzipien des Finance auf.[2]

Prinzipien und Methoden	Gegenstände des Finance
Risiko und Rendite	...
Barwert	...
Arbitragefreiheit des Marktes	...
	Markt, Rendite und Risiko
Diversifikation	Unternehmensbewertung (und Kapitalkosten)
	Finanzmarktforschung
	Asset Pricing (Bewertungstheorie und Optionsbewertung)
Derivate	...
Quantitative Modelle	...
Statistik	...

An den vier ausgewählten Gegenständen lassen sich alle grundlegenden Denkweisen und Methoden der modernen *Finance* kennenlernen.

---

[2] Beispielsweise werden wir erkennen, dass Unternehmen anhand des Barwerts ihrer Rückflüsse bewertet werden, wobei schon beim Begriff "Wert" die marktorientierte Sicht zum Tragen kommt. Die Bestimmung der Barwerte der Rückflüsse, die Diskontierung, verlangt das Abwägen von Risiko und Renditeerwartung, und so fort.

Kapitel	Titel	Gegenstand
	Prolog	• Inhalt und Konzeption • Course-Outline
Teil I: Markt, Rendite und Risiko		
1	Fisher-Separation	• Kapital, Markt, Liquidität • Zeitpräferenz und Fisher-Separation • Hyperbolische Diskontierung
2	Dividend Discount Model	• Wert, Preis, Buchwert, • Transversalität • Fundamentalorientierung versus Spekulation
3	Marktrendite	• Finanzielle Renditeschätzung • Risikoprämien-Puzzle • Realwirtschaftliche Renditeschätzung
4	CAPM	• Systematisches Risiko und Beta • Empirie und Anwendungen • Marktportfolio
Teil II: Unternehmensbewertung		
5	Wachstum	• Dividenden-Wachstums-Modell • Irrelevanz der Dividendenpolitik • Ertragswert und organisches Wachstum • Multiplikatorenansätze
6	Discounted Cash Flow	• Freier Cashflow • Varianten der Budgetierung • Residual Income Valuation Model
7	Cost of Capital	• Equity-Value und Entity-Value • Leverage, Steuern, Hurdle Rate
8	Flexibilität	• Szenarien und Simulation • Realoptionen
Teil III: Finanzmarktforschung		
9	Random Walk	• Market Efficiency Hypothesis (MEH) • Random Walk, Lognormalverteilung, Tests
10	Faktor-Modelle und APT	• Einfaktor- und Mehrfaktor-Modelle • Arbitrage Pricing Theory (APT)
11	Lineare Regression und ARCH	• Lineare Regression • ARCH
12	Finanzanalyse	• Arbeit der Analysten • Technische und fundamentale Analyse
Teil IV: Asset Pricing		
13	Risikoneutrale Bewertung	• Replikation • Risikoneutrale Bewertung
14	Binomial-Modell	• Binomial-Modell • Kalibrierung
15	Diskontierung und Replikation	• Reifezeit • Replikation
16	Finanzoptionen	• Black-Scholes-Formel • Put-Call-Parität

Didaktik

Das Buch hat also 16 Kapitel. In jedem Kapitel steht ein Kerngedanke der *Modern Finance* im Mittelpunkt. Diese *Kerngedanken* sind in der Konklusion wiederholt.

Jedes Kapitel (1, 2,...16) ist in Abschnitte (1.1,...) und die Abschnitte sind weiter in Sektionen (1.1.1,...) gegliedert.

Beispiele im Text sind numeriert und enden mit einem ■. Zur Wiederholung und zum Lernen endet jedes Kapitel mit Fragen (mit Lösungen).

Definitionen und wichtige Resultate sind durch einen Balken hervorgehoben.

> Ergänzungen sind in einem Kasten gerahmt

Auch die wichtigsten Formeln sind gerahmt und in der Konklusion nochmals zusammengestellt.

Es wird schon beim Blättern auffallen: Das Buch enthält einige Portraits. Die *didaktische* Erfahrung lehrt, dass wir uns wissenschaftliche Ergebnisse und Ansätze besser merken können, wenn eine Assoziation zu jener Person bildlich konkret wird, der wir den betreffenden Denkansatz verdanken. Überdies soll durch die Portraits deutlich werden, dass jedes Lehrgebäude von Menschen geschaffen wurde. Deshalb ist es teils unfertig, und die kritische Weiterentwicklung verlangt wieder Menschen, ihre intellektuellen Fragen und ihre Kreativität.[3]

> Viele Personen wünschen sich von einem Fachbuch, dass der Zugang zur Literatur geöffnet wird. Zitate und Quellen finden sich in Fußnoten. Daneben gibt es mit dem "Reader" (gleich weiter unten) Lesehinweise. Doch wer ein weiteres Buch anschaffen möchte, dem sollen drei Titel empfohlen werden:
>
> 1. Ein für die praktische Arbeit recht nützliches Kompendium (200 Seiten) ist: MARK KRITZMAN: *The Portable Financial Analyst — What Practitioners Need to Know*. Probius, Chicago, Illinois 1995.

---

[3] Alle Personen sind in einem Alter abgebildet, in dem sie schon zu Amt und Würde gelangt waren. Eigentlich sollten sie als Kinder und Jugendliche gezeigt werden. Der polnische Schriftsteller JANUSZ KORCZAK (1878-1942) drückte es so aus: "Ich halte es überhaupt für besser, Bilder von Königen, Reisenden und Schriftstellern zu bringen, auf denen man sie sieht, als sie noch nicht erwachsen und alt waren, denn sonst könnte man ja auf den Gedanken kommen, sie wären schon immer so klug und niemals klein

> 2. Ein amerikanisches Textbook, allerdings sind es über 900 Seiten: STEPHEN A. ROSS, RANDOLPH W. WESTERFIELD und JEFFREY F. JAFFEE: *Corporate Finance*. Irwin, Homewood, II. Aktuell ist die 7. Auflage 2004.
>
> 3. Das jüngste Buch (990 Seiten) meines Zürcher Kollegen Rudolf Volkart: *Corporate Finance — Grundlagen von Finanzierung und Investition*. Versus, Zürich 2003

Nun freue ich mich, wenn Sie das Buch für das Fach begeistert und für die Fragen der *Modern Finance* fasziniert. Wenn Sie die Lektüre dann sogar als nützlichen Wegweiser für ein Masterstudium oder Doktorat erleben, hat es sein Ziel erreicht. Ihnen, dem jungen Leser oder der jungen Leserin möchte der Autor die Steigbügel halten, auf dass sie im *Finance* weit kommen mögen ...

Der Kurs

Zwölf Lektionen im Plenum

Es folgen Vorschläge für Dozierende und den Aufbau des Kurses zum Buch. Die 16 Kapitel ergeben sich aus dem Gebot, dass jeweils nur ein Kerngedanke im Mittelpunkt steht. Von daher sind einige Kapitel recht kurz. Zudem verlangen manche der Kerngedanken keine Präsentation und Diskussion im Plenum und werden am besten im Selbststudium erarbeitet. Was die verbleibenden Teile des Buches betrifft, so werden Dozierende kein Kapitel von Anfang bis Ende vortragen. Sie werden einen Abschnitt wählen, bei dem die Präsentation im Plenum verlangt oder fruchtbar ist, und sie werden ihre Lektion um diese Kerngedanken bauen. Die Abschnitte, die ich für eine Präsentation durch Dozierende im Plenum vorschlage, zeigen als Symbol 📖. Im Buch ist dieses Symbol für zwölf Kerngedanken vergeben. Das gibt 12 Lektionen und der volle Kurs verlangt ein Semester von 12 Wochen Dauer.

Hier sind die 12 Lektionen gelistet — Erste Semesterhälfte:

1. Lektion = Abschnitt 1.2 über *Nutzen oder Wert*: Wenn es einen Finanzmarkt gibt, dann hängt die Vorteilhaftigkeit einer Investition

---

gewesen. Die Kinder denken dann, sie selbst könnten niemals Minister, Reisender oder Schriftsteller werden, und dabei stimmt das gar nicht."

nicht von der Nutzenvorstellung des Investors ab sondern vom Kapitalwert (Fisher-Separation).

2. Lektion = Abschnitt 2.2 über die *Transversalität und das Dividend Discount Model*. Sofern die Transversalität erfüllt ist, erweist sich der Wert einer Kapitalanlage als Barwert aller Zahlungen an die Berechtigten.

3. Lektion = Abschnitt 4.1 über das *systematische Risiko*: Nur für das Tragen des nicht mehr diversifizierbaren Risikos kann im Finanzmarkt eine Prämie erwartet werden und sie ist nach dem CAPM proportional zu Beta.

4. Lektion = Abschnitt 5.2 über die Frage, ob *Ausschüttungen überhaupt wichtig* sind. Die Irrelevanz der Dividendenpolitik zeigt, dass der Wert der Unternehmung für verschiedenste, durchaus fiktive Ausschüttungen bestimmt werden kann (auch beispielsweise für die Reihe der Gewinne), doch muss jeweils diejenige Wachstumsrate unterstellt werden, die den diskontierten Ausschüttungen entspricht. Werden (fiktiv) die Gewinne ausgeschüttet, wächst die Unternehmung mit der Rate des organischen Wachstums.

5. Lektion = Abschnitt 6.2 über *Varianten der Budgetierung beim DCF*: Ganz ähnlich können beim Discounted Cashflow wenige oder sehr viele Investitionen budgetiert werden. Die DCF-Methode beruht auf der *Fiktion*, dass die Freien Cashflows vollständig ausgeschüttet werden. Wenn jedoch (bei geringen budgetierten Investitionen) die Freien Cashflows vollständig ausgeschüttet *würden*, dann *wäre* die Wachstumsrate ausgesprochen *gering* — und jedenfalls geringer, als die Rate, mit der die zu bewertende Unternehmung vielleicht tatsächlich wächst (wo sie doch tatsächlich die Freien Cashflow zu einem guten Teil einbehält).

6. Lektion = Abschnitt 7.1 über *Kapitalkosten beim Equity-Value und beim Entity-Value*: Wie sich die Renditeerwartung durch Leverage verändert und welche Auswirkungen dies auf die Kapitalkosten der teils fremdfinanzierten Unternehmung hat.

Zweite Semesterhälfte:

1. Lektion = Abschnitt 9.2 über den *Random Walk*: Die Wertentwicklung eines Portfolios, dargestellt in logarithmischer Skala, wird aufgrund der MEH als Random Walk verstanden. Die stetigen Renditen sind normalverteilt. Folglich sind die in Euro, Franken oder Dollar ausgedrückten Werte lognormalverteilt.

2. Lektion = Sektion 9.2.4 + Abschnitt 3.2 über die *finanzwirtschaftliche Schätzmethode*. Formel (9-13) darf nicht übersehen werden und hilft, mit den Lageparametern des Random Walk vertraut zu werden.

3. Lektion = Abschnitt 10.2 über *Faktormodelle und Arbitrage Pricing Theorie*. Hier werden ein Mehrfaktor-Modell mit der Annahme der Arbitragefreiheit (und einem Trennungssatz der Funktionalanalysis) kombiniert. Es entsteht die Aussage, dass es Preise gibt, die das Exposure in die Risikofaktoren bewerten. Die Überrendite einer jeden Einzelanlage ist damit gleich der Summe der mit diesen Preisen multiplizierten Exposures oder Faktorsensitivitäten.

4. Lektion = Kapitel 13 über die *risikoneutrale Bewertung*. Die Replikation ebenso wie die Bestimmung der Pseudo-Wahrscheinlichkeiten mit dem primalen und dem dualen Rechenweg soll im Plenum besprochen werden.

5. Lektion = Kapitel 14 über das *Binomial-Modell*. Hier werden die Diskretisierung des Underlying und die Bewertung eines beliebigen Instruments, dessen Zahlungen auf das Underlying bezogen werden, durch Rückwärtsrechnung im Baum behandelt.

6. Lektion = 16.2 über *Finanzoptionen*. Hier liegt die Betonung auf der Konvexität und Konkavität der Payoffs von Optionen.

Für die "Vorlesung" sind 2 Stunden (90 Minuten) wöchentlich über 12 Wochen vorgesehen. Da nicht alle der für eine Präsentation im Plenum vorgeschlagenen Kerngedanken volle 90 Minuten verlangen, gibt es bei einer Doppelstunde zeitlichen Raum, um zusätzlich eine Übungsaufgabe zu besprechen. In der Nachbereitung werden die Studierenden den vorgetragenen Teil sowie die nicht im Plenum behandelten Abschnitte des Buchkapitels selbst lesen.

Weitere 2 Stunden wöchentlich können im Plenum oder in Gruppen mit Tutoren für "Übungen" zur Festigung vorgesehen werden. Eine dieser beiden Wochenstunden wird als klassische Übung abgehalten: Jedes Kapitel endet mit Fragen, deren Lösungen im Buch angegeben sind. Diese Fragen werden in der ersten Übungsstunde behandelt. Die zweite Stunde wird einer Präsentation jener wissenschaftlichen zwölf Texte gewidmet, die gleich anschließend unter der Rubrik "Selbststudium — Reader" angegeben sind. Die meisten Aufsätze sind im Internet verfügbar, doch vielleicht kann für die Lehrveranstaltung ein Reader zusammengestellt werden. Zu Beginn der Lehrveranstaltung werden die 12 Texte Studierenden oder Gruppen von Studierenden zugewiesen, die eine Präsentation ausarbeiten, und diese in der zweiten Übungsstunde vortragen.

Lektion	Titel
Erste Semesterhälfte	
1	Nutzen und Wert — Fisher-Separation
2	Transversalität und das Dividend Discount Model
3	Das systematische Risiko und das CAPM
4	Sind Ausschüttungen wichtig?
5	Varianten der Budgetierung beim DCF
6	Kapitalkosten beim Equity-Value und beim Entity-Value
Zweite Semesterhälfte	
1	Random Walk
2	Finanzwirtschaftliche Schätzmethode
3	Faktormodelle und Arbitrage Pricing Theorie
4	Risikoneutrale Bewertung
5	Binomial-Modell
6	Finanzoptionen

In dieser Grundvarianten verlangt der 12 Wochen dauernde Kurs von den Studierenden vier Stunden Präsenz wöchentlich (2 Vorlesung, 1 Übung, 1 Präsentation der wissenschaftlichen Texte). Darüber hinaus ist weiterer zeitlicher Einsatz verlangt: Erstens müssen die Studierenden den Stoff nachbereiten, insbesondere diejenigen Teile des Buches lesen, die nicht vom Dozierenden im Plenum behandelt werden. Zweitens müssen sie die unter Selbststudium — Reader angeführten Texte lesen und gegebenenfalls eine Präsentation ausarbeiten.

Selbststudium — Reader

Zu Beginn des Kurses werden einzelnen Personen oder Gruppen von Studierenden die nachstehenden Texte zugewiesen mit der Auflage, eine Präsentation von 30 Minuten Dauer (10 Folien) vorzubereiten. Für die Präsentationen ist eine der 12 Übungs-Doppelstunden vorgesehen. Hier die Liste der Texte.

Erste Semesterhälfte:

1. Zur Lektion *Nutzen und Wert* — Fisher-Separation. WILLIAMSON, der Autor der ersten Leseempfehlung, ist Professor für Wirtschaftswissenschaften und Professor für Recht an der University of California, Berkeley. Er beginnt seinen Aufsatz mit der früheren Sicht, die Unternehmung als eine Produktionseinheit zu sehen, in der diverse Optimierungen vorzunehmen sind. Von dort führt er zur neuen Perspektive und zeichnet die Unternehmung aus einer Vertragsperspektive: OLIVER E. WILLIAMSON: The Theory of the Firm as Governance Structure: From Choice to Contract. *Journal of Economic Perspectives* 16 (Summer 2002) 3, pp. 171-195. Es gibt dann Kontrollfragen. Sie lauten: Wie wird *Transaction Cost Economics* verstanden? Wie definiert der Autor die *Property Rights Theory*?

2. Zur Lektion *Transversalität und das Dividend Discount Model*. Kein Finanzmarkt ohne Intermediäre. Eine Übersicht zu diesem wichtigen Thema bieten: SUDIPTO BHATTACHARYA und ANJAN V. THAKOR: Contemporary Banking Theory. *Journal of Financial Intermediation* 3 (1993), pp. 2-50. Der Artikel ist sehr reichhaltig und die Referenten sind gut beraten, einen Schwerpunkt zu setzen. Hier kann diese Kontrollfrage helfen: Welches sind nach den Autoren die Hauptfragen der Intermediation?

3. Zur Lektion *Das systematische Risiko und das CAPM*. Zwar ein ganzes Buch, doch es ist leichtverständlich geschrieben und liest sich wie ein Kriminalroman: PETER L. BERNSTEIN: *Capital Ideas — The Improbable Origins of Modern Wall Street*. Free Press, Macmillan, New York 1992. Als Einschränkung bieten sich Kapitel 4 (*The Most Important Single Influence*) und 5 (*Illusions, Molecules, and Trends*) in denen BERNSTEIN die Entwicklung zum CAPM, die Entdeckung des Random Walk und seine Erklärung durch die Informationseffizienz erklärt. Insgesamt sind das die Seiten 75 bis 111 in dem faszinierenden Buch. Kontrollfragen (zu diesen beiden Kapiteln): Welche Angaben finden sich über die früher benötigten Rechenzeiten? Welche Forscher haben schon vor KENDALL Entdeckungen in dieser Richtung gemacht?

4. Lektion: *Sind Ausschüttungen wichtig?* In diesem Zusammenhang wird das Wachstum besprochen. Forschung und Entwicklung sind für Wachstum unerläßlich. Eine Möglichkeit zur Organisation von Forschung und Entwicklung ist das Corporate Venturing: PAUL GOMPERS and JOSH LERNER: The Venture Capital Revolution. *Journal of Economic Perspectives* 15 (Spring 2001) 2, pp. 145-168. Die Autoren des Aufsatzes wirken an der Harvard University in Boston beziehungsweise am National Bureau of Economic Research in Cambridge, Massachusetts. Kontrollfragen: Was wissen wir über *Venture Capital Activity*? Was wissen wir (noch) nicht über Venture Capital?

5. Lektion: *Varianten der Budgetierung beim DCF*. Im Reader zu dieser Lektion wird der Merger Aktivität nachgegangen: BENGT HOLMSTROM und STEVEN N. KAPLAN: Corporate Governance and Merger Activity in the United States: Making Sense of the 1980s and 1990s. *Journal of Economic Perspectives* 15 (Spring 2001) 2, pp. 121-144. HOLMSTROM lehrt am MIT in Cambridge, KAPLAN

an der University of Chicago. Kontrollfrage: Wie hat sich das *Managerial Climate* verändert?

6. Lektion: *Kapitalkosten beim Equity-Value und beim Entity-Value*. Zu den Cost of Capital die alte Frage: Sind Finanzierungsentscheidungen irrelevant (MODIGLIANI und MILLER) oder sind sie für den Unternehmenswert doch relevant? MYERS, der Autor dieses Textes ist Professor am Massachusetts Institute of Technology in Cambridge, Massachusetts. Er greift Weiterentwicklungen der MM-Thesen auf: STEWART C. MYERS: Capital Structure. *Journal of Economic Perspectives* 15 (Spring 2001) 2, pp. 81-102. Kontrollfragen: Welche *Facts about Financing* hat MYERS zusammengetragen? Worin besteht der Zusammenhang zwischen Steuern und *Tradeoff Theory*?

Zweite Semesterhälfte:

1. Lektion: *Random Walk*. Ein Übersichtsartikel von LEROY sichtet die Literatur zur Informationseffizienz. Der Autor lehrt am Departement of Economics der University of California Santa Barbara: STEPHEN F. LEROY: Efficient Capital Markets and Martingales. *Journal of Economic Literatur* XXVII (December 1989), pp. 1583-1621. Kontrollfragen: Wie ist das Martingale definiert? Was wird unter Varianz-Schranken verstanden?

2. Lektion: Finanzwirtschaftliche Schätzmethode. Neben ihr wird im Buch auch die realwirtschaftlichen Schätzmethode behandelt und der Frage nachgegangen, ob langfristig die Realwirtschaft und Finanzwirtschaft "gemeinsam gehen" wie SCHUMPETER meinte: Hierzu dieser Text: KLAUS SPREMANN: Rendite und Wirtschaftswachstum, in: *Versicherung im Umbruch* (K. SPREMANN, Herausgeber), Springer Verlag, Heidelberg 2004. Kontrollfrage: Welcher empirische Befund spricht gegen die These von SCHUMPETER? Weil dieser Text von mir selbst stammt, gebietet die Bescheidenheit, eine Alternative zu nennen: NARAYANA R. KOCHERLAKOTA: The Equity Premium: It's Still a Puzzle. *Journal of Economic Literature* XXXIV (March 1996), pp. 42-71.

3. Lektion: *Faktormodelle und APT*. Diese Lektion wird im Buchkapitel 10 behandelt, das mit Kapitel 11 inhaltlich zusammenhängt. Der Reader setzt den Schwerpunkt auf dieses Kapitel 11. Es sind zwei Texte, die für die Finanzmarktforschung wichtige Punkte beleuchten. Der erste behandelt Strukturbrüche, der zweite Heteroskedastizität. 1. BRUCE E. HANSEN: The New Econometrics of Structural Change: Dating Breaks in U.S. Labor Productivity. 2. ROBERT ENGLE: Garch 101: The Use of ARCH / GARCH Models in Applied Econometrics. Beide Papers sind erschienen im *Journal of Economic Perspectives* 15 (Fall 2001). Der Text von Hansen ist auf den Seiten 117-128, der von Engle auf den Seiten 157-168 abgedruckt.

4. Hier greifen wir nicht den Fokus der Lektion, also Kapitel 13 auf. Wir gehen auf die *Finanzanalyse* (Kapitel 12) zurück. Die Finanzanalyse hält stets einen

Blick auf die Psychologie des Privatanlegers. Ein populäres Thema sind Anomalien wie Kalendereffekte. Jeder kennt Ratschläge wie "Sell in May and go away." Doch was hat es damit auf sich? Hierzu ein Buch, The Winner's Curse — Paradoxes and Anomalies of Economic Life, von RICHARD H. THALER (Free Press. Macmillan, New York 1992. Konzentrieren Sie sich auf die drei (recht kurzen) Kapitel Calendar Effects, Mean Reversion und Closed-End Mutual Funds.

5. Lektion: *Binomial-Modell.* Im Aufsatz geht der Autor auf die Frage ein, wie Unternehmen Investitionsmöglichkeiten finden und welche Rolle die Irreversibilität spielt: ROBERT S. PINDYCK: Irreversibility, Uncertainty, and Investment. *Journal of Economic Literature* XXIX (September 1991), pp. 1110-1148. Kontrollfrage: Stellen Sie das gegebene Zweiperioden-Beispiel dar.

6. Lektion: *Finanzoptionen.* Um die Bewertungstheorie mit einer Leseempfehlung abzurunden, soll ein Kapitel aus einem mittlerweile klassischen Buch zu Optionen behandelt werden. Es geht um die *Greek Letters.* Es ist das Kapitel über Hedging Positions in JOHN C. HULL: *Options, Futures and Other Derivative Securities.* Prentice Hall, Englewood Cliffs, New Jersey, 5. Auflage 2002. Kontrollfrage: Was besagt Theta und wie verläuft Theta in Abhängigkeit vom Underlying?

Varianten zur Verkürzung des Programms

Selbstverständlich kann von diesem Aufbau der Lehrveranstaltung abgewichen werden.

Eine erste Modifikation besteht darin, zwar alle 12 Lektionen zu behandeln doch die unter "Selbststudium — Reader" angeführten Texte nicht als Präsentation zu behandeln sondern allenfalls als Lesehinweise für Interessierte zu nennen. Diese erste Möglichkeit der Einschränkung des Gesamtprogramms bietet sich an, wenn für die Lehrveranstaltung einschließlich der Übungen nur 2 oder 3 Stunden wöchentlich zur Verfügung stehen, jedoch immer noch über 12 Wochen hinweg.

Zweite Modifikation: Als weitere Einschränkungen werden im Plenum nur die Teile I, II und III (die ersten neun Lektionen und die Buchkapitel 1 bis 12) behandelt. Der Teil IV, das Asset Pricing, wird weggelassen.

Dritte Modifikation: Nur die Teile I und II (die ersten sechs Lektionen und die Buchkapitel 1 bis 8) werden behandelt, sowie, je nach Interesse der Teilnehmenden, *eines* der Kapitel 9, 10, 11 oder 12. Diese Modifikation entspricht einem dreitägigen Programm für den *Executive Master in Business Administration.* Hier wird die Finanzmarktforschung (Teil III) nur in einem ausgewählten Punkt angesprochen während Teil IV (Asset Pricing) ganz ausgelassen wird.

Vierte Modifikation: Nur die beiden für die erste Semesterhälfte vorgesehenen Lektionen 4 und 5 werden vorgetragen. Der Hauptpunkt ist, die Unternehmung anhand einer fiktiven Reihe von Ausschüttungen zu bewerten. Hier werden das Dividend Discount Model und das Wachstumsmodell von GORDON behandelt, sodann die Ertragsbewertung (Fiktion der Ausschüttung der Gewinne) mit dem organischen Wachstum und schließlich die Varianten der Budgetierung beim DCF-Ansatz. Für diese Inhalte genügt ein Nachmittag.

Und was ich noch sagen wollte ...

Schon wieder ein Buch?

Der Autor muss werbend eintreten, denn es gibt einige Bücher über Finanzierung. Also: Mein Buch bietet drei Vorteile:

1. Das Buch ist *klar* für das dritte Studienjahr einer Hochschule *kalibriert*. Es verzichtet darauf, sich als "Einführung" und "Vertiefung" zugleich für "alle" anzubieten.
2. Es ist *knapp* im Umfang.
3. Es ist inhaltlich *modern*. Drei Beispiele als Beleg: 1. Bei der Schätzung der Kapitalkosten wird nicht nur die Schätzung über historische Finanzmarktdaten betrachtet. Das Buch erläutert neuere Ansätze der *realwirtschaftlichen* Schätzung und ihre Ergebnisse (Kapitel 3). 2. Der empirischen Finanzmarktforschung wird großer Raum eingeräumt (Kapitel 9 bis 12) und hier werden neben Faktormodellen mit der klassischen Regression die neueren ARCH-Modelle betrachtet, für die R. ENGLE 2003 den Nobelpreis in Wirtschaftswissenschaften erhielt (Kapitel 11). 3. *Fehler*, die bei der traditionellen Diskontierung auftreten können, sind *ausgeräumt*. Wir führen die Diskontierung durch Replikation auf einfache und einführende Weise vor (Kapitel 15).

Worin besteht der Unterschied zwischen der *klassischen* und der *modernen* Finance?

In der *klassischen* Finance wird die Unternehmung als ein feststehender Geschäftsplan beschrieben, der zu einer Folge von Cashflows führt. Zwar können die Cashflows zugunsten der Eigentümer noch dadurch umgestaltet werden, dass Fremdkapital eingesetzt wird, aber letztlich hat dies keine Rückwirkung auf die realwirtschaftliche Tätigkeit von Produktion und Absatz. Die klassische Finance ist durch Erkenntnisse geprägt wie die Fisher-Separation, die Irrelevanz der Dividendenpolitik (Thesen von Modigliani und Miller), die Unternehmensbewertung anhand der Freien Cashflows oder anhand der Residual Income (DCF, RIM). Zur klassischen Finance gehören mittlerweile auch Erkenntnisse und Ableitungen der Portfoliotheorie wie zum Beispiel das Capital Asset Pricing Model. Wir behandeln die klassische Finance in den Kapiteln 1 bis 7.

Bereits das Kapitel 8 bereitet den Übergang vor: In der *modernen* Finance kann die Unternehmung ihren Geschäftsplan ändern, wenn die Entwicklung der Wirtschaft dies naheliegt. Sie besitzt Realoptionen. Zur Bewertung solcher Realoptionen wie zur Bewertung allgemeiner Instrumente, deren Zahlungen sich auf ein Underlying beziehen, müssen neue Methoden verwendet werden. Sie bestehen in der Bewertung einer unsicheren, bedingten Zahlung durch Replikation.[4] Diese Bewertungsmethode wird im Teil IV über Asset Pricing entwickelt, besonders in den Kapiteln 13, 14 und 15.

Ein zweites Charakteristikum der *modernen* Finance ist die Betonung der empirischen Forschung. Die Zeit, in der sinnvolle Modelle allein durch bloßes Nachdenken aufgestellt werden konnten, ist vorbei. Um die tatsächlichen Zusammenhänge in den Finanzmärkten zu explorieren, müssen Hypothesen formuliert und anhand empirischer Daten getestet werden. Dabei kommen moderne ökonometrische Methoden zum Einsatz, wie die schon erwähnten ARCH-Modelle. Der Teil III über Finanzmarktforschung (Kapitel 9 bis 12) ist dieser zweiten Grundsäule der *modernen* Finance gewidmet.

Dank

All das ist natürlich nicht ohne Hilfe anderer entstanden, und es bleibt mir an dieser Stelle die angenehme Pflicht, zu danken. Voran denke ich an meine Frau ATTILIA, der ich dieses Buch widme. Sie hat stets gedul-

---

[4] MICHAEL J. BRENNAN und LEONOS TRIGEORGIS: Real Options: Development and New Contributions; in: BRENNAN und TRIGEORGIS (eds.), *Project Flexibility, Agency, and Competition.* Oxford University Press, New York, 2000, pp. 1-10.

dig hingenommen, wenn ich zwar da aber doch abwesend war und mich immer liebevoll unterstützt.

Sodann geht mein Dank jenen Institutionen und Personen, die Portraits oder Materialien zur Verfügung gestellt haben: AP Foto, Associated Press GmbH (Frankfurt am Main), die *Association for Investment Management and Research* (AIMR), die *Boston Public Library*, die Professoren EUGENE F. FAMA (University of Chicago), MYRON GORDON (Toronto), ROBERT MERTON (Harvard), ALFRED RAPPAPORT (La Jolla), WILLIAM SHARPE (Stanford). . MARTIN MATTMÜLLER von der Bernoulli-Edition verdanke ich Details zu Dichtung und Wahrheit. Die Zeichnungen in diesem Buch sind mit dem Programm Powerpoint der Firma Microsoft erstellt worden. Für Fachgespräche zur Thematik, fachliche Hinweise und Anregungen danke ich JANUSZ BRZESZCZYNSKI, YVES GADIENT, ARTHUR LANZ sowie meinen Kollegen PASCAL GANTENBEIN und GUIDO EILENBERGER. Weiter danke ich für Vorschläge und die Hilfe bei der Durchsicht der Materialien WERNER BONADURER, ANNA CIESLAK, NATALIA OUTECHEVA und ANDREAS SCHREINER. Es versteht sich von selbst, dass ich mit diesen Worten nicht die Verantwortung von mir weisen möchte. Hervorheben möchte ich schließlich die stets angenehme Zusammenarbeit mit meinem Freund und Verleger MARTIN M. WEIGERT.

Eigentlich jede Person kann sich die Grundlagen des Gebiets *Finance* aneignen. Indes ist diese Auseinandersetzung wie das Erlernen eines Handwerks ein Weg, der Zeit erfordert und Mühen kostet. Hierbei eine Hilfestellung anzubieten, war das Motiv des Autors. Den Weg müssen Sie, wie bei jedem anderen Lernprozeß, selbst gehen, wenngleich nicht allein. Ihr Begleiter wünscht Freude und Erfolg. K.S.

1. Fisher-Separation

Dieses Kapitel legt Grundlagen. Wir beginnen mit der zweifachen Bedeutung des Begriffs "Finanzierung". Sodann wird geklärt, ob die Vorteilhaftigkeit einer Investition vom persönlichen Nutzen oder der persönlichen Zeitpräferenz des Investors bestimmt wird oder die Konditionen im Finanzmarkt ausschlaggebend sind. Die Fisher-Separation gibt die Antwort: Es kommt allein auf die Konditionen im Kapitalmarkt an, die persönliche Nutzenvorstellung des Anspruchsberechtigten ist irrelevant. In den Ergänzungen gehen wir der Frage nach, wer eigentlich gewollt hat, dass sich die Finanzmärkte so stark entfalten und inzwischen alles dominieren.

1.1 Finanzierung, Investition, Finanzmarkt 17
1.2 Nutzen oder Wert? 📖 27
1.3 Ergänzungen und Fragen 38

1.1 Finanzierung, Investition, Finanzmarkt

1.1.1 Finanzierung als Beschaffung von Finanzmitteln

Der Begriff "Finanzierung" wird in einem zweifachen Sinn verwendet. In einer engen Bedeutung weist er auf den *Vorgang des Finanzierens* hin. Dazu gehören die Ansprache von Geldgebern, der Abschluß von Verträgen, die Entgegennahme der Mittel und im weiteren die Bedienung der Ansprüche der Geldgeber. Da die Abwicklung solcher *Verträge* oder Finanzkontrakte sich über die Zeit hinweg erstreckt, ist eine *mehrperiodige* Betrachtung verlangt. Die *Beziehung* zwischen der Partei, welche die Finanzmittel aufnimmt, und jener Partei oder jenen Parteien, die Mittel zur Verfügung stellen, wird mit dem Begriff des Kapitals angesprochen. Auf der einen Seite steht somit der *Kapitalnehmer*, auf der anderen Seite stehen Kapitalgeber oder Finanziers.

> *Kapital* bietet Nutzungsmöglichkeiten, Produktivität oder Ansprüche auf Zahlungen über *mehrere* Perioden oder Jahre hinweg.

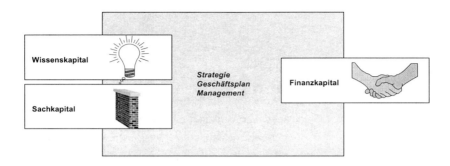

Bild 1-1: Realkapital umfaßt das Sachkapital und das Wissenskapital. Mit Finanzkapital werden Verträge bezeichnet, mit denen zwischen zwei Parteien, einem Kapitalgeber und einem Kapitalnehmer, Zahlungen zu verschiedenen Zeitpunkten vereinbart werden sowie Rechte und Verpflichtungen, die in direktem Zusammenhang mit diesen Zahlungen stehen.

In den seltensten Fällen geht es um ein Geldgeschenk, und selbst dann erwartet der Schenkende, meist unausgesprochen, eine Gegenleistung in den kommenden Monaten und Jahren. Im Regelfall überlassen Finanziers ihre Mittel nur unter der Auflage, dass sie später einmal "ihr Geld zurück" erhalten. Zudem wünschen sie eine Verzinsung oder eine Beteiligung am wirtschaftlichen Erfolg, der mit "ihrem Geld" entstehen wird. Um solche Ansprüche zu dokumentieren, räumt der Kapitalnehmer im Finanzkontrakt einem Finanzier gewisse *Rechte* ein und verpflichtet sich, diese zu beachten und die Ansprüche zu erfüllen. Die Rechte umfassen zunächst eine periodische *Information* der Finanziers. Vielleicht können sie bei Nichteinhalt des Vertrags auf *Sicherheiten* zugreifen, und eventuell können die Finanziers sogar die wirtschaftlichen *Entscheidungen* des Kapitalnehmers beeinflussen.

Bei der Finanzierung erhält die das Kapital nehmende Partei also zunächst einen Geldbetrag und räumt dafür Rechte ein. Deshalb wird der Vorgang der Finanzierung als "Verkauf von Rechten" skizziert.

In vielen Fällen möchte der Kapitalnehmer eine *Investition* vornehmen. Er finanziert dieses Vorhaben, weil er selbst über keine oder nicht ausreichend viele Mittel verfügt. Investieren heißt, zu Beginn eines in mehrere Perioden unterteilten Zeitraums, Auszahlungen so zu tätigen, dass im Verlauf der Zeit Rückflüsse vereinnahmt werden können. Die Investitionen können einerseits den Charakter von Realinvestitionen haben. Dann werden Ressourcen beschafft, die im Verlauf der Zeit mit ihrem wirtschaftlichen Einsatz über den Verkauf von Produkten und Dienstleistungen Zahlungsmittel generieren, die dem Investor dann zur Verfügung stehen werden. Solche Ressourcen bilden das *Realkapital*. Es ist teils greifbar und konkret, wie Maschinen es sind. Dann handelt es sich um *Sachkapital* (Tangibles). Teils ist das Realkapital nicht im konkreten Sinn greifbar. Beispiele sind der Markenname, Know-how, Forschungen und Entwicklungen. Dann handelt es sich um *Wissenskapital* (Intangibles). Statt einer Realinvestition kann es sich ebenso um eine Finanzinvestition handeln. Der Investor kauft Geldmarktpapiere, Anleihen, Aktien oder er tätigt Finanzierungen, die nicht die Form eines Wertpapiers haben. Der Investor wird so selbst zum Finanzier (und ermöglicht wiederum Investitionen oder andere Vorhaben).

> Eine Investition dient dazu, Realkapital zu beschaffen und dann wirtschaftlich einzusetzen, oder sie begründet Finanzkapital und damit Ansprüche (gegenüber einem Kapitalnehmer).

1.1.2 Fremdkapital und Eigenkapital

Im Regelfall wird jemand Finanziere ansprechen, wenn er investiv tätig werden möchte und eine attraktive Real- oder Finanzinvestition vorhat. Die Finanziere werden zur Besicherung ihrer Rechte verlangen, dass sie gewisse Möglichkeiten haben, auf die Investition "durchgreifen" zu können, die mit ihrem Geld vorgenommen werden soll.

All dies verlangt verschiedenste Verhandlungen, Absprachen, Vereinbarungen und wird schnell komplex. Denn die Zukunft ist unsicher, und man wird bei der Aushandlung des Vertrags alle Entwicklungen, die eintreten könnten, bedenken und vielleicht im einzelnen regeln wollen.

Damit nicht jedesmal alles von neuem gefunden werden muss, gibt es im Wirtschaftsleben wenige Grundtypen für die Finanzierung, das heißt, für solche Verträge. Diese Grundtypen sind durch die Tradition, das Recht und die Praxis im Wirtschaftsleben wohl etabliert und allgemein bekannt. Das verkürzt die Vertragsverhandlung. Die beiden wichtigsten Grundtypen sind die Finanzierung mit *Fremdkapital* und die mit *Eigenkapital*. Nur in ganz besonderen Situationen ist es dann erforderlich, besondere Finanzkontrakte eigens zu verhandeln und abzuschließen. Da sie in diesen Fällen Merkmale aufweisen, die "zwischen" denen von Eigenkapital und Fremdkapital stehen, werden sie als *Mezzanine* bezeichnet.

Die wesentlichen Unterschiede zwischen Eigen- und Fremdkapital können so rekapituliert werden:

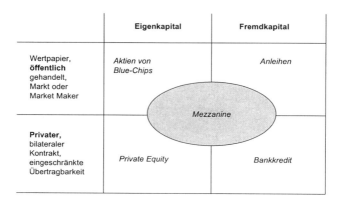

Bild 1-2: Finanzkontrakte werden einerseits nach dem Typus (Eigen- oder Fremdkapital) eingeteilt, andererseits nach der Leichtigkeit der Übertragung der Rechte auf Dritte.

Fremdkapital oder der Kredit hat (fast immer) eine endliche Laufzeit, bei dessen Ende der Kapitalnehmer dem Finanzier, der in diesem Fall als Gläubiger heißt, das Geld zurückgibt. In der Zwischenzeit erhält der Gläubiger einen Zins als Entschädigung dafür, dass er seine Konsumausgaben aufgeschoben hat (wir alle sind ungeduldig) oder dass er das Geld nicht woanders rentabel anlegen konnte. Der Gläubiger wird regelmäßig vom Kapitalnehmer, dem Schuldner, so informiert, dass er über die weitere Vertragserfüllung Sicherheit erhält. Dazu dient beispielsweise eine Bilanz, die alle Verpflichtungen des Schuldners nennt, Vermögenspositionen hingegen nur teilweise und vorsichtig angibt. Über die Ansprüche auf Zinszahlung, auf die spätere Rückzahlung des Kreditbetrags und Information zur Bestätigung der sicheren Erfüllbarkeit hinausgehend hat der Fremdkapitalgeber keine Rechte. Insbesondere nimmt er keinen Einfluß auf die wirtschaftliche Tätigkeit des Schuldners und beansprucht keine Teilhabe am Erfolg.

Eigenkapital wird (fast immer) auf Dauer überlassen, ohne dass ein Rückzahlungszeitpunkt vorweg vereinbart wird. Der Eigenkapitalgeber hat weder Anspruch auf Zinszahlungen in festgeschriebener Höhe noch auf Rückzahlung seines Einsatzes. Jedoch erhält der Eigenkapitalgeber periodisch eine Entschädigung für die Überlassung des Kapitals in Form einer Ausschüttung oder Entnahme, die vom wirtschaftlichen Verlauf der Kapitalverwendung abhängt und deren Zahlung voraussetzt, dass zuvor alle anderen Ansprüche befriedigt sind. Der Eigenkapitalgeber trägt also das wirtschaftliche *Risiko*, das mit der Verwendung des gesamten Kapitals verbunden ist. Dafür darf der Eigenkapitalgeber deutlichen Einfluß auf die *Entscheidungen* nehmen, wie "sein Geld" wirtschaftlich eingesetzt wird.

Die beschriebenen Positionen werden am besten bei einer Unternehmung deutlich. Der Kapitalnehmer ist die Unternehmung, die durch ihre Organe, insbesondere durch ihren "Manager" handelt. Der Manager plant Investitionen — Realinvestitionen oder Finanzinvestitionen — und finanziert diese durch Aufnahme von Eigen- und Fremdkapital. Zu den Fremdkapitalgebern gehören meist die Bank und gelegentlich Lieferanten. Große Unternehmen können im übrigen Fremdkapital in der Form von Wertpapieren (Anleihen, *Corporate Bonds*) aufnehmen, die sie in einem Emissionsvorgang, bei dem eine Investmentbank hilft, der Öffentlichkeit privater und institutioneller Anleger anbieten. Im Anschluß an den Emissionsvorgang werden die Unternehmensanleihen börsentäglich gehandelt, so dass die Gläubiger praktisch jederzeit die eingegangene Finanzierung beenden können, indem ein Käufer des Wertpapiers an ihre Stelle tritt. Die Eigenkapitalgeber einer Unternehmung können vor allem dadurch Einfluß nehmen, dass sie über die Person des Managers, Geschäftsführers oder des Vorstands einer Gesellschaft entscheiden. Näheres hängt von der Rechtsform ab, in der die Unternehmung geführt wird.

1.1.3 Der Finanzmarkt erzeugt Liquidität

Für einen Finanzier ist es natürlich vorteilhaft, wenn er aufgrund unerwarteten eigenen Geldbedarfs oder aus anderen Überlegungen aus einem Finanzkontrakt wieder "herauskommen" kann. Bei den Grundtypen von Eigen- und Fremdkapital ist (im Regelfall) jedoch keine Pflicht des Kapitalnehmers vorgesehen, Finanziers auf deren Wunsch zu einem beliebigen Zeitpunkt auszuzahlen. Eine Rückzahlungspflicht würde der Idee des mehrperiodigen Vertrags widersprechen. Würde eine solche Pflicht generell vorgesehen werden, könnte der Kapitalnehmer keine langfristigen Bindungen bei seinen eigenen Investitionen eingehen. Er könnte keinerlei irreversible Investitionen tätigen, die vielleicht attraktiv sind, aber Geduld verlangen. Das Wirtschaftsleben wäre arg eingeengt. Viele Finanzkontrakte gestatten aber, dass ein Finanzier seine Ansprüche einem anderen Finanzinvestor überträgt (ohne den Kapitalnehmer um Einverständnis fragen zu müssen). Die Übertragbarkeit (*Fungibilität*) wird gefördert, wenn der Vertrag in die Form eines Wertpapiers, einer *Security*, gebracht wird (*Securitization*). Die Übertragbarkeit wird weiter gefördert, wenn Börsen für den Handel dieser Wertpapiere ins Leben gerufen werden. So erhalten die Finanzkontrakte *Liquidität*. Börsen erzeugen Liquidität: Praktisch jederzeit kann sich ein Finanzier aus einer ansonsten lang laufenden Sache befreien.[1] Dieser Vorteil wird natürlich von den Finanzinvestoren geschätzt und erhöht deren Nutzen. Dadurch wird die Bereitschaft von Personen erhöht, Finanzkontrakte einzugehen. Der Wirtschaft wird mehr Kapital zur Verfügung gestellt. Mehr Investitionen sind möglich. Letztlich werden dadurch Arbeitsplätze geschaffen und die Wohlfahrt des Landes steigt. Die von den Börsen erzeugte Liquidität nützt allen, gleichfalls jenen, die nie ein Wertpapier kaufen könnten. Damit die leichte Weitergabe von Finanzkontrakten möglich ist, stehen die Börsen direkt oder indirekt (über Investmentfonds) allen Menschen offen. Sie sind publik. Man spricht von *Public Capital*, wenn das Kapital an Börsen gehandelt wird, und von *Private Capital*, wenn der Finanzkontrakt die Parteien für die vorgesehene Laufzeit bindet und kaum übertragbar ist. Zu *Public Capital* gehören die Anleihe und die Aktie. Zu *Private Capital* gehören der Bankkredit oder Private Equity.

Dort, wo Kapital an einer Börse gehandelt wird, gibt es für einen Finanzinvestor letztlich immer Alternativen.

Beispiel 1-1: Wer Geld für 4 Jahre anlegen möchte und eine Anleihe (Rentenpapier) im Auge hat, die noch eine Restlaufzeit von eben 4 Jahren aufweist, kann sich überlegen, ob nicht eine andere Anleihe gewählt wird, die zwar eine Restlaufzeit von 5 Jahren hat, jedoch nach vier Jahren am Rentenmarkt verkauft werden könnte. Das ist zwar nicht ganz genau dasselbe, weil der Verkaufskurs, der mit der noch fünf Jahre laufenden Anleihe in vier Jahren vereinnahmt werden kann, noch einer gewissen Unsicherheit ausgesetzt ist. Aber die Unterschiede sind gering. Der Rentenmarkt bietet also viele Substitutionsmöglichkeiten. Ähnlich kann ein Finanzinvestor, der ein Engagement in der Nahrungsmittelindustrie sucht, Aktien von Nestlé oder von Unilever wählen. Zwar sind die beiden Gesellschaften nicht identisch, doch hängt ihre Kursbildung zusammen. Keiner der Titel ist isoliert und könnte unabhängig vom Rest des Marktes willkürlich eigene Kursausschläge zeigen. ∎

Durch die immer gegebenen Möglichkeiten des Ausweichens auf andere, ähnliche Wertpapiere gibt es bei der Kursbildung eines einzelnen Titels keinen großen Freiraum. Alle Kurse hängen miteinander zusammen. Der Finanzmarkt als Ganzes ist *zusammenhängend*.

---

[1] Um die *Liquidität* zu messen, wird an der Börse ein *Round Ticket* aufgegeben, etwa werden 100.000 Siemensaktion bestens gekauft und sogleich bestens verkauft. Je liquider der Handel in einem Titel ist, desto weniger kostet ein Round Ticket.

1.1.4 Zwei Eigenschaften von Finanzmärkten

Deshalb lassen sich an den Finanzmärkten keine Titel finden, die — von kleineren zufälligen Abweichungen einmal abgesehen — extrem günstig oder extrem ungünstig wären. Der Finanzinvestor *muss* daher *nicht lange prüfen*: Jedes einzelne Wertpapier, das sich für eine Geldanlage bietet, hat *im Gesamtzusammenhang aller Titel* gesehen einen "korrekten" Kurs. Die postulierte Eigenschaft des korrekten Kurses geht auf zwei Besonderheiten von Finanzmärkten zurück:

1. Finanzmärkte sind nahezu *arbitragefrei*.
2. Finanzmärkte sind nahezu *informationseffizient*.

Da die Transaktionskosten an den Finanzmärkten im Vergleich zu anderen Märkten, etwa denen für Immobilien, gering sind, können Trader selbst kleinere Ungleichgewichte ausnutzen. Liegt ein solches Ungleichgewicht vor, dann wird ein Trader, der es entdeckt, sofort eine Kombination verschiedener Long- und Short-Positionen eingehen, bei der er *per saldo* sofort eine kleine Zahlung erhält, in Zukunft aber keine weitere Zahlungen mehr leisten muss. Eine solche Kombination wird als Arbitrage bezeichnet. Wichtig: Um Arbitrage auszunutzen, muss kein Risiko eingegangen werden. Sobald der Arbitrageur Abweichungen vom Preisgleichgewicht erkennt, kann er dies ausnutzen, ohne dann noch eine Position zu halten, die sich so oder so entwickeln könnte. Der Arbitrageur sucht ein "Free Lunch", also einen sofortigen Geldbetrag, erzielt aufgrund eines Ungleichgewichts. Bei den geringen Transaktionskosten würde jede Möglichkeit zur Arbitrage sofort Käufe und Verkäufe nach sich ziehen, so dass sie schnell verschwindet. Deshalb erlaubt ein Finanzmarkt, selbst wenn sie wirklich einmal möglich war, bereits nach kurzer Zeit keine *Arbitrage* mehr. Er ist dann arbitragefrei. Deshalb macht es für einen privaten und die meisten institutionellen Anleger keinen Sinn, nach einer Arbitragemöglichkeit zu suchen.

Überdies nehmen an den Finanzmärkten permanent Akteure teil, die ihre Vorteile in der Beschaffung und Auswertung neuer Informationen sehen. Diese Personen sind also stets aktuell und gut informiert, selbst wenn ihnen wirkliches Insiderwissen nicht zugänglich ist. Jedenfalls steht ihnen das öffentlich zugängliche Wissen zur Verfügung. Diese Personen werten permanent alle bisherigen und neue öffentliche Informationen aus um zu sehen, ob die Wertpapiere zu Preisen gehandelt werden, die ihren Informationen entsprechen. Ist das nicht der Fall, was besonders beim Eintreten neuer Nachrichten zumindest für kurze Zeit sein kann, dann gehen sie sofort entsprechende Positionen ein. Doch kurze Zeit danach wird die neue Information allgemein bekannt und interpretiert sein. Wer Informationen beschafft und auswertet hat daher allenfalls temporär einen Vorteil. Der Prozeß der Preisanpassung aufgrund neuer Informationen dauert an den Finanzmärkten nur Minuten oder Bruchteile von Minuten.

So kommt es in kürzester Zeit zu Kursbildungen, die es dann nicht weiter möglich machen, mit der Beschaffung und Auswertung von Informationen eine Rendite oder Performance zu erzielen, die der eines passiven Haltens eines gut diversifizierten Portfolios überlegen wäre. Man sagt: Die Kurse spiegeln stets (also in kürzester Zeit) die öffentlich zugänglichen und im Prinzip bekannten Informationen korrekt wieder. Diese Funktionsweise der Finanzmärkte wird als These der *Informationseffizienz* (*Market Efficiency Hypothesis* MEH) bezeichnet. Die MEH ist oft empirisch überprüft worden. Das Resultat: Die Kernmärkte für Aktien und Bonds sind nahezu informationseffizient. Deshalb macht es für einen privaten und die meisten institutionellen Anleger keinen Sinn, eigene Anstrengungen zur Informationsbeschaffung und Auswertung zu unternehmen, um darauf basierend über Käufe und Verkäufe zu entscheiden. Man kann einfach kaufen, was einem in den Sinn kommt oder zum persönlichen Portfolio paßt: Der Preis, den man zahlen muss, ist immer korrekt. Oft heißt es, ein zufällig zusammengestelltes Portfolio habe dieselbe Performance wie eines, das ein Expert aufgrund eigener Informationsauswertung bildet. Das besagt die MEH: Die Dummen fahren nicht schlechter als die Informierten.

Finanzmärkte sind also (nahezu) arbitragefrei und (nahezu) informationseffizient. Das heißt jedoch nicht, dass Finanziers und Investoren nichts mehr "verdienen" können. Selbstverständlich bilden sich die Kurse im Markt so, dass die Finanziers und Investoren eine gewisse Vergütung erwarten dürfen für alles, das sie hergeben und worauf die Menschen ungern verzichten. Zwei Aspekte sind zu nennen:

- Finanzmärkte vergüten die Kapitalüberlassung in der Zeit, weil die Menschen ungeduldig sind.
- Finanzmärkte vergüten das Risiko, weil die Menschen eine sichere Position bevorzugen und risikoavers sind.

Im Ausgleich von Angebot und Nachfrage an den Finanzmärkten entsteht so ein Preis einerseits für die Kapitalüberlassung in der Zeit. Das ist der *Zinssatz*. Andererseits entsteht eine Prämie für die Übernahme von Risiken. Das ist die *Risikoprämie*. Jeder Titel hat im Marktgleichgewicht einen Kurs, der neben dem aktuellen Zinssatz genau reflektiert, welche Risiken mit ihm verbunden sind und wie hoch die marktübliche

Risikoprämie ist. Hingegen kann ein Finanzier oder Investor nicht darauf hoffen, im Finanzmarkt für ein langes Suchen nach besonders günstigen Gelegenheiten kompensiert zu werden (Arbitragefreiheit). Ebensowenig sollte eine Person auf bessere Performance hoffen, indem sie eigene Informationen beschafft, auswertet, und darauf Anlageentscheide trifft. Das führt wegen der Informationseffizienz nicht zum Erfolg.

1.1.5 Finanzierung als Studium von Finanzmärkten

Für einen Investor oder Kapitalnehmer bedeutet dies, dass es bei der Finanzierungsentscheidung letztlich *nicht* darum geht, eine "günstige" Finanzquelle zu finden. Da könnte er lange suchen. Denn selbst bei einem bilateralen Finanzkontrakt würden die Finanziers darauf bestehen, dass sich die Konditionen an diejenigen anlehnen, die sich im Finanzmarkt herausgebildet haben. Auch wenn die Finanzierung durch das Angebot neuer Wertpapiere geschehen soll, wird ebenso verglichen. Diese Vergleiche schaffen einen Markt, den Emissionsmarkt oder *Primärmarkt*. Die Konditionen dort, vor allem der Ausgabepreis, lehnen sich an das Geschehen in den *Sekundärmärkten* an, wo die bereits emittierten Wertpapiere gehandelt werden. Denn ein Finanzinvestor hat immer die Alternative, einen Titel am Sekundärmarkt zu kaufen statt denselben oder einen ähnlichen Titel am Primärmarkt zu zeichnen.

Von daher ist es keine Aufgabe der Wissenschaft zu untersuchen, wie ein Kapitalnehmer seine Vorhaben "günstig" finanziert. Zugegeben: In der Praxis gibt es geringfügige Unterschiede, und besonders die kleinen Anleger suchen von Bank zu Bank bis sie das Sparbuch mit dem höchsten Zins gefunden haben. Wer indessen mit einer wissenschaftlichen Zielsetzung den Vorgang des Finanzierens untersucht, wendet sich nicht dem Thema zu, dass ein Kapitalgeber die günstigste Finanzierung sucht und wie er sie im praktischen Leben finden kann. Der Wissenschaftler unterstellt, dass im Markt *alle* Finanziers auf *dieselben* Konditionen bestehen, und dass diese Konditionen den Zins und die marktübliche Prämie für Risiken widerspiegeln. Als wissenschaftlich zu klärende Fragen sind drei andere in den Vordergrund gerückt:

1. In welchem Verhältnis sollte ein Kapitalnehmer, der eine Investition finanzieren möchte, Eigen- und Fremdkapital einsetzen. Das ist die Frage nach dem Verschuldungsgrad oder der Kapitalstruktur (Verhältnis von Fremd- zu Eigenkapital).

2. Wie kommen in Finanzmärkten die Zinshöhe und die Risikoprämie zustande? Von welchen anderen Größen hängen sie ab? Wie können alle diese Größen gemessen werden?

3. Sollte der Kapitalnehmer — angesichts der in den Finanzmärkten üblichen Zinssätze und Risikoprämien — sein Investitionsvorhaben überhaupt weiterverfolgen und finanzieren wollen? Wäre es nicht besser, auf die geplante Investition zu verzichten? Oder ist es angesichts der Konditionen in den Finanzmärkten sogar höchst attraktiv, das Vorhaben in größerem Umfang zu planen und mehr Finanzmittel aufzunehmen?

Mit diesen drei Fragen ist das Gebiet "Finanzierung" in einem zweiten, erweiterten Sinn umrissen: Es geht nicht allein um die Finanzierungsentscheidung, die ohnehin auf die Frage zusammengeschmolzen ist, welche Kapitalstruktur gewählt werden sollte. Hinzu getreten ist zunächst die eben als Drittes bezeichnete Frage der Investitionsentscheidung. Welche Investition ist vorteilhaft, welche nicht? Zu dieser Frage wird jedermann antworten, eine Person solle jene Investitionen angehen, die sie a) persönlich finanzieren kann und die b) insgesamt, nach den Kosten der Finanzierung, noch "rentabel" sind. Diese Antwort trifft jedoch nicht genau den Punkt. Denn wie wir gesehen haben, sind die Finanzierungskosten letztlich durch das Geschehen an den Finanzmärkten bestimmt (Zinssatz und Risikoprämie). Die Vorteilhaftigkeit einer Investition hängt also *nicht* davon ab, ob der Investor als einzelne Person an günstige Finanzmittel kommt, sondern wie die Investition "aus Sicht des Finanzmarktes" und aufgrund der dort bestehenden Konditionen gesehen wird. So ist die Aufgabe, ein optimales Budget von Investitionen und Finanzierungen zu finden, nicht mehr individuell. Persönliche Umstände der sie koordinierenden Person rücken in den Hintergrund. Bedeutung hingegen hat, wie generell im Finanzmarkt die Investition beurteilt wird. Deshalb hat der zweite Punkt große Bedeutung: Wie kommen im Finanzmarkt der Zinssatz und die Risikoprämie zustande und von welchen Größen hängen sie ab? Denn diese allgemeinen Marktgrößen bestimmen im Einzelfall, ob eine Investition vorteilhaft ist oder nicht.

1.2 Nutzen oder Wert? 📖

1.2.1 Strategie und Empire Building

Ab und zu scheinen es im Wirtschaftsleben alle eilig zu haben. Unternehmen möchten in andere Märkte wachsen, sich gewisse Ressourcen sichern oder einen Platz schnell besetzen. Neugründungen auf der grünen Wiese (*Greenfield Approach*) werden als zu langsam beurteilt. Eine Unternehmung, die wachsen möchte, sucht dann, ob es eine andere Unternehmung gibt, die übernommen werden kann. Bei solchen Akquisitionen steht das strategische Ziel im Vordergrund: Die als Kaufinteressent auftretende Unternehmung sucht eine Unternehmung, die genau zu ihr im Sinne des Geschäftsplans paßt. Dieses "Passen" wird durch verschiedenste Aspekte der Produktion, des Absatzes oder der Forschung und Entwicklung begründet. Vielfach werden als Motiv für eine Akquisition *Synergien* genannt: Der Käufer verfügt über gewisse Ressourcen — oft handelt es sich dabei um sein Wissenskapital — und möchte durch die Akquisition die vorhandenen Ressourcen besser ausnützen. Selbstverständlich sind solche betriebswirtschaftlichen Argumente gelegentlich nur vorgebracht, und der für die kaufende Unternehmung handelnde Manager möchte in Wahrheit durch Wachstum nur seine *Macht* festigen und ein *Empire* bauen. Die vorgebrachten Argumente (Strategie, Synergien) müssen mit Hilfe verschiedener betriebswirtschaftlicher Disziplinen beurteilt werden, etwa mit den Ansätzen des Marketings, der Organisation oder der Lehre der Produktionswirtschaft. Ingenieure, Informatiker und andere Experten klären, ob das Vorhaben den gewünschten Erfolg verspricht.

Die Finanzierung als Disziplin befaßt sich hingegen mit der Frage, wie die finanziellen Aspekte einer solchen Investition, wie sie eine Akquisition darstellt, zu beurteilen sind. Die Finanzierung behandelt die Vorteilhaftigkeit aus Sicht der Kapitalgeber, besonders der Eigenkapitalgeber — die selbstverständlich wünschen, dass sich die vom Manager als attraktiv präsentierten Vorhaben irgendwann einmal auszahlen. Das ist eine andere Perspektive. Soweit haben wir gesagt:

1. Man kann eine Akquisition oder eine Investition aus einer betrieblichen Perspektive beurteilen, bei der das Marketing, die Produktionswirtschaft und die Organisation im Vordergrund stehen, vielleicht die Strategie oder der unausgesprochene Expansionswunsch mächtiger Manager. Die finanzielle Beurteilung bleibt im Hintergrund oder wird bewußt ausgeklammert.

2. Ebenso kann eine Akquisition primär aus der finanziellen Perspektive heraus beurteilt werden. Selbstverständlich werden dann das Marketing, die Produktionswirtschaft und die Organisation einbezogen, jedoch haben diese Fragen nicht das Primat der Entscheidung sondern lediglich die Aufgabe, die für die finanzielle Beurteilung benötigten *Daten* zu liefern.

Der Manager kann in *einem* konkreten Fall die aus der Perspektive der Finanzierung gebildete Beurteilung der Investition übernehmen oder nicht. Er kann die Entscheidung anhand der betrieblichen Aspekte treffen, selbst wenn dies der finanziellen Beurteilung zuwiderläuft. Hier besteht im Einzelfall sicher eine Wahl. Doch *auf Dauer* kann sich kein Manager über die finanzielle Perspektive hinwegsetzen.

Warum? Zunächst sieht das so aus, als ob allein die Investoren zu Wort kommen, und betriebliche Notwendigkeiten, für die sich der Manager, der Ingenieur und der Produktionsleiter einsetzen, außer Acht gelassen werden. Doch mittelfristig setzen für den Betrieb abträgliche Prozesse ein, wenn die finanzielle Perspektive zu oft vernachlässigt wird: Denn die Finanziers sind nicht mehr bereit, weiteres Kapital zur Verfügung zu stellen. Der Aktienkurs sinkt, die Banken und die Kunden sehen das. Auf einmal muss restrukturiert werden. Die Arbeitsplätze werden unsicher, qualifizierte Mitarbeiter wandern ab. Bei Nichtbeachtung der finanziellen Perspektive wird mittelfristig der Betrieb krank.

Auf der anderen Seite gibt es positive Entwicklungen in der betrieblichen Sphäre, sofern die Finanzen in Ordnung sind. Unternehmen, die für Kapitalgeber attraktiv sind, erfreuen sich einer steigenden Bewertung an den Finanzmärkten. Sie können deshalb dann und wann Kapital aufnehmen, etwa über eine Kapitalerhöhung, und weiter wachsen. Das Wachstum drückt sich vielfach nicht einfach in Breite und Menge, sondern in Qualität und Innovationskraft aus. Das Wissen der Unternehmung wird gefördert. Diese Unternehmen sind folglich für Arbeitnehmer wie für Kunden attraktiv. Die Arbeitsplätze sind sicher, der Absatz der Produkte stabil und schließlich zahlen die finanziell gesunden Unternehmen Steuern.

In den letzten Jahrzehnten ist deutlicher geworden, dass Unternehmen auf lange Sicht nur Bestand haben können, sofern sie die Ziele ihrer Kapitalgeber angemessen berücksichtigen. Und genau diese Firmen sind für die anderen Gruppen in der Gesellschaft interessant und wünschenswert. Es wäre also falsch zu denken, die finanzielle Perspektive sei lediglich die Perspektive der Finanziers, und andere Gruppen sollten sich anderes wünschen. Deshalb kommt der finanziellen Perspektive letztlich die dominante Rolle zu. Zwar kann der Manager ungestraft in einem oder in einigen wenigen Einzelfällen andere Aspekte in den Vordergrund rücken. Doch auf Dauer darf nicht von der finanziellen Beurteilung von Vorhaben und Investitionen abgewichen werden, weil andernfalls die gezeichneten abträglichen Entwicklungen im Betriebsgeschehen einsetzen.

Die Finanzierung nimmt bei der Beurteilung von Investitionen einen Standpunkt ein, der das "rein finanzielle" betrachtet.[2] Andere Argumente für ein Vorhaben oder eine Investition — Strategie, Synergien, betriebliche Notwendigkeiten — werden zwar beachtet, doch eigentlich nur dahingehend geprüft, welche "finanziellen" Konsequenzen sie haben. Wie gesagt dient die Betrachtung von Produktion und Absatz dazu, Daten für die finanzielle Beurteilung zu liefern.

1.2.2 Was die finanziellen Konsequenzen sind

Warum achtet die Finanzierung bei der Beurteilung von Investitionen nur auf das "finanzielle", also auf das Geld? Der Grund liegt im Verhalten der Finanziers und der Investoren, die in den Märkten für Finanzkontrakte sowie in den Märkten für Eigen- und Fremdkapital auftreten. Sie sind es, die nur auf das Geld achten. Ihr Fragen lauten: Um welche Geldbeträge geht es, wann erfolgen Rückzahlungen, in welcher Höhe sind diese Rückflüsse zu erwarten? Welche Risiken gibt es? Welche Informationen liegen vor, um diese Erwartungen bilden zu können und die Risiken einschätzen zu können?

Es kommt zwar dann und wann vor, dass einzelne Finanziers nur bestimmte Unternehmen finanzieren wollen, die Vorbildliches leisten (etwa in ökologischer Hinsicht oder Arbeitsplätze betreffend). Diese Unternehmen haben dafür mehr als andere Kosten. Doch der Einfluß dieser wenigen Finanzinvestoren auf die Preisbildung in den Finanzmärkten — Zinssatz, Risikoprämie — ist (noch) vergleichsweise gering.

Das liegt wohl an der hohen Bedeutung institutioneller Investoren. Viele Privatpersonen nehmen ihre Geldanlage indirekt vor und delegieren sie, zum Beispiel an eine Versicherung, einen Investmentfonds oder an eine Pensionskasse. Dann achten Privatinvestoren nur auf die "Rendite" und zwingen die in den Institutionen handelnden Portfoliomanager, von allen "an sich wünschenswerten" Aspekten abzusehen, sofern sie sich

---

[2] Selbstverständlich wird auch geprüft, welche finanziellen Konsequenzen sich ergeben, wenn die diskutierte Maßnahme nicht ergriffen wird. Auch die Entscheidung, nichts zu tun, hat Konsequenzen.

nicht in der Rendite niederschlagen. Die Delegation der Kapitalanlage, für uns alle recht bequem, führt zu Distanz, und Distanz erlaubt es den Anlegern, egoistische Ziele durchzusetzen. Die Welt der Finanzen ist gnadenlos, weil wir alle es sind. Gerade deswegen ist Unternehmensethik so wichtig für die Gesellschaft. Seit einigen Jahren verpflichten sich Manager zu ethischem Verhalten.

Jedenfalls beurteilen "die Finanzmärkte" Kontrakte und Vorhaben letztlich an *Zahlungen*, die heute zu leisten sind und an den *Rückflüssen*, die für die Zukunft erwartet werden können und selbstverständlich anhand der Risiken, denen die zukünftigen Rückflüsse ausgesetzt sind. Wenn wir zur Vereinfachung zunächst einmal von den Risiken absehen, also vom Fall von Sicherheit ausgehen, dann ist es mithin die Reihe oder der Strom ausgelöster Zahlungen, anhand derer Finanzkontrakte und Investitionsvorhaben beurteilt werden.

Wir beschreiben die Zeit stets durch *diskrete* Zeitpunkte, $t = 0, 1, 2, ...$, die man sich jeweils um ein Jahr auseinander denkt. Wir behandeln in diesem Buch keine Modelle, die von einem stetigen Verlauf der Zeit (*continuous time*) ausgehen. Der Zeitpunkt 0 ist "heute" und die Jahre $1, 2, ...$ beziehen sich auf die Zukunft. Zahlungen sollen nur zu diesen ganzjährigen Zeitpunkten fällig werden. Wir steigen nicht in eine unterjährige Rechnung ein und berücksichtigen Zahlungen, die etwa halbjährlich oder vierteljährlich anfallen.

> Eine *Zahlungsreihe* ist eine Folge von einzelnen Geldbeträgen oder Zahlungsmitteln $Z_1, Z_2, Z_3, ...$, wobei der Laufindex das Jahr der Fälligkeit des Geldbetrags wiedergibt. Die Zeitpunkte sollen jeweils ein Jahr auseinander liegen. Der Geldbetrag Z_1 ist demnach heute in zwölf Monaten fällig, und Z_t ist in t Jahren fällig.

Gelegentlich soll ein Geldbetrag, der bereits heute fällig ist, in die Beschreibung der Zahlungsreihe mit aufgenommen. Sie beginnt dann mit diesem Betrag Z_0. Alle Geldbeträge einer solchen Zahlungsreihe kommen einer berechtigten Person zu. Dabei soll der Geldbetrag Z_t positiv und negativ sein können und selbstverständlich ist $Z_t = 0$ möglich. Üblich ist diese Vorzeichenkonvention:

- Wenn Z_t *positiv* ist, soll die berechtigte Person den Geldbetrag *erhalten*: $Z_t > 0$ ist für sie eine Einzahlung.

- Wenn Z_t negativ ist, soll die berechtigte Person verpflichtet sein, den entsprechenden Geldbetrag zu zahlen. So bedeutet $Z_t < 0$ eine Auszahlung, die der Berechtigte leisten muss.

1. FISHER-SEPARATION

Wenn eine konkrete Investition eine Laufzeit bis zum Jahr T hat, so wird sie durch die von ihr ausgelösten Zahlungen $Z_0, Z_1, Z_2, ..., Z_T$ beschrieben. Wir werden neben dem Fall endlicher Laufzeit auch den Fall betrachten, wo die Investition nicht zu einem Zeitpunkt T beendet sein wird und im Prinzip für immer läuft. Gelegentlich geben wir einer Zahlungsreihe eine Bezeichnung und schreiben etwa $Z \equiv (Z_0, Z_1, Z_2, ...)$.

1.2.3 Zeitpräferenz

Ein Investor, der einen Finanzierungsvertrag, ein Projekt oder ein Vorhaben (aus finanzieller Sicht) beurteilen möchte, wird den Vertrag, das Projekt oder das Vorhaben durch eine Zahlungsreihe

$$Z \equiv (Z_0, Z_1, Z_2, ...)$$

beschreiben. Andere Aspekte wie die Strategie, Synergien, oder der Betrieb werden nur insoweit berücksichtigt, als sie helfen, die Zahlungsreihe $Z \equiv (Z_0, Z_1, Z_2, ...)$ aufzustellen. Wie wird nun weiter vorgegangen?

Der Investor, der sich wie dargelegt auf die Zahlungsreihe konzentriert, wird eine persönliche *Zeitpräferenz* haben, eine *Nutzenvorstellung* also, in welchem Jahr ihm persönlich die Rückflüsse besonders wichtig sind. Wir betrachten ein konkretes Beispiel.

- Eine der beiden nachstehenden Zahlungsreihen muss gewählt werden, entweder $X \equiv (X_0, X_1, X_2)$ mit $X_0 = -100$, $X_1 = 50$, $X_2 = 65$ oder $Y \equiv (Y_0, Y_1, Y_2)$ mit $Y_0 = -100$, $Y_1 = 0$, $Y_2 = 120$. Kurz: $X = (-100, 50, 65)$ und $Y = (-100, 0, 120)$. Beide Zahlungsreihen verlangen eine Auszahlung in übereinstimmender Höhe. Wenn der Investor eine ausgeprägte Ungeduld hat, wird er wohl X den Vorzug geben, denn hier hat er bereits im ersten Jahr Rückflüsse in Höhe $X_1 = 50$ während bei Y es im ersten Jahr noch kein Geld gibt ($Y_1 = 0$). Wenn der Investor hingegen sehr geduldig ist, wird er Y wählen. Denn bei Y fließen $Y_2 = 120$ Geldeinheiten zurück, während bei X insgesamt nur $X_1 + X_2 = 115$ zurückfließen. Die Wahl zwischen X und Y wird folglich aufgrund der persönlichen Zeitpräferenz getroffen.

- I. FISHER hat dieses Argument gebracht: Wenn es einen Kapitalmarkt gibt, dann kann der Investor Zahlungsreihen *verändern*. Wir nehmen an, dass auf dem Kapitalmarkt zum Zinssatz i (wie *interest*) Gelder von einem zum anderen Jahr angelegt und als

Kredit aufgenommen werden können. Beispielsweise könnte der Investor zwar Y wählen, gleichzeitig aber zu $t=1$ einen Kredit in Höhe 50 Geldeinheiten aufnehmen die ihm somit zu $t=1$ zur Verfügung stehen, etwa für Konsumzwecke. Dieser Kredit wird mit Zins zu $t=2$ zurückbezahlt. So hat der Investor, nach Finanzierung, aus Y die Zahlungsreihe $Z \equiv (Z_0, Z_1, Z_2)$ mit $Z_0 = -100$, $Z_1 = 50$, $Z_2 = 120 - 50 \cdot (1+i)$ erzeugt. Diese aus Y mit Finanzierung gewonnen Zahlungsreihe Z ist der Alternative X sehr ähnlich: Es gilt $X_0 = Z_0 = -100$ sowie $X_1 = Z_1 = 50$. Lediglich zum Zeitpunkt $t=2$ erhält der Investor bei X den Geldbetrag $x_2 = 65$ während bei Z der Betrag $Z_2 = 120 - 50 \cdot (1+i)$ anfällt.

- Offensichtlich gehört ganz generell Z der Vorzug gegenüber X, sofern der Zinssatz i nicht zu groß ist. Hingegen wird bei sehr hohen Zinssätzen X vor Z gewählt. Der kritische Zinssatz ergibt sich aus dem Gleichsetzen $X_2 = Z_2$, was auf $65 = 120 - 50 \cdot (1+i)$ und $1 + i = (120 - 65)/50 = 1{,}1$ führt. Der kritische Zinssatz beträgt also $i = 10\%$. Auf einmal spielt die persönliche Zeitpräferenz oder Nutzenvorstellung des Investors überhaupt keine Rolle mehr. Es kommt nur noch auf den Zinssatz im Markt an.

1.2.4 Grafische Darstellung

Die soeben an einem Zahlenbeispiel vorgetragene Überlegung wird oft mit Abbildungen veranschaulicht.

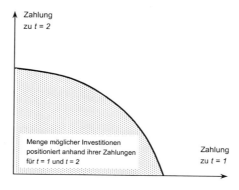

Bild 1-3: Die Menge der möglichen Investitionen.

Einer Person sind mit gegebenen Ressourcen, die zum Zeitpunkt $t = 0$ eingesetzt werden und der im Folgenden nicht weiter betrachtet wird, zahlreiche Investitionen möglich. Sie alle bieten der Person Zahlungen

1. FISHER-SEPARATION

in den beiden Zeitpunkten $t=1$ und $t=2$. Alle möglichen Investitionen sind anhand ihrer jeweiligen Zahlungen zu diesen beiden Zeitpunkten positioniert. Die erste Abbildung (Bild 1-3) zeigt die möglichen Investitionen (es sind nur solche gezeigt, bei denen die Zahlungen zu $t=1$ und $t=2$ nicht negativ sind). Im nächsten Schritt wird sich die Person über ihre Zeitpräferenz im klaren.

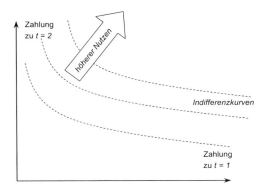

Bild 1-4: Darstellung dreier Indifferenzkurven der Person. Je nach Geduld oder Ungeduld sind sie anders geformt.

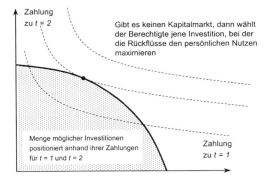

Bild 1-5: Ohne Finanzmarkt wird jene Investition gewählt, bei der die Person den maximalen Nutzen der erzeugten Rückflüsse hat.

Wenn es *keinen Kapitalmarkt* und keinerlei Möglichkeit gibt, die zeitliche Verfügbarkeit von Zahlungen zu verändern (man kann nicht einmal Geld aufbewahren), dann wählt die Person jene Investition, bei der sie den maximalen Nutzen der Zahlungen hat.

Wenn ein es auf einem Kapitalmarkt möglich ist, Geld anzulegen oder aufzunehmen, dann können Zahlungen in ihrer zeitlichen Verfügbarkeit verschoben werden: Die Budgetgerade hat die Steigung $-(1+i)$

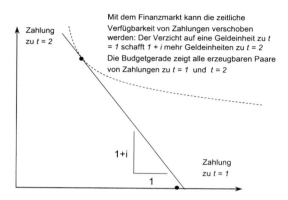

Bild 1-6: Veränderung der zeitlichen Verfügbarkeit von Zahlungsmitteln.

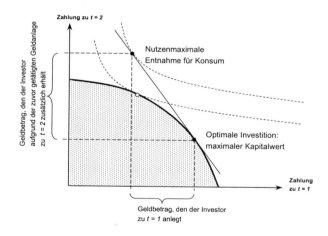

Bild 1-7: Können die Zahlungen der Investitionen durch Geldanlage und Geldaufnahme zeitlich verschoben werden, dann wählt die Person diejenige Investition, die den größtmöglichen Kapitalwert hat und verändert anschließend, in einem zweiten Schritt, die zeitliche Verfügbarkeit der Rückflüsse so, dass der persönliche Nutzen maximiert wird.

1.2.5 Fisher-Separation

Die eben an einem Beispiel vorgetragene Überlegung kann sehr allgemein ausgedrückt werden: Wenn es einen Kapitalmarkt gibt, auf dem zum Zinssatz i Gelder von einem zum anderen Jahr angelegt oder als Kredit aufgenommen werden können, dann ist es durch zwischenzeitliche Finanzierungen und Geldanlagen genau dann möglich, eine Zahlungsreihe $X = (X_0, X_1, X_2, ..., X_T)$ in eine zweite $Z = (Z_0, Z_1, Z_2, ..., Z_N)$ zu überführen, wenn die beiden Barwerte der Zahlungsreihen übereinstimmen, wenn also Formel (1-1) gilt — *NPV* steht für *Net Present Value*. Der Investor wird daher in einem ersten Schritt und ungeachtet seiner persönlichen Geduld oder Ungeduld unter allen *ihm* möglichen Vorhaben und Investitionen eine wählen, die den größten Barwert oder Net Present Value aufweist. *Die Investitionsentscheidung ist unabhängig von seiner Zeitpräferenz.*

(1-1)
$$NPV(X) = X_0 + \frac{X_1}{1+i} + \frac{X_2}{(1+i)^2} + ... + \frac{X_T}{(1+i)^T} =$$
$$= NPV(Z) = Z_0 + \frac{Z_1}{1+i} + \frac{Z_2}{(1+i)^2} + ... + \frac{Z_N}{(1+i)^N}$$

In einem zweiten Schritt wird er den nun zur Verfügung stehenden *NPV* so auf die verschiedenen Zeitpunkte verteilen, dass ihm aufgrund seiner persönlichen Zeitpräferenz der größtmögliche Nutzen erwächst.

Zwei Aufgaben können separat gelöst werden — Dieses Ergebnis wird als *Fisher-Separation* bezeichnet: 1. Für die Wahl der optimalen Investition muss die Zeitpräferenz nicht bekannt sein. Die optimale Investition kann allein aufgrund der Konditionen im Kapitalmarkt ermittelt werden. 2. Personen, die Rückflüsse beanspruchen, werden jeweils für sich im Hinblick auf den persönlichen Konsumplan und die individuelle Zeitpräferenz die durch die optimale Investition erzeugten Zahlungen in eine den jeweiligen Nutzen maximierende Zahlungsreihe transformieren.

Beispiel 1-2: Zwei je zur Hälfte beteiligte Personen A und B diskutieren drei Investitionen, die unterschiedlich lange laufen, $X = (-1000, 0, 1200)$, $Y = (-1000, 0, 0, 1300)$ und $Z = (-1000, 0, 0, 0, 1400)$.

A ist ungeduldig und möchte schon im ersten Jahr alles zurück. A präferiert X, weil dieses Projekt am schnellsten dreien beendet ist und er hier wenigstens zu $t=2$ sein Geld zurück erhält. B hat Geduld und möchte am liebsten auf fünf Jahre anlegen. B plädiert für Z, wo er das Geld erst im vierten Jahr erhält. Die Investition Y möchte keiner. Der Marktzinssatz i beträgt 8%. Berechnungen liefern $NPV(X)=29$, $NPV(Y)=32$ und $NPV(Z)=29$. Im Licht der Fisher-Separation einigen sich beide auf das Projekt Y, das ursprünglich keiner wollte. Die Aufteilung der durch Y bedingten Zahlungen bringt für A und für B die Zahlungsreihe $(-500, 0, 0, 650)$. A nimmt zu $t=1$ einen Kredit über 557 auf, den er zu $t=3$ mit dem Rückfluß aus seiner Beteiligung an Y zurückzahlt. So realisiert er die Zahlungsreihe $(-500, 557)$. B legt zu $t=3$ den Rückfluß aus seiner Beteiligung an Y für zwei Jahre an und realisiert so für sich die Zahlungsreihe $(-500, 0, 0, 0, 0, 758)$. ∎

> IRVING FISHER hat die Bedeutung des Barwerts einer Zahlungsreihe erkannt. Wenn es einen gut funktionierenden Kapitalmarkt gibt, dann ist die Zeitpräferenz des einzelnen Investors unwichtig. Denn dieser kann stets Zahlungen durch Geldaufnahme und Geldanlage in ihrer zeitlichen Fälligkeit so verschieben, wie er es persönlich am liebsten hätte. So ist es — ungeachtet der persönlichen Zeitpräferenz — das Ziel wirtschaftlicher Entscheidungen, den *mit marktüblichen Zinssätzen* errechneten Barwert möglichst groß zu machen. Wird der Barwert höher, kann der Investor letztlich mehr Geld ausgeben, und zwar dann, wann er persönlich möchte. Die Entscheidungen in einer Unternehmung und die Auswahl von Projekten soll daher also allein anhand des jeweiligen Barwerts der Zahlungen erfolgen, die mit einer Investitionsmöglichkeit zusammenhängen. Wenn es mehrere Anspruchsberechtigte gibt, müssen sie ihre jeweiligen Zeitpräferenzen nicht abstimmen. Sie werden sich schnell einigen jene Investition zu wählen, die den Barwert der Zahlungsreihe maximiert:
>
> 1. Ein angestellter Manager kann das optimale Budget bestimmen und über Projekte entscheiden, indem er den Barwert maximiert. Dazu muss er nicht die Zeitpräferenz der Anspruchsberechtigten kennen.
>
> 2. Deren Ziel, das erwirtschaftete Ergebnis in einen der persönlichen Zeitpräferenz entsprechenden Konsumplan umzusetzen, eben durch geeignete Geldaufnahme und Geldanlage die persönlich präferierte zeitliche Fälligkeit zu erzielen, ist ein zweites Problem. Es kann losgelöst vom Budgeting gelöst werden.
>
> Die Möglichkeit der Trennung beider Probleme wird als *Fisher-Separation* bezeichnet.

Gelegentlich ist die Voraussetzung der Fisher-Separation nicht erfüllt. Es kann sein, dass der Finanzmarkt kaum ausgebildet ist, hohe Transaktionskosten bestehen oder ein Investor aufgrund seiner Umstände weder Geld anlegen noch aufnehmen kann — beispielsweise aufgrund einer Budgetbeschränkung oder weil die Verschuldungskapazität ausgeschöpft ist. Dann kann der Investor Zahlungen nicht nach Belieben in ihrer zeitlichen Fälligkeit transformieren. Deshalb leiten in solchen Fällen die persönliche Zeitpräferenz oder Budgetrestriktionen bei der Auswahl von Projekten und der Frage der Vorteilhaftigkeit.

Bild 1-8: IRVING FISHER (1867-1947), Mathematiker und Wirtschaftswissenschaftler (rechts), hier zusammen mit JOHN M. KEYNES (1883-1946) gezeichnet. FISHER hat erheblich zur volkswirtschaftlichen Kapitaltheorie beigetragen und dazu Mathematik und Statistik innovativ eingesetzt. So sind durch ihn die empirischen Methoden in der finanzwirtschaftlichen Forschung gefördert worden. FISHER studierte ab 1884 in Yale und lehrte dort von 1898 bis 1935 Mathematik und Ökonomie. Die Hauptwerke: *Theory of Value and Prices* (1892), *Appreciation and Interest* (1896), *The Nature of Capital and Income* (1906), *The Rate of Interest* (1907), *Theory of Interest* (1930). FISHER war breit gebildet und wirkte auf Zeitgenossen als schillernde Persönlichkeit. Zudem betätigte er sich als Geschäftsmann und engagierte sich mit fortschreitendem Alter sozialpolitisch in einer Weise, die heute kritisch gesehen wird. Dennoch bleibt seine herausragende wissenschaftliche Leistung im Bereich der Kapitaltheorie.

Beispiel 1-3: Chen ist Reisbauer in Laos. Er hat etwas Geld und könnte eines der Projekte $X = (-100, 105)$ oder $Z = (-100, 0, 200)$ verwirklichen. Da Chen bereits in einem Jahr wieder das Geld benötigt, hat er sich überlegt, die Banknoten in seinem Schrank zu bewahren, denn die nächste Bank ist weit entfernt. Er wählt das Projekt X. ∎

Beispiel 1-4: Die Firma Müller & Smith Ltd befindet muss restrukturiert werden. Die Verschuldungskapazität ist längst ausgeschöpft. Die Eigenkapitalgeber sind zu keiner Kapitalerhöhung bereit. Die Consultants versuchen zusammen mit dem Management, die Banken doch noch dazu zu bewegen, einen weiteren Kredit zu geben. Die Annahme der Fisher-Separation ist nicht erfüllt. ∎

Gelegentlich wird gefragt, warum es überhaupt Vorhaben und Investitionsprojekte gibt, die einen positiven Net Present Value haben. Es wird argumentiert, alle würden sich sofort darauf stürzen und Projekte mit positivem *NPV* wären schnell vergeben. Zur Antwort muss man sehen, dass viele realwirtschaftlichen Vorhaben nicht allgemein zugänglich sind. Das liegt vor allem daran, dass sie aus Vision und Organisationstalent eines Entrepreneurs geboren werden. Der Entrepreneur kombiniert diverse Ressourcen — die im Prinzip zu denselben Konditionen von anderen beschafft werden könnten — auf eine eigene Weise. Nur er kann diese neuen Vorstellungen in einen Plan ausdrücken, die Zahlungskonsequenzen ausarbeiten und den Projektplan schließlich realisieren. Man kann sagen, dass es Zugangsbeschränkungen zu den guten Projekten gibt.[3]

1.3 Ergänzungen und Fragen

1.3.1 Zusammenfassung der Abschnitte 1.1 und 1.2

Der Begriff der Finanzierung weist im engen Sinn auf die Beschaffung von Finanzmitteln hin. Dabei wird man Eigen- und Fremdkapital unterscheiden. Die Such nach der "günstigsten Geldquelle" läuft jedoch in die Leere, wenn ein gut funktionierender *Markt* für Eigen- und für Fremdkapital besteht. Denn dann sind die Konditionen überall gleich. Die Entscheidung, welche Finanzierung vorgenommen wird, konzentriert sich infolgedessen auf die Untersuchung, in welcher Relation Eigen- und Fremdkapital eingesetzt werden soll. Das ist die Frage nach der Kapitalstruktur (der wir uns später noch zuwenden). In einem weiteren

---

[3] Selbstverständlich gibt es viele Personen, die sich auch etwas überlegen und dann eingestehen müssen, dass ihr Plan auf einen negativen NPV hinausläuft. Wenn es jedoch in der Welt nur noch realwirtschaftliche Projekte mit negativem NPV gibt, vielleicht weil alle Unternehmer und Entrepreneurs die Zukunftsaussichten düster einschätzen, dann werden immer weniger Investitionen realisiert. Folglich werden weniger Finanzierungen gewünscht und es gibt an den Finanzmärkten mehr Personen, die Gelder anlegen als aufnehmen wollen. Dann kommt es zu Anpassungen beim Zinssatz und bei der Risikoprämie. Beide Größen sind im neuen Marktgleichgewicht geringer. Sobald die neuen Konditionen bekannt sind, rechnen die Entrepreneure die Barwerte neu aus und sehen, dass einige ihrer Vorhaben nun einen positiven NPV haben.

Sinn umfaßt der Begriff der Finanzierung die Investitionsentscheidung sowie das Studium der Finanzmärkte: Wie bildet sich der Zinssatz und wie bildet sich die Risikoprämie heraus.

Investitionsentscheidungen wie beispielsweise Akquisitionen, werden aus vielfältigen Überlegungen und Motiven heraus getroffen. Gelegentlich sprechen Manager von Synergien und betrieblichen Notwendigkeiten und folgen dem eigenen Machtstreben. Da erscheinen finanzwirtschaftliche Rechnungen lästig und unnötig. Auf Dauer kann jedoch keine Unternehmung immer wieder Vorhaben realisieren, die aus finanzieller Sicht abgelehnt werden sollten. Denn eine Unternehmung, die aus Sicht der Kapitalgeber wenig attraktiv ist, verliert bald Mitarbeiter und Kunden.

Was ist aus Sicht der Kapitalgeber wichtig? Für sie ist wichtig, wann und in welcher Höhe es in der Zukunft Rückflüsse gibt und mit welchen Risiken sie behaftet sind. Deshalb ist die finanzielle Beurteilung auf Zahlungsreihen konzentriert. Betriebswirtschaftliche Aspekte sind nur noch insoweit wichtig, als sie es gestatten, die Zahlungsreihen aufzustellen und die Risiken einzuschätzen. Man würde denken, dass Finanziers und Investoren Zahlungsreihen aufgrund der persönlichen Präferenz auswählen. Im Fall von Sicherheit ist hier die Zeitpräferenz gemeint, also die Frage, wie ausgeprägt die individuelle Geduld ist. Die Fisher-Separation jedoch lehrt: Die Investitionsentscheidung ist von der persönlichen Präferenz des Anspruchsberechtigten unabhängig, und im Fall mehrerer Finanziers können sich die Zeitpräferenzen unterscheiden — keine ist relevant. Die Voraussetzung ist die Möglichkeit, Veränderungen der zeitlichen Fälligkeit von Zahlungen durch Aufnahmen und Geldanlagen am Finanzmarkt tätigen zu können. Unter dieser Voraussetzung hängt die Vorteilhaftigkeit einer Investition nur von Marktkonditionen ab, hier vom Zinssatz. Damit ist die Bedeutung des Barwerts (Kapitalwerts) einer Zahlungsreihe begründet.

1.3.2 Warum Kapitalmärkte die Wohlfahrt fördern

Gelegentlich heißt es, die Unternehmer hätten früher auch gewußt, wie eine Firma zu führen sei, und sie hätten aufgrund ihrer Erfahrung im Betrieb und im Umgang mit Mitarbeitern und Kunden stets die richtigen Entscheidungen getroffen. Es sei klar, dass heute alles auf die Waage der finanziellen Rechnung gelegt werde. Doch letztlich sei es früher ohne den permanenten Blick auf die Rendite ebenfalls und vielleicht sogar besser gegangen.

Offensichtlich ist der Wandel dadurch *bedingt* worden, dass sich überall die Kapitalmärkte entwickelt haben. Jeder Finanzier und jeder Finanzinvestor schielt mit einem Auge nach den Konditionen in den Finanzmärkten, die Alternativen für Anlagen und für die Kapitalaufnahme bieten. So lautet die Frage, wer eigentlich gewollt hat, dass die Finanzmärkte sich so stark entwickelt haben. Die Antwort: Es wurde argumentiert, dass Finanzmärkte Liquidität für Finanzkontrakte erzeugen. Die Finanzmärkte haben sich in den letzten Jahrzehnten so stark entfaltet, weil wir *alle* diese Liquidität schätzen. Zur Begründung für die Aussage, dass wir alle die Liquidität schätzen, ein Beispiel:

Beispiel 1-5: Jemand beabsichtigt, sich mit € 100.000 in einer Ziegelei zu beteiligen. Es bietet sich eine französische Aktiengesellschaft oder eine Ziegelei in Kuba an. Die beiden Betriebe gleichen sich wie Zwillinge und beide weisen Geschäftspläne vor, die den Investor eine Rendite von 10% erwarten lassen. Der einzige Unterschied besteht darin, dass unser Investor, sollte er es sich einmal anders überlegen, die Aktien der französischen Gesellschaft jederzeit an der Börse verkaufen kann. Zwar kann er sich im Prinzip von der Beteiligung an der kubanischen Ziegelei trennen, jedoch ist das kompliziert. Der Investor müßte selbst einen Käufer suchen. Zudem behindern die kubanischen Behörden einen Verkauf, weil sie Investoren wünschen, die auf Dauer zu ihrer Investition stehen. Sie möchten zwar "Direktinvestitionen", aber keine Finanzinvestitionen. ∎

Aufgrund dieses Liquiditätsvorteils wird sich der Investor für die französische Gesellschaft entscheiden und das ist ihm nicht zu verübeln. Dadurch steigt der Kurs der Aktien etwas, und wenn das französische Unternehmen durch die Kurssteigerung keinen unmittelbaren Vorteil hat, kann sie doch, wenn sich mehrere derartige Vorgänge wiederholen, leichter eine Kapitalerhöhung durchführen. Mit dieser Kapitalerhöhung fließt ihr neues Eigenkapital zu, sie kann wachsen, neue Technologien einführen, alte Arbeitsplätze sicherer machen, und so fort.

Die kubanische Ziegelei sieht, dass sie auf Dauer verliert, wenn das immer so weiter geht und kein Investor zusagt. Sie erhält kein Geld für Investitionen, die Technik bleibt zurück. Abnehmer entdecken bei Betriebsbesichtigungen, dass die kubanische Ziegelei nicht mehr über die sonst üblichen Standards verfügt. Um diesen Prozeß des Verfalls aufzuhalten, fragt die kubanische Ziegelei unseren Investor, welche Rendite sie ihm bieten müßte, damit er die € 100.000 trotz des Nachteils fehlender Liquidität in Kuba investiert. Er antwortet, es müßten schon 13% sein. "Gut" willigt das Direktorium der kubanischen Ziegelei ein, "wir ändern die Geschäftspläne und legen noch diese Woche revidierte Kalkulationen vor, die zeigen, dass Sie 13% Rendite erwarten können."

Darauf überlegt das kubanische Direktorium, wo sie die zusätzlichen 3% herholen. Schließlich gibt es nur diese Lösungen: Die kubanischen Mitarbeiter erhalten weniger Lohn und müssen länger arbeiten. Jemand meint noch, man solle im Geschäftsplan vorsehen, weniger für Qualität und Sicherheit auszugeben ... ∎

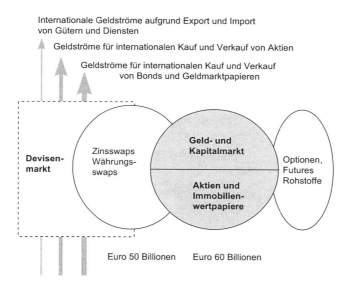

Bild 1-9: Übersicht zu den Finanzmärkten. In den Vordergrund gerückt sind erstens die Geld- und Kapitalmärkte dieser Welt, auf denen Geldmarktinstrumente und Anleihen gehandelt werden, sowie zweitens die Börsen für Aktien und daneben für Wertpapiere, die Rechte auf andere Realobjekte wie etwa Immobilien verbriefen. An den beiden genannten Märkten werden Wertpapiere gehandelt, die insgesamt etwa einen Wert von 60 Billionen Euro verkörpern.

Eine Schätzung: Wie kann man den Liquiditätsvorteil zahlenmäßig schätzen? Werden die Märkte für alle Bonds und Geldmarktpapiere dieser Welt betrachtet, so ist das ausstehende Volumen mit insgesamt 35 Billionen (Tausend Milliarden) Euro zu veranschlagen.

Die Marktkapitalisierungen der Aktiengesellschaften kommen auf insgesamt 25 Billionen Euro. Zusammen sind das 60 Billionen Euro.

Der Vorteil durch Liquidität, der den Volkswirtschaften zukommt, beträgt vielleicht 1% bei Anleihen und Geldmarktpapieren und 2% bei Aktien. Das summiert sich Jahr für Jahr auf 850 Milliarden Euro. Wird diese Summe, um eine Vorstellung zu haben, auf die Anzahl der Einwohner in den USA, Europas und Japans dividiert (etwa 850 Millionen Menschen), so beträgt der durch die Liquidität geschaffene Vorteil 1.000 Euro pro Kopf und Jahr.

Die hohe Liquidität kann im übrigen Nachteile mit sich bringen. Sicher wird ein reiner Finanzinvestor, der die Liquidität schätzt, faktisch vom Kapitalnehmer oder Manager getrennt sein. Eine umfangreiche Literatur ist dieser *Separation of Ownership and Control* gewidmet. Ein bloßer Finanzinvestor kann leicht mit den Füßen abstimmen und wird kaum ein Engagement zeigen, das über die Zurverfügungstellung des Kapitals hinaus geht. In der Folge werden Manager von den Finanziers weder unterstützt noch stark kontrolliert. Im Spiegelbild dessen kann geschehen, dass ein Manager die Finanziers sogar nicht besonders schätzt. Ohnehin können sie auf kurze Sicht sein Handeln wenig beeinflussen. Der Manager empfindet Fragen auf der Hauptversammlung vielleicht als lästig und sieht oftmals die Beziehung zur Bank als deutlich "konstruktiver" an. Eine Beziehung über *liquide Beziehungskontrakte* stellt eben etwas Besonderes dar.

Anders ist das bei Direktinvestitionen, bei Familienunternehmen und bei Firmen, in denen Kapitalgeber (Finanzier) und Kapitalnehmer (Manager) in einer Person vereint sind, in der des Unternehmers, oder in der sie eng zusammenwirken. Der Entrepreneur und der Familienunternehmer sehen, dass an ihn gebundene Finanziers aus eigenem Interesse konstruktive Beiträge liefern. Ist eine Beziehung auf Dauer angelegt, dann sind die Beteiligten motiviert, in die Beziehung zu investieren.[4]

1.3.3 Hyperbolische Diskontierung

Wer bereit ist, die Empfehlungen der Finanzierung zu befolgen und Entscheidungen anhand von Barwerten trifft, könnte noch Rechenfehler

---

[4] 1. MICHAEL JENSEN und WILLIAM H. MECKLING: Theory of the firm: Managerial behavior, agency costs and ownership structure. *Journal of Financial Economics* 3 (1976), pp. 305-360. 2. HAROLD DEMSETZ: The structure of ownership and the theory of the firm. *Journal of Law and Economics* 26 (1983), pp. 375-390. 3. EUGENE F. FAMA und MICHAEL JENSEN: Separation of ownership and control. *Journal of Law and Economics* 26 (1983), pp, 301-325. 4 BRADFORD CORNELL und ALAN C. SHAPIRO: Corporate Stakeholders and Corporate Finance. *Financial Management* (Spring 1987), pp. 5-14. 5. RAYMOND VERNON: International Investment and International Trade in The Product Cycle. *Quarterly Journal of Economics* 80 (1996), pp. 190-207. 6. R. LA PORTA, FLORENCIO LÓPEZ-DE-SILANES, ANDREI SHLEIFER und R. VISHNY: Corporate ownership around the world. *Journal of Finance* 54 (1999), pp. 471-517.

begehen. Der Barwert zukünftiger Zahlungen wird nach (1-1) berechnet, doch oft greifen die Menschen nicht zu einem Taschenrechner sondern schätzen den Barwert einer in Zukunft fälligen Zahlung im Kopf. Vielleicht vermengen wir gelegentlich den persönlichen Nutzen mit dem Barwert. Jedenfalls belegen Experimente, dass Menschen hierbei Fehler unterlaufen.

Zahlungen in der nahen Zukunft werden zu stark diskontiert oder es wird ihnen recht geringer Nutzen zugeschrieben. Zahlungen der ferneren Zukunft werden zu gering diskontiert oder es wird ihnen ein vergleichsweise hoher Nutzen zugewiesen. Dieses Phänomen heißt *hyperbolische Diskontierung*. Die hyperbolische Diskontierung[5] wird zusammen mit anderen Phänomenen im Behavioral Finance untersucht.[6]

Beispiel 1-6: Jemand darf eine der Zahlungsreihen X oder Y wählen.

- Bei X erhält die Person in einem Jahr 100 sowie in zwanzig Jahren 1000.
- Bei Y erhält sie in zwei Jahren 100 sowie in fünfzehn Jahren 1000.

Viele Menschen überlegen nun so: "Ob ich die 1000 in fünfzehn oder in zwanzig Jahren erhalte, macht wenig Unterschied, denn bis dahin ist es lang hin. Bei X bekomme ich die 100 aber schon in einem Jahr, bei Y erst in zwei Jahren. Das ist ein großer Unterschied. Deshalb ziehe ich X vor."

Jedoch ist für Zinssätze in üblicher Höhe der Barwert der bevorzugten Zahlungsreihe X stets geringer als der von Y. Beispielsweise für $i = 8\%$ beträgt der Barwert (Present Value) von X, $PV(X) = 307$, und der von Y beträgt $PV(Y) = 401$. Erst für Diskontsätze oberhalb von 28,1% kehrt sich diese Relation.

---

[5] 1. GEORGE LOEWENSTEIN und RICHARD H. THALER: Anomalies Intertemporal Choice. *Journal of Economic Perspectives* 3 (Fall 1989) 4, pp. 181-193. 2. DRAZEN PRELEC und GEORGE LOEWENSTEIN: Beyond Time Discounting. *Marketing Letters* 8 (1997) 1, pp. 97-108. 3. GEORGE-MARIOS ANGELETOS, DAVID LAIBSON, ANDREA REPETTO, JEREMY TOBACMAN und STEPHEN WEINBERG: The Hyperbolic Consumption Model: Calibration, Simulation, and Empirical Evaluation. *Journal of Economic Perspectives* 15 (Summer 2001) 3, pp. 47-68.

[6] 1. RICHARD H. THALER: *The Winner's Curse — Paradoxes and Anomalies of Economic Life*. Free Press, Macmillan, New York 1992. 2. HERSH SHEFRIN: *Börsenerfolg mit Behavioral Finance*. Schäffer-Poeschel, Suttgart 2000.

1.3.4 Linearität von NPV und von PV

Es bezeichne $X = (X_0, X_1, X_2, ..., X_T)$ die zu bewertende Zahlungsreihe. Der Net Present Value, NPV, und der Present Value, PV, sind durch (1-2) gegeben. Beide variieren in *linearer* Weise mit den Argumenten. Der Kapitalwert, aufgefaßt als Funktion der Zahlungen, ist *linear*.

(1-2)
$$NPV(X) = X_0 + \frac{X_1}{1+i} + \frac{X_2}{(1+i)^2} + ... + \frac{X_T}{(1+i)^T} = \sum_{t=0}^{T} \frac{X_t}{(1+i)^t}$$

$$PV(X) = \frac{X_1}{1+i} + \frac{X_2}{(1+i)^2} + ... + \frac{X_T}{(1+i)^T} = \sum_{t=1}^{T} \frac{X_t}{(1+i)^t}$$

Was heißt das? Wir formulieren es nur für den Net Present Value und es gilt alles analog für den Present Value:

- $NPV(s \cdot X) = s \cdot NPV(X)$ für alle Skalare s, wobei $s \cdot X$ im Argument links die Zahlungsreihe $(s \cdot X_0, s \cdot X_1, s \cdot X_2, ..., s \cdot X_T)$ ist, bei der alle Geldbeträge mit dem Skalar multipliziert sind.
- Für Zahlungsreihen $X = (X_0, X_1, X_2, ..., X_T)$, $Y = (Y_0, Y_1, Y_2, ..., Y_T)$ gilt die Additivität: $NPV(X+Y) = NPV(X) + NPV(Y)$. Dabei ist $X+Y$ links die Zahlungsreihe $(X_0 + Y_0, X_1 + Y_1, X_2 + Y_2, ..., X_T + Y_T)$.

Die Linearität entspricht Regeln, die sich praktisch überall im praktischen Leben finden:

- Wenn man für eine Konservendose Tomaten € 1,50 bezahlen muss, dann kosten drei ($s = 3$) Dosen das Dreifache, € 4,50.
- Wer im Supermarkt eine Konserve Tomaten für € 1,50 und eine Schachtel Spaghetti für € 2,30 in den Warenkorb legt, zahlt an der Kasse € 3,80.

Ja, es gibt im Alltag Mengenrabatte, und Konsumenten werden mit Marketing gefangen. Doch mit dem Alltag verlassen wir die Idee des Marktes und des Ideals vollkommener Konkurrenz. So wundert es nicht, dass wir Alltagsmenschen, wenn wir nicht gerade zum Rechenstift greifen, Mühe mit der Linearität haben können.

1.3.5 Stichworte und Namen

Arbitragefreiheit, Barwert, Eigenkapital, Informationseffizienz, IRVING FISHER, Fisher-Separation, Finanzkapital Finanzkontrakt, Fremdkapital, hyperbolische Diskontierung, Liquidität, Linearität des Kapitalwerts, MEH, Mezzanine, Net Present Value, Present Value, Private Equity, Risikoprämie, Realkapital, Round Ticket, Sachkapital, Securitization, Vorteil der Liquidität, Wissenskapital, Zinssatz, Zahlungsreihe, Zeitpräferenz.

1.3.6 Fragen

1. Definieren Sie den Gegenstand der Finanzierung (Finance)!
2. Was wird unter Arbitragefreiheit, was unter Informationseffizienz verstanden?
3. Wie kann die Liquidität eines Wertpapiers gemessen werden?
4. In einer Gruppe wird ein Projekt $X = (-100, -20, 40, 70, 150)$ diskutiert. Berechnen Sie den Net Present Value für $i = 8\%$. Wieviel Prozent an Wert verliert das Projekt, wenn der Zinssatz, gleichsam über Nacht, auf 9% steigt?
5. In einer Unternehmung werden drei Projekte, X, Y, und Z aufgestellt. Die jeweiligen Net Present Value sind $NPV(X) = 120$, $NPV(Y) = -50$ und $NPV(Z) = 80$. Selbstverständlich können alle drei Projekte abgelehnt werden. Es gibt eine Nebenbedingung. So kann X nur realisiert werden, wenn man auch Y realisiert. Wie viele Entscheidungsmöglichkeiten gibt es? Welches ist jeweils ihr Net Present Value? Welche Gesetzmäßigkeit wurde bei der Beantwortung verwendet?
6. Soll eine international tätige Unternehmung mit zahlreichen Tochtergesellschaften in vielen Ländern deren Reporting auf die nationalen Finanzmärkte abstellen oder verlangen, dass stets in der Referenzwährung des Sitzes des Konzerns berichtet wird?
7. Frau Müller ist unternehmerisch tätig, doch mit ihrer Bank steht sie "auf Kriegsfuß" wie sie erklärt. Deshalb möchte sie bei einer Investition ohne die Bank auskommen. Sie hat zwei Projekte zur Wahl: $X = (-100, 105)$ und $Y = (-200, 0, 500)$. Wie wird sie sich entscheiden?

1.3.7 Lösungen

1. Untersuchung der Kapitalstruktur, der Vorteilhaftigkeit von Investitionen und der Preisbildung an den Finanzmärkten (Zinssatz, Risikoprämie).
2. Siehe Unterabschnitt 1.1.4. Die Informationseffizienz wird noch eingehender in den Kapiteln 3 und 9 behandelt werden.
3. Durch ein sogenanntes *Round Ticket* (Fußnote 1).
4. NPV(X)=81,60 bei einem Zinssatz von 8%, NPV(X)=75,64 bei 9%. Der Kapitalwert reduziert sich um (81,60-75,63)/81,60 = 7,3%, wenn der Zinssatz von 8% auf 9% steigt (und dort bleibt).
5. Es gibt sechs Handlungsmöglichkeiten: Man kann erstens alle Projekte verwerfen (0), zweitens X und Y annehmen (70), drittens Y (-50), viertens Z (80), fünftens Y und Z (30), sechstens X, Y und Z annehmen (159). Die sechs Net Present Value sind in Klammern angegeben. Zur Ermittlung dieser Barwerte von Kombinationen von Zahlungsreihen wurde die Linearität des Kapitalwerts verwendet.
6. Die Konzernleitung betrachtet die Töchter als Projekte und wird sie im Hinblick auf die Fisher-Separation anhand der Kapitalwerte und der Zahlungsreihen bewerten, die dem Finanzmarkt und der Referenzwährung des Konzerns entsprechen. Indessen kann aus praktischen Gründen eine Berichtserstellung in den nationalen Währungen der Töcher naheliegen, die in der Zentrale dann übersetzt wird.
7. Zunächst kommt es darauf an, über wieviel Geld sie derzeit frei verfügen kann. Sind das weniger als 100 Geleeinheiten, kann sie keines der Projekte realisieren, ist es mehr als 300 Geldeinheiten, könnte sie sogar beide Projekte gleichzeitig realisieren. Sodann ist ihre persönliche Zeitpräferenz wichtig. Wenn Frau Müller sehr ungeduldig ist, dürfte sie X den Vorzug geben. Obwohl Y so "rentabel" aussieht, erfolgt der Rückfluß für einen ungeduldigen Investor zu spät.

2. Dividend Discount Model

Wir definieren, was unter dem "Wert" einer Unternehmung verstanden wird: Der Preis in einem ideal funktionierenden Markt. Der Wert kann sich von Preisen unterscheiden, die in einem konkreten Marktumfeld zustande kommen, wenn dieses gewisse Unvollkommenheiten zeigt. Die Ermittlung von Werten verlangt also einen idealen Markt, und wo es einen solchen idealen Markt nicht gibt, dort wird er angenommen, modelliert, nachgebildet, simuliert. Jede Bewertung erfolgt daher in einem Modell. Das erste und allgemeinste Bewertungsmodell unterstreicht nochmals die Bedeutung der Zahlungen (2-2), (2-3). Mit der Transversalität (2-6) kann daraus das Dividend Discount Model DDM (2-7) hergeleitet werden.

2.1 Definitionen 47
2.2 Transversalität 📖 53
2.3 Ergänzungen und Fragen 64

2.1 Definitionen

2.1.1 Das allgemein Gewünschte

Wertvoll, so erklärt das Lexikon, sind die Objekte, Sachverhalte, Haltungen und Ideen, die nach einem Prozeß der kulturellen und gesellschaftlichen Entwicklung und Läuterung von den Menschen eines Kulturkreises mehrheitlich als wünschenswert anerkannt werden. Die Mehrheit der Menschen in einem entwickelten Land sind daher bereit, sich anzustrengen oder auf anderes zu verzichten, um das Gewünschte zu erringen oder zu erhalten.[1]

---

[1] Es kann besondere Situationen geben, in denen die Allgemeinheit es nicht schafft, das als wertvoll Erkannte zu pflegen und zu erhalten. Trotz des Wertes muss es dem Verfall überlassen werden. Beispielsweise kann ein historisches Bauwerk als wertvoll gelten — unbeschadet der Tatsache, dass immer wieder Einzelne es häßlich finden und abreißen wollen. Und es kann sein, dass ein Stadtrat der Renovation des Denkmals höchste Priorität beimißt, und dennoch gibt es in einer augenblicklichen rezessiven Wirtschaftslage vielleicht nicht die Möglichkeit, Ressourcen dafür bereitzustellen.

Da die Wertvorstellung *allgemein* geteilt wird, kommt es nicht darauf an, was *einzelne* Personen von dem Objekt oder Sachverhalt denken.

Diese Definition des Werts gilt ebenso in den Wirtschaftswissenschaften: Der Wert eines Gutes, eines Objekts, eines Unternehmens leitet sich daraus ab, in welchem Maß in einem (kulturell, gesellschaftlich und wirtschaftlich entwickelten) Land es *allgemein* erwünscht ist und in welchem Umfang daher im allgemeinen die Bereitschaft besteht, dafür auf andere Güter zu verzichten.

> Der Wert eines Objektes drückt sich im Preis aus, den es in einem Markt hätte, der den unterstellten kulturellen, gesellschaftlichen und wirtschaftlichen Entwicklungsstand aufweist.[2] Einen solchen Markt apostrophieren wir als *ideal*.

Es wird demzufolge für die Bewertung einer Unternehmung in einem ersten Schritt die *Annahme* getroffen, dass es einen solchen idealen Markt gibt. Es wird mithin von einem *Modell* dieses Marktes ausgegangen. Selbstverständlich werden keine willkürlichen oder realitätsfernen Modellannahmen getroffen, doch sieht das Modell des idealen Marktes über alle Unvollkommenheiten eines konkreten Marktumfeldes hinweg. So darf das Marktmodell durchaus eine grundsätzliche oder *längerfristige* Sicht entwerfen und von konkreten aktuellen Umständen abweichen. Insoweit bestehen Unterschiede zwischen dem modellierten Markt und der Realität des Wirtschaftsalltags. In einem konkreten lokalen Umfeld kann es sogar sein, dass es überhaupt keine Möglichkeiten gibt, eine Unternehmung zu kaufen oder zu verkaufen. Dann ist der Unterschied zwischen der Realität und der Modellwelt besonders kraß. Ein Ideal hat immer einfache Züge, und auch das Marktmodell ist letztlich ein einfaches Modell und abstrahiert von der verwebten Komplexität der Gegebenheiten im Wirtschaftsalltag. Allerdings darf das Marktmodell nicht so stark vereinfachen, dass von Aspekten abgesehen wird, die im allgemeinen wünschenswert sind. Denn der Wert war als das "allgemein wünschenswerte" definiert.

Welche Eigenschaften weist der ideale Markt auf? 1. Der ideale Markt ist hinreichend groß — es gibt sehr viele Anbieter und Nachfrager. 2. Er ist offen: alle Personen können nach persönlicher und freier Entscheidung in den Markt treten oder ihn verlassen. 3. Vergleiche sollen leicht möglich, das Handelsgeschehen transparent sein. 4. Die Akteure sind

---

[2] 1. JOHN R. HICKS: *Value and Capital.* Oxford 1939. 2. WOLFGANG STÜTZEL: *Preis, Wert und Macht.* Dissertation Tübingen 1952 (Neudruck Aalen 1972). 3. WALDEMAR WITTMANN: Der Wertbegriff in der Betriebswirtschaftslehre. Köln und Opladen 1956.

2. DISCOUNT DIVIDEND MODEL

gut informiert und handeln im wesentlichen rational. 5. Für Objekte derselben Qualität gibt es einen einheitlichen Preis und der Markt ist stets im Gleichgewicht. 6. Kein Marktteilnehmer denkt, über Marktmacht zu verfügen und den Preis beeinflussen zu können. 7. Zudem ist das Marktgeschehen durch zahlreiche Möglichkeiten der Substitution geprägt — es gibt stets Ausweichmöglichkeiten.

Bild 2-1: Die Bewertung eines konkreten Wertpapiers, einer konkreten Kapitalanlage oder einer Unternehmung verlangt es, das Generelle herauszustellen, und dies kann nur durch Abstraktion geschehen. So wird die Bewertung in einem Modell vorgenommen. Das Modell trifft die Annahme eines gut funktionierenden Finanzmarktes und verhilft zu einer vereinfachten Beschreibung der konkreten Investition oder Kapitalanlage.

Nochmals: Ein gut funktionierender Markt ist eine Idealisierung, eine Modellvorstellung. Er entspricht dem volkswirtschaftlichen Konzept der vollständigen Konkurrenz. Einen solchen Markt für die zu bewertenden Objekte *anzunehmen* ist der erste Schritt bei einer jeden Bewertung. In einem zweiten Schritt wird das zu bewertende Objekt in dieser Modellwelt beschrieben. Dazu werden jene Merkmale erfaßt, die in der Modellwelt für den (dortigen) Preis Bedeutung haben. Andere Aspekte des zu bewertenden Objekts, die in der Realität vielleicht auffallen, in der Modellwelt aber für den Preis nicht relevant sind, werden weggelassen. Drittens wird mit ökonomischer, analytischer Methodik der Preis des in die Modellwelt übertragenen Objekts, den es im Marktmodell aufweist, errechnet. Dieser Preis ist der *Wert*.

Jede Bewertung verlangt mithin ein *Bewertungsmodell*, das die drei genannten Schritte rechnerisch ausführt:

1. Annahme des gut funktionierenden Marktes und Modellierung seiner Eigenschaften.
2. Übertragung des konkreten zu bewertenden Objekts in die Modellwelt durch Abstraktion von Aspekten, die im Marktmodell keine Bedeutung für den Preis haben.
3. Ermittlung des Preises für das in die Modellwelt übertragene Objekt.

Diese Vorgehensweise einer Bewertung erscheint zunächst recht theoretisch und abstrakt, doch bietet sie den großen Vorteil der Standardisierung der Arbeit. Sie ist von lokalen oder temporären Besonderheiten losgelöst. Sie folgt allgemeinen Überlegungen, die in der Fachdiskussion von Experten zu einheitlichen Bewertungsstandards führen. Best-Practices können sich für die Bewertung herausbilden.

2.1.2 Wert, Preis, Buchwert

Investitionsprojekte, Unternehmungen oder Beteiligungen wechseln genauso in der Realität mehr oder weniger häufig den Eigentümer. Die entsprechenden "Märkte" — sofern überhaupt von einem Markt gesprochen werden darf und nicht nur vereinzelte Transaktionen stattfinden — funktionieren jedoch nicht in allen Aspekten so perfekt, wie es das idealisierte Marktmodell beschreibt.

In den Märkten unseres Alltags gibt es Transaktionskosten und der Marktzugang ist nicht immer möglich. Die Kosten für die Informationsbeschaffung sind gelegentlich erheblich. Käufe wie Verkäufe werden gelegentlich aus einer Stimmung heraus getätigt und sind nicht immer rational. Oft gibt es überhaupt nur ganz wenige Personen, die für eine Transaktion überhaupt in Frage kommen. Ab und zu kann jemand den Preis durch Worte oder durch Transaktionen sogar beeinflussen. Jedesmal spielen spezifische Besonderheiten hinein, lokale und temporäre Umstände. Einmal tätigt eine Person einen Notverkauf, ein andermal möchte ein Kaufinteressent unbedingt ein bestimmtes Objekt erwerben und ist bereit, jeden Preis zu zahlen. Das Entgelt kann schon deshalb nicht als "genereller Preis" betrachtet werden, weil eine durchaus vergleichbare Transaktion vielleicht zu einem ganz anderen Geldbetrag abgewickelt wird.

Folglich müssen der Wert (Preis in einem idealen Markt) und das Entgelt für Transaktionen im konkreten Umfeld unterschieden werden.

- Den *Wert* bezeichnen wir stets mit W,
- das Entgelt oder den *Preis* in einem konkreten Umfeld mit P.

Auch der Kurs einer Aktie oder die *Marktkapitalisierung* einer Gesellschaft[3] an einer konkreten Börse, die immer gewisse Besonderheiten im Vergleich zum Idealbild des gut funktionierenden Marktes zeigt, wenngleich die Unterschiede im Normalfall gering sind, wird mit P bezeichnet. Je näher das konkrete Umfeld für die Transaktionen von Projekten, Unternehmen oder Beteiligungen dem Ideal des gut funktionierenden Marktes kommt, desto weniger unterscheiden sich der Wert W und der Preis oder Kurs P.

Oft wird dieser Einwand gegen die Bedeutung des Werts geäußert: "Mein Chef möchte vor einer Akquisition nicht den theoretischen Wert kennen, sondern er möchte wissen, wieviel er letztlich wirklich zahlen muss. Ihn interessiert P, nicht aber W. Denn der Wert entstammt einer idealisierten Welt ökonomischer Modelle und hilft meinem Chef, der mit beiden Beinen in der Realität steht, wenig". Die Antwort: Selbst wenn ein Käufer oder Verkäufer sich in der Praxis nur für den zu zahlenden Preis P interessiert, wird zunächst der Wert W bestimmt. Denn hier können sich die Experten an dieselben Bewertungsmodelle halten und folgen bewährten Standards und der Best-Practice. Das gibt Verläßlichkeit bei der Bewertung. Sodann wird geprüft, welche Abweichungen es zwischen dem konkreten Marktumfeld und dem generellen Marktmodell gibt, und diese Unterschiede werden durch Adjustierungen (Zuschläge oder Abschläge) berücksichtigt.

Beispiel 2-1: Eine Witwe möchte ein Ferienhaus, das früher ihrem Mann und ihr viel bedeutete, verkaufen. Gemessen an den schönen

---

[3] Die *Marktkapitalisierung* ist das Produkt aus Kurs und Anzahl der ausgegebenen Aktien (*Number of shares*, NOSH).

Erinnerungen denkt sie, eine Million erzielen zu können, zumal ihr verstorbener Mann immer sagte, das Haus sei sehr viel wert. Ein Makler erhebt alle wertrelevanten Aspekte, wie die Grundstücksgröße, die Lage, das Haus, die Bausubstanz und so fort — wenngleich sehr persönliche Aspekte und natürlich die Erinnerungen der Eigentümerin nicht einfließen. So gelangt der Makler zu einem Wert von $W = 750.000$ Euro. Dann ergänzt er, dies sei der Wert. Doch der Immobilienmarkt sei derzeit schlecht und vergleichbare Transaktionen seien stets mit einem Abschlag von 20% gegenüber dem Wert gelaufen. Das heißt, man könne das Haus derzeit allenfalls für $P = 600.000$ Euro verkaufen. Davon müßten noch die Transaktionskosten abgezogen werden. Alles in allem würde die Eigentümerin eine halbe Million erhalten. Die Alternative sei, zu warten, bis sich der Immobilienmarkt etwas erholt habe, doch das könne Jahre dauern. Zudem verliere das Haus über die Jahre nur an Wert, wenn es nicht unterhalten werde. ∎

Begriffe und Bezeichnungen	
Wert (Preis im idealen Markt)	W
Preis (Entgelt im konkreten Marktumfeld)	P
Buchwert	B

Oft gibt es zu Kapitalanlagen und Investitionsprojekten *Aufzeichnungen* über die Zahlungen, die bisher zu ihrer Begründung geleistet worden sind, und vielfach wurden in diesen Aufzeichnungen Abschreibungen berücksichtigt. Bei Unternehmen sind solche *Bücher* regelmäßig vorhanden. Die daraus resultierende Wertgröße ist eine Summe früher geleisteter Ausgaben für die Anschaffung unter Betonung greifbarer Vermögensgegenstände (Sachkapital, Tangibles) unter Berücksichtigung von Abschreibungen. Diese Größe ist als *Buchwert* bekannt.

- Wir werden Buchwerte stets mit B bezeichnen.

Auf den Buchwert eines Projekts oder einer Unternehmung hat der Standard der Rechnungslegung Einfluß. Der traditionelle Standard entsprach der Zielsetzung, Gläubiger zu schützen. Typischerweise war der ausgewiesene Buchwert B tendenziell geringer als der Wert W. Inzwischen gibt es Anstrengungen, umschrieben als *True and Fair View*, das Accounting so zu gestalten, dass die Rechnungen jene Informationen bieten, die einen Schluß auf den Wert W gestatten. Vereinfacht könnte man sagen: Unter True and Fair View kommt B näher an W. Dennoch ist klar, dass der Buchwert B und der Wert W begrifflich zu unterscheiden sind und dass sie trotz der in Richtung True and Fair View gehenden Bemühungen nicht dieselbe Höhe haben werden.

So ist nun der Wert W eines Projektes oder einer Unternehmung als Preis definiert, den dieses Objekt in einem gut funktionierenden Markt hätte, und der Wert W wurde vom Preis P im konkreten Marktumfeld unterschieden sowie von der Buchgröße B.

2.2 Transversalität

Nun soll ein erstes Bewertungsmodell hergeleitet werden. Das geschieht in drei Schritten, und in jedem Schritt wird die Überlegung in die Form einer Annahme gekleidet.

2.2.1 Es kommt nur auf die Rückflüsse an

Projekte, Unternehmen oder Beteiligungen befinden sich in der Hand von *Finanzinvestoren*, und sie verkaufen ihre Projekte, Unternehmen oder Beteiligungen gelegentlich an andere Investoren. Dabei vergleichen sie in einer offenen und transparenten Umgebung, welche Möglichkeiten sich sonst bieten. Durch diese Vergleichsmöglichkeiten und die Entscheidungsfreiheit der Investoren kommt ein "Markt" zustande.

Die Marktteilnehmer, sei es im idealisierten Marktmodell oder in einem konkreten Marktumfeld sind sämtlich *Investoren*. Die für die Bewertung zentrale Frage ist folglich die, was sich Investoren in ihrer *Allgemeinheit* wünschen. Es darf davon ausgegangen werden, dass sie letztlich auf die finanziellen Rückflüsse ihrer Geldanlagen achten. Wenn sie ein Projekt, ein Unternehmen oder eine Beteiligung beurteilen, achten sie darauf, wann ihnen daraus Geld zurückfließt, um welche Beträge es sich dann handelt, zu welchen Zeitpunkten diese Rückflüsse erfolgen und welche Unsicherheiten hinsichtlich dieser Rückflüsse bestehen. Wir hatten das schon in Kapitel 1 ausgeführt.

> Der Wert der Projekte, Unternehmen und Beteiligungen hängt nur von den Rückflüssen ab. Weitere Merkmale und Informationen, die oft erhoben und für "wichtig" erachtet werden, haben nur insoweit Bedeutung, als sie dazu verhelfen, genauere Erwartungen hinsichtlich der Rückflüsse zu bilden und die mit ihnen verbundenen Risiken einzuschätzen.

Das ist in der Praxis ein wichtiger Punkt, weil die Rückflüsse oft nicht so genau vorhergesehen werden können. Wer eine Unternehmung bewertet steht dann vor dem Dilemma, dass die Größen, von denen der Wert eigentlich abhängt, nicht direkt ermittelt oder nur sehr ungenau geschätzt werden können. Dann muss man zu einer indirekten Ermittlung der Rückflüsse übergehen. Es werden andere, leichter beobachtbare Größen ermittelt, die zu den Rückflüssen in einem betriebswirtschaftlich begründeten Zusammenhang stehen. Beispielswiese kann vom Gewinn auf Ausschüttungen geschlossen werden. Von der Forschung und Entwicklung kann auf zukünftige Gewinne geschlossen werden. Von der Kreativität der Mitarbeiter kann auf Chancen und Optionen geschlossen werden, die ergriffen werden, wenn es das Marktumfeld erlaubt. Von Buchwerten kann (mit Einschränkungen) auf einen Liquidationswert geschlossen werden, der dann sagt, welches die untere Grenze der risikobehafteten Rückflüsse wäre. Deshalb spielen alle diese Fakten und Größen eine Rolle, auch wenn sie nicht direkt den Wert begründen. Ihre Rolle besteht darin, einen Schluß auf die Höhe und die Risiken der Zahlungen zu erlauben, die den Investoren in Zukunft zufließen werden.

2.2.2 Kaufen, Halten, Verkaufen

Die Rückflüsse, die ein Investor mit einem Projekt, einer Unternehmung oder einer Beteiligung erzielt, hängen von zwei Aspekten ab.

Zum einen wird mit der Projektplanung und der Unternehmensplanung festgelegt, zu welchen Zeitpunkten welche Zahlungen an die Investoren erfolgen beziehungsweise wann die Investoren allenfalls weitere Einlagen tätigen sollen. Diese Planungen können oft vom Investor innerhalb gewisser Grenzen noch beeinflußt werden. Beispielsweise kann eine Unternehmung höhere Ausschüttungen planen, wobei dann weniger Mittel einbehalten werden, die innerhalb der Unternehmung für Investitionen zur Verfügung stehen — wodurch das weitere Wachstum der Unternehmung geringer ausfällt. Alternativ kann die Unternehmung geringere Ausschüttungen planen, so dass mehr einbehalten und in der Unternehmung investiert werden kann — was das Wachstum stärkt.

Zum anderen entscheidet der Investor, für *wie lange* er die Beteiligung behalten und wann er sie verkaufen möchte. Wenn er eine Beteiligung erwirbt und beispielsweise nur ein Jahr hält, kann er natürlich nur die Ausschüttungen des ersten Jahres einnehmen sowie den Erlös aus dem Verkauf der Beteiligung am Ende des einen Jahres. Wenn der Investor die Beteiligung zwei Jahre zu halten plant, dann kann er die

2. DISCOUNT DIVIDEND MODEL

Ausschüttungen der ersten beiden Jahre einnehmen sowie den Erlös aus dem Verkauf der Beteiligung am Ende des zweiten Jahres.

- Wenn der Investor die Beteiligung T Jahre zu halten plant, kann er T Jahre die Ausschüttungen einnehmen. Sie seien mit Verweis auf die Dividende mit $D_1, D_2, ..., D_T$ bezeichnet.[4]
- Hinzu kommt der Erlös aus dem Verkauf der Beteiligung am Ende des Jahres T. Dieser entspricht dem Wert, den die Beteiligung zu jenem Zeitpunkt haben dürfte — wir sind immer im idealen Markt und der dortige Preis ist der Wert. Angesichts des Plans, die Beteiligung zu verkaufen, heiße dieser Verkaufserlös (im idealen Markt) *Endwert* (*Terminal Value*). Er sei mit W_T bezeichnet.

W_T ist der Wert, den die Unternehmung aufgrund heute verfügbarer Information zum Zeitpunkt T haben wird.[5]

Mit diesen Bezeichnungen können wir die erste Annahme so formulieren: Der Wert eines Projektes, einer Unternehmung oder einer Beteiligung hängt allein von den Zahlungen ab, die mit der Investition in Zukunft verbunden sein werden:

(2-1) $$W = f(D_1, D_2, ..., D_T, W_T)$$

Hier drückt f die funktionale Abhängigkeit des Werts W von den zukünftigen Zahlungen aus. Nur die mutmaßlichen Höhen, Zeitpunkte und die mit ihnen verbundenen Risiken sind wertbestimmend, f hat keine weiteren Argumente. Allein die Zahlungsreihe $D_1, D_2, ..., D_T, W_T$ ist wertrelevant. Hinweis: Da die Zukunft unsicher ist, sind eigentlich alle zukünftigen Zahlungen unsichere Größen. Wir betrachten jedoch zunächst nur das *erwartete Szenario*, und verstehen entsprechend $D_1, D_2, ..., D_T$ und W_T als Erwartungswerte der zukünftigen Zahlungen.

---

[4] Selbstverständlich kann der freien Wahl der Dauer der Beteiligung eine Grenze gesetzt sein, zum Beispiel wenn ein Projekt ohnehin nur eine endliche Lebensdauer hat.

[5] Im Regelfall dürfte der Endwert positiv sein. Doch kann er auch negativ sein. Das heißt: Der Investor muss, wenn er sich von der Beteiligung löst, noch eine Zahlung leisten um von ihr wirklich loszukommen. Das ist der Fall, wenn Abbruchkosten entstehen oder Verpflichtungen gegenüber Sozialpartnern und dem Staat zu erfüllen sind.

2.2.3 Bei den Rückflüssen kommt es nur auf deren Barwert an

Bei der Reihe der Zahlungen ist für den Wert W nur von Bedeutung, welches ihr Barwert ist. Und dieser Barwert ist folglich der gesuchte Wert der Unternehmung. Wenn also zwei verschiedene Projekte, Unternehmen oder Beteiligungen zwar verschiedene Zahlungsreihen haben, diese jedoch denselben Barwert aufweisen, dann haben die beiden Projekte, Unternehmen oder Beteiligungen übereinstimmende Werte.

Hinter dieser Aussage steht das Postulat, dass es auf die Zeitpräferenz des einzelnen Investors nicht ankommt. Der Grund dafür liegt in den Möglichkeiten, die ein gut funktionierender Finanzmarkt immer bietet, zeitliche Transfers von Zahlungen vorzunehmen, indem zwischenzeitliche Anlagen oder Geldaufnahmen getätigt werden. Mit Hilfe eines gut funktionierenden Finanzmarktes können zwei verscheidende Zahlungsreihen, sofern sie denselben Barwert haben, immer ineinander überführt werden. Die Argumentation wurde in Kapitel 1 vorgeführt und als *Fisher-Separation* bezeichnet.

Um den Barwert der Zahlungsreihe $D_1, D_2, ..., D_T, W_T$ rechentechnisch möglichst einfach auszudrücken, verwenden wir zwei Sachverhalte.

- Der erste ist als *Wertadditivitätsprinzip* bekannt. In einem (gut funktionierenden) Markt hat ein Güterbündel einen Preis, der mit der Summe der Preise der einzelnen Komponenten des Güterbündels übereinstimmt. Dieses Prinzip sieht man an der Kasse in einem Supermarkt. Die Güter werden aus dem Warenkorb genommen, ihre Preise werden einzeln eingetippt und die Summe gibt den Preis für den Warenkorb insgesamt. Insbesondere ist der Wert der Zahlungen $D_1, D_2, ..., D_T, W_T$ gleich dem Wert der ersten Zahlung, plus dem Wert der zweiten Zahlung, und so fort.

- Der zweite Sachverhalt, auf den wir uns jetzt berufen, ist die traditionelle Form der *Diskontierung*. Sie dient dazu, den Wert einer zukünftig fälligen Zahlung zu bestimmen. Hierzu dient ein Diskontsatz, üblicherweise wird er mit r bezeichnet. Der Barwert einer in t Jahren anfallenden Zahlung, die in Höhe Z_t erwartet wird, ist gleich $Z_t / (1+r)^t$.

Die Diskontrate r entspricht derjenigen Rendite, die Finanzinvestoren *sonst* im Markt für eine hinsichtlich des Risikos vergleichbare Geldanlage erwarten. Die Diskontrate ist daher gleich dem Zinssatz, wenn die zu bewertende Zahlung ganz sicher ist. Die Diskontrate ist hingegen höher als der Zinssatz, wenn die Zahlung noch mit einer gewissen Unsicherheit verbunden ist. Denn wer Geld risikobehaftet anlegt, kann im

2. DISCOUNT DIVIDEND MODEL

Finanzmarkt eine etwas *höhere* Rendite erwarten. Den genauen Zusammenhang werden wir in den beiden folgenden Kapiteln 3 und 4 studieren. Jetzt genügt die Feststellung, dass bei Unsicherheit die Diskontrate neben dem Zinssatz eine *Risikoprämie* beinhaltet. Deshalb wird diese Form der Diskontierung — im Zähler steht der Erwartungswert der zukünftigen Zahlung, im Nenner stehen Potenzen von Eins plus einer Diskontrate, die neben dem Zinssatz eine Risikoprämie enthält — als *Risikoprämienmethode* bezeichnet. Nochmals: Die Diskontrate r ist jene Rendite, die bei vergleichbaren Anlagen im Markt erwartet wird. Sie ist daher eine Marktgröße. Sie ist nicht eine allein auf die Person des Investors bezogene Größe, welche die Zeit- oder Risikopräferenz nur eines Investors widerspiegeln würde.

Beide Sachverhalte — Wertadditivität und Diskontierung mit der Risikoprämienmethode — bedeuten, dass der gesuchte Barwert der Zahlungsreihe $D_1, D_2, ..., D_T, W_T$ und damit der Wert W des Projektes, der Unternehmung oder der Beteiligung wie folgt geschrieben werden kann:

(2-2)
$$W = \frac{D_1}{1+r} + \frac{D_2}{(1+r)^2} + ... + \frac{D_T}{(1+r)^T} + \frac{1}{(1+r)^T} \cdot W_T =$$

$$= \sum_{t=1}^{T} \frac{D_t}{(1+r)^t} + \frac{W_T}{(1+r)^T}$$

Der Wert ist gleich der Summe der Barwerte der bis Ende einer geplanten Haltedauer T vorauszusehenden Rückflüsse unter Einschluß des Endwerts als Verkaufserlös (im idealen Markt) bei Ende der beabsichtigten Haltedauer. Mit (2-2) haben wir ein erstes Bewertungsmodell für Unternehmen gefunden. Die Formel (2-2) muss übrigens für alle T gelten. Denn angenommen, für $T=1$ würde sich mit $(D_1 + W_1)/(1+r)$ ein anderer Wert ergeben als für $T=2$ mit $D_1/(1+r) + (D_2 + W_2)/(1+r)^2$. Wenn beispielsweise der erste Wert geringer wäre als der zweite, dann bevorzugten alle Investoren eine Haltedauer von zwei Jahren. Das hieße, dass der Wert W_1 zu gering wäre. Im Markt würde niemand zum Zeitpunkt 1 verkaufen, der Preis würde sofort steigen, bis eben W_1 so hoch ist, dass ein Gleichgewicht erreicht ist. Deshalb muss (2-2) für alle T auf denselben Wert führen:

$$(2\text{-}3)\quad\begin{aligned}W &= \frac{D_1}{1+r}+\frac{W_1}{1+r} = \\ &= \frac{D_1}{1+r}+\frac{D_2}{(1+r)^2}+\frac{W_2}{(1+r)^2} = \\ &= \frac{D_1}{1+r}+\frac{D_2}{(1+r)^2}+\frac{D_3}{(1+r)^3}+\frac{W_3}{(1+r)^3} = \ldots\end{aligned}$$

Mit einfachen Umformungen ist zu erkennen: Die Folge der Endwerte muss in dieser Beziehung stehen:

$$(2\text{-}4)\quad\begin{aligned}W_1 &= W\cdot(1+r)-D_1 \\ W_2 &= W_1\cdot(1+r)-D_2, \\ W_3 &= W_2\cdot(1+r)-D_3, \\ &\ldots \\ W_T &= W_{T-1}\cdot(1+r)-D_T\end{aligned}$$

Was bedeutet das? Wenn sich ein Investor entschließt, das Projekt, die Unternehmung oder die Beteiligung noch ein Jahr länger zu halten, dann erhöht sich der Endwert entsprechend der Rendite r (weil das Kapital angelegt bleibt), doch korrigiert sich der Endwert um die Entnahme. Das Wertadditivitätsprinzip werden wir nicht bezweifeln. Es besagt: Wenn sich eine Zahlungsreihe $Z=(Z_1,Z_2,\ldots)$ zerlegen und als Summe zweier anderer Zahlungsreihen $X=(X_1,X_2,\ldots)$ und $Y=(Y_1,Y_2,\ldots)$ darstellen läßt, $Z=X+Y$, was $Z_1=X_1+Y_1, Z_2=X_2+Y_2,\ldots$ bedeutet, dann ist der Wert von Z, $W(Z)$, gleich der Summe der Werte von X und Y, $W(Z)=W(X)+W(Y)$.

Andernfalls wäre *Arbitrage* möglich: Angenommen, es würde $W(Z)>W(X)+W(Y)$ gelten. Sofort würden Arbitrageure in den Markt treten, X und Y kaufen, zu Z zusammenfügen und Z verkaufen. Zahlungsströme zusammenzulegen und als Paket in Finanzmärkten neu anzubieten, ist keine große Arbeit. Sie geht praktisch ohne Aufwand von statten. Analog kann argumentiert werden, dass der Fall $W(Z)<W(X)+W(Y)$ nicht eintreten. Arbitrageure oder Intermediäre würden Z kaufen, zerlegen, und die Bestandteile X und Y einzeln verkaufen — Eine solche Zerlegung heißt *Asset Stripping*.[6]

---

[6] Beispielsweise können Wandelanleihen in einen Bond mit geringem Coupon und einen Optionsschein zerlegt werden. Mit der Zerlegung ist weder an Wert etwas verloren gegangen noch gewonnen. Banken nehmen Asset Stripping in der Praxis vor, wenn sich

Ebenso kann die traditionelle Form der Diskontierung anhand der Risikoprämienmethode bis auf weiteres dienen. Sie liefert korrekte Barwerte unsicherer Zahlungen, solange deren Risiko nicht zu groß ist.

2.2.4 Der Endwert kann nicht immer vernachlässigt werden

Die Formeln (2-2) oder (2-3) besagen, dass sich der Wert einerseits aus der Summe der diskontierten Dividenden bis zum Ende der Haltedauer der Beteiligung bestimmt, andererseits der diskontierte Endwert hinzu kommt.

Der Endwert darf nicht vernachlässigt werden. Das ist selbstverständlich. Wer eine Aktie kauft um sie zwei oder drei Jahre zu halten, interessiert sich manchmal weniger für die Dividenden und achtet viel mehr auf den mutmaßlichen Kurs, den die Aktie zum Verkaufszeitpunkt haben sollte. Auch negative Endwerte dürfen nicht übersehen werden: Wer ein Grundstück kauft, übernimmt dabei die Lasten und Pflichten. Gelegentlich bedarf ein Grundstück aufgrund einer Vergiftung einer Sanierung. Wer eine Unternehmung übernimmt, kann sie nicht einfach schließen ohne einen Sozialplan einzuhalten und die Kredite zurückzuzahlen.

Beispiel 2-2: Der Rechtsanwalt erklärt dem Erben: "Die Hinterlassenschaft besteht aus einem Mehrfamilienhaus, und allein aufgrund der Mieteinnahmen sollte es einige Millionen wert sein. Allerdings gibt es da ein ungelöstes Problem mit Rechten, die Dritten übertragen worden sind, und die hinterlassen werden können. Die Erfüllung dieser Pflichten wurde vom Erblasser immer verschoben, und die Lösung wird Jahr um Jahr teurer. Der Wert des Objektes ist, korrekt gerechnet, negativ. Ich empfehle Ihnen, die Erbschaft abzulehnen." ■

Indessen könnte vermutet werden, dass sich die Bedeutung des Endwert im Verlauf der Jahre verliert. Man könnte denken, dass er etwa bei einer Investitionsdauer von 100 Jahren keinen Einfluß auf den Wert hat. Diese *Vermutung* ist jedoch nicht generell richtig.

Beispiel 2-3: Ein Haus hat, mit einigen wenigen Renovationen über die Zeit hinweg, eine Nutzungsdauer von 100 Jahren. Wer ein Grundstück mit einem Haus kauft, kann das Haus also 100 Jahre nutzen. Das Haus dürfte dann keinen Wert mehr haben, das Grundstück jedoch

---

im konkreten Marktumfeld bei der Privatkundschaft kleinere Preisvorteile ergeben. Privatinvestoren wünschen oftmals nur X, ohne Y zu wollen. Die Bank erwirbt dann Z, zerlegt es, erzielt mit der Weitergabe von X einen guten Preis und verkauft auch Y an den Finanzmärkten wieder.

schon. Der Wert entspricht der Summe der Barwerte der in Geld ausgedrückten Wohnmöglichkeit für die kommenden 100 Jahre plus dem Barwert des Werts des Grundstücks, den es in 100 Jahren wohl haben wird. Wer das gleiche Haus auf einem Erbpachtgrundstück kauft, bewertet dieses Objekt allein anhand der Summe der Barwerte der in Geld ausgedrückten Wohnmöglichkeit für die kommenden 100 Jahre, ohne einen Endwert für das Grundstück berücksichtigen zu können, weil es dann an die Gemeinde zurückfällt. ■

Dennoch könnte vermutet werden, dass sich der Einfluß des Endwerts, selbst wenn er nach 100 Jahren noch substanziell sein kann, in den meisten Fällen (wenngleich nicht immer) verliert. Da unsere Wertformel (2-2) für jedes T gilt, muss sie ebenso für $T \to \infty$ gelten (sofern die Grenzwerte im mathematischen Sinn existieren):

$$(2\text{-}5) \qquad W = \lim_{T \to \infty} \sum_{n=1}^{T} \frac{D_n}{(1+r)^n} + \lim_{T \to \infty} \frac{W_T}{(1+r)^T}$$

Der Wert ist gleich der unendlichen Summe der diskontierten Dividenden plus dem Grenzwert (Limes für $T \to \infty$) der diskontierten Endwerte.

- Die erste Wertkomponente, die unendliche Summe der diskontierten Dividenden, läßt sich gut kommunizieren. Der Praktiker sagt einfach, es komme auf die Barwerte *aller* Dividenden an.
- Die zweite Wertkomponente, der Grenzwert der diskontierten Endwerte, ist schwieriger vorstellbar. Es geht um den Grenzwert der Zahlenfolge $W_1/(1+r)$, $W_2/(1+r)^2$, $W_3/(1+r)^3$,...

Die Endwerte dürften mit den Jahren zunehmen, wie (2-4) suggeriert. Sofern die Dividenden positiv sind, nimmt die Folge der Endwerte W_1, W_2, W_3,... jedoch *nicht so stark* zu wie die Folge der Potenzen $(1+r)$, $(1+r)^2$, $(1+r)^3$,... Das bedeutet, dass die Zahlenfolge $W_1/(1+r)$, $W_2/(1+r)^2$, $W_3/(1+r)^3$,... tendenziell abnimmt und möglicherweise sogar gegen Null konvergiert. Das könnte in vielen Fällen gut so sein — wenngleich es Situationen gibt, in denen die Folge der diskontierten Endwerte nicht gegen Null konvergiert sondern vielleicht gegen eine positive oder eine negative Größe. Die Bedingung

$$(2\text{-}6) \qquad \lim_{T \to \infty} \frac{W_T}{(1+r)^T} = 0$$

ist daher eine Annahme (die oft, aber nicht immer erfüllt ist). Sie heißt *Transversalität*. Wenn die Transversalität erfüllt ist, dann vereinfacht sich die Wertformel (2-5) zu

(2-7)
$$W = \lim_{T \to \infty} \sum_{t=1}^{T} \frac{D_t}{(1+r)^t} = \\ = \frac{D_1}{(1+r)} + \frac{D_2}{(1+r)^2} + \frac{D_3}{(1+r)^3} + \ldots$$

Der Wert ist bei Transversalität gleich der Summe aller diskontierten Dividenden. Ist die Transversalität erfüllt, darf der Endwert, der in (2-2) und (2-5) noch eine nicht zu unterschlagende Rolle spielte, vergessen werden.

> Das Bewertungsmodell (2-7) heißt *Discounted Dividend Model* (DDM). Der Wert ist (bei Transversalität) gleich der Summe aller diskontierten Dividenden. Gemeint sind alle Dividenden bis in die unendlich ferne Zukunft.

Zur Erinnerung: Das DDM wurde in drei Schritten hergeleitet. Im ersten Schritt haben wir begründet, dass die Investoren nur auf die Zahlungen achten. Im zweiten Schritt wurde argumentiert, dass es bei verschiedenen Zahlungsreihen nur auf deren Barwert ankommt. Im dritten Schritt haben wir Transversalität angenommen, weshalb die Endwerte (in der unendlich fernen Zukunft) keine Rolle spielen.

Um das DDM in einem konkreten Fall anwenden zu können, müssen zwei Arten von Daten beschafft werden.

1. Zum einen müssen Erwartungen hinsichtlich der zukünftigen Dividenden gebildet werden.
2. Zum anderen muss die Diskontrate bestimmt werden. Wir sagten schon, dass dazu die Risiken, mit denen die Dividenden behaftet sind, in eine marktgerechte Rendite zu übersetzen sind.

Die Dividenden und ihre Risiken beziehen sich auf die Zukunft. Wo wir die Zukunft nicht kennen, sind wir gezwungen, Erwartungen über die Zukunft aufgrund von Fakten zu bilden, die wir kennen. Das heißt, die Erwartungen werden aufgrund von Tatbeständen gebildet, die bereits eingetreten sind, oder der Vergangenheit angehören. *So hängt zwar der Wert einer Sache nur von der Zukunft ab, doch um Erwartungen über die Zukunft zu bilden, blicken wir notgedrungen in die Vergangenheit.*

2.2.5 Wert und Preis

Das DDM begründet einen Zusammenhang zwischen dem Wert W (Preis im idealen Markt) und dem Preis P (in einem konkreten Marktumfeld oder Kurs an einer Börse). Denn ein Investor unseres Wirtschaftslebens könnte den abstrakten, im Modell ermittelten Wert W tatsächlich konkret *realisieren*. Er muss dazu die Beteiligung auf Dauer halten. Dann fließt ihm W tatsächlich zu (sofern in der Modellwelt ein Diskontsatz gewählt wurde, der dem realen Umfeld entspricht).

- ξ Ist der Kurs (an einer konkreten Börse) P geringer als der abstrakte Wert W, dürften sich immer mehr Anleger finden, die in der Absicht kaufen, allenfalls sehr lange zu warten. Der Kurs wird steigen und sich in Richtung des Werts bewegen.

- ξ Liegt der Kurs hingegen über dem abstrakten Wert, $P!W$, dann werden immer mehr Investoren, die eine langfristige Geldanlage wünschen, erkennen, dass sie durch ein langfristiges Halten nur W realisieren. Sie also verkaufen. Der Kurs P wird durch diese Verkäufe fallen und sich in Richtung des Werts W bewegen.

Ergebnis: Wenn es in einem konkreten Marktumfeld viele langfristig orientierte Investoren gibt, dann werden die Kurse oder die Marktkapitalisierungen ziemlich genau dem jeweiligen Wert entsprechen.[7]

Ab und zu wird so kommentiert: Wenn ein Anleger eine Aktie bewertet und entdeckt, dass ihr Kurs P geringer als der Wert W ist, könnte es *lange* dauern, bis sich der Kurs P bewegt. Das ist aber nicht der Punkt: Der Langfrist-Investor kauft Aktien mit einem (im Vergleich zum Wert) geringen Kurs *nicht*, weil er darauf spekuliert, dass "der Markt den Fehler entdeckt und sich der Kurs auf den Wert bewegt" und er dann wieder verkaufen kann. Der Langfrist-Investor kauft, weil er mit dem langen Halten über die Rückflüsse sich den Wert W sichert, und dafür nur P, $P\ W$ bezahlen muss.

Die Kursanpassung läuft in der Praxis unterschiedlich schnell ab.

1. Untersuchungen für die nationalen Börsen zeigen, dass Kurse für Blue-Chips praktisch ohne Verzögerung den Werten entsprechen. Denn an den Börsen halten sich Trader bereit, erkennbare Anpassungen zu antizipieren. Sie bauen Positionen auf oder ab,

---

[7] Hingegen ist klar: Wenn es aus dem einen oder anderen Grund in einem konkreten Marktumfeld nur wenige langfristig orientierte Investoren gibt, oder wenn Langfristinvestoren ein knappes Budget haben, dann können sich durchaus Kurse herausbilden, die vom Wert abweichen.

wenn sie Preisbewegungen erwarten. Hierdurch beschleunigen sich Anpassungen.

2. Wenn wir den internationalen Markt der nationalen Börsen betrachten, so dauert es gelegentlich einige Monate, bis die Indizes jene Bewertungen widerspiegeln, die mit volkswirtschaftlichen Analysen vorgenommen werden. Denn hier setzt jede Anpassung internationale Geldströme voraus. Viele Investoren haben jedoch Schwerpunkte im Heimatmarkt. Sie sind kaum zu anderen Ländergewichtungen bereit.

3. Noch mehr Zeit benötigt die Anpassung bei Immobilien, die Jahre oder Jahrzehnte dauern kann. Im Immobilienmarkt bestehen hohe Transaktionskosten: Gebühren, Informationskosten und "psychische Kosten." Eine Änderung des Immobilienportfolios lohnt sich nur, wenn eine längere Haltedauer geplant wird.

Deshalb gibt es nicht immer Gewähr, dass der Preis den Wert korrekt widerspiegelt.

Ein konkretes Marktumfeld und die dortigen Kurse werden als *fundamental* gesund bezeichnet, wenn es zahlreiche Käufer mit langfristiger Absicht gibt. Diese Situation liegt vor, wenn es angesichts der Kurse attraktiv ist, zu kaufen und lange zu halten, weil dann der Wert realisiert wird. Ein konkretes Marktumfeld und die dort bestehenden Kurse werden hingegen als *spekulativ* bezeichnet, wenn die langfristig orientierten Investoren verkaufen.

In einem spekulativen Umfeld erkennen viele Marktteilnehmer durchaus, dass die Kurse P über den Werten W liegen. Es gibt dann nur noch Käufer, die darauf spekulieren, dass man in kürzester Frist noch besser verkaufen kann. Es wird in solchen Situation allgemein gesehen, dass Langfrist-Investoren ihren Einsatz kaum zurück erhalten werden. Doch die aktuelle immer weiter nach oben laufende Kursbewegung lockt Investoren an, die spekulieren, dass sie bald zu noch höheren Kursen verkaufen können. Die Langfrist-Investoren haben zwar längst verkauft und "den Markt verlassen", doch *die Hausse nährt die Hausse*. Im Extremfall entsteht eine *Preisblase*. Irgendwann kommt es zu einem Umdenken der Spekulanten und zu einem Crash.

Ein fundamental orientiertes Marktgeschehen setzt somit erstens voraus, dass es überhaupt Investoren mit einem langfristigen Anlagewunsch gibt — das ist in allen Ländern mit entwickelten Finanzsektoren der Fall, nicht unbedingt aber in Emerging Markets. Zweitens müssen die informatorischen Grundlagen für die Bewertung gegeben sein: Es darf keine allzu große Unsicherheit hinsichtlich der zukünftigen Dividenden bestehen. Das ist bei großen Unternehmen in traditionellen Branchen der Fall. Hingegen besteht bei neuen Produkten und Technologien oder bei kleinen und jungen Unternehmen oft Unsicherheit, wie überhaupt die zukünftigen Rückflüsse eingeschätzt werden sollen. So kommt eine hohe *Bewertungsunsicherheit* auf, die langfristig orientierte Investoren verschreckt. Von daher findet man an Börsen für Unternehmen mit neuen Technologien überwiegend Investoren, die keine eigenen Bewertungen vornehmen sondern bloß einen Kurstrend ausfindig machen wollen. Diese Marktteilnehmer kümmern sich wenig um die Frage, ob die Kurse P nun über oder unter den Werten W liegen (die ohnehin nur mit großer Unsicherheit bestimmt werden können). Sie interessieren sich für Mutmaßungen hinsichtlich des weiteren Kursverlaufs. Hierzu beobachten sie andere spekulativ eingestellte Investoren (die wiederum keine Ahnung über den Wert haben) und versuchen, ihnen bei den Käufen voraus zu eilen.

> Diese Vorstellung hatte JOHN M. KEYNES in die *Metapher des Schönheitswettbewerbs* gekleidet: Wenn der spekulative Anleger eine Aktie kauft, wird er raten, zu welchen Kursen er die Aktie wieder verkaufen könnte. Das aber hängt davon ab, wie andere (spekulative) Marktteilnehmer die Aktie einschätzen. Sie werden die gleiche Überlegung anstellen. Sie werden raten, wie Dritte denken, zu welchen Konditionen man die Aktie wieder einmal verkaufen kann. KEYNES meinte: *Intelligence is devoted to anticipate what average opinion expects the average opinion to be.*

Ein solcher Kreis sich selbst erfüllender Prophezeiung setzt voraus, dass der "wahre" Wert W unsicher ist, weil die zur Berechnung des Werts benötigten Informationen kaum beschafft oder geschätzt werden können. Wie gesagt haben die Langfrist-Investoren einem Markt, in dem die Kursbildung am besten durch die Keynes-Metapher beschrieben wird, längst den Rücken gekehrt.

2.3 Ergänzungen und Fragen

2.3.1 Zusammenfassung der Abschnitte 2.1 und 2.2

Der Wert einer Unternehmung ist der Preis, den sie in einem gut funktionierenden Markt *hätte*. Ein solcher Markt ist immer eine Idealisierung, eine Annahme, ein Modell. Jede Bewertung verlangt folglich drei Schritte: Erstens muss der ideale Markt angenommen, nachgebildet, simuliert, modelliert werden. Zweitens wird das zu bewertende Objekt so beschrieben, dass es in diese Modellwelt gehoben werden kann. Dazu wird von all jenen Aspekten abstrahiert, die im Marktmodell gar nicht erscheinen, im Alltag aber dem einen oder anderen vielleicht auffallen. Berücksichtigt werden alle Aspekte, die für die "Allgemeinheit" Bedeutung haben und der Wertdefinition entsprechend wertbestimmend sind. Drittens muss nun mit ökonomischen und mit rechnerischen Methoden ermittelt werden, welchen Preis das in die Modellebene gehobene Objekt im modellierten Markt hat. Dieser Preis ist der Wert.

Im Markt für Unternehmen sind Investoren tätig. Finanzinvestoren achten, zumindest in ihrer Allgemeinheit, allein auf die Rückflüsse. Folglich kann der Wert eines Projektes, einer Unternehmung oder einer Beteiligung nur von den Zahlungen abhängen, die den Finanzinvestoren zukünftig zufließen. Des weiteren kommt es bei den Zahlungsreihen nur auf deren Barwert an. Das war die Aussage der Fisher-Separation (Kapitel 1).

So folgt ein grundlegendes Bewertungsmodell (2-2) oder (2-3). Der Wert stimmt überein mit der Summe der Rückflüsse bis zu einem beliebigen Horizont (Haltedauer der Beteiligung) *plus* dem Barwert des Werts, den das Projekt, die Unternehmung oder Beteiligung dann haben dürfte. Dies ist der *Endwert*.

Der Endwert hat folglich eine wichtige wertbestimmende Rolle. Nur bei *Transversalität* (2-6) stimmt der Wert mit der Summe der Barwerte aller Dividenden überein (2-7) und der Endwert muss nicht erwähnt werden. So entsteht das *Dividend Discount Model* (DDM).

Das DDM begründet zudem einen Zusammenhang zwischen dem Wert W (Preis im idealen Markt) und dem Preis P (in einem konkreten Markumfeld oder Kurs an einer Börse).

- Ein Investor kann den abstrakten, in einem Modell ermittelten Wert tatsächlich für sich realisieren. Er muss nur die Beteiligung auf Dauer halten. Dann fließt ihm W tatsächlich zu. Er wird das tun, wenn der Kurs vergleichsweise tief ist. Dann treten *Langfrist-Investoren* als Käufer auf. Sie kaufen nicht in der Hoffnung, dass der Preis steigt, sondern in der Überzeugung, dass der Wert richtig ermittelt wurde und sie mit einem Halten auf Dauer den Wert realisieren.

- Gibt es hingegen Bewertungsunsicherheit, ziehen sich die Langfrist-Investoren zurück. Dann bleiben im Markt *Spekulanten*. Sie interessieren sich nicht für den Wert und sind in diesem Sinn nicht über die Fundamentaldaten informiert. Die dermaßen uninformierten Spekulanten wollen lediglich eine Kursprognose treffen. Sie hoffen, bald mit Kursgewinn verkaufen zu können. Für die Kursprognose beobachten sie das Verhalten anderer Spekulanten, die ebenso uninformiert (über den Wert) sind. Dieses Bild zeichnet die Keynes-Metapher.

2.3.2 Substanzwert und Ertragswert in der Rückblende

Um 1920 wurde allgemein gedacht, der Wert einer Unternehmung sei durch das vorhandene Sachkapital festgelegt, also durch die *Substanz*. Für die Bewertung wurde damals vorgeschlagen, von den Zeitwerten der einzelnen Vermögensgegenstände auszugehen und diese zu addieren.

Die Werte der Gegenstände des Sachkapitals sollten anhand der Bilanz bestimmt werden. Aufgrund der Abschreibungen finden sich die Gegenstände des Sachkapital in der Bilanz mit ihrem Zeitwert.

Da sich die Bilanzansätze aus den historischen Anschaffungskosten und darauf bezogene Abschreibungen bestimmen, wurde die Unternehmung letztlich anhand ihrer *Vergangenheit* bewertet. Außerdem sieht der Ansatz der Substanzbewertung weitgehend vom immateriellen Vermögen ab, das nur unter Einschränkungen in einer Bilanz aktiviert wird.

Im Gegensatz dazu hat FISHER etwa um dieselbe Zeit argumentiert, dass Projekte, Unternehmen und Beteiligungen anhand der Rückflüsse zu bewerten sind, die sie für Investoren in *Zukunft* generieren. Es komme nicht auf die Gewinne an, sondern eben auf Zahlungen. Doch diese Erkenntnisse (und die Fisher-Separation) haben den Praktikern jener Zeit Mühe bereitet.

Man war zwar um 1930 langsam bereit, der Substanzbewertung den Rücken zu kehren und sich einer Ertragsbewertung zu öffnen. Jedoch dachte man beim Ertragswert eher an die Summe der Barwerte der *Gewinne* als an die Summe der Barwerte von *Dividenden*. Zudem war FISHER Mathematiker und Nationalökonom und seine Betrachtungen galten bei Praktikern als "theoretisch".

Der erste, der ein starkes Plädoyer für die Verwendung der Dividenden und nicht der Gewinne in der Praxis der Unternehmensbewertung aussprach, war ROBERT F. WIESE 1930: *The proper price of any security, whether a stock or bond, is the sum of all future income payments discounted at the current rate of interest in order to arrive at the present value* (Investing for True Values, *Barron's*, 8. September 1930, p. 5).

Die Akzeptanz der Erkenntnis, dass eine Kapitalanlage genau soviel wert ist, wie sie an Geld in der Zukunft abwirft, darf WIESE zugesprochen werden.

Wenige Jahre später, 1938, bemerkt JOHN BURR WILLIAMS in seiner Dissertation: *A stock is worth only what you can get out of it* und zitiert ein Gedicht: Ein Farmer erklärt seinem Sohn, dass ein Obstgarten so viel Wert hat, wie das Obst, das er abgibt, und ein Bienenstock soviel wert ist, wie er Honig liefert (pp. 57-58). Der Farmer, so WILLIAMS, begeht nicht den Fehler, seinem Sohn zu erklären, der Obstgarten solle anhand der Blütenpracht und der Bienenstock anhand des Summens der Bienen bewertet werden. Der Doktorvater von WILLIAMS, JOSEPH A. SCHUMPETER (1883-1950) hatte seinen Schüler beauftragt, den "intrinsischen" Wert der Unternehmung zu klären.[8]

2.3.3 Stichworte und Namen

Wert, Preis, Barwert, Buchwert, Dividend Discount Model, Endwert, Ertragswert, fundamental orientierte Marktsituation, Keynes-Metapher, Risikoprämienmethode, spekulativ orientierte Marktsituation, Substanzwert, Transversalität, Wertadditivität, ROBERT F. WIESE, JOHN B. WILLIAMS.

2.3.4 Fragen

1. Ist die Behauptung, der Wert sei gleich dem Barwert der Rückflüsse (Dividenden) stets richtig?
2. Wie lautet die als Transversalität bezeichnete Annahme und wozu wird diese Annahme getroffen.
3. A) Wie kann ein fundamental orientierter Markt von einem spekulativ orientierten Markt unterschieden werden? B) Was will die Keynes-Metapher ausdrücken?

---

[8] Die Dissertation von JOHN BURR WILLIAMS, *The Theory of Investment Value*, wurde 1997 vom Verlagshaus Fraser in Burlington, Vermont, als Buch wieder aufgelegt.

4. Jemand kann eine Beteiligung für € 100.000 kaufen und erwartet in zwölf Monaten € 3.000 als Dividende. Er erwartet in einem Jahr eine Verkaufsmöglichkeit in Höhe von € 107.000. Für den Fall eines Haltens der Beteiligung über zwei Jahre, wird eine weitere Dividende in Höhe von € 3.000 erwartet und eine Verkaufsmöglichkeit am Ende der Zweijahresfrist in Höhe von € 120.000. Berechnen Sie für beide Haltedauern den "Wert." Interpretieren Sie die Tatsache, dass (2-3) nicht erfüllt ist.

5. Gegen die alleinige Bedeutung der Rückflüsse für den Wert gibt es ab und zu Einwände. Sie lauten etwa so: "Wenn meine Chefin mögliche Akquisitionen prüft, kommt es ihr vor allem darauf an, dass die zu übernehmende Unternehmung zu uns paßt. Wir kaufen Projekte in verschiedenen Phasen, und dann müssen das Projekt in seiner Art und die Phase zu unseren bereits bestehenden Projekten passen und sie inhaltlich ergänzen. Auf das Geld komme es nicht an, sagt meine Chefin." Nehmen Sie dazu Stellung.

2.3.5 Lösungen

1. Nein: Sie gilt nur, wenn die Transversalität (2-6) erfüllt ist. Ansonsten gilt (2-5).

2. Zur Definition siehe (2-6). Unter der Transversalität ist der Wert einer Unternehmung gleich der Summe der diskontierten Dividenden — ein Endwert fließt nicht mehr ein.

3. Hierzu Unterabschnitt 2.2.5.

4. Der Investor erwartet eine Wertentwicklung in Abweichung von (2-4). Diese Erwartung ist nicht konsistent mit der Annahme, die Beteiligungen würden in einem idealen Markt gehandelt.

5. Zwei Argumente: 1. Diese Aussage mag das Verhalten in einem konkreten Marktumfeld beschreiben, in dem das Angebot dünn ist und wirklich das Passende gesucht werden muss. Hat es dann der Kaufinteressent gefunden, ist er oft ohne Blick auf die Konditionen zur Transaktion bereit. Für die Bewertung wird jedoch der idealisierte, gut funktionierende Markt unterstellt, und in ihm gibt es sehr viele Anbieter. Unter den sehr vielen Angeboten finden sich stets viele, die inhaltlich genau passen würden. Da hat ein Investor mit klaren inhaltlichen Nebenbedingungen immer noch eine große Auswahl. Wer unter zahlreichen Investitionen, die inhaltlich alle passen würden, auswählen kann, entscheidet auf-

grund der Geldbeträge. 2. Neben dem betrachteten Kaufinteressenten finden sich im für die Bewertung angenommenen idealen Markt zahlreiche Finanzinvestoren, die inhaltlich nicht festgelegt sind. Ihr Angebot und ihre Nachfrage sorgt dafür, dass schließlich alle Projekte, Unternehmen und Beteiligungen einen Preis haben, der sich allein aus den Rückflüssen ableitet, nicht aber mehr vom Gegenstand, der Branche oder von der Reifephase abhängt.

3. Marktrendite

Der erste Schritt zur Ermittlung der Diskontrate r besteht darin, die Renditeerwartung für ein gut diversifiziertes Aktienportfolio zu ermitteln, das den Gesamtmarkt beschreibt. Diese Renditeerwartung wird kurz als Marktrendite bezeichnet. Es gibt zwei Methoden zur Bestimmung dieser Marktrendite: 1. Die *finanzwirtschaftliche* Schätzmethode betrachtet die Mittelwerte historischer Renditen, so wie sie an der Börse in den letzten Jahren verzeichnet wurden. 2. Die *realwirtschaftliche* Schätzung untersucht die Rendite, die sich aus den Dividenden und dem Wachstum aller Unternehmungen des Wirtschaftsraumes ergibt. Anschließend, in Kapitel 4, wird die Marktrendite auf jene Renditeerwartung umgerechnet, die mit einer einzelnen Aktie oder Kapitalanlage zu erwarten ist. Das ist dann die Diskontrate, die beispielsweise im DDM Verwendung findet.

3.1 Etwas Statistik 72
3.2 Finanzmarktdaten 📖 80
3.3 Realwirtschaftliche Schätzung 91
3.4 Ergänzungen und Fragen 99

Nach dem Dividend Discount Model ist (bei Transversalität) der Wert einer Kapitalanlage als Summe der Barwerte der für die Zukunft erwarteten Rückflüsse bestimmt. Die Berechnung der Barwerte, die Diskontierung, wurde nach der Risikoprämienmethode vorgenommen: Im Zähler steht die zum Zeitpunkt t *erwartete* Zahlung, im Nenner der Ausdruck $1+r$ in der Potenz t.

Dabei ist die *Diskontrate* r jene Rendite, die bei vergleichbaren Geldanlagen im Finanzmarkt *erwartet* werden kann.

Die Schätzung der *Renditeerwartung* von Anlageinstrumenten oder von Gruppen von Kapitalanlagen im Finanzmarkt ist somit eine wichtige Vorbereitung für die Bewertung von Investitionen.

Die sachgerechte und möglichst genaue Bestimmung der Höhe der für das kommende Jahr zu *erwartenden* Rendite ist ebenso für andere Aufgaben wichtig. Beispielsweise muss ein institutioneller Investor seinen

Kunden oder den Versicherten Prognosen für die später zu erwartende Leistung bieten, die er aus dem Anlageergebnis bedienen möchte. Die Kunden möchten hören, was sie später erwarten können. Auf solche Renditeerwartungen beruhen Beispielrechnungen, die den Kunden gezeigt werden.

3.1 Etwas Statistik

3.1.1 Zufällige Phänomene

Stets muss man sich vergegenwärtigen, dass die Zukunft unsicher ist. Auch die Renditen, die in Zukunft erzielt werden können, sind unsicher. Viele unsichere Größen sind nicht ganz ungewiß weil Wahrscheinlichkeiten dafür angegeben werden können, dass diese oder jene Realisation eintritt. Dann können Wahrscheinlichkeitsverteilungen aufgestellt werden. Die Wahrscheinlichkeitsverteilung ist vollständig beschrieben, wenn jede mögliche Realisation angegeben werden kann und dazu gesagt wird, mit welcher Wahrscheinlichkeit sie eintritt. Wer einmal einen Würfel geworfen hat, weiß was gemeint ist. Der Würfel kann auf 1 bis 6 Augen führen und jede dieser Realisationen hat eine Eintrittswahrscheinlichkeit von 1/6.

In der Wahrscheinlichkeitsrechnung und in der Statistik begnügt man sich oft damit, die Wahrscheinlichkeitsverteilung durch Parameter zu beschreiben. Für Zufallsgrößen, deren Realisationen Zahlen sind, ist der bekannteste und wichtigste Parameter der *Erwartungswert*. Der Erwartungswert ist die mit den Wahrscheinlichkeiten gewichtete Summe aller möglichen Realisationen.[1]

> Die Bedeutung des Erwartungswerts liegt im Gesetz der Großen Zahl, Das von JAKOB I. BERNOULLI (1654-1705) gefunden wurde: Wird ein Zufallsexperiment sehr häufig auf voneinander unabhängige Weise wiederholt, dann kann man immer sicherer sein, dass der Mittelwert der Ergebnisse der Ziehungen nahe beim Erwartungswert liegen wird. Formal: Für jede beliebig vorgegebene kleine Zahl ε konvergiert mit der Anzahl n der Versuche die Wahrscheinlichkeit, dass das Stichprobenmittel (der arithmetische Mittelwert der Ziehungen) um weniger als ε vom Erwartungswert abweicht, gegen 1.

---

[1] Für eine Verteilung, die nicht nur endlich viele, sondern unendlich viele mögliche Realisationen hat, lautet die Definition des Erwartungswerts analog.

Der Erwartungswert wirkt gelegentlich recht künstlich, weil nicht gesagt ist, dass er bei einer einzigen Durchführung des Zufallsexperiments überhaupt realisierbar wäre. Im Beispiel des Würfels ist die erwartete Augenzahl 3,5. Zudem versteht sich von selbst, dass man bei einer einzigen Durchführung eines Zufallsexperiments eine Realisation hat, die durchaus recht weit vom Erwartungswert entfernt sein kann. Um diese "Unsicherheit" zu messen, wird ein zweiter Parameter betrachtet, die Varianz. Die Varianz ist die mit den Wahrscheinlichkeiten gewichtete Summe der Quadrate der Differenzen zwischen den Realisationen und dem Erwartungswert, kurz: die mittlere quadratische Abweichung. Die Wurzel aus der Varianz ist die Standardabweichung oder Streuung der Zufallsgröße. Es gibt weitere Parameter, doch für jetzt genügen der Erwartungswert und die Varianz beziehungsweise die Standardabweichung. Wer also ein *zufälliges* Phänomen quantitativ näher beschreiben möchte, muss nicht unbedingt gleich die Wahrscheinlichkeitsverteilung im Detail angeben. Für viele Zwecke genügt es, den Erwartungswert und die Varianz beziehungsweise die Standardabweichung zu kennen.

Wir bringen noch die Formeln und ein Beispiel. Dabei beschränken wir uns auf eine Zufallsgröße $\tilde{x}$, die nur zwei mögliche Realisationen hat — die Symbole für Zufallsgrößen werden üblicherweise mit einer Tilde versehen. Die beiden Realisationen seien x_1 und x_2. Die Eintrittswahrscheinlichkeiten sind mit p_1 und p_2 bezeichnet; also gilt $p_1 + p_2 = 1$.

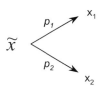

Der Erwartungswert, die Varianz, und die Standardabweichung sind in diesem einfachen Fall

(3-1)
$$E[\tilde{x}] = p_1 \cdot x_1 + p_2 \cdot x_2$$
$$Var[\tilde{x}] = p_1 \cdot (x_1 - E[\tilde{x}])^2 + p_2 \cdot (x_2 - E[\tilde{x}])^2$$
$$SD[\tilde{x}] = \sqrt{Var[\tilde{x}]}$$

Beispiel 3-1: Jemand spielt eine Lotterie, bei der mit Wahrscheinlichkeit ½ der Geldbetrag 100 gewonnen werden kann oder nichts. Der Erwartungswert ist 50 und die Varianz ist 2500, die Streuung also 50.

Beispiel 3-2: Die Rendite $\tilde{r}$ eines Finanzinstruments im kommenden Jahr wird mangels weiterer Informationen als zufällig betrachtet. Sie kann die beiden Realisationen $+30\%$ und -10% haben, und zwar je mit Wahrscheinlichkeit ½. Ihr Erwartungswert (wir verwenden dafür den Buchstaben r) beträgt $r = +10\%$. Beide Realisationen weichen davon im Betrag von $20\% = 0{,}20$ ab. Die quadratische Abweichung beträgt bei beiden Realisationen $0{,}20 \cdot 0{,}20 = 0{,}04$. Die mittlere quadratische Abweichung, die Varianz, ist gleich $0{,}04$. Daraus die Wurzel ergibt die Standardabweichung: Sie beträgt $0{,}20 = 20\%$. ■

> Hinweis: Weil die Rendite oft als Prozentzahl geschrieben wird, bietet es sich an, die Standardabweichung *der Rendite* ebenso als Prozentzahl zu schreiben. Wenn eine unsichere Rendite $\tilde{r}$ beispielsweise den Erwartungswert $r = 8\%$ besitzt und die Standardabweichung $\sigma = 20\%$, dann wird das gelegentlich so interpretiert: "Die unsichere Rendite nimmt Werte im Bereich $8\% \pm 20\%$ an." Dieser Bereich wird als das einfache *Sigma-Band* bezeichnet.

Wie die Definition des Erwartungswerts, der Varianz, und der Standardabweichung lauten, wenn die Zufallsgröße mehr als zwei, aber immer noch endlich viele Realisationen annehmen kann, ist unmittelbar klar und muss nicht eigens notiert werden. Für den Fall, dass die Zufallsgröße sogar stetig ist, das heißt, beliebige reelle Zahlen als Realisation annehmen kann, finden sich die formalen Definitionen in Lehrbüchern über Wahrscheinlichkeitsrechnung.

3.1.2 Normalverteilung

Die Bedeutung der Standardabweichung kann gut anhand der *Normalverteilung* veranschaulicht werden. Sie tritt im Leben so oft auf, dass die Bezeichnung "normal" angebracht ist. Die Erklärung liegt im *zentralen Grenzwertsatz*. Dieses Theorem besagt, dass Summen von Zufallsgrößen approximativ normalverteilt sind, egal welche Verteilung die addierten Zufallsgrößen haben. Da viele Phänomene im Leben das Ergebnis einer Summe zufälliger Einflüsse sind, kann die Normalverteilung oft beobachtet werden. Die Normalverteilung ist eine "stetige" Verteilung, das heißt, sie kann beliebe reelle Zahlen als Realisationen haben. Die Wahrscheinlichkeitsverteilung wird daher durch eine Dichtefunktion beschrieben. Die Dichtefunktion der Normalverteilung ist die nach GAUSS[2] benannte Glockenkurve. Die Normalverteilung ist durch die Pa-

---

[2] CARL FRIEDRICH GAUSS (1777-1855), Mathematiker, Astronom und Physiker war einer der vielseitigsten Mathematiker überhaupt. Die statistischen Arbeiten sowie die Fehler-

rameter Erwartungswert und Standardabweichung vollständig charakterisiert. Oft wird der Erwartungswert mit μ und die Standardabweichung mit σ bezeichnet — σ^2 ist dann die Varianz. Im Fall $\mu = 0$ und $\sigma = 1$ wird von der Standard-Normalverteilung gesprochen.

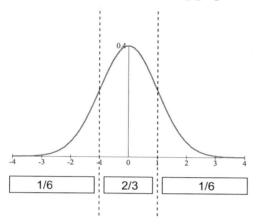

Bild 3-1: Die Dichtefunktion der Standard Normalverteilung ($\mu = 0, \sigma = 1$).

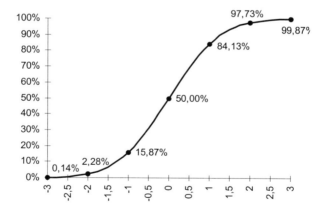

Bild 3-2: Darstellung der üblicherweise mit N Verteilungsfunktion einer standardisiert normalverteilten Zufallsgröße. Praktisch alle Werte liegen zwischen -3 und +3. Mit Wahrscheinlichkeit 2,28% nimmt die Zufallsgröße einen Wert an, der kleiner oder gleich -2 ist; mit Wahrscheinlichkeit 15,87% nimmt sie einen Wert an, der kleiner oder gleich -1 ist.

---

rechnung (Methode Kleinster Quadrate) entwickelte GAUSS im Zusammenhang der Wiederauffindung des Planetoiden *Ceres*, für die er die Position prognostizierte.

x	$N(x)$	$1-N(x)$	$2 \cdot N(x)-1$
-3,7	0,011%	99,989%	-99,978%
-3,6	0,016%	99,984%	-99,968%
-3,5	0,023%	99,977%	-99,953%
-3,4	0,034%	99,966%	-99,933%
-3,3	0,048%	99,952%	-99,903%
-3,2	0,069%	99,931%	-99,863%
-3,1	0,097%	99,903%	-99,806%
-3	**0,135%**	**99,865%**	**-99,730%**
-2,9	0,187%	99,813%	-99,627%
-2,8	0,256%	99,744%	-99,489%
-2,7	0,347%	99,653%	-99,307%
-2,6	0,466%	99,534%	-99,068%
-2,5	0,621%	99,379%	-98,758%
-2,4	0,820%	99,180%	-98,360%
-2,3	1,072%	98,928%	-97,855%
-2,2	1,390%	98,610%	-97,219%
-2,1	1,786%	98,214%	-96,427%
-2	**2,275%**	**97,725%**	**-95,450%**
-1,9	2,872%	97,128%	-94,257%
-1,8	3,593%	96,407%	-92,814%
-1,7	4,457%	95,543%	-91,087%
-1,6	5,480%	94,520%	-89,040%
-1,5	6,681%	93,319%	-86,639%
-1,4	8,076%	91,924%	-83,849%
-1,3	9,680%	90,320%	-80,640%
-1,2	11,507%	88,493%	-76,986%
-1,1	13,567%	86,433%	-72,867%
-1	**15,866%**	**84,134%**	**-68,269%**
-0,9	18,406%	81,594%	-63,188%
-0,8	21,186%	78,814%	-57,629%
-0,7	24,196%	75,804%	-51,607%
-0,6	27,425%	72,575%	-45,149%
-0,5	30,854%	69,146%	-38,292%
-0,4	34,458%	65,542%	-31,084%
-0,3	38,209%	61,791%	-23,582%
-0,2	42,074%	57,926%	-15,852%
-0,1	46,017%	53,983%	-7,966%
0	50,000%	50,000%	0,000%

3. MARKTRENDITE

Linke Seite: Bild 3-3: Tabelle der Werte der Standard-Normalverteilung (vergleiche Bild 3-2) für Argumente links vom Erwartungswert.

- Eine normalverteilte Zufallsvariable nimmt mit Wahrscheinlichkeit $0{,}6827 \approx 2/3$ einen Wert im Sigma-Band an, also im Bereich von $\mu - \sigma$ bis $\mu + \sigma$. Bei der Standard-Normalverteilung liegen daher etwa $2/3$ der Realisationen zwischen -1 und $+1$.

- Aufgrund der Symmetrie der Verteilung nimmt eine normalverteilte Zufallsgröße mit $(1 - 0{,}6827)/2 = 0{,}1586 \approx 1/6$ Wahrscheinlichkeit einen Wert an, der kleiner ist als $\mu - \sigma$. Mit derselben Wahrscheinlichkeit nimmt sie einen Wert an, der größer als $\mu + \sigma$ ist. Eine Standard-Normalverteilung nimmt daher mit Wahrscheinlichkeit von $0{,}1586 \approx 1/6$ einen Wert an, der unterhalb von -1 liegt und mit eben dieser Wahrscheinlichkeit nimmt sie Werte oberhalb von $+1$ an.

- Allgemein ist die Wahrscheinlichkeit, dass eine normalverteilte Zufallsvariable $\tilde{x}$ einen Wert zwischen zwei Zahlen x_1 und x_2 annimmt, $\Pr(x_1 < \tilde{x} \leq x_2)$, durch die Fläche zwischen x_1 und x_2 unterhalb der Dichtefunktion gegeben. Formal handelt es sich um das *Integral* der Dichtefunktion zwischen den beiden genannten Integrationsgrenzen.

- Die Wahrscheinlichkeit, mit der eine normalverteilte Zufallsvariable einen Wert kleiner oder gleich x annimmt, ist durch die Fläche zwischen $-\infty$ und x unterhalb der Dichtefunktion gegeben. Im Falle der standardisierten Normalverteilung wird diese Wahrscheinlichkeit mit $N(x)$ bezeichnet: $\Pr(\tilde{x} \leq x) = N(x)$. Also: $N(x)$ ist die Wahrscheinlichkeit, dass eine standardisiert normalverteilte Zufallsgröße $\tilde{x}$ (Erwartungswert 0, Streuung 1) einen Wert kleiner oder gleich x annimmt.

Es gibt für die Normalverteilung *keine* geschlossene, funktionale Darstellung der kumulierten Verteilungsfunktion $N(.)$ und die gewünschten Werte müßten jedesmal durch numerische Integration der Dichtefunktion gewonnen werden. Allerdings gibt es Approximationen mit Polynomen. Um diese Rechnungen zu ersparen, gibt es Tabellen, und mit Interpolation können Zwischenwerte ermittelt werden. Programme wie Excel bieten Funktionen (Normdist). In nachstehender Tabelle ist $N(x)$ für verschiedene Werte von x wiedergegeben. Weil das für Aufgaben im Finance nützlicher ist, ist $N(.)$ für Argumente links vom Erwartungswert (zwischen $-3{,}7$ und 0) gezeigt und als Prozentzahl angegeben. Aufgrund der Symmetrie gilt $N(-x) = 1 - N(x)$. In der Tabelle ist in rechten Spalte $2 \cdot N(x) - 1$ angegeben. Das ist die Wahrscheinlichkeit mit der die Zufallsvariable einen Wert zwischen $-x$ und x annimmt, $\Pr(-x \leq \tilde{x} \leq x) = 2 \cdot N(x) - 1$.

3.1.3 Stichproben

Oft ist zwar die Wahrscheinlichkeitsverteilung einer Zufallsgröße nicht bekannt, aber man kann einzelne Realisationen beobachten. Die Realisationen werden dann als Stichprobe aufgefaßt. Die Frage lautet dann, wie aus der Stichprobe ein Rückschluß auf die Wahrscheinlichkeitsverteilung und ihre Parameter möglich ist. Dies ist die Grundaufgabe der Statistik.

Wir konzentrieren uns auf einen Rückschluß von der Stichprobe auf die beiden Parameter Erwartungswert und Varianz der Wahrscheinlichkeitsverteilung. Die entsprechenden Rechnungen werden als *Schätzungen* der Parameter bezeichnet. Solche Schätzungen können stets Fehler in sich bergen. Drei Fehlerquellen sind zu beachten. Es kann sein, dass

1. eine Stichprobe gezogen wurde, die das Kollektiv — die ursprüngliche Wahrscheinlichkeitsverteilung — überhaupt *nicht repräsentiert*. Beispielsweise legt jemand in den Jahren 1991 bis 2000 an der Börse an und ist sehr zufrieden (Bild 3-3).

2. die Methodik der Schätzung ist *verzerrt* und führt dazu, dass die gefundenen Schätzwerte daneben liegen. Ein Schätzer, bei dem (wenn alle denkbaren Stichproben, die gezogen werden könnten, betrachtet werden) erwartet werden kann, dass er den gesuchten Parameter trifft, heißt *erwartungstreu*.

3. die Anzahl der Stichprobenwerte recht gering ist.

Die Statistik stellt Schätzverfahren zur Verfügung, die erwartungstreu sind und die vorhandene Stichprobe "gut ausnutzen". Im Einzelfall kann es dann immer noch sein, dass eine wenig repräsentative Stichprobe gezogen wurde, doch ist wenigstens bekannt, dass eine gute Methode verwendet wurde. Vielleicht gestattet es die Methode sogar, Angaben über die Größe des Schätzfehlers zu machen. Sie werden durch *Konfidenzintervalle* ausgedrückt.

Der bekannteste Schätzer für den Erwartungswert ist das arithmetische Mittel der Stichprobenwerte. Ist $\tilde{x}$ die Zufallsgröße und bezeichnet nun $x_1, x_2, \ldots x_n$ die gezogenen Stichprobenwerte (Umfang n), dann ist

3. MARKTRENDITE

(3-2)
$$\hat{x} = \frac{1}{n} \cdot \sum_{t=1}^{n} x_t$$

ein erwartungstreuer Schätzwert für den unbekannten und gesuchten Erwartungswert $E[\tilde{x}]$. Der übliche Schätzer für die Varianz ist die der Stichprobe. Oft wird sie mit $\hat{\sigma}_n^2$ beziehungsweise mit $\hat{\sigma}_{n-1}^2$ bezeichnet:

(3-3)
$$\hat{\sigma}_{n-1}^2 = \frac{1}{n-1} \cdot \sum_{t=1}^{n}(x_t - \hat{x})^2$$

$$\hat{\sigma}_n^2 = \frac{1}{n} \cdot \sum_{t=1}^{n}(x_t - E[\tilde{x}])^2$$

Beide Schätzer sind erwartungstreu, jedoch verlangt $\hat{\sigma}_n^2$ die Kenntnis des wahren Erwartungswerts, während sich $\hat{\sigma}_{n-1}^2$ mit der Schätzung des Erwartungswerts begnügt.

Beispiel 3-3: Jemand darf fünfmal eine Lotterie spielen — bei der, doch nur wir wissen das, man mit Wahrscheinlichkeit ½ entweder 100 oder 0 Euro gewinnt. Nur wir kennen deshalb die *wahren* Parameter: Der Erwartungswert der Lotterie ist $E = 50$, die Varianz $Var = 2.500$, und daher die Standardabweichung $SD = 50$. Die Person spielt und erhält $x_1 = 0$, $x_2 = 100$, $x_3 = 100$, $x_4 = 0$, $x_5 = 100$, gewinnt also dreimal die 100. Sie schätzt den Erwartungswert der Lotterie mit der ihr unbekannten Gewinnwahrscheinlichkeit zu $\hat{x} = 300/5 = 60$, die Varianz zu $\hat{\sigma}_{n-1}^2 = (1/4) \cdot (3.600 + 1.600 + 1.600 + 3.600 + 1600) = 3.000$ und daher die Streuung zu $\hat{\sigma}_{n-1} = 54{,}8$. ∎

Wir schließen dieses Repetitorium mit einem Blick auf den erwähnten *Zentralen Grenzwertsatz*: Angenommen, es gäbe eine Serie von Zufallsvariablen $\tilde{x}_1, \tilde{x}_2, \ldots$. Sie sollen voneinander unabhängig sein und eine identische Wahrscheinlichkeitsverteilung haben — nicht notwendig aber müssen sie normalverteilt sein. Ihr gemeinsamer Mittelwert sei μ und ihre gemeinsame Streuung sei mit σ bezeichnet. Dann gilt: Die Wahrscheinlichkeitsverteilung der Summe

$$\tilde{z}_n = \tilde{x}_1 + \tilde{x}_2 + \ldots + \tilde{x}_n$$

ähnelt mit wachsendem n immer genauer einer Normalverteilung, welche den Mittelwert $n \cdot \mu$ und die Streuung $\sqrt{n} \cdot \sigma$ hat.

3.2 Finanzmarktdaten

3.2.1 Historische Aktienrenditen

	Index Aktien	Rendite Aktien	Index Bonds	Rendite Bonds	Inflation
1925	100		100		
1926	121,69	21,7%	106,20	6,2%	-3,5%
1927	153,45	26,1%	111,90	5,4%	0,7%
1928	185,85	21,1%	117,47	5,0%	0,1%
1929	174,36	-6,2%	123,32	5,0%	-0,6%
1930	164,67	-5,6%	131,02	6,2%	-3,1%
1931	115,12	-30,1%	139,28	6,3%	-7,3%
...	...	...	...	...	
1990	8563,13	-19,3%	1488,72	1,2%	5,3%
1991	10076,24	17,7%	1610,80	8,2%	5,2%
1992	11853,69	17,6%	1804,42	12,0%	3,4%
1993	17876,55	50,8%	2038,63	13,0%	2,5%
1994	16514,36	-7,6%	2026,81	-0,6%	0,4%
1995	20322,57	23,1%	2275,70	12,3%	1,9%
1996	24039,56	18,3%	2398,13	5,4%	0,8%
1997	37307,63	55,2%	2534,07	5,7%	0,4%
1998	43040,13	15,4%	2678,67	5,7%	0,0%
1999	48071,78	11,7%	2666,88	-0,4%	1,7%
2000	53797,58	11,9%	2758,34	3,4%	1,5%
2001	41947,34	-22,0%	2864,04	3,8%	0,3%
2002	31061,38	-25,0%	3155,89	10,2%	0,9%
2003	37914,69	+22,1%	3222,98	2,1%	0,6%
M		*9,85%*		*4,62%*	*2,37%*
SD		**20,63%**		**3,68%**	**3,60%**

Bild 3-4: Daten, die von der Bank Pictet bereitgestellt werden. In den Spalten links sind die Indexstände für ein Portfolio Aktien Schweiz angegeben sowie die (diskreten) Jahresrenditen Aktien. Rechts daneben die Indexstände für ein Portfolio aus Anleihen und die Jahresrenditen für Anleihen. Ganz rechts ist die Rate der Inflation gezeigt. Die untersten Zeilen geben den arithmetischen Mittelwert M sowie die Standardabweichung SD der historischen Jahresrenditen wieder. Quelle: www.pictet.com/en/home/finance/overview.Par.0006.FileRef2.pdf/ Shares_Update_200401_en.pdf

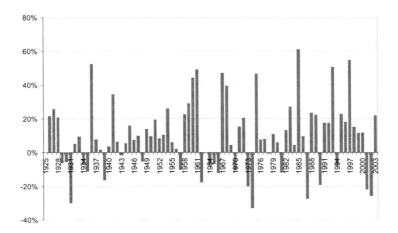

Bild 3-5: Die (nominalen) diskreten Jahresrenditen 1926-2003 einer Anlage in ein Portfolio schweizerischer Aktien. Datenquelle: Pictet.

Wie gesagt, muss für die Diskontierung bekannt sein, welche Rendite für eine Anlage vergleichbaren Risikos sonst im Finanzmarkt zu *erwarten* ist. Die Rendite für die kommende Periode ist natürlich unsicher und wir wissen recht wenig über sie. Also beginnen wir mit einem Blick auf Realisationen in der Vergangenheit. Wir konzentrieren uns auf die Aktienrenditen des Marktes insgesamt, also auf die Rendite, die mit einem breit diversifizierten Portfolio von Aktien *erwartet* werden kann.

In der klassischen Portfoliotheorie wird ein solches Portfolio als *Marktportfolio* bezeichnet. Deshalb werden wir die erwartete Rendite auf das Marktportfolio stets als *Marktrendite* ansprechen.

Im Kapitel 4 wird die Marktrendite dann auf eine einzelne Unternehmung umgerechnet, die ein im Vergleich zum Risiko des Marktportfolios unterschiedliches Risiko haben kann. Für die Umrechnung wird dann das Capital Asset Pricing Model (CAPM) herangezogen. Dabei können *nominale* oder *reale* Renditen betrachtet werden, also nominale Renditen abzüglich der Rate der Geldentwertung. Im folgenden konzentrieren wir uns stets auf die *nominalen* Renditen. Werden die nominalen Renditeerwartungen dann als Diskontraten zur Diskontierung zukünftiger Dividenden verwendet, müssen selbstverständlich die Dividenden als Nominalbetrag diskontiert werden und nicht reale, also inflationsbereinigte Dividenden.

Alternativ dazu kann man alle Renditen *real* darstellen, nur müssen dann die Zeitreihen der zu diskontierenden Zahlungen (Dividenden) gleichfalls inflationsbereinigt dargestellt werden. Die Wahl zwischen einer nominalen oder realen Betrachtung richtet sich danach, welche Daten leichter und mit geringerem Prognosefehler aufgestellt werden können. Äquivalent zur Bestimmung der erwarteten Aktienrendite r ist die Schätzung der Risikoprämie $p \equiv r - i$, die als Differenz zwischen der Aktienrendite r und dem Zinssatz i definiert ist. Nur angemerkt: In einigen Untersuchungen ist die Risikoprämie als Differenz zwischen der erwarteten Aktienrendite und der Rendite auf Bonds definiert.

-40% ... -30%	-30% bis -20%	-20% bis -10%	-10% bis 0%	0% bis 10%	10% bis 20%	20% bis 30%	30% bis 40%	mehr als 40%
				1986				
				1984				
				1980				
				1977				
				1976	2000			
			1994	1969	1999	2003		
			1978	1952	1998	1995		
			1965	1950	1996	1989		
			1990	1964	1947	1992	1988	
			1981	1963	1946	1991	1983	1997
			1973	1956	1944	1982	1972	1993
			1970	1955	1942	1979	1959	1985
			1966	1948	1940	1971	1958	1975
		2002	1962	1943	1938	1953	1954	1967
		2001	1957	1934	1937	1951	1928	1961
		1987	1939	1930	1933	1949	1927	1960
1974	1931	1935	1929	1932	1945	1926	1941	1936

Bild 3-6: Das Histogramm der Aktienrenditen für die Schweiz von 1926 bis 2001. Am häufigsten, und zwar in 17 der 72 Jahre, waren Aktienrenditen zwischen 0 und zehn Prozent. Quelle: Pictet.

Wenn über die Zukunft einer Sache nicht viel bekannt ist, bietet sich ein Blick in die Vergangenheit an: Man stelle sich vor, im Winter mit dem Auto auf einer Schnellstraße unterwegs zu sein. Plötzlich fällt von einer Brücke Schnee auf die Windschutzscheibe. Die Scheibenwischer bleiben im Schnee stecken. Der Blick nach vorn ist nicht möglich. In der Not fährt man mit dem "Blick in den Rückspiegel" und sieht, wo das

3. MARKTRENDITE

Auto kürzlich gewesen ist. In der Not, über zukünftige Aktienrenditen wenig zu wissen, betrachten wir die Aktienrenditen vergangener Jahre — wohl wissend, dass es immer Strukturbrüche geben könnte.

Wir beginnen also jetzt mit den Renditen, die in der Vergangenheit für ein ganzes Aktienportfolio erzielt werden konnten Einige Gründe sprechen dafür, Daten aus der Schweiz zu betrachten.[3] Die Bank Pictet hat die Renditen bis Jahresbeginn 1926 zurückverfolgt. So kennen wir heute eine Zeitreihe von 78 Jahresrenditen (Bilder 3-1 und 3-2). Unter den 78 Jahren gab es 23 Jahre mit negativen Renditen, in 5 Jahren lagen sie sogar unter -20%. Anderseits gab es 8 Jahre mit einer Rendite von über 40%. Weiterhin fällt auf, dass die Renditen recht gut als *normalverteilt* gelten können.

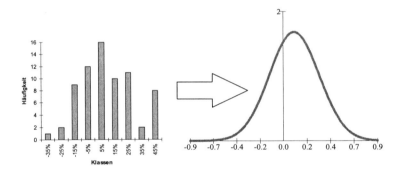

Bild 3-7: Das Histogramm der historischen Renditen auf ein Aktienportfolio führt auf die Hypothese, die Jahresrendite sei normalverteilt.

---

[3] Wir betrachten die Schweiz, weil Deutschland besonderen Entwicklungen ausgesetzt war: In der Zeit nach dem Ersten Weltkrieg gab es die Hyperinflation, in den Wachstumsjahren nach dem Zweiten Weltkrieg ungewöhnlich hohe und lang andauernde Renditen am Rentenmarkt. Auch die Equity-Märkte in Deutschland zeigen Besonderheiten. Zum einen ist die Börsenkapitalisierung in Relation zum Sozialprodukt (im internationalen Vergleich) gering, weil die Wirtschaftsstruktur Deutschlands vom Mittelstand dominiert wird. Zum anderen zeigte auch die Börse Deutschlands in den Jahren des Wirtschaftswunders sehr hohe Renditen, die aus internationaler Sicht als "untypisch" für eine entwickelte Börse gelten. Die Schweiz bietet lange zurückliegende Renditen und war den eben genannten besonderen Faktoren weniger ausgesetzt. Zudem ist die Schweiz eher mit Europa wirtschaftlich verbunden als mit den USA. Von daher kann man die Aktien- und die Bondrenditen der Schweiz als um Sondereffekte bereinigte Renditen eines europäischen Landes ansehen. Das erklärt die Präferenz für Daten der Schweiz.

3.2.2 Keine serielle Korrelation

Jede deskriptive Statistik mündet in die Bildung von Hypothesen. Hier drängt sich die Vermutung auf, dass die Renditen einem "Bildungsgesetz" gehorchen. Vielleicht gestatten die Renditen der letzten zwei, drei oder vier Jahre eine gewisse Prognose der Rendite im Folgejahr? Oder die Rendite hängt von makroökonomischen Umständen ab (über die wir in den länger zurückliegenden Jahren wenig wissen) beziehungsweise von großen politischen Ereignissen. Wie könnten solche Hypothesen geprüft werden?

Es ist üblich, zunächst eine Lineare Regression zu formulieren. Wir notieren sie für die Hypothese, dass die Rendite im kommenden Jahr $t+1$ von der Rendite im gerade zu Ende gegangenen Jahr t abhängt sowie von den Renditen der zurückliegenden Jahre $t-1$ und $t-2$. Wir setzen die Gegenwart auf t fest. Die drei Renditen r_t, r_{t-1}, r_{t-2} liegen als konkrete Zahlenwerte vor. Um mit der Notation erkenntlich zu machen, dass die Rendite im kommenden Jahr $t+1$ aus heutiger Sicht noch unsicher ist, wird über die Bezeichnung r_{t+1} eine Schlange (Tilde) gesetzt:

$$(3\text{-}4) \qquad \tilde{r}_{t+1} = a + b \cdot r_t + c \cdot r_{t-1} + d \cdot r_{t-2} + \tilde{\varepsilon}$$

Hier bei sind a, b, c, d die Koeffizienten der Linearen Regression und $\tilde{\varepsilon}$ bezeichnet den Fehlerterm, eine Zufallsgröße. Solche Regressionen werden seit Jahrzehnten untersucht, für Bonds, für Aktien, für Währungen, für Rohstoffkontrakte. Übereinstimmend haben die Forscher stets $b = c = d = 0$ gefunden. Das beste Modell — einschränkend müssen wir sagen: innerhalb der Klasse der durch (3-4) aufgespannten Modelle — zur Beschreibung der Rendite im kommenden Jahr $t+1$ ist demnach

$$(3\text{-}5) \qquad \tilde{r}_{t+1} = a + \tilde{\varepsilon}$$

Die Rendite des Jahres $t+1$ ist eine Konstante a plus eine Zufallsgröße — die im Rahmen der Linearen Regression als normalverteilt mit Erwartungswert 0 und Standardabweichung σ unterstellt wird. Die Renditeerwartung ist gleich a.

Ergebnisse:

1. Die Rendite eines jeden Jahres t ist eine Zufallsvariable.
2. Alle diese Zufallsvariablen haben den selben Erwartungswert a und dieselbe Standardabweichung σ.

3. Die Zufallsvariablen dürfen als normalverteilt angesehen werden.

4. Informationen über die Realisationen der Rendite in zurückliegenden Jahren verhelfen *nicht* zu einer gegenüber dieser Aussage besseren Prognose (serielle Unkorreliertheit).

Was immer die Vergangenheit brachte — wir wissen nur: Die Rendite im kommenden Jahr ist eine Zufallsvariable mit Erwartungswert a und Standardabweichung σ, die als normalverteilt angesehen werden darf. Angesichts der Tatsache, dass die Verteilungsparameter unbekannt sind, können historische Renditen lediglich dazu verhelfen, die wahren Parameter besser zu schätzen.

Die Vorstellung, dass die Jahresrenditen entsprechend (3-5) beschrieben werden (und die vergangenen Realisationen keinen Einfluß haben) wird als *Random-Walk* bezeichnet (mehr dazu in Kapitel 9).

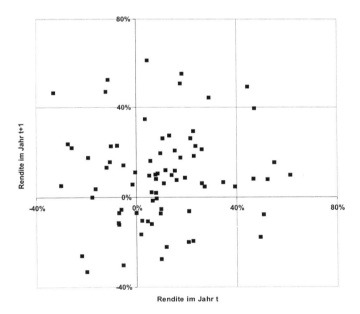

Bild 3-8: Die serielle Korrelation der Jahresrenditen Aktien Schweiz ist gleich Null. Datenquelle: Pictet.

Um die Erkenntnis zu illustrieren, veranschaulicht Bild 3-8, dass die serielle Korrelation zeitlich aufeinander folgender Renditen gleich Null ist — für das gewählte Zeitfenster ist die serielle Korrelation mit 0,06 nur wenig von 0 verschieden. Die Punktewolke läßt erkennen, dass es *keinen* linearen Zusammenhang zwischen r_t (für $t = 1926$ bis $t = 2002$ auf der Abszisse abgetragen) und r_{t+1} (auf der Ordinate) gibt.

3.2.3 Die numerische Höhe der Marktrendite

Zur Bezeichnung: Die gesuchte Renditeerwartung soll künftig nicht mit a wie noch in (3-4) und (3-5) sondern mit r_M bezeichnet werden. Das tiefgestellte "M" erinnert daran, dass es sich um die Marktrendite handelt und nicht um die erwartete Rendite einer Einzelaktie. Oft wird für die Renditeerwartung der griechische Buchstabe "*mü*" verwendet und die Marktrendite entsprechend mit μ_M bezeichnet, doch wir bleiben bei der Bezeichnung r_M für die Marktrendite.

> Um die Renditeerwartung zu schätzen, wird das *arithmetische Mittel* der Realisationen der diskreten Jahresrenditen herangezogen. Der arithmetische Mittelwert der Stichprobenwerte liefert eine erwartungstreue Schätzung des Erwartungswerts.

Aufgrund der Erkenntnis, dass die Jahresrenditen seriell unkorreliert und normalverteilt sind, werden sie als unabhängig voneinander betrachtet. Zwei Zufallsvariablen, die normalverteilt und unkorreliert sind, sind sogar stochastisch unabhängig. Man hat also in den Realisationen der zurückliegenden Jahre eine *unabhängige* Stichprobe — dies zu wissen ist gut für die Bestimmung der Schätzgenauigkeit. Die eben dargestellte Vorgehensweise heißt *finanzwirtschaftliche Schätzmethode* Der arithmetische Mittelwert der 78 Jahresrenditen beträgt

$$(0{,}217 + 0{,}261 + 0{,}211 + \ldots + 0{,}119 - 0{,}220 - 0{,}260 + 0{,}221) / 78 = 0{,}0985$$

und die gefundene *Schätzung* der Renditeerwartung des Marktportfolios ist $\hat{r}_M = 9{,}85\%$.

Wo wir schon bei der deskriptiven Statistik sind: Die Standardabweichung der unsicheren Rendite wird mit (3-3) aufgrund der Stichprobe der 78 Jahresrenditen mit $\hat{\sigma} = 20{,}63\%$ geschätzt. Mit diesen Schätzwerten reicht das einfache Sigma-Band der unsicheren Marktrendite von $9{,}85\% - 20{,}63\% = -10{,}78\%$ bis $9{,}85\% + 20{,}63\% = 30{,}48\%$. Angesichts des Befunds, dass die unsichere Rendite des Marktportfolios normalverteilt ist, vergleiche Bild 3-7, darf geschlossen werden, dass sie im kommenden Jahr mit einer Wahrscheinlichkeit von 68,269% zwischen $-10{,}78\%$ und $30{,}48\%$ liegen wird. Wir ergänzen noch schnell die Rechnung für

3. MARKTRENDITE

das Zweifache-Sigma-Band: Es reicht von $\mu - 2 \cdot \sigma$ bis $\mu + 2 \cdot \sigma$, hier von $9{,}85\% - 2 \cdot 20{,}63\% = -31{,}41\%$ bis $9{,}85\% + 2 \cdot 20{,}63\% = 51{,}11\%$. Also liegt die Rendite des Marktportfolios im kommenden Jahr mit einer Wahrscheinlichkeit von 95,450% zwischen $-31{,}41\%$ und $51{,}11\%$. Doch für die Diskontierung achten wir auf den Erwartungswert dieser unsicheren Rendite — wir haben ihn kurz "Marktrendite" genannt. Für diesen Erwartungswert haben wir als Schätzung $\hat{r}_M = 9{,}85\%$ gefunden.

3.2.4 Geometrische Durchschnittsrendite

Die geometrische Durchschnittsrendite bestimmt sich aus

$$\sqrt[78]{1{,}217 \cdot 1{,}261 \cdot 1{,}211 \cdot \ldots \cdot 1{,}119 \cdot 0{,}780 \cdot 0{,}740 \cdot 1{,}220} = \sqrt[78]{379{,}1469} = 1{,}0791$$

zu 7,91%. Die geometrische Durchschnittsrendite ist geringer als der arithmetische Durchschnitt. Das dies stets so ist, besagt ein allgemeiner Satz der Mathematik, die *Jensensche Ungleichung*. Immer gilt, sofern $r_1 \neq r_2$,

(3-6) $$\sqrt{(1+r_1) \cdot (1+r_2)} \;<\; 1 + \frac{r_1 + r_2}{2}$$

Für mehr als zwei Jahre gilt (3-6) analog. Dass die geometrische Durchschnittsrendite unterhalb des arithmetischen Durchschnitts liegt, hat große Bedeutung, wie praktische Beispiele belegen.[4]

- Die geometrische Durchschnittsrendite ist wohl besser geeignet, die langfristige Entwicklung eines Vermögens zu beschreiben.
- Hier geht es indessen um die Schätzung des Erwartungswerts der Rendite im kommenden Jahr, und der Erwartungswert wird durch das arithmetische Mittel geschätzt. Das ist etwas anderes. Ob dieser Erwartungswert geeignet ist, die langfristige Entwicklung eines Vermögens zu veranschaulichen, ist eine zweite Frage.

---

[4] Wenn ein Marktindex erst um 50% steigt und dann um 33% fällt, ist wieder das Ausgangsniveau erreicht, aber die Arithmetik weist immer noch ein Plus von 17% aus. Wenn ein Markt um 70% fällt, und gleich anschließend um 70% steigt, spiegelt die Arithmetik ein neutrales Ergebnis vor; beide Veränderungen zusammen bewirken immer noch ein Rückgang um 49% auf 51% des Ausgangsniveaus. Wenn Statistiken einen Sachverhalt *beschönigen* sollen, wird zum arithmetischen Mittel gegriffen.

Beispiel 3-4: Um den Punkt klar zu machen, stellen wir uns vor, das Vermögen entwickle sich gemäß einem Münzwurf. Auf der Kopfseite stehe "+50%" und auf der Zahlseite "-33,3%".

Ein Anleger beginnt mit dem Startvermögen von € 1.000 und möchte wissen, welches Vermögen er nach einem Jahr erwarten kann. Die Antwort: Mit Wahrscheinlichkeit von je ½ hat er € 1.500 oder € 667. Das erwartete Vermögen beträgt daher € 1083,50; die erwartete Rendite beträgt 8,25%. Wenn hingegen der Anleger wissen möchte, wie hoch sein Vermögen nach sehr vielen Jahren *sein dürfte*. Dieses "sein dürfte" interpretieren wir als Frage nach dem Median. Der Median des Vermögens ist € 1.000. Denn wenn der Prozeß für eine sehr lange Zeit verfolgt wird, dann gibt es mit (nahezu) 50% Wahrscheinlichkeit öfters Zahl als Kopf und das Vermögen liegt dann unter € 1.000. Mit ebenso (nahezu) 50% Wahrscheinlichkeit gibt es öfters Kopf als Zahl und das Vermögen liegt über € 1.000. Also ist der Median gleich 1.000. ■

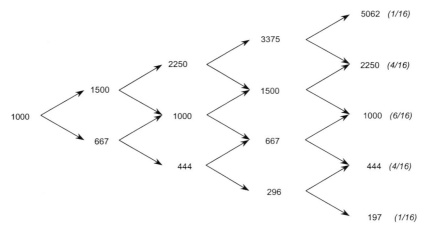

Bild 3-9: Der Baum der Vermögensentwicklung zu Beispiel 3-4.

3.2.5 Konfidenzintervall

Da es sich bei der Bestimmung der Marktrendite um eine Schätzung handelt, muss mit einem Schätzfehler gerechnet werden.[5] Das Konfidenzintervall für den wahren Parameter hat die beiden Grenzen

---

[5] 1. J. G. KALLBERG und WILLIAM T. ZIEMBA: Mis-Specifications in Portfolio Selection Problems; in: *Risk and Capital* (GÜNTER BAMBERG und KLAUS SPREMANN, eds). Springer-Verlag, Berlin 1984, pp. 74-87. 2. T. H. RYDBERG: Realistic Statistical Modelling of

(3-7) $$\hat{r}_M \pm l \cdot \sigma_M / \sqrt{T}$$

Hier ist $T = 78$ der Stichprobenumfang. Mit σ_M ist die Standardabweichung der Rendite bezeichnet — sie ist in der Regression (3-5) durch die Standardabweichung des Fehlerterms beschreiben. Zu ihrer Ermittlung dient die Standardabweichung der Jahresrenditen. Sie wurde mit $\hat{\sigma}_M = 20{,}63\%$ geschätzt. Der Parameter l beschreibt das Konfidenzniveau und beträgt für ein 95%-iges Konfidenzniveau $l = 1{,}96$. Für ein Konfidenzniveau von 68% wäre $l = 1$ und bei 99% wäre $l = 2{,}58$, wie die Tabelle der Normalverteilung zeigt.

Die einfache Breite $l \cdot \sigma_M / \sqrt{T}$ des 95%-igen Konfidenzintervalls beträgt für die konkreten Zahlen: $l \cdot \sigma_M / \sqrt{T} = 1{,}96 \cdot 0{,}2063 / 8{,}83176 = 0{,}0458$. Das bedeutet: Die (unbekannte) wahre Renditeerwartung r_M kann sich von der anhand der Stichprobe gefundenen Schätzung $\hat{r}_M = 9{,}85\%$ um bis zu $4{,}58\%$ unterscheiden. Der wahre Erwartungswert der Marktrendite sollte zwischen $5{,}27\%$ und $14{,}43\%$ liegen (Konfidenzniveau 95%). Reduziert man das Konfidenzniveau auf 68%, so beträgt das Konfidenzintervall $9{,}85\% \pm 2{,}34\%$ und reicht von $7{,}51\%$ bis $12{,}19\%$. Diese doch große Schätzbreite unterstreicht, dass die Diskontrate nicht so exakt berechnet werden kann, wie es erforderlich wäre, um mit dem Discount Dividend Model in der durch die Praxis verlangten Genauigkeit Werte zu ermitteln.

3.2.6 Ländervergleich

Aufgrund der vergleichsweise großen Schätzfehler für die Renditeerwartung müssen Ländervergleiche mit Vorsicht betrachtet werden. Man darf aufgrund von Vergleichszahlen es nicht als bestätigt ansehen, die Marktrenditen seien in den einzelnen Ländern wirklich unterschiedlich. Das müßte getestet werden. Die großen Konfidenzintervalle führen bei Tests immer zu diesem Bild: Die Nullhypothese, die Marktrendite sei überall gleich, kann nicht verworfen werden.

Financial Data. *International Statistical Review* 68 (2000), pp. 233-258. 3. ALEXANDER KEMPF und CHRISTOPH MEMMEL: Schätzrisiken in der Portfoliotheorie; in: *Handbuch Portfoliomanagement*, 2. Auflage (JOCHEN M. KLEEBERG und HEINZ REHKUGLER, Hrsg.). Uhlenbruch Verlag, Bad Soden / Taunus 2002, pp.895-919.

	Rendite % p.a.		Standard Fehler	Standardabweichung
	Geometrisch	Arithmetisch		
Australien	7.5	9.5	1.8	17.7
Belgien	2.5	4.8	2.3	22.8
Kanada	4.6	7.7	1.7	16.8
Dänemark	4.6	6.2	2.0	20.1
Frankreich	3.8	6.3	2.3	23.1
Deutschland	3.6	8.8	3.2	32.3
Irland	4.8	7.0	2.2	22.2
Italien	2.7	6.8	2.9	29.4
Japan	4.5	9.3	3.0	30.3
Niederlande	5.8	7.7	2.1	21.0
South Afrika	6.8	9.1	2.3	22.8
Spanien	3.6	5.8	2.2	22.0
Schweden	7.6	9.9	2.3	22.8
Schweiz*	5.0	6.9	2.1	20.4
Großbritannien	5.8	7.6	2.0	20.0
USA	6.7	8.7	2.0	20.2
Weltindex	5.8	7.2	1.7	17.0
*Daten von 1911				

Bild 3-10: Die durchschnittlichen historischen Renditen für Aktien diverser Länder. Quelle: DIMSON, MARSH und STAUNTON (2002).

Die historischen Renditen sind immer wieder in Publikationen zusammengestellt.[6] Die in Bild 3-8 genannten Zahlen für die Schweiz beziehen sich auf die Jahre 1911-2000. Sie weisen eine schlechtere durchschnittliche Rendite und eine höhere Standardabweichung aus als wir mit den Pictet-Daten für die Jahre 1926-2003 errechneten (Bild 3-10).

Aktienrenditen Schweiz	
1911-1925	-11,55%
1926-1940	+4,83%
1941-1955	+11,17%
1956-1980	+9,46%
1981-1995	+13,68%

Bild 3-11: Arithmetische Mittelwerte der Aktienrenditen Schweiz für fünf Abschnitte von je fünfzehn Jahren. Datenquellen: Pictet und DIMSON, MARSH UND STAUNTON (2002).

---

[6] 1. JEROMY J. SIEGEL: *Stocks for the Long Run* (3. Auflage), McGraw-Hill, 2002. 2. ELROY DIMSON, PAUL MARSH und MIKE STAUNTON: *Triumph of the Optimists — 101 Years of Global Investment Returns*, Princeton University Press 2002. 3. Peter L. BERNSTEIN: How Long Can You Run? *Journal of Portfolio Management* (Summer 2003), 1.

Die Jahre 1911 bis 1925 waren demnach außergewöhnlich schlecht. Eine Rechnung: Das arithmetische Mittel der Aktienrenditen für die 90 Jahre 1911-2000 beträgt 6,9% und 10,59% für die 75 Jahre 1926-2000. Das arithmetische Mittel der 15 Jahresrenditen für die Zeit 1911-1925 ist demnach (90·6,9% − 75·10,59%) / 15 = −11,55%.

3.3 Realwirtschaftliche Schätzung

3.3.1 Das Risikoprämien-Puzzle

Die finanzwirtschaftliche Schätzung hat den Vorteil der Einfachheit, jedoch wurden Schwächen entdeckt.

> So wird argumentiert, dass anhand der historischen Renditen vorgenommene Schätzungen die wahre Renditeerwartung überschätzen. Die Vorgehensweise ist nicht erwartungstreu. MEHRA und PRESCOTT haben 1985 dafür den Begriff *Risikoprämien-Puzzle* geprägt.[7] Ihre Aussage: Die Aktienrenditen, die historisch an den Finanzmärkten zu verzeichnen sind, stehen nicht in Harmonie mit sonstigen ökonomischen Erkenntnissen. Unter Berücksichtigung ökonomischer Erkenntnisse müsste die Marktrendite geringer sein, als die historischen Daten der Finanzmärkte nahelegen.

Zur Auflösung des Risikoprämien-Puzzles wurden Teilerklärungen gefunden, so

- der *Survival-Bias* (es werden in der Rückblende nur jene Börsen untersucht, die im historischen Auf und Ab nicht untergegangen sind)
- oder die Verzerrung, die davon ausgeht, dass Forscher immer leicht verfügbare Daten zugrunde legen (Easy-Data-Bias).

Mittlerweile ist die Literatur zu den Nachteilen finanzwirtschaftlicher Schätzung umfangreich. FAMA und FRENCH sprechen von "unvermeidbaren Ungenauigkeiten" der Erwartungsbildung aufgrund historischer Renditen.[8] Wissenschaftler und Praktiker haben deshalb gefragt, ob es

---

[7] RAJNISH MEHRA und EDWARD C. PRESCOTT: The Equity Premium: A Puzzle. *Journal of Monetary Economics* 15 (March 1985) 2, pp. 145-161.

[8] EUGENE F. FAMA und KENNETH R. FRENCH: The Equity Premium. *Journal of Finance* 57 (2002), pp. 637-659.

neben den historischen Renditen weitere Informationen gibt, gemeint sind Informationen außerhalb des Börsengeschehens, die zur Erwartungsbildung herangezogen werden können.

Es liegt nahe, den Blick von der Finanzwirtschaft in die *Realwirtschaft* zu lenken. Intuitiv ist einsichtig, dass die mit einer Aktienanlage erzielbare Rendite von der Wirtschaftskraft und vom Wachstum der Unternehmung bestimmt wird. Aus diesem und weiteren Gründen sollten Daten über die Wirtschaftsentwicklung eine gute Grundlage für die Erwartungsbildung an den Finanzmärkten bieten.[9]

> Insgesamt kreisen diese Untersuchungen um die Frage, ob die finanzwirtschaftliche Schätzung der Renditeerwartungen (beziehungsweise der Risikoprämien) durch Einbeziehung weiterer Informationen für die Erwartungsbildung verbessert werden kann. Die am meisten versprechenden Antworten weisen auf die Realwirtschaft und die Wirtschaftsentwicklung hin.

Dabei liegt die intuitiv einsichtige enge Beziehung zwischen Finanzwirtschaft und Realwirtschaft zugrunde, nach der die Finanzwirtschaft sich wie ein Spiegelbild der Realwirtschaft darbietet: Die Finanzwirtschaft reagiert auf die Realwirtschaft und gleichermaßen reagiert die Realwirtschaft im Positiven wie im Negativen auf die Entwicklung an den Finanzmärkten. Der intuitiven wechselseitigen Beziehung folgend sollten Daten aus der Realwirtschaft Aussagekraft über die Finanzwirtschaft haben.

> Wir sprechen von einer *realwirtschaftlichen Schätzung der Renditeerwartung*, wenn sie aus Informationen über die Realwirtschaft ermittelt wird. Hierzu gehören Fundamentaldaten der Unternehmung oder der Branche, Daten über die Wirtschaftsentwicklung des Landes und weitere makroökonomische Größen. Diese Daten werden bei einer realwirtschaftlichen Schätzung als Faktoren (in Regressionsmodellen) dazu verwendet, die Rendite zu erklären. Die realwirtschaftliche Rendite ergibt sich als Summe der Rate des nominalen Wachstums (der Wirtschaft, der Werte von Unternehmen, gemessen am DDM also an der Rate des Wachstums der Dividende) und der Dividendenrendite.

---

[9] Solche Überlegungen haben ab 1990 ein weites Forschungsfeld geöffnet. Es wurde erkannt, dass sich die von Investoren geforderten Risikoprämien im Konjunkturzyklus verändern, und dass folglich die erwarteten Aktienrenditen *antizyklisch* sind.

3.3.2 Langfristiger Zusammenhang bei kurzfristigen Inkongruenzen

Beim postulierten Zusammenhang zwischen Realwirtschaft und Wirtschaftswachstum auf der einen Seite sowie Finanzwirtschaft auf der anderen Seite wirkt der einer Untersuchung zugrunde gelegte Zeithorizont als kritische Größe.

Offensichtlich antizipieren Finanzmärkte und eilen daher der realwirtschaftlichen Entwicklung voran. Die Erklärung dafür liegt in der unterschiedlichen Anpassungs- und Reaktionsgeschwindigkeit der Preise in den Güter und Arbeitsmärkten beziehungsweise in den Finanzmärkten.[10]

Die Realwirtschaft ist bei der Anpassung an neue Informationen *langsam*. Preise für Güter und Löhne sind "sticky". Neue Informationen setzten sich nur über längere Zeiträume durch. Daher kann die Realwirtschaft und ihre Veränderung sogar prognostiziert werden, ähnlich wie die Bewegung eines großen Schiffes im Wasser.[11] Die Kursbildung an den Finanzmärkten ist hingegen *schnell*. Die Investoren wissen das und beeilen sich daher, was das Geschehen an den Finanzmärkten beschleunigt. Jeder Finanzinvestor möchte als Erster neue Informationen ausnutzen, die er, eben um die Vorteile des Ersten auszuschöpfen, aktiv beschafft. Deshalb nimmt die Kursbildung schnell alles vorweg, obendrein das, was erst später noch eintreten wird — solange es nur wie die Bewegung des Schiffes prognostizierbar ist. Finanzmärkte antizipieren alles, was erschlossen und prognostiziert werden kann.

Die blitzschnelle Reaktion der Finanzmärkte und die Antizipation aller vorhersehbarer Entwicklungen (auch wenn sie noch nicht Realität geworden sind) bewirkt, dass Finanzmärkte der Realwirtschaft voraus sind.

- Dabei machen die Kurse *Sprünge*. Die Sprünge haben ihre Erklärung in der MEH: Kommt eine neue Nachricht, wird sie sofort in ihren vollen jetzigen und den vorhersehbaren zukünftigen Wirkungen antizipiert.

---

[10] Das Vorangehen der Finanzmärkte kann nicht damit erklärt werden, dass Finanzinvestoren andere Informationen hätten als Unternehmer oder Manager in der Realwirtschaft. Finanzinvestoren gelangen nicht früher an neue Meldungen über die weitere Wirtschaftsentwicklung als Unternehmer und Manager.

[11] Unternehmer und Manager können sich darauf einstellen, was in den nächsten Quartalen und Jahren kommen wird. Und sie können aufgrund der langsamen Reaktion der Realwirtschaft wichtige Entscheidungen noch einmal überschlafen — auf eine Woche kommt es nicht an.

- Gelegentlich *überschießen* sie sogar das Ziel (Overshooting). Wie R. DORNBUSCH (1942-2002) zeigte, liegt der tiefere Grund für das Überschießen gerade in der Langsamkeit der Realwirtschaft, sich an neue Informationen anpassen zu können. Die Finanzmärkte müssen sich bei neuen Informationen nicht nur selbst anpassen, sie müssen zusätzlich — durch eine gleichsam übertriebene Bewegung — ausgleichen, dass die Realwirtschaft aus Sicht der neuen Informationen noch zurück ist. Dadurch kommt es temporär zu einem Überschießen. Es dauert so lange, bis die langsame Realwirtschaft ihr neues Gleichgewicht erreicht hat.

Sowohl durch die MEH als auch das Overshooting sind zeitliche Inkongruenzen zwischen Realwirtschaft und Finanzwirtschaft zu vermuten, besonders wenn die Periode kurz ist und nur einen Monat oder ein Quartal beträgt. Doch langfristig würde man vermuten, dass sich solche Effekte ausgleichen.

Diese Betrachtung suggeriert: Sowohl die Realwirtschaft als auch die Finanzwirtschaft reagieren auf dieselben Informationen. Die Finanzwirtschaft jedoch ist schneller und setzt neue Informationen vollständig um. Die Realwirtschaft ist langsamer und setzt neue Informationen nur im Verlauf um. Nun kommen Informationen und Meldungen, und gelegentlich kommen dann andere, ebenso überraschende Informationen, welche die ursprüngliche Meldung korrigieren oder zurücknehmen. Dann machen die Kurse zwei Sprünge, während die Realwirtschaft keine Veränderung zeigt. Kurse und Renditen an den Finanzmärkten sind daher deutlich volatiler als das Auf und Ab, das es in der Realwirtschaft gibt. Doch in der langfristigen Veränderung von Realwirtschaft und Finanzwirtschaft gibt es keine Unterschiede. Den Zusammenhang zwischen Realwirtschaft und Finanzwirtschaft darf man sich daher nicht als starr und in jedem Monat gültig vorstellen. Vielmehr ist es eher eine *längerfristig gültige Identität*.

JOSEPH A. SCHUMPETER[12] (1883-1950) kleidete den Zusammenhang zwischen Realwirtschaft und Finanzwirtschaft in eine schöne Geschichte. Sie ist durch den großen Lehrmeister der Geduld an der Börse, ANDRÉ KOSTOLANY (1906-1999), bekannt geworden, der die Geschichte immer wieder zitiert hatte:

---

[12] Der große Ökonom, der die Dynamik des Kapitalismus und die Funktion des Unternehmertums analysierte, lehrte in Graz, Bonn und Harvard und war 1919 sogar österreichischer Finanzminister.

> Ein Herr (die Realwirtschaft) geht mit seinem Hund (die Finanzwirtschaft) spazieren. Der Herr schreitet behäbigen Schrittes, wenngleich nicht immer mit konstanter Geschwindigkeit voran. Der Hund jedoch springt vor, bleibt zurück, überholt wieder seinen Herren und ab und zu folgt er dem eigenen Instinkt mehr als seinem Herrn. Doch am Ende des Spazierganges zeigt sich, dass sie beide denselben Weg genommen haben und zur gleichen Zeit daheim angekommen sind.

Der Ökonom würde diese Vorstellung in Modellannahmen kleiden:

1. Die Realwirtschaft entwickelt sich über die Jahre in gewissen Auf- und Abwärtsbewegungen. Es gibt die verschiedensten Erklärungen, welche treibenden Kräfte oder Faktoren hinter der Realwirtschaft stehen. Für eine einzelne Unternehmung werden die treibenden Faktoren durch die Fundamentaldaten erfaßt.

2. Die Fundamentaldaten gestatten eine Prognose über die zukünftigen Dividenden einer Unternehmung, oder in einer Branche oder einem Land. Das heißt, deren Höhe und deren Wachstum kann prognostiziert werden, und es sind die Risiken ermittelt, denen sie in der Zukunft unterliegen. Die für die Zukunft erwarteten Dividenden und die Risiken, mit denen die zukünftigen Renditen behaftet sind, erlauben es, durch Diskontierung ihre Barwert zu bestimmen. Die Summe der Barwerte ist der Wert der Unternehmung (Dividend Discount Model).

3. Die von den Analysten vorgenommenen Berechnungen der Unternehmenswerte werden kommuniziert und Finanzinvestoren bekannt gemacht. Die Finanzinvestoren orientieren sich an diesen Werten, und die Kurse streben gegen diese Werte. In informationseffizienten Finanzmärkten vollzieht sich die Konvergenz von Kurs zu Wert praktisch in einer Minute, ansonsten dauert sie etwas länger.

4. Die Unternehmenswerte ändern sich mit jeder neuen Nachricht. Da sich die Finanzinvestoren daran orientieren, antizipiert stets der aktuelle Wert alles, was prognostiziert werden kann. Nun gibt es desgleichen Mitteilungen, die später "zurückgenommen" werden, oder in neuem Licht erscheinen, und es gibt positive Nachrichten in einem Bereich, die frühere negative Nachrichten aus einem anderen Bereich im Hinblick auf den Wert "ausgleichen". Deshalb sind Kurse ausgesprochen volatil im Vergleich zur langsamen Anpassung der Unternehmung und der Realwirtschaft.

Über einen längeren Horizont, etwa über zwanzig, fünfzig oder einhundert Jahre, sollten hingegen nach dem dargelegten Zusammenhang zwischen Realwirtschaft und Finanzwirtschaft zwei Größen übereinstimmen:

- Die durchschnittliche *finanzwirtschaftliche* Rendite (einer Aktie), gegeben durch die *Dividenden* plus die *Kursgewinne* der letzten zwanzig, fünfzig oder einhundert Jahre.

- Die durchschnittliche *realwirtschaftliche* Rendite, gegeben durch *Dividenden* plus das *realwirtschaftliche Wachstum der Unternehmen*.

Beispiel 3-5: Bei einer Dividendenrendite von 3% und einem Kursanstieg an der Börse von 5% ergibt sich eine *nominale* Aktienrendite von 8%. Gesamtwirtschaftliche Wachstumsraten werden üblicherweise inflationsbereinigt ausgedrückt. Das heißt: Ein in der Statistik ausgewiesenes "Wachstum der Wirtschaft" von 2% bedeutet bei einer Inflationsrate von 3% ein nominales Wirtschaftswachstum von 5%. Wächst der auf eine Aktie bezogene Wert einer Unternehmung genau wie die gesamte Wirtschaft, sollte die Unternehmung im Jahresvergleich also nominal 5% an Wert (und Kraft, Dividenden ausschütten zu können) gewonnen haben. Hat sie neben diesem Wachstum im betreffenden Jahr 3% an Dividende ausgeschüttet, so hat der Investor eine "realwirtschaftliche Rendite" von 8% erhalten. ∎

Das realwirtschaftliche Wachstum einer Unternehmung kann nicht immer leicht gemessen werden, weil sich publizierte Daten wie etwa die Bilanzsumme dafür wenig eignen. Gut wäre das Wachstum der (auf eine Aktie entfallenden) Dividende über die Jahre zu beobachten. Wenn keine Daten zum Dividendenwachstum vorliegen, muss auf eine andere realwirtschaftliche Wachstumsgröße ausgewichen werden.[13]

3.3.3 Ergebnisse

Realwirtschaftliche Schätzungen zur Risikoprämie (*Equity Premium*) haben kürzlich E. FAMA und K. FRENCH vorgestellt. Ihre Ergebnisse:

---

[13] Vielfach wird als Proxy die gesamtwirtschaftliche Wachstumsrate verwendet, oft wird hierzu das GDP pro Kopf betrachtet. Bei der Wahl des Indikators werden Messprobleme erkennbar. Diese Problematik umgehend sprechen wir im Folgenden einfach vom "realwirtschaftlichen Wachstum" und lassen offen, ob das damit eigentlich gemeinte Wachstum der Unternehmung (oder der Unternehmen einer Branche) durch das Wachstum der Dividende pro Aktie oder das Wachstum in der gesamten Wirtschaft (eventuell um die Demographie adjustiert) ausgedrückt wird.

- Geht man allein von den historischen Renditen an den Finanzmärkten aus, dann ergibt sich für 1872 bis 2000 und die USA eine Überrendite von 5,57%, die Aktien gegenüber Bonds hatten.
- Schätzt man hingegen die Risikoprämie aufgrund der Realwirtschaft, dann beträgt sie nur 3,54%.

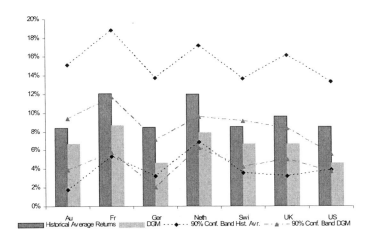

Bild 3-12: Inflationsbereinigte realwirtschaftliche Renditen (rechts) versus Aktienrenditen (links) und die 90%-igen Konfidenzintervalle für verschiedene Länder (Au, Fr, Ger, Neth, Swi, UK, US). Quelle: CIESLAK 2004

Das ist ein großer Unterschied von ziemlich genau 2%. Diese Ergebnisse wurden inzwischen für die europäischen Finanzmärkte bestätigt.[14] Die Finanzmärkte haben sich demnach von der realen Wirtschaft abgehoben. FAMA und FRENCH haben entdeckt, dass dieser Unterschied *praktisch nur auf die letzten fünfzig Jahre* zurückzuführen ist. Denn in der Zeit 1872 bis 1950 sind Realwirtschaft (Risikoprämie 4,17%) und Finanzwirtschaft (Risikoprämie 4,40%) noch ähnlich verlaufen, während für die Zeit von 1951 bis 2000 die Realwirtschaft auf eine Risikoprämie von nur 2,55% und die Finanzwirtschaft auf eine von 7,43% führt. In diesen fünfzig Jahren 1950-2000 sind die Finanzmärkte der Realwirtschaft gleichsam davon geflogen. Diese Untersuchungen sprechen eine klare Sprache: Was Unternehmen den Aktionären real bieten, das ist in

---

[14] ANNA CIESLAK: Estimating the Real Rate of Return on Stocks: An International Perspective. *Schweizerisches Institut für Banken und Finanzen, Universität St. Gallen* (2004).

den fünfzig Jahren 1951 bis 2000 im Vergleich zur Zeit davor sogar zurückgefallen. Doch was die Finanzinvestoren mit dem Handel von Aktien sich selbst geboten haben, ist in den letzten 50 Jahren gegenüber früher deutlich gestiegen. Die Finanzmärkte haben sich von der realen Wirklichkeit gelöst. Im Gleichnis von SCHUMPETER sind zwar Herr und Hund zwischen 1872 und 1950 noch zusammen gegangen, doch ab 1950 hat der Herr seinen Schritt eher verlangsamt, während sich der Hund losgerissen hat und mit schnellem Schritt davongelaufen ist. Es fehlte also in den Jahrzehnten 1951 bis 2000 zunehmend an Verbindung zwischen Realwirtschaft und Finanzwirtschaft. Deshalb dürfen die hohen Renditen, die mit Aktienanlagen in den Jahrzehnten 1981-2000 verbunden waren, nicht ohne Korrektur übertragen werden. Es wäre verfehlt, darauf Erwartungen über die zukünftige Rendite zu bilden. Die Rendite in der Realwirtschaft ist deutlich *geringer*. Also müssen Aktionäre ihre Erwartungen hinsichtlich der Marktrendite nach unten korrigieren. Der Korrekturbedarf liegt bei 2%.

> Für die Bestimmung der Diskontrate wäre dann der Ausgangspunkt nicht eine Renditeerwartung (für das Marktportfolio) von 9,85% wie sie sich aus der finanzwirtschaftlichen Schätzung ergibt, sondern eine erwartete Marktrendite von 7,85%. Wir werden daher in unseren Beispielen oft mit 8% diskontieren, im übrigen mit 9% oder 10%. Hingegen werden wir nicht so tun, als ob die typische Vergleichsrendite bei 12% liegt.

Um sich diese Rendite von 7,85% zu veranschaulichen, wurde auf die Dividendenrendite und das Wachstum der Volkswirtschaft als Ganzes hingewiesen. Viele Unternehmen bieten eine Dividendenrendite von 2% bis 3%. Die Unternehmen wachsen im Prinzip so wie die Volkswirtschaft als Ganzes. In den europäischen Kernländern und in der Schweiz sprechen wir von *realen* Wachstumsraten um 1,5%. Bei einer Geldentwertung (Inflationsrate) von ebenso 1,5% liefert das ein Wertwachstum von nominal 3%. Dividendenrendite (2% bis 3%) und nominales Wachstum (3%) zusammengefaßt wird man auf eine realwirtschaftliche Rendite in Höhe von 5% bis 6% geführt. Die eben genannte Zahl von 7,85% als Rendite ist daher eher hoch gegriffen. Fazit: Während die Finanzwirtschaftliche Schätzung auf eine Marktrendite von 9,85% bei relativ hohem Schätzfehler weist, liefert die Realwirtschaftliche Schätzung eine Marktrendite von 7,85%, *die ein Finanzinvestor (Währungsraum CHF) auf ein Aktienportfolio erwarten kann.*

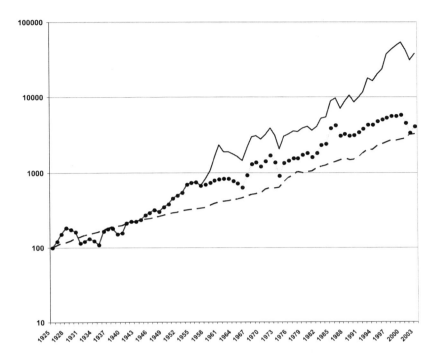

Bild 3-13: Wertentwicklung (Januar 1926 = 100 Franken) eines Bondportfolios (gestrichelt), eines Aktienportfolios (solid) und eines dritten Portfolios (gepunktet), das so construiert ist: Es war fast immer in Aktien angelegt, doch in den beiden Boomphasen 1958-1961 und 1988-2000 war es statt dessen in Bonds investiert. Dieses dritte Portfolio ist kaum besser als das Bondportfolio, weist aber wesentlich höheres Risiko auf. Fazit: Aktien waren im Vergleich zu Bonds nur deshalb interessant, weil es die beiden Boomphasen 1958-1961 und 1988-2000 gegeben hat. Wer in Aktien investiert, so lautet die Vermutung, sollte nicht regelmäßig eine höhere Rendite als bei Bonds erwarten, doch wird der Aktionär gewinnen, sofern eine Boomphase kommt. Datenquelle Pictet.

3.4 Ergänzungen und Fragen

3.4.1 Zusammenfassung der Abschnitte 3.1 bis 3.3

Renditen für Aktien (und für viele andere Wertpapiere) zeigen *keine serielle Korrelation*. Von daher muss die Kursbewegung als *Random Walk* verstanden werden: Die Rendite des kommenden Jahres ist die Ziehung einer Zufallsvariablen. Die ökonomische Erklärung für dieses früher als überraschend angesehene Resultat liegt in der MEH. Zur Schätzung ihres Erwartungswerts, und dieser bestimmt die Diskontrate, können historische Realisationen als Stichprobe aufgefaßt werden. Ihr arithmetischer Mittelwert — wohl zu unterscheiden vom geometrischen Mittel — dient als Schätzer der Renditeerwartung.

Neben dieser finanzwirtschaftlichen Methode zur Schätzung der Renditeerwartung gibt es eine realwirtschaftliche Schätzmethode. Sie geht von dem intuitiv einsichtigen Postulat aus, dass auf einen längeren Horizont die realwirtschaftliche Rendite (Dividenden plus Steigerung der Unternehmenswerte) und die finanzwirtschaftliche Rendite (Dividenden plus Kursgewinne) übereinstimmen sollten. Kurzfristig kann es schon deutliche Unterschiede zwischen dem Börsengeschehen und der Wertentwicklung in der Realwirtschaft geben. Es kann zu Sprüngen und sogar zu einem Überschießen kommen (DORNBUSCH). Sicher ist die Kursentwicklung an der Börse volatiler als die Schwankungen, mit denen sich die Realwirtschaft entwickelt. Doch langfristig sollten beide Entwicklungen Hand in Hand gehen, oder wie SCHUMPETER sagte: so wie ein Herr mit seinem Hund spazieren geht.

Das Risikoprämien-Puzzle (MEHRA und PRESCOTT 1985), Untersuchungen von FAMA und FRENCH (2002) und andere Arbeiten geben jedoch Anlaß zur Vorsicht: Aufgrund der realwirtschaftlichen Schätzmethode gelangt man für den Aktienmarkt als Ganzes zu Renditen um 8%, während die finanzwirtschaftliche Schätzmethode auf eine Renditeerwartung für den Markt als Ganzes um 10% kommt. Die gesuchte typische Diskontrate dürfte daher eher unter 10% als über 10% liegen.

3.4.2 Stichworte und Namen

Arithmetischer Durchschnitt der Rendite, DORNBUSCH, FAMA und FRENCH, finanzwirtschaftliche Schätzmethode, geometrischer Durchschnitt der Rendite, Konfidenzintervall, Median, MEHRA und PRESCOTT, Overshooting, realwirtschaftliche Schätzmethode, serielle Korrelation, SCHUMPETER.

3.4.3 Fragen

1. Wie wird bei der finanzwirtschaftlichen Schätzung der Marktrendite vorgegangen?

3. MARKTRENDITE

2. A) Kann aufgrund der beim Ländervergleich deutlich werdenden Unterschiede der durchschnittlichen Renditen (Bild 3-10) geschlossen werden, dass die Renditeerwartung von Land zu Land unterschiedlich ist? B) Wie groß etwa ist der Schätzfehler?
3. Beschreibt, bei einer unsicheren Rendite, der Erwartungswert die mutmaßliche langfristige Entwicklung des Vermögens gut?
4. Warum kommt es gelegentlich zum Überschießen (Overshooting)?
5. A) Wie wird bei der realwirtschaftlichen Schätzung der Marktrendite vorgegangen? B) Zu welchen Ergebnissen ist man mit der realwirtschaftlichen Schätzmethode gelangt?
6. Zeichnen Sie in einem Baum die möglichen Wertentwicklungen eines Portfolios, das bei € 1.000 beginnt und in jedem Jahr mit Wahrscheinlichkeit ½ eine Rendite von +25% oder -10% haben kann. Wie hoch sind der Erwartungswert des nach vier Jahren erreichten Vermögens, der Median und der Modus?

3.4.4 Lösungen

1. Annahme, Renditen bilden unabhängige Stichprobe; Schätzung des Erwartungswerts durch das arithmetische Mittel der historischen Renditen.
2. A) Grundsätzlich nein. Die Bestätigung beziehungsweise Ablehnung der Nullhypothese ist vom Konfidenzintervall abhängig. B) Das Konfidenzintervall beträgt einige Prozentpunkte.
3. Nein: Viele Anleger interessieren sich für den Modus oder den Median des unsicheren Anlageergebnisses, und dieser wird nicht (direkt) durch die Renditeerwartung beschrieben.
4. Durch einen exogenen Schock verschiebt sich das kombinierte Gleichgewicht in der Real- und der Finanzwirtschaft. Da die Realwirtschaft sich nur langsam anpasst und nur zögerlich auf das neue Gleichgewicht bewegt, springt die Finanzwirtschaft nicht nur auf ihr neues Gleichgewicht sondern muss durch eine verstärkte Bewegung die Tatsache ausgleichen, dass die Realwirtschaft von ihrem Gleichgewicht noch entfernt ist.
5. A) Schätzung durch das nominale Wirtschaftswachstum plus Dividendenrendite. B) Aufgrund der realwirtschaftlichen Schätzmethode gelangt man für den Aktienmarkt als Ganzes zu Renditen um 8%, während die finanzwirtschaftliche Schätzmethode auf eine Renditeerwartung für den Markt als Ganzes um 10% kommt.

Die gesuchte typische Diskontrate dürfte daher eher unter 10% als über 10% liegen.

6. Der Baum der möglichen Wertentwicklungen (nachstehend): Der Erwartungswert beträgt

$$E = \frac{1}{16} \cdot 2441{,}41 + \frac{4}{16} \cdot 1757{,}81 + \frac{6}{16} \cdot 1265{,}63 + \frac{4}{16} \cdot 911{,}25 + \frac{1}{16} \cdot 656{,}10 =$$
$$= 1335{,}47$$

Die erwartete Rendite beträgt

$$r = \frac{1}{2} \cdot 25\% + \frac{1}{2} \cdot (-10\%) = 7{,}5\% \ .$$

In der Tat ergibt $(1{,}075)^4 = 1{,}33547$. Der Modus, der häufigste Wert, beträgt hingegen nur $1265{,}63$. Dies ist zugleich der Median in diesem Beispiel.

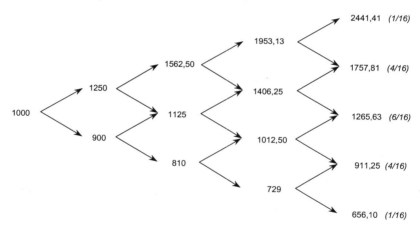

4. Capital Asset Pricing Model

Die Marktrendite von 8% bis 10% (je nach Schätzmethode) wird jetzt auf die Rendite *umgerechnet*, die bei einer konkreten Einzelanlage zu erwarten ist. Immerhin dürften sich die Anlage in das Marktportfolio und die betrachtete Einzelanlage hinsichtlich des Risikos unterscheiden. Für die Umrechnung wird das Capital Asset Pricing Modell (CAPM) herangezogen. Damit ist die Diskontrate der Einzelanlage gefunden. Im CAPM wird als das relevante Risiko *Beta* erkannt. Beta ist ein relatives Risiko. Es setzt das systematische Risiko der Einzelanlage in Relation zum Risiko des Marktportfolios. Wir gehen auf Korrekturen ein, die zur Schätzung empirischer Betas angewendet werden. Sodann befassen wir uns mit der Natur des CAPM. Von dort geht es schnell zu Faktor-Modellen und zur *Arbitrage Pricing Theorie* (APT), die in Kapitel 10 behandelt werden.

4.1 Das systematische Risiko 📖 103
4.2 Empirie und Anwendungen 115
4.3 Ergänzungen und Fragen.. 121

4.1 Das systematische Risiko 📖

Im Kapitel 3 ermittelten wir die Renditeerwartung für ein gut diversifiziertes Portfolio von Aktien. Die klassische Portfoliotheorie präzisiert, wie ein "gut diversifiziertes" Aktienportfolio zusammengesetzt wird und bezeichnet es als *Marktportfolio*. Die mit r_M bezeichnete Renditeerwartung des Marktportfolios, die Marktrendite, liegt nun vor. Sie beträgt 8% bis 10%, je nachdem, ob die realwirtschaftliche oder die finanzwirtschaftliche Schätzmethode angewendet wird. Das wäre dann der richtige Diskontsatz, sofern das Risiko der zu bewertenden Unternehmung mit dem mittleren Risiko aller im Marktportfolio zusammengefaßten Aktien übereinstimmen würde. Selbstverständlich haben Kapitalanlagen nicht alle dasselbe Risiko. Eine zu bewertende Unternehmung kann ein Risiko aufweisen, das geringer als das mittlerer Risiko der im Marktportfolio vertretenen Aktien ist. Selbstverständlich wäre dann die anzuwendende Diskontrate geringer als die Marktrendite. Genauso kann ein Projekt oder eine Kapitalanlage ein Risiko haben, das größer als das durchschnittliche Risiko der im Marktportfolio vertretenen Aktien ist. Dann würde die anzuwendende Diskontrate über der ermittelte Marktrendite von 8% bis 10% liegen. Die ermittelte Marktrendite dient nun als Basis für die Bestimmung der Diskontrate im Einzelfall. Hierzu werden die genannten 8% bis 10% Marktrendite adjustiert, um Unterschiede zwischen dem Risiko der Einzelanlage und dem Risiko des Marktportfolios zu berücksichtigen. Für die Umrechnung wird ein Modell herangezogen, das Capital Asset Pricing Model (CAPM).

4.1.1 Diversifikation

Die Untersuchung zur finanzwirtschaftliche Schätzmethode läßt erkennen, worin das "Risiko" einer Kapitalanlage überhaupt besteht: Es ist mit der Unsicherheit der Rendite für das kommende Jahr (und alle weiteren Jahre) gleichzusetzen. H. MARKOWITZ, der Schöpfer der klassischen Portfoliotheorie, beschrieb die Rendite einer Anlage für das kommende Jahr durch eine Zufallsvariable und identifizierte das Risiko mit der Standardabweichung der zufälligen Rendite. Sie wird meist mit dem griechischen Buchstaben *Sigma* bezeichnet. So lenkte MARKOWITZ das Augenmerk auf zwei Parameter der unsicheren Rendite, auf ihren Erwartungswert (kurz *Return*) und auf ihre Standardabweichung (*Risk*).

Selbstverständlich ist das "Risiko" ein vielschichtiger Begriff, der im Leben auch andere Bedeutungen hat. Ein Lexikon erklärt Risiko als die Möglichkeit eines abträglichen Ausgangs wirtschaftlicher Aktivität. Im Versicherungswesen wird unter dem Risiko ein möglicher Schaden verstanden, der sich durch eine als Geldbetrag ausgedrückte Schadenshöhe und eine Eintrittswahrscheinlichkeit beschreiben läßt. A. ROY hat etwa zur selben Zeit wie MARKOWITZ das mit einer Geldanlage verbundene Risiko als Wahrscheinlichkeit "für ein Desaster" verstanden und es als Wahrscheinlichkeit definiert, dass die zufällige Rendite eine vorgegebene Mindestrendite unterschreitet. Dieses Ereignis wird als Shortfall bezeichnet.

Wir folgen für dieses Kapitel MARKOWITZ und der klassischen Portfoliotheorie, also der Gleichsetzung von Risiko und Standardabweichung der Rendite. Von daher haben wir bei einer Rendite, wenn sie nicht als konkrete Zahl für eine vergangene Periode gegeben ist, sondern sich auf eine kommende Anlageperiode bezieht, stets eine Verteilung im Sinn. Typischerweise denken wir an eine Normalverteilung und beschreiben die zufällige Rendite durch ihren Erwartungswert und die Standardabweichung. Wir halten das durch eine Skizze fest und nehmen, um ein konkretes Beispiel zu haben, die Parameter so an, wie sie im letzten Kapitel für das Marktportfolio geschätzt worden sind (Return 9,85%, Risk 20,63%):

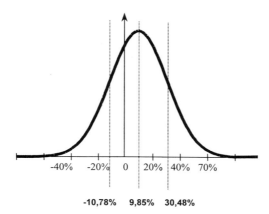

Bild 4-1: Die Verteilung der Rendite des Marktportfolios hat den Erwartungswert 9,85% und die Standardabweichung 20,63%. Das einfache Sigma-Band reicht also von -10,78% bis 30,48% und in ihm liegen ungefähr 2/3 der Realisationen.

Genauso würden wir die Rendite einer anderen Geldanlage beschreiben. Zwar können dann die Parameter von den für das Marktportfolio spezifizierten Zahlen abweichen, doch in vielen Fällen kann die Rendite noch durch die Normalverteilung beschrieben werden.

Eine wichtige Leistung der klassischen Portfoliotheorie besteht darin, dass die *Diversifikation* quantitativ untersucht werden kann. Der Punkt läßt sich so formulieren. Angenommen, eine Person investiert ihr Vermögen zu einem Teil, wie bezeichnen ihn mit x, $0 \leq x \leq 1$, in ein Portfolio P, das die unsichere Rendite $\tilde{r}_P$ mit der Standardabweichung σ_P aufweist. Den restlichen Teil $1-x$ legt die Person in eine Einzelanlage k mit der Rendite $\tilde{r}_k$ an, deren Standardabweichung σ_k bezeichnet. Insgesamt hat die Person die Rendite $x \cdot \tilde{r}_P + (1-x) \cdot \tilde{r}_k$. Jetzt untersuchen wir das Risiko dieser Rendite. Anstatt die Standardabweichung zu betrachten, untersuchen wir ihr Quadrat, die Varianz. Die Formel für die Varianz der Summe zweier Zufallsgrößen besagt:

(4-1)
$$\begin{aligned}Var[x\cdot\tilde{r}_P+(1-x)\cdot\tilde{r}_k] &= \\ &= x^2\cdot Var[\tilde{r}_P]+(1-x)^2\cdot Var[\tilde{r}_k]+2\cdot x\cdot(1-x)\cdot Cov[\tilde{r}_P,\tilde{r}_k] = \\ &= x^2\cdot\sigma_P^2+(1-x)^2\cdot\sigma_k^2+2\cdot x\cdot(1-x)\cdot\sigma_P\cdot\sigma_k\cdot\rho\end{aligned}$$

Es zeigt sich also, dass das Risiko (Standardabweichung der Rendite) noch vom Koeffizienten ρ der Korrelation zwischen der Rendite des Portfolios P und der Rendite der Einzelanlage k abhängt. Zudem: Für gegebene Größen σ_P, σ_k und festgehaltene Struktur des Vermögens x wird die Varianz (4-1) um so kleiner, je geringer der Koeffizient der Korrelation ist. In der klassischen Portfoliotheorie beschreibt daher der *Korrelationskoeffizient* den Teil des Risikos, der durch Diversifikation zum Ausgleich gebracht werden kann.

4.1.2 Prämie nur für das nicht mehr diversifizierbare Risiko

Es wäre für den Anleger im Finanzmarkt ein unnötiger Nachteil, Risiken zu tragen, die durch Diversifikation ausgeglichen werden *könnten*. Sofern sich ein risikoaverser Investor rational verhält, ist er bestmöglich diversifiziert. Immer wieder kommt es vor, dass Anleger nicht gut diversifiziert sind und Risiken ausgesetzt sind, die wenigstens zum Teil diversifizierbar wären. Doch niemand darf hoffen, für die Übernahme diversifizierbarer Risiken irgendeine Entschädigung zu erhalten.

> Risiken, die im Prinzip mit den zur Verfügung stehenden Instrumenten diversifizierbar wären, heißen *unsystematisch*. Finanzmärkte bieten *keinen* Renditevorteil für das Tragen unsystematischer Risiken. Andererseits stellen Finanzmärkte — aufgefaßt als Ausdruck kollektiver Wertvorstellungen — für das Tragen nicht mehr diversifizierbarer Risiken einen Renditevorteil in Aussicht, eine Risikoprämie. Der Grund: Das Kollektiv der Investoren ist risikoavers. Ohne eine Entschädigung dafür zu erhalten, wollte niemand Risiken übernehmen. Nicht weiter diversifizierbare Risiken, deren Übernahme vergütet wird, heißen *systematisch*.

Diese Argumentation führt zur Feststellung, dass die mit einem einzelnen Instrument, etwa einer Aktie, verbundene Renditeerwartung um so höher ist, je größer das *systematische* Risiko ist. Hat ein Instrument überhaupt kein systematisches Risiko, dann sollte es als Rendite den Zinssatz bieten.

4. CAPITAL ASSET PRICING MODEL

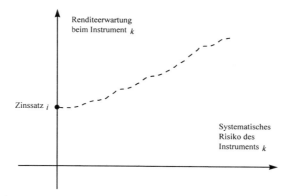

Bild 4-2: Es ist einsichtig, dass im Finanzmarkt die mit einer Einzelanlage verbundene Renditeerwartung mit dem systematischen Risiko zunimmt.

Das Bild 4-2 illustriert diese Vorstellung. Jedoch sind mit dieser allgemeinen und intuitiv einsichtigen Feststellung zwei Fragen noch nicht beantwortet. Sie lauten:

1. Wie kann das systematische Risiko präzisiert werden und wie hängt es mit der bislang betrachteten Streuung der Rendite zusammen?

2. Wie sieht der genaue Verlauf der Funktion aus, die wiedergibt, wie in Finanzmärkten die Renditeerwartung einer Einzelanlage von ihrem systematischen Risiko abhängt?

Die Antworten auf beide Fragen gibt das *Capital Asset Pricing Model* (*CAPM*). Das Risiko einer Anlage wird in der klassischen Portfoliotheorie mit der Streuung oder Standardabweichung (Wurzel aus der Varianz) der Rendite dieser Anlage gleichgesetzt. Deshalb ist

$$\sigma_k = SD[\tilde{r}_k] = \sqrt{Var[\tilde{r}_k]}$$

das Risiko der Einzelanlage k und

$$\sigma_M = SD[\tilde{r}_M] = \sqrt{Var[\tilde{r}_M]}$$

das Risiko des Marktportfolios. Das systematische Risiko des mit k bezeichneten Instruments ist gleich dem Produkt des Risikos dieses Instruments (Renditestreuung σ_k) und dem Koeffizienten der Korrelation

$\rho_{k,M}$ zwischen der Rendite dieses Instruments und der Rendite des Marktportfolios,

(4-2) $\qquad$ Systematisches Risiko $= \sigma_k \cdot \rho_{k,M}$

4.1.3 Die Frage nach dem Zusammenhang

Die *erwartete* Rendite r_k dieses Instruments, so die Grundaussage des CAPM, ist gleich dem Zinssatz i plus einer Prämie, die *proportional* zu dem so definierten systematischen Risiko ist. Also beantwortet das CAPM die Frage nach dem genauen Verlauf der Abhängigkeit der Renditeerwartung r_k von dem derart spezifizierten systematischen Risiko: Sie ist *linear*. Das CAPM spezifiziert überdies den Proportionalitätsfaktor: Er ist gleich der Überrendite des Marktportfolios in Relation zum Risiko des Marktportfolios, $(r_M - i)/\sigma_M$. Somit lautet die Grundgleichung des CAPM

(4-3) $\qquad r_k = i + \{\sigma_k \cdot \rho_{k,M}\} \cdot \left\{\dfrac{r_M - i}{\sigma_M}\right\}$

Üblicherweise wird (4-3) leicht umgeschrieben, in dem das systematische Risiko der Einzelanlage in Relation zum Risiko des Marktportfolios gesetzt wird. So entsteht *Beta*.

(4-4) $\qquad \beta_k \equiv \dfrac{\rho_{k,M} \cdot \sigma_k}{\sigma_M}$

Beta ist ein Maß für das *relative* systematische Risiko. Mit den Betas kann die Grundgleichung (4-3) des CAPM so geschrieben werden: Für *jede* Anlagemöglichkeit k gilt: Die mit der Einzelrendite k verbundene Renditeerwartung Abhängigkeit der Renditeerwartung r_k ist gleich dem Zinssatz plus dem Produkt aus dem Beta dieser Einzelanlage und der Risikoprämie des Marktportfolios.

(4-5) $\qquad r_k = i + \beta_k \cdot (r_M - i)$

4. CAPITAL ASSET PRICING MODEL

Selbstverständlich kann diese Beziehung auch so ausgedrückt werden: Die Risikoprämie $r_k - i$ ist proportional zum Beta β_k und zur Risikoprämie des Marktportfolios. Das CAPM trifft eine Aussage, die für *alle* Einzelanlagen $k = 1, 2, \ldots, n$ gilt, aus denen ein Marktportfolio M gebildet wurde.

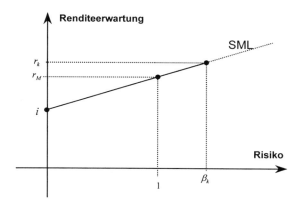

Bild 4-3: Die Renditeerwartung eines Instruments muss mit ihrem systematischen Risiko zunehmen. Das CAPM besagt: 1. Das systematische Risiko (in Relation zum Marktportfolio) wird durch Beta gemessen. 2. Die funktionale Beziehung zwischen Renditeerwartung und systematischem Risiko ist linear. 3. Ein Instrument mit einem Beta von 1 hätte eine Renditeerwartung in Höhe der Renditeerwartung des Marktportfolios. Die Darstellung der Aussagen des CAPM im Beta-Return-Diagramm ist die *Security Market Line* (SML). Alle einzelnen Instrumente des Finanzmarkts sind auf der SML positioniert.

Wenden wir uns noch dem Beta zu. An der Grundgleichung des CAPM kann abgelesen werden, dass der "Normwert" für Beta gleich Eins ist.

- Ist das Beta einer Anlage größer als Eins, ist ihre Risikoprämie größer als die des Marktportfolios.
- Ist das Beta einer Anlage kleiner als Eins, dann ist ihre Risikoprämie kleiner als die des Marktportfolios.

Beta ist also ein *relatives* Risikomaß. Es misst das mit einer Einzelanlage verbundene Risiko und drückt es in Relation zu dem des Marktportfolios aus. In der Definition (4-4) bezeichnet $\rho_{k,M}$ den Koeffizienten der Korrelation zwischen der Einzelrendite $\tilde{r}_k$ und der Marktrendite $\tilde{r}_M$,

$$(4\text{-}6) \qquad \rho_{k,M} = \frac{Cov[\tilde{r}_k, \tilde{r}_M]}{\sqrt{Var[\tilde{r}_k]} \cdot \sqrt{Var[\tilde{r}_M]}}$$

Dass bei der Definition von Beta noch der Korrelationskoeffizient hinzukommt, hängt mit der Diversifikation zusammen. Zwar ist σ_k das totale Risiko der Einzelanlage k, jedoch ist ein Teil davon diversifizierbar. Es leuchtet ein, dass der Diversifikationseffekt um so größer ist, je weniger die Rendite $\tilde{r}_k$ mit den anderen Renditen variiert, und diese "anderen Renditen" werden durch das Marktportfolio repräsentiert. Je geringer also die Korrelation zwischen $\tilde{r}_k$ und $\tilde{r}_M$ ist, desto deutlicher fällt die Diversifikation aus. Bei einem hohen Korrelationskoeffizienten ist das systematische Risiko groß.

4.1.4 Vergleichsrendite

So ist die Diskontrate für die Einzelanlage gefunden. Das CAPM zeigt den Zusammenhang zwischen der Einzelanlage k und dem großen Kollektiv des Marktportfolios auf.

Unternehmung	Beta
Zürich Financial Services — Versicherung	1,48
Swiss Re — Rückversicherung	1,12
Baloise — Versicherung	0,98
UBS — Bank	1,22
Credit Suisse — Bank	1,33
Nestlé — Nahrungsmittel	0,97
Hero — Nahrungsmittel	0,41
Novartis — Pharmazeutik	1,06
ABB — Systemtechnik	1,08
Sulzer — Maschinenbau	0,88
Sauer — Textilmaschinen	0,86
Rieter — Maschinenbau	0,51
EMS — Spzialchemie	0,55

Bild 4-4: Schätzungen der Betas verschiedener Unternehmen aus der Schweiz gegenüber dem SMI auf Basis historischer Renditen des Zeitraums August 1993 bis August 2003. Quelle: Datstream (Total Returns).

4. CAPITAL ASSET PRICING MODEL

Um die mit der Einzelanlage k verbundene Renditeerwartung beziehungsweise ihre Risikoprämie $r_k - i$ zu bestimmen, geht man von der mit dem Marktportfolio verbundenen Risikoprämie $r_M - i$ aus (für die aufgrund des letzten Kapitels hinreichend gut abgestützte Schätzungen vorliegen) und multipliziert sie mit dem Beta der Einzelanlage.[1]

Beispiel 4-1: Welche Rendite kann mit einer Nestlé-Aktie bei einer langfristigen Perspektive erwartet werden? Es soll mit einem Zinsniveau von $i = 3\%$ und einer Risikoprämie $r_M - i = 4\%$ gerechnet werden. Die Antwort: $r_{Nestle} = 0{,}03 + 0{,}97 \cdot 0{,}04 = 6{,}88\%$. ■

Kommen wir nochmals auf (4-5) zurück. Wie gesagt gilt diese Beziehung für *alle* in Betracht gezogenen Anlagen (und nicht nur für die Anlage k). Diese Aussage wird oft grafisch dargestellt: Die Renditeerwartungen aller Anlagen werden im Diagramm als *y-Variable* verstanden und in Abhängigkeit ihres jeweiligen Betas (*x-Variable*) dargestellt. Alle Anlagen kommen *genau* auf einer Geraden zu liegen, der sogenannten Wertschriftenlinie (*Security Market Line*, SML).

Wichtig: Es wird hier eine Aussage über *Erwartungswerte* von Renditen getroffen. Es geht nicht um die Rendite, die mit Ende des kommenden Jahres realisiert sein wird. Wir müssen die Rendite als Zufallsvariable unterscheiden von ihren Realisationen im einen oder im anderen Jahr. Außerdem müssen wir die Rendite als eine Zufallsgröße von der Renditeerwartung unterscheiden. Der Erwartungswert ist ein Parameter einer Wahrscheinlichkeitsverteilung.

Das CAPM trifft eine Aussage über die *Erwartungswerte* von Renditen. Gemeint sind dabei die "wahren" Erwartungswerte. Wir müssen dabei immer im Kopfe behalten, dass wir die wahren Parameter nicht kennen und uns deshalb mit Schätzungen zufrieden geben müssen. Auch das Beta errechnet sich in (4-4) aus den "wahren" Parametern der Wahrscheinlichkeitsverteilungen der Renditen. Werden die Aktienrenditen anhand ihrer wahren Erwartungswerte und anhand der wahren Betas positioniert, dann kommen sie alle auf einer Geraden zu liegen, der SML. Weil beim CAPM die wahren Parameter gemeint sind, wird von einer Betrachtung *ex ante* gesprochen. Werden hingegen die konkreten Renditen bestimmter Jahre oder die Durchschnitte der Renditen für eine Anzahl vergangener Jahren positioniert (*ex post*), dürften sie nicht exakt auf einer Linie liegen.

---

[1] Als eine schöne und eigentlich leicht zu lesende Quelle sei das kürzlich wieder aufgelegte Buch von WILLIAM F. SHARPE genannt: *Portfolio Theory and Capital Marktes*. McGraw-Hill, New York 2000.

Ist das CAPM ein abstraktes, unverständliches Modell? Intuitiv einsichtig ist, dass eine risikobehaftete Anlage eine Rendite erwarten lassen sollte, die den Zinssatz übertrifft. Intuitiv ist klar, dass es nur auf jene Risiken ankommt, die nicht mehr diversifiziert werden können, eben auf die systematischen Risiken. Im Finanzmarkt gibt es keine Prämie für die Übernahme und das Tragen von Risiken, die sich durch Diversifikation mit anderen ausgleichen und so zum Verschwinden gebracht werden können. Indessen ist ohne weitere Theoriebildung unklar, wie das systematische Risiko gemessen werden könnte und wie der funktionale Zusammenhang zwischen Renditeerwartung und dem systematischen Risiko aussieht. Das CAPM präzisiert beide Punkte:

1. Das systematische Risiko im Finanzmarkt wird durch das *Beta* gemessen.
2. Der Zusammenhang zwischen Renditeerwartung und Risiko, gemessen durch Beta, ist *linear*.

4.1.5 Beta

Wenn eine Einzelanlage betrachtet wird, dann gibt es verschiedene Möglichkeiten, ihr Beta (4-4) zu bestimmen.

Erstens können Zeitreihen der historischen Realisationen von $\tilde{r}_k$ und $\tilde{r}_M$ dazu dienen, die Streuungen σ_k und σ_M der Renditen und den Korrelationskoeffizienten $\rho_{k,M}$ zu schätzen. Üblicherweise werden beide Aufgaben mit einer Regression verkürzt (Kapitel 11). Sie liefert gleich das benötigte Beta. Diese *historischen Betas* sind oft untersucht worden. Es gibt Tabellen für die Betas von Aktiengesellschaften, die laufend aktualisiert werden.

Zweitens bieten sich Analogieschlüsse an: Experten, die mit derartigen Bestimmungen Erfahrungen haben, können die Betas aus der Art oder der Branche und aus anderen Umständen der Wirtschaftstätigkeit schätzen, die $\tilde{r}_k$ zugrunde liegt. Beispielsweise wissen die Experten, dass Unternehmen im Versorgungsbereich eher ein geringeres Risiko aufweisen im Vergleich zum Marktportfolio ($\beta_k < 1$), und dass Technologieunternehmen in der Regel riskanter sind als das Marktportfolio ($\beta_k > 1$). Die Experten stellen dazu Analogien wirtschaftlicher Argumentation auf.

Wir gehen auf die Regression zur Schätzung der historischen Betas ein. Zur Vorbereitung muss bestimmt werden, was in einer konkreten Situation unter dem Marktportfolio verstanden werden soll. In der Praxis

4. CAPITAL ASSET PRICING MODEL

wird stets ein Börsenindex als Näherung (*Proxy*) für das Marktportfolio akzeptiert.

Sodann müssen die historischen Renditen beschafft werden. Ein Punkt dabei ist die Länge des Zeitraumes und die Periode. Beispielsweise kann mit Jahresdaten gearbeitet werden. Mit $r_k(-1), r_k(-2), ..., r_k(-T)$ seien die Renditen der letzten T Jahre der Einzelanlage bezeichnet, deren Beta bestimmt werden soll. Entsprechend sind $r_M(-1), r_M(-2), ..., r_M(-T)$ die historischen Renditen des Marktportfolios jener Jahre. Die Regressionsgleichung lautet:

(4-7) $$r_k(t) = \alpha + \beta \cdot r_M(t) + \varepsilon_t, \quad t = -1, -2, ..., -T$$

Sie wird mit der Methode kleinster Quadrate gelöst. Der dabei berechnete Schätzwert für β ist dann das sogenannte *historische Beta* der Einzelanlage k, bezogen auf das Zeitfenster der letzten T Jahre.

Wichtig ist, dass man in (4-8) ebenso Monatsrenditen, Wochenrenditen oder Tagesrenditen einsetzen kann. Auf diese Weise kann der Datenumfang vergrößert und die statistische Schätzgenauigkeit für Beta erhöht werden. Der Grund für die Möglichkeit, kürzere Perioden zu verwenden, liegt in den Risikoeigenschaften begründet. Das was man an den Schwankungen der Jahresdaten beobachten kann, drückt sich in gleicher Art in den Monats- und Wochenrenditen aus. Die Renditen der Anlagen, die wir hier betrachten, werden durch stochastische Prozesse beschrieben, die folgende Eigenschaft besitzen: was in kleinen Periodenlängen (Wochen, Monate) passiert, vermittelt ein strukturgleiches Bild dessen, was im Großen (Jahre) geschieht. Auch kann der Korrelationskoeffizient anhand von Jahresdaten bestimmt werden, oder eben anhand von Monats-, Wochen- oder Tagesrenditen.

> Es ist gute Praxis, für die Bestimmung der historischen Betas die Wochenrenditen eines Jahres oder die zweier Jahre zu verwenden.

Ein weiterer Punkt ist der Unterschied zwischen dem historischen Beta und dem im CAPM benötigten wahren Beta. Mit dem empirischen Ansatz kann nur ein historisches Beta bestimmt werden. Man wäre nun geneigt, es Schätzung für das eigentlich gesuchte und im CAPM benötigte wahre Beta zu nehmen. Doch einige Zeit später werden die weiteren Renditen der betrachteten Anlage bekannt und man kann das Beta für das neue Zeitfenster berechnen. Solche Untersuchungen haben immer wieder gezeigt, dass die historischen Betas *nicht stabil* sind.

1. Sie schwanken mit dem Zeitfenster.
2. Sie zeigen eine *autoregressive* Tendenz: Historische Betas, die kleiner als Eins sind, werden mit dem Zeitablauf größer. Umgekehrt werden historische Betas, die größer als Eins waren, mit dem Verschieben des Zeitfensters nach rechts kleiner.

Die Beobachtung zeigt: Ein historisches Beta $\beta_k^{(historisch)}$ darf nicht unmittelbar als Schätzung des gesuchten wahren Betas genommen werden. Vielmehr muss es noch korrigiert werden, um die Autoregression zu berücksichtigen. Eine bekannte und viel benutzte Korrektur setzt die Schätzung $\hat{\beta}_k$ für das wahre Beta der Anlage k so fest: [2]

$$(4\text{-}8) \qquad \hat{\beta}_k \equiv \frac{1}{3} + \frac{2 \cdot \beta_k^{(historisch)}}{3}$$

Wer empirisch arbeitet, wird bestätigen, dass die historischen Betas stark vom gewählten Zeitfenster abhängen. Daher bietet sich an, nicht nur eine Korrektur wie (4-9) vorzunehmen sondern parallel Expertenwissen heranzuziehen. Üblich ist, mehrere Ansätze zu kombinieren, um das Beta zu beziffern.

4.1.6 Historische Notiz

Das CAPM wurde zwischen 1962 und 1966 entwickelt. Als Schöpfer gilt W. F. SHARPE. In seiner Autobiographie schreibt SHARPE, dass er seinen Aufsatz zum CAPM 1962 eingereicht habe. Die Arbeit ist aber erst 1964 erschienen. SHARPE erwähnt, dass J. L. TREYNOR ähnliche Ergebnisse erzielte und 1963 an amerikanischen Universitäten in unveröffentlichter Form kursieren ließ. Auch J. LINTNER hatte in dieser Richtung gearbeitet, sein Aufsatz wurde 1965 publiziert. Deshalb wird von der *Sharpe-Lintner-Version des CAPM* gesprochen. J. MOSSIN ist 1966 eine Verallgemeinerung gelungen.[3] Die klassische Portfoliotheorie ist demnach zwischen 1950 und 1970 entstanden.

---

[2] MARSHALL BLUME: Betas and their Regression Tendencies. *Journal of Finance* 30 (1975), pp. 785-795.

[3] 1. WILLIAM F. SHARPE: Capital Asset Prices: A Theory of Market Equilibrium under Conditions of Risk. *Journal of Finance* 19 (September 1964), pp. 425-442. 2. JOHN LINTNER: The Valuation of Risk Assets and the Selection of Risky Investments in Stock Portfolios and Capital Budgets. *Review of Economics and Statistics* 47 (February 1965), pp. 13-37. 3. JAN MOSSIN: Equilibrium in a Capital Asset Market, *Econometrica* 34 (October 1966), pp. 261-276.

4. CAPITAL ASSET PRICING MODEL

Bild 4-5: WILLIAM F. SHARPE (geboren 1934 in Boston) hat 1951 das Studium in Berkeley begonnen, an der *University of California at Los Angeles* (UCLA) fortgesetzt und 1955 abgeschlossen. Dann begann SHARPE als Ökonom an der RAND Corporation, lernte *Computer Programming* und da zu jener Zeit MARKOWITZ dort wirkte, begann er mit der Vereinfachung von Algorithmen zur Ermittlung effizienter Portfolios. Im Jahr 1961 wurde seine Thesis über *Portfolio Analysis Based on a Simplified Model of the Relationships Among Securities* angenommen. SHARPE ging dann nach Seattle, wo er zwischen 1961-1968 produktive Arbeitsjahre hatte. Von dort wechselte er 1968 nach Irvine und wurde schließlich 1973 Timken Professor of Finance in Stanford. In dieser Zeit führte er Beratungsmandate für Merrill Lynch, Wells Fargo und andere Organisationen aus. Mit dem Nobelpreis wurde SHARPE 1990 geehrt.

Bald danach haben diese Publikationen überall die theoretische und empirische Forschung im Finance befruchtet. Im deutschen Sprachraum wurde die Bekanntheit dieser Arbeiten durch GÖPPL gefördert, der kurze Zeit nach der Entwicklung des CAPM die Ideen der klassischen Portfoliotheorie aufgriff, ausbaute, internationale Seminare und Tagungen organisierte und an der Universität Karlsruhe eine *Datenbank* errichtete. Daraus ist die von GÖPPL gemeinsam mit BÜHLER (Mannheim) und MÖLLER (Aachen) betreute *Deutsche Finanzdatenbank* entstanden. Ebenso hat STEHLE, heute Berlin, die Ideen jener Zeit zu uns gebracht und früh mit eigenen Arbeiten die empirische Forschung befruchtet.[4]

---

[4] 1. Die Datenbank ist beschrieben in: WOLFGANG BÜHLER, HERMANN GÖPPL, HANS-PETER MÖLLER et al.: Die Deutsche Finanzdatenbank; in WOLFGANG BÜHLER, HERBERT HAX, REINHART SCHMIDT (eds.): Empirische Kapitalmarktforschung, *Zeitschrift für betriebswirtschaftliche Forschung*, Spezialheft 31 (1993), pp. 287-331. 2. RICHARD STEHLE: Aktien versus Renten. In: Handbuch Altersversorgung (CRAMER, FÖRSTER, RULAND, eds.), Frankfurt (1998), pp. 815-831.

4.2 Empirie und Anwendungen

4.2.1 Tests

Die Gleichung (4-5) besitzt eine so einfache Gestalt, dass man vermuten könnte, es handele sich um das Postulat eines kreativen Schöpfers. Dann würde man (4-5) als eine Arbeitshypothese aufgreifen und durch die empirische Forschung herauszufinden versuchen, ob es sich um eine genaue oder um eine ungenaue Beschreibung wirklicher Kapitalmärkte handelt. Unzählige empirische Tests des CAPM wurden publiziert. Zudem wurden verschiedene Vorgehensweisen für die Tests untersucht und kritisiert.

> Bei den Tests des CAPM müssen die im CAPM auftauchenden wahren Parameter geschätzt werden. Die dabei zu verzeichnenden Schätzfehler müssen berücksichtigt werden, bevor ein Urteil über die Gültigkeit des CAPM getroffen wird.

Zudem gibt es grundsätzliche Bedenken bei allen diesen Tests. Bei den Tests wird das im CAPM erscheinende Marktportfolio durch einen Index ersetzt. Selbstverständlich ist jeder Marktindex nur eine Näherung des Marktportfolios — dessen Eigenschaften in der klassischen Portfoliotheorie klar definiert ist. Durch diese Approximation entsteht ein Problem, auf das R. ROLL 1977 aufmerksam gemacht hat.[5] Wenn man eine empirische Überprüfung des CAPM durchführt und einen Index als Proxy für das Marktportfolio verwendet, kann folgende Situation eintreten: Vielleicht verwirft man die Eignung des CAPM zur Beschreibung der Realität, aber in Wahrheit liegt das nur daran, dass die verwendete Proxy eben nicht mit dem eigentlichen Marktportfolio übereinstimmt. Vielleicht wird das CAPM als zur Beschreibung der Realität höchst geeignet angesehen, aber in Wahrheit ist das CAPM gar nicht gut geeignet, die Wirklichkeit zu beschreiben. Das positive Urteil kam nur zustande, weil eine Proxy verwendet wurde, die nicht mit dem eigentlichen Marktportfolio übereinstimmt, und die gewählte Proxy gerade zu einer günstigen Beurteilung führt.

Kurz: Wird das CAPM verworfen, könnte es dennoch in Wahrheit eine gute Beschreibung der Wirklichkeit bieten, nur hatte man einen Fehler bei der Identifikation des Marktportfolios begangen. Wird das CAPM nicht verworfen, hatte der Forscher vielleicht nur mit glücklicher Hand

---

[5] RICHARD W. ROLL: A Critique of the Asset Pricing Theory's Tests: Part I: On Past and Potential Testability of the Theory. *Journal of Financial Economics* 4 (1977), pp. 129-176.

die Tests gerade für ein "Marktportfolio" durchgeführt, bei denen sich eben kein signifikanter Widerspruch zeigt.

Die empirische Forschung zum CAPM ist durch solche methodische Kritik nicht gestoppt worden. Insgesamt zeichnet die empirische Evidenz ein gemischtes Bild der Gültigkeit des CAPM.

- Einerseits gab es viele Bestätigungen dafür, dass Beta tatsächlich jener Faktor ist, der über einen sehr langen Zeithorizont hinweg die Renditeunterschiede zwischen den einzelnen Instrumenten noch am besten erklärt, besser jedenfalls als andere Maßzahlen und Faktoren.

- Andererseits wurde in der empirischen Forschung entdeckt, dass *in gewissen Zeitperioden* Beta keine gute Erklärung für die Renditen bietet. Es wurde deshalb nach einem oder mehreren anderen Faktoren gesucht, um aus ihnen die Renditen oder Kapitalkosten besser ermitteln zu können. Hier wurden viele in Frage kommende Kennzahlen geprüft.

- Die Studien von E. FAMA und K. FRENCH haben große Beachtung gefunden. Sie haben nachgewiesen, dass die Unternehmensgröße kombiniert mit dem Verhältnis zwischen Marktwert und Buchwert die Renditeunterschiede zwischen Unternehmungen recht gut erklären können. Kurz: Kleine Aktiengesellschaften haben höhere Renditen, als aufgrund ihres Betas und des CAPM erwartet würde. Aktien mit einer hohen Relation zwischen Marktkapitalisierung und Buchwert haben eine geringere Rendite, als aufgrund ihres Betas und des CAPM erwartet würde.[6]

4.2.2 Periodenlänge

Dennoch stößt das CAPM weiterhin auf breite Akzeptanz. Denn es ist nicht nur ein Postulat eines Zusammenhangs, dessen Gültigkeit durch die empirische Forschung untersucht wurde. Es handelt sich bei (4-5) um einen Zusammenhang, der sich aus dem klassischen Modell der Portfoliotheorie ableiten läßt. Das CAPM ist sogar eine mathematisch beweisbare Aussage.

---

[6] Quellen: 1. EUGENE F. FAMA und KENNETH R. FRENCH: The Cross-Section of Expected Stock Return. *The Journal of Finance.* 47 (Jun., 1992) 2, pp. 427-465. 2. EUGENE F. FAMA und KENNETH R. FRENCH: Size and book-to-market factors in earnings and returns. *Journal of Finance* 50 (1995), pp. 131-155.

Mit dieser Feststellung wollen wir dem CAPM nicht noch eine Stütze von Seiten der Theorie geben. Vielmehr ist der Punkt dieser: Die klassische Portfoliotheorie bezieht sich letztlich auf einen Anlagezeitraum eines Jahres — wir werden gleich sehen, warum. Wo nun das CAPM aus der klassischen Portfoliotheorie mathematisch ableitbar ist, muss das CAPM als ein Modell für Jahresrenditen betrachtet werden.

Folglich ist der Zinssatz in (4-5) der Einjahreszinssatz. Das CAPM ist als Modell zu verstehen, dem ein Zeithorizont von einem Jahr unterliegt. Folglich sind alle Größen im CAPM, desgleichen der *Zinssatz*, auf *ein Jahr* zu beziehen. Dieser Hinweis ist angebracht, weil gelegentlich geäußert wird, der Zinssatz im CAPM sei die "Rendite für Staatsanleihen mit der Restlaufzeit einiger Jahre." Dem ist nicht so. Es handelt sich um den *Einjahreszinssatz*.

Warum also bezieht sich das klassische Modell der Portfoliotheorie auf ein Jahr? Die klassische Portfoliotheorie wurde 1952 von H. MARKOWITZ geschaffen, der die Diversifikation mathematisch untersuchte.[7]

- Es werden n Anlagen in einzelne Aktien als möglich betrachtet.
- Das Modell betrachtet zwei Zeitpunkte: den der Geldanlage und den späteren, zu dem das Anlageergebnis feststeht.
- Der Investor entscheidet, mit welchem Geldbetrag x_j er die Aktien der Gesellschaft j kauft und dann hält.
- Die mit der Aktie j in der kommenden Anlageperiode verbundene (diskrete) Rendite ist unsicher, und ihre Wahrscheinlichkeitsverteilung wird durch Parameter beschrieben: Ihren Erwartungswert (*Return*) und ihre Standardabweichung (*Risk*).
- In der Analyse wird dann deutlich, dass es auf die Korrelationen der Renditen untereinander ankommt.

Obwohl es in den ersten Aufsätzen der klassischen Portfoliotheorie nie explizit gemacht wurde, wissen wir heute: Die Renditen der betrachteten Anlageinstrumente müssen als *normalverteilt* unterstellt werden. Diese Prämisse ist nur dann gut mit der Wirklichkeit vereinbar, wenn die betrachtete Periode etwa *ein* Jahr lang dauert. Es gibt also Besonderheiten für kurze und für sehr lange Perioden.[8] Folglich beschreibt

---

[7] Erste Arbeiten: 1. HARRY M. MARKOWITZ: Portfolio Selection: *The Journal of Finance*, Vol. 7, No. 1. (March 1952), pp. 77-91. 2. HARRY M. MARKOWITZ: *Portfolio Selection: Efficient Diversification of Investments*. Wiley & Sons, New York, 1959.

[8] Was gilt für kürzere Horizonte? Die empirische Forschung zeigt, dass die (diskrete oder einfache) Rendite einer Aktienanlage für einen *kürzeren* Zeitraum besondere Effekte wie

die klassische Portfoliotheorie die Geldanlage für den Horizont (in etwa) eines Jahres. Wohlgemerkt beruht die klassische Portfoliotheorie auf diskreten Renditen, genau wie das CAPM etwas über die Beziehung der Erwartungswerte der einfachen oder diskreten Renditen aussagt. Aufgrund seiner Ableitung aus der klassischen Portfoliotheorie ist das CAPM ebenso als ein Modell zu verstehen, dass eine Aussage über die Erwartungswerte von (diskreten) *Jahresrenditen* trifft.

Wenn nun das CAPM für ein konkretes Jahr angewendet werden soll, stellt sich die Frage:

- Soll in (4-5) ein "genereller" Einjahreszinssatz eingesetzt werden, worunter das langfristige mittlere Niveau der historischen Einjahreszinssätze zu verstehen ist?
- Alternativ dazu könnte in (4-5) der *konkrete* Einjahreszinssatz des *betreffenden* Jahres eingesetzt werden, für das die Renditeerwartung ermittelt werden soll.

Die zweite Variante wird in der Praxis oft bevorzugt. Denn so wird ein Bezug zum Zeitpunkt der Anwendung des CAPM ersichtlich. Allerdings ist dann zu kritisieren, dass der Zinssatz sich bald wieder auf seinem langfristigen Niveau befinden könnte, und die mit dem CAPM gefundene Renditeerwartung im übrigen für die Diskontierung sehr fern in der Zukunft liegender Zahlungen verwendet wird. Zudem hängt das Ergebnis der Rechnung — die gesuchte Renditeerwartung — davon ab, welche Informationen hinsichtlich der Marktrendite vorliegen. So ergeben sich unterschiedliche Aussagen, wenn als Basis der *aktuelle* Zinssatz verwendet wird.

Beispiel 4-2: Für die drei zurückliegenden Jahre sind als Marktrenditen $11\%, -4\%, 17\%$ gegeben, und die Zinssätze in jenen Jahren waren $5\%, 3\%, 4\%$. Eine Schätzung mit dem Mittelwert liefert für die erwartete Marktrendite $\hat{r}_M = (0{,}11 - 0{,}04 + 0{,}17)/3 = 8\%$. In diese Schätzung gehen die historischen Zinssätze *nicht* ein. Für die Risikoprämie p_M lautet die Schätzung $\hat{p}_M = ((0{,}11 - 0{,}05) + (-0{,}04 - 0{,}03) + (0{,}17 - 0{,}04))/3 = 4\%$. In diese Schätzung geht der *Mittelwert der historischen Zinssätze* ein. Ein Praktiker wünscht eine Prognose der Marktrendite — hierzu wird ihr Er-

---

Fat-Tails (Leptokurtosis) aufweist, dass also die Wahrscheinlichkeitsverteilung der Rendite weiter ausladend ist als die Normalverteilung. Was gilt für längere Horizonte? Für einen längeren, mehrjährigen Zeitraum verdichten sich solche Sprünge zwar zu einer annähernd normalverteilten Anzahl. Hingegen ist die (diskrete) Rendite einer Aktienanlage nicht symmetrisch wie die Normalverteilung sondern zeigt Rechtsschiefe, die um so ausgeprägter ist, je länger der Anlagehorizont ist. Eine übliche theoretische Modellierung läuft darauf hinaus, dass die diskreten Renditen lognormalverteilt sind (die stetigen Renditen sind normalverteilt).

wartungswert herangezogen — und verlangt eine Berücksichtigung des aktuellen Zinssatzes. Der derzeitige Zinssatz ist $i = 2\%$ und liegt unter dem historischen Durchschnitt. Jetzt sind aufgrund dieser Information zwei Aussagen möglich.

Weg 1: Die erwartete Marktrendite beträgt 8%, denn das ist der direkte Schätzwert $\hat{r}_M$.

Weg 2: Die erwartete Marktrendite beträgt 6%, denn der *augenblickliche* Zinssatz beträgt $i = 2\%$ und hinzu kommt die Risikoprämie. Sie wurde mit 4% aufgrund der Renditedifferenzen zwischen den historischen Marktrenditen und den historischen Zinssätzen ermittelt. ■

Fragen zum CAPM	
Wie exakt gilt das Modell?	Empirische Studien kommen zu einem gemischten Ergebnis, doch gibt es kein generell besseres Modell um den Zusammenhang zwischen Renditeerwartung und Risiko zu quantifizieren.
Kann man das Marktportfolio bestimmen?	Hier liegt eine Schwierigkeit, auf die ROLL mehrfach hingewiesen hat. Doch in der Praxis werden Indizes der Börse des jeweiligen Wirtschaftsraumes als Proxy akzeptiert.
Kennt man die Renditeerwartung, die mit dem Marktportfolio verbunden ist?	Ja, aber nicht ganz genau. Je nach Schätzmethode findet man 8% bis 10% und durch diesen weiten Bereich ergibt sich eine Beschränkung in der Exaktheit der zahlenmäßigen Ergebnisse im CAPM.
Kann man mit dem CAPM Renditen ermitteln?	Nein, das Modell liefert Renditeerwartungen.
Ist es sinnvoll, das Beta auf zwei Dezimalen hinter dem Komma zu ermitteln?	Nein. Zwar können historische Betas genau geschätzt werden, doch weist eine umfangreiche Literatur darauf hin, dass die so historischen Betas einer Adjustierung oder Korrektur bedürfen. Zudem hängen die historischen Betas extrem vom Zeitfenster ab, das der Schätzung zugrunde liegt.
Wozu ist dann das Modell gut?	Die Aussage bleibt korrekt, dass für Anlagen mit einem höheren Beta eine höhere Rendite erwartet wird, ebenso ist klar, dass Anlagen mit einem Beta von 0 den Zinssatz als Rendite erwarten lassen und Anlagen mit einem Beta von 1 dieselbe Rendite erwarten lassen wie das Marktportfolio.

Bild 4-6: Häufig zum CAPM gestellte Fragen.

Wer sich nicht sicher ist, welcher Rechenweg für die Interpretation der Ergebnisse geeigneter ist, wird verschiedene Rechnungen vornehmen. Man darf zudem keine übergroße Genauigkeit in das Modell interpretieren. Versuche, Betas auf drei Dezimalen hinter dem Komma zu schätzen, übersehen wichtige Punkte:

4. CAPITAL ASSET PRICING MODEL

1. Selbst wenn das CAPM gleichsam wie ein Naturgesetz exakt gelten würde, ist es ein Modell, das lediglich etwas über *Erwartungen* aussagt. Das CAPM sagt nicht, wie hoch die Rendite sein wird, sondern wie hoch die Rendite*erwartung* sein sollte.

2. Die Spezifikation des Modells verlangt die Kenntnis der Renditeerwartung eines (gut diversifizierten) Portfolios, des Marktportfolios, das als natürlicher Rahmen für die Betrachtung dient. Leider ist in gleicher Weise diese Renditeerwartung mit einem Schätzfehler behaftet.

In Jahren, in denen der aktuelle Zinssatz von seinem langfristig mittleren Niveau abweicht, liefern die Rechenwege 1 und 2 unterschiedliche Ergebnisse, falls der aktuelle Zinssatz in die Berechnung der Kapitalkosten oder Renditeerwartung eingehen soll.

4.3 Ergänzungen und Fragen

4.3.1 Zusammenfassung der Abschnitte 4.1 und 4.2

Die im letzten Kapitel ermittelte Marktrendite von 8% bis 10% (je nach Schätzmethode) muss auf die Rendite umgerechnet werden, die bei einer konkreten Einzelanlage zu erwarten ist. Damit ist dann die korrekte Diskontrate der Einzelanlage gefunden. Für die Umrechnung wird das Capital Asset Pricing Model (4-5) herangezogen.

Im CAPM wird Beta als das relevante Risiko erkannt. *Beta setzt das systematische Risiko der Einzelanlage* in Relation zum *Risiko des Marktportfolios*, vergleiche (4-4) Das CAPM besagt, dass die Renditeerwartung einer jeden Einzelanlage gleich ist der Summe aus Zinssatz und dem Produkt von Beta und der Risikoprämie des Marktportfolios. Eine grafische Darstellung des CAPM ist die Security Market Line (SML).

Best-Practice ist, das Beta anhand der letzten 52 oder 104 Wochendaten zu schätzen. Allerdings sind die historischen Betas nicht stabil; sie zeigen eine autoregressive Tendenz: Ist das historische Beta kleiner als Eins, ist das wahre Beta etwas größer. Ist das historische Beta größer als Eins, ist das wahre Beta etwas kleiner. Es gibt Korrekturen, die zur Adjustierung des Betas angewendet werden (4-9).

Sodann haben wir uns mit der Natur des CAPM befaßt. Es läßt sich im Rahmen der klassischen Portfoliotheorie mathematisch beweisen. Dennoch sind empirische Überprüfungen wichtig und wurden tausendfach vorgenommen. Zwar hat ROLL eine grundsätzliche Kritik gegen alle Tests des CAPM angebracht, doch es gibt mittlerweile eine weite und anerkannte Evidenz. Danach liefert das CAPM zwar eine gute, aber keine sehr gute Beschreibung der Realität. Andere Faktoren, die Renditen erklären, könnten die Größe der Unternehmung sowie die Kennzahl Marktkapitalisierung / Buchwert sein.

Ein wichtiger Punkt ist die Frage, in Bezug auf was sich die Überrenditen oder Risikoprämien beziehen, die im CAPM in eine Relation gesetzt werden. Ist es der Zinssatz oder die mittlere Bondrendite? Aufgrund der Annahmen der Portfoliotheorie, aus der das CAPM abgeleitet werden kann, ist das CAPM als ein Modell zu verstehen, das sich auf eine Periode von etwa der Länge eines Jahres bezieht. Daher beziehen sich die Überrenditen auf den Einjahreszinssatz. Zudem bieten sich verschiedene Wege, je nachdem ob der aktuelle Einjahreszinssatz verwendet werden soll oder ob mit einem langfristigen Durchschnitt der Einjahreszinssätze gearbeitet wird. Diese Wege führen auf unterschiedliche Schätzungen für die Renditeerwartung und damit für die Diskontrate, sofern der augenblickliche Zinssatz vom langjährigen Durchschnitt der Zinsen abweicht. Hier kann der Praktiker eine Vorgabe machen.

4.3.2 Das Marktportfolio

Die klassische Portfoliotheorie geht von n Einzelanlagen aus (für unseren Zweck sind das die Aktien eines Wirtschaftsraums). Ihre diskreten Renditen werden als zufällig (und normalverteilt) angesehen. Die Parameter der Wahrscheinlichkeitsverteilungen sollen gegeben sein, also die n Erwartungswerte der Renditen der Einzelanlagen, die Streuungen und die Korrelationskoeffizienten.

Die Frage lautet, wie ein Investor diese Anlagen bei der Zusammenstellung seines Portfolios gewichten sollte. HARRY MARKOWITZ hatte 1952 allein schon mit der formalen Beschreibung dieser Frage Pionierarbeit geleistet. Er beschrieb die Einzelanlagen durch ihre zufälligen Renditen und konzentrierte sich auf die beiden Verteilungsparameter Renditeerwartung und Standardabweichung. Der erste, kurz mit *Return* bezeichnet, subsumiert alles Wünschenswerte, der zweite Parameter, kurz als *Risk* angesprochen, subsumiert das Unerwünschte.

Besonders bekannt ist MARKOWITZ für die Erkenntnis, dass Portfolios aus diesen Anlagen eine Rendite aufweisen, deren Standardabweichung

(Risk) typischerweise geringer ist als der Durchschnitt der Risiken der in das Portfolio einbezogenen Einzelanlagen.

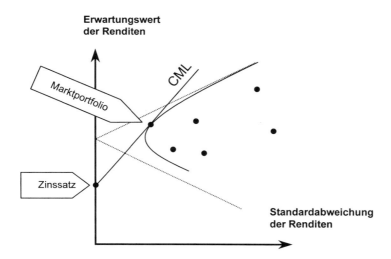

Bild 4-7: Wenn die Investoren Mittel ebenfalls risikofrei anlegen und zum selben Zinssatz Kredit aufnehmen können, dann verbleibt auf der Markowitzschen Effizienzkurve (oberer Ast der Hyperbel) nur noch ein *einziges* Portfolio, das weiterhin effizient ist: das Marktportfolio. Es ist bestimmt durch die Tangente an die Effizienzkurve, die durch den Punkt geht, der die sichere Anlage (Zinssatz, kein Risiko) repräsentiert.

J. TOBIN (1918-2002) hat später eine Erweiterung angebracht.[9] Er ließ als weitere Anlagemöglichkeit die sichere Anlage zum Zinssatz zu. Auch sollte eine Investor zum Zinssatz einen Kredit aufnehmen können (wenn er es wünschen sollte, für mehr Geld, als er mitbringt, Aktien zu kaufen). Daraus entsteht diese Aufgabe:

1. Der Investor gibt sich eine Standardabweichung für die Rendite des Portfolios vor, die nicht überschritten werden soll. Dieses Risk sei mit h bezeichnet.

2. Für jedes denkbare h möchte er nun die Gewichte der Einzelanlagen so bestimmen, dass die erwartete Portfoliorendite möglichst groß wird.

---

[9] JAMES TOBIN: Liquidity Preference as Behavior Towards Risk. *Review of Economic Studies* 25 (February 1958), pp. 65-86.

3. Die so erreichten Kombinationen von Risk und Return können alle auf einer Linie positioniert werden, der sogenannten Kapitalmarktlinie (*Capital Market Line*, CML).

Jenes unter den so gefundenen Portfolios, das nur aus Aktien besteht, aber keine Geldanlage zum Zinssatz noch einen Kredit vorsieht, ist das Marktportfolio.[10]

4.3.3 Stichworte und Namen

Beta, historische Betas, Capital Market Line (CML), Instabilität von Beta, Kritik von R. ROLL, Marktportfolio, Natur des CAPM, W. F. SHARPE, Security Market Line (SML), systematisches Risiko, unsystematisches Risiko, wahre Betas.

4.3.4 Fragen

1. A) Wie lautet die Formel des CAPM? B) Wie ist Beta definiert? C) Was wird unter der *Security Market Line* (SML) verstanden?
2. Richtig oder falsch: A) Beta drückt das systematische Risiko aus. B) Beta drückt das unsystematische Risiko aus.
3. Die Marktrendite beträgt 8%, das Beta einer Einzelanlage ist 1,25. Der langjährige Durchschnitt der Einjahreszinssätze beträgt 4%. Berechnen Sie die Renditeerwartung dieser Einzelanlage.
4. Bei Gold wird von negativen Korrelation zur Rendite auf das Marktportfolio ausgegangen. Das Beta von Gold ist daher negativ. Berechnen Sie für ein Beta von -½ die marktgerechte Renditeerwartung, die mit Gold nach dem CAPM verbunden sein muss. (Hinweis: Marktrendite 8%, Einjahreszinssatz 4%).
5. Sie sind sich nicht sicher, ob die Marktrendite nun 8% oder 10% beträgt und ob das wahre Beta einer Einzelanlage 0,7 oder 0,8 ist. Es soll mit einem Zins von 4% gerechnet werden. Ermitteln Sie die vier sich daraus ergebenden Renditeerwartungen.
6. Werden im CAPM historische oder adjustierte Betas benötigt?
7. Bei Anwendungen könnte A) ein *genereller* Einjahreszinssatz in das CAPM eingesetzt werden (langfristiges mittleres Niveau der hi-

---

[10] Vergleiche etwa SPREMANN: Portfoliomanagement, 2. Auflage, Oldenbourg Verlag 2003, Kapitel 7.

storischen Einjahreszinssätze) oder B) der *konkrete* Einjahreszinssatz des *betreffenden* Jahres. Erläutern Sie!

8. Fragen zum Verständnis: A) Handelt es sich beim CAPM um einen exakt gültigen oder um einen nur angenähert gültigen Zusammenhang? B) Kann das Marktportfolio exakt bestimmt werden? C) Wie genau ist die Renditeerwartung bekannt? D) Können mit dem CAPM Renditen ermittelt werden? E) Ist es zweckmäßig, das Beta auf zwei Dezimalen hinter dem Komma zu ermitteln? F) Wozu ist das CAPM gut?

9. Eine Tabelle nennt den Zinssatz und stellt Daten über den Markt M sowie vier Einzelanlagen A, B, C, D zusammen. Klären Sie jeweils, ob die Daten mit dem CAPM in Einklang stehen:

Asset	Renditeerwartung	Sigma	Beta
M	10%	20%	1
Geld	4%	0%	0
A	13%	30%	1,5
B	13%	40%	1,5
C	7%	10%	0,5
D	7%	5%	0,5

4.3.5 Lösungen

1. Die Grundgleichung des CAPM: Formel (4-5). Die Definition von Beta: (4-4). C) Vergleiche Bild 4-3.

2. Weder das eine noch das andere ist vollständig korrekt: Beta drückt das relative systematische Risiko aus.

3. 9%

4. 2%

5. 6,8%, 7,2%, 8,7%, 8,8%.

6. Weder noch: Das CAPM geht von wahren Verteilungsparametern aus, setzt also das wahre Beta voraus. Studien zeigen, dass die historischen Betas das wahre Beta systematisch falsch schätzen. Adjustierungen sollen diesen Fehler möglichst gut korrigieren. Die adjustierten Betas sind die beste bekannte Näherung an das, was eigentlich benötigt wird, und das sind die wahren Betas.

7. Siehe Unterabschnitt 4.2.3.

8. A) Das CAPM ist im Rahmen der Annahmen der klassischen Portfoliotheorie exakt ableitbar, doch ist damit nicht gesagt, dass es in gleicher Weise in der Empirie gut funktioniert. Aufgrund der empirischen Forschung gilt es als gut bis befriedigend. C) Siehe Kapitel 3: Die finanzwirtschaftliche Schätzmethode führt auf ein weites Konfidenzintervall. D) Nein, das CAPM stellt Renditen in einen relativen Zusammenhang. E) Aufgrund der Schätzfehler bei den anderen Größen wohl kaum. Ausgehend von einer als bekannt angesehenen Risikoprämie für das Marktportfolio kann die Renditeerwartung einer Einzelanlage bestimmt werden.

9. A) ja, hier muss offensichtlich der Korrelationskoeffizient 1 sein. B) ja, genau wie A, nur ist offensichtlich die Korrelation geringer als 1, sie beträgt 0,75. C) Ja, wieder ist der Korrelationskoeffizient 1. D) nein, denn angesichts des Sigma von D kann D, selbst wenn die Korrelation gleich 1 wäre, kein so geringes Beta haben wie in der Tabelle genannt ist.

5. Wachstum und Multiples

Unter der Annahme einer gleichmäßigen Wachstumsrate für die Dividenden ergibt sich das nach M. GORDON benannte Wachstumsmodell (Abschnitt 5.1). Sodann, in 5.2, wird ein Blick auf den Zusammenhang zwischen Diskontrate, Dividendenrendite und Wachstumsrate geworfen. Vor allem betrachten wir die Irrelevanz der Dividendenpolitik. Sie ist nicht nur theoretisch interessant, denn sie erlaubt es, andere Bewertungsmodelle herzuleiten. Insbesondere kann der Wert ebenso als Summe der diskontierten Gewinne ermittelt werden (Ertragswert). Dazu ein wichtiger Punkt: Was geschieht, wenn die Unternehmung Jahr um Jahr die Gewinne vollständig ausschütten würde? Sie wächst mit der Rate des *organischen* Wachstums. Zu Abschnitt 5.3: Die Bewertung aufgrund gleichförmig wachsender Dividenden oder gleichförmig wachsender Gewinne begründet den *Multiplikatorenansatz*. Solche Multiplikatorenansätze haben in der Bewertungspraxis große Bedeutung.

5.1 Das Dividenden-Wachstums-Modell 127
5.2 Sind Ausschüttungen überhaupt wichtig? 📖 138
5.3 Multiplikatorenansätze 147
5.4 Ergänzungen und Fragen 150

5.1 Das Dividenden-Wachstums-Modell

5.1.1 Annahme und Herleitung

Eine Bewertung mit dem in (2-7) hergeleiteten Dividend Discount Model

$$W = \lim_{T \to \infty} \sum_{t=1}^{T} \frac{D_t}{(1+r)^t} = \frac{D_1}{(1+r)} + \frac{D_2}{(1+r)^2} + \frac{D_3}{(1+r)^3} + \ldots$$

verlangt, Erwartungen über alle Dividenden im Einzelnen zu bilden, und zwar bis in die unendliche Zukunft. Das übersteigt die Möglichkeiten der Praxis. Abgesehen von der Prognose der Dividenden muss für das DDM begründet werden, dass die Annahme der Transversalität (2-6) erfüllt ist, also

$$\lim_{T \to \infty} \frac{W_T}{(1+r)^T} = 0$$

Um dennoch in der Praxis mit dem DDM arbeiten zu können, sucht man nach einem *Bildungsgesetz*, das die Dividenden erzeugt. Es soll einfach sein und dennoch die Wirklichkeit der zu bewertenden Unternehmung in akzeptabler Genauigkeit wiedergeben. Der Schlüssel für ein solches Bildungsgesetz liegt im Wachstum der Dividenden. Viele Unternehmen können auf absehbare Zeit wachsen und bieten ihren Aktionären im Verlauf der Jahre wachsende Dividenden. Das einfachste Bildungsgesetz unterstellt, dass die erwarteten Dividenden von Jahr zu Jahr mit einer konstanten Rate wachsen. Sie sei mit g bezeichnet:

(5-1)
$$\begin{aligned} d_2 &= D_1 \cdot (1+g) \\ d_3 &= D_2 \cdot (1+g) = D_1 \cdot (1+g)^2 \\ d_4 &= D_3 \cdot (1+g) = D_1 \cdot (1+g)^3 \\ &\ldots \end{aligned}$$

Im einfachsten Fall wird also für immer währendes *gleichförmiges Wachstum* angenommen. Damit erhält das DDM folgende Gestalt:

(5-2)
$$\begin{aligned} W &= \frac{D_1}{(1+r)} + \frac{D_1 \cdot (1+g)}{(1+r)^2} + \frac{D_1 \cdot (1+g)^2}{(1+r)^3} + \ldots \\ &= \sum_{t=1}^{\infty} \frac{D_1 \cdot (1+g)^{t-1}}{(1+r)^t} \end{aligned}$$

Mit Umformungen dieser unendlichen Reihe entsteht ein ganz einfacher Ausdruck, der den Wert in Abhängigkeit der drei Parameter Diskontrate r, Wachstumsrate g und erste Dividende D_1 darstellt:

(5-3)
$$W = \frac{D_1}{r - g}$$

Der Wert ist also gleich der ersten, in zwölf Monaten erwarteten Dividende geteilt durch die Differenz aus Diskontrate und Wachstumsrate.

Das Bewertungsmodell (5-3) heißt Dividenden-Wachstums-Modell oder *Gordon Growth Model* (GGM). Denn es war MYRON GORDON, der immer wieder gezeigt hat, dass (5-3) trotz seiner Einfachheit große Kraft entfaltet

Bild 5-1: MYRON J. GORDON (geboren 1920). Zunächst Assistenz Professor an der der Carnegie-Mellon University (1947-1952) und Associate Professor am Massachusetts Institute of Technology (1952-1962), dann Professor an der University of California at Berkeley und der University of Rochester. Ab 1970 wirkt er an der School of Management der University of Toronto. GORDON war 1975-1976 Präsident der American Finance Association. Zahlreiche Gastprofessuren, Verleihung des Ehrendoktors 1993. GORDON hat das heute nach ihm benannte Dividenden-Wachstums-Modell Modell zu großer Bekanntheit gebracht.

Das GGM ist ein Spezialfall des DDM. Einige Interpretationen: Falls die Diskontrate unverändert und desgleichen die Wachstumsrate unverändert blieben, trotzdem aber mehr ausgeschüttet wird, dann steigt der Wert. Wenn allerdings (bei unveränderter Diskontrate) höhere Ausschüttungen nur durch eine geringere Wachstumsrate erkauft werden, ist von vornherein nicht so klar, welches die Auswirkungen auf den Wert sind. Wir werden diesen Punkt anschließend näher betrachten.

Noch etwas zur Diskontrate. Es wurde festgehalten, dass es sich hierbei um eine Vergleichsrendite handelt. Die Finanzinvestoren schauen sich die sonstigen Anlagemöglichkeiten an und bilden Erwartungen, welche Rendite mit diesen Alternativen wohl erzielt werden können. Diese Renditeerwartung übertragen sie auf die zu bewertende Unternehmung und diskontieren deren Ausschüttungen. Selbstverständlich berücksichtigen sie bei dieser Übertragung die jeweiligen Risiken.[1] Angenommen, die Finanzinvestoren erwarten allgemein im Finanzmarkt für die Zukunft geringere Renditen. Das kann zum Beispiel als Folge eines Rückgangs der Kapitalnachfrage eintreten (Unternehmen investieren weniger, weil Überkapazitäten bestehen) oder als Folge Zunahme des Kapitalangebots (Privathaushalte sparen mehr und legen mehr an, weil sie nicht mehr an die Leistungsfähigkeit staatlicher Altersversorgung glauben). Dann wird die allgemeine Renditeerwartung r geringer. In der Folge kommt es zu einer Anpassung, zu einem neuen Marktgleichgewicht: Der Wert der Unternehmung steigt an. Bei dieser Anpassung erhalten jene Finanzinvestoren, welche bereits Aktionäre sind, Kursgewinne, denn eine höhere Bewertung wird sich mehr oder weniger schnell an der Börse im Kurs niederschlagen.

- Im Verlauf solcher Anpassungen, die auf Veränderungen von r zurückgehen, entsteht ein *Paradox*: Immer wenn die Finanzinvestoren allgemein *geringere* Renditen erwarten, kommt es bei den Unternehmen zu Kurssteigerungen und damit zu *höheren* Renditen an den Finanzmärkten.

- Und wenn die Investoren allgemein *höhere* Renditen erwarten, diskontieren sie stärker, die Bewertungen gehen zurück, die Kurse fallen und letztlich bekommen die Investoren durch den Kursrückgang eine *geringere* Rendite.

Dieser Sachverhalt stiftet gelegentlich Verwirrung. Es sollte deswegen die Zeit der Kursfindung und der Kursanpassung in einer Börse unterschieden werden vom Zeitraum des Haltens einer Beteiligung im Marktgleichgewicht.

Nun zur Herleitung von (5-3) aus (5-2). Es wird vorausgesetzt, dass die Wachstumsfaktoren $(1+g)$ positiv sind. In der Praxis wird meistens sogar die Wachstumsrate g positiv sein. Für die Mathematik darf g sogar negativ sein, nur muss g über -1 liegen, damit der Wachstumsfaktor $1+g$ positiv ist. Weiter soll die Wachstumsrate g nicht größer als die Diskontrate sein, denn andernfalls wäre die Reihe (5-2) unendlich groß. Zusammen: $-1 \leq g < r$. Zu den Umformungen: Nach dem DDM gilt $W = (D_1/(1+r)) \cdot (1 + q + q^2 + q^3 + ...)$ für $q = (1+g)/(1+r)$. Multipliziert man $(1 + q + q^2 + q^3 + ...)$ mit $(1-q)$, dann ergibt sich als Produkt 1. Infolge-

---

[1] In Kapitel 3 wurde die allgemeine Marktrendite mit 8% bis 10% bestimmt. Sie kann mit dem CAPM auf die im konkreten Fall gesuchte Vergleichsrendite umgerechnet werden. So wird aufgrund einer Risikoeinschätzung (Ermittlung von Beta) letztlich die Diskontrate als Vergleichsrendite bestimmt.

dessen gilt $(1+q+q^2+q^3+...) = 1/(1-q)$. Damit ist der Wert so dargestellt: $W = (D_1 /((1+r) \cdot (1-q)))$. Der Nenner auf der rechten Seite läßt sich umformen: $(1+r) \cdot (1-q) = (1+r) - (1+r) \cdot q = (1+r) - (1+g) = r - g$. Das entspricht (5-3) und das GGM ist aus dem DDM unter Verwendung der Annahme gleichförmigen Wachstums der Dividenden hergeleitet.

5.1.2 Beispiele

Beispiel 5-1: Der Eigentümer einer Immobilie rechnet so: Die Mieteinnahmen betragen € 170.000, und nach Verwaltungsgebühren und Aufwand für die laufende Renovierung stehen mir mit Ende des laufenden Jahres € 100.000 für eine Entnahme zur Verfügung. Die Immobilie wird aufgrund der Lage und angesichts meiner ständigen baulichen Verbesserungen Jahr um Jahr 3% mehr wert. Würde ich das Geld woanders anlegen, erhielte ich dabei eine Rendite von 5%. Daher hat die Immobilie einen Wert $W = 100.000 / (0,05 - 0,03) = 5.000.000$ Euro. ∎

Beispiel 5-2: Ein Unternehmer möchte sein Geschäft in Genf, einen Kiosk, verkaufen. Neben Zeitungen und Zeitschriften werden verschiedene Dienstleistungen angeboten. Der Kiosk hat fünf Angestellte, die turnusmäßig eingesetzt sind. Er selbst, so erklärt er einem Interessenten, habe neben einem üblichen Lohn für die eigene Mitarbeit jährliche Entnahmen für den Kapitaleinsatz tätigen können. Trotzdem habe er stets investiert und der Kiosk sei immer wieder renoviert worden. Zwar habe sich das Geschäft nicht wesentlich erweitert, aber der Standort garantiere eine stabile Nachfrage. Dennoch hat sich, in nominalen Geldbeträgen ausgedrückt, das Geschäftsvolumen Jahr um Jahr allein schon aufgrund der Geldentwertung ausgeweitet. Auch seine Entnahmen sind über die Jahre hinweg immer gestiegen, und er habe gut leben können, die letzte Entnahme war 100.000 Franken. Eine genauere Untersuchung der letzten Jahre zeigt: Umsatz, Gewinn und die Entnahmen sind nicht nur mit der Rate der allgemeinen Inflation gestiegen, die sich vor allem auf die Preisentwicklung für Güter bezieht. Vielmehr haben sich Preise, Umsatz, Gewinne und Entnahmen entsprechend der Preisentwicklung für Dienstleistungen erhöht. Zwar betrug im langfristigen Durchschnitt die normale Inflation nur 2,4% in der Schweiz, doch die Dienstleistungsinflation lag 1,8% darüber. Denn die Preise für Dienstleistungen sind eng mit der Lohnentwicklung verbunden, und diese folgt der allgemeinen Produktivitätssteigerung. Als Wachstumsrate muss infolgedessen $g = 4,2\%$ unterstellt werden. Die Entnahmen in einem Jahr werden also $D_1 = 104.200$ Franken betragen. Zur Diskontierung wird aufgrund der hohen Stabilität der Einnahmen mit $r = 7\%$ gerechnet.

Verkäufer und Käufer legen nach dem GGM den Wert in Höhe $W = 104.200 / (0{,}07 - 0{,}042) = 3.721.429$ Franken fest. Anschließend kommen sie noch auf Besonderheiten des konkreten Geschäfts zu sprechen, die so im Wert nicht berücksichtigt sind und einigen sich auf einen Kaufpreis von 3 Millionen Franken.

Ohne Frage ist die Annahme einer unendlichen und gleichförmig für immer wachsenden Zahlungsreihe *theoretischer* Natur. Sie wurde deshalb oft kritisiert. In der Tat: Die Welt wandelt sich, und mit dem Wandel gehen Unternehmen wieder unter — selbst wenn es Fünftausend Jahre dauern sollte. Doch der Wertunterschied zwischen einer endlichen und unendlichen Zahlungsreihe ist nicht groß, sofern die endliche Reihe $N = 50$ oder $N = 100$ Jahre dauert und die Wachstumsrate nicht zu nahe an der Diskontrate ist. Wird der Wert der endlichen Reihe in Relation zum Wert der unendlichen Zahlungsreihe gesetzt,

$$\sum_{t=1}^{N} \frac{D_1 \cdot (1+g)^{t-1}}{(1+r)^t} \bigg/ \sum_{t=1}^{\infty} \frac{D_1 \cdot (1+g)^{t-1}}{(1+r)^t}$$

so zeigt sich, dass der Quotient für praktisch relevante Daten nahe bei Eins liegt (Bild 5-2). Wird beispielsweise eine Kapitalanlage oder Unternehmung, die im Prinzip für immer existiert, nur aufgrund der Zahlungen in den kommenden 50 Jahren bewertet, so liegt der Barwert der ersten 50 Jahresdividenden je nach Wachstumsrate bei 85% ($g = 3\%$, $r = 7\%$) oder bei 97% ($g = 0\%$, $r = 7\%$) des Werts aller Dividenden. Deshalb wird in der Praxis das GGM sogar dann zur Bewertung herangezogen, wenn die Zahlungen *nicht* unendlich laufen oder wenn das gleichförmige Wachstum einmal *aufhören* sollte.

	$N = 5$	$N = 10$	$N = 25$	$N = 50$	$N = 100$
$g = 0\%$	29%	49%	82%	97%	100%
$g = 3\%$	17%	32%	61%	85%	98%
$g = 6\%$	5%	9%	21%	37%	61%

Bild 5-2: Der Wert der endlichen, bis N laufenden Zahlungsreihe als Prozentzahl des Werts der unendlichen Zahlungsreihe. Als Diskontrate wurde mit $r = 7\%$ gerechnet. Wenn die Wachstumsrate nicht sehr nahe an der Diskontrate ist, erklären die Zahlungen der ersten Hundert Jahre für die Praxis hinlänglich genau, was in allen Jahren bis in die unendliche Zukunft passiert.

Beispiel 5-3: Eine Person hat bei einer Erbschaft die Wahl zwischen einer einmaligen Abfindung in Höhe von 3.000 und der Begünstigung durch eine Stiftung, die ihr auf Lebenszeit jährliche Zahlungen leisten würde. Die jährlichen Zuwendungen steigen mit der Rate $g = 3\%$, um eine Anpassung an Inflation zu bieten. Die erste Zahlung in zwölf Monaten hätte die Höhe $D_1 = 100$. Bei der Stiftung hat die Person allerdings nie Anspruch auf eine Kapitalauszahlung — sie kann selbst im hohen Alter nichts entnehmen, wenngleich die jährlichen Zahlungen immer weitergehen solange sie lebt. Die Erbin sieht die Zahlungen der Stiftung als sicher an und diskontiert mit einer Rendite von $r = 5\%$. Anstatt die Bewertung der Zahlungsreihe für ein Ableben zu irgendeinem Zeitpunkt T zu führen, soll der Fall $T \to \infty$ betrachtet werden. Dann greift das GGM. Es ergibt sich $W = 100 / (0{,}05 - 0{,}03) = 5.000$. Zwar wird damit die Stiftungsvariante für eine ewige Laufzeit der Zuwendungen bewertet, doch sie erscheint dennoch deutlich attraktiver als die einmalige Abfindung in Höhe von 3.000. ■

Wird das GGM zur Bewertung von Unternehmen herangezogen, dann ist zu beachten, dass Unternehmen in der Regel immer wieder Kapitalerhöhungen durchführen, so dass im Verlauf der Zeit die Anzahl der ausgegebenen Aktien zunimmt. Die Dividendensumme wächst dann schneller als die Dividende pro Aktie. Diesen Punkt verdeutlichen die beiden nachstehenden Beispiele.

Beispiel 5-4: Eine Aktie läßt in einem Jahr eine Dividende von 10 Euro erwarten. Langfristig, so heißt es, sollte die Unternehmung mit einer Jahresrate von $g = 4\%$ wachsen. Diese Wachstumsrate soll möglich sein, ohne dass Kapitalerhöhungen stattfinden und neue Aktien ausgegeben werden. Deshalb wird die Dividende gleichfalls mit dieser Rate wachsen. Es soll mit $r = 9\%$ diskontiert werden. Als Wert der Aktie folgt mit dem GGM $10 / (0{,}09 - 0{,}04) = 200$ Euro. Die Dividendenrendite sollte daher $10 / 200 = 5\%$ betragen. ■

Beispiel 5-5: Für den Vorstandsvorsitzenden einer Aktiengesellschaft steht Wachstum an erster Stelle. Den Aktionären berichtet er immer über die *gesamten* Ausschüttungen, und die Dividendensumme ist in den vergangenen beiden Jahrzehnten seiner Führung tatsächlich um 8% jährlich gestiegen. Allgemein wird mit $r = 10\%$ diskontiert. Der Vorstand rechnet so: Die nächste Dividende pro Aktie beträgt 3 Euro. Die Zahlen für Wachstum und Rendite führen auf den Wert einer Aktie von $3 / (0{,}10 - 0{,}08) = 150$ Euro. Ein Aktionär entgegnet: "Zwar ist die Unternehmung um 8% gewachsen, in gleicher Weise ist die Dividendensumme ist um 8% gewachsen, doch es gibt heute viel mehr Aktionäre als noch vor zwanzig Jahren und die Dividende pro Aktie ist langsamer angestiegen. Denn es kam immer wieder zu Kapitalerhöhungen. Über die Jahre hinweg ist die jährliche Rate der Neuaufnahme von Eigenmitteln und die Ausweitung der ausgegebenen Aktien durch Kapitalerhöhungen mit 5% zu veranschlagen. Das Wachstum der auf eine Aktie bezogenen Dividende ist daher geringer als die genannte Wachstumsrate von 8%, es betrage nur etwa $g = 3\%$. Andererseits hat es für die Altaktionäre immer Bezugsrechte gegeben, so dass mit kommenden Ausschüttungen pro Aktie von $D_1 = 4$ anstatt 3 Euro gerechnet werden kann. Der Wert einer Aktie beträgt folglich $W = 4 / (0{,}10 - 0{,}03) = 57$ und nicht 150 Euro." ∎

In den bisherigen Anwendungen des GGM war (neben der Diskontrate und der ersten Dividende) die Wachstumsrate gegeben und der Wert gesucht. Gelegentlich kann der Wert (neben der Diskontrate und der ersten Dividende) als gegeben betrachtet werden, während die Wachstumsrate unbekannt ist. Denn bei Aktiengesellschaften kann der Kurs P beobachtet werden und wenn die Börse als gut funktionierend betrachtet wird, darf $W \approx P$ geschlossen werden. So ist denn der Wert bekannt und es stellt sich die Frage, wie stark eine Unternehmung wachsen sollte, um die Bewertung an der Börse zu rechtfertigen. Für die Beantwortung dieser Frage wird (5-3) nach der Wachstumsrate aufgelöst:

(5-4) $$g = r - \frac{D_1}{W}$$

Beispiel 5-6: Ein Bürger von St. Gallen fühlt sich der Kantonalbank verbunden und hält deren Aktien, doch nicht nur aus patriotischen Gefühlen. Kantonalbanken haben stets stabile Dividenden geboten. Aufgrund der bisherigen Entwicklung — gerade letzte Woche wurde eine Dividende von 8 Franken pro Aktie ausbezahlt — erwartet der Bürger in zwölf Monaten eine Dividende von 8,50 Franken pro Aktie. Augenblicklich steht der Kurs bei 215 Franken, und dieser Kurs soll mit dem Wert gleichgesetzt werden, $W = 215$. Die Frage lautet, welches nachhaltige Wachstum diesen Kurs rechtfertigt. Eine Auswertung von (5-4) setzt voraus, dass die Diskontrate feststeht, die für die Bewertung der Reihe zukünftiger Dividenden verwendet wird.

Der Aktionär wünscht Alternativrechnungen. Für $r = 6\%$ ergibt sich $g = 0{,}06 - (8{,}50 / 215) = 2\%$ und für $r = 8\%$ folgt $g = 0{,}08 - (8{,}50 / 215) = 4\%$. Ein Wachstum in dieser Größenordnung erscheint dem Aktionär realistisch. Denn die Geschäfte und Einnahmen der Bank — ausgedrückt als Nominalbeträge — nehmen ohnehin im Verlauf der Zeit aufgrund der Inflation zu. Außerdem ist die St. Galler Kantonalbank in der Vermögensverwaltung tätig, und selbst wenn keine neuen Kunden gewonnen werden, steigen die verwalteten Vermögen (und die Einnahmen der Bank) langfristig mit der Anlagerendite. Die Aktie erscheint günstig bewertet. ∎

5.1.3 Wachstum der Werte und konstante Dividendenrendite

Das unterstellte gleichförmige Wachstum bezieht sich auf die *Dividende*. Einfache mathematische Umformungen zeigen, dass desgleichen die *Werte* der oder die Endwerte mit eben dieser Rate g wachsen,

(5-5)
$$\begin{aligned} W_1 &= W \cdot (1+g) \\ W_2 &= W_1 \cdot (1+g), \\ W_3 &= W_2 \cdot (1+g), \\ &\ldots \\ W_T &= W_{T-1} \cdot (1+g) \end{aligned}$$

Wer sagt, "die Dividenden wachsen mit der gleichförmigen Rate g" kann daher ebenso gut sagen, "die Unternehmung wächst mit der gleichförmigen Rate g". Außerdem zeigt sich, dass die Unternehmung oder Beteiligung eine konstante *Dividendenrendite* aufweist. Die Dividendenrendite, wir bezeichnen sie mit d, setzt die am Jahresende gezahlte Dividende in Relation zum Wert zu Jahresanfang. Sie hat schon in (5-4) eine Rolle gespielt. Nun zeigt sich, dass die Dividendenrendite im GGM für alle Jahre unverändert ist:

(5-6) $$d \;=\; \frac{D_1}{W} \;=\; \frac{D_2}{W_1} \;=\; \frac{D_3}{W_2} \;=\ldots$$

Zurück zu (5-5). Die Feststellung, dass die Werte mit eben derselben Rate g wachsen, verdeutlicht uns nun, dass die Transversalität erfüllt ist. Wir erinnern uns: Das DDM, aus dem das GGM abgeleitet wurde, verlangt die Transversalität. Wir haben bisher nicht überprüft, ob die Transversalität überhaupt erfüllt ist. Doch jetzt zeigt sich: Da $g < r$ vorausgesetzt wurde, streben die diskontierten Werte im GGM gegen Null. Zwar wachsen sie mit den Jahren (mit der Rate g), doch eben weniger kräftig als die Diskontierung wirkt, die mit der Rate r vorgenommen wird.

Die Feststellungen (5-5) und (5-6) stehen in Einklang mit der Intuition. Dennoch sollen sie formal begründet werden: Die Gleichung (5-5) ergibt sich aus (5-4), indem dort das GGM (5-3) eingesetzt wird.

- Wir wenden uns der ersten Zeile von (5-5) zu. Sie lautet $W_1/W = 1 + r - (D_1/W)$, und wegen (5-4) gilt $D_1/W = r - g$. So folgt $W_1/W = 1 + r - (r - g) = 1 + g$ und das ist die erste Zeile von (5-5), die damit bewiesen ist.

- Nun gehen wir zur zweiten Zeile in (5-5) weiter. Sie lautet $W_2/W_1 = 1 + r - (D_2/W_1)$. Hierin gilt $D_2/W_1 = D_1/W$. Denn nach der Wachstumsprämisse gilt $D_2 = D_1 \cdot (1+g)$ und die Beziehung $W_1 = W \cdot (1+g)$ wurde eben im ersten Punkt bewiesen. Also gilt $D_2/W_1 = D_1/W$, und das ist gleich $r - g$. Somit folgt für die zweite Zeile in (2-4): $W_2/W_1 = 1 + r - (D_2/W_1) = 1 + r - (r - g) = (1 + g)$, und das stimmt mit der zweiten Zeile von (5-5) überein, die damit bewiesen ist.

- Nun nehme man die dritte Zeile in (5-5) und so weiter. Damit sind (5-5) und (5-6) beweisen.

Zusammenfassung: In diesem Abschnitt 5.1 haben wir das GGM (5-3) aus dem DDM abgeleitet und dazu gleichmäßiges Wachstum der Dividenden angenommen. Aus dem GGM folgt, dass genauso die Werte im Verlauf der Zeit steigen, und zwar eben mit derselben Rate, mit der die Dividenden wachsen. Das GGM ist trotz seiner Einfachheit ein leistungsfähiges Bewertungsmodell. Es zeigte sich zudem, dass die für das DDM wichtige Annahme der Transversalität erfüllt ist.

5.1.4 Diskontrate = Kapitalkostensatz

Mit Hilfe der Dividendenrendite d kann aus dem GGM (5-3) oder aus (5-4) eine Identität abgeleitet werden. Wird $D_1 = W \cdot d$ eingesetzt, entsteht $W = (W \cdot d)/(r - g)$ und das bedeutet $r - g = d$ oder

(5-7) $\qquad r = d + g$

> In Worten: Die Diskontrate r stimmt überein mit der Summe $d + g$ aus Dividendenrendite und Wachstumsrate.

5. WACHSTUM UND MULTIPLES

Links in (5-7) steht die Diskontrate r. Sie ist eine rechnerische Hilfsgröße zur Ermittlung von Barwerten. Sie ergibt sich daraus, dass die Finanzinvestoren im Markt andere Geldanlagen sehen und vergleichen. Die bei diesen vergleichbaren Anlagen *erwartete* Rendite bestimmt die Diskontrate. Selbstverständlich werden, damit die Vergleiche nicht schief sind, nur Geldanlagen im Markt betrachtet, die ein ähnliches Risiko wie die zu bewertende Unternehmung aufweisen. Jedenfalls ist r eine *Vergleichsrendite*.

Rechts in (5-7) steht die Rendite, die jene Finanzinvestoren bekommen, die dann die Unternehmung oder Beteiligung tatsächlich halten. Es ist die Dividendenrendite plus die Wachstumsrate. Der Investor oder Kapitalgeber erhält einen Teil seiner Rendite in der Form einer Ausschüttung, und den anderen Teil erhält er durch eine Wertsteigerung. Es ist nützlich, für die Rendite, die der Kapitalgeber erhält, eine Bezeichnung einzuführen. Wir schreiben dafür r_K, also $r_K = d + g$. Beispielsweise könnte die Unternehmung, bezogen auf ihren jeweiligen Wert (zu Beginn eines Jahres), $d = 3\%$ am Ende des Jahres ausschütten und um $g = 6\%$ wachsen. Das bedeutet, dass der Kapitalgeber insgesamt $r_K = 3\% + 6\% = 9\%$ erhält.

Selbstverständlich muss die Rendite r_K von der Unternehmung irgendwie erwirtschaftet werden. Sowohl die Ausschüttungen (Rate d) als auch das Wachstum (Rate g) verlangen Planung und Arbeit. Deshalb muss r_K jene Rendite sein, welche die in der Unternehmung im Durchschnitt über alle ihre Aktivitäten aufgrund von Planung und Arbeit mit dem Einsatz des Kapitals erwirtschaftet.

Diese Rendite ist sicher durch die Art der Tätigkeit der Unternehmung bestimmt, durch die Branche und die Größe. Aber wie gesagt spielen Entscheidung und Planung in der Unternehmung ebenso hinein. Die Manager müssen demnach in einer Weise kalkulieren, planen und die Strategie festlegen, dass sie mit ihren Vorhaben und Prozessen im Durchschnitt r_K erzielen.

Im Geschäftsplan erscheint daher r_K wie ein kalkulatorischer Ansatz für die Verwendung der Ressource Kapital. Ressourceneinsatz wird in Kalkulationen allgemein durch *Kosten* bewertet. Von daher hat r_K die Bedeutung von *Kapitalkosten*. So hat r_K zwei Gesichter:

- r_K ist einerseits die Rendite, die Kapitalgeber erhalten, und zwar in Form von Ausschüttungen und Wertsteigerungen,

- r_K ist andererseits die von der Unternehmung im Durchschnitt über alle ihre Aktivitäten erwirtschaftete Rendite und daher gleichzeitig der Kapitalkostensatz, mit dem intern der Einsatz der Ressource Kapital kalkulatorisch bewertet wird.

Nach dieser Erläuterung zur Bedeutung von r_K kommen wir auf die Identität (5-7) zurück. Wegen $r_K = d + g$ besagt sie

(5-8) $$r = r_K$$

Damit ist gezeigt, wie die Manager die Kapitalkosten finden können. Der Kapitalkostensatz r_K stimmt mit der Diskontrate r überein, also mit der Vergleichsrendite, die im Markt für andere Geldanlagen erwartet wird.

Im Unterschied zur Zeit vor 1990 berücksichtigen Manager heute überall Kapitalkosten in ihren Planungen und sprechen von marktüblichen Kapitalkosten. Dabei ist (5-8) gemeint: Die Kapitalkosten sind gleich der sonst im Markt erwarteten Rendite (immer unter Beachtung der Vergleichbarkeit der Risiken). Bei den internen Kalkulationen ist zu beachten, dass sich die Kapitalkosten auf den Marktwert des eingesetzten Kapitals beziehen, und nicht auf einen Buchwert, einen Wiederbeschaffungswert oder Ersatzwert der Anlagen.

5.2 Sind Ausschüttungen überhaupt wichtig?

5.2.1 Irrelevanz der Dividendenpolitik

Wir können uns nun an die Frage wagen, wie sich der Wert der Unternehmung ändert, wenn sich der Kapitalgeber für eine andere Ausschüttungspolitik entscheidet. Er oder ein Gremium könnten die Dividendenrendite d der Unternehmung durchaus verändern. Oft sind es Manager, die entsprechende Vorschläge unterbreiten. Beispielsweise könnte entschieden werden, dass in Zukunft nicht jedes Jahr $d = 3\%$ sondern nur 2% des jeweiligen Werts ausgeschüttet werden sollen.

Selbstverständlich hat eine Verringerung des für eine Ausschüttung vorgesehenen Teils des Wirtschaftsergebnisses zur Folge, dass ein höherer Teil des Wirtschaftsergebnisses einbehalten und in der Unternehmung investiert werden kann. Dadurch dürfte sich das Wachstum beschleunigen, denn die zusätzlich einbehaltenen Mittel werden wohl vom Manager in Sach- oder Finanzkapital angelegt und nicht konsumiert. Umgekehrt hat eine Erhöhung der Dividendenrendite einen geringeren Einbehalt zur Folge und das Wachstum der Unternehmung dürfte sich verlangsamen.

Wir notieren die Wachstumsrate als eine Funktion der Dividendenrendite und schreiben für die Wachstumsrate ab jetzt $g(d)$.

Nun soll die funktionale Abhängigkeit $g(d)$ der Wachstumsrate von der Dividendenrendite quantifiziert werden. Wir treffen dazu eine Annahme: Die Rendite r_K, welche die Unternehmung aufgrund ihrer Kalkulation, Planung und Strategie insgesamt erwirtschaftet, sei davon *unabhängig*, welcher Teil dieses Ergebnisses ausgeschüttet wird und welcher Teil einbehalten und intern wieder investiert wird: Die Annahme also lautet, dass r_K unabhängig von d ist. Diese Annahme kann ansonsten so formuliert werden: Wenn die Unternehmung einen Teil des Ergebnisses einbehalten kann und intern wieder investiert, dann stimmt die für die neuen Investitionen erzielte Rendite mit der (durchschnittlichen) Rendite überein, welche die Unternehmung insgesamt erzielt. Einbehaltene Mittel werden weder mit geringerer Rendite angelegt, noch können sie vom Manager mit höherer Rendite angelegt werden. Aufgrund der Identität (5-7) ist übrigens mit r_K ebenfalls die Diskontrate r unabhängig von der Dividendenrendite d. Die Ausschüttungspolitik hat keinen Einfluß auf die Diskontrate, mit der die ausgeschütteten Beträge diskontiert werden.

Da weder r_K noch r von d abhängen, wohl aber die Wachstumsrate, gilt $r = d + g(d)$ oder

(5-9) $$g(d) \;=\; r - d$$

Also muss, wenn die Dividendenrendite von d etwa auf $d - \Delta$ verringert wird, sich die Wachstumsrate von g genau auf $g + \Delta$ erhöhen. Das ist, wie gesagt eine Folge der Annahme, dass die mit einbehaltenen Mitteln getätigten Investitionen des Managers dieselbe Rendite erwarten lassen wie die Aktivitäten, welche die Unternehmung insgesamt erzielt. Für eine variable gedachte Dividendenrendite setzen wir (5-9) in das GGM ein. Eine einfache Probe, die wir nicht ausführen müssen, zeigt, dass der Wert unabhängig von der gewählten Dividendenrendite ist. Auch der Wert W ist von d unabhängig.

> Eine Zahlungsreihe, die mit geringem Niveau beginnt aber stark wächst kann denselben Barwert haben wie eine Zahlungsreihe, die auf hohem Niveau beginnt aber schwächer wächst. Unter der getroffenen Annahme, dass in der Unternehmung neu investierte Mittel dieselbe Rendite erzielen wie sie die Unternehmung bislang ohnehin schon erzielte, spielt es für den Wert keine Rolle, ob sie viel ausschüttet und langsamer wächst oder weniger ausschüttet und stärker wächst.

Diese Erkenntnis stammt von FRANCO MODIGLIANI und MERTON H. MILLER und ist eine der berühmten *Modigliani-Miller-Thesen*, die mit dem Kosenamen "Mo-Mi" angesprochen werden. Der Wert einer Unternehmung hängt zwar von der Zahlungsreihe der Dividenden ab, doch verschiedene Zahlungsreihen können durchaus auf denselben Wert führen.

Diese *Irrelevanz der Dividendenpolitik* hat immer wieder Kopfschmerzen bereitet. Es wird vorgebracht: "Die Theorie sagt, der Wert werde allein von der Dividende bestimmt und dann heißt es, die Dividende hätte doch keinen Einfluß auf den Wert". Doch die korrekte Formulierung lautet: Der Wert hängt zwar allein von der Reihe der Dividenden ab, doch verschiedene Reihen führen auf denselben Wert. Es kommt eben nur auf den Barwert der Reihe der Dividenden an. Wenn Dividenden anfangs klein sind aber stark steigen können sie daher denselben Wert haben wie Dividenden, die anfangs hoch sind aber schwächer steigen.

5.2.2 Fiktive Dividenden

Die Irrelevanz der Dividendenpolitik ist übrigens nicht eine Erkenntnis, die nur eine "rein theoretische" Bedeutung hat. Sie eröffnet neue Möglichkeiten für die Aufstellung von Bewertungsmodellen mit praktischer Nützlichkeit.

> Denn man kann eine Unternehmung anhand der Ausschüttungen bewerten, die sie *tatsächlich* vornimmt. Man kann sie ebenso anhand einer *fiktiven* Dividendenpolitik bewerten, die sie in Wirklichkeit gar nicht praktiziert, die aber in der Modellwelt für die zu bewertende Unternehmung angenommen wird. Die Unternehmung wird dann bewertet, *als ob* sie diese oder jene Dividende zahle. Nur muss bei dieser Vorgehensweise diejenige Wachstumsrate im Nenner des GGM verwendet werden, die der im Zähler eingesetzten Ausschüttungspolitik entsprechen *würde*.

Davon werden wir zweimal Gebrauch machen. Im nächsten Abschnitt werden wir Unternehmen so bewerten, *als ob* sie immer ihren *Gewinn* voll ausschütten *würden*. Wir werden dazu fragen, welche Wachstumsrate eine Unternehmung noch *hätte*, wenn sie stets ihren vollen Gewinn ausschütten *würde*. Die Antwort darauf wird das organische Wachstum sein und wir werden Raten des organischen Wachstums ermitteln. Im Folgekapitel werden wir Unternehmen bewerten, so *als ob* sie immer ihren freien Cashflow ausschütten *würden*. Die Irrelevanz-These ist mithin ein kräftiges Werkzeug für die Entwicklung neuer und praktisch nützlicher Bewertungsansätze.

Dennoch gab es immer wieder Kritik an der Irrelevanz-These. So kann die Voraussetzung kritisiert werden, dass der Verzicht auf 1% Dividendenrendite die Wachstumsrate um genau 1% anhebt. Denn hier sind in der Praxis zwei Kräfte am Wirken.

- Viele Unternehmen können einbehaltene Wirtschaftsergebnisse nicht mehr so rentabel investieren. Ihr Umfeld ist vielleicht gesättigt oder im obersten Management wird bei geringer Kontrolle seitens der Aktionäre das Geld für Empire Building ausgegeben. In solchen Situationen verringert sich der Wert der Unternehmung nicht, wenn sie mehr ausschüttet (und weniger für interne Verwendung einbehält).

- Es gibt Firmen, die ohne weitere Investitionen gegenüber ihrer Branche verlieren würden und dann zurückfallen. Hier sind einbehaltene Mittel ausgesprochen rentabel angelegt, weil die Unternehmung so weiter mithalten kann, ihr Know-how pflegt und ihre Optionen behält. In solchen Situationen erhöht sich der Wert der Unternehmung, wenn sie etwas weniger ausschüttet (und mehr für interne Verwendung einbehält).

Von daher verwundert es nicht, dass ab und zu empirische Studien einen Einfluß der Ausschüttungspolitik auf den Wert nachweisen.[2]

5.2.3 Organisches Wachstum

Trotz solcher, gelegentlich in der Empirie beobachtbarer Phänomene, folgen wir (5-9) und gehen mithin davon aus, dass eine Änderung der Dividendenrendite um $\pm 1\%$ die Wachstumsrate um $\mp 1\%$ verändert.

---

[2] ARNOTT, ROBERT D., und CLOFFORD S. ASNESS: Surprise! Higher Dividends = Higher Earnings Growth, *Financial Analysts Journal* 59 (2003) 1, pp. 70-87.

Bei einer Kapitalgesellschaft ist die Dividende durch den Gewinn begrenzt. Wir verwenden für den Gewinn (Earnings) den Buchstaben E, und E_1 ist der Gewinn des ersten Geschäftsjahres, der höchstens als Dividende ausgeschüttet werden dürfte, $D_1 \leq E_1$.

Typische Kurs-Gewinn-Verhältnisse		
Branche	KGV	Beispiele
Biotech, Software, Technologie	*über 30*	Hilti 29, Logitech 40, Microsoft 43, Dell Computer 56
Pharma, Medizinaltechnologie	*24 ... 30*	Novartis 22, Roche 25
Konsumgüter, Lebensmittel, Dienstleistungen, Medien	*18 ... 24*	Givaudan 17, IBM 19, Publigroupe 23, Swatch Group 15
Banken, Versicherungen, Handel, Maschinen, Elektrotechnik, Chemie	*12 ... 18*	Bank Vontobel 15, Boeing 16, Citi Group 14, Ems Chemie 15, Luzerner KB 15, UBS 12, Sulzer 13, Vögele 11
Baugewerbe, Transporte, Stahl, Rohstoffe	*6 ... 12*	Holcim 10, Vetropack 10

Bild 5-3: Als typisch angesehene Kurs-Gewinn-Verhältnisse für fünf verschiedene Gruppen von Branchen.

In diesem Zusammenhang muss eine Kennzahl erwähnt werden. P bezeichne den Kurs (bei Betrachtung einer Aktie) oder die Marktkapitalisierung (bei Betrachtung einer Unternehmung). Populär ist der Quotient aus P und E_1, das Kurs-Gewinn-Verhältnis:

$$(5\text{-}10) \qquad KGV = \frac{P}{E_1}$$

Der Kehrwert ist die sogenannte Gewinnrendite (Earnings-Yield) EYD,

$$(5\text{-}11) \qquad EYD = \frac{E_1}{P} = \frac{1}{KGV}$$

Wenn eine Unternehmung beispielsweise ein KGV von 20 hat, dann beträgt die Gewinnrendite 5%.

Für die nachstehende Betrachtung wollen wir annehmen, dass die Börse so gut wie der ideale Markt funktioniere, so dass P und W übereinstimmen, $P = W$. Wir sprechen daher E_1 / W als *Gewinnrendite* an und bezeichnen sie mit e,

$$(5\text{-}12) \qquad e = \frac{E_1}{W}$$

> Zur Notation: An dieser Stelle sollte auffallen, dass wir für *relative* Größen wie die Rendite r, die Wachstumsrate g, die Dividendenrendite d und die Gewinnrendite e kleine Buchstaben verwenden, während Geldbeträge wie der Wert W, die Dividende D oder der Gewinn E mit Großbuchstaben symbolisiert sind.

Nun betrachten wir eine Unternehmung mit einer fiktiven Ausschüttungspolitik, bei der Jahr um Jahr der *gesamte* Gewinn ausgeschüttet wird. Die Dividendenrendite d ist dann gleich der Gewinnrendite e. Folglich gilt für die Wachstumsrate

$$(5\text{-}13) \qquad g(e) = r - e$$

Die korrekte Diskontrate beziehungsweise die Rendite einer Unternehmung liegt vielleicht bei 8% — wie gesagt werden wir die entsprechenden Marktstudien nachliefern. Wenn die Gewinnrendite nun bei 5% liegt, so wächst die Unternehmung, die stets den gesamten Gewinn ausschüttet, immer noch etwas, im Beispiel um 3%.

> Die Wachstumsrate, die eine Unternehmung nachhaltig erzielen kann, selbst wenn sie Jahr um Jahr den gesamten Gewinn ausschüttet, heißt Rate des *organischen Wachstums*.

Die Rate des organischen Wachstums hängt vom Standard der Rechnungslegung ab. Wenn vorsichtig bilanziert und zurückhaltend aktiviert wird, ist das als Gewinn ausgewiesene Wirtschaftsergebnis geringer. Das äußert sich in höheren Kurs-Gewinn-Verhältnissen. Die Gewinnrenditen sind hingegen geringer. Wenn mit dem Accounting-Standard eher ein True and Fair View verfolgt wird, dann gibt es dann und wann Aktivierungen und Zuschreibungen. Das äußert sich in höheren Gewinnrenditen sowie in geringeren Kurs-Gewinn-Verhältnissen.

Worauf ist das organische Wachstum zurückzuführen? Wieso kann eine Unternehmung wachsen, wenn sie ihre gesamten Gewinne ausschüttet? In der traditionellen Rechnungslegung gibt es drei Phänomene, die nicht auf einen Gewinnausweis führen, und die sich (bei nominaler Betrachtung) als wertsteigernd für den Investor auswirken:

1. So gibt es Aufwendungen, die nicht der Leistungserstellung in der Periode dienten sondern die Leistungsmöglichkeit erhöhten und dennoch nicht aktiviert wurden. Beispiele: 1. Arbeiten für Forschung und Entwicklung zu nennen. 2. Abschreibungen: Bei Anschaffungen nehmen einige Unternehmen Einmalabschreibung vor. 3. Instandhaltung: Einige Unternehmen betreiben hier Aufwand und führen Arbeiten aus, die den Wert erhöhen.

2. Nominale Wertsteigerung durch Inflation und nicht aktivierte Wertzuwächse bei Positionen, mit denen die Unternehmung gut im aufwärts führenden Strom einer allgemeinen Entwicklung positioniert ist und ihre Optionen erhält und ausbaut.

Typische Raten organischen Wachstums		
Branche und unterstellte Eigenkapitalrendite	e	$g(e)$
Biotech, Software, Technologie: $r \approx 10\%$	<3,3%	>6,7%
Pharma, Medizinaltechnologie: $r \approx 9\%$	3,3% ... 4,2%	4,8% ...5,7%
Konsumgüter, Lebensmittel, Dienstleistungen, Medien: $r \approx 8\%$	4,2% ... 5,6%	2,4%...3,8%
Banken, Versicherungen, Handel, Maschinen, Elektrotechnik, Chemie: $r \approx 7\%$	5,6% ... 8,3%	-1,3%... 0,4%
Baugewerbe, Transporte, Stahl, Rohstoffe: $r \approx 6\%$	8,3% ... 17%	-10%...-2,3%

Bild 5-4: Die rechte Spalte zeigt typische Raten für das organische Wachstum. Für die in den beiden oberen Zeilen genannten Branchen wird durch die Preisbildung im Markt deutlich, dass ein hohes organisches Wachstum unterstellt wird. Für die Branchen in den beiden unteren Zeilen wird teilweise mit einem negativen organischen Wachstum gerechnet. Das heißt: Wenn die Gewinne vollständig ausgeschüttet werden und es keine außenfinanzierten Investitionen gibt, dann verfällt der Marktwert dieser Unternehmen.

5.2.4 Ertragswert als Barwert der Gewinne?

Müssen nun, um eine Unternehmung zu bewerten, die Dividenden oder die Gewinne diskontiert werden? Die Antwort mag noch immer überraschen: Sowohl das eine wie das andere führt auf denselben Wert. Nur: Wer Gewinne diskontiert muss ein Wachstum unterstellen, dass die

Unternehmung hätte, wenn sie Jahr um Jahr ihre Gewinne vollständig ausschüttet. Das ist das organische Wachstum.

$$(5\text{-}14) \qquad W = \frac{E_1}{r - g(e)}$$

> Wer die Unternehmung anhand des Barwerts der zukünftigen Gewinne bewertet, muss für die Gewinne die Rate des organischen Wachstums $g(e)$ unterstellen.

Damit ist nachträglich eine Ehrenrettung für *Ertragsbewertungen* vollzogen. Bei einer Ertragsbewertung wird die Unternehmung durch den Barwert der zukünftigen Erträge, und das sind die Gewinne, bewertet. Diese Ansätze sind völlig korrekt, sofern als Rate für das Wachstum die Rate des organischen Wachstums unterstellt wird.

Beispiel 5-7: Eine Firma in Innsbruck steht zum Verkauf. Sie ist in den letzten Jahren immer um 6% gewachsen. Mit dem nächsten Jahresabschluß sollte ein Gewinn von 300 (Tausend Euro) zur Verfügung stehen. Steuerberater Huber, der Wertschätzungen vornimmt, schlägt eine Ertragsbewertung vor: "Die marktübliche Diskontrate ist $r = 9\%$ und damit muss man die zukünftigen Gewinne kapitalisieren". Sodann nimmt Huber die Formel für den Barwert einer gleichförmig wachsenden Reihe, rechnet $300 / (0{,}09 - 0{,}06) = 10.000$ und sagt: "Der Wert liegt bei 10 Millionen Euro".

Jedoch ist es falsch, wenn der *Fiktion* gefolgt wird, die Unternehmung schütte ihren Gewinn vollständig aus, als Wachstumsrate jene zu verwenden, welche die Unternehmung *tatsächlich* aufweist, wo sie in *Wirklichkeit* den Gewinn nur zu einem Teil ausschüttet. Die Firma ist ein Handelsbetrieb und die Rate des organischen Wachstums wird mit 3% veranschlagt. Deshalb liefert die Bewertung $W = 300 / (0{,}09 - 0{,}03) = 5.000$. Der Wert ist nur halb so hoch wie Huber errechnet hat.

Um die Plausibilität zu prüfen wird das *KGV* errechnet. Es beträgt $KGV = 5000 / 300 = 16{,}7$, was für eine Handelsunternehmung branchenüblich ist. Mit der Wertschätzung von Huber hätte man hingegen ein *KGV* von $10.000 / 300 = 33{,}3$ und das wäre unüblich hoch.

Die Formel für die Ertragsbewertung (5-14) trifft eine Aussage über das Kurs-Gewinn-Verhältnis. Zwar bezieht sich, wie in (5-10) angegeben, das *KGV* auf den Preis P. Mit der Annahme, die Börse funktioniere wie ein idealer Markt, können wir von $P = W$ ausgehen, und dann ist das

KGV gleich dem Quotienten W/E_1. So nimmt in diesem Fall $(P=W)$ das Kurs-Gewinn-Verhältnis die Form

$$(5\text{-}15) \qquad KGV = \frac{1}{r - g(e)}$$

an. Es ist der Kehrwert der Differenz zwischen Diskontrate und der des organischen Wachstums.

Beispiel 5-8: Die Firma Systemsoft ist in der Computerbranche etabliert und wächst seit Jahren. Sie hat nie eine Dividende ausgeschüttet und es wird nicht beabsichtigt, Ausschüttungen in Zukunft vorzunehmen. Versagt das Dividenden-Wachstums-Modell? "Nein", antwortet eine Analystin, "wir können Systemsoft so bewerten, *als ob* sie eine Dividende ausschütten *würden*. Das Praktischste ist, wir nehmen an, sie würden stets den Gewinn ausschütten, denn der ist bekannt. Nur müssen wir uns fragen, mit welcher Rate Systemsoft dann noch wachsen könnte, wenn die Gesellschaft stets den gesamten Gewinn ausschütten würde." Der Gewinn sollte in zwölf Monaten, am Ende des Geschäftsjahres, 200 betragen. Aufgrund der Risiken in der Computerbranche wird eine Diskontrate $r = 10\%$ für marktgerecht angesehen. Nun muss die Rate des organischen Wachstums, $g(e)$, geschätzt werden. Hierzu meint die Analystin: "Systemsoft ist gut positioniert. Ohne besondere Investitionen würden sie im allgemeinen Aufwärtsstrom von Technologie mitgetragen werden." Nach diesem Votum wird die Rate des organischen Wachstums mit $g(e) = 6\%$ geschätzt. Soviel sollte die Gesellschaft wachsen, selbst wenn sie stets den gesamten Gewinn ausschütten würde. Das GGM, nun für die Ertragsbewertung eingesetzt, liefert $W = 200/(0{,}10 - 0{,}06) = 5.000$. Das Kurs-Gewinn-Verhältnis nach (5-15) ist $KGV = 1/(0{,}10 - 0{,}06) = 25$. ∎

Beispiel 5-9: Die Firma Gebrüder Meier ist in der Lebensmittelbranche tätig. Der kommende Jahresgewinn wird 2 Millionen Euro betragen. Ohne Kenntnis der tatsächlichen Ausschüttungspolitik soll die Firma bewertet werden. Für die Risiken der Branche wird eine Diskontierung mit $r = 8\%$ als korrekt angesehen sowie eine Rate des organischen Wachstums von $g(e) = 3\%$. Der Wert wird also zu $W = 2/(0{,}08 - 0{,}03) = 40$ Millionen Euro geschätzt. Das Kurs-Gewinn-Verhältnis nach (5-15) beträgt $KGV = 1/(0{,}08 - 0{,}03) = 20$. ∎

Beispiel 5-10: Der Schrotthändler Schwarz führt in der Region einen wichtigen Entsorgungsauftrag aus. Entsprechend stabil ist sein Geschäft. Für die Diskontierung zukünftiger Ausschüttungen wird $r = 6\%$ als marktgerecht angesehen. Der Schrotthändler klagt jedoch: "Meine Maschinen und Transportfahrzeuge sind so schweren Belastungen ausgesetzt, dass ich immer einen Teil meines Gewinns benötige, um das Geschäft zu erhalten. Ansonsten würde es verfallen." Die Rate organischen Wachstums wird mit $g(e) = -5\%$ geschätzt. In der Tat: Würde stets der gesamte Gewinn entnommen werden, würde der Wert der Firma Jahr um Jahr etwa um fünf Prozent sinken. In zwölf Monaten wird Herr Schwarz einen Gewinn 150.000 ausweisen. Der Wert seiner Firma wird folglich zu $W = E_1 / (r - g(e)) = 150.000 / (0,06 + 0,05) = 1.363.636$ ermittelt. Das Kurs-Gewinn-Verhältnis für den Schrotthändler beträgt $KGV = 1 / (0,06 + 0,05) = 9$. ∎

Diesen Abschnitt zusammenfassend:

1. Die Rendite setzt sich aus der Dividendenrendite und der Wachstumsrate zusammen.
2. Im GGM stimmen zwei begrifflich zu unterscheidende Größen zahlenmäßig überein: Die Diskontrate und der Kapitalkostensatz.
3. Der Wert ist von der Ausschüttungspolitik unabhängig — dies ist eine der Mo-Mi-Irrelevanz-Thesen.
4. Insbesondere könnte die Unternehmung Jahr um Jahr die Gewinne ausschütten. Deshalb ist ihr Wert gleich dem Barwert der zukünftigen Gewinne. Allerdings darf dann als Wachstumsrate nur jene Rate unterstellt werden, mit der die Unternehmung noch wachsen würde, wenn sie ihre Gewinne stets vollständig ausschüttet. Das ist die Rate des organischen Wachstums.
5. Die Rate des organischen Wachstums hängt vom Standard der Rechnungslegung ab.

5.3 Multiplikatorenansätze

5.3.1 Verbindung zwischen dem GGM und Multiples

Ein Blick auf das GGM (5-3) und auf die Ertragsbewertung (5-14) zeigt, dass der Wert ein bestimmtes Vielfaches einer Bezugsgröße ist. Das jeweilige Vielfache ist ein Multiplikator (Multiple). So gilt (5-16). Die Größen wurden bereits erklärt: D_1 ist die Dividende in einem Jahr, E_1 der am Ende des beginnenden Jahres festgestellte Gewinn, r die Diskontrate, g die Wachstumsrate (bei der tatsächlichen Ausschüttungspolitik) und $g(e)$ ist die Rate organischen Wachstums, das heißt jene Wachstumsrate, welche die Unternehmung *hätte*, wenn sie Jahr um Jahr den Gewinn ausschütten *würde*.

(5-16)
$$W = M_D \cdot D_1 \quad \text{für} \quad M_D = \frac{1}{r-g}$$

$$W = M_E \cdot E_1 \quad \text{für} \quad M_E = \frac{1}{r-g(e)}$$

So wurden die Multiplikatoren aus anderen Größen berechnet, die erst beschafft oder geschätzt werden müssen. In der Bewertungspraxis können die "richtigen" Multiplikatoren oft anders und direkt erschlossen werden. Beispielsweise stimmt der Multiplikator M_E mit dem Kurs-Gewinn-Verhältnis KGV überein. Soll eine Unternehmung bewertet werden, wird einfach der kommende Gewinn mit dem für die Branche "typischen" KGV multipliziert.

Die Idee des Multiplikatorenansatzes ist auf andere Basisgrößen übertragen worden, so auf den Umsatz. Ein einfaches Verkaufsgeschäft wird dann beispielsweise anhand des 0,3-fachen des Jahresumsatzes bewertet. Multiplikatorenansätze wurden in gleicher Weise für Bezugsgrößen entwickelt, die nicht aus dem Rechnungswesen stammen, wie beispielsweise die Anzahl von Fachkräften in Forschung und Entwicklung. Beispielsweise findet man in gewissen Branchen, dass der Wert einer Firma in Tausend Euro ungefähr das 500-fache der Anzahl an Fachpersonen ist. In der Praxis werden im Kreis von Investmentbanken, Wirtschaftsprüfungen und Private-Equity-Firmen Multiplikatoren kommuniziert, mit denen verschiedenste Basisgrößen zu multiplizieren sind, um direkt den Wert zu ermitteln.

Solche Multiplikatorenansätze wirken auf den ersten Blick recht einfach. Aber sie haben einen theoretischen Hintergrund, der letztlich im GGM besteht. Die gewählte Basisgröße repräsentiert den direkt oder indirekt den Ertrag oder ist ein Indiz für den Ertrag, so dass ein Vielfaches dieser Basisgröße eine Ertragsbewertung liefert. Von der Theorie her gesehen dürfen die Multiplikatorenansätze daher nicht abgetan werden.

In der Praxis der Anwendung kann sich sogar herausstellen, dass Multiplikatorenansätze am Ende "exakter" als kompliziertere Bewertungsmodelle sind, weil Schätzfehler bei der Erhebung etwa der Diskontrate oder der Wachstumsrate das mit dem "exakten" Modell gefundene Ergebnis ungenau machen. Um zu prüfen, welche Bewertungsansätze genauer sind, sind empirische Studien durchgeführt worden. Natürlich kennt den wahren Wert niemand, weshalb man nicht prüfen kann, ob nun dieser oder jener Bewertungsansatz exakter sei. Statt dessen wird für Aktiengesellschaften unterstellt, dass der Wert und die an der Börse beobachtbaren Kurse beziehungsweise Marktkapitalisierungen übereinstimmen. Die Kurse und die Marktkapitalisierungen sind bekannt. Sodann wird empirisch geprüft, welcher Bewertungsansatz die Kurse beziehungsweise Marktkapitalisierungen besser trifft.

In diesen Studien wird demnach unterstellt, dass die leicht beobachtbare Marktkapitalisierung P im Mittel über alle einbezogenen Aktiengesellschaften dem korrekten Wert W entspricht, $P \approx W$ — eine Annahme, die als Markteffizienz bezeichnet wird. So wird P als Annäherung an den wahren (aber nicht beobachtbaren) Wert verwendet. Sodann wird gefragt, wie genau die Produkte aus Basisgröße und Multiple mit der Marktkapitalisierung P übereinstimmen. Im Fall einer genauen Übereinstimmung hätte man wegen $P \approx W$ ein gutes Bewertungsmodell gefunden.

5.3.2 Beurteilung der Multiplikatorenansätze

Aufgrund der inzwischen für verschiedene Länder vorliegenden empirischen Studien verdichtet sich das Bild:[3]

1. Unternehmensbewertungen aufgrund von Multiplikatoren sind im Vergleich zu komplizierteren Modellen *nicht ungenauer*.

2. Gute Ergebnisse liefern die Basisgrößen heutiger Gewinn und erwarteter zukünftiger Gewinn. Interessanterweise sind Gewinnprognosen für das kommende Jahr besser als Basisgröße als der Gewinn des letzten Jahres.

3. Wird als Basisgröße der Gewinn verwendet, resultieren genauere Bewertungen als wenn der Cashflow verwendet wird — dem in der Bewertungspraxis als Basisgröße der Vorzug gegeben wird.

---

[3] 1. JING LIU, DORON NISSIM und JACOB THOMAS: Equity valuation using multiples. *Journal of Accounting Research* 40 (2002), pp. 135-172. 2. S. BHOJRAJ und C. M. C. LEE: Who is my peer? A valuation-based approach to the selection of comparable firms. Journal of Accounting Research 40 (2002), pp. 407-439. 3. JING LIU, DORON NISSIM und JACOB THOMAS: Price multiples based on forecasts and reported values of earnings, dividends, sales, and cash flows: an international analysis. *Working Paper* September 2003.

4. Schlechte Ergebnisse liefert der Absatz als Basisgröße.

Stets fließen aber in die Bewertung weitere Größen ein, die eher mit dem Industriesektor assoziiert sind. Bleibt man dennoch im Rahmen von Bewertungen anhand eines einzigen Multiples, so muss man die weiteren Einflußgrößen anders berücksichtigen. Beispielsweise kann mit einem branchenspezifischen Multiple gearbeitet werden. So gesehen ist unser bestes Bewertungsmodell (5-14).

Hier dürfte gleich der Börsianer vorschlagen, Aktien mit einem geringen *KGV* zu kaufen, und Aktien mit einem hohen *KGV* zu verkaufen. Jedoch belegen andere Studien, dass es nicht so leicht ist, mit einer solchen Daumenregel den Markt zu schlagen. Denn gelegentlich befinden sich Unternehmen mit einer geringen Börsenschätzung im Financial Distress, und sie haben nur deshalb ein geringes *KGV*, weil ihr organisches Wachstum negativ ist — bei Ausschüttung von Gewinnen würden sie an Wert verlieren — und ihre Risiken besonders hoch sind.

5.4 Ergänzungen und Fragen

5.4.1 Zusammenfassung der Abschnitte 5.1 bis 5.3.

In diesem Kapitel haben wir aus dem DDM das Gordon Growth Model (GGM) abgeleitet, indem *gleichmäßiges* Wachstum der Ausschüttungen angenommen wird. Daraus folgt, dass die Werte im Verlauf der Zeit mit der für das Wachstum der Dividenden unterstellten Rate steigen. Es zeigte sich zudem, dass die für das DDM wichtige Voraussetzung der Transversalität erfüllt ist. Das GGM ist trotz seiner Einfachheit ein leistungsfähiges Bewertungsmodell. Im GGM stimmen zwei begrifflich zu unterscheidende Größen zahlenmäßig überein: Die Diskontrate und der Kapitalkostensatz.

Ein ganz wichtiger Punkt: Der Wert ist von der Ausschüttungspolitik unabhängig — dies ist eine der Irrelevanz-Thesen von MODIGLIANI und MILLER. Insbesondere könnte zur Bewertung *angenommen* werden, dass die Unternehmung Jahr um Jahr die Gewinne vollständig ausschüttet. Wie gesagt ist das eine Fiktion, weil sie in Wirklichkeit eine andere Ausschüttungspolitik verfolgt. Jedenfalls ist nach der Irrelevanzthese ihr Wert gleich dem Barwert der zukünftigen Gewinne.

Ertragsbewertungen, die eine Unternehmung anhand der zukünftigen Erträge, eben der Gewinne bewerten, sind infolgedessen völlig *korrekt.*. Nur darf dann als Wachstumsrate nur jene Rate unterstellt werden, mit der die Unternehmung noch wachsen *würde*, wenn sie ihre Gewinne stets vollständig ausschütten *würde*. Das ist die Rate des *organischen Wachstums*.

Eine für die Praxis wichtige Beobachtung ist außerdem, dass sowohl das GGM als auch die Ertragsbewertung sich als Multiplikatorenansatz darstellen lassen, vergleiche (5-16). Empirische Studien belegen, dass Unternehmensbewertungen aufgrund von Multiplikatoren im Vergleich zu komplizierteren Modellen *nicht ungenauer* sind. Besonders gut sind Bewertungen, bei denen der *zukünftige Gewinn* mit einem branchenüblichen *KGV* multipliziert wird.

5.4.2 Die Modigliani-Miller-Thesen

FRANCO MODIGLIANI und MERTON H. MILLER haben in ihren Arbeiten von 1958 und 1963 dies bewiesen: In einem (idealen) Markt haben verschiedene finanzielle Maßnahmen, die der Manager einer Unternehmung ergreift, keinen Einfluß auf ihren Wert.

Denn die Eigenkapitalgeber könnten diese Maßnahmen selbst herbeiführen — der Finanzmarkt ist für alle offen — oder sogar rückgängig machen — der Finanzmarkt bietet zahlreiche Instrumente. Beispielsweise ist die Dividendenpolitik irrelevant für den Wert. Denn wenn der Manager weniger ausschüttet, könnten die Finanzinvestoren ihre Beteiligungen reduzieren, Aktien verkaufen — und so kommen sie an das Geld. Ähnlich wäre gleicherweise die Verschuldungspolitik irrelevant, wenn sie nicht aufgrund der steuerlichen Bevorzugung des Fremdkapitals Vorteile bieten würde.[4]

Die Irrelevanz-Thesen haben große Beachtung gefunden. Die überall geführten Untersuchungen zu diesen Thesen von Modigliani und Miller unterstreichen die beiden Annahmen, die hinter ihnen stehen:

1. Der Finanzmarkt funktioniert in idealer Weise. Die Annahme eines idealen Marktes als Grundposition hat das Finance stark be-

---

[4] Ein Hinweis auf den historischen (nicht leicht lesbaren) Aufsatz: 1. FRANCO MODIGLIANI und MERTON H. MILLER: The Cost of Capital, Corporation Finance, and the Theory of Investment. *American Economic Review* 48 (1958), 3, pp. 261-297. Später gab es noch eine Ergänzung: 2. FRANCO MODIGLIANI und MERTON H. MILLER: Corporate Income Taxes and the Cost of Capital: A Correction. *American Economic Review* 53 (1963), pp. 433-443.

einflußt und befruchtet. Finance geht von der Annahme eines idealen Marktes aus.

2. Finanzierungsmaßnahmen (wie Ausschüttung, Verschuldung) haben keine Rückwirkung auf die realwirtschaftliche Tätigkeit der Unternehmung. Auch diese Annahme beschreibt eine Perspektive, aus der heraus viele Aussagen im Finance gewonnen wurden.

Es versteht sich von selbst, dass diese beiden Annahmen mit einem Verweis auf die Realität unseres Wirtschaftslebens leicht kritisiert werden können. So werden die Irrelevanz-Thesen heute als ein Ausgangspunkt verstanden, als eine Basis, von der ausgehend Verfeinerungen vorgenommen werden, um die Realität genauer zu erfassen.

Bild 5-5: FRANCO MODIGLIANI (1918-2003), links, und MERTON H. MILLER (1923-2000) beeinflußten die Entwicklung des *Corporate Finance* stark mit ihren beiden Aufsätzen. MODIGLIANI stammte aus Rom und hatte an der dortigen "La Sapienza" 1939 sein juristisches Studium abgeschlossen. Er musste wie viele andere emigrieren und lehrte an verschiedenen Universitäten in den Vereinigten Staaten, ab 1962 am Massachusetts Institute of Technology als Professor für *Economics and Finance*. Im Jahr 1985 erhielt er den Nobelpreis. Ab 1988 lebte MODIGLIANI als Emeritus in Boston. MERTON H. MILLER erhielt den Nobelpreis 1990 zusammen mit HARRY MARKOWITZ und WILLIAM SHARPE. MILLER stammte aus Boston und hatte sein Studium an der Harvard Universität 1943 mit *magna cum laude* abgeschlossen. Er lernte MODIGLIANI an der *Carnegie-Mellon University* in Pittsburgh (PA) 1953 kennen, wo MODIGLIANI damals lehrte. MILLER ging später nach Chicago, und wurde nach einer Professur Direktor des *Chicago Board of Trade*, später der *Chicago Mercantile Exchange*. MILLER hat wiederholt und kraftvoll die Idee des freien Marktes vertreten.

In einem gewissen Sinn — dieser Hinweis soll das große Verdienst von MODIGLIANI und MILLER in keiner Weise schmälern — sind ihre Arbeiten eine Fortführung und ein Ausbau der Fisher-Separation. Denn bereits FISHER erkannte die große Kraft für die Analyse und den Ausbau der Theorie, die von der Annahme eines idealen Marktes ausgeht.

5.4.3 Stichworte und Namen

Diskontrate, Dividendenrendite, Earnings-Yield, Ertragsbewertung, fiktive Dividenden, MYRON GORDON, Gordon Growth Model (GGM), Kapitalkosten, Kurs-Gewinn-Verhältnis, Irrelevanz der Dividendenpolitik, FRANCO MODIGLIANI, MERTON H. MILLER, Multiplikatorenansatz, organisches Wachstum, Rendite, Wachstumsrate.

5.4.4 Fragen

1. Die Aktie einer Unternehmung soll bewertet werden. Offensichtlich wird seit Jahren eine Politik konstanter Dividendenrendite praktiziert. Die nächste, in einem Jahr fällige Dividende sollte D_1 20 Euro betragen. Aufgrund einer Beobachtung der Kursentwicklung in der Vergangenheit darf davon ausgegangen werden, dass die Wachstumsrate bei dieser Ausschüttungspolitik g 5% beträgt. Ermitteln Sie einen Bereich für den Wert, der sich für Diskontraten von r 8% beziehungsweise r 9% ergibt.

2. Wie ist das organische Wachstum definiert?

3. Die Aktien der Herstellern von Mittelklasseautos weisen ein KGV von 10 bis 12 auf, und den Risiken entsprechend wird eine Diskontrate von 8% bis 9% für marktgerecht angesehen. In welchem Bereich bewegt sich die Rate des organischen Wachstums dieser Firmen?

4. Richtig oder falsch? A) Ein Praktiker meint, wenn mit 8% diskontiert werde, sei der Wert gleich dem 12,5-fachen des Gewinns. B) Ein CEO meint, man könne durch verschiedene "interne" Maßnahmen das organische Wachstum stärken, ohne den Gewinn zu schmälern. Dadurch werde ein höheres Kurs-Gewinn-Verhältnis erreicht?

5. Es soll der Bereich "Mathematical Finance" eines großen Finanzkonzerns bewertet werden. Die dort tätigen 30 Personen unterstützen die Bereiche "Marketing" und "Institutionelle Kunden" des Konzerns, in dem Berichte verfaßt werden und Gespräche mit Kunden geführt werden, wozu Finanzanalysen mit kundenspezifischen Daten ausgearbeitet und präsentiert werden. Die Verrech-

nung dieser Leistungen im Konzern ist ein "heißes" Eisen. Denn die im Verkauf tätigen wollen von ihrer Rechnung nichts abgeben, weil dann ihr Bonus geringer ist. Sie behaupten, die Analysen könnten sie besser über den Markt als intern beziehen. Wie könnte der Bereich bewertet werden. Wie kann der Bereich "Mathematical Finance" bewertet werden?

5.4.5 Lösungen

1. 500 bis 666,67 Euro.
2. Die Wachstumsrate, die eine Unternehmung nachhaltig erzielen kann wenn sie Jahr um Jahr den gesamten Gewinn ausschütten würde, heißt Rate des *organischen Wachstums*.
3. Von -2,0% bis +0,7%.
4. A) Nein, nicht generell, vergleiche (5-14). Die Aussage des Praktikers wäre nur korrekt, wenn die Firma kein organisches Wachstum hat. Ist die Rate des organischen Wachstums positiv, dann ist das Multiple größer als 12,5. B) Ja, vergleiche (5-15).
5. Geeignet erscheint ein Multiple. Mit dem im Text genannten Multiple käme man auf einen Wert in Höhe von 15 Millionen Euro.

6. Discounted Cash Flow

Eine weitere *fiktive* Reihe von Ausschüttungen, anhand derer die Unternehmung bewertet werden kann, ist die der Freien Cashflows. Entsprechend wird das Bewertungsmodell als Discounted Cash Flow (DCF) bezeichnet. Ein wichtiger Punkt ist die Definition der Freien Cashflows, die sich von den Cashflows durch die budgetierten Investitionen unterscheiden. Wichtig: Beim Aufstellen des Budgets sind verschiedene Planungsvarianten möglich. Diese Wahlmöglichkeiten unterstreichen die Universalität der DCF-Bewertung. Beispielsweise umfaßt der DCF-Ansatz die Ertragsbewertung sowie die Bewertung anhand der Dividenden als Spezialfälle. In der Ergänzung (6.3.2) zeigen wir, dass er sogar die Bewertung von Goodwill gestattet (Residual Income Valuation).

6.1 Der Freie Cashflow 155
6.2 Varianten für die Budgetierung 📖 163
6.3 Ergänzungen und Fragen 173

6.1 Der Freie Cashflow

6.1.1 Eine weitere fiktive Ausschüttungsreihe

Letztlich errechnet sich der Wert einer Unternehmung aufgrund ihrer Wirtschaftskraft und ihrem Erfolg, den sie mit Produktion und Absatz erzielt, nicht aber danach, in welcher zeitlichen Festlegung dieser Erfolg den Investoren ausbezahlt wird. Die Irrelevanz der Dividendenpolitik (Abschnitt 5.2) verdeutlichte:

1. Eine Unternehmung kann einerseits anhand ihrer *tatsächlichen* Ausschüttungen bewertet werden. Hinsichtlich Entwicklung und Wachstum werden die *tatsächlichen* Verhältnisse berücksichtigt.
2. Ebenso könnte die Bewertung eine *fiktive* Reihe von Ausschüttungen *annehmen*. Dann muss in gleicher Weise eine *fiktive* weitere

Entwicklung der Unternehmung unterstellt werden, also ein Wachstum, das den fiktiven Ausschüttungen entspricht.

Die Bewertung anhand des Ertragswertes (5-14) hat bereits von der im zweiten Punkt genannten Möglichkeit Gebrauch gemacht. Aus dem DDM oder dem GGM entsteht eine Ertragsbewertung, wenn die *fiktiven* Ausschüttungen in Höhe der Gewinne angenommen werden. Werden Jahr um Jahr die Gewinne ausgeschüttet, dann ist das Wachstum geringer. Das *fiktive* Wachstum einer Unternehmung, die stets die vollen Gewinne ausschüttet, ist das organische Wachstum.

Einer *Ertragsbewertung* liegt also nicht die tatsächliche Reihe von Ausschüttungen der Unternehmung zugrunde, die bewertet werden soll. Vielmehr wird eine fiktive Reihe von Ausschüttungen in Höhe der *Gewinne* betrachtet. Die Wahl und Popularität gerade dieser speziellen fiktiven Reihe von Ausschüttungen entspringt erstens der Tradition des Denkens in Buchhaltung und Jahresabschluß, zweitens der Publizität von Abschlüssen und der leichten Zugänglichkeit dieser Daten sowie drittens der Dominanz der Fachleute für Rechnungswesen in den zentralen Planungsabteilungen der Unternehmungen. Gewinnprognosen sind leicht erhältlich und haben vergleichsweise geringe Schätzfehler.

> Eine Alternative wäre, der Bewertung jene fiktive Reihe von Ausschüttungen zugrunde zulegen, die der *Erzeugung von Geld* im jeweiligen Geschäftsjahr entspricht. Das sind die *Cashflows*. Das entsprechende Bewertungsmodell heißt *Discounted Cash Flow* (DCF).

Der DCF-Ansatz ist mittlerweile zum Standardmodell der Bewertung geworden und gilt als Best-Practice. Es gibt heute keine Bewertung im Wirtschaftsleben mehr, die nicht ganz auf den DCF abstellt oder den DCF zum Vergleich anführt, wenn doch einem anderen Modell der Vorzug gegeben wird.

Genau wie alle bisherigen Bewertungsmodelle (DDM, GGM Ertragsbewertung) eine Vorschau, eine Erwartungsbildung hinsichtlich der weiteren Entwicklung verlangen, ist beim DCF-Ansatz eine Planungsgrundlage verlangt. Es ist ein *Geschäftsplan* der Unternehmung oder des Projekts für die *kommenden* Jahre.

Geschäftspläne nennen Erträge und Aufwendungen. In einer leichten Modifikation zur Planung der Erträge und der Aufwendungen wird beim DCF auf die *baren* Erträge und die *baren* Aufwendungen abgestellt. Das sind jene Teile der Erträge und der Aufwendungen, die im Geschäftsjahr dem Zahlungsmittelbestand der Unternehmung zu- und abfließen. Der Cashflow beschreibt daher die Änderung des Zahlungsmittelbestands der Unternehmung in einem Jahr. Der Zahlungsmittelbestand umfaßt neben der Kasse die Guthaben bei Banken sowie die kurzfristigen Finanzanlagen auf dem Geldmarkt, die von der Treasorie getätigt werden, um unbenötigte Liquidität zinsbringend anzulegen.

- Diesem Zahlungsmittelbestand fließen Umsatzerlöse zu, sobald Kunden ihre Rechnungen bezahlen, sowie Zinszahlungen und Erträge aus den Finanzanlagen der Unternehmung.
- Die wichtigsten Abflüsse sind Zahlungen für Löhne, für beschaffte Produktionsfaktoren sowie Zinszahlungen für Kredite und nicht zuletzt die Steuern.

Abschreibungen, eine wichtige Aufwandsposition, sind jedoch unbar. Gleiches gilt für die Differenz zwischen der Bildung und der Auflösung von Rückstellungen. Ebenso wird der Zahlungsmittelbestand nicht sogleich verändert, wenn die Unternehmung Verkäufe tätigt und ihren Kunden ein Zahlungsziel einräumt.[1]

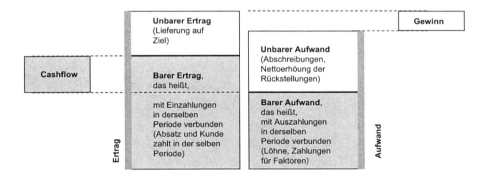

Bild 6-1: Bei der direkten Berechnung des Cashflows werden von allen baren Erträgen die baren Aufwendungen abgezogen. Bei der indirekten Berechnung werden zum Gewinn die unbaren Aufwendungen addiert (vor allem sind dies die Abschreibungen und die Nettoerhöhung der Rückstellungen) sowie die unbaren Erträge (Erhöhung der Kreditoren) subtrahiert.

---

[1] Hinweis: In den USA wird unter "Cashflow" zwar auch die Differenz zwischen baren Erträgen und baren Aufwendungen verstanden, doch bleiben bei den Aufwendungen die Zinszahlungen an Fremdkapitalgeber (die barer Aufwand sind) vielfach unberücksichtigt. Das heißt: US-Cashflow = Cashflow + Zinszahlungen.

6.1.2 Vorteile der DCF-Methode

Der Cashflow eines Jahres ist in der Regel deutlich größer als der Gewinn. Denn der Ertrag führt normalerweise fast vollständig zu Einzahlungen in derselben Periode. Durch Abschreibungen und Nettoerhöhungen der Rückstellungen ist der Aufwand aber deutlich höher als der bare Aufwand. Es kann sogar Jahre geben, in denen der Gewinn negativ und der Cashflow dennoch positiv ist. Das ist der Fall, wenn es notwendig wird, Sonderabschreibungen vorzunehmen um die Vermögensgegenstände in einer "bereinigten Bilanz" wieder "realistisch" zu bewerten. Überhaupt hat die Abschreibungspolitik einen großen Einfluß auf den Gewinn, nicht aber auf den Cashflow.

In besonderen Situationen gibt es Jahre, in denen der Cashflow negativ ist. Wenn die Unternehmung restrukturiert wird, dann sind die baren Aufwendungen zeitweise höher als die baren Erträge. Wenn die Unternehmung wenig Erfolg mit ihren Produkten hat und Mitarbeiter entlassen muss, sind Sozialleistungen und Abfindungen bar zu zahlen. In Situationen, in denen der Cashflow negativ ist, muss die Unternehmung ihren Bestand an Liquidität reduzieren. Jedoch wird eine gewisse Transaktionskasse immer benötigt. Deshalb ist es erforderlich, Fremdkapital aufzunehmen. Oder die Eigenkapitalgeber müssen neue Gelder einlegen, damit in solchen Situationen die Liquidität der Unternehmung aufrecht erhalten bleibt.

Diese Überlegungen zeigen:

1. Eine Bewertung anhand des DCF setzt direkt an jenen Geldströmen an, die durch die Wirtschaftstätigkeit generiert werden, und daher mit der Planung recht genau prognostizierbar sein sollten.
2. Die DCF-Methode löst sich von der Ertragsbewertung und der Betrachtung von Gewinnen, die stark durch den Accounting-Standard und die Bilanzpolitik beeinflußt werden. Daher ist der DCF unabhängig von der Bilanzpolitik.
3. Sie befreit sich von den tatsächlichen Dividenden, die primär eine Entscheidung über die Verteilung des Ergebnisses widerspiegeln.

Die Idee, zur Bewertung von den zukünftigen Cashflows als fiktive Reihe von Ausschüttungen auszugehen, führt somit von der Verteilung des Ergebnisses hin zur *Entstehung* der Wirtschaftsergebnisse und ist damit deutlich "näher" am eigentlichen Betriebsgeschehen. Die Nähe am Betrieb drückt sich erstens in der Qualität und *Genauigkeit* aus, mit der die benötigten Daten, eben die Cashflows, für die kommenden Jahre prognostiziert werden können. Zweitens bietet die Nähe am Betrieb den

6. DISCOUNTED CASH FLOW

Vorteil der *Akzeptanz* in der Gesellschaft. Das ist besonders bei Unternehmen wichtig, die sich verändern oder aus einer Krise finden müssen.[2] Alle diese Punkte sprechen für den DCF als Bewertungsmodell.

Wie gesagt stellen die einer Geschäftsplanung entnommenen Cashflows für die kommenden Jahre eine *fiktive* Reihe von Ausschüttungen dar. Es ist nicht einmal gesagt, dass diese fiktiven Ausschüttungen überhaupt gesetzlich zulässig wären. Immerhin wurde deutlich, dass schon aufgrund der oft hohen Abschreibungen der Cashflow über dem Gewinn liegen dürfte. Da in Kapitalgesellschaften höchstens der Gewinn ausgeschüttet werden darf, wäre eine Ausschüttung des gesamten Cashflows nicht erlaubt. Das aber spielt bei der Bewertung keine Rolle. Zudem können wir uns vorstellen, dass die Unternehmung Gelder, die in der Wirklichkeit nicht ausgeschüttet werden, im Sinn und Wunsch der Eigentümer anlegt. Der Cashflow wird tatsächlich zu einem Teil ausgeschüttet und zum Rest im Sinne der Investoren angelegt. Darum ist dieser restliche Teil als ein *Substitut* zu tatsächlichen Ausschüttungen zu betrachten. Diese Überlegungen gelten nicht nur für den Cashflow im Sinne eines baren Ergebnis der regulären Wirtschaftstätigkeit sondern für alle Zahlungsmittel, die einer Unternehmung zufließen, beispielsweise aus dem Verkauf von Vermögenspositionen.

Beispiel 6-1: Eine Holding (in der Rechtsform einer GmbH) hat eine Tochtergesellschaft, die in ihrer Bilanz mit 10 Millionen Euro verbucht war, verkauft und dafür 11 Millionen Euro erzielt. Ansonsten sind die Geschäfte nicht sehr gut gelaufen, der operative Gewinn der Holding ist Null. Der Jahresgewinn beträgt damit 1 Million Euro. Bei einer Kapitalgesellschaft darf maximal der Jahresgewinn ausgeschüttet werden und der Manager der Holding berichtet den Gesellschaftern, dass die Firma das Geld zwar jetzt nicht benötigt, die 11 Millionen Euro aber nur zu einem kleinen Teil ausgeschüttet werden dürften. Er sehe die Möglichkeit einer Kapitalherabsetzung. Das erscheint den Gesellschaftern zu kompliziert. Auf die Frage, wie sie das Geld verwenden würden, erklären die Gesellschafter eine Präferenz für gewisse Finanzanlagen. "Gut", antwortet der Manager, "dann kauft die GmbH diese Finanzanlagen." ■

---

[2] In der öffentlichen Diskussion wird nie bezweifelt, dass eine Unternehmung Cashflows erzeugen muss, um "aus eigener Kraft weiter zu kommen." Bewertungen aufgrund der Cashflows wirken jedermann verständlich. Indessen erinnert eine Bewertung anhand von "Dividenden" zu sehr an das Aktionärsinteresse, und gerade bei einer Restrukturierung versteht in den Medien niemand, dass die möglichen Maßnahmen anhand der Dividenden beurteilt werden.

6.1.3 Freie Cashflows

Um den DCF zu ermitteln, wird ein Geschäftsplan aufgestellt, der für die kommenden Jahre die Cashflows (bare Erträge minus bare Aufwendungen) ausweist, die dem erwarteten Szenario entsprechen. Der Geschäftsplan wird aus einem Produktions- und Absatzplan abgeleitet. Wer Produktion und Absatz plant, befaßt sich mit den benötigten Personalbestand und mit Verbrauchsfaktoren. Mit der Planung wird über die Operation hinaus festgelegt, welche Produktionskapazität nötig ist, beschafft werden muss, und wann vielleicht Kapazität frei wird, die verkauft werden könnte. Der Geschäftsplan weist also erwartete Cashflows aus dem operativen Geschäft aus und budgetiert *Investitionen* (Auszahlungen der Unternehmung) oder *Desinvestitionen* (Einzahlungen zugunsten der Unternehmung).

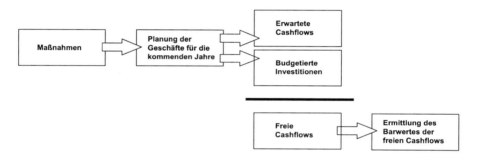

Bild 6-2: Die Freien Cashflows ergeben sich aus den Cashflows abzüglich der Auszahlungen für budgetierten Investitionen beziehungsweise zuzüglich der aus Desinvestitionen stammenden Einzahlungen.

Selbstverständlich reduzieren Investitionen den Zahlungsmittelbestand (und Desinvestitionen erhöhen ihn). Es liegt auf der Hand, dass es diese *totale Änderung des Zahlungsmittelbestands* ist, also die Cashflows abzüglich budgetierte Investitionen, zuzüglich Desinvestitionen, die als fiktive Zahlungen im Bewertungsmodell an die Berechtigten oder Aktionäre gehen und deshalb die Grundlage des DCF bilden. Wenn aufgrund der Geschäftsplanung im zukünftigen Jahr t ein Cashflow in Höhe CF_t erwartet wird, und I_t die Auszahlungen für die budgetierten Investitionen sind, dann ist

$$(6\text{-}1) \qquad FCF_t = CF_t - I_t$$

6. DISCOUNTED CASH FLOW

der erwartete Freie Cashflow (wir erwähnen die Desinvestitionen nicht mehr eigens). Nur die Differenz zwischen dem Cashflow und den budgetierten Investitionen der Unternehmung ist *frei* für eine (fiktive) Ausschüttung an die Berechtigten. Die Differenz zwischen dem Cashflow und den Investitionen wird als der *Freie Cashflow* bezeichnet. Die budgetierten Investitionen (und Desinvestitionen) sind jene, die im Geschäftsplan in Harmonie mit den operativen Planungen und der Prognose der Cashflows stehen. Kurz, es sind jene Investitionen, die realisiert werden müssen, damit der geplante Cashflow und die dahinter stehende Geschäftstätigkeit realistisch ist. Hierdurch ist noch ein großer Freiraum für eine DCF-Bewertung gegeben. Es ist bei der Geschäftsplanung möglich, nur *wenige* Investitionen zu budgetieren und nur Ersatzbeschaffungen anzuführen. Dann sind die Freien Cashflows eher hoch, dürften aber im Verlauf der Jahre kaum wachsen, weil im Geschäftsplan keine Erweiterung budgetiert wird. Ebenso gut ist es möglich, bei der Aufstellung des Geschäftsplans *viele* Investitionen zu budgetieren. Dann sind die Freien Cashflows gering, sie dürften aber, weil so viele Investitionen geplant sind, im Verlauf der Jahre wachsen.

Freier Cashflow der unverschuldeten Unternehmung		
Bare Erträge		
	Absatzerlöse	E
	Erträge aus Wertpapieren und Beteiligungen	+ F
Bare Aufwendungen		
	Löhne	- L
	Vorleistungen: Auszahlungen für Lieferanten, Materialkauf, Miete, Energieverbrauch, Versicherung, Lizenzen und Beratung	- V
Brutto-Cashflow		= BCF
	Steuern: Mehrwertsteuer, Körperschaftsteuer, Gewerbesteuer	- S
Cashflow		= CF
Budgetierte Investitionen	• Mit ihren Auszahlungen und den damit verbundenen späteren Einzahlungen (Früchten) in die Planung aufgenomme Käufe von Maschinen und Einrichtungen, Akquisitionen. • Ebenso Desinvestitionen, also etwa der Verkauf von Grundstücken, Unternehmensteilen oder Beteiligungen	- I
Freier Cashflow		= FCF

Bild 6-3: Der Freie Cashflow einer unverschuldeten Unternehmung.

Wichtig: Der Geschäftsplan wird so aufgestellt, *als ob* die Freien Cashflows, sofern sie positiv sind, den Investoren ausgeschüttet werden. Und in Jahren, in denen der so geplante Cashflow negativ wäre, wird davon ausgegangen, *als ob* die Investoren den entsprechenden Geldbetrag einlegen würden.

Zu den baren Erlösen gehören Absatzerlöse und Erträge aus Wertpapieren und Beteiligungen, die der Unternehmung im betreffenden Jahr zufließen werden. Die baren Aufwendungen sind vor allem Löhne und Auszahlungen für Vorleistungen. Nicht zu vergessen: Die Unternehmung muss Steuern zahlen. So entsteht der Cashflow. Vom Cashflow abgezogen werden die budgetierten Auszahlungen für den Kauf von Maschinen und Einrichtungen; hinzu gezählt werden budgetierte Einzahlungen aus dem Verkauf von Sachkapital und von Finanzkapital. Oft handelt es sich dabei um betrieblich nicht benötigte Positionen. Das Resultat ist der Freie Cashflow.

Gelegentlich wird überdies der *Brutto-Cashflow* betrachtet. Er unterscheidet sich vom Cashflow nur durch die Steuern.

(6-2) $\qquad BCF \;=\; Cashflow + Steuern$

Denn in der Praxis sind viele Geschäftspläne so gestaltet, dass sie auf *EBIT* führen, die *Earnings Before Interest and Taxes*. Wenn zu *EBIT* die unbaren Aufwendungen addiert und die unbaren Erträge subtrahiert werden — vereinfacht: zu *EBIT* werden die Abschreibungen addiert — so resultiert der Brutto-Cashflow. Wir schreiben kurz:

(6-3) $\qquad BCF \;=\; EBIT + Abschreibungen$

Wird (6-3) in (6-2) eingesetzt, folgt

$\qquad Cashflow \;=\; EBIT - Steuern + Abschreibungen$

Diese Beziehung führt unter Beachtung der Definition des Freien Cashflows $FCF = Cashflow - I$ zu

(6-4) $\qquad FCF \;=\; EBIT - Steuern + Abschreibungen - I$

Daher kann der Freie Cashflow aus Planungen, die an *EBIT* orientiert sind, schnell ermittelt werden. In der Praxis werden oft Investitionen in Höhe der Abschreibungen budgetiert, genauer: in Höhe der unbaren Aufwendungen abzüglich der unbaren Erträge. In diesem Fall *Abschreibungen = I* entsteht aus (6-4) die Beziehung

(6-5) $FCF = EBIT - Steuern$

Der Freie Cashflow ist dann also gleich den *EBIT* abzüglich Steuern. Der Freie Cashflow kann auf diese Weise schnell jenen Geschäftsplänen entnommen werden, die sich an den *EBIT* orientieren.

6.2 Varianten für die Budgetierung

6.2.1 Planungsvarianten A, B, C

Wichtig ist, dass der Geschäftsplan einerseits die realwirtschaftliche Tätigkeit (Produktion und Absatz) der kommenden Jahre erfaßt, andererseits Investitionen budgetiert. Dabei wird die realwirtschaftliche Tätigkeit wohl aufgrund der betrieblichen Situation geplant. Oft läßt die Realität hier keinen so großen Entscheidungsspielraum. Bei den Investitionen, die budgetiert werden, besteht hingegen ein großer Freiraum der Gestaltung. Wir betrachten drei Varianten, Investitionen zu planen.

- Variante A: Es wird zum Zweck der Bewertung der Unternehmung ausgesprochen wenig budgetiert. Die Freien Cashflows sind dann kaum geringer als die Cashflows. Allerdings können die Cashflows, wenn keine Investitionen getätigt werden, kaum im Verlauf der Jahre wachsen. Die Bewertung greift recht eng an die Erzeugung von Zahlungsmitteln aufgrund von Produktion und Absatz. Im Extremfall dieser Variante werden überhaupt keine Investitionen budgetiert. Dann wird die Unternehmung anhand ihrer Cashflows bewertet.

- Variante B: Es werden so viele Investitionen budgetiert, dass die Freien Cashflows mit den Gewinnen übereinstimmen. Dann entspricht die DCF-Bewertung einer Ertragsbewertung. Wird so budgetiert, dass die Freien Cashflows mit den Gewinnen übereinstimmen, dann zeigt die Reihe der Freien Cashflows ein Wachstum, das dem organischen Wachstum entspricht. Bei dieser Variante werden zum Zweck der Bewertung immer noch etwas weniger Investitionen budgetiert, als später tatsächlich angegangen werden. Denn die Unternehmung dürfte tatsächlich einen Teil der Gewinne einbehalten und investieren.

- Variante C: Zum Zweck der Bewertung werden alle erdenklichen Vorhaben und Projekte als Investitionen im Geschäftsplan gezeigt. Wenn sehr viel budgetiert wird, dann sind die Freien Cashflows vielleicht kaum größer als die dann tatsächlich ausgeschütteten Dividenden. Dann wäre man wieder bei einer Bewertung der Unternehmung anhand des Barwerts der Dividenden. So geplante Freie Cashflows dürften ein merkliches Wachstum zeigen.

Hier öffnet sich bei der Bewertungsarbeit ein großer Freiraum. Die eingangs skizzierte Idee, die Bewertung auf die Entstehung und nicht auf die Verteilung von Zahlungsmitteln abzustellen, spricht jedoch für die Variante A, also eine sparsame Budgetierung von Investitionen.

Variante	Zahlungen	Jahr 1	Jahr 2	Jahr 3	Jahr 4	Wachstum
A	CF_A	520	532	544	557	
	I_A	20	22	24	27	
	FCF_A	500	510	520	530	2%
B	CF_B	520	540	562	584	
	I_B	320	260	200	140	
	FCF_B	200	280	362	444	4%
C	CF_C	520	560	590	620	
	I_C	595	560	440	290	
	FCF_C	-75	0	150	330	6%

Bild 6-4: Die Zahlen der drei Planungsvarianten.

Die Tabelle nennt als Beispiel die Freien Cashflows unter drei Planungsvarianten A, B und C. Es sind die Freien Cashflows für die ersten drei Jahre im Detail geplant. Für den Fortführungswert ist der im Jahr 4 erwartete Freie Cashflow angegeben sowie die Wachstumsrate des Freien Cashflows. Außerdem ist für jede der drei Planungsvarianten mit kursiven Zahlen gezeigt, wie sich der angegebene Freie Cashflow aus dem jeweiligen Cashflow und den Investitionen errechnet.

Der anfängliche Cashflow ist bei allen Varianten 520. Beachtenswert: Alle Planungen erfolgen unter der Annahme, dass die Freien Cashflows ausgeschüttet werden. Deshalb wachsen die Cashflows einer Planungsvariante langsamer, wenn mehr ausgeschüttet wird. Die Cashflows wachsen schneller, wenn mehr investiert wird. Die Zahlen illustrieren diese Tatsache.

Angenommen, die Planungsvariante A sei materiell korrekt. Dann ist es insofern keine besonders große Kunst, die Varianten B und C aufzustellen, als sich der Wert der Unternehmung kaum zwischen den drei Varianten unterscheidet. Bei einer Diskontrate von $r = 10\%$ betragen die Werte, nach der weiter unten angegebenen Formel (6-6) errechnet: $W_A = 6244$, $W_B = 6245$ und $W_C = 6243$, siehe Bild 6-5.

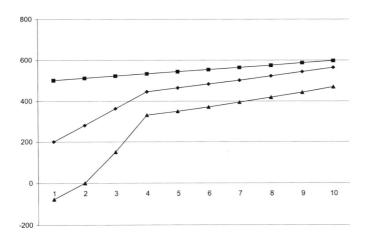

Bild 6-5 Die Freien Cashflows für die Jahre 1 bis 10 unter den drei Planungsvarianten A (Quadrate), B (Rauten) und C (Dreiecke). B unterscheidet sich von A durch deutlichere Betonung von Investitionen, wodurch gerade in den ersten Jahren die Freien Cashflows bei B geringer sind als bei A, dafür bei B das langfristige Wachstum mit 4% etwas stärker ausfällt als bei A mit 2%. Nochmals mehr Investitionen sind bei C budgetiert, wo das langfristige Wachstum mit 6% geschätzt wird.

Wir wollen die drei Planungsvarianten unseres Beispiels noch interpretieren. Durchaus könnte die Variante A das reine Betriebsgeschehen widerspiegeln und Freie Cashflows ausweisen, die sehr nahe am Cashflow sind. Es ist selbstverständlich eine Fiktion, dass diese Cashflows voll ausgeschüttet werden, doch für die Bewertung wird das nun einmal unterstellt. Die Variante B weist Freie Cashflows aus, die vielleicht nahe beim Gewinn sind. Bei dieser Variante würde ebenso unterstellt werden, dass die Freien Cashflows Jahr um Jahr ausgeschüttet werden. Die Variante C zeigt einen Investitionsplan, der dann vielleicht viel näher beschreibt, was dann später *tatsächlich* passiert.

Welche Planungsvariante in der Praxis gewählt wird, hängt vor allem davon ab, was letztlich bewertet werden soll: Liegt die Betonung auf der betrieblichen Produktion und dem Absatz, so wie sie heute sind (ohne dass noch groß investiert wird)? Oder soll am Ende vor allem ein Investitionsplan bewertet werden?

> Wer zum Zweck der Bewertung keine oder nur wenige Investitionen budgetiert (Variante A), lenkt die Bewertung klar auf das Betriebsgeschehen. Wer zum Zweck der Bewertung alle denkbaren Investitionen budgetiert (Variante C), lenkt die Beurteilung letztlich auf diese Investitionen.

In der Praxis sind alle drei Planungsvarianten anzutreffen. Wenn eine Unternehmung derzeit gut läuft es aber kaum Perspektiven für eine Weiterentwicklung gibt, wird meist der Variante A der Vorzug gegeben. Wenn eine Unternehmung recht schlecht läuft, wird die Variante C bevorzugt. Die Bewertung wird stark auf die budgetierten Investitionen abgestellt, die sehr vorteilhaft in die Planung eingebracht werden.

Wenn ein Kaufinteressent es präferiert, sein Geld schnell zurück zu erhalten, dann neigt der Verkäufer zu einer Planung, die wenige Investitionen budgetiert (Variante A). Die Freien Cashflows sind dann zwar groß, doch zeigt der Geschäftsplan keine besondere Unternehmensentwicklung. Auf weitergehende Investitionsmöglichkeiten, die man ergreifen könnte, wird im Bericht verwiesen. Wenn der Kaufinteressent vor allem auf Wachstumsperspektiven achtet, dann neigt der Verkäufer dazu, jede denkbare Investition zu budgetieren. Die Freien Cashflows sind zwar gering, doch der Geschäftsplan unterstreicht die starke Unternehmensentwicklung. Der Charakter der Bewertung ist nahe am Discounted Dividend Model.

Beispiel 6-2: Eine an sich "gut laufende" Familienunternehmung soll verkauft werden, weil niemand so recht sieht, wie man sich "für die Zukunft rüsten" sollte. Für die Bewertung werden nur wenige Investitionen budgetiert, praktisch nur die Instandhaltung. ■

Beispiel 6-3: Eine Fabrikation ist zu einem Sanierungsfall geworden. Die laufenden Einnahmen und Ausgaben macht sie für Investoren wenig interessant. Eine Consultingfirma hat verschiedene "Zukunftsprojekte" entwickelt, die für eine DCF-Bewertung als budgetierte Investitionen angeführt sind. Der Wert sieht attraktiv aus und nun werden Investo-

6. DISCOUNTED CASH FLOW

ren angesprochen. Ein Kapitalgeber sagt zum andern: "Da haben sie über einen schlechten Betrieb eine rosige Zukunft gelegt und bewerten nun die Summe von beidem." ■

Wer möchte, kann bei der DCF-Methode eine zwischen den Varianten 1 und 3 liegenden Planungsansatz verfolgen. Wer stets Investitionen in Höhe der Differenz zwischen den unbaren Aufwendungen und den unbaren Erträgen budgetiert — vereinfacht: wer Investitionen in Höhe der Abschreibungen budgetiert — kommt auf Freie Cashflows in Höhe der Gewinne. Bei dieser Planungsvariante 2 stimmt die DCF-Methode mit der Ertragsbewertung überein.

6.2.2 DCF-Formel

Eines ist deutlich geworden: Für eine realistische Situation mit gelegentlichen Investitionen und Desinvestitionen darf nicht mehr angenommen werden, die Freien Cashflows würden gleichförmig wachsen. Die Situation sich ungleichförmig entwickelnder Freier Cashflows liegt vor, wenn in den kommenden fünf oder zehn Jahren deutliche Veränderungen in der Unternehmung vorgesehen sind, wie beispielsweise Restrukturierungen oder ein Strategiewechsel. Sie verlangen es, die Wirtschaftstätigkeit in jedem Jahr *einzeln* zu erfassen und nicht mit einer konstanten Rate einfach fortzuschreiben. In solchen Situationen entfaltet der DCF-Ansatz seine volle Kraft.

Die Formel für das GGM kann nicht mehr angewendet werden. Man muss auf das allgemeine DDM zurück greifen. Damit folgt eine erste DCF-Formel:

(6-6)
$$W = \frac{FCF_1}{1+r} + \frac{FCF_2}{(1+r)^2} + \ldots + \frac{FCF_T}{(1+r)^T} + \frac{1}{(1+r)^T} \cdot W_T = \sum_{t=1}^{T} \frac{FCF_t}{(1+r)^t} + \frac{W_T}{(1+r)^T}$$

Der Wert der Unternehmung wird demnach erstens durch die Summe der Barwerte der im Detail geplanten Freien Cashflows der kommenden T Jahre ausgedrückt. Hinzu kommt als zweites der Barwert des Werts W_T, denn die Unternehmung oder Maßnahme dann, am Ende des Zeitraums der Detailplanung haben dürfte. In der Literatur heißt der Endwert W_T ebenso *Fortführungswert* oder *Continuing Value*. Achtung:

Selbst wenn es möglich wäre, die Freien Cashflows bis in alle Ewigkeit zu planen, darf der Wert nicht ohne weiteres als

(6-7) $$W = \sum_{t=1}^{\infty} \frac{FCF_t}{(1+r)^t}$$

geschrieben werden. Denn die Formel (6-7) gibt nur dann den Wert korrekt wieder, wenn die Transversalität erfüllt ist.

	Jahr 1	Jahr 2	Jahr 3	*Jahr 4*	Fortführungswert	*Wachstumsrate*	**Wert**
FCF_A	500	510	520	*530*	6625	2%	
Barwerte von A	455	421	391		4977		**6244**
FCF_B	200	280	362	*444*	7400	4%	
Barwerte von B	182	231	272		5560		**6245**
FCF_C	-75	0	150	*330*	8250	6%	
Barwerte von C	-68	0	113		6198		**6243**

Bild 6-6: Die Rechnung zum Beispiel von Bild 6-4 und 6-5.

Angesichts der Risiken der Zahlungen dieser Reihe, FCF_1, FCF_2,... wird die mit r bezeichnete Diskontrate als marktgerecht angesehen.

Beispiel 6-4: Eine Unternehmung plant die Freien Cashflows der kommenden drei Jahre zu 100, 20, 300 Geldeinheiten. Der auf das dritte Jahr bezogene Endwert oder Fortführungswert W_3 wird mit 4.000 geschätzt. Eine Diskontrate (Kapitalkostensatz) von 10% ist marktgerecht. Es folgt $W = 100/1,1 + 20/1,12 + (300 + 4.000)/1,331 = 3.339$. ∎

Am besten werden die Barwerte mit einem Spreadsheet wie Excel ermittelt. Dann können leicht verschiedene Szenarien oder Varianten verglichen werden. Wir zeigen die Ergebnisse der Rechnung für die obigen drei Varianten A, B und C. Es wird mit 10% diskontiert.

Der Zeitpunkt des Endes der Detailplanung ist mit T bezeichnet. In praktischen Fällen wird T zwischen fünf und zehn Jahren gewählt. Denn erstens können die Freien Cashflows auf diesen überschaubaren Zeitraum im Einzelnen geplant werden und zweitens sollten Restrukturierungen oder ein Strategiewechsel auf diese Frist Wirkungen zeigen.

6.2.3 Berechnung des Fortführungswerts

Bei Verwendung von (6-6) besteht die Bewertungsarbeit zu einem guten Teil darin, den Endwert oder Fortführungswert W_T zu bestimmen. Denn für $T=5$ ist in praktischen Fällen die Summe der Barwerte der ersten fünf Freien Cashflows beinahe so groß wie $W_5/(1+r)^5$. Deshalb hat der Fortführungswert einen materiellen Einfluß auf den heutigen Wert.

Zur Ermittlung von W_T ist etwas Mühe angebracht. Um den Endwert W_T zu ermitteln, wird *angenommen*, dass die Freien Cashflows nach dem Ende der Detailplanung mit einer konstanten Rate gleichförmig wachsen. Sie soll (wieder) mit g bezeichnet werden:

(6-8) $\quad FCF_{T+1} = (1+g) \cdot FCF_T, \quad FCF_{T+2} = (1+g)^2 \cdot FCF_T, \ldots$

Damit läßt sich der Endwert W_T nach dem GGM ermitteln:

(6-9)
$$W_T = \frac{FCF_{T+1}}{1+r} + \frac{FCF_{T+2}}{(1+r)^2} + \frac{FCF_{T+3}}{(1+r)^3} + \ldots =$$
$$= FCF_{T+1} \cdot \left(\frac{1}{1+r} + \frac{1+g}{(1+r)^2} + \frac{(1+g)^2}{(1+r)^3} + \ldots \right) = \frac{FCF_{T+1}}{r-g}$$

Dies in (6-6) eingesetzt liefert eine zweite DCF-Formel für den Wert der Unternehmung:

(6-10) $\quad W = \dfrac{FCF_1}{1+r} + \dfrac{FCF_2}{(1+r)^2} + \ldots + \dfrac{FCF_T}{(1+r)^T} + \dfrac{1}{(1+r)^T} \cdot \dfrac{FCF_{T+1}}{r-g}$

Achtung: Bei der Schätzung dieser Wachstumsrate wird oft der Fehler begangen, vom *tatsächlichen* Wachstum der Unternehmung auszugehen. Mit g ist aber *jene Wachstumsrate* bezeichnet, welche die Unternehmung *hätte*, wenn sie die gesamten Freien Cashflows ausschütten *würde*. Die Wachstumsrate hängt daher stark davon ab, nach welcher Variante budgetiert wurde.

Die DCF-Methode beruht auf der *Fiktion*, dass die Freien Cashflows vollständig ausgeschüttet werden. Wenn jedoch (bei geringen budgetierten Investitionen) die Freien Cashflows vollständig ausgeschüttet *würden*, dann *wäre* die Wachstumsrate ausgesprochen *gering* — und jedenfalls geringer, als die Rate, mit der die zu bewertende Unternehmung vielleicht tatsächlich wächst (wo sie doch tatsächlich die Freien Cashflow zu einem guten Teil einbehält).

	Gewinnrendite e und Cashflow-Rendite c	
	Variante B	Variante A
	e	c
SAP	3,3%	3,9%
Microsoft	2,7%	4,2%
Oracle	3,1%	5,1%
Bilfinger Berger	5,9%	10,6%
Hochtief	5,8%	12,1%
BMW	7,3%	30,2%
Peugeot	14,0%	35,1%
Volkswagen	8,6%	58,1%

Bild 6-7: Durchschnitte (über die Jahre 1990-2003) der Jahresgrößen Gewinn pro Aktie und Aktienkurs beziehungsweise Cashflow pro Aktie und Aktienkurs. Datenquellen: Datastream und Worldscope.

Wie gesagt hängt das noch vom Umfang der budgetierten Investitionen ab, also von der Planungsvariante. Doch der für die DCF-Methode typische Fall ist, Investitionen sparsam zu budgetieren (Variante A). Dann sind die Freien Cashflows ausgesprochen groß. Die Unternehmung wird dann *tatsächlich* nicht die gesamten Freien Cashflows ausschütten, sondern teils einbehalten, um weitergehende Investitionsvorhaben angehen zu können. Von daher wachsen die Unternehmen *tatsächlich* schneller (als in der Bewertungsrechnung angegeben ist), weil sie eben einiges vom Freien Cashflow einbehalten. Deshalb ist es falsch darauf zu verweisen, dass Unternehmen "in der Wirklichkeit etwa mit 6% jährlich wachsen" um dann g in eben dieser Höhe zu spezifizieren.

Denn g ist die Wachstumsrate, welche die Unternehmung hätte, wenn sie die Freien Cashflows vollständig ausschütten würde.

Eine Wachstumsrate von 6% wäre in einer Bewertungsrechnung nur dann sachgerecht, wenn die budgetierten Investitionen sehr hoch wären mit der Folge, dass dann die Freien Cashflows recht gering wären und vielleicht nur die Höhe der Dividenden haben. Wie groß ist g in (6-8) und (6-9) also? Es kommt erstens auf die Cashflows an, zweitens darauf, wieviel Investitionen im Geschäftsplan budgetiert werden. Im Extremfall von Planungsvariante A, wo überhaupt keine Investitionen budgetiert werden, stimmen die Freien Cashflows mit den Cashflows überein. Die Cashflows sind praktisch immer größer sind als die Gewinne. Deshalb ist die für die Bewertung zu unterstellende Wachstumsrate geringer als jene, mit der Unternehmen noch wachsen würden, wenn sie stets die gesamten Gewinne ausschütten würden (Rate des organischen Wachstums). Die Freien Cashflows sind geringer als die Gewinne, wenn die budgetierten Investitionen nicht zu hoch sind.

Entsprechend sind bei der Ermittlung des Fortführungswerts die Wachstumsraten so bestimmt:

- Variante B: Würden ab T die budgetierten Investitionen so hoch angesetzt werden, dass die Freien Cashflows mit den Gewinnen übereinstimmen (vereinfacht: Investitionen in Höhe der Abschreibungen budgetieren), dann würden die Freien Cashflows in (6-9) noch mit der Rate des organischen Wachstums wachsen. Sie ist die Differenz zwischen r und der Gewinnrendite e, vergleiche (6-10) und (6-14), $g(e) = r - e$

- Variante A: Würden ab T keine Investitionen budgetiert werden, $FCF = CF$, dann kann die anzuwendende Wachstumsrate analog bestimmt werden. Sie ist die Differenz zwischen r und der Cashflow-Rendite (Cashflow/Wert) c, $g(c) = r - c$.

Bei den üblichen Planungen wachsen die Freien Cashflows mit einer rate, die zwischen $g(c)$ und $g(e)$ liegt,

(6-11) $$g(c) \leq g \leq g(e)$$

Wie groß sind $g(c)$ und $g(e)$ in der Praxis? Wie in bei der Diskussion des organischen Wachstums in Kapitel 4 besprochen, darf bei börsennotierten Gesellschaften ein KGV oder P/E von 10 bis 25 als typisch gelten, was einer Gewinnrendite e zwischen 4% und 10% entspricht. Bei einer Diskontrate $r = 10\%$ würde dies Raten des organischen Wachstums $g(e)$ zwischen 0% und 6% bedeuten.

Hinsichtlich der Relation zwischen Preis und *Cashflow* darf ein P/CF zwischen 4 und 15 als repräsentativ angesehen werden. Entsprechend bewegt sich die Cashflow-Rendite c im Bereich zwischen 6,7% und 25%. Würden die gesamten Cashflows entnommen, wäre (bei $r = 10\%$) die Folge eine Wachstumsrate $g(c)$ zwischen -15% und $3{,}3\%$.

Die in Formel (6-9) einzusetzende Wachstumsrate für zwei Planungsvarianten sowie zwei Branchen mit hoher beziehungsweise geringer Gewinnrendite und Cashflow-Rendite:

	Branche mit hoher Gewinnrendite und hoher Cashflow-Rendite	Branche mit geringer Gewinnrendite und geringer Cashflow-Rendite
Budgetierte Investitionen gering, Freie Cashflows sind nahe bei den Cashflows	−15%	3,3%
Budgetierte Investitionen so hoch, dass die Freien Cashflows nahe bei den Gewinnen sind	0%	6%

Bild 6-8: Bei der Berechnung des Fortführungswerts sind geringe Wachstumsraten zu unterstellen, wenn die budgetierten Investitionen gering sind und die Unternehmung zugleich eine hohe Cashflow-Rendite aufweist (Feld links oben). Es sind vergleichsweise hohe Wachstumsraten zu unterstellen, wenn die budgetierten Investitionen hoch sind und zugleich die Unternehmung eine geringe Gewinnrendite aufweist (Feld rechts unten).

Diese Zahlenbereiche stellen keine betriebswirtschaftliche Gesetzmäßigkeit mit absoluter Gültigkeit dar. Doch sie bieten eine Orientierung. Es gibt Unternehmen mit einer geringeren oder mit einer höheren Cashflow-Rendite. Hohe Cashflow-Renditen finden sich bei Unternehmen mit hohen Abschreibungen, bedingt durch eine hohe Anlagenintensität (Maschinenbau, Automobilindustrie). Geringe Cashflow-Renditen haben Unternehmen mit unbedeutendem Abschreibungsbedarf. Das sind Firmen, die wenig Sachkapital und viel Wissenskapital einsetzen (Software, Biotechnologie, Forschung, Consulting). Bild 6-6 zeigt die Daten für acht Unternehmen.

In den praktischen Anwendungen der DCF-Methode überwiegen Restrukturierungen. Dabei handelt es sich meist um Unternehmen von Branchen mit an sich hohen Gewinnrenditen. Wenn die Bewertung auf einer Planungsvariante beruht, die Investitionen in geringem Umfang vorsieht, *wäre*, wenn der Freie Cashflow Jahr für Jahr ausgeschüttet *würde*, diese Unternehmung in einem deutlichen *Schrumpfungsprozeß*. Das muss beachtet werden, wenn g bestimmt wird.

Der Fortführungswert ist demnach meist viel kleiner, als postuliert wird. Die Literatur bringt Zahlenbeispiele, in denen die Unternehmung immer noch mit 6% wachsen würde, selbst wenn sie Jahr um Jahr den gesamten Freien Cashflow ausschüttet. Solche Beispiele lassen sich allenfalls rechtfertigen, wenn die Unternehmen eine geringe Gewinnrendite aufweisen und alle denkbaren Investitionen budgetiert werden.

Beispiel 6-5: Ein Automobilhersteller hat in einem Unternehmensbereich mit neuen Modellen großen Erfolg und möchte seine "Ertragskraft" mit einer DCF-Bewertung beweisen. Das Management wählt eine Planungsvariante, die von Investitionen absieht. Der reine Unterhalt und Reparaturen seien als Aufwand berücksichtigt, heißt es. Unter dieser Planungsannahme werden die Cashflows der kommenden Jahre mit 210, 220, 230, 240 (Millionen Euro) prognostiziert. Es wird $T = 3$ gewählt und die Diskontrate zu $r = 10\%$ bestimmt. Industrievergleiche zeigen, dass die Cashflow-Rendite bei $c = 30\%$ liegt. Werden keine Investitionen budgetiert und zum Zweck der Bewertung der Fiktion gefolgt, der Cashflow würde vollständig ausgeschüttet werden, dann zeigt sich wegen $g(c) = r - c = 10\% - 30\% = -20\%$ ein starkes Schrumpfen. Im Nenner von (6-9) steht $r - g(c) = r - (r - c) = c = 30\%$ und der Fortführungswert beträgt $W_3 = (1/0{,}30) \cdot 240 = 800$. Nach (6-10) beträgt der Wert $W = 210/1{,}10 + 220/1{,}21 + 230/1{,}331 + 800/1{,}331 = 1.147$, etwas über eine Milliarde Euro.

Beispiel 6-6: Dieselbe Division soll noch einmal bewertet werden, diesmal jedoch für die Variante, dass "gewisse Erweiterungen" budgetiert werden. Im Grunde geht die Planung von einer "Wiederanlage der Abschreibungen" aus. Dadurch sind die Freien Cashflows geringer und wachsen etwas stärker. Diese Planungsvariante läuft auf eine Ertragsbewertung hinaus. Für die kommenden Jahre werden die Freien Cashflows mit 90, 100, 110, 120 (Millionen Euro) prognostiziert. Wieder wird mit $T = 3$ und einer Diskontrate $r = 10\%$ gerechnet. Aufgrund der nun budgetierten Investitionen schätzt man, dass ab $T = 3$ die Freien Cashflows mit der Rate des organischen Wachstums zunehmen, und diese wird zu $g(e) = 0\%$ geschätzt. Deshalb beträgt der Fortführungswert nun $W_3 = (1/0{,}10) \cdot 120 = 1200$. Nach (6-10) beträgt der Wert des Unternehmensbereichs $W = 90/1{,}10 + 100/1{,}21 + 110/1{,}331 + 1200/1{,}331 = 1149$. Eine gewisse Ungenauigkeit bei der Planung hat zur Folge, dass die beiden Werte nicht exakt übereinstimmen.

6.3 Ergänzungen und Fragen

6.3.1 Zusammenfassung der Abschnitte 7.1 und 7.2

In diesem Kapitel haben wir aus dem DDM einen Bewertungsansatz hergeleitet, bei dem die Freien Cashflows diskontiert werden. Die Wertformel ist, bei Erfüllung der Transversalität, (6-7). In der Praxis werden die Freien Cashflows jedoch nur für einige Jahre im Detail geplant. Deshalb wird der DCF-Formel (6-6) der Vorzug gegeben. Der Endwert oder Fortführungswert wird gemäß (6-9) bestimmt. So entsteht als DCF-Formel (6-10).

Varianten: Ein wichtiger Punkt ist, dass beim DCF-Ansatz die Freien Cashflows diskontiert werden. Ihre Höhe hängt davon ab, wie viele Investitionen in jenem *Plan*, der für die Bewertung aufgestellt wird, vorgesehen und budgetiert sind. Hier sind verschiedenste *Varianten* denkbar. Sie zeigen, dass der DCF-Ansatz sehr *allgemein* ist.

- Werden sehr wenige Investitionen budgetiert, sind die Freien Cashflows praktisch so groß wie die Cashflows und der Wert orientiert sich stark am operativen Betrieb.
- Für budgetierte Investitionen in einem mittleren Umfang läuft der DCF auf den Ertragswert hinaus.
- Werden viele Investitionen budgetiert, ähnelt der DCF einer an den Dividenden orientierten Bewertung und beurteilt neben dem Betriebsgeschehen den Investitionsplan.

Bei der Ermittlung des Fortführungswerts ist daher zu klären, welche Variante der Budgetierung der Aufstellung der Freien Cashflows zugrunde gelegt wurde. Aus der Antwort ergibt sich die Wachstumsrate, die in den Formeln (6-9) und (6-10) einzusetzen ist. Bei Variante A ist die Cashflow-Rendite maßgebend und bei Variante B die Gewinnrendite. Diese Größen hängen von der Branche ab.

- Hohe Cashflow-Renditen finden sich in Unternehmen mit hohen Abschreibungen, bedingt durch eine hohe Anlagenintensität (Maschinenbau, Automobilindustrie). In diesen Branchen sind hohe Gewinnrenditen typisch.
- Niedrige Cashflow-Renditen haben Unternehmen mit kleinem Abschreibungsbedarf. Das sind Firmen, die wenig Sachkapital und viel Wissenskapital einsetzen (Software, Biotechnologie, Forschung, Consulting). In diesen Branchen sind die üblichen Gewinnrenditen geringer.

6.3.2 Das Residual Income Valuation Model (RIM)

Der DCF-Ansatz kann so allgemein gehandhabt werden, dass er sich für eine Bewertung von Goodwill eignet. Der Goodwill ist die Differenz zwischen dem Wert W einer Unternehmung und ihrem Buchwert B. Wir entwickeln das Bewertungsmodell in zwei Schritten.

1. Ausgangspunkt ist eine DCF-Bewertung mit der mittleren Planungsvariante 2, bei der gerade so viele Investitionen budgetiert werden, dass die Freien Cashflows FCF mit den Gewinnen E übereinstimmen, $FCF_t = E_t$. Es wird demnach mit einer Ertragsbewertung begonnen.

2. Nun wird das Investitionsbudget einer Revision unterzogen und ergänzt: Alle Assets, die den Buchwerten B entsprechen, werden verkauft (Desinvestition) und für die folgenden Jahre vom Käufer gemietet. Im idealen Markt fällt dafür Jahr für Jahr die Miete in Höhe $r \cdot B$ an.

Mit dieser Revision hat die Unternehmung Freie Cashflows in der Höhe der Differenz zwischen den Gewinnen und der "Verzinsung" des Buchwerts. Die Differenz ist das *Residualeinkommen* oder *Residual Income*, ebenso bezeichnet als *Excess Earnings* oder *Abnormal Earnings*:

$$(6\text{-}12) \qquad RI_t = E_t - r \cdot B$$

Aufgrund der Konstruktion entspricht der Wert aller Residualeinkommen für die kommenden Jahre dem Goodwill, also der Differenz zwischen dem Unternehmenswert und dem Buchwert,

$$(6\text{-}13) \qquad W - B = \sum_{t=1}^{\infty} \frac{RI_t}{(1+r)^t}$$

Deshalb kann der Wert der Unternehmung als Summe des Buchwerts und der Barwerte der Residualeinkommen geschrieben werden.

$$(6\text{-}14) \qquad W = B + \sum_{t=1}^{\infty} \frac{RI_t}{(1+r)^t}$$

Die Formel (6-14) heißt *Residual Income Valuation Model* (RIM).

Das RIM ist in der Praxis beliebt, weil es eine Brücke zwischen dem "Substanzwert" und dem "Ertragswert" schlägt. Der "Marktwert" ist im RIM durch den Buchwert (Substanzwert) gegeben und hinzu kommen

"Erträge", deren Charakter im Unterschied zwischen den tatsächlichen Gewinnen und der "Verzinsung" des Buchwerts besteht (6-12).

Das RIM zeigt dabei einen Zusammenhang zwischen dem Accounting und Buchgrößen sowie der Marktbewertung auf. Interessanterweise kommt es auf den Standard der Rechnungslegung nicht an.

- Wenn bei einer sehr konservativen Bilanzierung die Buchwerte eher gering ausfallen, dann sind die Residualeinkommen größer.
- Wenn die Rechnungslegung hingegen eher höhere Buchwerte ausweist, dann sind die Residualeinkommen geringer.

In (6-14) gleicht sich das aus, weil der Wert als Summe des Buchwerts und der diskontierten Residualeinkommen dargestellt wird.

Wie in jedem DCF-Ansatz wird so geplant, *als ob* die Residualeinkommen Jahr für Jahr entnommen werden. Eine konkrete Unternehmung wird hingegen eine andere Ausschüttungspolitik praktizieren. *Tatsächlich* werden Dividenden ausgeschüttet und nicht die Residualeinkommen. Folglich werden sich *tatsächlich* die Buchwerte im Verlauf der Jahre ändern. Doch keine Angst: Das RIM kann in gleicher Weise so formuliert werden, dass dieser Punkt voll widergespiegelt wird. Beim Residual Income handelt es sich um ein Maß der *Outperformance*. In der Literatur zur Performancemessung findet diese Größe seit langer Zeit Beachtung.

> Die Ursprünge gehen wohl auf einen gewissen ROBERT HAMILTON zurück, der die Residualeinkommen 1777 in seinem Lehrbuch *"An Introduction to Merchandize"* dargestellt hatte. Der britische Volkswirt und Mitbegründer der Neoklassik ALFRED MARSHALL (1842-1924) bezeichnete 1898 die Residual Income als *"earnings of undertaking or management"*.[3]
>
> In jüngster Zeit sind die Residualeinkommen zur Messung der Outperformance von diversen Consultingfirmen aufgegriffen worden. Am bekanntesten ist das Beratungsprodukt von Stern Stewart & Co., in dessen Kern das dort als EVA (*Economic Value Added*) bezeichnete Residualeinkommen steht.[4]

---

[3] Zur Geschichte: 1. M. J. MEPHAM: The Residual Income Debate. *Journal of Business Finance & Accounting* 7 (1980) 2, pp. 183-199. 2. VICTOR L. BERNARD: The Feltham-Ohlson Framework: Implications for Empiricists. *Contemporary Accounting Reserach* 11 (1995) 2, pp. 733-747.

[4] G. BENNETT STEWART: *The quest for value*. Harper, New York 1991. Für den deutschen und schweizerischen Raum konkretisiert wurde das Konzept von STEPHAN HOSTETTLER: *Economic Value Added*. Dissertation, Universität St. Gallen, Haupt, Bern 1997.

> Die Verwendung des Residualeinkommens als Grundlage einer Unternehmensbewertung geht auf G. A. D. PREINREICH und auf K. V. PEASNELL zurück. PREINREICH hatte 1936 klar erkannt und mit Hilfe von Grafiken erläutert, wie Goodwill mit Hilfe von Residualeinkommen gemessen werden kann. PEASNELL ist 1981 die mathematische Beschreibung im Rahmen des sogenannten Clean Surplus Accounting zu verdanken.[5]
>
> Seit 1995 ist das Residual Income Valuation Model durch Arbeiten von J. A. Ohlson erweitert worden, die OHLSON allein oder gemeinsam mit G. A. FELTHAM beziehungsweise mit X. ZHANG publiziert hat.[6] Die Residualeinkommen werden durch zwei stochastische Prozesse beschrieben. Dabei tauchen "Other Information" auf, die zu umfangreichen empirischen Untersuchungen Anlaß geben.

6.3.3 Wie es 1980 zum Shareholder-Value-Ansatz kam

Die Zeit nach dem zweiten Weltkrieg hatte in allen Ländern einen beachtlichen Wirtschaftsaufschwung gebracht, der um 1970 weltweit in eine Phase des Wachstums mündete. Dabei sind schnell sehr große Unternehmen und weltweit diversifizierte Konzerne entstanden. Dem Umsatz und Umsatzwachstum sowie der "Eroberung von Märkten" wurde vom Management in jenen Jahren Priorität eingeräumt. Ertrag und Rentabilität wurden weniger beachtet. Parallel dazu haben ab 1980 die Aktionäre immer deutlicher ihren Wunsch nach Rendite artikuliert. Denn das Versagen der staatlichen Altersversorgung wurde evident. Die Menschen mußten private Vorsorge treffen. Aufgrund der historischen Evidenz wurde allgemein vermutet, eine Anlage in Aktien sei weiterhin der in Bonds überlegen. Die neuen Aktionäre achteten auf die Rendite und wählten danach Investmentfonds aus. Der Wunsch der privaten

---

[5] 1. GABRIEL A. D. PREINREICH: The Fair Value and Yield of Common Stock. *Accounting Review* 12 (1936), pp. 130-140. 2. PREINREICH: Valuation and Amortization. *Accounting Review* 13 (1937) 3, pp. 209-226. 3. PREINREICH: Economic Theories of Goodwill. *Journal of Accountancy* 68 (1939), pp. 169-180. 4. KENNETH V. PEASNELL: On Capital Budgeting And Income Measurement. *ABACUS* 17 (1981) 1, pp. 52-67. 5. PEASNELL: Some Formal Connections Between Economic Values and Yields and Accounting Numbers. *Journal of Business Finance and Accounting* 9 (1982) 3, pp. 361-381.

[6] 1. JAMES A. OHLSON: Earnings, Book Values, and Dividends in Equity Valuation. *Contemporary Accounting Reserach* 11 (1995) 2, pp. 661-687. 2. GERALD A. FELTHAM und JAMES A. OHLSON: Valuation and Clean Surplus Accounting for Operating and Financial Activities. *Contemporary Accounting Research* 11 (1995) 2, pp. 689-731. 3. JAMES A. OHLSON und XIAO-JUN ZHANG: Accrual Accounting and Equity Valuation. *Journal of Accounting Research*, Supplement 36 (1998), pp. 85-111. 4. FELTHAM und OHLSON: Residual Earnings Valuation With Risk and Stochastic Interest rates. *Accounting Review* 74 (1999) 2, pp. 165-183.

Investoren und der für sie handelnden Fondsmanager wurde den Managern der Unternehmen sehr deutlich.

Bild 6-9: ALFRED RAPPAPORT, geboren 1932, Professor of Managerial Accounting, hat zwischen 1980 und 1990 die Grundlagen für die DCF-Methode geschaffen. Nach seinem Studium an der University of Illinois (M.S. 1961, Ph.D. 1963) war RAPPAPORT von 1979 bis *1990 Leonard Spacek Distinguished Professor* und ab 1990 Adjunct Professor an der *J.L. Kellog Graduate School of Management* der *Northwestern University.* Nebenbei gründete er 1979 zusammen mit CARL M. NOBLE, JR. eine Beratungsgesellschaft

So wurde ab 1980 für viele Unternehmen fühlbar, dass sie Kapital rentabel einsetzen müssen. Effizienz in Produktion und Absatz war verlangt, und die Zusammensetzung der Unternehmen aus Bereichen wurde auf einmal hinterfragt. Restrukturierungen waren erforderlich, um die Rentabilität zu verbessern. Des weiteren mußten die Manager prüfen, ob nicht gewisse Unternehmensteile verkauft werden sollten. Andererseits boten sich durchaus noch Akquisitionen an. Bei allen diesen Maßnahmen handelte es sich schließlich um Investitionen oder Desinvestitionen. Die Frage ihrer Vorteilhaftigkeit verlangte geeignete Recheninstrumente.

Eben um diese Zeit hat der amerikanische Wissenschaftler und Consultant ALFRED RAPPAPORT in verschiedenen Publikationen darauf aufmerksam gemacht, dass die traditionelle Rechnungslegung mit ihrem Fokus auf Buchgewinne und Buchwerte wenig geeignet ist, die Vorteilhaftigkeit von Investitionen zu klären. Die anstehenden Entscheidungen dürfen *nicht* danach beurteilt werden, welche Auswirkungen sie auf die

Bücher haben. Ein Urteil aus der Perspektive des Kapitalmarktes war verlangt. Zwar bieten die Zahlen des Accounting zwei Vorteile: Das Denken in Buchgrößen ist dem Management vertraut und die Zahlen sind geprüft. Sie bilden daher eine verständliche und eine verläßliche Basis. Doch Buchgrößen haben zwei Nachteile: Erstens sind sie stark vergangenheitsorientiert, wogegen die Beurteilung von Investitionen und von Restrukturierungen den Blick in die *Zukunft* verlangt. Zweitens spiegeln Größen wie Ertrag und Aufwand nicht unmittelbar Zahlungen wider, und es war um 1980 allen klar, dass sich der Wert einer Investition aus den *Zahlungen* ableitet, die mit ihr verbunden sind.

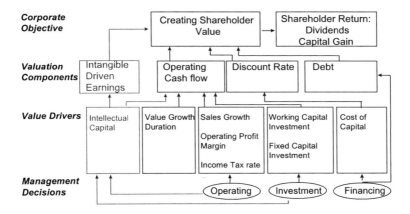

Bild 6-10: Die Werttreiber der DCF-Methode zusammen mit einer Erweiterung, die das Intellektuelle Kapital darstellt sowie jene Gewinne, die auf abstrakte Vermögenswerte zurückgehen (*intangible driven earnings*).

In dieser Situation hat RAPPAPORT eine Lehre entwickelt, die inzwischen zum Standardansatz für die Bewertung von unternehmerischen Vorhaben und von Investitionen geworden ist. Das Herausragende bestand in der *Kombination* dreier Ansätze, die jeweils für sich in gleicher Weise von anderen Forschern diskutiert worden sind. RAPPAPORT war indessen derjenige, der sie kombinierte:

1. Traditionelle Geschäftspläne und Budgets können für die kommenden Jahre fortgeschrieben werden, und aus ihnen kann der *Freie Cashflow* ermittelt werden — das ist diejenige Zahlung, die den Wert begründet. Genauer liefert der Geschäftsplan, der *ein* Szenario beschreibt, die *erwarteten* oder prognostizierten Freien Cashflows als Grundlage der Bewertung.

2. Zur Bestimmung der Diskontrate wurde nicht nur gesagt, sie enthalte neben dem Zinssatz eine Risikoprämie. RAPPAPORT hat erkannt, das in der modernen Portfoliotheorie einige Jahre zuvor ein Modell entwickelt wurde, das Capital Asset Pricing Model (CAPM), welches den Zusammenhang zwischen Risiko und der marktgerechten Risikoprämie quantifiziert. Er hat das CAPM für die Bewertung von Projekten, Maßnahmen und Unternehmen übernommen.

Zudem hat er die Faktoren aufgezeigt, die letztlich den Wert beeinflussen. Diese Faktoren hat er als Werttreiber (*Value Driver*) bezeichnet. Der errechnete Wert ist zunächst nur ein zahlenmäßiges Urteil über die Vorteilhaftigkeit eines Vorhaben (aus der Perspektive des Finanzmarktes). Mit der Lehre der Werttreiber wurde deutlich, wie und wodurch der Wert eines Vorhabens verändert werden kann, und wie stark der Wert auf die *Werttreiber* reagiert.. Die von RAPPAPORT geschaffenen Ansätze [7] wurden von zahlreichen Consultingfirmen übernommen, teilweise ergänzt und ausgebaut.[8]

6.3.4 Stichworte und Namen

Brutto-Cashflow, budgetierte Investitionen, Cashflow, Cashflow-Rendite, DCF, EBIT, Economic Value Added (EVA), Ertragswert, Fortführungswert, Goodwill, A. MARSHALL, J. A. OHLSON, Outperformance, K. V. PEASNELL, G. A. D. PREINREICH, A. RAPPAPORT, Residualeinkommen, Residual Income Valuation Model (RIM), Varianten der Budgetierung, Werttreiber.

6.3.5 Fragen

1. Welche Vorteile hat der DCF-Ansatz gegenüber dem DDM?
2. Eine Firma plant für die kommenden vier Jahre Freie Cashflows in der Höhe 100, 120, 140, 160 Geldeinheiten. Ab dem vierten

---

[7] Literatur: 1. ALFRED RAPPAPORT: Selecting Strategies that create shareholder value, *Harvard Business Review*, 59 (Mai - Juni 1981), pp. 139-149. 2. ALFRED RAPPAPORT: *Creating Shareholder Value: The New Standard for Business Performance*. Free Press, New York 1986. 3. ALFRED RAPPAPORT: *Creating Shareholder Value: A Guide for Managers and Investors*. Free Press, New York 1998. 4. EUGENE M. LERNER und ALFRED RAPPAPORT: Limit DCF in capital budgeting. *Harvard Business Review* 46 (1968) 5, pp. 133-139.

[8] Erfolg als Autor hat TOM COPELAND, der damals als Partner für McKinsey & Company arbeitete und zusammen mit TIM KOLLER und JACK MURRIN das Buch Valuation — Measuring and Managing the Value of Companies schrieb, dessen erste Auflage 1990 erschien (Wiley & Sons, New York, 3. Auflage 200).

Jahr wachsen die Freien Cashflows mit einer Rate von 2%. Die Diskontrate sei 9%. A) Berechnen Sie den Unternehmenswert. B) Wie stark reagiert der Unternehmenswert, wenn statt dessen mit 8% beziehungsweise 10% diskontiert wird?

3. Erläutern Sie: Bei der Berechnung des Fortführungswerts sind geringe Wachstumsraten zu unterstellen, wenn die budgetierten Investitionen gering sind und die Unternehmung zugleich eine hohe Cashflow-Rendite aufweist. Die Wachstumsraten sind als hoch zu unterstellen, wenn die budgetierten Investitionen hoch sind und zugleich die Unternehmung eine geringe Gewinnrendite aufweist.

4. Eine Unternehmung möchte ihre "Ertragskraft" mit einer DCF-Bewertung beweisen. Das Management wählt eine Planungsvariante, die ganz von Investitionen absieht. Der reine Unterhalt und Reparaturen seien als Aufwand berücksichtigt, heißt es. Unter dieser Planungsannahme werden die Cashflows der kommenden Jahre mit 630, 660, 690, 720 (Millionen Euro) prognostiziert. Es wird $T = 3$ gewählt und die Diskontrate zu $r = 10\%$ bestimmt. Industrievergleiche zeigen, dass die Cashflow-Rendite bei $c = 30\%$ liegt. Berechnen Sie den Wert.

6.3.6 Lösungen

1. Wenn eine Planungsvariante mit nicht allzuvielen budgetierten Investitionen gewählt wird, gilt: Eine Bewertung anhand des DCF setzt direkt an jenen Geldströmen an, die durch die Wirtschaftstätigkeit generiert werden, und daher mit der Planung recht genau prognostizierbar sein sollten. Die DCF-Methode löst sich von der Ertragsbewertung und der Betrachtung von Gewinnen, die stark durch den Accounting-Standard und die Bilanzpolitik beeinflußt werden. Daher ist der DCF unabhängig von der Bilanzpolitik. Sie befreit sich von den tatsächlichen Dividenden, die primär eine Entscheidung über die Verteilung des Ergebnisses widerspiegeln.

2. A) 2066, B) 2423 (Diskontierung mit 8%) beziehungsweise 1798 (Diskontierung mit 10%). Das heißt, der Wert reagiert etwa +17% beziehungsweise -13% auf eine Änderung der Diskontrate von 9% um -1% auf 8% beziehungsweise um +1% auf 10%.

3. Siehe Bild 6-4.

4. Werden keine Investitionen budgetiert und zum Zweck der Bewertung der Fiktion gefolgt, der Cashflow würde vollständig aus-

geschüttet werden, dann zeigt sich wegen $g(c) = r - c = 10\% - 30\% = -20\%$ starkes Schrumpfen. Im Nenner von (6-9) steht $r - g(c) = r - (r - c) = c = 30\%$ und der Fortführungswert beträgt $W_3 = (1/0{,}30) \cdot 720 = 2400$. Nach (6-10) beträgt der Wert mit $W = 630/1{,}10 + 660/1{,}21 + 690/1{,}331 + 2400/1{,}331 = 3.440$ etwas mehr als drei Milliarden Euro.

7. Cost of Capital

Wie kann Fremdkapital in den DCF-Ansatz (Kapitel 6) einbezogen werden? Die Antwort verlangt einige Überlegungen. Eine ist der Leverage-Effekt. Er beschreibt, wie sich die Rendite beim Einsatz von Fremdkapital verändert. Sodann werden Equity-Value und Entity-Value unterschieden. In der DCF-Formel für den Entity-Value wird mit gewichteten durchschnittlichen Kapitalkosten diskontiert, den sogenannten WACC (Weighted Average Cost of Capital). Wenn die Unternehmenssteuern Fremdkapital begünstigen, dann werden statt der WACC die nach JAMES A. MILES und JOHN R. EZZELL benannten Miles-Ezzell-Cost-of-Capital (MECC) herangezogen.

7.1 Equity-Value und Entity-Value 📖 183
7.2 Entity-Value der besteuerten Unternehmung 200
7.3 Hurdle Rate 208
7.4 Ergänzungen und Fragen 211

7.1 Equity-Value und Entity-Value 📖

7.1.1 Warum Fremdfinanzierung?

Die meisten Unternehmen setzen Fremdkapital ein. Dafür gibt es verschiedene Gründe.

Erstens begünstigt die in allen Ländern vorgenommene *Besteuerung* der Unternehmung den Einsatz von Fremdkapital — in diesem Kapitel geht es vor allem um diesen Punkt.

Zweitens: Die *Hackordnung* der Finanzierung. Manager ziehen die Aufnahme von Fremdkapital einer Erhöhung des Eigenkapitals vor. Diese überall zu beobachtende Präferenz wird als *Hackordnung* der Finanzierung bezeichnet. Die Hackordnung wurde 1994 von S. C. MYERS und N. S. MAJLUF erklärt: Das Management besitzt aufgrund intern vorliegender Informationen eine Vorstellung über den Wert. Externe wissen jedoch *weniger* als das Management und sind folglich nur zu einem Engagement mit Eigenkapital nur bereit, wenn sie die neuen Aktien zu einem Preisabschlag zeichnen können. Das macht jede Erhöhung des Eigenkapitals teuer.

Bild 7-1: Die Hackordnung der Finanzierung. S. C. MYERS und N. S. MAJLUF (1994) haben sie mit der asymmetrischen Information erklärt: Außenstehende und neue Investoren wissen weniger, und müssen deshalb mit besonders attraktiven Konditionen gewonnen werden, wodurch die Außenfinanzierung mit neuem Eigenkapital für die Unternehmung teuer wird. Daher versucht das Management zunächst, anstehende Investitionen mit Innenfinanzierung zu ermöglichen. Wenn dies nicht reicht, werden Kredite aufgenommen.

Die *Hackordnung* (*Pecking Order*) der Finanzierung besagt, dass Manager die Investitionsvorhaben nach Möglichkeit durch Innenfinanzierung ermöglichen wollen. Im wesentlichen ist das die Einbehaltung von Teilen der Gewinne. Wenn die Innenfinanzierung ausgeschöpft ist, dann greifen sie zunächst zur Fremdfinanzierung. Erst wenn die Verschuldungskapazität ausgeschöpft ist, bemüht sich das Management um neues Eigenkapital.[1]

Drittens: Mit Fremdkapital wird unterstrichen, dass es eine Beziehung zu einer Bank gibt. Da Banken gewisse Kontrollen vornehmen, sind die anderen Finanziers beruhigt. So ist Fremdfinanzierung in mäßigem Umfang ein *positives Signal*. Es zeigt, dass die Unternehmung kredit-

---

[1] STEWARD C. MYERS und NICHOLAS S. MAJLUF: Corporate Financing and Investment Decisions When Firms Have Information That Investors Do Not Have. *Journal of Financial Economics* 35 (1994), pp. 99-122. Die durch asymmetrische Informationsverteilung verursachte Hackordnung kann als eine Rechtfertigung für interne Kapitalmärkte angesehen werden. Hierzu: 1. JEREMY C. STEIN: Internal Capital Markets and the Competition for Corporate Resources. *Journal of Finance* (1997) 1, pp. 111-133. 2. KLAUS SPREMANN: Finanzielle Führung und interner Kapitalmarkt. *Die Unternehmung* (1998) 5/6, pp. 339-346.

würdig und in der Lage ist, das Fremdkapital ordentlich zu bedienen. Eine Unternehmung mit guten Kontakten zu einer Bank dürfte sicherlich eine Finanzplanung umgesetzt haben, und über ein ausgebautes Risikomanagement verfügen. Davon profitieren Aktionäre. Sie vertrauen daher einer (nicht zu stark) verschuldeten Unternehmung mehr als einer Gesellschaft, die ganz schuldenfrei ist.

Viertes wird oft der Leverage-Effekt angeführt. Gelegentlich wird postuliert, er mache den Einsatz von Fremdmitteln attraktiv. In der Tat kann durch die Verschuldung die *erwartete* Eigenkapitalrendite wie mit einem Hebel gehoben werden. Jedoch erhöht sich mit der Verschuldung ebenso das Risiko. Die Eigenkapitalgeber tragen zusätzlich das *Leverage-Risiko*. Einerseits wird mit höherer Verschuldung günstiges Fremdkapital eingesetzt, andererseits wird das unternehmerische Risiko von immer weniger Eigenkapital getragen. Sie werden daher als Kompensation eine höhere Rendite erwarten. Unter Umständen gleichen sich beide Effekte im Nutzenkalkül der Investoren aus. Deshalb werten wir den Leverage-Effekt *nicht* als Argument für die Fremdfinanzierung.

7.1.2 Was sich ändert

Für die Aufnahme von Fremdkapital sprechen also drei Gründe (Steuern, Hackordnung, Signalisieren), nicht mehr erwähnt wird der Einsatz "günstigen" Fremdkapitals. Daher ist zu überlegen, was sich am DCF ändert, wenn die Unternehmung nicht mehr vollständig eigenfinanziert ist. Wie zuvor sind die Ansprüche der Eigenkapitalgeber zu bewerten: Es soll der *Equity-Value* berechnet werden. Später fassen wir das Eigen- und Fremdkapital zusammen und nehmen eine Bewertung aus Sicht aller Finanziers vor. Wir sprechen dann vom *Entity-Value* oder vom Enterprise-Value.

Wenn die Unternehmung teils fremdfinanziert wird, ergeben sich im Unterschied zur vollständigen Eigenfinanzierung fünf Punkte:

1. Zinsen für Fremdkapital sind barer Aufwand. Wenn eine Unternehmung zum Teil fremdfinanziert wird, hat sie daher einen geringeren Cashflow als bei vollständiger Eigenfinanzierung.[2]
2. Die Rückzahlung eines Kredits wirkt aus der Perspektive der Eigenkapitalgeber wie eine Investition: Sie verlangt eine Auszahlung der Unternehmung an die Bank oder an die Gläubiger. Sie be-

---

[2] Wir erwähnen nur, dass der EBIT (Earnings before Interest and Taxes) sich wohl kaum mit dem Verschuldungsgrad ändert.

wirkt zwar keine zukünftigen Rückflüsse, reduziert aber ansonsten fällige Auszahlungen, weil der Kredit nach Tilgung keine Zinszahlungen mehr verlangt. Deshalb muss aus Sicht der Eigenkapitalgeber die Rückzahlung von Schulden wie eine Investition budgetiert werden. Demgegenüber wirkt die Aufnahme oder Erhöhung eines Kredits wie eine Desinvestition und bewirkt eine Einzahlung zugunsten der Unternehmung. Von daher beeinflussen Veränderungen des Umfangs der Fremdfinanzierung die *budgetierten Investitionen*, also den Unterschied zwischen dem Freien Cashflow und dem Cashflow.

3. Leverage: Fremdkapital ist günstig, da die Fremdkapitalkosten lediglich dem Zinssatz entsprechen. Hinzu kommen zwar noch Kosten für die Kapitalbeschaffung und eine Kompensation der Gläubiger für das Kreditrisiko. Da Fremdkapital aber nicht das unternehmerische Risiko trägt, erhalten Gläubiger keine Risikoprämie. Durch den Einsatz von Fremdkapital steigt daher die Rendite, die Eigenkapitalgeber erwarten können (Leverage-Effekt). Andererseits wird mit zunehmender Verschuldung das vorhandene unternehmerische Gesamtrisiko auf immer weniger Eigenkapital verteilt, so dass die Eigenkapitalgeber pro Geldeinheit Eigenkapital mehr Risiko tragen (Leverage-Risiko). Diese beiden Effekte verlangen, dass die *Diskontrate* in Abhängigkeit des Verschuldungsgrads *neu* bestimmt werden muss.

4. Jede Unternehmung muss Wirtschaftsergebnisse, die sie Eigenkapitalgebern zuweist, versteuern. Hingegen sind in fast allen Ländern die Steuergesetze so gestaltet, dass Wirtschaftsergebnisse, die Fremdkapitalgebern zugewiesen und als Zins ausbezahlt werden, von den Unternehmen *nicht* zu versteuern sind — ähnlich wie die Unternehmung keine Steuern für jene Wirtschaftsergebnisse entrichtet, die sie ihren Mitarbeitern zuweist und als Löhne ausbezahlt. Die Steuerlast, die als bare Aufwandsposition die Höhe des Cashflows beinflußt, verändert sich daher mit dem Einsatz von Fremdmitteln.

5. Auch wenn Fremdkapitalgeber und Banken keinen (direkten) Einfluß auf die Unternehmensführung ausüben ist doch augenfällig, dass sie *Sicherheiten* und *reversible* Investitionen schätzen, die in einer Krise verwertet werden könnten. Wenn Manager auf Fremdkapital angewiesen sind, ändern sie unter dieser Präferenz der Fremdkapitalgeber ihre Investitionspläne. Seit neuem prüfen Manager ihre Vorhaben dahingehend, welche Wirkungen sie auf das *Rating* haben. Damit hat die Art der Finanzierung eine Rück-

7. COST OF CAPITAL

wirkung auf die Erlöse, die Aufwendungen und die Risiken der Unternehmung: Der Brutto-Cashflow hängt dann von der Kapitalstruktur ab.

Durch Verschuldung ändert sich in den Summanden der DCF-Formel — wir legen im folgenden (6-7) zugrunde, also

$$(6\text{-}7) \qquad W = \sum_{t=1}^{\infty} \frac{FCF_t}{(1+r)^t}$$

und unterstellen dazu Transversalität — sowohl der Zähler als der Nenner. In einem konkreten Fall könnte eine Unternehmung durchaus unter Beachtung aller dieser Punkte bewertet werden. Nur sollte dann der Umfang der Fremdfinanzierung von vornherein feststehen, damit der Geschäftsplan für den vorgegebenen Umfang an Fremdfinanzierung spezifiziert werden kann. Bei dieser Vorgehensweise kann aber nicht allgemein untersucht werden, wie sich der Wert ändert, wenn der Umfang an Fremdfinanzierung variiert wird.

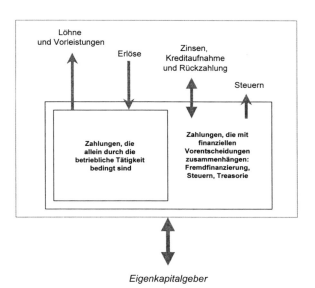

Bild 7-2: Perspektive, die für den Equity-Value eingenommen wird.

In der Finanzierungstheorie möchte man aber gerade das herausfinden. Es wird nach "einfachen Formeln" gesucht, die den Unternehmenswert in Abhängigkeit des Verschuldungsgrads ausdrücken. Leider können einfache Formeln nicht den allgemeinen Fall in seiner ganzen Komplexität erfassen. Die fünf Punkte, besonders aber der fünfte Punkt, erschweren eine analytische Behandlung und verunmöglichen das Aufstellen einer allgemeinen Formel, die den Unternehmenswert als Funktion des Umfangs der Fremdfinanzierung ausdrückt.

	Freier Cashflow der verschuldeten Unternehmung	
Bare Erträge		
	Absatzerlöse	E
	Erträge aus Wertpapieren und Beteiligungen	+ F
Bare Aufwendungen		
	Löhne	- L
	Vorleistungen: Auszahlungen für Lieferanten, Materialkauf, Miete, Energieverbrauch, Versicherung, Lizenzen und Beratung	- V
	Zinszahlungen an Fremdkapitalgeber	**- Z**
	Steuern: Mehrwertsteuer, Körperschaftsteuer, Gewerbesteuer	- S
Cashflow		= CF
Budgetierte Investitionen	• Mit ihren Auszahlungen und den damit verbundenen späteren Einzahlungen (Früchten) in die Planung aufgenommene Käufe von Maschinen und Einrichtungen, Akquisitionen. • Ebenso Desinvestitionen, also etwa der Verkauf von Grundstücken, Unternehmensteilen oder Beteiligungen — die Einzahlungen erscheinen mit negativem Vorzeichen. • **Tilgungen von Schulden — und hier wird die bewirkte Reduktion der Zinszahlungen in den Folgejahren berücksichtigt.** • **Kreditaufnahmen**	- I
Freier Cashflow		= FCF

Bild 7-3: Der Freie Cashflow einer teils fremdfinanzierten Unternehmung. Die Unterschiede zum Berechnungsschema für eine vollständig eigenfinanzierte Unternehmung (Bild 6-3) sind fett hervorgehoben.

Wir werden uns bescheiden und nicht alle Punkte gleichzeitig berücksichtigen. Zunächst werden nur der *erste* und der *dritte* Punkt behandelt (Zinsen reduzieren den Cashflow, Diskontrate bei Verschuldung höher). Wir klammern dabei den zweiten Punkt aus, wodurch sich die Notation beträchtlich vereinfacht.³

Anschließend wenden wir uns noch dem *vierten* Punkt (Reduktion der Steuern durch Fremdfinanzierung) zu. Den fünften Punkt (Abhängigkeit der Brutto-Cashflows von der Finanzierung) werden wir hingegen nicht behandeln. Dieser Punkt wird in der finanzierungstheoretischen Literatur oft ausgeklammert. Das ist ein Schwachpunkt, denn JENSEN und MECKLING haben 1976 in einem bemerkenswerten Aufsatz dargelegt, dass die finanzielle Struktur nicht nur die Aufteilung des Stroms der erwirtschafteten Cashflows regelt, sondern zusätzlich eine direkte Auswirkung auf die Cashflows dadurch hat, dass sie Motivationen (Incentives) für das Management setzt.⁴ Dieser Aufsatz hat der *Agency Theory* einen großen Impuls gegeben und gezeigt, dass mit der Erforschung asymmetrischer Information auch die Grundlagen für eine vertiefte Behandlung der Kapitalstruktur gelegt wird. Hier wird hingegen (wie in einem großen Teil der Literatur) die Frage, wieviel Fremdkapital eingesetzt wird, nicht mit einer Berücksichtigung der Wirkung auf die Art realer Wirtschaftstätigkeit verwoben werden.⁵

7.1.3 Der Equity-Value bei Fremdfinanzierung

Wir beginnen mit der Veränderung des Freien Cashflows, wenn von einer vollständigen Eigenfinanzierung auf eine teilweise Fremdfinanzierung übergegangen wird und anschließend die Unternehmung bewertet wird. Wir folgen der Perspektive der Eigenkapitalgeber (Equity-Value). Für sie ist der Freie Cashflow wie in Bild 7-3 gezeigt zu ermitteln. Zinsen stellen baren Aufwand dar und die budgetierten Investitionen umfassen nun zusätzlich jene Zahlungen, die durch eine Rückzahlung oder eine Kreditaufnahme anfallen.

---

³ Mit etwas mehr Aufwand kann der zweite Punkt berücksichtigt werden, wie MILES und EZZELL gezeigt haben: 1. JAMES A. MILES und JOHN R. EZZELL : The Weighted Average Cost of Capital, Perfect Capital Markets, and Project Life: A Clarification. *The Journal of Financial and Quantitative Analysis* 15 (September 1980) 3, pp. 719-730. 2. MILES und EZZELL : Capital Project Analysis and the Debt Transaction Plan. *Journal of Financial Research* 6 (1983) 1, pp. 25-31. 3. MILES und EZZELL : Reformulating Tax Shield Valuation: A Note (in Notes). *The Journal of Finance* 40 (1985) 5, pp. 1485-1492.

⁴ M. JENSEN und W. MECKLING: Theory of the Firm: Managerial Bahvior, Agency Costs, and Ownership Structure. Journal of Financial Economics 3 (1976), pp. 305-360.

⁵ Neben den Arbeiten zur Agency Theorie gibt es einige Untersuchungen in dieser Richtung, so etwa darüber, welche Faktoren das Rating beeinflussen. Nur ist es für uns nicht sinnvoll, alles in ein Modell zu packen, mit dem der *grundlegende* Zusammenhang zwischen Finanzierung und Unternehmenswert studiert werden soll.

Um die Dinge nicht zu kompliziert zu machen, folgen wir der zuvor getroffenen Annahme und sehen von einer Reduktion oder Erhöhung des Fremdkapitals ab. Die Unternehmung habe also Fremdkapital in Höhe von FK aufgenommen, doch wird es in den kommenden Jahren weder zurückgezahlt noch wird weiteres Fremdkapital aufgenommen. Dadurch haben die budgetierten Investitionen dieselbe Höhe wie die budgetierten Investitionen der unverschuldeten Unternehmung. Nur wenn eine Beendigung der Unternehmung untersucht wird, muss beachtet werden, dass Fremdkapital zurück zu zahlen ist.

> Annahme: Das Fremdkapital wurde vor dem Bewertungszeitpunkt in Höhe FK aufgenommen. Es wird jährlich verzinst und nur im Fall einer Beendigung der Unternehmung zurückgezahlt. Den Equity-Value der so fremdfinanzierten Unternehmung bezeichnen wir mit $W(FK)$. Somit ändert sich lediglich der Cashflow im Vergleich zur unverschuldeten Unternehmung, und zwar ist der Cashflow genau um die zu zahlenden Zinsen geringer.

Die im Jahr t zu zahlenden Zinsen seien $i \cdot FK$. Eigentlich sollte $r_{FK} \cdot FK$ geschrieben werden und ein Fremdkapitalkostensatz r_{FK} eingeführt werden, der sich vom Zinssatz im Finanzmarkt unterscheiden kann, den wir stets mit i bezeichnet hatten. Denn die Fremdkapitalkosten beinhalten eine Prämie, weil die Gläubiger das Risiko eines Defaults tragen, und sie beinhalten Kosten für die Kapitalbeschaffung. Wir weisen auf diesen Punkt hin, werden ihn jedoch in den nachstehenden Umformungen *nicht* mehr hervorheben.

> Aufgrund dieser Betrachtung beträgt im Jahr t der Freie Cashflow der teils fremdfinanzierten Unternehmung $FCF_t - i \cdot FK$, wobei FCF_t den freien Cashflow der Unternehmung bezeichnet, wäre sie *unverschuldet*. Wir werden noch mehrfach darauf zurückkommen, dass FCF_1, FCF_2, FCF_3,... die freien Cashflows der *unverschuldeten* Unternehmung bezeichnen und dass für sie r die marktübliche Diskontrate ist.

Damit ist der Zähler in der Wertformel spezifiziert. Wir betrachten jetzt den Nenner: Die Diskontrate ist jene Rendite, die im Finanzmarkt für (hinsichtlich des Risikos) vergleichbare Anlagen erwartet werden kann. Für die Bestimmung der neu anzuwendenden Diskontrate werden die Finanzinvestoren im Markt erkennen, dass sie zwar insgesamt das bisherige unternehmerische Risiko weiterhin tragen, dass dieses jedoch auf weniger Kapital verteilt wird. Sie werden dieses als Leverage-Risiko bezeichnete, zusätzliche Risiko pro Euro oder Franken Kapitaleinsatz

7. COST OF CAPITAL

sehen und eine höhere Diskontrate als marktgerechte Vergleichsrendite bestimmen. Sie sei mit r_{EK} bezeichnet, $r_{EK} > r$. Damit ist der Equity-Value einer teils verschuldeten Unternehmung anstelle von (7-6) durch nachstehende Formel bestimmt (Transversalität unterstellt):

$$(7\text{-}1) \qquad W(FK) = \sum_{t=1}^{\infty} \frac{FCF_t - r_{FK} \cdot FK}{(1+r_{EK})^t}$$

Nochmals: $W(FK)$ bezeichnet den Equity-Value der mit dem Fremdkapital FK verschuldeten Unternehmung:

- FCF_t ist der Freie Cashflow der Unternehmung, wäre sie unverschuldet,
- $FCF_t - i \cdot FK$ ist der Freie Cashflow der verschuldeten Unternehmung.

Im Nenner steht $r_{EK} > r$ für die Vergleichsrendite, die nicht nur das unternehmerische Risiko (wie es die unverschuldete Unternehmung hat) sondern zusätzlich das Leverage-Risiko berücksichtigt.

Für den Fall, dass die Eigenkapitalgeber ihre Unternehmung zu einem Zeitpunkt N beenden wollen, müssen sie sämtliche Dritte auslösen und sie können gewisse Assets liquidieren. Wird nur beachtet, dass das Fremdkapital zu tilgen ist, folgt

$$(7\text{-}2) \qquad W(FK) = \sum_{t=1}^{N-1} \frac{FCF_t - r_{FK} \cdot FK}{(1+r_{EK})^t} + \frac{FCF_N - FK}{(1+r_{EK})^N}$$

Auch in diesem Fall werden die Eigenkapitalgeber hoffentlich in der Lage sein, die wieder mit r_{EK} bezeichnete Diskontrate in marktgerechter Höhe festzusetzen.

7.1.4 Leverage (t=1)

Nun muss noch r_{EK} ermittelt werden. Um die Eigenkapitalgeber einer fremdfinanzierten Unternehmung bei der Suche nach der Höhe der marktgerechten Diskontrate r_{EK} zu unterstützen, betrachten wird den mehrfach angesprochenen Leverage-Effekt genauer.

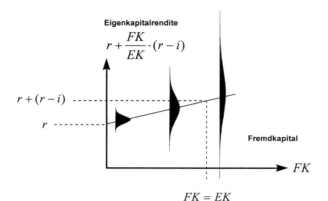

Bild 7-4: Die Abbildung veranschaulicht die Wirkungen der Verschuldung auf den Erwartungswert und auf die Streuung der Eigenkapitalrendite. Die Wahrscheinlichkeitsverteilungen der Renditen sind durch Glockenkurven stilisiert. Mit zunehmendem Verschuldungsgrad wird der Erwartungswert der Eigenkapitalrendite angehoben (Hebelwirkung). Doch mit dem Leverage steigt ebenfalls die Streuung der Eigenkapitalrendite.

Investoren werden erkennen, dass es im Finanzmarkt immer wieder Konstruktionen gibt, die eine Kapitalanlage unter Einsatz von Fremdkapital verwirklichen. Angenommen, die Kapitalanlage bietet an sich die Rendite r und es wird der Betrag EK an Eigenmitteln mit dem Betrag FK an Fremdmitteln zusammen zu dieser Rendite r angelegt. Der Zinssatz für das Fremdkapital i, sei gegeben. Gesucht ist jene Rendite r_{EK}, welche die Eigenkapitalgeber bei dieser Konstruktion erzielen.

Wir wählen eine einperiodige Betrachtung für ein Jahr. Am Jahresende erhalten die Finanziers die Rendite oder Verzinsung sowie ihr Geld zurück. Der Gesamteinsatz zu Jahresbeginn beträgt $EK + FK$, und die Finanziers erhalten am Jahresende zusammen $(EK + FK) \cdot (1+r)$; davon erhält der Gläubiger $FK \cdot (1+i)$. Der Eigenkapitalgeber erhält das was übrig bleibt, das Residuum $(EK + FK) \cdot (1+r) - FK(1+i)$. Die Definition der Rendite liefert:

$$(7\text{-}3) \quad \begin{aligned} r_{EK} &= \frac{(EK + FK) \cdot (1+r) - FK \cdot (1+i) - EK}{EK} = \\ &= r + \frac{FK}{EK} \cdot (r - i) \end{aligned}$$

7. COST OF CAPITAL

Die so bestimmte Rendite ist marktgerecht und bestimmt daher die Erwartungen von Eigenkapitalgebern, wenn Geldanlagen fremdfinanziert werden.

Beispiel 7-1: Für eine Kapitalanlage mit der Rendite $r = 10\%$, einem Zinssatz $i = 4\%$ und $EK = FK = 100$ folgt mit (7-3) $r_{EK} = 16\%$ In der Tat: Aus den angelegten 200 Geldeinheiten werden in einem Jahr 220. Davon gehen 104 an die Gläubiger und das Residuum, 116, beanspruchen die Eigenkapitalgeber, was eine Rendite von 16% bedeutet. ∎

Die Formel (7-3) wollen wir noch auf eine zweite Weise herleiten. Wäre die Konstruktion, von der hier gesprochen wird, nur eigenfinanziert, dann müßten die Investoren den Gesamtbetrag $EK + FK$ als Eigenkapital aufbringen. Für die von ihnen getragenen (unternehmerischen) Risiken würden sie die mit r bezeichnete Rendite erwarten. Wir schreiben diese Rendite als Summe des Zinssatzes und einer Risikoprämie: $r = i + p$, also $p = r - i$. Für das unternehmerische Risiko erwarten also die Eigenkapitalgeber eine Kompensation in der Höhe von $p \cdot (EK + FK)$ Euro. Nun gehen wir wieder auf den Fall der Fremdfinanzierung zurück: Die Konstruktion kommt mit dem Eigenkapital EK und dem Fremdkapital FK in Gang. Nach wie vor müssen die Eigenkapitalgeber das gesamte unternehmerische Risiko tragen und verlangen insgesamt die bekannte Prämie von $p \cdot (EK + FK)$ Euro. Die Eigenkapitalgeber der teils fremdfinanzierten Konstruktion wollen daher neben dem Zinssatz eine Prämie in Höhe von $p \cdot (EK + FK) / EK$ erhalten, also

$$(7\text{-}4) \qquad r_{EK} = i + p \cdot \frac{EK + FK}{EK}$$

Und dies stimmt mit (7-3) überein.

7.1.5 Leverage (t > 1)

Wir werden nicht übersehen, dass die obige Rechnung sich auf das erste Jahr der Geldanlage bezieht, und nicht so ohne weiteres auf das zweite und die Folgejahre übertragen werden kann. Um das zu unterstreichen, übertragen wir den Ansatz auf eine Situation, wo die Kapitalanlage von Anfang an gleich für zwei Jahre getätigt wird.

Der Gesamteinsatz zu Beginn der Zweijahresperiode beträgt $EK + FK$, und die Investoren erhalten 24 Monate später zusammen $(EK + FK) \cdot (1 + r)^2$. Davon erhält der Gläubiger $FK \cdot (1 + i)^2$ und für den

Eigenkapitalgeber bleibt als Residuum $(EK+FK)\cdot(1+r)^2 - FK(1+i)^2$. Die Bestimmungsgleichung für die gesuchte, auf ein Jahr bezogenen Eigenkapitalrendite, die wir wieder mit r_{EK} bezeichnen, lautet: $EK \cdot (1+r_{EK})^2 = (EK+FK)\cdot(1+r)^2 - FK(1+i)^2$. Daraus folgt

$$(7\text{-}5) \qquad r_{EK} = \sqrt{(1+r)^2 + \frac{FK}{EK}\cdot\left\{(1+r)^2 - (1+i)^2\right\}} - 1$$

Beispiel 7-2: Für $r = 10\%$, $i = 4\%$ und $EK = FK = 100$ folgt für eine Geldanlage auf zwei Jahre $r_{EK} = 15{,}69\%$. In der Tat: Aus den angelegten 200 Geldeinheiten werden zwei Jahre später 242. Davon gehen 108,16 an die Gläubiger und das Residuum, 133,84, gehört den Eigenkapitalgebern. Wegen $(1+15{,}69\%)^2 = 1{,}3384$ ist das eine Jahresrendite von 15,69% — ein kleiner Unterschied zu den zuvor errechneten 16%.∎

Für eine teils fremdfinanzierte Kapitalanlage auf t Jahre ergibt sich aus

$$(7\text{-}6) \qquad (1+r_{EK})^t = (1+r)^t + \frac{FK}{EK}\left\{(1+r)^t - (1+i)^t\right\}$$

als allgemeine Leverage-Formel

$$(7\text{-}7) \qquad r_{EK} = \sqrt[t]{(1+r)^t + \frac{FK}{EK}\left\{(1+r)^t - (1+i)^t\right\}} - 1$$

Diese Betrachtung lehrt, dass die weithin gebräuchliche Formel für den Leverage-Effekt (7-3) exakt nur für die Kapitalanlage auf ein Jahr gilt. Für längere Anlagen ist sie approximativ. Deshalb darf für die DCF-Formeln (7-1) und (7-2) nicht behauptet werden, die benötigte Diskontrate r_{EK} sei *allgemein* gemäß (7-3) bestimmt.

Beispiel 7-3: Für $r = 10\%$, $i = 4\%$ und $EK = FK = 100$ Euro folgt für eine Geldanlage auf zehn Jahre $r_{EK} = 14\%$. In der Tat: Aus den angelegten 200 Euro werden zehn Jahre später 518,75. Davon gehen 148,02 an die Gläubiger und das Residuum, 370,73, gehört den Eigenkapitalgebern. Wegen $(1+14\%)^{10} = 3{,}7072$ ist das eine Jahresrendite von 14%.∎

7.1.6 Zur Auswertung der DCF-Formeln (7-1) und (7-2)

Die Leverage-Formel (7-3) liefert die Kapitalkosten r_{EK} für die Bewertung der verschuldeten Unternehmung *nur in gewissen Spezialfällen*. Ein Spezialfall ist, dass die Unternehmung nur ein Jahr lebt, $N=1$, und gleichzeitig Fremdkapitalkosten und Zinssatz übereinstimmen. Dann liefern (7-2) und (7-3) die Höhe des Eigenkapitals $EK = W(FK)$:

$$(7\text{-}8) \qquad EK \;=\; \frac{FCF_1 - i \cdot FK - FK}{1 + r + \dfrac{FK}{EK} \cdot (r - i)}$$

Ist diese Beziehung immer erfüllt? Zur Probe setzen wir in (7-7) nun $W(0) = FCF_1 / (1+r)$ ein, also die Tatsache, dass der Freie Cashflow FCF_1 der unverschuldeten Unternehmung aufgrund seines Risikos korrekterweise mit r diskontiert wird, sowie $W(0) = EK + FK$. Dann ist mit wenigen Umformungen zu erkennen, dass die Gleichung (7-7) stets erfüllt ist. Stets heißt, wie hoch r und i sein mögen, und wie hoch auch immer FCF_1 und FK sind.

Damit ist für den Fall $N=1$ und $r_{FK} = i$ der Beweis gelungen,

1. dass die Kapitalkosten der teilweise verschuldeten Unternehmung gemäß (7-3) mit dem Verschuldungsgrad zunehmen

2. und dass — wir hatten die Abhängigkeit der Steuerlast von der Finanzierung bisher ausgeklammert — der Gesamtwert der Unternehmung, ebenso unabhängig davon ist, wieviel Fremdkapital verwendet wird: $W(FK) + FK \equiv W(0)$.

Der dem Beweis zugrunde gelegte Fall $N=1$ ist zugegebenermaßen praxisfern. Indessen wurden beide Aussagen verallgemeinert.

> Die zweite Aussage $W(FK) + FK \equiv W(0)$ ist eine der Irrelevanz-Thesen von MODIGLIANI und MILLER: Der Gesamtwert der Unternehmung ist unabhängig von der Finanzierung (sofern die Höhe der Steuer nicht von der Finanzierung abhängt).

Um mit einer für die Praxis nützlichen Formel zu schließen, betrachten wir die Leverage-Formel (7-3) als Approximation der Eigenkapitalkosten (freilich ohne mathematisch die Güte der Näherung zu untersuchen). Dann kann der Equity-Value einer mit dem Betrag FK fremdfinanzierten Unternehmung so geschrieben werden:

(7-9)
$$W(FK) \approx \sum_{t=1}^{\infty} \frac{FCF_t - i \cdot FK}{(1+r_{EK})^t} \quad mit$$

$$r_{EK} = r + \frac{FK}{W(FK)} \cdot (r-i)$$

Es stört nicht, dass die gesuchte Größe, $W(FK)$, in (7-9) außerdem unten erscheint. Iterative Auswertungen führen schnell zum Ziel.

Beispiel 7-4: Der Freie Cashflow eines nur eigenfinanzierten Projekts beträgt in den kommenden vier Jahren 100, 200, 300, 400; damit ist es beendet. Als Diskontrate (reine Eigenfinanzierung) werden aufgrund der Risiken $r = 10\%$ als marktgerecht betrachtet. Der Wert des Projekts beträgt daher $W = 100/1{,}10 + 200/1{,}21 + 300/1{,}331 + 400/1{,}4641 = 754{,}80$. Nun wird das Projekt mit 200 Geldeinheiten fremdfinanziert, es gelte $r_{FK} = i = 6\%$. Wir gehen einige Iterationen durch. Als Start wird gewählt: $EK^{(0)} = 754{,}80 - 200 = 554{,}80$. Dies unten in (7-9) eingesetzt liefert einen ersten Kapitalkostensatz $r_{EK}^{(0)} = 0{,}10 + 0{,}3605 \cdot (0{,}10 - 0{,}06) = 11{,}44\%$. Das im Nenner von (7-8) oben eingesetzt liefert die nächste Schätzung: $W^{(1)} = (100-12)/1{,}1144 + (200-12)/1{,}2419 + (300-12)/1{,}3840 + (400-212)/1{,}5423 = 560{,}34$. Hiermit führt (7-9) unten auf einen neuen Kapitalkostensatz: $r_{EK}^{(0)} = 0{,}10 + 0{,}3569 \cdot (0{,}10 - 0{,}06) = 11{,}43\%$. Dieser oben in (7-9) eingesetzt liefert $W^{(2)} = 88/1{,}1143 + 188/1{,}2417 + 288/1{,}3836 + 188/1{,}3836 = 560{,}48$. Hier brechen wir die Iterationen ab. ∎

7.1.7 Entity-Value

In den Beispielen ist neben dem Fremdkapital FK und dem Equity-Value $W(FK)$ der verschuldeten Unternehmung die Summe $W(FK) + FK$ aufgetaucht.

> Der so bestimmte Gesamtwert $W(FK) + FK$ heißt *Entity-Value* oder Enterprise-Value.

Aus praktischen und theoretischen Überlegungen bietet es sich gelegentlich an, Eigen- und Fremdkapitalgeber zusammenzufassen und Unternehmen aus einer gemeinsamen Perspektive aller Kapitalgeber zu bewerten. Um dies auszudrücken, verwenden wir für den Entity-Value die Notation *Entity(FK)*,

(7-10) $\qquad Entity(FK) = W(FK) + FK$

In Klammern bei $Entity(FK)$ ist das Fremdkapital angeführt, weil bei Unternehmenssteuern der Entity-Value von der Höhe des Fremdkapitals abhängt. Die Gesamtsicht bietet sich in der Praxis an, wenn bei einem Projekt klar ist, dass Fremdkapital eingesetzt werden soll, über den genauen Umfang der Fremdfinanzierung jedoch noch nicht entschieden wurde. Der Vorteil liegt darin, dass bei der Beurteilung von Projekten und Maßnahmen die Aktionäre und Banken nicht schon auseinander dividiert werden. Es werden keine Bewertungen vorgenommen, die nur auf den Equity-Value $W(FK)$ abheben und bei der die Aktionäre vielleicht in wenig populäres Licht gerückt werden.

Wenn die Finanzierungsstruktur feststeht, könnten beide Werte, $W(FK)$ und FK ermittelt und dann zum Entity-Value addiert werden. Indessen verhilft die *direkte* Bewertung aus der (fiktiven) gemeinsamen Perspektive aller Finanziers zu neuen Einsichten. Daher soll $Entity(FK)$ direkt bestimmt werden. Hierfür eignen sich die bekannten DCF-Formeln.

> Der relevante "Cashflow" zugunsten aller Kapitalgeber ist beim Entity-Value $Entity(FK)$ gleich dem Cashflow plus Zinsen. Dieser "Cashflow" wird im Folgenden mit CF^* bezeichnet, und analog bezeichnen wir den entsprechenden Freien "Cashflow" mit FCF^*. Im Zähler der Wertformel für die direkte Ermittlung des $Entity(FK)$ stehen also diese Freien Cashflows FCF^*, die in der fiktiven Betrachtung Jahr für Jahr an die Gruppe aller Finanziers ausbezahlt werden. Die Finanziers bewerten, als Gruppe, diese Zahlungsreihe mit einem Kapitalkostensatz, der sich als Durchschnitt der Eigenkapitalkosten und der Fremdkapitalkosten errechnet. Für diese durchschnittlichen Kapitalkosten wird die Bezeichnung $WACC$ (Weighted Average Cost of Capital) verwendet.

Nach dem Vorbild des Leverage-Effekts werden die $WACC$ als durchschnittliche Kapitalkosten so geschrieben:

(7-11) $\qquad WACC = \dfrac{EK}{EK+FK} \cdot r_{EK} + \dfrac{FK}{EK+FK} \cdot i$

Hier ist r_{EK} jene Vergleichsrendite, die im Finanzmarkt von Eigenkapitalgebern als marktgerecht für die Diskontierung jener Zahlungsreihe angesehen wird, welche die verschuldete Unternehmung den Eigenkapitalgebern als Residuum zuweist. Mit diesen Bezeichnungen folgt:

(7-12)
$$Entity(FK) = \sum_{t=1}^{\infty} \frac{FCF_t *}{(1+WACC)^t} \quad beziehungsweise$$

$$Entity(FK) = \sum_{T=1}^{N} \frac{FCF_t *}{(1+WACC)^t}$$

Die DCF-Formeln (7-12) sind ein Pendant zu (6-7). Der Fall endlicher Laufzeit des Projekts oder der Unternehmung ist in (7-12) angeführt um zu unterstreichen, dass es im Jahr N keine eigens ausgewiesene Rückzahlung des Fremdkapitals gibt. Die Eigen- und Fremdkapitalgeber erhalten zusammen $FCF_N *$ und müssen sich diesen Betrag teilen. Das ist anders als bei einer Equity-Valuation einer teils fremdfinanzierten Unternehmung, wo die Eigenkapitalgeber bei ihrem Residuum berücksichtigen, dass sie mit Beendigung die Schulden zu begleichen haben.

Freier "Cashflow" für den Entity-Value			
Bare Erträge			
		Absatzerlöse	E
		Erträge aus Wertpapieren und Beteiligungen	+ F
Bare Aufwendungen			
		Löhne	- L
		Vorleistungen: Auszahlungen für Lieferanten, Materialkauf, Miete, Energieverbrauch, Versicherung, Lizenzen und Beratung	- V
		Steuern: Mehrwertsteuer, Körperschaftsteuer, Gewerbesteuer	- S
Cashflow			= CF*
Budgetierte Investitionen	• Mit ihren Auszahlungen und den damit verbundenen späteren Einzahlungen (Früchten) in die Planung aufgenomme Käufe von Maschinen und Einrichtungen, Akquisitionen.		- I
	• Ebenso Desinvestitionen, also etwa der Verkauf von Grundstücken, Unternehmensteilen oder Beteiligungen — die Einzahlungen erscheinen mit negativem Vorzeichen.		
Freier Cashflow			= FCF*

Bild 7-5: Der Freie "Cashflow" als Grundlage des Entity-Values.

Wir bestimmen zunächst die "Cashflows" im Zähler von (7-12) näher. Beim Entity-Value werden als budgetierte Investitionen (genau wie bei der Ermittlung des Equity-Values einer vollständig eigenfinanzierten Unternehmung) der Kauf und der Verkauf von Anlagen berücksichtigt. Jedoch spielen beim Entity-Value Erhöhungen oder Reduktionen des Kreditvolumens nicht mehr hinein — anders als bei den freien Cashflows einer verschuldeten Unternehmung. Folglich spielt es beim Entity-Value keine Rolle, ob sich die Höhe des Fremdkapitals im Verlauf der Jahre ändert oder nicht. Um ganz sicher zu sein, ist in Bild 7-5 nochmals das Schema der Berechnung wiedergegeben.

Der für eine Entity-Valuation relevante Freie Cashflow FCF^* stimmt daher mit FCF überein, dem Freien Cashflow dieser Unternehmung, wäre sie unverschuldet. Einzig bei den Steuern kann noch ein Unterschied zwischen FCF^* und FCF bestehen:

(7-13) $$FCF^* - Steuern(FK) = FCF - Steuern(0)$$

Mit $Steuern(FK)$ werden die Steuern der Unternehmung bezeichnet, wenn sie das Fremdkapital $FK \geq 0$ einsetzt.

Folglich sind $Steuern(0)$ die von der Unternehmung zu zahlenden Steuern, wäre sie unverschuldet.

Im (hypothetischen) Fall, dass die Unternehmenssteuern von der Finanzierung unabhängig sind, $Steuern(FK) = Steuern(0)$, gilt $FCF^* = FCF$. In den Zählern stehen bei einer Entity-Valuation dann dieselben Größen wie bei einer Entity-Valuation der unverschuldeten Unternehmung.

- Daher stimmt im Fall $Steuern(FK) = Steuern(0)$ die bei einer Entity-Valuation zu bewertende Zahlungsreihe völlig mit jener überein, die bei der Equity-Valuation der unverschuldeten Unternehmung zu diskontieren ist.
- Folglich wird im Finanzmarkt für die Entity-Valuation dieselbe Diskontrate als richtig angesehen, die schon bei der Equity-Valuation der unverschuldeten Unternehmung als marktgerecht erkannt wurde. Das ist r — die Eigenkapitalkosten der unverschuldeten Unternehmung.
- Folglich haben wir $WACC = r$ gefunden.

Fazit:

1. Der Entity-Value $Entity(FK)$ wird mit DCF-Formel (7-13) gewonnen, indem die Freien Cashflows FCF^*, die allen Finanziers gemeinsam zukommen, mit einer Rate $WACC$ diskontiert werden,

die als durchschnittlicher Kapitalkostensatz verstanden und dargestellt wird.

2. Die Zahlungen, die alle Finanziers gemeinsam erhalten, FCF^*, stimmen im Fall $Steuern(FK) = Steuern(0)$ genau mit jenen Freien Cashflows FCF überein, welche die Unternehmung hätte, wäre sie unverschuldet. Der durchschnittliche Kapitalkostensatz, $WACC$, stimmt also mit r überein, der Diskontrate für die unverschuldete Unternehmung.

3. Sofern die Unternehmenssteuern nicht von der Zusammensetzung der Finanzierung aus Eigen- und Fremdkapital abhängen, $Steuern(FK) = Steuern(0)$, stimmt der Entity-Value mit dem Equity-Value der unverschuldeten Unternehmung überein: $Entiy(FK) = W(0)$.

4. Der Wert der Gesamtunternehmung bleibt konstant, wenn der Verschuldungsgrad variiert. Der Verschuldungsgrad hat keinen Einfluß auf den Gesamtwert der Unternehmung.

7.2 Entity-Value der besteuerten Unternehmung

7.2.1 Steuern

Der Staat stellt der Unternehmung die Infrastruktur des Landes und andere öffentliche Güter zur Verfügung, er sorgt für Sozialleistungen und wirkt in Kernbereichen staatlicher Tätigkeit wie Bildung, Gesundheit, Sicherheit. Im Gegenzug erhebt der Staat Steuern. Dabei werden verschiedene Grundsätze befolgt, darunter dem der Tragfähigkeit. Steuern werden erhoben, wo Geld entstanden oder vorhanden ist. Steuern werden dort erhoben, wo wirtschaftliche Wertschöpfung entsteht, transferiert oder konsumiert wird. So gibt es neben vielen weiteren Steuern solche, die an der Entstehung oder an der *Quelle* ansetzen und solche, die den *Bezieher* von Einkommen besteuern.

1. So unterliegt die Wertschöpfung einer Unternehmung einer Besteuerung bei allen Personen, die sie als Einkünfte beziehen: Mitarbeiter zahlen Einkommensteuer, Fremdkapitalgeber zahlen Steuer auf Zinseinkünfte, Eigenkapitalgeber besteuern Entnahmen beziehungsweise die ihnen ausgeschütteten Gewinne.

2. Zusätzlich wird, zumindest zu einem Teil, die generierte Wertschöpfung der Unternehmung an der Quelle besteuert. Die Besteuerung der Wertschöpfung bei der Unternehmung (*Corporate Tax*) wird in allen Ländern danach differenziert, wem sie zugerechnet wird und letztlich zufließt. Praktisch überall muss eine Unternehmung ein wirtschaftliches Ergebnis, das sie als Gewinn abbildet und den Eigenkapitalgebern zuweist, versteuern. Die Steuer ist meist proportional zu dieser Bezugsgröße und der Steuersatz sei mit s bezeichnet.

3. Andererseits müssen wirtschaftliche Ergebnisse der Unternehmung, die der Bezahlung von Zinsen auf Fremdkapital dienen, *nicht* versteuert werden. Gleiches gilt für die Wertschöpfung, die Mitarbeitern als Lohn ausbezahlt wird.

Die Steuern in einem Land wirken selbstverständlich auf die Höhe der Preise, der Löhne und sie beeinflussen die marktgerechte Rendite und das Zinsniveau. Somit beeinflussen die Steuern die Werte von Unternehmen in jenem Land.

Steuern, die von den Beziehern (Mitarbeiter, Fremdkapitalgeber, Eigenkapitalgeber) zu entrichten sind, beeinflussen den Wert der Unternehmung zunächst *indirekt*. Denn die entsprechenden Sätze für die Einkommensteuer haben Einfluß auf das Lohnniveau, auf das Zinsniveau und auf die von Eigenkapitalgebern verlangten Renditen. Mit dem Lohnniveau ändert sich der Einsatzplan für Personal, die Höhe der Lohnzahlungen und letztlich die im Geschäftsplan beschriebenen Cashflows der kommenden Jahre. Deswegen hängt der Wert einer Unternehmung sogar von der Einkommensteuer ab. Diese indirekten Effekte wollen wir nicht weiter untersuchen, und nehmen an, Erhebungsgrundlagen und der Tarif der Einkommensteuer seien *fest vorgegeben*. Der Einkommensteuersatz hat daher einen Einfluß auf das Zinsniveau und auf die von Eigenkapitalgebern geforderten Renditen — nicht umsonst wünschen sich liberale Verbände und Parteien, dass der Einkommensteuersatz zum Gegenstand einer politischen Auseinandersetzung gemacht wird

Direkt beeinflussen die Steuern, die von der Unternehmung zu zahlen sind, den Unternehmenswert. Hier sind zwei Effekte zu nennen:

1. Generell ist der Unternehmenswert um so *geringer*, je höher der Steuersatz s ist. Denn Steuern sind barer Aufwand. Je höher der Steuersatz und je höher damit die Steuern sind, desto geringer sind die Cashflows und die Freien Cashflows. Doch wir wollen den

Satz *s* für die Unternehmenssteuer nicht als variabel ansehen. Er wird als *fest vorgegeben* betrachtet.

2. Vom Unternehmen erzielte Wirtschaftsergebnisse, die (als Zins) den Fremdkapitalgebern zugerechnet werden, müssen von der Unternehmung nicht versteuert werden. Der Einsatz von Fremdkapital ist steuerlich (gegenüber Eigenkapital) begünstigt. Deshalb hat der Verschuldungsgrad eine direkte Wirkung auf den Wert der Unternehmung.

Wer, und das ist im folgenden der Punkt, die Finanzierung als *variabel* ansieht und zum Gegenstand einer Optimierung macht, darf die Unternehmenssteuer daher nicht wie eine Lohnzahlung oder eine Stromrechnung behandeln, weil die Steuerrechnung vom Umfang der Verschuldung abhängt. So spielt der gegebene Steuertarif *s* eine wichtige Rolle bei der Ermittlung der Kapitalkosten und des Werts der Unternehmung. Intuitiv einsichtig ist, dass sich mit einem vermehrten Einsatz von Fremdkapital der Entity-Value erhöht — gegenüber dem Wert, der sich bei vollständiger Eigenfinanzierung und Berücksichtigung von Unternehmenssteuern errechnet: $Entity(0) < Entity(FK)$ für $FK > 0$.

> Ein Blick auf konkrete Regelungen: In Deutschland verlangt die Körperschaftssteuer, 25% des Gewinns an den Fiskus abzuführen, unabhängig von der Gewinnverwendung (Ausschüttung oder Einbehalt). Die Bemessungsgrundlage für die Gewerbesteuer ist der sogenannte Gewerbeertrag. Er kommt dem Gewinn vor Zinsen und Steuern (EBIT) gleich, wenn die Hälfte der Fremdkapitalzinsen (und die zu zahlende Gewerbesteuer selbst) abgezogen werden. Die Gewerbesteuer beträgt 5% multipliziert mit einem (variierenden) Hebesatz des Gewerbeertrags. Um die mit der "Doppelbesteuerung" verbundenen Ungerechtigkeiten zu mildern, wurden in vielen Ländern Anrechnungen zugelassen. In Deutschland müssen vom Aktionär Dividendeneinkünfte nur zur Hälfte besteuert werden, das ist das sogenannte *Halbeinkünfteverfahren*. In der Schweiz gibt es tatsächlich eine zweifache Besteuerung ausgeschütteter Gewinne. Zum einen muss die Unternehmung die Gewinne versteuern, zum anderen werden bezogene Dividenden zum übrigen Einkommen des Aktionärs addiert und unterliegen der Einkommensteuer.[6]

---

[6] Zu Steuern: 1. WILHELM H. WACKER, SABINE SEIBOLD und MARKUS OBLAU: *Steuerrecht für Betriebswirte*. Verlag Erich Schmidt, Bielefeld 2000. 2. THEODOR SIEGEL und PETER BAREIS: *Strukturen der Besteuerung*. 3. Auflage, Oldenbourg, München 1999. 3. GERD ROSE: *Unternehmenssteuerrecht*. Verlag Erich Schmidt, Bielefeld 2001. Zur Unternehmensbewertung mit deutschen Steuern: 1. JOCHEN DRUKARCZYK: *Unternehmensbewertung*. 3. Aufl., Vahlen, München 2001. 2. JÖRG BAETGE, KAI NIEMEYER und JENS KÜMMEL: Darstellung der Discounted-Cashflow-Verfahren; in *Praxishandbuch der Unternehmensbewertung* (VOLKER H. PEEM, ed.), Neue Wirtschaftsbriefe, Herne, Berlin 2001, pp. 263-360. 3. ANDREAS SCHÜLER:

7.2.2 Drei Wege zur Berücksichtigung der Steuern

Der Wertvorteil, den die Fremdfinanzierung bietet, wird als *Tax Shield* bezeichnet: Tax Shield = Differenz zwischen dem Wert einer Unternehmung, wäre sie unverschuldet und "voll" besteuert, sowie dem Wert der teils fremdfinanzierten Unternehmung, die geringere Steuern zahlt: $TaxShield = Entity(FK) - Entity(0)$.

Beim Steuersatz s beträgt die Steuerersparnis $s \cdot i \cdot FK$, denn $i \cdot FK$ sind die Zinsen, und dieser Betrag wurde gleichsam mit versteuert, obwohl er steuerfrei ist:

(7-14) $\qquad Steuer(FK) = Steuer(0) - s \cdot i \cdot FK$

Um den Tax Shield direkt zu ermitteln, werden die für alle zukünftigen Jahre anfallenden Steuerersparnisse — hier fallen sie stets in der konstanten Höhe $s \cdot i \cdot FK$ an — diskontiert und summiert. Dabei ist eine Frage, ob die Steuervorteile der kommenden Jahre als sichere Größen anzusehen und folglich mit dem Zinssatz i zu diskontieren sind oder ob sie gewisse Unsicherheiten in sich bergen, weshalb mit einem Satz diskontiert werden muss, der eine gewisse Risikoprämie beinhaltet.[7]

Mit dieser Vorbereitung wenden wir uns dem ersten Bewertungsansatz zu, dem *Adjusted-Present-Value-Ansatz* (APV-Ansatz). Er wurde nach Vorarbeiten von MODIGLIANI und MILLER im Jahr 1974 von S. C. MYERS vorgestellt.[8]

Unternehmensbewertung und Halbeinkünfteverfahren. *Deutsches Steuerrecht* 38 (2000), pp. 1531-1536. 4. WOLFGANG SCHULTZE: Methoden der Unternehmensbewertung. IdW-Verlag, Düsseldorf 2001. 5. STEFANIE AUGE-DICKHUT, ULRICH MOSER und BERND WIDMANN: Die geplante Reform der Unternehmensbesteuerung — Einfluss auf die Berechnung und die Höhe des Werts von Unternehmen. *FinanzBetrieb* 2 (2000) 2, pp. 362-371. 6. STEPHAN RING, MARC CASTEDELLO und ERIK SCHLUMBERGER: Auswirkungen des Steuergesetzes auf die Unternehmensbewertung. Zum Einfluss auf den Wertbeitrag der Fremdfinanzierung, den Marktwert des Eigenkapitals und die Eigenkapitalkosten. *FinanzBetrieb* 2 (2000), pp. 356-361. 7. SVEN HUSMANN, LUTZ KRUSCHWITZ und ANDREAS LÖFFLER: Unternehmensbewertung unter deutschen Steuern. *Die Betriebswirtschaft* 62 (2002), pp. 24-43.

[7] 1. DWAYNE WRIGHTSMAN: Tax Shield Valuation and the Capital Structure Decision. *Journal of Finance* 33, (1978) 2, pp. 650-656. 2. MICHAEL C. EHRHARDT und PHILLIP R. DAVES: Corporate Valuation: The Combined Impact of Growth and the Tax Shield of Debt on the Cost of Capital and Systematic Risk. *Journal of Applied Finance* 12, (2002) 2, pp. 31-38.

[8] STEWART C. MYERS: Interactions of Corporate Financing and Investment Decisions — Implications for Capital Budgeting. *Journal of Finance* 29 (March 1974), pp. 1-25. Eine Untersuchung des APV-Ansatzes für das deutsche Steuersystem bietet: SVEN HUSMANN, LUTZ KRUSCHWITZ und ANDREAS LÖFFLER: Unternehmensbewertung unter deutschen Steuern. *Die Betriebswirtschaft* 62 (2002), pp. 24-43.

1. Zunächst wird der Wert der Unternehmung so berechnet, als wäre sie vollständig eigenfinanziert und müßte daher entsprechend Steuern entrichten (was nicht den Tatsachen entspricht, aber angenommen werden kann). Dazu eignet sich die Formel für den Equity-Value (6-7). Bei dieser Bewertung werden die Steuern unter Annahme der vollständigen Eigenfinanzierung korrekt erhoben und bei der Aufstellung der Freien Cashflows berücksichtigt.

2. Nachdem also mit (6-7) der Wert der eigenfinanzierten Unternehmung bestimmt wurde, wird im APV-Ansatz der Steuervorteil addiert. Gleichsam wird der als Present Value aufgefaßte und nach (6-7) bestimmte Wert *adjustiert*, in dem der Tax Shield addiert wird. Der Tax-Shield wird direkt als Barwert aller Steuereinsparungen bestimmt.

Hinweis: Es wird für die Berechnung von (6-7) keine Formel für die Höhe der Steuern benötigt, denn die Freien Cashflows FCF_1, FCF_2, FCF_3,... sind (genau wie die Cashflows CF_1, CF_2, CF_3,...) für die Bewertung in (6-7) bereits als Nachsteuergrößen aufgestellt worden. Übrigens dürfen wir nicht einfach "$Steuer(0) = s \cdot FCF$" oder "$Steuer(0) = s \cdot CF$" schreiben, da die Berechnungsgrundlage für die Steuern der *Gewinn* der Unternehmung ist und nicht der Cashflow oder der Freie Cashflow.

Der APV-Ansatz ist unter Praktikern beliebt. Man hat eine Berechnungsbasis, die einleuchtet, nämlich für den Wert der Unternehmung wäre sie nur unverschuldet und *adjustiert* aufgrund verschiedener Besonderheiten, die dazu kommen. Sodann wird der Steuervorteil berechnet oder geschätzt und stellt eine erste Adjustierung dar.

Oft gibt es noch andere Wertvorteile, die zu weiteren Adjustierungen führen. So gibt es einen Shield, falls die Unternehmung Subventionen erhält. Ferner kann es einen Shield geben, wenn die Unternehmung einem Land die Zusage gibt, dort eine Niederlassung zu errichten und ein bestimmtes Wohlverhalten zu zeigen (etwa im Rahmen eines Arbeitsplatz-Förderungsprogramms). Alle solche Shields werden dann zum Wert addiert. Der gestaffelte Ausweis der Basis und der verschiedenen Adjustierungen dient der Vorbereitung der Entscheidungen: Soll Fremdkapital eingesetzt werden oder nicht? Soll eine Niederlassung in einem Land errichtet werden oder nicht? Möchte man an einem Förderprogramm teilnehmen oder nicht?

Der zweite Ansatz zur Berücksichtigung der von der Finanzierung abhängigen Steuer besteht darin, die Cashflows den Tatsachen entsprechend aufzustellen. Sie haben die Höhe $FCF_t + s \cdot i \cdot FK$, denn die FCF_1,

FCF_2, FCF_3,... sind die Freien Cashflows der unverschuldeten Unternehmung und berücksichtigen die Steuer $Steuer(0)$. Es werden also im Zähler der DCF-Formel die Freien Cashflows der unverschuldeten Unternehmung FCF_t um den Steuerunterschied $Steuer(0) - Steuer(FK)$ erhöht. In vielen Rechenbeispielen werden im Nenner nun wieder die WACC verwendet. Das ist jedoch nicht ganz korrekt, weil die WACC richtig für die Diskontierung der Zahlungsreihe FCF_1, FCF_2, FCF_3,... sind. Jetzt muss im Nenner ein Diskontsatz erscheinen, der die Risiken widerspiegelt, welche die Zahlungsreihe $FCF_1 + s \cdot i \cdot FK$, $FCF_2 + s \cdot i \cdot FK$, $FCF_3 + s \cdot i \cdot FK$ aufweist. Das ist nicht so einfach und wir verfolgen den zweiten Ansatz nicht.

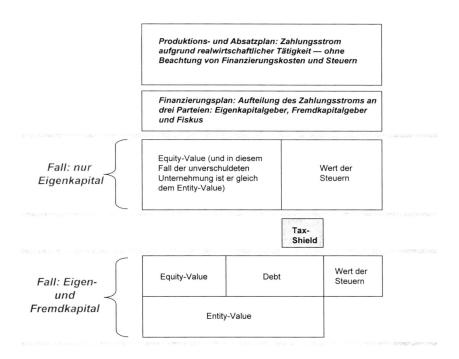

Bild 7-6: Veranschaulichung von Equity-Value und Entity-Value eines realwirtschaftlichen Projektes, bei dem nur der Finanzierungsplan geändert wird, zum einen der Fall der Nichtverschuldung, zum anderen der Fall der Verschuldung.

Der dritte Ansatz verwendet einen Trick. Wir folgen wieder einer Fiktion. Sie lautet: Die Steuerbehörde besteuert Unternehmen, die Fremdkapital aufgenommen haben, genau so, als wären sie unverschuldet. Dadurch bleibt für die Unternehmung FCF_t als Freier Cashflow unverändert bestehen. Die zuviel erhobene Steuer vergütet die Steuerbehörde direkt an die Fremdkapitalgeber, wir sagen kurz, den Banken. Die Banken behalten die Steuergutschrift nicht sondern geben sie der Unternehmung in Form eines geringeren Zinssatzes zurück.

Bei dieser Fiktion wird die Unternehmung anhand des Freien Cashflows $FCF_1, FCF_2, FCF_3,...$ bewertet, jedoch stehen im Nenner Kapitalkosten, als ob der Zinssatz nicht i sondern $(1-s) \cdot i$ wäre.

(7-15)
$$Entity(FK) = \sum_{t=1}^{\infty} \frac{FCF_t}{(1+MECC)^t} \quad \text{beziehungsweise}$$

$$Entity(FK) = \sum_{T=1}^{N} \frac{FCF_t}{(1+MECC)^t}$$

Dieser Zugang zum Entity-Value entspricht dem Vorgehen von J. A. MILES und J. R. EZZELL 1980, weshalb die gewichteten durchschnittlichen Kapitalkosten als *Miles-Ezzell-Cost-of-Capital* mit $MECC$ bezeichnet werden sollen:

(7-16)
$$MECC = \frac{EK}{EK+FK} \cdot r_{EK} + \frac{FK}{EK+FK} \cdot (1-s) \cdot i$$

Selbstverständlich gilt $Entity(FK) = EK + FK$ und wie schon zuvor sind die Eigenkapitalkosten der teils fremdfinanzierten Unternehmung mit r_{EK} bezeichnet. Zu ihrer Bestimmung kann der Leverage-Effekt herangezogen werden. Wird (7-3) in (7-16) eingesetzt, entsteht:

(7-17)
$$MECC = r - \frac{FK}{EK+FK} \cdot s \cdot i$$

Das ist die *Miles-Ezzell-Formel*. Sie zeigt, dass die $MECC$ so gewonnen werden können: Man starte mit der Diskontrate, die angesichts der Risiken der im Zähler von (7-15) stehenden Freien Cashflows der unverschuldeten Unternehmung nach voller Besteuerung marktgerecht sind. Davon ziehe man, gewichtet mit dem relativen Anteil des Fremdkapitals, das Produkt aus Steuersatz und Zinssatz ab.

7.2.3 Für die Praxis

Diese Ergebnisse können auf den ersten Blick etwas theoretisch anmuten. Indessen sind die gewonnen DCF-Formeln recht gut für die praktische Arbeit geeignet.. Wir wenden uns (7-15) und (7-17) zu. Wenn bei der Budgetierung die mittlere Variante B gewählt wird (Investitionen in Höhe der Abschreibungen, genauer in Höhe der Differenz zwischen den unbaren Aufwendungen und den unbaren Erträgen) dann stimmen die zu diskontierenden Freien Cashflows plus die *Steuern*(0) mit den *EBIT* überein, weshalb

$$FCF = EBIT \cdot (1-s)$$

geschrieben werden darf. Aus (7-15) entsteht so die nachstehende DCF-Formel. Zusammen mit der Miles-Ezzell-Formel (7-17) bildet sie einen leistungsfähigen Bewertungsansatz, weil die meisten Geschäftspläne die *EBIT* ausweisen.

(7-18)
$$Entity(FK) = \sum_{t=1}^{\infty} \frac{EBIT_t \cdot (1-s)}{(1+MECC)^t}$$

$$MECC = r - \frac{FK}{EK+FK} \cdot s \cdot i$$

Beispiel 7-5: Ein Konzern plant eine Single Purpose Company (SPC), die von vornherein nur eine recht kurze Lebensdauer haben wird. Die Anfangszahlung, um die SPC in Gang zu bringen, beträgt 25 (Millionen Euro). Die SPC wird durch diese *EBIT* für die folgenden drei Jahre beschrieben: 10, 20, 30. Als Steuersatz soll mit $s = 40\%$ gerechnet werden. Aufgrund der eher hohen Risiken (und ohne Beachtung von Risiken, die mit einer speziellen Kapitalstruktur verbunden wären), werden die Kapitalkosten mit 20% veranschlagt — das sind die Kapitalkosten der unverschuldeten Unternehmung im Sinn unserer Sprechweise. Die Fremdkapitalkosten betragen 10%, weil die Banken einen hohen Zuschlag für das Defaultrisiko verlangen. Gesucht ist der Wert der SPC in Abhängigkeit verschiedener Finanzierungsvarianten. Wir führen die Rechnung für verschiedene *Verschuldungsgrade l* durch,

(7-19)
$$l = \frac{FK}{EK}, \quad \frac{l}{1+l} = \frac{FK}{EK+FK}$$

und zwar für $l=0$, $l=1$ und $l=2$.

Für $l=0$ folgt $Entity(0) = 10 \cdot 0{,}6/1{,}2 + 20 \cdot 0{,}6/1{,}44 + 30 \cdot 0{,}6/1{,}728 = 23{,}75$. Die SPC wäre aufgrund der steuerlichen Situation nicht vorteilhaft, wenn sie vollständig mit Eigenmitteln finanziert würde.

Für $l=1$ folgt $MECC = 0{,}2 - (1/2) \cdot 0{,}4 \cdot 0{,}1 = 18\%$ und der Entity-Value: $Entity(FK) = 10 \cdot 0{,}6/1{,}18 + 20 \cdot 0{,}6/1{,}3924 + 30 \cdot 0{,}6/1{,}6430 = 24{,}66$. Bei einer Finanzierung aus gleichen Teilen Eigen- und Fremdkapital ist aufgrund der Steuereinsparung das Projekt gerade vorteilhaft.

Für $l=2$ folgt $MECC = 0{,}2 - (2/3) \cdot 0{,}4 \cdot 0{,}1 = 17{,}3\%$ und damit schließlich $Entity(FK) = 10 \cdot 0{,}6/1{,}173 + 20 \cdot 0{,}6/1{,}376 + 30 \cdot 0{,}6/1{,}614 = 24{,}44$. ■

7.3 Hurdle Rate

7.3.1 Kapitalkosten der Unternehmung oder eines Projekts?

Wer eine ganze Unternehmung bewertet, rechnet mit Kapitalkosten, die vielleicht bei 7%, 8% oder 9% liegen. Wer das Management nach den Kapitalkosten fragt, hört hingegen oft: "Wir sehen nur dann Vorschläge und Projekte als vorteilhaft an, wenn sie eine Rendite von 15% oder 20% erwarten lassen — das ist unsere *Hurdle Rate*." Offensichtlich bestehen Unterschiede zwischen jenem Kapitalkostensatz, mit dem eine ganze Unternehmung von außen bewertet wird, und jener Mindestrendite oder *Hurdle Rate*, die das Management bei internen Investitionsvorschlägen verlangt.

Begeht das Management mit der deutlich höher gesetzten Hurdle Rate einen Fehler oder wie können die angeführten Unterschiede zwischen den Kapitalkosten auf Unternehmensebene und den Kapitalkosten auf Projektebene erklärt werden?

Das erste Argument lautet, dass die Pläne für Projekte in der Regel zwar alle Kosten und Leistungen berücksichtigen, die direkt mit dem Projekt zusammenhängen, nicht aber den Aufwand, der den höheren Ebenen in der Unternehmung entsteht. Hier sind drei Punkte zu sehen:

1. Kosten für die Leitung der Unternehmung werden in den Projektplänen nicht berücksichtigt. Selbstredend geht es hier nicht nur um das Gehalt des Chefs. Es muss eine Projektleitung eingesetzt werden, dann gibt es Lenkungsausschüsse, das Controlling und

die Revision kommen hinzu — um einige zentrale Funktionen zu nennen.[9] In einigen Unternehmungen werden Projektvorschläge danach beurteilt, welcher organisatorische Zusatzaufwand mit einer Durchführung verbunden wäre. Zum Teil berichten Unternehmen von einer Maximalanzahl von Projekten, welche die Organisation gleichzeitig verkraften kann. Angesichts organisatorischer Kapazitätsgrenzen steigen die bei der Prüfung der Vorteilhaftigkeit anzuwendenden Projekt-Kapitalkosten auf die Rendite der besten Alternative, und diese kann bedeutend höher liegen als die zuvor genannten Kapitalkosten von 7%, 8% oder 9%.

2. Die Unternehmung trägt den Nachteil, wenn es zu einem Ausfall des Projektes kommt. Zu einem gewissen Prozentsatz erweisen sich neue Projekte nach einiger Zeit als nicht durchführbar. Plötzlich wird erkannt, dass sie ein Flop sind. Das bis dahin eingesetzte Geld ist oft zu einem hohen Teil verloren. Das Flop-Risiko bleibt bei Renditeberechnungen unberücksichtigt, denn alle diese Pläne gehen immer von einer Abwicklung bis zum geplanten Ende aus. Das Flop-Risiko trägt die Unternehmung und muss nach den Kalkulationsgrundsätzen einer Versicherung eine Prämie bestimmen, die den erwarteten Verlust deckt. Diese Prämie erhöht die Hurdle Rate über die Kapitalkosten.

3. Die Unternehmung trägt den Aufwand für die Schaffung und Pflege ihres Wissenskapitals. Viele Projekte werden durch das Wissenskapital der Unternehmung begünstigt, doch die Projektbeschreibung sieht im Regelfall keine Royalties für die Nutzung des guten Namens und des Know-hows vor, das innerhalb der Unternehmung wie ein öffentliches Gut zur Verfügung steht. Eigentlich muss jedes Projekt gewissermaßen mit einer unternehmensinternen Steuer zu dieser internen Infrastruktur beitragen. Dabei kann nicht einmal vorgebracht werden, dass das vorgeschlagene Projekt nicht auf das Wissenskapital zugreift. Denn es ist heute ein Managementprinzip, die Unternehmung um ihr Wissenskapital herum zu bauen. Projekte, die vom Wissenskapital der Unternehmung unabhängig sind, kommen demnach ohnehin nicht in Frage.

---

[9] Wie hoch kann der Unterschied sein? Banken verlangen für das Management eines Aktienfonds eine Fee von etwa 2%. Doch das Management eines Unternehmensportfolios, das als Dach Abteilungen und Projekte umfaßt, ist wesentlich anspruchsvoller als die Verwaltung eines Aktiendepots. Es dürften wenigstens 4% sein, die ein Projekt mehr an Rendite bringen muss, damit "oben" die verlangten 7%, 8% oder 9% ankommen.

7.3.2 Zwischen Müdigkeit und Exzellenz

Ein anderes Argument ergibt sich aus der Vermutung, dass die Rentabilität von Projekten im Verlauf der Zeit nachläßt, selbst wenn es nicht zu einem totalen Fehlschlag des Projekts kommt. Diese Vermutung wird durch Beobachtungen und durch theoretische Argumente gestützt. Zum Zeitpunkt des Vorschlags eines Projekts gibt es oft viel Optimismus und Begeisterung, die sich in der Planung und der Berechnung der erwarteten Rendite ausdrücken. Wenn das Projekt dann angenommen wird, stellt sich die Mühsal des Alltags ein und mit der Zeit tauchen auf einmal Schwierigkeiten auf.

Richtig ist, dass es Unsicherheit gibt, und einige Projekte rentabler werden als zum Entscheidungszeitpunkt gedacht wurde. Doch eine Mehrheit von Projekten wird im Zeitverlauf unrentabler, als es der ursprüngliche Plan zeichnet. Um diesen Effekt zu berücksichtigen, der in der Natur der Umstände liegt, muss zum Entscheidungszeitpunkt eine etwas höhere Rendite verlangt werden. So ist ein Projekt nur dann vorteilhaft ist, wenn der Projektplan zum Entscheidungszeitpunkt auch bei einem *höheren* Kapitalkostensatz noch einen positiven Wert ergibt.

Schließlich noch ein Argument: Das Management strebt nach Outperformance. Es möchte die Investoren immer wieder mit Meldungen überraschen, die darauf hindeuten, dass die Unternehmung eine Rendite erzielt, die höher als die erwarteten 7%, 8% oder 9% sind. Auch das verlangt, dass die Hurdle Rate noch einen Punkt angehoben wird.

> Es ist korrekt, die Kapitalkosten für die Bewertung der Unternehmung als Ganzes (7%, 8% oder 9%) von Kapitalkosten für die Bewertung von Projekten (15% oder 20%) zu unterscheiden.

Die vergleichsweise hohen Kapitalkosten *innerhalb* der Unternehmung verführen übrigens immer wieder zu einer Taktik, eigentlich nicht rentable Projekte in ein besseres Licht zu rücken.

Üblich ist, das Projekt so zu präsentieren, dass eine Fremdfinanzierung gleich im Projektplan aufgenommen ist. Dadurch erscheint der Bedarf an Eigenmitteln geringer und der wahre Verlust bei einem Totalausfall ist kaschiert. Selbst wenn des Projekt nur eine Rendite von vielleicht 12% erwarten läßt, heißt es dann, dies sei der Mischsatz aus Eigenkapitalrendite und Fremdkapitalkostensatz und folglich ausreichend hoch, weil die Fremdkapitalkosten vergleichsweise gering sind.

Außerdem wirkt ein Projektplan, der gleich mit einer teilweisen Finanzierung dargestellt wird, oft ausgereifter und überdachter.

7.4 Ergänzungen und Fragen

7.4.1 Zusammenfassung.
1. Beim Unternehmenswert bietet es sich vor allem deshalb an, einen Equity-Value und einen Entity-Value zu unterscheiden, weil die Finanzierung dann Einfluß auf den Wert hat, wenn realitätsnahe Steuersysteme betrachtet werden.
2. Wird noch der Annahme gefolgt, die Unternehmenssteuer sei unabhängig von der Finanzierung, gilt die These von MODIGLIANI und MILLER: Der Gesamtwert (Entity-Value) ist unabhängig davon, ob und wieviel Fremdkapital für die Finanzierung herangezogen wird.
3. Bei dem Steuersystem, das in praktisch allen Ländern anzutreffen ist, muss die Unternehmung zwar jene Wertschöpfung versteuern, die sie als Gewinn den Eigenkapitalgebern zuweist, nicht jedoch jene Wertschöpfung, die als Zinsen den Fremdkapitalgebern zugewiesen und an sie ausbezahlt werden. Dann steigt der Entity-Value mit zunehmendem Einsatz von Fremdkapital an, einfach weil die Steuerlast verringert wird.
4. Eine praktisch gut verwendbare DCF-Formel ist (7-18) unter Verwendung der Miles-Ezzell-Cost-of-Capital.

7.4.2 GNOM und WANDERER

"So," sprach der GNOM, "was hast Du denn im Kopf behalten?"

WANDERER: Beeindruckt hat mich, wie eine Unternehmung an *fiktiven* Zahlungen bewertet werden kann, sofern die Bewertungsrechnung bei der Aufstellung der Zahlungsreihe dann das entsprechende Wachstum berücksichtigt. Das ist bei den zuvor diskutierten Varianten für die Budgetierung von Investitionen deutlich geworden. Daher ist der DCF-Ansatz geeignet, das Augenmerk auf das betriebliche Geschehen zu lenken oder auf die Musik der Investitionen.

GNOM: "Je nachdem, wie viel an Investitionen budgetiert wird, läuft der DCF-Ansatz einmal auf eine Diskontierung der betrieblichen Cashflows hinaus, ein zweites mal auf eine Ertragsbewertung und ein drittes mal auf die schon bekannte Bewertung anhand der Dividenden."

WANDERER: Gut, die Irrelevanz der Dividendenpolitik, die sich hinter dieser wichtigen Möglichkeit verbirgt, ist das Eine. Hinsichtlich der Steuerthematik finde ich die Erkenntnis gut, dass der Gesamtwert einer verschuldeten Unternehmung *höher* ist, als wenn genau dieselben realwirtschaftlichen Ergebnisse nur Eigenkapitalgebern zugewiesen werden und damit voll zu versteuern sind. Über den Tax Shield als Barwert der Steuervorteile hätte ich gern mehr gehört. Doch die vorgeführte Übersicht zu den Ansätzen, mit denen der Entity-Value bestimmt werden kann, ist schon interessant. Wenig überzeugt hat mich aber die in der gesamten Literatur immer getroffene Annahme, die Finanzierung hätte keine Rückwirkung auf die realwirtschaftliche Tätigkeit. In der Praxis ist das doch anders. Kaum ist die Bank da, muss der Unternehmer anders investieren.[10]

GNOM: "Und, was hast Du bei der Miles-Ezzell-Formel gelernt?"

WANDERER: Die erste Wertformel für den Equity-Value der teils fremdfinanzierten Unternehmung (7-1) und (7-2) fand ich noch interessant, doch dann wurde es etwas ermüdend, den immer neuen Berechnungen von Cashflows und Kapitalkosten zu folgen. Für mich sind diese Ansätze im Laufe der Zeit langweilig geworden und Ausdruck des Versuchs, die Formeln (6-6) und (6-7) zum zentralen Kern jeder Unternehmensbewertung zu machen...

GNOM: "... Das, was Du als «Versuch» bezeichnest, galt um 1980 als in höchstem Maß gelungen. Nur sieht man heute, dass die Cashflows der kommenden Jahre unterschiedlich riskant sein könnten. Dann müßte man die Kapitalkosten vom Zeitindex abhängig machen. Damit wird die Sache kompliziert. Doch das Komplexe hat etwas Gutes..." und hier lächelte der GNOM verschmitzt: "Wo es kompliziert wird, ist sogleich der Wissenschaftler zur Stelle und bietet seine Dienste an, entwickelt Theorien, trägt den Diskurs in den Hörsaal, vergibt Doktorarbeiten, organisiert Seminare. Nur das Komplizierte nährt die Zunft."

WANDERER: Doch das Komplizierte schreckt den Praktiker, der die Faustformel liebt ...

Der GNOM, auf einmal ironisch: "... Der Praktiker will nicht der Wahrheit Tiefe ergründen. Er ist nur daran interessiert, was *andere* Praktiker denken und von einer Sache halten. Er nimmt den Theoretiker nicht zur Kenntnis. «Richtig» für den Praktiker ist, was andere für richtig halten, weil wiederum andere meinen, es sei richtig..."

---

[10] STEWART C. MYERS: Interactions of Corporate Financing and Investment Decisions — Implications for Capital Budgeting. *Journal of Finance* 29 (March 1974), pp. 1-25.

7. COST OF CAPITAL

Der WANDERER, ablenkend, um nicht auf die Anspielung auf die Metapher von KEYNES eingehen zu müssen: ... Jedenfalls ist (7-18) eine schöne und für die Praxis nützliche Formel.

7.4.3 Stichworte und Namen

APV-Ansatz, Equity-Value, Entity-Value, JOHN R. EZZELL, Hackordnung, Halbeinkünfteverfahren, Leverage-Effekt, Leverage-Risiko, JAMES A. MILES, Miles-Ezzell-Formel, *MECC*, STEWARD C. MYERS, Verschuldungsgrad, Tax Shield.

7.4.4 Fragen

1. Welcher Grundidee folgt der APV-Ansatz?
2. Was besagt die Hackordnung der Finanzierung und wie wird sie erklärt?
3. Ist diese Behauptung korrekt? "Beim Ansatz von Miles und Ezzel resultiert der Entity-Value als Barwert der *total versteuerten EBIT*, die ungeachtet der tatsächlichen Finanzierung in der Wertformel als voll versteuert unterstellt werden."
4. Ein Konzern plant eine *Single Purpose Company* (SPC), die von vornherein nur eine recht kurze Lebensdauer haben wird. Die Anfangszahlung, um die SPC in Gang zu bringen, beträgt 25 (Millionen Euro). Sie wird durch diese *EBIT* für die folgenden drei Jahre beschrieben: $20, 30, 40$. Als Steuersatz soll mit $s = 30\%$ gerechnet werden. Aufgrund der hohen Risiken (und ohne Beachtung von Risiken, die mit einer speziellen Kapitalstruktur verbunden wären), werden die Kapitalkosten mit 20% veranschlagt — das sind die Kapitalkosten der unverschuldeten Unternehmung im Sinn unserer Sprechweise. Die Fremdkapitalkosten betragen 10%, weil die Banken einen hohen Zuschlag für das Defaultrisiko verlangen. Gesucht ist der Wert der SPC in Abhängigkeit von Finanzierungsvarianten. Führen Sie die Rechnung für drei verschiedene Finanzierungen mit Verschuldungsgraden $l = FK/EK = 0$, $l = 1$ und $l = 2$ durch.

7.4.5 Lösungen

1. Finde den Gesamtwert der Unternehmung, in dem zum Wert der unverschuldeten Unternehmung der Tax Shield addiert wird.

2. Manager ziehen Innenfinanzierung einer Außenfinanzierung vor, und wenn Außenfinanzierung nötig ist, ziehen sie Fremdfinanzierung einer Kapitalerhöhung vor. Erklärung durch asymmetrische Information zwischen Managern und (neuen) Aktionären.
3. Ja.
4. Vergleiche Beispiel 7-5.

8. Flexibilität

Die DCF-Methode unterstellt ein Szenario für die Zeitreihe der Freien Cashflows, nämlich das Szenario, das aufgrund des Geschäftsplans erwartet wird. Wenn die Unternehmung noch flexibel ist und einige Festlegungen erst später treffen kann, müssen andere Ansätze herangezogen werden. Hierzu gehören die flexible Planung, die simulationsbasierte Unternehmensbewertung und der Ansatz der Realoptionen.

8.1 Flexible Planung und Simulation 215
8.2 Realoptionen 224
8.3 Ergänzungen und Fragen 232

8.1 Flexible Planung und Simulation

8.1.1 Irreversibilität

Beim DCF-Ansatz werden die zu diskontierenden Freien Cashflows einem Budget oder Geschäftsplan entnommen. Diskontiert werden die aufgrund dieses Plans *erwarteten* Cashflows. Der Bewertung liegt *ein* Szenario zugrunde. Unerheblich für diese Feststellung ist, ob die Freien Cashflows für die ersten Jahre, etwa für die ersten fünf Jahre, einem detaillierten Budget entnommen werden und ab dann ein gleichförmiges Wachstum der Cashflows angenommen wird. Auch diesem Rechenweg liegt *ein* Szenario zugrunde. Bei dieser üblichen Vorgehensweise wird nicht berücksichtigt, ob die Unternehmung eventuell den *Geschäftsplan* noch *ändert*. Einige Unternehmen haben die Flexibilität dazu, andere nicht.

Der Punkt ist dabei, dass die meisten Investitionen der Unternehmung eine gewisse *Irreversibilität* zeigen. Gäbe es keinerlei Irreversibilität, wäre die Unternehmung ohnehin extrem flexibel und man müßte nicht mehr über die Möglichkeit sprechen, den Geschäftsplan ändern zu können.

Bild 8-1: Ein starrer Geschäftsplan (oben) und ein flexibler Plan (unten).

Bei Irreversibilität ist es etwas Besonderes, wenn spätere Änderungen doch noch möglich sind. Selbstverständlich drängt sich eine spätere Modifikation des Plans auf, wenn sich die Annahmen, auf denen der heutige Plan beruht, ändern *sollten*. Beispielsweise könnten Informationen über die weitere Entwicklung des Absatzmarktes erst im Verlauf der Jahre eintreffen. Flexible Unternehmen können diese Informationen abwarten, bevor sie ihre Investitionen konkret festlegen, oder sie können ein getroffene Investition anpassen. Starre Unternehmen haben bereits zu Beginn über alles entschieden. Flexibilität ist daher um so wertvoller, je unsicherer das Umfeld ist, von dem die Wirtschaftstätigkeit der Unternehmung abhängt.

> Optionen, den Geschäftsplan noch ändern zu können, um so auf spätere Informationen und Entwicklungen einzugehen, werden als *Realoptionen* bezeichnet.

Beispielsweise wird eine Unternehmung, die über Realoptionen verfügt, ihre Produktionskapazität ausweiten, wenn sich der Absatzmarkt gut entwickelt, und sie wird sie einschränken oder abbauen, wenn sich der Absatzmarkt verschlechtert. Deshalb kann eigentlich der Freie Cashflow einer solchen Unternehmung nicht durch ein einziges Szenario beschrieben werden.

8. FLEXIBILITÄT

Im Grunde müßten verschiedene *bedingte* Szenarien aufgestellt werden, wobei die Bedingungen 1. durch die möglichen Entwicklungen der Absatzmärkte sowie 2. Durch die optimale Reaktion der Unternehmung darauf beschrieben werden.

Die Aufstellung bedingter Szenarien heißt *flexible Planung*.

Der Gedanke der flexiblen Planung wurde schon vor vierzig Jahren entwickelt.[1] Für jede Entwicklung der Absatzmärkte — um im Beispiel zu bleiben — ergibt sich eine entsprechende Sequenz von Entscheidungen der Unternehmung als optimale Reaktionen. Daraus errechnet sich eine Folge von Freien Cashflows und schließlich ein DCF. Für eine Berechnung des heutigen Unternehmenswerts müßten die mit einer flexiblen Planung aufgestellten Szenarien noch zu einer einzigen Zahl, eben dem Wert, zusammengeführt werden.

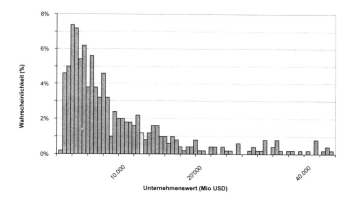

Bild 8-2: Ergebnis einer Simulationsstudie zur Ermittlung möglicher Werte des Internet-Versandhandels *Amazon*. Grundlage ist die Simulation der Absatzentwicklung. Berechnungen: C. BÖHMER 2003.

Dieser Ansatz ist komplex. Doch er bietet einen universellen Rahmen für realitätsnahe Beschreibungen. Allerdings müssen im Planungsstadium alle Szenarien im einzelnen "durchgedacht" werden. Zweifellos übersteigt die Aufstellung flexibler und bedingter Geschäftspläne die

---

[1] 1. J. MAGEE: How to Use Decision Trees in Capital Investment. *Harvard Business Review* 42 (1964), pp. 79-96. 2. A. ROBICHEK und J. VAN HORNE: Abandonment Value and Capital Budgeting. *Journal of Finance* 22 (1967), pp. 577-589. 3. HELMUT LAUX: *Entscheidungstheorie*, 3. Auflage. Springer-Verlag, Berlin 1995.

Bereitschaft des Praktikers. Dennoch finden sich sporadische Anwendungen der flexiblen Planung in der Praxis.

Ähnlich geht die simulationsbasierte Unternehmensbewertung vor. Sie erzeugt mit Simulation zahlreiche Szenarien für die Entwicklung des Absatzmarktes, der Absatzpreise oder der Wirtschaftsentwicklung. In jedem Szenario reagiert das Management optimal auf die vorgezeichnete Entwicklung und paßt Investitionen an. In jenen Szenarien, in denen sich der Markt gut entwickelt, wird mehr investiert. Ansonsten reduziert die Unternehmung ihre Investitionen. Jedes Szenario mündet so wieder in einer Zeitreihe Freier Cashflows. Sind die Szenarien gleich wahrscheinlich, kann ein *Histogramm* der möglichen Unternehmenswerte die Verteilung veranschaulichen (Bild 8-2). Die Ursprünge der simulationsbasierten Unternehmensbewertung gehen auf D. B. HERTZ 1964 zurück.[2]

Eine Bemerkung zum Unterschied zwischen flexibler Planung und simulationsbasierter Unternehmensbewertung: Bei der flexiblen Planung werden alle denkmöglichen Szenarien im einzelnen aufgestellt. Das ist Handarbeit. Hingegen werden bei der simulationsbasierten Unternehmensbewertung die Szenarien mit einem funktionalen Ansatz rechnerisch erzeugt. Das geht mechanisch. Als Beispiel dafür sei der Prozeß des Absatzes für ein *haltbares* Konsumgut beschrieben. Hier gibt es verschiedene quantitative Absatzmodelle. Ein recht bekanntes Modell ist die logistische Funktion.

8.1.2 Erzeugung der Szenarien

Die logistische Funktion nimmt die Absatzmenge Q_T im Jahr T als proportional zum bisherigen Gesamtabsatz an (Kunden zeigen ihren Kauf) sowie als proportional zum noch vorhandenen Absatzpotential, das durch ein Sättigungsniveau des Gesamtmarkts von N begrenzt ist:

$$(8\text{-}1) \qquad Q_t = \alpha \cdot N \cdot \left(\frac{\sum_{\tau=1}^{t-1} Q_\tau}{N} \right) \cdot \left(1 - \frac{\sum_{\tau=1}^{t-1} Q_t}{N} \right) \quad \textit{für} \quad t = 2, 3, \ldots$$

---

[2] D. B. HERTZ: Risk Analysis in Capital Investment. *Harvard Business Review* 42 (1964), pp. 95-106.

8. FLEXIBILITÄT

Üblicherweise wird der Absatz in Relation zum Sättigungsniveau ausgedrückt, also der relative Absatz $q_t = Q_t / N$ betrachtet. Für den relativen Absatz lautet die Entwicklung

$$(8\text{-}2) \qquad q_t = \alpha \cdot \left(\sum_{\tau=1}^{t-1} q_\tau\right) \cdot \left(1 - \sum_{t=1}^{t-1} q_\tau\right) \quad \text{für} \quad t = 2, 3, \ldots$$

Diese Gleichungen beschreiben, wie sich der Absatzprozeß fortentwickelt, nicht jedoch, wie er im ersten Jahr zu $t=1$ beginnt. Die besonders kritische Phase der Markteinführung ist aus Sicht des Zeitpunkts 0 der Planung und Unternehmensbewertung von Zufällen geprägt. Man muss daher q_1 als Zufallsgröße verstehen. Sie sei durch $\tilde{x}_1$ beschrieben. Hat die Unternehmung im ersten Zeitpunkt Glück (hohe Realisation von $\tilde{x}_1$), dann geht der Absatz in den Folgejahren aufgrund der "Mechanik" (8-2) schnell weiter. Zudem kann der weitere Absatzprozeß von Zufällen überlagert werden, so dass (8-2) so zu modifizieren wäre:

$$(8\text{-}3) \qquad \begin{aligned} q_1 &= \tilde{x}_1 \\ q_t &= \alpha \cdot \left(\sum_{\tau=1}^{t-1} q_\tau\right) \cdot \left(1 - \sum_{\tau=1}^{t-1} q_\tau\right) + \tilde{x}_t \quad \text{für} \quad t = 2, 3, \ldots \end{aligned}$$

Selbstverständlich können zusätzliche Einflußfaktoren berücksichtigt werden, beispielsweise kann nach einiger Zeit Ersatzbedarf auftreten. Ebenso können weitere Zufälligkeiten in das Modell aufgenommen werden. Außerdem kann es sein, dass manche Größen, beispielsweise der Proportionalitätsfaktor α, nicht bekannt sind sondern erst im Verlauf der Zeit geschätzt werden müssen.

Für ein Zahlenbeispiel sei $\alpha = 1$ angenommen. Die zufälligen Einflüsse sollen sich zu $x_1 = 0{,}1$, $0 = x_2 = x_3 = \ldots$ realisieren: $q_1 = 0{,}1 = 10\%$, $q_2 = 1 \cdot 0{,}01 \cdot 0{,}99 = 0{,}099 = 9{,}9\%$ und so fort. Für verschiedene Zufälle bei der Markteinführung ($x_1 = 0{,}1\%, 1\%, 10\%$) ist die Absatzentwicklung für zehn Jahre nachstehend illustriert (Bild 8-3). Wenn die Unternehmung zum Zeitpunkt 0 ihre Kapazität festgelegt hat, ist mit diesem Exposure eine große Unsicherheit hinsichtlich der Markteinführung ausgesetzt. Der Unternehmenswert ist selbstverständlich höher, wenn das Management gewisse Entscheidungen erst dann treffen muss, wenn die Phase der Markteinführung vorbei ist und der weitere Verlauf des Absatzprozesses genauer prognostiziert werden kann.

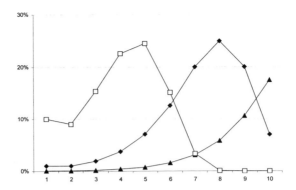

Bild 8-3: Der relativ auf das Sättigungsniveau und als Prozentzahl ausgedrückte Absatz in den ersten zehn Jahren nach (8-3) und Alpha=1 für drei Szenarien: $q_1=0{,}001$ (Dreiecke), $q_1=0{,}01$ (Rauten) und $q_1=0{,}1$ (Quadrate).

- Jedenfalls können Szenarien mit Simulation erzeugt werden, wenn eine Funktion wie etwa (8-3) aufgestellt ist, die den Absatz bestimmt. Zusätzlich müssen die anderen Größen erzeugt werden, die den Freien Cashflow bestimmen.

- In den Absatz und in die anderen Bestimmungsgrößen des Freien Cashflows fließen noch Zufälle ein und vielleicht Reaktionen des Managements. Mit jedem Simulationslauf werden Realisationen für diese Zufallseinflüsse erzeugt.

So führt jeder Simulationslauf auf eine Zeitreihe Freier Cashflows und letztlich auf einen Wert — unter der Bedingung, dass sich die Zufälle so realisieren wie im Simulationslauf unterstellt. Mit zahlreichen Simulationsläufen kann ein Histogramm bedingter Unternehmenswerte aufgestellt werden. Die im Histogramm gezeigte Verteilung der bedingten Unternehmenswerte muss dann wieder zu einer einzigen Zahl, dem Wert, verdichtet werden.

Abgesehen von der Berechnung des Werts bietet die Simulation weitere Vorteile. Die Darstellung der möglichen Werte in einem Histogramm ist mehr als ein Zwischenschritt zur Bewertung. So kann das Histogramm auf die extremen Szenarien untersucht werden. Beispielsweise kann den schlechten Entwicklungen besondere Aufmerksamkeit gewidmet werden. Es wird etwa studiert, ob bei einer ungünstigen Entwicklung die Unternehmung über ausreichende Reserven verfügt. Generell eignen sich Szenarien für die Risikoanalyse.

Vor allem gestatten Szenarien es, in Abhängigkeit der Entwicklung im Absatzmarkt Entscheidungen besonders genau zu analysieren, die sich vielleicht nur in einem Szenario anbieten, nicht aber in anderen. Beispielsweise kann eine Unternehmung ein neues Produkt lancieren. Wird es vom Markt gut aufgenommen, dann hat die Unternehmung die Option, die Produktfamilie zu erweitern. Wird das Produkt aber vom Markt nicht aufgenommen, stellt sich die Frage einer Ausweitung der Produktfamilie nicht.

Ähnlich ist es mit der Kapitalaufnahme. Hat die Firma im Markt Erfolg, kann sie leichter einen Kredit erhalten und neue Eigenkapitalgeber ansprechen. Findet die Firma im Produktmarkt nur zögerlich Akzeptanz, ist ihr die Außenfinanzierung nicht im selben Umfang möglich.

Aus diesen Gründen findet die Unternehmensbewertung anhand von Szenarien immer mehr Beachtung. Das Ziel, einen Wert als Zahl zu errechnen, ist dann sogar zweitrangig. Erstrangig ist die Aufstellung aller denkbaren Entwicklungen, die Analyse der jeweiligen Entscheidungen und der Nebenbedingungen. Die Unternehmensbewertung anhand von Szenarien ist deshalb selbst dann hilfreich, wenn die Überzeugung besteht, dass für die Bewertung letztlich nur ein einziges Szenario weiter zu verfolgen wäre.

8.1.3 Ergänzung: Simulationstechniken

Es stellt sich die Frage, wie die Szenarien erzeugt werden. Hier sollte man *methodisch* vorgehen, damit die *Güte* der abgeleiteten Ergebnisse wissenschaftlich beurteilt werden kann. Auch wer Szenarien *ad hoc* formuliert kommt zwar für jedes Szenario zu einem Unternehmenswert. Doch bleibt dann vielfach nur übrig, die Werte mit Bemerkungen wie "im optimistischen Fall" oder "im pessimistischen Fall" zu etikettieren. Eine nachprüfbare Auswertung der Ergebnisse ist ohne Methodik nicht möglich.

> Die methodische Erzeugung von Szenarien und die Auswertung der erzeugten Szenarien wird als *Simulation* bezeichnet.

Die Simulation hat im Operations Research eine lange Tradition.[3] In jüngster Zeit wird sie gleichfalls für die Unternehmensbewertung einge-

---

[3] 1. JÖRG BIETHAHN, WILHELM HUMMELTENBERG, BERND SCHMIDT, PAUL STÄHLY und THOMAS WITTE: *Simulation als betriebliche Entscheidungshilfe.* Physica-Verlag, Heidelberg 1999; 2. PAUL BRATLEY, BENNETT L. FOX, LINUS E. SCHRAGE: *A Guide To Simulation.* Springer-Verlag, New York 1987. 3. AVERILL M. LAW und DAVID W. KELTON: *Simulation Modeling and Analysis.* 2. Auflage, McGraw-Hill, New York 1991. 4. FRANZ LIEBL: *Simulation.*

setzt.[4] Hierzu wird der Absatzprozeß simuliert, aber selbstverständlich können zusätzlich die Kostenentwicklung und andere interne Entwicklungen in die Modellierung einbezogen werden, so beispielsweise die Finanzierung. Hierbei gibt es eine Fülle von Möglichkeiten.

So kann die Frage, wann ein Markt durchdrungen ist, als von Zufällen abhängig modelliert werden. Ob und wann eine Unternehmung Schlüsselkunden erreicht, hängt oft von Glück und Pech ab. Andererseits eröffnen sich weitere Möglichkeiten für eine Unternehmung erst dann, wenn Schlüsselkunden erreicht sind. Außerdem kann das Verhalten der Konkurrenz als zufällig modelliert werden, oder es kann als Funktion des jeweiligen Erfolgs bei der Marktdurchdringung modelliert werden, den die zu bewertende Unternehmung zufälligerweise hat. So könnte als Reaktion unterstellt werden, dass bei großem Erfolg die Konkurrenten in den Markt eintreten und die Marge fällt, bei geringem mengenmäßigem Absatzerfolg die Konkurrenz nicht in den Markt eintritt und die Margen hoch bleiben. Selbstverständlich hängen die Produktionskosten vom Pfad ab, den die Absatzentwicklung nimmt.

> Generell bezeichnet *Simulation* die Nachbildung eines beliebigen Systems oder Prozesses durch ein anderes System oder einen anderen Prozeß als *Modell* des Originals. In unserem Zusammenhang ist Simulation die methodische Erzeugung hinreichend vieler Szenarien, um die Auswirkungen eines Sachverhaltes oder einer Entscheidung angesichts zufälliger externer Einflußfaktoren studieren zu können.

Simulation ist angebracht, wenn dadurch in einfacher, zeitsparender Weise das Verhalten von Objekten erfaßt wird, deren Untersuchung zu kompliziert (insbesondere bei Mitwirken von Zufallsgrößen), zu teuer oder zu riskant wäre. Allgemein kann das verwendete Modell physikalischer oder abstrakter Natur sein. Im letzteren Fall ist es möglich, das Verhalten und die Wechselbeziehungen der Elemente eines Systems durch mathematische Gleichungen darzustellen und mit Hilfe von Computern und geeigneten Programmen alle möglichen Variablenkombinationen und Lösungsmöglichkeiten durchzuspielen. Die Vorteile der Simulation: sie macht viele denkbare Entwicklungen anschaulich und

---

Oldenbourg-Verlag, München, 1992. 5. MICHAEL PIDD: *Computer Simulation in Management Science*. 4. Auflage, Wiley, New York 1998. 6. REUVEN Y. RUBINSTEIN: *Simulation and the Monte Carlo Method*. Wiley, New York 1981.

[4] 1. EDUARDO S. SCHWARTZ und MARK MOON: Rational Pricing of Internet Companies. *Financial Analyst Journal* 56 (Mai/June 2000), pp. 62-75. 2. EDUARDO S. SCHWARTZ, und MARK MOON: *Rational Pricing of Internet Companies Revisted*. Working paper University of California, Berkeley, September 2000.

erlaubt, komplizierte Interaktionen in jedem Szenario einzeln zu berücksichtigen.

Die Simulation bei der Unternehmensbewertung verlangt drei Schritte:

1. Modellierung des Absatzprozesses und der Realoptionen, die sich in gewissen Zuständen des Absatzprozesses auftun.
2. Modellierung von Reaktionen: Wie hängen das Verhalten der Konkurrenz und die Kosten sowie weitere Größen von der Absatzentwicklung ab?
3. Methodische Erzeugung und Auswertung der Szenarien.
4. Aufstellen der Verteilung der Werte (Histogramm) unter den erzeugten Szenarien.
5. Verdichtung dieser Verteilung zu einer Zahl, dem Wert.

Für die Erzeugung der Szenarien (Schritt 3) bieten sich einige Methoden an:

- *Vollständige Simulation.* Hier wird jedes Element eines zugrunde gelegten "Kollektivs" als ein Szenario verwendet. Also: Man nimmt an, das Kollektiv möglicher Entwicklungen sei gegeben. Nun werden alle diese Entwicklungen durchgespielt. Genau das tut die flexible Planung. Der Vorteil liegt im konkreten Bezug der erzeugten Szenarien.

- Vielfach wird das Kollektiv möglicher Entwicklungen aufgrund von Vergangenheitsdaten bestimmt. Man spricht von *historischer Simulation.* Der Nachteil der historischen Simulation liegt dann darin, dass Szenarien, die im Prinzip eintreten könnten, die in der Vergangenheit jedoch nicht vorgekommen sind, bei der Simulation völlig außer Acht gelassen werden.

- *Stochastische Simulation*: Hier werden für das Kollektiv von Entwicklungen zunächst die Parameter der Wahrscheinlichkeitsverteilung (die wohl das Kollektiv erzeugt hat) geschätzt. Der Vorteil: Dazu genügt bereits eine Stichprobe. Anschließend werden zufällige Ziehungen dieser Wahrscheinlichkeitsverteilung (Zufallszahlen) generiert. Der Vorteil: Hier werden selbst solche Ereignisse generiert, die bei der Stichprobe nicht aufgetaucht sind, die es aber durchaus hätte geben können. Wenn die gefundene Wahrscheinlichkeitsverteilung stetig ist wird außerdem der Effekt gemildert, dass sich bei der Simulation mit zahlreichen Durchläufen Wiederholungen einstellen.

- *Stress-Testing*: Simuliere unter Verwendung der schlechtesten Szenarien, die in der Vergangenheit aufgetreten waren. Diese Simulationsmethode möchte eigentlich nicht den Unternehmenswert finden, sondern studieren, was mit der Unternehmung im *Worst-Case* passieren dürfte, falls es dazu käme.
- *Boot-Strapping*: Erzeuge Entwicklungen, die es nicht gegeben hat, indem die eingetretenen Entwicklungen in Teilschritte zerlegt werden, und neue Entwicklungen durch neue Kombinationen der gefundenen Teile erzeugt werden.

Das Boot-Strapping wird oft herangezogen, wenn nur wenige Beobachtungen vorliegen. Beispiel: Eine Studie soll mit aktuellen Marktdaten (und nicht mit historischen Daten) durchgeführt werden. Leider sind nur die Daten des letzten Jahres verfügbar. Das gegebene Kollektiv umfaßt also nur dieses eine Jahr, also eine einzige Entwicklung. Man zerlegt dieses Jahr in 52 Wochen und nimmt die Wochendaten als ein neues Kollektiv, aus dem nun durch 52maliges Ziehen neue Jahresentwicklungen erzeugt werden. Der Vorteil des Boot-Strapping besteht folglich darin, dass über den Tellerrand hinaus geschaut wird. Auch extreme Jahresentwicklungen und ungewohnte Konstellationen werden in die Simulation einbezogen. Wenn allerdings das ursprüngliche Kollektiv von Entwicklungen sehr reichhaltig ist und viele Entwicklungen umfaßt, ist zu fragen, warum die mit Boot-Strapping generierbaren und denkbaren Entwicklungen in der Vergangenheit nicht eingetreten sind. Deshalb würde man in solchen Situationen — große Stichprobe — auf einen Einsatz des Boot-Strapping verzichten.

8.2 Realoptionen

8.2.1 Zum Beispiel der Goldmine

Eine Wiedergeburt des Gedankens, dass Unternehmen in Abhängigkeit späterer Entwicklungen im Absatzmarkt oder im wirtschaftlichen Umfeld ihren Geschäftsplan noch ändern können, war das *Beispiel der Goldmine*. In diesem Beispiel modellierten M. J. BRENNAN und E. S. SCHWARTZ 1985 den Preis für Gold als einen stochastischen Prozeß und betrachteten eine Goldmine, die geschlossen und wieder geöffnet werden kann. Ihr "Exposure" kann also situationsabhängig angepaßt werden und muss nicht von Anfang für alle Zeiten starr festgelegt sein.

8. FLEXIBILITÄT

Auch wenn jede Schließung und jede Öffnung mit gewissen Kosten verbunden ist, hat eine solche Miene offensichtlich einen höheren Unternehmenswert als wenn sie stets geöffnet bleiben müßte.

- Denn der Goldpreis ist sehr volatil. Auch wenn er augenblicklich so hoch ist, dass die Mine im geöffneten Zustand attraktiver ist, könnte der Goldpreis doch in Zukunft einmal so stark fallen, dass es (trotz der für die Schließung anfallenden Kosten) günstiger ist, zu schließen.[5] Der Wert der geöffneten Miene ist daher gleich dem erwarteten Cashflow plus dem Wert der Option, sie schließen zu können.

- Ist sie dann geschlossen, und sind alle Verpflichtungen abgewikkelt, hat die Mine nicht etwa den Wert 0. Denn es könnte ja sein, dass der Goldpreis einmal steigt und eine hinreichende Höhe erreicht, so dass die Mine, dann geöffnet, einen positiven Wert hat. Die geschlossene Mine ist daher wie eine Option, die zwar derzeit "aus dem Geld" ist, dennoch aber einen positiven Wert besitzt, weil der Goldpreis mit einer gewissen Wahrscheinlichkeit ein attraktives Niveau erreichen *könnte*.[6] Der Wert der geschlossenen Miene ist gleich dem Wert der Option, sie öffnen zu können.

Die Realoption, die eine offene Miene hat, ist die, sie schließen zu können. Die Realoption, die eine geschlossene Miene hat, ist die, sie öffnen zu können.

Die Untersuchung der Goldmine ist ein wichtiger Beitrag zur Finance-Literatur. Sie hat eine intensive Forschung solcher Realoptionen und ihre Bewertung ins Leben gerufen. Der Punkt ist nicht, dass hier einfach ein neues Beispiel gefunden wurde, sondern dass eine neue *Bewertungsart* umgesetzt wurde: Die *Bewertung durch Replikation.*[7]

---

[5] Allerdings wird der Manager eine offene Miene nicht schon dann schließen, wenn der vielleicht fallende Goldpreis gerade unter die variablen Produktionskosten gesunken ist. Denn bei dem stochastischen Prozeß des Preises könnte es durchaus sein, dass der Preis sogleich wieder steigt. Dann würde es nur Kosten verursachen, wenn die Mine gerade geschlossen wurde und nun wieder geöffnet werden soll. Der Manager wird daher die Mine nicht schon dann schließen, wenn sie aufgrund des Goldpreises "unrentabel" ist. Er wird sie erst schließen, wenn der Goldpreis *deutlich* unter die Rentabilitätsschwelle gefallen ist. Ähnlich wird der Manager eine Goldmine im geschlossenen Zustand nicht bereits dann öffnen, wenn der Goldpreis steigt und die Rentabilitätsschwelle erreicht. Er wird sie erstmals öffnen, wenn der Goldpreis deutlich darüber liegt.

[6] MICHAEL J. BRENNAN und EDUARDO S. SCHWARTZ: Evaluation Natural Resource Investments. *Journal of Business* 58 (1985) 2, pp.

[7] MICHAEL J. BRENNAN und LENOS TRIGEORGIS: *Projekt Flexibility, Agency, and Competition — New Developments in the Theory and Apllication of Real Options.* Oxford University Press, Oxford 2000. Dieser Band enthält zahlreiche Einzelbeiträge.

Bild 8-4: MICHAEL BRENNAN, geboren 1942, Irwin und Goldyne Hearsh Professor für Banken und Finanzen an der University of California, Los Angeles, sowie Professor of Finance an der London Business School. Seine Forschungsinteressen umfassen das Asset Pricing, Corporate Finance, die Bewertung und der Einsatz von Derivaten, die Mikrostruktur von Finanzmärkten und die Rolle der Information in Finanzmärkten. BRENNAN hat zahlreiche Veröffentlichungen in allen genannten Gebieten. Er gehörte zu den Gründungsherausgebern des *Review of Financial Studies*, wirkt im Herausgeberkreis weiterer Fachzeitschriften an, und war Präsident der *American Finance Association.*

Wir werden diese Methode in den Kapitel 13, 14 und 15 vorführen. Man muss sehen, dass die frühen Anwendungen der flexiblen Planung die Diskontrate letztlich als "irgendwie" (exogen) vorgegeben betrachten mußten. Es konnte nicht berücksichtigt werden, dass die Wahlmöglichkeiten eine Rückwirkung auf das Risiko haben und von daher die Diskontrate nicht exogen gegeben sein kann. Die korrekte Bewertung hängt von der Art und Weise ab, wie Flexibilität und wie Optionen bei der Geschäftsplanung ausgeschöpft wird. Vor vierzig Jahren war jedoch noch nicht bekannt, wie die sich entwickelnden Szenarien und das mit ihnen verbundene Risiko mit der Untersuchung der Diskontrate zusammengeführt werden könnten. Das ist erst mit dem Beispiel der Goldmine gelungen. Die mit diesem Beispiel eingeführte Methode für die Bewertung von Realoptionen hat den *Übergang vom klassischen zum modernen Finance im Bereich des Budgeting* vollzogen, ähnlich wie die Bewertung von Finanzoptionen die Bewertungstheorie von den klassischen zu den modernen Ansätzen führte.

In der Literatur wurde dann eine Vielzahl von konkreten Bedeutungen für Realoptionen genannt. Letztlich bieten alle Realoptionen der Unternehmung *die Möglichkeit, das Exposure zu verändern*. Es gibt einen zugrundeliegenden zufälligen Vorgang — Absatzmarkt, Preis, Wirtschaftsentwicklung — und die Unternehmung kann mit der Realoption festlegen, wie stark sie letztlich ihre Cashflows von diesem zugrundeliegenden Vorgang, kurz dem Underlying, abhängig macht. Die Unternehmung kann durch spätere Investitionen ihre Kapazität anpassen.

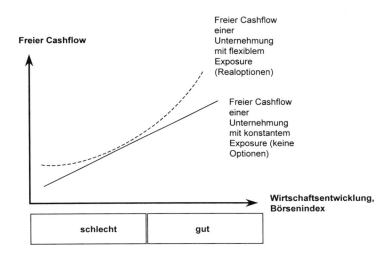

Bild 8-5: Starre Unternehmungen haben ein konstantes Exposure gegenüber dem Underlying, das ihr Geschäft bestimmt (Absatz, Preis, Wirtschaftsentwicklung) und folglich ist der Freie Cashflow proportional zur Entwicklung des Underlyings. Unternehmungen mit Realoptionen haben ein *konvexes* Exposure gegenüber dem Underlying.

Die flexible Unternehmung wird eine Option stets so ausüben, dass sie bei günstiger Entwicklung des Underlyings stark investiert ist, während sie sich bei ungünstiger Entwicklung nur ein geringes oder kein Exposure hat. Der Punkt: Diese Investitionen und Desinvestitionen müssen nicht schon zum Bewertungszeitpunkt budgetiert sein und in den Freien Cashflow einfließen. Über sie kann später entschieden werden.

> Der Freie Cashflow wird damit in einer progressiven, konvexen Weise vom zugrundeliegenden zufälligen Vorgang abhängig, dem Absatzmarkt, dem Preis und seiner Veränderung, oder der Wirtschaftsentwicklung.

Realoptionen sind um so wertvoller, je volatiler das Underlying — Absatzmarkt, Preis, Wirtschaftsentwicklung — ist. Denn wenn sich das Underlying nicht oder nur in vorhersehbarer Weise ändert, dann benötigt die Unternehmung keine Handlungsoptionen. Sie kann einen einzigen Plan aufstellen, dem ohne Bedingungen gefolgt wird. Alle Investitionen und Desinvestitionen können bereits zum Zeitpunkt 0 budgetiert werden. In der Tradition dieser Ansätze wird ein Unternehmen dadurch bewertet, dass zum DCF aufgrund eines Szenarios der Wert aller Optionen addiert wird, über die das Unternehmen verfügt. Das Ziel des Realoptions-Ansatzes besteht daher darin, für möglichst realitätsnahe Typen von Realoptionen deren Wert zu bestimmen.

8.2.2 Vier Beispiele

Erster Fall: Vor ein paar Jahren hatte der Industriekonzern ABB ein größeres Projekt angekündigt. Es handelte sich um einen langfristigen Kooperationsvertrag mit Siemens. Nicht nur das Management von ABB, auch die Analysten waren sich einig, dass es sich um ein Vorhaben mit einem positiven DCF für ABB handeln würde (und selbstverständlich hätte Siemens in der Vertrag nicht eingewilligt, wenn es nicht zugleich auch für diese Unternehmung ein Projekt mit positivem DCF gewesen wäre). Doch am nächsten Börsentag erlitt der Kurs der ABB-Aktie einen Einbruch — obwohl wir doch aufgrund des bisher Gesagten denken würden, dass die Aktionäre die Wertsteigerung hätten erkennen müssen. Sofort wurde der Vorgang untersucht. Es stellte sich heraus, dass die Investoren sehr wohl gesehen hatten, dass das Projekt einen positiven DCF hatte. Doch "im Markt" kam die Kritik auf, dass durch die Entscheidung für dieses Projekt nun für eine längere Zeit andere Möglichkeiten der Kooperation für ABB ausgeschlossen sein würden. Obwohl solche "anderen Möglichkeiten" gar keine konkreten Konturen hatten, es wurden nicht einmal Namen für denkbare andere Kooperationspartner genannt, stand "im Raum" die pure Denkmöglichkeit anderer Wege, die durch die Entscheidung nun für die kommenden zehn Jahre "ausgeschlossen" sein würden. Die Freiheit, zu warten und zu sehen, ob sich nicht noch etwas besseres bietet, hatte ABB aufgegeben. Die Gesellschaft hatte zwar ein vorteilhaftes Projekt angenommen, gleichzeitig aber eine Option aufgegeben. Der Markt hatte die Option als wertvoller angesehen als den DCF des Projekts und Verkäufe der Aktie waren die Folge.

Zweiter Fall: Der Aufsichtsrat der Kiosk&Travel AG stand vor der Frage, ob es die bessere Strategie wäre, weiterhin "selbständig" zu sein oder ein Kaufangebot einer weltweit tätigen Reiseunternehmung anzunehmen. Die Kiosk&Travel AG war in keiner Notlage: Sie war von der lokalen Bevölkerung geschätzt. Der Geschäftsplan der Fortführung wies einen klar positiven DCF aus. Veränderungen drängten sich nicht auf, und es hätte auch kaum Möglichkeiten gegeben, die Firma, ihre Produkte, ihre Kundschaft, neu "zu positionieren." Der Aufsichtsrat fand erstaunlich, dass der Kaufinteressent bereit war, mehr als den DCF zu zahlen und stellte die Frage, was er vorhätte. Die Gesprächspartner antworteten: Bis auf weiteres suchen wir nur eine finanzielle Beteiligung, das heißt, wir würden nichts verändern. Doch hätten wir als Eigentümerin Optionen, wenn es sich anbietet oder wenn der Markt es verlangen würde, den Geschäftsplan der Kiosk&Travel AG zu ändern. Auch wenn das im Augenblick nicht konkret ist, gibt es doch Veränderungen im Umfeld, und wir könnten handeln. Denn wir könnten neue Produkte einführen, neue Prozesse für die Leistungserstellung, wir können Schulungen anbieten und so fort. Deshalb hat die Option für uns einen Wert, und für uns ist die Kiosk&Travel AG daher wertvoller als der reine DCF. Die bisherigen Eigentümer sahen, dass sie eigentlich keine Möglichkeiten zu Veränderungen hätten und im Wandel der Zeit vielleicht nicht einmal richtig reagieren könnten. So kam es zum Verkauf.

Dritter Fall: Der Chef der Finanzholding Haniel & Cie. GmbH sieht, dass in einem belgischen Dorf eine kleine Firma zum Verkauf steht, die mehr schlecht als recht läuft. Seit Jahren wurde nicht mehr investiert, überall zeigt der Betrieb Zeichen des Verfalls. Der jetzige Eigentümer der Firma hat sich nach Marbella zurückgezogen und telefoniert nur gelegentlich mit dem Geschäftsführer, um sich zu versichern, dass weiterhin die Kosten gesenkt werden und seine Dividende nicht gefährdet ist. Der Eigentümer ist überglücklich, in Haniel endlich einen Käufer gefunden zu haben und die Finanzholding muß nur den (nicht besonders hohen) DCF bezahlen. Nach der Akquisition teilt die Finanzholding dem Geschäftsführer mit, man würde mit ihm "gern zusammenarbeiten" und es sei auch Geld da, wenn er oder die Mitarbeiter "gute Vorschläge" hätten. Geschäftsführer, Facharbeiter und die im Verkauf Tätigen sind überrascht: Jahrelang hieß es, es sei kein Geld da und es sollten die Kosten gesenkt werden. Selbst gute Vorschläge wurden nie aufgegriffen. Jetzt auf einmal gibt es in Haniel einen Eigentümer, der finanzielle Flexibilität hat und nicht von Budgetrestriktionen spricht. Sofort kamen Vorschläge zu Tage, die jahrelang unterdrückt waren, darunter sehr gute Ideen. Der Betrieb selbst hatte viele Optionen, nur konnten sie aufgrund der finanziellen Enge unter der alten Eigentümerschaft nie realisiert werden. Die Firma blüht unter Haniel auf und in wenigen Jahren hat sich ihr Wert vervielfacht.

Vierter Fall: Im Verlauf der Jahre wird einer kleinen regionalen Bank immer deutlicher, dass sie Schwierigkeiten hat, wenn sie über den Interbankenmarkt Geld aufnehmen möchte. Andere Institute verlangen eine zusätzliche Bonitätsprämie, so dass die Refinanzierung teurer wird und die Bank Ausleihungen an ihre Kunden nicht mehr so günstig wie Konkurrenzbanken anbieten kann. Es wird überlegt, ob man sich der Raiffeisen-Gruppe anschließen sollte. Schon bei den ersten Verhandlungen heißt es: "Im Prinzip bleiben die der Gruppe angeschlossenen Banken selbständig und eigenverantwortlich. Keine Mitgliedsbank darf von der Zentrale Subventionen erhoffen. Im Gegenteil, Mitgliedsbeiträge sind zu leisten. Doch dafür gibt es zwei Vorteile. Erstens haben wir alle durch das gemeinsame Auftreten im Markt Vorteile und der Verband übernimmt Aufgaben, die man besser gemeinschaftlich und zentral löst, weil es Größenvorteile gibt. Zweitens gibt es eine Solidarhaftung. Wir alle haften für Verbindlichkeiten jeder einzelnen Mitgliedsbank. Dadurch steigt die Bonität enorm, und jede Bank kann sich günstig refinanzieren". Die Bank sieht, dass die Solidarhaftung einer Garantie, einer Put-Option entspricht, durch die sich ihre Position im Interbankenmarkt um Stufen verbessert.

8.2.3 Kommentar zu den Beispielen

Diese vier Beispiele, die sich so wie berichtet zugetragen haben und in ähnlicher Weise täglich wiederholen, lehren:

1. Bei der Bewertung dürfen *Optionen* nicht außer Acht gelassen werden. Optionen sind Wahlmöglichkeiten, bei denen der Inhaber der Option sich erst später festlegen kann. Optionen sind keine Alternativen, die bereits zum Entscheidungszeitpunkt klar auf dem Tisch liegen. Optionen bieten die Chance und die Flexibilität, die Veränderungen in der Umwelt abwarten zu können und sich erst dann festlegen zu müssen.

2. Wer keine Handlungsoptionen hat, ist an den ursprünglichen Plan gebunden und muß ihn starr durchhalten. Der DCF-Ansatz hat *einen* Geschäftsplan zugrunde gelegt und die Bewertung anhand des erwarteten Szenarios vorgenommen. Optionen, den Geschäftsplan zu einem späteren Zeitpunkt noch ändern zu können, um auf mögliche Veränderungen im Umfeld zu reagieren, werden im DCF-Ansatz nicht berücksichtigt. Hingegen haben solche Handlungsoptionen zweifellos Wert. Dieser zusätzliche Wert von Optionen dürfte um so größer sein, je volatiler das Umfeld ist.

3. Um Optionen zu erhalten, sind gewisse Konstruktionen förderlich. Beispielsweise kann die Firma an eine Holding verkauft werden und erhält in der Gruppe die Option, auf finanzielle Ressourcen der Gruppe (leichter als auf den Finanzmarkt) zugreifen zu können.

Das erste Beispiel der ABB verdeutlichte, dass eine Unternehmung oft über gewisse Optionen verfügt, ohne sich dessen gewahr zu sein. Projekte sind in der Regel irreversibel und durch ihre Annahme werden "andere Opportunitäten" ausgeschlossen, es wird auf Optionen verzichtet. In solchen Fällen lautet die Entscheidung nicht, ob das Projekt angenommen werden soll oder nicht. Die Entscheidung lautet, ob das Projekt angenommen und gleichzeitig auf die Handlungsoption verzichtet werden sollte oder nicht. Der Wert dieser Entscheidungsalternative ist der DCF des Projekts abzüglich des Werts der Option. Nur wenn diese Differenz positiv ist, lohnt sich die Entscheidung für das Projekt bei gleichzeitigem Aufgeben der Option. Optionen sind um so wertvoller, je riskanter und unberechenbarer das Umfeld ist. So wundert es nicht, dass der Sachverhalt jedem Feldherrn bewußt ist. Von jedem General gibt es Zitate, mit denen die Empfehlung ausgedrückt wurde, bei Entscheidungen stets die Optionen im Auge zu behalten, die nach einer Festlegung noch blieben.

Das zweite und das dritte Beispiel verdeutlichen, dass es gewisser Ressourcen bedarf, um Optionen zu haben, zu sehen und ausüben zu können. Optionen fallen nicht jedem ohne Zutun in den Schoß. Im zweiten Beispiel der Kiosk&Travel AG war der Käufer interessiert, weil nur er die Unternehmung durch Optionen wertvoller machen konnte, nicht aber die alten Eigentümer. Im dritten Beispiel der Finanzholding Haniel hat die Unternehmung eigentlich selbst das Potenzial für Ideen und Verbesserungen, doch werden sie in einem Klima finanzieller Enge nie zur Blühte kommen. Erst ein neuer Eigentümer stellt die finanziellen Ressourcen bereit, die sie zur Ausübung der an sich vorhandenen Optionen braucht.

Im vierten Beispiel der Solidarhaftung geht es um die Wahlmöglichkeit, in einer wirtschaftlich schlechten Entwicklung Hilfe rufen zu können. Die bloße Möglichkeit, im Krisenfall Unterstützung anfordern zu können, erhöht die Bonität und verhilft dem Schuldner — in diesem Fall einer kleinen Bank, die im Interbankenmarkt Geld aufnimmt — zu günstigeren Konditionen.

8.3 Ergänzungen und Fragen

8.3.1 Zusammenfassung

Die traditionelle DCF-Bewertung unterstellt *ein* Szenario, das erwartete Szenario. Es ergibt sich aus dem Geschäftsplan. Der Geschäftsplan zeigt alle budgetierten Investitionen und Desinvestitionen. Die tatsächliche Höhe der Freien Cashflows in den kommenden Jahren ist in jedem Fall noch unsicher. Zudem wird eine gewisse Abhängigkeit gegenüber der generellen Wirtschaftsentwicklung bestehen. Diese Abhängigkeit, das Exposure, ist typischerweise *linear*.

In vielen Fällen besitzt die Unternehmung noch die Flexibilität, ihr Exposure gegenüber der generellen Wirtschaftsentwicklung noch zu verändern. Sie wird das Exposure vergrößern, wenn sich der Markt gut entwickelt, und sie wird es verringern, wenn die generelle Wirtschaftsentwicklung schlecht verläuft. Das Exposure der flexiblen Unternehmung ist nicht konstant, sondern *konvex* gekrümmt. So entsteht die Notwendigkeit, konvex gekrümmte oder eben ganz allgemeine Payoffs zu bewerten.

Das Beispiel der Goldmine von BRENNAN und SCHWARTZ 1985 führte den Einsatz der Replikation als modernen Bewertungsansatz ein. Damit ist das klassische Budgeting (die Diskontrate wird irgendwie ermittelt und ist dann vorgegeben) zu einem modernen Budgeting mutiert (die Bewertung erfolgt durch Replikation der Payoffs).

8.3.2 Stichworte und Namen

Boot-Strapping, Goldmine, Realoption, Irreversibilität, Simulation.

8.3.3 Frage

Gibt es auch Unternehmen, die anderen Realoptionen verschaffen?

8.3.4 Lösung

Ja, zum Beispiel Konzerne, die ihren Töchtern finanzielle Flexibilität bieten.

9. Random Walk

Der empirische Befund, dass Renditen keine serielle Korrelation zeigen (Kapitel 3), führte auf eine ökonomisch Erklärung und eine genauere formale Beschreibung des Prozesses der Entwicklung der Kurse oder Anlageergebnisse durch einen stochastischen Prozess. Die ökonomische Erklärung ist die These der Informationseffizienz des Marktes (MEH). Der stochastische Prozess ist der *Random Walk*: In logarithmischer Skala folgen die Kurse oder Anlageergebnisse einem Random Walk. Daraus folgt, dass die Kurse und die Anlageergebnisse selbst *lognormalverteilt* sind, also eine Rechtsschiefe aufweisen. Drei Lageparameter sind daher zu unterscheiden: der Modus, der Median und der Erwartungswert.

9.1 Market Efficiency Hypothesis (MEH) 233
9.2 Random Walk 📖 243
9.3 Tests 257
9.4 Ergänzungen und Fragen 266

9.1 Market Efficiency Hypothesis (MEH)

9.1.1 Neue Nachrichten sind rein zufällig

Wir kommen auf die finanzwirtschaftliche Schätzung der Renditeerwartung zurück. In Kapitel 3 wurde berichtet, dass die Jahresrenditen *keine serielle Korrelation* zeigen (Bild 3-8). An der Wahrscheinlichkeitsverteilung der Rendite im Jahr $t+1$ ändert sich nichts, wenn die Realisation der Rendite im Jahr t bekannt wird. Wir erwähnten, dass in gleicher Weise die seriellen Korrelationen zwischen der Rendite im Jahr $t+1$ und den weiter zurückliegenden Renditen (in den Jahren $t-1$, $t-2$, ... sämtlich gleich Null sind. Dieser zunächst rein empirische Befund bedeutet, dass die Wahrscheinlichkeitsverteilung der Rendite in einem Jahr $t+1$ nicht von den Realisationen der Renditen der Vergangenheit abhängt. Die Rendite im Jahr $t+1$ muss demnach als *rein zu-*

fällig angesehen werden. Sie ist nicht besser prognostizierbar, wenn die Renditen der Jahre zuvor bekannt sind.

Die Erkenntnis wirkt selbst heute für viele Privatanleger wenig intuitiv. Die unglaubliche Sicht, Börsenrenditen als rein zufällig zu verstehen, wurde indessen aufgrund zahlreicher empirischer Studien bereits vor einem halben Jahrhundert zur Gewißheit.

- M. KENDALL hat 1953 umfangreiche empirische Studien vorgestellt und das Ergebnis als *Random Walk* bezeichnet.[1]
- Kurz darauf gaben H. ROBERTS 1959 und P. SAMUELSON 1965 theoretische Begründungen für das empirische Ergebnis.

Der von ROBERTS verbal ausgedrückte und wenig später von SAMUELSON präzisierte Erklärungsansatz ist die *Market Efficiency Hypothesis* (MEH) oder, synonym dazu, die *Informationseffizienz* des Finanzmarktes. Diese Vorstellung trat ab 1960 ihren Siegeszug an. Im Jahr 1970 berichtet E. F. FAMA in einem Übersichtsaufsatz über zahlreiche Tests der MEH.[2]

Die MEH ist nicht nur für das Verständnis der Wirkungsweise von Finanzmärkten wichtig, also für die Theorie. Sie hat hohe praktische Bedeutung: Denn der Raum für ein *aktives* Portfoliomanagement ist durch die MEH sehr eng geworden. Als leistungsfähig wurde hingegen die *passive* Anlage des Buy-and-Hold erkannt. Diese Entdeckung hat das Private Banking in jenen Jahren grundlegend verändert: B. MALKIEL stellt 1970 das Buy-and-Hold in den Mittelpunkt seines Buches und betitelt es "A Random Walk down Wall Street".

---

[1] Wie immer gab es Vorarbeiten. So wies A. COWLES 1934 nach, dass die Empfehlungen der Broker nicht zu einem besseren Anlageergebnis führen. Eine sehr frühe Arbeit war jahrzehntelang übersehen. Der Statistiker SAVAGE entdeckte, dass fünfzig Jahre zuvor, Im Jahr 1900, der französische Mathematiker L. BACHELIER in seiner Dissertation an der Sorbonne historische Kurse an der Pariser Börse untersuchte und zum Schluß gelangte, sie zeigten über die Zufälligkeit hinaus keinerlei statistische Regelmäßigkeit.

[2] 1. MAURICE G. KENDALL: The Analysis of Economic Time-Series, Part I: Prices (1953); wieder abgedruckt in Paul H. Cootner, editor, *The random character of stock market prices*. Cambridge MIT Press 1964. 2. HARRY V. ROBERTS: Stock-Market 'Patterns' and Financial Analysis: Methodological Suggestions. *Journal of Finance* XIV (March 1959) 1, pp. 1-10. Abgedruckt in PAUL H. COOTNER (editor): *The random character of stock market prices*. Cambridge MIT Press 1964, pp. 7-16. 3. PAUL SAMUELSON: Proof that Properly Anticipated Stock Prices Fluctuate Randomly. *Industrial Management Review* (1965), pp. 41-49. 4. EUGENE F. FAMA: Efficient Capital Markets: A Review of Theory and Empirical Work. *Journal of Finance* 25 (1970), pp. 383-417. FAMA hat zwanzig Jahre später über alle Arbeiten zum Thema berichtet: "Efficient Capital Markets: II." *Journal of Finance* 46 (1991) 5, pp. 1575-1617. Noch ein Übersichtsaufsatz: STEPHEN F. LEROY, Efficient capital markets and martingales. *Journal of Economic Literature* 27 (1989), pp. 1583-1621.

Die MEH besagt: Die Kursbildung an den Finanzmärkten reagiert *im Durchschnitt so schnell und so korrekt* auf neue Informationen, dass ein Investor im Vergleich zu einer passiven Anlagestrategie *kein* überlegenes Ergebnis erzielt, wenn er selbst diese Informationen beschafft, auswertet, und in eine eigene Strategie oder Taktik einfließen läßt.

Auf Grund eigener Informationsbeschaffung und Auswertung kann man *nicht* zu einer Strategie oder Taktik finden, die *systematisch* besser wäre als Buy-and-Hold — sofern der Markt informationseffizient ist.

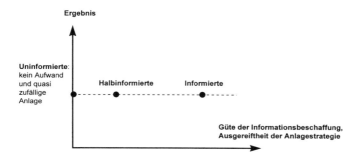

Bild 9-1: Bei Informationseffizienz führen alle Intensitäten der Informationsbeschaffung und alle Strategien auf gleich gute Ergebnisse.

Im Kern der MEH steht die *Antizipation*: Kurse an den Finanzmärkten spiegeln praktisch sofort alle Informationen, die öffentlich werden — sowie alles was aus ihnen geschlossen werden kann — wider, und zwar auf korrekte Weise. Die Betonung liegt auf *sofort*. Kurse reagieren *sogleich* auf neue Informationen. Das ist einsichtig. Neue Informationen sind überraschend — sonst wären sie nicht neu. Überraschende Informationen treffen rein zufällig ein — andernfalls würde es prognostizierbare Anteile in den Meldungen geben, die später nicht überraschen, wenn sie eintreffen.

Im Spiegelbild des *zufälligen* Stroms neuer Nachrichten muss ebenso die Kursbewegung rein zufällig sein.

Nach der MEH werden sich die Kurse *sprunghaft* (und nicht graduell) ändern, wenn eine neue (plötzliche und unvorhergesehene) und bewertungsrelevante Informationen kommt. Innerhalb kürzester Zeit ist nach dem Sprung wieder ein Zustand erreicht, in dem es sich für einen

Investor nicht lohnt, Informationen zu beschaffen. Der einfachste Zufallsprozess, der diese Sicht abbildet, ist der *Random Walk*, von dem KENDALL sprach (SAMUELSON hat statt dessen das Martingale betont). Weiter ist in der Definition die Formulierung "im Durchschnitt" beachtenswert. Es darf also durchaus einzelne Beispiele geben, bei denen ein Trader mit eigener Informationsbeschaffung zu überlegenen Resultaten gekommen war, ohne dass dies schon einen Widerspruch zur MEH darstellen würde. Jedoch müssen sich solche Beispiele auf einzelne Marktsegmente und einzelne Zeitabschnitte begrenzen, so dass generell oder eben im Durchschnitt über alle Segmente und alle Zeitabschnitte es dann doch nicht möglich ist, informationsgestützt besser abzuschneiden. Mit der Formulierung "im Durchschnitt" ist die Definition der Informationseffizienz heute etwas weicher formuliert als noch vor ein paar Jahren, wo die MEH so formuliert war, dass in jedem Einzelfall es unmöglich sein sollte, informationsgestützt den Markt schlagen zu können.

Markt ist bekanntlich …	Informierte …	Uninformierte …
… informationseffizient	… haben Informationskosten aber keine Vorteile gegenüber dem Uninformierten	… haben gegenüber den Informierten keinen Nachteil
… nicht informationseffizient	… können Assets mit falschen Kursen identifizieren und haben — solange Uninformierte im Markt bleiben — Vorteile	… kommen zu schlechteren Entscheidungen und müssen herausfinden, ob sie besser den Markt verlassen und ihre Transaktionswünsche an Informierte delegieren

Bild 9-2: Zusammenfassung der Handlungsalternativen.

Die MEH besagt, dass ein Investor nur unter ganz gewissen Umständen besser abschneiden kann als Buy-and-Hold. Es gibt bei Informationseffizienz nur drei Möglichkeiten, den Markt zu schlagen:

1. Der Investor könnte mit Glück auf Titel gesetzt haben, die dann bessere Kursavancen zeigen als zuvor aufgrund ihrer (durchaus korrekten) Bewertung erwartet wurde. Das verletzt nicht die Fairness, denn jeder kann dieses Glück haben.

2. Der Investor könnte an Insiderwissen gelangen und dieses ausnutzen. Er könnte also Informationen erhalten, die über jene hinausgehen, die im Strom neuer Meldungen bekannt werden und nach der MEH schnell zu den korrekten Kursen führen. Um die

Fairness im Markt nicht zu gefährden, müssen Insider vom Handel ausgeschlossen werden.

3. Der Investor könnte jene Teile des Marktes erkennen, oder er könnte jene Phasen identifizieren, in denen die Reaktion der Kurse auf neue Informationen nur *unterdurchschnittlich* ist. Dieser Punkt ist interessant. Man beachte, dass die MEH nicht besagt, dass bei allen Titeln und zu allen Zeiten die Informationen sofort und korrekt im Kurs reflektiert werden. Die MEH besagt nur, dass dies im *Durchschnitt* (über Segmente und Perioden des Marktgeschehens) der Fall ist. Es kann einzelne Segmente und ab und zu Perioden geben, in denen informationsgestützt überlegenes taktisches Portfoliomanagement möglich ist.

9.1.2 *Form der Informationseffizienz*

Hinsichtlich der Frage, welche Informationen gemeint sind, wenn gesagt wird, dass sie im Durchschnitt schnell und korrekt in den Preisen reflektiert werden, gibt es drei Varianten der Definition der MEH. Durch sie wird dann festgelegt, mit *welchen* weiteren Informationen es eventuell möglich wäre, den Markt zu schlagen. Die Varianten werden durch die Begriffe der *schwachen*, der *semi-starken* und der *starken* Informationseffizienz ausgedrückt.

Definitionen: Ein Markt ist *schwach* effizient, wenn niemand aufgrund einer Analyse von historischen Kursen und Renditen zu systematisch überlegenen Anlageergebnissen kommen kann — im Durchschnitt über Segmente und Perioden des Marktgeschehens.[3] Ein Markt ist *semi-stark* effizient, wenn niemand aufgrund einer Analyse von historischen Renditen sowie weiterer öffentlicher Informationen (wie Bilanzen, Unternehmensmeldungen, volkswirtschaftlicher Daten) zu systematisch überlegenen Anlageergebnissen kommen kann — im Durchschnitt über Segmente und Perioden des Marktgeschehens.[4] Die Definition der starken

---

[3] Im Einzelfall, in gewissen Segmenten oder in gewissen Perioden mag das durchaus noch möglich sein, doch im Durchschnitt über den Gesamtmarkt und über eine längere Zeit hinweg ist es nicht möglich, mit historischen Kursdaten den Markt zu schlagen. Hingegen wäre es bei einer bloß schwachen Effizienz möglich, durch Auswertung veröffentlichter Nachrichten (wie Bilanzen, Unternehmensmeldungen, volkswirtschaftliche Daten) systematisch überlegene Ergebnissen zu erzielen.

[4] Im Einzelfall, also in gewissen Segmenten oder in gewissen Perioden mag das durchaus noch möglich sein, doch im Durchschnitt über den Gesamtmarkt und eine längere Zeit hinweg ist es ausgeschlossen, mit historischen Kursdaten und öffentlichen Informationen

Effizienz bezieht sich auf alle Informationen, die Menschen (darunter Insider) haben.

Die empirische Evidenz belegt, dass Finanzmärkte als schwach effizient betrachtet werden dürfen. Aufgrund der Realisationen der Renditen in der Vergangenheit kann man nicht systematisch und über alle Marktsegmente und alle Perioden hinweg mit Chartanalyse zu überlegenen Ergebnissen gelangen.

Zwar wurden Ausnahmen entdeckt. 1. So sind an den Märkten für Währungen im sehr kurzfristigen Bereich gewisse Prognosen möglich, wenn sie auf Basis der Währungsparitäten der letzten Stunden getroffen werden. 2. An der Börse bilden sich gelegentlich über drei bis sechs Monate Trends, und ein Trend hat die Tendenz, sich noch einige wenige Monate lang fortzusetzen. Wer Trends beobachtet, kann die Kursentwicklung besser prognostizieren. 3. Ebenso an der Börse bilden sich über fünf bis acht Jahre hinweg gewisse Zyklen, so dass auf eine Frist mehrerer Jahre die stark gefallenen Aktien mit größerer Wahrscheinlichkeit ein Comeback erleben und die Stars tendenziell etwas in der Vergessenheit verschwinden. 4. An den Immobilienmärkten sind Prognosen möglich, wenn das Preisniveau der letzten zehn bis zwanzig Jahre herangezogen wird.

Art der Informationseffizienz	Was ist in den Kursen enthalten?	Was ist in den Kursen nicht enthalten?
schwach	historische Zeitreihen und Kursdaten	Weitere Public-Information und Private-Information
semi-stark	*Public-Information*: veröffentlichte Jahresabschlüsse, Nachrichten über die Unternehmung, Ankündigungen, Presseberichte	Weitere Private-Information
stark	*Private-Information*: Insiderwissen und Kenntnisse einzelner Manager und Wirtschaftspolitiker	Weitere Informationen des Universums und des Schöpfers der Welt

Bild 9-3: Drei Kategorien der Informationseffizienz.

Wie wird mit den einzelnen Widersprüchen zur schwachen Effizienz umgegangen? Heute wird oft die Haltung eingenommen werden, dass die entdeckten Beispiele nur Randerscheinungen in einem Finanzmarkt

---

den Markt zu schlagen. Hingegen wäre es bei einer semi-starken Effizienz denkbar, durch auswerten privater Informationen (Insiderwissen) den Markt zu schlagen.

darstellen, der *im Durchschnitt* keine überlegenen Ergebnisse gestattet (wenn die historische Kursentwicklung herangezogen wird). Zudem sind die genannten Punkte, ebenso wie Kalendereffekte, nicht stark ausgeprägt und werden teils dadurch erklärt, dass sich die Risiken ändern. Insgesamt darf daher festgehalten werden, dass die Finanzmärkte im schwachen Sinn informationseffizient sind: Im *Durchschnitt* (und generell für alle Marktsegmente und alle Zeitabschnitte) verhilft die technische Analyse (Auswertung historischer Renditen) nicht zu einem überlegenen Resultat.

Bild 9-4: EUGENE F. FAMA (Foto von Joan Hackett). Zahlreiche theoretische wie empirische Untersuchungen in der *Finance* stammen von FAMA, Distinguished Professor of Finance an der University of Chicago (wo er 1960 den Ph.D. erworben hat). FAMA griff früh die Ideen der *Informationseffizienz* auf und entwarf dazu Tests. FAMA zitiert HARRY V. ROBERTS, Professor ebenso an der University of Chicago, der die Ideen der Informationseffizienz für die Kursbildung an Finanzmärkten um 1960 aufbrachte und die drei Formen *schwacher, semi-starker* und *starker* Informationseffizienz unterschied. Die Informationseffizienz liefert die Begründung für ein passiv geführtes Portfolio. Eine ebenso bekannte empirische Arbeit, gemeinsam publiziert mit KENNETH R. FRENCH, betont die Bedeutung zweier Unternehmenskennzahlen für die Renditeerwartung: Die Relation zwischen Marktwert und Buchwert sowie die Größe der Unternehmung — deren Bedeutung für die Erklärung der Renditeerwartung erstmals 1981 von ROLF W. BANZ aufgezeigt worden ist (FAMA and FRENCH: *The cross-section of expected stock returns* im *Journal of Finance* 47 (1992), pp. 427-465).

FAMA und andere vertreten darüber hinaus die Ansicht — wieder trotz einiger Gegenbeispiele — dass Finanzmärkte sogar semi-stark effizient sind oder der semi-starken Informationseffizienz sehr nahe kommen.

Ungeachtet der Frage, wie die empirische Evidenz hierzu beurteilt wird, ist es jedenfalls für die Entwicklung des Lehrgebäudes *Finance* fruchtbar, sich diese Sicht anzueignen. Auch wir folgen dieser Perspektive. Demnach ist es nicht möglich, *im Durchschnitt* (über alle Segmente und alle Perioden des Marktgeschehens) zu überlegenen Ergebnissen zu kommen, wenn 1. historische Kurse und Renditen sowie 2. Bilanzdaten und andere veröffentlichte Nachrichten ausgewertet werden.

Wenn ab und zu Berichte auftauchen, dass es in einem einzelnen Marktsegment und in einer gewissen Phase doch möglich war, unter Verwendung von 1. historischen Renditen und 2. öffentlichen Informationen (Bilanzen, Unternehmensmeldungen, volkswirtschaftlichen Daten) überlegene Ergebnisse im Vergleich zum Buy-and-Hold zu erzielen, dann soll uns das nicht stören. Es ist kein Widerspruch zur gegebenen Definition der MEH. Keinesfalls sind Märkte stark effizient, denn Insider können systematisch den Markt schlagen, sofern sie handeln. Ein anderer Marktteilnehmer weiß natürlich nicht, ob gerade Insider tätig sind, und sie können in allen Marktsegmenten und zu allen Zeiten auftreten. Damit kein Marktteilnehmer Angst hat, ob er vielleicht gerade eine Transaktion mit einem Insider abschließt, gibt es in allen Ländern mit wichtigen Börsen Gesetze, die es Insidern verbieten, zu handeln. Informationen sollen auf geordnete Weise dem Aktionärspublikum bekannt werden.

Zwar verfügen wir heute über eine verfeinerte empirische Evidenz: Vor allem wurde entdeckt, dass die Standardabweichungen der zufälligen Renditen im Verlauf der Zeit veränderlich sind (Heteroskedastizität). Zudem läßt sich nicht verleugnen, dass makroökonomische Faktoren in gewissen Zeitabschnitten Prognosekraft entfalten. Doch diese Effekte haben nicht an der allgemein geteilten Ansicht gerüttelt, die Renditen seien *zufällig*. Auch ist nicht bezweifelt, dass die *serielle Korrelation* der Renditen nahe bei *Null* liegt, so dass es keine oder nur äußerst geringe Abhängigkeiten der Rendite von denen in der Vorperiode gibt.

9.1.3 Data-Mining

In der Forschung wurden vor Jahrzehnten sogenannte Anomalien oder, wie heute gesagt wird, Regularitäten entdeckt.[5] Später wurden Erklärungen nachgeliefert. Bekannt sind Kalendereffekte, wie *Sell in May and go away* oder die Tatsache, dass Aktienrenditen, besonders die kleiner

---

[5] WILLIAM T. ZIEMBA: World wide security market regularities. *European Journal of Operations Reserach* 74 (1994), pp. 198-229.

Gesellschaften, in den letzten Dezembertagen und in den ersten Januartagen ungewöhnliche Kursavancen zeigen. Die Vertreter der Informationseffizienz zeigten sich kaum beunruhigt, weil die beobachteten Anomalien "klein" waren: Nach *Transaktionskosten* erbrachten darauf basierte aktive Handelsstrategien kaum bessere Resultate als die Strategie des Buy-and-Hold.

In der Folge haben Forscher argumentiert, die entdeckten Regularitäten gingen auf *Data-Mining* zurück. Es sei nicht ausgeschlossen, vielleicht nicht einmal unwahrscheinlich, durch Suche in historischen Daten stets eine Strategie zu finden, die *in der Vergangenheit* gut funktioniert hätte. Würde man jedoch eine so gefundene Strategie für die kommende Zeit anwenden, so die Kritiker, wäre sie kraftlos — selbst wenn sich die Marktteilnehmer inzwischen nicht geändert hätten.

> *Data-Mining* (wörtlich: Datenbergbau, *data snooping*) bezeichnet die fleißige, computergestützte Suche in alten Datenbeständen nach eventuellen Regularitäten, die bislang noch nicht entdeckt worden sind, oder nach Anomalien (Unregelmäßigkeiten) zur bisherigen und vorherrschenden Denkvorstellung. Wichtig: Die Suche folgt weder einem Plan noch einem theoretischen Ansatz, der *ex ante* vorliegen würde.

Beispiel 9-1: Zur Illustration von Data-Mining betrachten wir als Information die Augenzahl eines Würfels. An jedem Handelstag der letzten drei Wochen wurde ein Würfel geworfen. Die Ergebnisse sind in der Tabelle wiedergegeben.

Mo	Di	Mi	Do	Fr	Mo	Di	Mi	Do	Fr	Mo	Di	Mi	Do	Fr
4	2	6	5	1	3	4	3	3	6	1	5	6	3	2

Die Hypothese lautet, dass jede Augenzahl die gleiche Wahrscheinlichkeit von 1/6 haben sollte und dass keines der bei einem Wurf erzielten Ergebnisse die Wahrscheinlichkeit eines anderen Wurfs beeinflußt (Unabhängigkeit). Zahlreiche Studierende wurden parallel darauf angesetzt, eine "Regularität" zu entdecken, ohne dass sie zuvor mit einer Theorie "belastet worden" sind. Erkennen Sie liebe Leserin, lieber Leser, eine Anomalie? (Antwort am Ende dieses Kapitels). ∎

Andere Akademiker meinen schließlich, es könne durchaus in der Vergangenheit Strategien und Anlagestile gegeben haben, die seinerzeit gewirkt und zu Überrenditen verholfen hätten. Auch die Erklärungen der entdeckten Regularitäten wurden akzeptiert. Mittlerweile, so das Argument, seien diese Regularitäten jedoch allgemein bekannt geworden. Alle Marktteilnehmer antizipieren deshalb solche Phänomene, weshalb sie heute korrekt in den Kursen reflektiert werden. Man kann sie ab jetzt nicht mehr ausnutzen.[6]

Regularitäten …	
… sind praktisch unbedeutend	Regularitäten existieren, jedoch können nach Transaktionskosten keine besseren Anlageergebnisse erzielt werden
… werden sofort vom Markt erkannt und verschwinden dann	Regularitäten existieren, sobald sie jedoch von den Marktteilnehmern wahrgenommen und ausgenutzt werden, verschwindet ihre Kraft
… erlauben durchaus dauerhaft höhere Renditen —	— die jedoch mit höheren Anlagerisiken erkauft sind, weshalb man eigentlich nicht von Anomalien sprechen darf
… verschwinden bei Änderung des Datensatzes	Regularitäten existieren, jedoch gehen sie auf Data-Mining zurück und sind deshalb in anderen Datensätzen nicht vorhanden, insbesondere dürfen sie nicht für die Zukunft erwartet werden
… gibt es immer wieder von Neuem, weshalb sie von Dauer sind	Sobald Regularitäten entdeckt werden, ändern die Marktteilnehmer ihre Handelsstrategien, und mit neuen Handelsstrategien entstehen neue Regularitäten

Bild 9-5: Fünf Denkhaltungen gegenüber Regularitäten.

Das letzte Argument ist interessant: Alle Vorgehensweisen und alle Formen der Informationsbeschaffung, die irgend ein Findiger eine Zeitlang zum eigenen Vorteil ausnutzen konnte, werden in lebendigen Märkten und unter Mitwirkung von aktiven Medien bekannt, weshalb sie zwangsläufig in ihrer Wirkung abstumpfen. Die Frage, ob ein Markt informationseffizient ist oder nicht erscheint aus dieser Perspektive zu sehr auf die Vergangenheit bezogen. Keine Ineffizienz kann von Dauer sein. Die Medien und aufmerksame Marktteilnehmer werden aus Eigennutz jede Neuentdeckung einer Regularität aufgreifen. Eine Folge in der offenen Gesellschaft ist, dass jede Möglichkeit, den Markt zu schlagen, alsbald verschwunden ist. Dennoch ist zu vermuten, dass nicht alle Regularitäten bereits entdeckt oder bekannt sind. Eine gewisse Zeit können Neuentdeckungen ausgenutzt werden. Ansonsten wäre es nicht

---

[6] TANOUS bemerkt in der Vorrede zu seinem Interview mit EUGENE F. FAMA, dieser habe als *Undergraduate* für einen Professor gearbeitet, "… who was trying to develop "buy" and "sell" signals based on price momentum. Although the theories the professor devised worked well when applied to the past, they worked poorly when Fama tested them in real time" (PETER J. TANOUS: *Investment Gurus*, New York Institute of Finance, New York 1997, p. 167).

zu verstehen, dass so viele Finanzfirmen an der "Wall Street" Geld in Supercomputer investieren. Mit dem Bekanntwerden entdeckter Regularitäten und der dadurch eingeleiteten Veränderung des Verhaltens der Marktteilnehmer könnten vielleicht sogar neue Regularitäten entstehen, die man nur zu entdecken hat ...

9.2 Random Walk

9.2.1 Stetige Renditen

Dass die Renditen an den Börsen wie zufällig wirken, und dass die Realisationen der Rendite in vergangenen Perioden aufgrund einer seriellen Korrelation von Null keine Information für eine verbesserte Prognose darstellen, war eine große Entdeckung im Finance. Sie wurde von KENDALL als *Random Walk* bezeichnet.[7]

Doch wie ist der Random Walk definiert? Wir beginnen mit dem Prozess der Kurs- oder Wertentwicklung und denken, besonders wenn Zahlen genannt werden, an einzelne Aktien oder ein Portfolio aus Aktien. Wir werden den Prozess der Wertentwicklung leicht transformieren und erhalten einen Random Walk. Aus heutiger Sicht, zum Zeitpunkt 0 und bei bekanntem heutigen Kurs oder Anfangswert des Portfolios S_0, entwickeln sich die zukünftigen in Euro, Franken oder Dollar ausgedrückten Kurse oder Anlageergebnisse wie in (9-1) ausgedrückt. Da die zukünftigen Kurse oder Werte $\widetilde{S}_1, \widetilde{S}_2,...$ aus heutiger Sicht unsicher sind, werden ihre Bezeichnungen mit einer Tilde versehen. Es bezeichnen $\widetilde{r}_1, \widetilde{r}_2,...$ die zufälligen einfachen oder diskreten Jahresrenditen:

(9-1)
$$\begin{aligned}\widetilde{S}_1 &= S_0 \cdot (1+\widetilde{r}_1) \\ \widetilde{S}_2 &= \widetilde{S}_1 \cdot (1+\widetilde{r}_2) = S_0 \cdot (1+\widetilde{r}_1) \cdot (1+\widetilde{r}_2) \\ &\ldots \\ \widetilde{S}_t &= \widetilde{S}_{t-1} \cdot (1+\widetilde{r}_t) = S_0 \cdot (1+\widetilde{r}_1) \cdot (1+\widetilde{r}_2) \cdot \ldots \cdot (1+\widetilde{r}_t)\end{aligned}$$

---

[7] KLAUS SANDMANN: *Einführung in die Stochastik der Finanzmärkte*. Springer Verlag, Berlin 1999. Zuvor empfehle ich ein Schulbuch: FRIEDRICH BARTH UND RUDOLF HALLER: *Stochastik Leistungskurs*. Oldenbourg Verlag, München 1998.

Wie bei Wachstumsvorgängen üblich, sollen die *multiplikativen* Zusammenhänge mehrerer Jahre in *additive* transformiert werden. Hierzu wird die wachsende Größe (Wert des Portfolios) in logarithmischer Skala dargestellt:

(9-2)
$$\ln \tilde{S}_t = \ln S_0 + \ln(1+\tilde{r}_1) + \ln(1+\tilde{r}_2) + \ldots + \ln(1+\tilde{r}_t) =$$
$$= \ln S_0 + \tilde{r}_1^* + \tilde{r}_2^* + \ldots + \tilde{r}_t^*$$

Hier sind $\tilde{r}_1^*, \tilde{r}_2^*, \ldots, \tilde{r}_t^*$ die Renditen in *stetiger* Schreibweise. Sie sind mit einem Stern gekennzeichnet,

(9-3)
$$r_t^* = \ln(1+r_t)$$

Der Logarithmus des Anlageergebnisses ist nach (9-2) gleich dem Logarithmus des anfänglichen Anlagebetrags plus der *Summe aller Jahresrenditen in stetiger Schreibweise.*

Beispiel 9-2: Es sei $S_0 = 1000$ sowie $r_1 = 20\%$, $r_2 = -50\%$. Im Kopf errechnet man $S_2 = 600$. Auf logarithmische Skala übertragen folgt: $\ln S_0 = 6{,}9078$ und die stetigen Renditen sind $r_1^* = 0{,}1823$, $r_2^* = -0{,}6931$. Es folgt $\ln S_2 = 6{,}9078 + 0{,}1823 - 0{,}6931 = 6{,}397$ und daher $S_2 = \exp(6{,}397)$ und dies ist gleich 600. ■

Wir führen für die in logarithmischer Skala ausgedrückten Kurse oder Anlageergebnisse den Buchstaben z ein,

(9-4)
$$\tilde{Z}_t = \ln \tilde{S}_t \quad \text{für alle } t = 1, 2, \ldots$$

und ergänzen $Z_0 = \ln S_0$. Dann erhält die obige Bestimmungsgleichung (9-2) die Form

(9-5)
$$\tilde{Z}_t = Z_0 + \tilde{r}_1^* + \tilde{r}_2^* + \ldots + \tilde{r}_t^*$$

Die logarithmierten Werte des Portfolios, das logarithmierte Anlageergebnis, sprechen wir als "Zustand" an. Die Zustände des Prozesses $Z_0, \tilde{Z}_1, \tilde{Z}_2, \ldots$ sind also die in logarithmischer Skala ausgedrückten Anlageergebnisse. Der Prozess (9-5) wird dadurch beschrieben, dass der Zu-

9. RANDOM WALK

stand zum Zeitpunkt $t+1$ sich aus dem Zustand zu t ergibt, indem die stetige Jahresrendite $\tilde{r}_{t+1}$ addiert wird:

$$\tilde{Z}_1 = Z_0 + \tilde{r}_1, \quad \tilde{Z}_2 = Z_1 + \tilde{r}_2, \quad \tilde{Z}_3 = Z_2 + \tilde{r}_3, \ldots$$

Für diesen Prozess werden drei Annahmen getroffen:

1. Annahme *Zufall*: Die stetige Rendite des kommenden Jahres wird als *Zufallsgröße* aufgefaßt. Vielleicht hängt die Rendite noch von Einflußfaktoren ab, doch die Zusammenhänge sind nicht im Einzelnen bekannt und lassen sich nicht für eine Prognose einsetzen. Deshalb weicht die stetige Rendite von ihrem Erwartungswert in rein zufälliger Weise ab.

2. Annahme *Stationarität*: Die stetigen Renditen der in die Betrachtung einbezogenen Jahre haben alle *dieselbe* Verteilung. Es ist also nicht so, dass die Renditen von 1960-1980 aus einer Wahrscheinlichkeitsverteilung stammten und die der Jahre 1980-2000 aus einer anderen Verteilung mit vielleicht anderem Erwartungswert und anderer Varianz.

3. Annahme *Unabhängigkeit*: Die Wahrscheinlichkeitsverteilung der stetigen Rendite im Jahr t ist *stochastisch unabhängig* von den zuvor realisierten Renditen. Wenn jemand die letzten Realisationen der Tages-, Wochen- oder Jahresrenditen nochmals auswertet, kann er nicht zu einer anderen Wahrscheinlichkeitsverteilung gelangen.[8] Anschaulich: Der Prozess hat kein Gedächtnis.

Mit diesen drei Annahmen entsteht aus (9-5) ein Random Walk.[9]

> Ein *Random Walk* ist ein in diskreter Zeit $t = 1, 2, \ldots$ ablaufender Zufallsprozess, das heißt, eine Sequenz von zufälligen Zuständen $\tilde{Z}_1, \tilde{Z}_2, \ldots, \tilde{Z}_t, \ldots$, die wie folgt miteinander verknüpft sind:
>
> Jeder Zustand ist gleich dem vorangegangenen Zustand plus einer zufälligen Änderung: $\tilde{Z}_1 = Z_0 + \tilde{X}_1, \quad \tilde{Z}_2 = Z_1 + \tilde{X}_2, \quad \ldots,$ $\tilde{Z}_t = Z_{t-1} + \tilde{X}_t, \ldots$

---

[8] Wenn die stetigen Renditen als normalverteilt unterstellt werden, dann genügt zu wissen, dass sie seriell unkorreliert sind, denn unkorrelierte normalverteilte Zufallsgrößen sind auch stochastisch unabhängig.

[9] Die oben genannten drei Annahmen beschreiben ebenso die Brownsche Bewegung. Sie ist die Übertragung des Random Walk auf den Fall, in dem die Zeit jede beliebige Zahl annehmen kann, und nicht nur die ganzen Zahlen.

Der Anfangszustand des Prozesses ist Z_0. Die Differenzen oder Inkremente $\tilde{X}_1, \tilde{X}_2, \ldots, \tilde{X}_t, \ldots$ sind identisch verteilte, unabhängige Zufallsvariablen. Sie haben alle denselben Erwartungswert μ, bezeichnet als Drift, und dieselbe Varianz σ^2. Beide Parameter sollen bekannt sein.

Die Bezeichnung *Random Walk* leitet sich ab vom Weg, den ein Betrunkener nimmt. In jeder Zeiteinheit mache er einen Schritt vorwärts, weicht dabei aber auf zufällige Weise entweder nach links oder nach rechts von seiner Richtung ab.

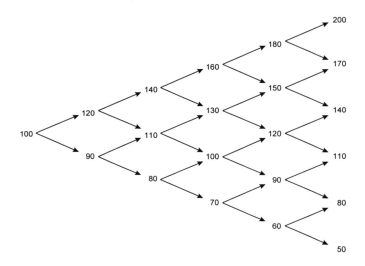

Bild 9-6: Darstellung der möglichen Zustandsentwicklungen eines Random-Walk für den Fall, dass die Inkremente einer Zweipunktverteilung folgen, die nur die Realisationen +20 und -10 hat.

Ein Spezialfall des Random-Walk besteht darin, dass die Differenzen nur zwei Werte, X_u (up) und X_d (down), annehmen können, $X_u > X_d$. Für die Zweipunktverteilung ist der Random Walk durch einen Baum darstellbar. Im Bild 9-6 können die Inkremente nur die beiden Werte $X_u = 20$ und $X_d = -10$ annehmen. Der Anfangszustand des Prozesses ist $Z_0 = 100$. Um die Beschreibung zu vervollständigen, müssen daneben die Wahrscheinlichkeiten genannt werden, mit denen das Inkrement den Wert X_u beziehungsweise X_d annehmen kann.

9. RANDOM WALK

Eine dichotome Verteilung mit den zwei möglichen Werten X_u und X_d, die mit Wahrscheinlichkeit p (up) beziehungsweise $1-p$ (down) eintreten mögen, besitzt den Erwartungswert

(9-6) $$\mu = p \cdot X_u + (1-p) \cdot X_d$$

und, $X_u > X_d$ vorausgesetzt, die Standardabweichung

(9-7) $$\sigma = \sqrt{p \cdot (1-p)} \cdot (X_u - X_d)$$

Beispiel 9-3: Wird der in Bild 9-6 gezeigte Baum durch die Angabe $p = 1/2$ ergänzt, dann hat der Random Walk den Drift $\mu = 5$ und die Standardabweichung der Inkremente beträgt $\sigma = 15$. ■

Beispiel 9-4: Bei einer Geldanlage hat die diskrete Jahresrendite nur zwei Realisationen. Entweder beträgt sie $+20\%$ oder -10%, jeweils mit Wahrscheinlichkeit ½. Die Entwicklung des Vermögens soll als Random Walk aufgefaßt und dessen Parameter μ und σ bestimmt werden. Zunächst werden die Realisationen der stetigen Rendite berechnet. Sie sind 18,23% und $-10,54\%$. Nach Formel (9-6) beträgt der Drift 3,85% und nach (9-7) beträgt die Standardabweichung der Inkremente 14,385%, ihre Varianz ist folglich 0,0207. ■

Wir werden einen Random Walk, bei dem die Inkremente nur zwei Realisationen (up oder down) haben, mit dem Binomial-Modell eingehender behandeln (Kapitel 12). Ein solcher Random Walk hat also im Finance hohe Bedeutung. Der Zusammenhang mit den auf Stufe t möglichen Ergebnissen und der t-fachen Durchführung eines Zufallsexperimentes und der Binomialverteilung ist offensichtlich. Die Wahrscheinlichkeit, dass bis zum Zeitpunkt t es k Aufwärtsbewegungen gegeben hat, ist durch den Binomialkoeffizienten gegeben:

(9-8) $$B(n, p; k) = \binom{t}{k} \cdot p^k \cdot (1-p)^{t-k} = \frac{t!}{k! \cdot (t-k)!} \cdot p^k \cdot (1-p)^{t-k}$$

Für $p = 1/2$ zeigt nachstehende Tabelle die nach (9-8) berechneten Wahrscheinlichkeiten Bemerkungen: Bei einem Random-Walk kann durchaus ein Trend zu verzeichnen sein, was heißen soll, dass der Erwartungswert der Inkremente von 0 abweichen kann. Wir hatten den Erwartungswert der Inkremente mit μ bezeichnet, und dieser Drift kann zwar gleich Null sein, doch kann er ebenso positiv oder negativ sein. Zweitens wird das Periodengeschehen addiert, und nicht etwa multipliziert. Deshalb führen Wachstumsvorgänge erst nach Logarithmieren auf einen Random Walk.

	t = 1	t = 2	t = 3	t = 4	t = 5	t = 6
k = 6						1/64
k = 5					1/32	3/32
k = 4				1/16	5/32	15/64
k = 3			1/8	1/4	5/16	5/16
k = 2		1/4	3/8	3/8	5/16	15/64
k = 1	1/2	1/2	3/8	1/4	5/32	3/32
k = 0	1/2	1/4	1/8	1/16	1/32	1/64

Bild 9-7: Die Wahrscheinlichkeit, dass bei einem Random Walk mit dichotomen Inkrementen (nur up oder down) im Zeitpunkt t es k Aufwärtsbewegungen gibt ($p=1/2$).

9.2.2 Die Parameter des Random Walk

Über die Differenzen der Zustände ist bekannt, dass für sie μ erwartet werden darf. Diese Größe, der *Drift*, ist im Random-Walk der Erwartungswert

(9-9) $$\mu = E[\tilde{X}_1] = E[\tilde{X}_2] = ... = E[\tilde{X}_t]$$

derjenigen Änderungen, die in jeder Periode additiv auf den Zustand des Random-Walk einwirken.

> Wird die Entwicklung der Werte eines Portfolios nach Logarithmieren als Random-Walk aufgefaßt, dann ist der Drift gleich dem Erwartungswert der stetigen Renditen.

Der Wert des Random Walk zu einem bestimmten Zeitpunkt sei bekannt — ohne Beschränkung der Allgemeinheit nehmen wir an, dies sei der mit 0 bezeichnete Anfangszeitpunkt, der Prozess soll "heute" starten. Dann können die Zufallsgrößen $\tilde{Z}_1, \tilde{Z}_2, ...$ aus Sicht des Anfangszeitpunkts und unter Kenntnis des Anfangszustands Z_0 wie folgt beschrieben werden. Zunächst die Erwartungswerte:

9. RANDOM WALK

(9-10)
$$E[\tilde{Z}_1] = E[Z_0 + \tilde{X}_1] = Z_0 + E[\tilde{X}_1] = Z_0 + \mu$$
$$E[\tilde{Z}_2] = E[Z_0 + \tilde{X}_1 + \tilde{X}_2] = Z_0 + E[\tilde{X}_1] + E[\tilde{X}_2] = Z_0 + 2 \cdot \mu$$
$$\ldots$$
$$E[\tilde{Z}_t] = Z_0 + t \cdot \mu$$

Beim Random-Walk stimmt der Erwartungswert des zukünftigen Werts des Prozesses $E[\tilde{Z}_t]$ zu jedem Zeitpunkt t überein mit der Summe aus dem Anfangszustand Z_0 und dem t-fachen Drift. Um die zu erwartenden Abweichungen der Zustände von diesem Erwartungswert zu bestimmen, wird die Volatilität, oder ihr Quadrat, die Varianz der Inkremente herangezogen,

$$\sigma^2 = Var[\tilde{X}_1] = Var[\tilde{X}_2] = \ldots = Var[\tilde{X}_t]$$

In unserer Anwendung ist σ^2 die Varianz der stetigen Renditen. Die Standardabweichung der auf ein Jahr bezogenen stetigen Rendite σ heißt *Volatilität*. Dann gilt:

$$Var[\tilde{Z}_1] = Var[Z_0 + \tilde{X}_1] = Var[\tilde{X}_1] = \sigma^2$$

Für den nächsten Zustand ergibt sich mit den Rechenregeln für die Varianz:

$$Var[\tilde{Z}_2] = Var[Z_0 + \tilde{X}_1 + \tilde{X}_2] = Var[\tilde{X}_1 + \tilde{X}_2] =$$
$$= Var[\tilde{X}_1] + Var[\tilde{X}_2] + 2 \cdot Cov[\tilde{X}_1, \tilde{X}_2] =$$
$$= \sigma^2 + \sigma^2 + 0 = 2 \cdot \sigma^2$$

Dabei ist berücksichtigt, dass beim Random Walk $Cov[\tilde{X}_1, \tilde{X}_2] = 0$ gilt. Das ist eine Folge der zuvor getroffenen Annahme, die zufälligen Änderungen seien stochastisch unabhängig. Allgemein gilt für die Varianz des Zustands auf der Zeitstufe t:

(9-11)
$$Var[\tilde{Z}_t] = t \cdot \sigma^2$$

Die Varianz des Zustands $\widetilde{Z}_t$ des Random-Walk zum Zeitpunkt t — bestimmt aus Sicht der zum Zeitpunkt 0 gegebenen Information — beträgt demnach das t-fache der Varianz der zufälligen Inkremente. Kurz: Die Varianz nimmt proportional mit der Zeit zu. Das bedeutet: Die Standardabweichungen der Werte des Random-Walk erhöhen sich *proportional zur Wurzel* aus der Zeit.

Beispiel 9-5: Es werde der in Bild 9-6 dargestellte Baum mit $X_u = 20$ und $X_d = -10$ zugrunde gelegt und $p = 1/2$ unterstellt. Hierfür wurde in Beispiel 9-3 bereits berechnet: $\mu = 5$ und $\sigma = 15$. Damit erlauben die Formeln (9-10) und (9-11) eine schnelle Berechnung der Erwartungswerte und der Standardabweichungen für die Zustände auf den Stufen $t = 1, 2, \ldots$. Für $t = 1$ gilt: $E[\widetilde{Z}_1] = 100 + \mu = 105$ und $SD[\widetilde{Z}_1] = \sigma = 15$. Für $t = 2$ gilt $E[\widetilde{Z}_2] = 100 + 2 \cdot 5 = 110$ und $SD[\widetilde{Z}_2] = \sqrt{2} \cdot 15 = 21{,}23$. Für den in Bild 11-6 noch dargestellten Zeitpunkt $t = 5$ gilt $E[\widetilde{Z}_5] = 100 + 5 \cdot 5 = 125$ und $SD[\widetilde{Z}_5] = \sqrt{5} \cdot 15 = 33{,}54$. Die Verteilungsparameter von $\widetilde{Z}_5$ sollen nochmals direkt berechnet werden, in dem die bekannten Formeln für den Erwartungswert und die Standardabweichung auf die in Bild 9-6 errechneten Zustände $200, 170, 140, 110, 80, 50$ angewendet werden. Dazu entnehmen wir deren Wahrscheinlichkeiten aus der Tabelle (Bild 9-7):

$$E[\widetilde{Z}_5] = \frac{1}{32} \cdot 200 + \frac{5}{32} \cdot 170 + \frac{5}{16} \cdot 140 + \frac{5}{16} \cdot 110 + \frac{5}{32} \cdot 80 + \frac{1}{32} \cdot 50 =$$
$$= 125$$

$$Var[\widetilde{Z}_5] = \frac{1}{32} \cdot (200-125)^2 + \frac{5}{32} \cdot (170-125)^2 + \frac{5}{16} \cdot (140-125)^2 +$$
$$+ \frac{5}{16} \cdot (110-125)^2 + \frac{5}{32} \cdot (80-125)^2 + \frac{1}{32} \cdot (50-125)^2 =$$
$$= \frac{5625}{32} + \frac{5 \cdot 2025}{32} + \frac{5 \cdot 225}{16} + \frac{5 \cdot 225}{16} + \frac{5 \cdot 2025}{32} + \frac{5625}{32} =$$
$$= 175{,}781 + 316{,}406 + 70{,}313 + 70{,}313 + 316{,}406 + 175{,}781 =$$
$$= 1125$$

Aus $Var[\widetilde{Z}_5] = 1125$ folgt $SD[\widetilde{Z}_5] = \sqrt{5} \cdot 15 = 33{,}54$ ∎

Zwar sind die *Parameter* der Wahrscheinlichkeitsverteilung der Zustände nun berechnet, doch über den *Typ* der Verteilung der Zustände

9. RANDOM WALK

$\tilde{x}_1, \tilde{x}_2, ..., \tilde{x}_t, ...$ wurde noch nichts gesagt. Selbstverständlich könnte man, wenn der Prozess eine Zeitlang gelaufen ist, mit dem Zentralen Grenzwertsatz (vergleiche Sektion 3.1.2) schließen, dass ab dann die Zustände des Random-Walk approximativ normalverteilt sind.

Der *Zentrale Grenzwertsatz* besagt: Ein Summe $\tilde{X}_1 + \tilde{X}_2 + ... + \tilde{X}_n$ von n unabhängigen, identisch verteilten Zufallsgrößen $\tilde{X}_1, \tilde{X}_2, ..., \tilde{X}_n, ...$ die alle den Erwartungswert μ und die Streuung σ aufweisen, ist asymptotisch normalverteilt — die Wahrscheinlichkeitsverteilung der Summe unterscheidet sich mit zunehmendem n immer weniger von einer Normalverteilung. Die Summe $\tilde{X}_1 + \tilde{X}_2 + ... + \tilde{X}_n$ hat den Erwartungswert $n \cdot \mu$ und die Streuung $\sqrt{n} \cdot \sigma$.

Mit der Normalverteilung können dann verschiedene Berechnungen vorgenommen werden, wie zum Beispiel die, mit welcher Wahrscheinlichkeit der Random Walk innerhalb gewisser Grenzen liegen wird. Deshalb ist es keine besondere Einschränkung, die Inkremente von vornherein als normalverteilt vorauszusetzen. Denn der Prozess führt ohnehin nach einiger Zeit auf (approximativ) normalverteilte Zustände. Zudem entspricht es gut der Empirie, normalverteilte Inkremente anzunehmen, wenn sie stetige Jahresrenditen sind. Denn die stetigen Jahresrenditen sind ziemlich genau normalverteilt.

Die Beschreibung der Kursentwicklung eines Wertpapiers oder der Wertentwicklung eines Portfolios mit dem Random-Walk soll zusammenfassend durch eine Tabelle festgehalten werden.

Wertentwicklung einer Aktie oder eines Kurses als Random-Walk		
	Random-Walk	Logarithmus der in Geldeinheiten ausgedrückten Anlageergebnisse (Wert des Portfolios)
Anfangswert	Z_0	Logarithmus des Anfangskurses, $\ln S_0$
Inkremente	$\tilde{X}_1, \tilde{X}_2, ..., \tilde{X}_t, ...$	Stetige Renditen der einzelnen Jahre $\tilde{r}_1^*, \tilde{r}_2^*, ..., \tilde{r}_t^*$
Drift	μ	Erwartungswert der stetigen Renditen
Streuung	σ	Standardabweichung der stetigen Renditen (Volatilität)

Bild 9-8: Zur Korrespondenz der Größen.

9.2.3 Lognormalverteilte Ergebnisse

Die Zustände im Random Walk, $\tilde{Z}_t$, waren in unserer Anwendung die Logarithmen der Kurse oder Anlageergebnisse, $\tilde{Z}_t = \ln \tilde{S}_t$. Die Zustände sind nach dem Grenzwertsatz nach einigen Jahren approximativ normalverteilt, egal welche Verteilung die stetigen Renditen haben. Wenn die stetigen Jahresrenditen normalverteilt sind, wofür der empirische Befund spricht, dann sind die Logarithmen der Kurse oder Anlageergebnisse $\tilde{x}_t$ exakt (ansonsten nur approximativ) normalverteilt. Die Kurse oder Anlageergebnisse $\tilde{s}_t$ selbst sind dann *lognormalverteilt*.

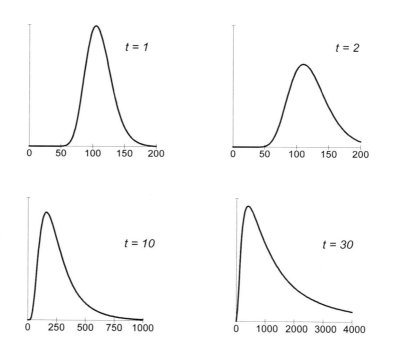

Bild 9-9: Die Verteilung der Ergebnisse einer Anlage von 100 in das Marktportfolio am Ende eines Anlagehorizonts von einem Jahr, zwei, zehn und dreißig Jahren berechnet für ein Portfolio von Aktien Schweiz.

Die Lognormalverteilung (der in Euro ausgedrückten) Anlageergebnisse ist nicht mehr symmetrisch wie die Normalverteilung, sie zeigt Rechtsschiefe. Es kann zu sehr hohen Realisationen kommen. Das bedeutet, dass bei einer mehrjährigen Investition recht hohe Ergebnisse eintreten können. Der Erwartungswert ist daher größer als der Median.

9. RANDOM WALK

- Der Modus ist das Ergebnis mit der größten Mutmaßlichkeit oder *Likelihood*, weshalb der Buchstabe L verwendet wird.
- Der Median M ist das mittlere Resultat im Sinn, dass mit gleicher Wahrscheinlichkeit (von ½) das Ergebnis kleiner beziehungsweise größer als der Median ausfallen wird.
- Der Erwartungswert ist die mit den Wahrscheinlichkeiten gewichtete Summe aller Resultate.

Bild 9-9 zeigt für realistische Finanzmarktdaten die Verteilung des Ergebnisses einer Anlage in das Marktportfolio Aktien Schweiz, die bei $S_0 = 100$ beginnt, und zwar für einen Horizont von $t = 1, 2, 10, 30$ Jahren.

Die Formeln für den Erwartungswert E, den Median M und den Modus L für die Wahrscheinlichkeitsverteilung des Kurses oder Anlageergebnisses $\widetilde{S}_t$ zum Zeitpunkt t finden sich in Büchern über Statistik. Sie lauten:

(9-12)
$$E[\widetilde{S}_t] = S_0 \cdot \exp\left(\left(\mu + \frac{\sigma^2}{2}\right) \cdot t\right)$$
$$M[\widetilde{S}_t] = S_0 \cdot \exp(\mu \cdot t)$$
$$L[\widetilde{S}_t] = S_0 \cdot \exp\left(\left(\mu - \sigma^2\right) \cdot t\right)$$

Hier sind die Lageparameter durch die beiden Verteilungsparameter Drift μ und Volatilität σ der stetigen Rendite ausgedrückt. Wir veranschaulichen die Lageparameter für Schätzungen der stetigen Rendite von Aktien Schweiz, die gleich anschließend in Sektion 9.2.4 gewonnen werden. Die Schätzwerte lauten für den Drift $\hat{\mu} = 7{,}61\%$ und $\hat{\sigma} = 19{,}01\%$ für die Volatilität. Wir beginnen die Anlage in Aktien mit einem Startbetrag $S_0 = 100$ Franken und betrachten das unsichere Ergebnis nach $t = 5$ Jahren.

- Der Modus beträgt $L = 100 \cdot \exp((0{,}0761 - 0{,}0361) \cdot 5) = 122$. Der Modus entspricht einer geometrischen Durchschnittsrendite von $4{,}08\%$, denn $(1 + 0{,}0408)^5 = 1{,}22$. Das ist die Modalrendite.
- Der Median beträgt $M = 100 \cdot \exp(0{,}0761 \cdot 5) = 146$. Der Median entspricht einer geometrischen Durchschnittsrendite von $7{,}86\%$, das ist die Medianrendite, denn $(1 + 0{,}0786)^5 = 1{,}46$.

- $E = 100 \cdot \exp((0{,}0761 + 0{,}01807) \cdot 5) = 160$ ist das erwartete Endvermögen. Die zu erwartende Durchschnittsrendite ist demnach gleich 9,85%, wie die Probe $(1 + 0{,}0985)^5 = 1{,}60$ bestätigt.

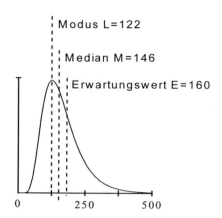

Bild 9-10: Für einen Anfangsbetrag von 100 Franken, angelegt in ein Portfolio Schweizer Aktien, wird das unsichere Vermögen nach 5 Jahren betrachtet. Dargestellt ist die Dichtefunktion der Wahrscheinlichkeitsverteilung des Anlageergebnisses. Sie zeigt eine deutliche Schiefe nach rechts. Die Berechnung erfolgte mit einem Drift von 7,61% und einer Standardabweichung der stetigen Rendite von 19,01% in Einklang mit den Pictet-Daten.

Beispiel 9-6: Anlaß ist ein Treffen der Alumnis einer Business School in den USA. Peter, heute 62 Jahre alt, trifft sich mit den Absolventen seines Jahrganges. Sie hatten alle vor 40 Jahren ihren *Degree* erworben. Das war sozusagen ihr Startkapital. Jeder schlug danach einen eigenen Weg ein. Nun treffen sie sich, 100 Alumnis sind erschienen. Alle sind bereit, 1% ihres Vermögens für ihre School zu stiften. Es kommen 10 Millionen Dollar zusammen. Man könnte daher denken, jeder hätte es auf etwa 10 Millionen gebracht. Immerhin muss 10 Millionen der Mittelwert aller von den 100 Alumnis erreichten Vermögen darstellen. Peter besitzt aber nur 2,5 Millionen und schließt, dass er materiell nur Unterdurchschnittliches erreicht hat. Er fragt seine Nachbarin zur Linken: "*Jane, how much did you make?*" Sie antwortet: "*Some 2 Million*". Peter stellt darauf seiner Nachbarin zur Rechten dieselbe Frage. Die Antwort: "*3 Million*". Weitere Fragen zeigen, dass einige weniger als Peter, andere etwas mehr erzielten. Offensichtlich liegen die Hälfte der errungenen Vermögen unter 3 Millionen, die andere Hälfte liegt oberhalb von 3 Millionen. Dennoch beträgt ihr *Mittelwert* 10 Millionen. Folglich muss es

9. RANDOM WALK

einige wenige Alumnis geben, die extrem hohe Vermögen erreicht haben. In der Tat: Bill, einer der Hundert, erzählt stolz, es in 40 Jahren fast zum Milliardär gebracht zu haben.

> Privatpersonen lassen sich oft verwirren, weil sie sich nicht sicher sind, welcher der drei Lageparameter am besten beschreibt, was kommen wird. Zu *vermuten* ist ein Ergebnis in Höhe der Modalrendite. Hierzu noch ein Experiment. Man stelle sich eine Urne vor, in der zehn Kugeln sind. Neun tragen die Aufschrift 1 Euro, eine Kugel trägt die Aufschrift 100 Euro. Vermuten würde man, bei einer Ziehung den häufigsten Wert zu erwischen, und das ist ein Euro. *Erwarten* würde man hingegen $9 + 100/10 = 10,9$ Euro zu ziehen, eben den Erwartungswert. Wird das Zufallsexperiment sehr oft wiederholt, dann greift das Gesetz der großen Zahlen und der Mittelwert der Ergebnisse über die vielen Ziehungen kommt "immer näher" an den Erwartungswert (im Sinn der Präzisierung dieses Gesetzes). Der Erwartungswert hat also seine Bedeutung, wenn ein Zufallsexperiment sehr oft wiederholt wird. Der Modus hat seine Bedeutung, wenn nur einmal gezogen wird.

9.2.4 Nochmals die finanzwirtschaftliche Schätzmethode

Eine Variante der finanzwirtschaftlichen Schätzmethode geht nicht wie in Kapitel 3 vorgeführt von den diskreten Renditen aus sondern setzt bei den historischen Renditen in *stetiger* Notation an. Deren Erwartungswert μ wird mit dem arithmetischen Mittelwert (der stetigen Renditen) geschätzt, und parallel dazu wird die Standardabweichung σ der stetigen Renditen geschätzt. Da das Ziel jedoch ist, die erwartete diskrete Rendite r_M des Marktportfolios zu bestimmen, kann sie mit Hilfe der Formeln (9-12) daraus gewonnen werden,

$$(9\text{-}13) \qquad r_M = \exp\left(\mu + \frac{\sigma^2}{2}\right) - 1$$

Wir führen diese zweite Variante vor und beginnen mit den Daten aus Bild 3-1. Die erste stetige Rendite für das Aktienportfolio beträgt $\ln 1,217 = 0,200$, die zweite $\ln 1,261 = 0,232$ und so fort. Die stetige Rendite für das Jahr 2002 beträgt $\ln 0,740 = -0,301$ und die für das Jahr 2003 ist $\ln 1,221 = 0,191$. So wird der Erwartungswert der steigen Renditen durch

$$(9\text{-}14) \qquad \hat{\mu} = 0,196 + 0,232 + \ldots - 0,301 + 0,200)/78 = 0,761$$

und die Standardabweichung der stetigen Renditen mit

(9-15) $\quad\hat{\sigma} = 0{,}1901$

geschätzt. Werden die angegebenen Schätzungen in (9-13) eingesetzt, ergibt sich die Marktrendite zu

(9-16) $\quad\hat{r}_M = \exp\left(0{,}0761 + \dfrac{(0{,}1901)^2}{2}\right) - 1 = 9{,}87\%$

Das ist eine gute Übereinstimmung mit dem Schätzwert aus Sektion 3.1.2., wo $\hat{r}_M = 9{,}85\%$ gefunden wurde. Der (kleine) Unterschied zwischen 9,87% und 9,85% geht nicht auf Rundungsfehler zurück, sondern darauf, dass einmal aufgrund der diskreten, ein andermal aufgrund der stetigen Renditen geschätzt wurde. Die Schätzmethode ist leicht anders.

Wieder könnte ein 95% Konfidenzintervall für den Erwartungswert der diskreten Rendite aus dem der stetigen Rendite abgeleitet werden. Wie in (3-7) angegeben, hat das Konfidenzintervall für den wahren Parameter μ der stetigen Rendite die beiden Grenzen $\hat{\mu} \pm l \cdot \sigma / \sqrt{T}$. Wird hier $l = 1{,}96$ für ein Konfidenzniveau von 95%, $\hat{\sigma} = 0{,}1901$ und $T = 78$ eingesetzt, ergibt sich als Breite des Konfidenzintervalls $\pm 3{,}29\%$. Die obere Schranke des Konfidenzintervalls für die stetige Rendite beträgt demgemäß $\mu_O = 9{,}87\% + 3{,}29\% = 13{,}16\%$. Dies entspricht einer diskreten Rendite von $r_O = \exp(0{,}1316) - 1 = 14{,}1\%$. Die untere Schranke des Konfidenzintervalls beträgt $\mu_U = 9{,}87\% - 3{,}29\% = 6{,}58\%$. Dies entspricht einer diskreten Rendite von $r_U = \exp(0{,}0658) - 1 = 6{,}8\%$. Das auf diese Weise bestimmte Konfidenzintervall für die diskrete Marktrendite reicht demnach von $r_U = 6{,}8\%$ bis $r_O = 14{,}1\%$.

9.2.5 Geometrische Durchschnittsrendite

Noch ein letzter Punkt. Es gibt einen Zusammenhang zwischen der erwarteten stetigen Rendite und der diskreten geometrischen Durchschnittsrendite, über die oft in Tabellen berichtet wird (Bild 3-10).

- Wegen $\ln S_T = \ln S_0 + r_1{}^* + ... + r_T{}^*$ und $r_1{}^* + ... + r_T{}^* = \hat{\mu} \cdot T$ sowie $\ln S_T - \ln S_0 = \ln(S_T / S_0)$ gilt $\ln(S_T / S_0) = \hat{\mu} \cdot T$.

9. RANDOM WALK

- Die Definition der geometrischen Durchschnittsrendite r_D lautet $S_T/S_0 = (1+r_D)^T$. Das bedeutet $\ln(S_T/S_0) = T \cdot \ln(1+r_D)$.

Zusammengeführt folgt

(9-17) $\quad\quad\quad r_D^* = \ln(1+r_D) \;=\; \hat{\mu}$

Wird die geometrische Durchschnittsrendite r_D in stetiger Notation ausgedrückt (man erhält r_D^*), dann stimmt sie mit dem Schätzwert $\hat{\mu}$ der erwarteten stetigen Rendite überein. Wegen (9-12) entspricht die geometrische Durchschnittsrendite gerade der (in diskreter Form ausgedrückten) Medianrendite:

(9-18) $\quad\quad\quad r_D \;=\; \exp(\hat{\mu}) - 1$

Wer also für einen vergangenen Zeitraum die geometrische Durchschnittsrendite r_D bestimmt hat, kann hinsichtlich der Zukunft dies sagen: Das ab heute, ausgehend von einem heutigen Anlagebetrag B bis in T Jahren erzielte Anlageergebnis ist unsicher, indessen liegt es mit Wahrscheinlichkeit ½ unter und mit Wahrscheinlichkeit ½ über dem Median $B \cdot (1+r_D)^T$.

Die Bedeutung der geometrischen Durchschnittsrendite liegt folglich darin, dass sie den Median der zukünftigen Vermögensentwicklung beschreibt.

9.3 Tests

9.3.1 Cowles-Jones-Test

Die Hypothese, nach der eine Sequenz von Zufallsvariablen einem Random-Walk folgt, kann verworfen werden, wenn es gelingt nachzuweisen, dass die serielle Korrelation *nicht* gleich Null ist.

Werden Jahresdaten verwendet, so zeigt sich jedoch sehr schnell die Unkorreliertheit. Diese Ergebnisse sind seit Jahrzehnten bekannt und werden nicht bezweifelt. Viele Anleger, Trader und Börsengurus denken allerdings, dass sich bei Tagesdaten oder Wochendaten gewisse serielle Korrelationen finden lassen.

Die nachstehenden Tests sind für Tagesrenditen und Wochenrenditen gedacht. Weil diese Fristen so kurz sind, sind die erwartete Tagesrendite und die erwartete Wochenrendite sehr gering. Die für solche Daten konzipierten Tests gehen folglich vielfach davon aus, dass die erwartete Rendite gleich Null ist. Der damit begangene Fehler kann bei Tages- und Wochenrenditen durchaus vernachlässigt werden.

Als erstes Testverfahren zur Überprüfung der Unkorreliertheit betrachten wir den *Run-Test*. Er geht auf Arbeiten von COWLES und JONES 1937 zurück.[10] Es werde eine Folge X_n, $n = 1, 2, ..., T$ von Realisationen einer Zufallsgröße $\tilde{X}$ betrachtet, von der bekannt sein soll, dass sie symmetrisch um den Erwartungswert 0 verteilt ist. Insbesondere ist die Wahrscheinlichkeit für positive Werte genauso groß wie für negative Werte (nämlich ½). Unter dieser Annahme wird die *Folge der Vorzeichen* der Realisationen betrachtet. Bei serieller Unkorreliertheit sollten bei zwei aufeinanderfolgenden Vorzeichen die vier Gestalten + + und − − und + − und − + in etwa gleich häufig sein. Als Beispiel betrachte man die $T = 12$ Zufallszahlen:

| 1,18 | 0,39 | 1,90 | -0,25 | 0,38 | -0,10 | 0,87 | -0,56 | -0,44 | -0,46 | 2,42 | -1,30 |

In einer solchen Folge werden nun *Sequenzen* und *Umkehrungen* gezählt.

- Eine *Sequenz* ist eine Teilfolge von zwei direkt aufeinanderfolgender Zahlen z_k, z_{k+1}, die dasselbe Vorzeichen haben. Beispielsweise ist die Teilfolge aus 1,18 und 0,39 eine erste Sequenz. Die Teilfolge aus 0,39 und 1,90 ist eine zweite Sequenz. Die Teilfolge aus −0,44 und −0,46 ist eine dritte Sequenz. Die Folge der $N = 12$ Zufallszahlen hat also 3 Sequenzen.

- Eine *Umkehrung* (*Reversal*) ist eine Teilfolge aus zwei direkt aufeinanderfolgender Zahlen z_k, z_{k+1}, die verschiedenes Vorzeichen haben. Beispielsweise bilden 1,90 und −0,25 eine erste Umkehrung. Die Zahlen −0,25 und 0,38 bilden eine zweite Umkehrung. Die obige Folge hat 7 Umkehrungen.

---

[10] ALFRED COWLES und H. JONES: Some A Posteriori Probabilities in Stock Market Action. *Econometrica* 5 (1937), pp. 280-294.

9. RANDOM WALK

Wenn die Zufallszahlen seriell unkorreliert sind (und die Wahrscheinlichkeit für positive wie für negative Realisationen gleich ist), dann sollte die nächste Teilfolge aus zwei Zufallszahlen mit Wahrscheinlichkeit ½ eine Sequenz und mit Wahrscheinlichkeit ½ eine Umkehrung sein. Insgesamt sollten in einer Folge von N Zufallszahlen in etwa $N/2$ Sequenzen und $N/2$ Umkehrungen eintreten. Nun wird das Verhältnis

$$(9\text{-}19) \qquad CJ \;=\; \frac{\text{Anzahl der Sequenzen}}{\text{Anzahl der Umkehrungen}}$$

betrachtet.

Der Quotient (9-19) heißt *Cowles-Jones-Ratio*. Diese Zahl sollte aufgrund der Annahmen ungefähr gleich 1 sein. Werte von CJ größer als 1 deuten auf eine gewisse Persistenz (Trendbildung) hin. Werte kleiner als 1 lassen vermuten, dass zwei aufeinanderfolgende Inkremente tendenziell verschiedenes Vorzeichen haben (was als "technische Reaktion" des Marktes interpretiert wird).

In unserem Zahlenbeispiel ergibt sich $CJ = 3/7$. Aber die Folge ist mit $T = 12$ kurz, weshalb dieser Wert von CJ noch keine Ablehnung der Hypothese der Unkorreliertheit erlauben dürfte. COWLES und JONES haben lange Folgen von Aktienrenditen untersucht und fanden $CJ = 1,17$. Dieser Wert deutet auf eine gewisse Trendbildung hin. Jedoch läßt sich dieser Wert noch mit der Hypothese der Unkorreliertheit vereinbaren, weil die Wahrscheinlichkeit einer positiven Rendite etwas größer als die einer negativen Rendite ist.[11]

Gehorchen die Inkremente $\widetilde{Z}$ einer Normalverteilung, mit dem Erwartungswert μ und der Streuung σ, dann nimmt das Inkrement $\widetilde{Z}$ mit Wahrscheinlichkeit

$$(9\text{-}20) \qquad p \;=\; \Pr(\widetilde{Z} > 0) \;=\; N\!\left(\frac{\mu}{\sigma}\right)$$

---

[11] In einer späteren Arbeit schrieb COWLES 1960: "... while our various analyses have disclosed a tendency towards persistence in stock price movements, in no case is this sufficient to provide more than neglible profits after payment of brokerage costs." Vergleiche hierzu das Buch von JOHN Y. CAMPBELL, ANDREW W. LO und A. CRAIG MACKINLAY: *The Econometrics of Financial Markets*. Princeton University Press, Princeton, New Jersey, 1997, p. 36.

einen positiven Wert an. Wie üblich bezeichnet N die kumulierte Verteilung der Standard-Normalverteilung. Mit Gegenwahrscheinlichkeit $1-p$ hat das untersuchte Inkrement einen negativen Wert. Für diese Situation erweist sich

$$(9\text{-}21) \qquad E[CJ] \;=\; \frac{p^2 + (1-p)^2}{2 \cdot p \cdot (1-p)} \;\geq\; 1$$

als Erwartungswert der *Cowles-Jones-Ratio*. Diese Zahl ist größer oder gleich 1. CJ nimmt die untere Schranke (9-21) $p=1/2$ an, was $\mu=0$ erfordert. Bei einem positivem Drift ist $E[CJ]$ größer als 1 und es sind mehr Sequenzen als Umkehrungen zu erwarten.

9.3.2 Run-Test

Im Unterschied zum Begriff der Sequenz wird ein *Run* als eine Teilfolge (von Realisationen der Rendite) maximaler Länge bezeichnet, innerhalb der das Vorzeichen nicht wechselt.

Die gesamte Folge aus Zahlen der historischen Zeitreihe wird in Runs zerlegt. Beispielsweise hätte eine Folge von Zahlen mit vier positiven Werten, wir schreiben dafür + + + + , genau *einen* Run. Ein zweites Beispiel zur Erläuterung der Definition: In einer Folge von zwei positiven Renditen, drei negativen Renditen, und wieder einer positiven Rendite (wir schreiben + + – – – +) gibt es drei Runs, nämlich zunächst + + , dann – – – und schließlich +.

Mit dieser Definition kann überprüft werden, ob eine Reihe von Zahlen als Realisation einer *nicht seriell korrelierten* Folge von Zufallszahlen aufgefaßt werden darf. Intuitiv würde man denken:

- Ist die Anzahl der Runs klein, dann zeigen die Vorzeichen eine starke Monotonie und es ist eher zu vermuten, dass der Zufallsprozess eine positive Autokorrelation zeigt.
- Ist die Anzahl der Runs groß, kommt es, was das Vorzeichen der Renditen anbelangt, zu einem ständigen Umschlagen. Das könnte durch eine negative serielle Korrelation erklärt werden.
- Nur eine "mittlere" Anzahl von Runs ist daher mit der Hypothese vereinbar, der Prozess habe keine serielle Korrelation.

Eine konkrete Folge von Zahlen wird nun so beurteilt:

1. Zunächst wird gefragt, welches die Länge der Reihe ist, also wie viele Realisationen mit der historischen Zeitreihe gegeben sind. Diese Zahl sei mit T bezeichnet. Liegen Monatsrenditen für 10 Jahre vor, wäre $T = 120$.

2. Sodann wird gefragt, wie viele positive und wie viele negative Zahlen sich unter diesen T Werten befunden haben; sie werden mit T_+ beziehungsweise T_- bezeichnet. Falls der Wert Null auftaucht, wird eine Konvention getroffen, welcher Seite er zugerechnet wird. Selbstverständlich gilt $T_+ + T_- = T$.

3. Nun stelle man sich vor, alle in der Vergangenheit bereits gezogenen Zahlenwerte wären auf Kugeln in einer Urne geschrieben. Ein Zufallsmechanismus zieht sie heraus, eine nach der anderen. So wird eine neue Zeitreihe gebildet — eben rein zufällig was die Reihenfolge anbelangt. Die in der neuen Zeitreihe auftauchenden Werte und ihre Vorzeichen sind aber die der echten historischen Folge.

4. Für diese neue Reihe wird gefragt, wie viele Runs sie hat. Natürlich könnte der Zufallsmechanismus sehr oft solche neuen Reihen bilden, und immer wieder könnte man fragen, wie viele Runs sie aufweist. Auf diese Weise wird die Anzahl der Runs zu einer *zufälligen* Größe.

Die Frage lautet, wie viele Runs im Mittel auftreten, wenn immer wieder der Zufallsmechanismus aus den T in der Urne liegenden Kugeln Reihen bildet. Die Wahrscheinlichkeitsrechnung lehrt, dass bei dieser zufälligen Erzeugung von Reihen so viele Runs zu erwarten sind:

$$(9\text{-}22) \quad E[\text{Anzahl Runs}] = \frac{2 \cdot T_+ \cdot T_-}{T} + 1$$

Achtung: der betrachtete Zufallsmechanismus "Griff in die Urne" zeigt keine Effekte serieller Korrelation.

Schließlich wird die ursprüngliche, historische Zeitreihe als eine Realisation des dargestellten Zufallsprozesses "Griff in die Urne" betrachtet. Auch hier wird die Anzahl der Runs bestimmt. Weicht diese Zahl "zu stark" von der Anzahl erwarteter Runs (9-22) ab, dann wird die Hypothese serieller Unkorreliertheit verworfen. Welche Abweichungen als "zu stark" gelten sollen, hängt von der Standardabweichung der Runs ab:

(9-23) $\quad SD[\text{Anzahl Runs}] \;=\; \sqrt{\dfrac{2\cdot T_+ \cdot T_- \cdot (2\cdot T_+ \cdot T_- - T_+ - T_-)}{(T_+ + T_-)^2 \cdot (T_+ + T_- - 1)}}$

Wir betrachten das Zahlenbeispiel aus Sektion 9.3.1 mit der Reihe aus 12 Zahlen, beginnend mit 1,18, dann 0,39 und endend mit $-1{,}30$. Unter den $T = 12$ Zahlen gab es $T_+ = 6$ positive und $T_- = 6$ mit negativem Vorzeichen. Folglich wäre die beim Zufallsmechanismus "Griff in die Urne" erwartende Anzahl von Runs $(2 \cdot 6 \cdot 6)/12 + 1 = 6 + 1 = 7$. Die tatsächliche Anzahl von Runs in der historischen Zeitreihe ergibt sich schnell aus dem Vorzeichenmuster. Es ist

$$+ + + - + - + - - - + -$$

Diese Vorzeichenfolge wird in die Runs $+ + +$, $-$, $+$, $-$, $+$, $- - -$, $+$ und $-$ zerlegt. Zusammen sind das 8 Runs.

Da die tatsächliche Anzahl von Runs, 8, so wenig von der bei serieller Unkorreliertheit zu erwartenden Anzahl, 7, abweicht, darf die Hypothese serieller Unkorreliertheit wohl nicht verworfen werden. Eine genauere Entscheidung über die Ablehnung verlangt es, die Streuung der Teststatistik zu betrachten. Im Zahlenbeispiel ist die Streuung der Anzahl von Runs

$$\sqrt{\dfrac{2\cdot 6\cdot 6\cdot (2\cdot 6\cdot 6 - 6 - 6)}{(6+6)^2 \cdot (6+6-1)}} \;=\; \sqrt{\dfrac{72\cdot 60}{144\cdot 11}} \;=\; \sqrt{2{,}72} \;=\; 1{,}65$$

Die Standardabweichung ist sogar größer als der Abstand zwischen der Teststatistik, 8, und dem Erwartungswert, 7. Deshalb kann hier die Hypothese der seriellen Unkorreliertheit nicht abgelehnt werden. Was bedeutet das? Entweder sind die gefundenen 12 Zahlen *wirklich* auf unabhängige Weise entstanden, oder es liegen *zu wenige Beobachtungen* vor, als dass die Kontrolle des Fehlers erster Art es erlauben würde, die Hypothese zu verwerfen.

9.3.3 Varianz-Schranken

Eine Testvariante ganz anderer Art sind *Varianz-Schranken* (*variance bounds*). Verschiedene Ökonometriker haben die Frage gestellt, ob die Varianz der (zufällig schwankenden) Kurse nicht in einer gewissen Beziehung zur Größe der Schwankungen der Fundamentaldaten stehen

9. RANDOM WALK

müsse. Als Fundamentaldaten kann man sich die Dividenden vorstellen.[12]

Heute sei der Zeitpunkt 0. Aus heutiger Sicht und mit dem heutigen Informationsstand betrachten wir den zukünftigen Zeitpunkt t. Der dann an der Börse gültige Preis der Aktie sei P_t. Eigentlich ist aus heutiger Sicht (Zeitpunkt 0) der spätere Kurs P_t zufällig. Dennoch ersparen wir uns die Tilde. Gleichwohl werden wir, weil P_t unsicher ist, von der Varianz $Var[P_t]$ sprechen. Nur zur Erinnerung: Wir wissen inzwischen, dass der Kurs P_t lognormalverteilt ist, und $Var[P_t]$ bezeichnet die Varianz dieser Lognormalverteilung. Selbstverständlich ist diese Varianz (für die wir keine Formel angegeben haben) um so geringer, je näher t am heutigen Zeitpunkt 0 ist.

Nun betrachten wir noch eine andere Bewertung der Aktie, und zwar aus einer Rückblende. Zu einem sehr weit in der Zukunft liegendem Zeitpunkt, man sagt dafür *ex post*, ist klar, welche Dividenden für die Aktie ab dem Jahr t gezahlt wurden. Unter dieser Kenntnis, die man zugegebenermaßen erst sehr weit in der Zukunft hat, wäre es möglich, rückwirkend eine Unternehmensbewertung vorzunehmen und zu sagen, was der Wert der Unternehmung damals, zu t, eigentlich hätte sein müssen. Dieser Wert wird mit dem Symbol W_t^* versehen und als *ex-post-rational* bezeichnet.

Selbstverständlich werden sich der Börsenkurs P_t und der ex-post-rationale Wert W_t^* unterscheiden, weil niemand die Zukunft genau kennt. Zudem ist selbst aus Sicht des Zeitpunkts t der ex-post-rationale Wert W_t^* noch *unsicher*. Deshalb schreiben wir (diesmal) den ex-post-rationalen Wert mit einer Tilde, $\widetilde{W}_t^*$. Also ist $\widetilde{W}_t^*$ der zu t unsichere rationale Wert, der einmal in der sehr weiten und fernen Zukunft bekannt sein wird.

Jedermann wird hinsichtlich $\widetilde{W}_t^*$ Erwartungen bilden. Jeder wird fragen: "Was wird man später, in vielen Jahren einmal im Rückblick über diese Aktie denken?" Diese Überlegungen führen auf einen Erwartungswert von $\widetilde{W}_t^*$. In einem informationseffizienten Markt sollte der Kurs mit diesem Erwartungswert von $\widetilde{W}_t^*$ übereinstimmen. Etwas formaler ausgedrückt: Unter Kenntnis der zum Zeitpunkt t verfügbaren

---

[12] 1. STEPHEN F. LeRoy und RICHARD D. PORTER: The Present-Value Relation: Tests Based on Implied Variance Bounds. *Econometrica* 49 (May 1981) 3, pp. 555-574. 2. ROBERT J. SHILLER: Do Stock Prices Move Too Much to Be Justified by Subsequent Changes in Dividends? *American Economic Review* 71 (June 1981) 3, pp. 431-436.

Informationen — wir bezeichnen sie mit Ω_t — sollte der aktuelle Kurs P_t die beste Schätzung des ex-post-rationalen Werts sein,

(9-24) $$P_t = E\left[\widetilde{W}_t * \mid \Omega_t\right]$$

Es ist kaum vorstellbar, dass zu t die Börsenteilnehmer sagen: "Wir denken, dass man später einmal in einer Rückblende feststellt, dass die Aktie einen Wert von 100 hatte" und gleichzeitig ist der Börsenkurs bei 200. Die Bedingung (9-24) verlangt, dass die Preise korrekt die Informationen widerspiegeln. Das ist die MEH.

Wegen (9-24) kann $\widetilde{W}_t *$ als Summe des aktuellen Preises und eines zufälligen Prognosefehlers dargestellt werden. Letzterer sei mit $\widetilde{e}_t$ bezeichnet. Also:

(9-25) $$\widetilde{W}_t * = P_t + \widetilde{e}_t,$$

$E[\widetilde{e}_t] = 0$. Niemand wird (9-25) bezweifeln. Doch wird ein statistischer Schluß gezogen. Der aktuelle Preis kann nur der bestmögliche Prognosewert sein, wenn der aus Sicht des Zeitpunkts 0 zufällige Prognosewert P_t und der Prognosefehler $\widetilde{e}_t$ *unkorreliert* sind. Deshalb muss, falls die MEH gilt, der Zusammenhang

(9-26) $$Var\left[\widetilde{W}_t *\right] = Var\left[P_t\right] + Var\left[\widetilde{e}_t\right]$$

bestehen. Da Varianzen nie negativ sind, folgt

(9-27) $$Var\left[\widetilde{W}_t *\right] \geq Var\left[P_t\right]$$

gelten.

> Die Ungleichung (9-27) heißt Varianz-Schranke: Wenn der Markt informationseffizient ist, dann dürfen die Kurse nicht mehr schwanken als die ex-post-rationalen Werte.

Ob (9-27) mit der Empirie von Aktienmärkten übereinstimmt, läßt sich prüfen. Hierzu wird untersucht, wie stark (in der Vergangenheit) die Dividenden schwanken. Daraus folgt, wie stark die Barwerte der Dividenden (und das sind die ex-post-rationalen Werte) schwanken. So ist die linke Seite in (9-27) ermittelt. Es zeigte sich bei empirischen Studien, dass die tatsächlichen Kursschwankungen — rechte Seite in (9-27) jedoch nicht kleiner sondern *größer* waren als durch die Dividendenschwankungen gerechtfertigt gewesen wäre.

Mithin folgt, dass der Kurs in der Vergangenheit nicht der *beste* Schätzer für den ex-post-rationalen Wert gewesen ist. Der Markt kann daher nicht informationseffizient gewesen sein. Die Verletzung der Varianzschranke (9-27) läßt sich jedoch heilen, indem weitere Besonderheiten herangezogen werden: Zwar errechnen sich die ex-post-rationalen Werte als Barwert der Dividenden, jedoch sind die zur Diskontierung heranzuziehenden Diskontfaktoren unsicher, und insbesondere von Dividendenankündigungen abhängig. Zudem wurde diese Möglichkeit angeführt: Der Markt könnte zwar informationseffizient sein und der Kurs könnte der beste Schätzer für die ex-post-rationalen Werte sein, doch vielleicht ist es falsch, den Unternehmenswert mit dem Barwert der Dividenden gleichzusetzen. Dies sei zwar in der Theorie durchaus richtig, doch würden im wirklichen Finanzmarkt die Anleger möglicherweise anders denken.[13]

Trotz dieser Heilungsversuche werfen die empirischen Resultate zu den Varianz-Schranken Zweifel auf, ob wir gut beraten sind, die Märkte als informationseffizient anzusehen.[14] Die Antwort lautet: Es kommt darauf an. Wer wirkliche Finanzmärkte genau beschreiben möchte, vielleicht um erfolgversprechende Taktiken zu konzipieren, der sollte davon ausgehen, dass die wirklichen Märkte nicht informationseffizient sind und das es doch über mehrere Segmente und mehrere Zeitabschnitte Möglichkeiten gibt, informationsgestützt bessere Ergebnisse zu erzielen als mit Buy-and-Hold. Wer die Theorie weiterentwickeln möchte, soll der MEH folgen. Das wissenschaftliche Gebiet *Finance* geht von idealen Märkten aus, von Modellen. Die Realität unserer Märkte ist vielschichtiger. Doch leider bringt es wenig, die im Finance verwendeten Modelle komplizierter zu gestalten. Dabei würde die Realitätsnähe erhöht, doch der weitere Ausbau der Theorie bliebe auf der Strecke. Vielleicht sind die wirklichen Finanzmärkte nicht so ganz effizient, und der eine oder andere Investor kann informationsgestützt den Markt schlagen. Doch wir nehmen das nicht weiter zur Kenntnis und ziehen uns in die Ebene

---

[13] S. F. LEROY und D. G. STEIGERWALD: Volatility. Chapter 14 in R. A. JARROW, V. MAKSIMOVIC und W. T. ZIEMBA (eds.): *Finance*. Elsevier, Amsterdam 1995, pp. 411-433

[14] ANDREW W. LO UND A. CRAIG MACKINLAY: *A Non-Random Walk Down Wall Street*. Princeton University Press, Princeton, New Jersey, 1999, p. 277.

der Modelle zurück, in denen es keine Widersprüchlichkeit gibt. In dieser Ebene kann die Theorie fortentwickelt werden, und ohne Theorie fehlt die Brille, mit der die Realität geordnet betrachtet wird.

9.4 Ergänzungen und Fragen

9.4.1 Zusammenfassung der Abschnitte 9.1 bis 9.3

Dass die Renditen an den Finanzmärkten "rein zufällig" sein sollen, war um 1960 eine breit abgestützte empirische Erkenntnis. Grundlage für diesen Befund waren Studien, in denen nachgewiesen wurde, dass die seriellen Korrelationen gleich Null sind. KENDALL sprach vom Random Walk. ROBERTS und SAMUELSON haben eine theoretische Erklärung entwickelt: die der Informationseffizienz. Kurse reagieren auf neue Informationen. Wirklich neue Informationen überraschen, sie sind rein zufällig. Die Kurse folgen im Spiegel der zufälligen Nachrichten ebenso einem Zufallsprozess.

Zum Zweck der Tests hat FAMA verschiedene Stärken der Effizienz unterschieden, die schwache, die semi-starke und die starke. Trotz der Beispiele, die dagegen sprechen, dürfen Finanzmärkte als semi-stark effizient angesehen werden. Interessant ist die Erklärung, die man für die Gegenbeispiele gibt (Bild 9-5).

Wichtig ist die Definition des Random Walk: Ein stochastischer Prozess, der in diskreter Zeit abläuft, und bei dem der Zustand auf jeder Stufe sich um ein Inkrement additiv verändert. Die Inkremente sind zufällige und voneinander unabhängige Ziehungen aus derselben Grundgesamtheit. Um die Idee des Random Walk auf die Entwicklung von Kursen oder auf die eines angelegten Geldbetrags zu übertragen, wird logarithmiert. In logarithmischer Skala ist die Entwicklung dann ein Random Walk und die Inkremente sind die stetigen Renditen. Schon aufgrund des Zentralen Grenzwertsatzes darf angenommen werden, dass die Zustände im Random Walk alsbald approximativ normalverteilt sind. Ihr Erwartungswert und ihre Varianz nehmen proportional mit der Zeit zu. Die Streuung nimmt daher proportional mit der Wurzel aus der Zeit zu.

Der Kurs oder das Vermögen selbst sind lognormalverteilt. Die Lognormalverteilung zeigt Rechtsschiefe. Deshalb sind die drei Lageparameter zu unterscheiden. Mit etwas Statistik ist es möglich, die Lageparameter in Abhängigkeit des Drifts (Erwartungswert der stetigen Rendite) und der Volatilität (Standardabweichung der stetigen Rendite) auszudrücken, vergleiche (9-12). Dabei muss man sich die Aussagen vergegenwärtigen, die mit diesen Lageparametern verbunden ist.

Durch die Betrachtung der stetigen Renditen gibt es eine zweite Variante der finanzwirtschaftlichen Schätzung der Marktrendite. Interessant ist schließlich der Zusammenhang zwischen dem Drift des Random Walk und der geometrischen Durchschnittsrendite der Kurs- oder Vermögensentwicklung: Die Bedeutung der geometrischen Durchschnittsrendite liegt darin, dass sie den Median der zukünftigen Vermögensentwicklung beschreibt.

Leicht verständlich sind Tests, mit denen geprüft wird, ob eine Zeitreihe von Renditen seriell korreliert ist oder nicht. Einfach ist der Cowles-Jones-Test. Für diesen *CJ-Test* werden die Anzahl von Sequenzen und die der Umkehrungen untersucht. Eine Variante ist der *Run-Test*.

Etwas schwieriger zu verstehen sind *Varianz-Schranken*. Die Tests vergleichen die Varianz der ex-post-rationalen Werte mit den Varianzen der Börsenkurse. Eine mathematische Herleitung führt auf die Varianz-Schranke (9-27), das heißt, die Börsenkurse dürfen bei Informationseffizienz nicht stärker schwanken als die ex-post-rationalen Werte. Empirische Studien zeigen jedoch, dass die Varianzschranke verletzt ist: Aktienkurse schwanken zu stark in Relation zu den Schwankungen der Dividenden. Dieser Befund wirft Zweifel an der MEH auf, selbst wenn man sich mit gewissen Ergänzungen aus der Schlinge zieht.

9.4.2 Martingale

Wir haben in Sektion 9.2.1 einen Random Walk *mit Drift* definiert. Gelegentlich wird der "Random-Walk" so definiert, dass die Erwartungswerte der Inkremente alle gleich Null sein sollen. Das ist ein Random Walk ohne Drift. Wird ein Random Walk ohne Drift betrachtet, dann ist er zugleich ein stochastischer Prozess jener Kategorie, die als *Martingale* bezeichnet werden.[15] Ein *Martingal* ist ein stochastischer Prozess $\tilde{Z}_1, \tilde{Z}_2, \tilde{Z}_3, \ldots$ wobei folgendes gelten soll: Der Erwartungswert von $\tilde{Z}_{t+1}$, unter der Bedingung, dass die Realisationen $Z_1, Z_2, Z_3, \ldots$ bekannt sind, stimmt mit Z_t überein:

---

[15] Literatur zu Martingalen in der Finanzierungstheorie: 1. NICHOLAS H. BINGHAM und RÜDIGER KIESEL: *Risk-Neutral Valuation — Pricing and Hedging of Financial Derivatives.* Springer-Verlag London 1998. 2. MAREK MUSIELA und MAREK RUTOWSKI: *Martingale Methods in Financial Modelling.* 2. Auflage, Springer-Verlag, Berlin 1998.

$$E\left[\tilde{Z}_{t+1}\big|\, Z_t, Z_{t-1}, Z_{t-2}, \ldots\right] \;=\; Z_t.$$

Martingale beschreiben daher faire Spiele.

> Die Auffassung, dass ein Glücksspiel fair ist, sofern es sich als Martingal beschreiben läßt geht auf CARDANO zurück, der 1565 eine Theorie der Glücksspiele verfaßte und darin schrieb: "Das Fundamentalprinzip in allen Glücksspielen verlangt gleiche Konditionen ... In dem Ausmaß, in dem Du von dieser Gleichheit abweichst, bist Du ein Narr, sofern es zu Gunsten des Gegenspielers ist, und Du bist ungerecht, sofern es zu Deinen eigenen Gunsten ist." Der Mathematiker und Naturphilosoph GERONIMO CARDANO lebte 1501-1576 in Norditalien. Er publizierte Lösungen von Gleichungen dritten und vierten Grades. Die sogenannten CARDANOschen Formeln stammten eigentlich von TARTAGLIA, und CARDANO hat sie unter Bruch eines Schweigeversprechens publiziert.

9.4.3 Stichworte und Namen

Geometrische Durchschnittsrendite, Data-Mining, Drift, ex-post-rationaler Wert, Informationseffizienz, KENDALL, Konfidenzintervall, MALKIEL, Market Efficiency Hypothesis, Martingal, Median, Medianrendite, Modalrendite, Modus, Random Walk, ROBERTS, SAMUELSON, schwache, semi-starke und starke Effizienz, serielle Korrelation, Varianz-Schranke, Volatilität.

9.4.4 Fragen

1. Was hat KENDALL 1953 (aufgrund von Vorarbeiten anderer) entdeckt? Welche Folgearbeiten sind mit den Namen ROBERTS 1959, SAMUELSON 1965, MALKIEL 1970, FAMA 1970 verbunden?
2. Wie ist der Random Walk definiert? Wie ein Martingal?
3. Ein Privatanleger legt 100 Euro in Aktien an und rechnet mit den folgenden Parametern der stetigen Rendite: $\mu = 8\%$, $\sigma = 20\%$. Er möchte das unsichere Ergebnis nach einer Investitionsdauer von 40 Jahren durch die drei Lageparameter beschreiben. Stellen Sie die Berechnungen an.
4. Ein in einem Finanzkontrakt angelegtes Vermögen beginnt bei $s_0 = 1000$ Dollar und es kann in jedem Jahr entweder um $+50\%$ (Wahrscheinlichkeit 0,7) zunehmen oder entsprechend einer diskreten Rendite von -40% (Wahrscheinlichkeit 0,3) abnehmen. Der Broker verspricht, dass Sie als Anleger nach 25 Jahren er-

9. RANDOM WALK

warten können, Ihren Einsatz auf mehr als das 40-fache gesteigert zu haben. Beurteilen Sie diese Aussage und die Frage, ob das Angebot marktkonform ist. Gehen Sie hierzu davon aus, dass nach einigen Jahren der Zentrale Grenzwertsatz es gestattet, das Vermögen in logarithmischer Skala als normalverteilt anzusehen. Berechnen Sie den Modus, Median und den Erwartungswert des Vermögens nach 25 Jahren.

9.4.5 Lösungen

1. Die seriellen Korrelationen der Renditen für Wertpapiere (und Rohstoffkontrakte) sind gleich Null. Von daher bieten die Realisationen der (jüngeren) Vergangenheit keine bessere Prognosemöglichkeit.

2. Siehe 9.2.1 und 9.4.2.

3. Der Modus beträgt $L = 100 \cdot \exp((0{,}08 - 0{,}04) \cdot 40) = 495$. Der Modus entspricht einer geometrischen Durchschnittsrendite oder Modalrendite von 4,08%, denn $(1 + 0{,}0408)^{40} = 4{,}95$. Der Median beträgt $M = 100 \cdot \exp(0{,}08 \cdot 40) = 2453$. Der Median entspricht einer geometrischen Durchschnittsrendite oder Medianrendite von 8,33%, denn $(1 + 0{,}0833)^{40} = 24{,}54$. Das erwartete Endvermögen beträgt $E = 100 \cdot \exp((0{,}08 + 0{,}02) \cdot 40) = 5460$. Die zu erwartende Durchschnittsrendite ist demzufolge gleich 10,52%, wie $(1 + 0{,}1052)^{40} = 5466$ als Probe bestätigt.

4. Die Rendite kann in stetiger Notation die Realisationen $\ln 1{,}5 = +40{,}55\%$ oder $\ln 0{,}6 = -51{,}08\%$ annehmen. Nach der Formel (9-6) beträgt der Drift $\mu = 0{,}7 \cdot 0{,}4055 + 0{,}3 \cdot (-0{,}5108) = 0{,}1306$ und nach (9-7) ist durch $\sigma = \sqrt{0{,}7 \cdot 0{,}3} \cdot (0{,}4055 + 0{,}5108) = 0{,}4199$ die Volatilität gegeben. Nach (9-12) folgt für die Lageparameter: Der Modus beträgt $L = 1000 \cdot \exp((0{,}1306 - 0{,}1703) \cdot 25) = 319$, der Median $M = 1000 \cdot \exp(0{,}1306 \cdot 25) = 26180$, und der Erwartungswert $E = 1000 \cdot \exp((0{,}1306 + 0{,}08816) \cdot 25) = 237223$. Die Aussage des Brokers ist zwar insofern korrekt, als das erwartete Vermögen tatsächlich über dem 40-fachen des Einsatzes liegt. Allerdings zieht der Anleger nur einmal und muss vermuten, dass er lediglich ein Ergebnis erhält, dass in der Größenordnung des Modus liegt, und dieser beträgt nur das 10-fache des Einsatzes. Zudem ist das Angebot mit $\mu = 13{,}06\%$ bei $\sigma = 19{,}24\%$ deutlich über dem, was im Aktienmarkt üblich ist. Denn die Volatilität entspricht der des Marktportfolios, während die postulierte Erwartung der stetigen

Rendite mit 13% deutlich über jenen Renditen liegt, die mit Aktien erzielbar sind.

- Wie versprochen die Lösung zum Data-Mining aus Sektion 9.1.3: Wenn die Summe zweier aufeinanderfolgender Augenzahlen 6 ergibt, dann folgt eine 6.

10. Faktormodelle und APT

Das CAPM (Kapitel 4) wird als ein spezielles Einfaktor-Modell interpretiert. Von dort geht es schnell zu Multifaktor-Modellen. Zwei für die Praxis wichtige Möglichkeiten sind 1. die Erzeugung der Kovarianzen der Einzelrenditen und 2. die Varianz-Dekomposition. Abschnitt 10.2: Von den Multifaktor-Modellen ist es nur ein kleiner Schritt zur *Arbitrage Pricing Theorie* (APT). Sie zeigt, dass es Risikoprämien gibt und jedes Asset einen Preis hat, der gleich der Summe der mit den Risikoprämien multiplizierten Exposures ist.

10.1 Exposure gegenüber Risikofaktoren 271
10.2 APT 📖 282
10.3 Ergänzungen und Fragen.. 289

10.1 Exposure gegenüber Risikofaktoren

10.1.1 Einfaktor-Modell

Das CAPM (Kapitel 4) trifft eine Aussage über Rendite*erwartungen*:

(10-1) $$E[\tilde{r}_k] = i + \left(E[\tilde{r}_M] - i\right) \cdot \beta_k$$

Dennoch wird das CAPM öfters so *interpretiert*: "Wenn der Markt im kommenden Jahr nach oben geht, sollte man Aktien mit einem hohen Beta kaufen, und wenn der Markt nach unten geht, sollte man defensive Titel kaufen, also Aktien mit kleinem Beta." Hinter solchen Aussagen steht die Vorstellung, sich abzeichnende Realisationen der Marktrendite $\tilde{r}_M$ als *Prädiktor* für die sich später ergebende Realisation der Einzelrendite $\tilde{r}_k$ anzusehen. Formal wird diese Vorstellung nicht durch (10-1) sondern durch

(10-2) $$\tilde{r}_k = i + (\tilde{r}_M - i) \cdot \beta_k + \tilde{e}_k$$

ausgedrückt. Dabei ist $\tilde{e}_k$ der Fehler, der begangen wird, wenn die Einzelrendite mit Hilfe der Marktrendite prognostiziert wird.

Die Gleichung (10-2) stimmt nicht genau mit der Aussage des CAPM überein, sie ist allgemeiner. Aus (10-2) kann das CAPM hergeleitet werden, wenn auf beiden Seiten die Erwartungswerte genommen werden und $E[\tilde{e}_k] = 0$ berücksichtigt wird. Die Gleichung (10-2) beschreibt ein spezielles Faktormodell: Es hat *einen* Faktor und dieser stimmt mit dem *Marktportfolio* überein. Obwohl die Gleichungen (10-1) und (10-2) eine ähnliche Gestalt haben, sagen sie also Unterschiedliches aus.

- Das CAPM (10-1) erklärt *Renditeerwartungen* einzelner Anlagen.
- Faktormodelle wie (10-2) erklären die zufälligen *Renditen* einzelner Anlagen, also Wahrscheinlichkeitsverteilungen, anhand gewisser Prädiktoren oder Faktoren.

Jedes Einfaktor-Modell setzt die zufällige Rendite $\tilde{r}_k$ für alle in die Betrachtung einbezogenen Geldanlagen $k = 1, 2, ..., n$ in Beziehung zu einem Faktor $\tilde{F}$. Hierunter kann man sich auch einen anderen Faktor vorstellen als die Rendite des Marktportfolios. Der Faktor könnte eine Meldung über die Konjunktur, die Kapazitätsauslastung der Industrie oder eine andere makroökonomische Variable abbilden. Ist ein solcher Faktor gefunden, wird nach einer Größe gesucht, die ihn repräsentiert, und für die Zeitreihen vorliegen. Wenn der gewählte Faktor die Zinssätze widerspiegelt, könnte die Rendite auf ein Portfolio aus Anleihen oder aus Bankaktien diesen Faktor repräsentieren. Wenn der Faktor die Inflationserwartungen wiedergibt, könnte die Rendite auf ein Portfolio aus Aktien von Rohstoffunternehmen als für diesen Faktor repräsentativ angesehen werden. Um zu betonen, dass jeder dieser Faktoren unsicher ist und seine Realisationen erst im Verlauf der Zeit bekannt wird, kann er als "Risikofaktor" angesprochen werden. Damit wird deutlich, dass vor allem dieser Faktor das Risiko der Rendite bestimmt, wenngleich zusätzlich noch die im Fehler ausgedrückte Unsicherheit hineinspielt.

Die Grundgleichung des Einfaktor-Modells lautet:

(10-3) $$\tilde{r}_k = a_k + b_k \cdot \tilde{F} + \tilde{e}_k$$

Das Einfaktor-Modell besitzt die $2 \cdot n$ Parameter $a_1, a_2, ..., a_n, b_1, b_2, ..., b_n$. Die Parameter $a_1, a_2, ..., a_n$ sind, sofern $E[\tilde{F}] = 0$, die Renditeerwartungen der Assets $k = 1, 2, ..., n$ ohne Kenntnis der Realisation des Faktors.

Die Parameter $b_1, b_2, ..., b_n$ sind die *Faktorsensitivitäten* oder *Exposures*. Die Zufallsgrößen $\tilde{e}_1, \tilde{e}_2, ..., \tilde{e}_n$ sind die *Residuen* oder *Fehler*. Jedes Asset $k = 1, 2, ..., n$ hat ein eigenes Residuum $\tilde{e}_k$. Daher heißt $Var[\tilde{e}_k]$ *spezifisches Risiko*, weil sich diese Größe spezifisch auf k bezieht.

Die Residuen werden jeweils als mit dem Faktor $\tilde{F}$ unkorreliert vorausgesetzt.

(10-4) $\qquad Cov[\tilde{F}, \tilde{e}_k] = 0 \quad \text{für alle } k = 1, 2, ..., n$

Das ist keine Einschränkung, weil allenfalls eine für das Asset k im Residuum vorhandene Korrelation mit dem Faktor beseitigt werden kann, indem der betreffende Parameter b_k etwas vergrößert wird.

Oft wird ein in Frage kommender Faktor korrigiert, bevor er in (10-3) verwendet wird. In jedem Fall darf angenommen werden, dass der in (10-3) verwendete Faktor $\tilde{F}$ den Erwartungswert Null besitzt, $E[\tilde{F}] = 0$. Andernfalls wird von einem Faktor, der sich anbietet, dessen Erwartungswert abgezogen. Man erhält einen neuen Faktor, der den Erwartungswert Null aufweist. Dieser wird dann in (10-3) verwendet. Gelegentlich ist der Faktor eine Marktrendite. Dann wird das Einfaktor-Modell meistens nicht auf die Rendite des Marktportfolios sondern auf die Differenz zwischen dieser Rendite und ihrem Erwartungswert bezogen. Es lautet dann $\tilde{r}_k = a_k + b_k \cdot (\tilde{F} - E[\tilde{F}]) + \tilde{e}_k$. Statt dessen wird auch der Tradition des CAPM gefolgt und ein Faktor-Modell für die Überrenditen aufgestellt, $\tilde{r}_k = a_k + b_k \cdot (\tilde{F} - i) + \tilde{e}_k$.

10.1.2 Varianz-Dekomposition

Unabhängig davon, ob mit dem Faktormodell die Renditen oder die Überrenditen erklärt werden, läßt sich eine *Varianz-Dekomposition* durchführen. Den Hintergrund dafür liefert die eben getroffene Annahme (10-4), dass die Residuen und der Faktor unkorreliert sind. Die Varianz-Dekomposition besagt

(10-5) $\qquad Var[\tilde{r}_k] \;=\; b_k^2 \cdot Var[\tilde{F}] \;+\; Var[\tilde{e}_k] \quad \text{für } k = 1, 2, ..., n$

und wird wie folgt interpretiert:

- Links in (10-5) steht die Varianz der zu erklärenden Rendite, die sogenannte *Variation*. Anstelle von Variation wird auch gesagt das "Risiko" der Einzelanlage k — Achtung: Im Faktormodell wird nicht die Renditestreuung, sondern die Varianz als "Risiko" angesprochen.

- Rechts in (10-5) hat man mit $Var[\tilde{F}]$ das sogenannte *Faktorrisiko*, das heißt, die Variation des Faktors,

- und $Var[\tilde{e}_k]$ ist das *spezifische Risiko* der Einzelanlage k. Achtung: Das spezifische Risiko entspricht dem unsystematischen Risiko im CAPM.

Die Variation der Rendite oder Überrendite einer jeden Einzelanlage $Var[\tilde{r}_k]$ ist demnach gleich der Summe aus dem Quadrat der jeweiligen Sensitivität b_k^2 multipliziert mit der Variation des Faktors $Var[\tilde{F}]$ sowie dem spezifischen Risiko $Var[\tilde{e}_k]$.

Die Varianz-Dekomposition (10-5) ist eine Grundeigenschaft der Regression und heißt dort *Fundamentalgleichung der Regressionsanalyse*, vergleiche im nächsten Kapitel (11-11). So ist ein leistungsfähiges Werkzeug entstanden. Man möchte Renditen erklären und zieht zu diesem Zweck einen (oder mehrere) Faktoren heran. Wie gut diese Erklärung gelingt, wird durch die Variation der Rendite und die Variation des Faktors beschrieben. Das spezifische Risiko heißt deshalb auch *unerklärte Variation*.

10.1.3 Erzeugung der Korrelationsstruktur

Die bisherige Beschreibung des Einfaktor-Modells wird noch ergänzt um die Annahme, die Residuen $\tilde{e}_1, \tilde{e}_2, ..., \tilde{e}_n$ seien auch *untereinander* unkorreliert. Es soll also *nicht* möglich sein, etwa hinter $\tilde{e}_j$ und $\tilde{e}_k$ noch eine "Gemeinsamkeit" zu entdecken.

(10-6) $\qquad Cov[\tilde{e}_j, \tilde{e}_k] = 0 \quad$ für alle $j, k = 1, 2, ..., n$

Anders ausgedrückt: Zwar haben die betrachteten Assets $k = 1, 2, ..., n$ den einen Faktor $\tilde{F}$ aber *keinen* weiteren Faktor gemein. Es ist mithin ein Einfaktor-Modell aufgestellt, nicht etwa weil der Forscher keine Zeit hatte, nach weiteren Faktoren zu suchen, sondern weil es in der betreffenden Situation keinen weiteren gemeinsamen Faktor gibt. In einer beschränkten Welt, in der es nur eine kleine Anzahl von Assets gibt, muss eigentlich noch eine gewisse, wenn auch kleine Korrelation vorausgesetzt werden — wir vertiefen diesen Sachverhalt nicht.

Mit dieser Annahme (10-6) nach der die Residuen $\tilde{e}_1, \tilde{e}_2, ..., \tilde{e}_n$ untereinander unkorreliert sind, kann die Korrelation zwischen zwei Einzelanlagen j, k bestimmt werden. Es gilt:

$$(10\text{-}7) \quad Cov\left[\tilde{r}_j, \tilde{r}_k\right] = Cov\left[a_j + b_j \cdot \tilde{F} + \tilde{e}_j, a_k + b_k \cdot \tilde{F} + \tilde{e}_k\right] = b_j \cdot b_k \cdot Var\left[\tilde{F}\right]$$

Daraus können leicht die Korrelationskoeffizienten berechnet werden. Wegen (10-5) gilt

$$(10\text{-}8) \quad \rho_{j,k} = \frac{Cov_{j,k}}{\sqrt{Var_j} \cdot \sqrt{Var_k}} = \frac{b_j \cdot b_k \cdot Var\left[\tilde{F}\right]}{\sqrt{b_j^2 \cdot Var\left[\tilde{F}\right] + Var\left[\tilde{e}_j\right]} \cdot \sqrt{b_k^2 \cdot Var\left[\tilde{F}\right] + Var\left[\tilde{e}_k\right]}}$$

Die Faktorsensitivitäten $b_1, b_2, ..., b_n$ erzeugen demnach die Korrelationsstruktur.

Diese Möglichkeit ist wichtig für das Portfoliomanagement. Wie H. MARKOWITZ zeigte, hängen die Diversifikationsmöglichkeiten von den Kovarianzen der Renditen in das Portfolio einbezogenen Einzelanlagen ab. Für eine Berechnung bestmöglich diversifizierter Portfolios müssen die Kovarianzen für alle Paare von Einzelrenditen gegeben sein. Das sind bei praxisnahen Aufgaben recht viele und die Aufstellung der Kovarianzmatrix ist daher mühsam. So wurden Einfaktor-Modelle entworfen, um die Schätzungen der Korrelationen von n Einzelanlagen zu erleichtern. Immerhin hat die Kovarianzmatrix der Renditen, wenn einmal von ihrer Diagonale abgesehen wird, $n \cdot (n-1)/2$ wesentliche Einträge. Bei $n = 40$ Einzelanlagen sind das 780 und bei $n = 200$ Einzelanlagen 19.900 Korrelationskoeffizienten (ohne die Diagonale). Sie alle zu schätzen ist nicht nur aufwendig, sondern mit Fehlern behaftet.

Mit einem Einfaktor-Modell erzeugen bereits die n Faktorsensitivitäten $b_1, b_2, ..., b_n$ alle Kovarianzen. Realistische Studien berücksichtigen zwischen 40 und 200 Einzelanlagen. Da macht sich der Unterschied zwischen $n \cdot (n-1)/2$ und n deutlich bemerkbar. Es wurde entdeckt, dass Einfaktor-Modelle die Arbeit mit Daten nicht nur vereinfachen, sondern die Schätzgenauigkeit erhöhen.

10.1.4 Multifaktor-Modelle

In der empirischen Arbeit wird zunächst versucht, mit einem Einfaktor-Modell auszukommen. Das bedeutet: Es wird ein Universum von n Einzelanlagen betrachtet, und für diese Instrumente sollen für eine gewisse Vergangenheit die historischen Renditen gegeben sein. Außerdem soll klar sein, mit welchem Faktor der Rechenversuch starten soll. Die Werte dieses Faktors sollen gegeben sein. Sodann wird das Einfaktor-Modell probeweise in Form von Regressionen gerechnet. Für jede Einzelanlage $k = 1, 2, ..., n$ erhält man eine eigene Regressionsgerade, das heißt, die Schätzwerte für die Parameter a_k und b_k.

Anschließend werden die verbleibenden Residuen für die Anlagen $k = 1, 2, ..., n$ daraufhin untersucht, ob sie noch untereinander korreliert sind. Erweisen sie sich als unkorreliert im Sinn von (10-6), ist das Einfaktor-Modell spezifiziert. Gibt es hingegen noch Korrelationen zwischen den Residuen für Paare j, k von Einzelanlagen, dann bestehen zwei Möglichkeiten:

1. Der bisher gewählte Faktor war nicht besonders kraftvoll und es ist vielleicht möglich, ihn durch *einen* anderen Faktor zu ersetzen, insgesamt aber bei einem Einfaktor-Modell zu bleiben.

2. Jener Faktor, der hinter der noch zu verzeichnenden Korrelation zwischen den Residuen steht, oder ein damit korrelierter Faktor, sollte als zweiter Faktor in das Modell einbezogen werden. So wird ein Zweifaktor-Modell (und später vielleicht ein Modell mit mehr als zwei Faktoren) gebildet, um letztlich zu unkorrelierten Residuen zu gelangen.[1]

Wenn nicht nur ein Faktor sondern mehrere Faktoren betrachtet werden, entstehen Multifaktor-Modelle. Die Faktoren sollen mit $\tilde{F}, \tilde{G}, \tilde{H}, ...$ bezeichnet werden. Die Grundgleichung des Multifaktor-Modells lautet:

$$(10\text{-}9) \quad \tilde{r}_k = a_k + b_{k,F} \cdot \tilde{F} + b_{k,G} \cdot \tilde{G} + b_{k,H} \cdot \tilde{H} + ... + \tilde{e}_k$$

So werden die Einzelrenditen $\tilde{r}_k$ der Assets $k = 1, 2, ..., n$ erklärt. Das Modell hat die Parameter

$$a_1, b_{1,F}, b_{1,G}, b_{1,H}, ..., a_2, b_{2,F}, b_{2,G}, b_{2,H}, ..., a_n, b_{n,F}, b_{n,G}, b_{n,H}, ...$$

---

[1] In der Tat startet die Faktorenanalyse mit einer Untersuchung der Kovarianzstruktur und gelangt zur Identifikation jener Faktoren, die sie am besten erklären. Vergleiche RICHARD ROLL und STEPHEN A. ROSS: An Empirical Investigation of the Arbitrage Pricing Theory. *Journal of Finance* 35 (1980), pp. 1073-1103.

10. FAKTORMODELLE UND APT

Wenn es m Faktoren und n Anlageinstrumente gibt, deren Renditen durch das Modell erklärt werden sollen, dann kommt man insgesamt auf $(m+1) \cdot n$ Parameter.

Bei einem Multifaktor-Modell sollen die Faktoren mit den Residuen nicht korreliert sein. Die Zufallsgrößen $\tilde{e}_1, \tilde{e}_2, ..., \tilde{e}_n$ werden jeweils als mit allen Faktoren $\tilde{F}, \tilde{G}, \tilde{H}, ...$ unkorreliert vorausgesetzt:

(10-10)
$$Cov\left[\tilde{F}, \tilde{e}_k\right] = 0, \quad Cov\left[\tilde{G}, \tilde{e}_k\right] = 0, \quad Cov\left[\tilde{H}, \tilde{e}_k\right] = 0, ...$$
$$\text{für alle } k = 1, 2, ..., n$$

Diese Voraussetzung überrascht nicht weiter, weil sie im Prinzip vom Einfaktor-Modell aus (10-4) bekannt ist. Bei einem Multifaktor-Modell wird aber nun zusätzlich verlangt, dass die *Faktoren untereinander nicht korreliert* sind:

(10-11)
$$Cov\left[\tilde{F}, \tilde{G}\right] = 0, \quad Cov\left[\tilde{F}, \tilde{H}\right] = 0, \quad Cov\left[\tilde{G}, \tilde{H}\right] = 0, ...$$

Unter diesen Bedingungen (10-10), (10-11) ist wieder eine Varianz-Dekomposition möglich:

(10-12) $$Var\left[\tilde{r}_k\right] = b_{k,F}^2 \cdot Var\left[\tilde{F}\right] + b_{k,G}^2 \cdot Var\left[\tilde{G}\right] + b_{k,H}^2 \cdot Var\left[\tilde{H}\right] + ... + Var\left[\tilde{e}_k\right]$$

Die Variation der Rendite der betrachteten Einzelanlage $Var\left[\tilde{r}_k\right]$ ergibt sich, wenn die Variationen der Faktoren $Var\left[\tilde{F}\right]$, $Var\left[\tilde{G}\right]$, $Var\left[\tilde{H}\right]$ mit den quadrierten Sensitivitäten multipliziert und addiert werden. Hinzu kommt die unerklärte Variation, das spezifische Risiko $Var\left[\tilde{e}_k\right]$.

Die Varianz-Dekomposition (10-12) hat interessante Anwendungen gefunden. Beispielsweise wird als Faktor F der Index des nationalen Marktes gewählt, für G ein Branchenindex, und für H eine Währungsparität. Dann kann durch eine dem Modell entsprechende lineare Regression (mit mehreren Faktoren) herausgefunden werden, wie für eine konkrete Aktie, zum Beispiel die der *UBS*, sich das "Risiko" $Var\left[\tilde{r}_{UBS}\right]$ darstellen läßt als Summe eines "Marktrisikos" $b_{UBS,F}^2 \cdot Var\left[\tilde{F}\right]$, eines

"Branchenrisikos" $b^2_{UBS,G} \cdot Var[\tilde{G}]$, eines "Währungsrisikos" $b^2_{UBS,H} \cdot Var[\tilde{H}]$ und eines unternehmensspezifischen Risikos $Var[\tilde{e}_{UBS}]$.

Wie gesagt, sind die Faktoren eventuell so zu modifizieren, dass sie keine Korrelationen untereinander mehr zeigen (10-11), und es darf auch keinen weiteren Faktor geben, der möglicherweise hinter den Residuen und den Faktoren steht (10-10). Das verlangt eine gewisse Vorarbeit.

Bild 10-1: BARR ROSENBERG, geboren 1942, hat zwischen 1975 und 1984 BARRA (Barr Rosenberg Associates) gegründet, eine Gesellschaft, die institutionellen Investoren die für Rechenaufgaben im Bereich des Portfoliomanagements erforderliche Technologie bietet, Software und Know-how. ROSENBERG hat bereits während seiner Zeit in der High School (1956-1959) mehrere Preise gewonnen, darunter den *California Polytechnic University Statewide Mathematics Contest* und den *National Merit Scholarship*. Während seines Studiums 1959-1963 und danach hat sich die Kette höchster Auszeichnungen beschleunigt fortgesetzt. ROSENBERG war von 1963-1965 an der *London School of Economics* und 1965-1968 in *Harvard*. In den Jahren 1968-1983 durchlief er an der *School of Business der University of California at Berkeley* die akademische Karriere vom *Assistant Professor* über den *Associate Professor* bis zum *Professor*. Er hielt Vorlesungen über Wirtschaftswissenschaften, Ökonometrie, Statistik, Finance und hat auf diesen Gebieten mehr als 50 Aufsätze publiziert. In dieser Zeit hat er das *Berkeley Programm in Finance* begründet und als erster *Chairman* betreut. ROSENBERG hat eine breite Palette von Modellen im Finance gestaltet und in Software umgesetzt; er ist Pionier auf dem Gebiet der Multifaktor-Modelle, der Prognose von Risiken anhand von Fundamentals und der Performance-Attribution. Heute ist ROSENBERG *Managing Director* im Barr Rosenberg Research Center und *Chairman* im Board der Rosenberg Group LLC.

10. FAKTORMODELLE UND APT

Typischerweise haben alle Faktoren, die als ursprüngliche Kandidaten für eine Auswahl in Frage kommen, noch gewisse Korrelationen. Etwa ist der Ölpreis mit dem MSCI korreliert und die Dollar-Euro-Parität mit dem DAX. Aus Faktoren, die für ein Multifaktor-Modell in Frage kommen, wird zunächst ein neues System von Faktoren errechnet, das die verlangte Unkorreliertheit (10-11) oder wie auch gesagt wird, Orthogonalität, aufweist. Damit Praktiker nicht zuviel Zeit verlieren, bieten Anbieter von Finanzmarktdaten Systeme von Faktoren an, die bereits orthogonalisiert sind. Diese Systeme unterscheiden sich von Anbieter zu Anbieter, weil die Orthogonalisierungen auf verschiedene Weise vorgenommen werden.

- Beispielsweise kann ein Rohstoffindex angeboten werden sowie eine Weltmarktindex, der von Einflüssen des Rohstoffindexes bereinigt wurde.
- Oder es kann ein Weltmarktindex angeboten werden und ein Rohstoffindex, der von Einflüssen des Weltmarktindexes bereinigt wurde.

10.1.5 Wie die Faktoren wählen?

Die Kovarianzstruktur wird im Multifaktor-Modell durch

$$(10\text{-}13) \quad Cov[\widetilde{r}_j, \widetilde{r}_k] = \sum_{X=F,G,H,\ldots} \sum_{Y=F,G,H,\ldots} b_{j,X} \cdot b_{k,Y} \cdot Cov[\widetilde{X}, \widetilde{Y}]$$

erzeugt. Gibt es beispielsweise nur zwei Faktoren, F und G, dann lautet die Formel

$$(10\text{-}14) \quad \begin{aligned} Cov[\widetilde{r}_j, \widetilde{r}_k] &= b_{j,F} \cdot b_{k,F} \cdot Var[\widetilde{F}] \; + \\ &\quad + \left(b_{j,F} \cdot b_{k,G} + b_{j,G} \cdot b_{k,F}\right) \cdot Cov[\widetilde{F}, \widetilde{G}] \; + \\ &\quad + b_{j,G} \cdot b_{k,G} \cdot Var[\widetilde{G}] \end{aligned}$$

Die Kovarianzen der zahlreichen Einzelrenditen werden also durch die Varianzen und Kovarianzen der wenigen Faktoren erklärt. Achtung: Auf die aktuellen Werte der Faktoren kommt es nicht an, wohl aber auf deren Varianzen und Kovarianzen. Ändern die Faktoren ihre Varianzen oder ändert sich die Korrelation der Faktoren untereinander im Verlauf der Zeit, dann ändern sich sofort via (10-14) die Kovarianzen der Renditen der zahlreichen Einzelanlagen und es kommt zu entsprechenden Änderungen der Zusammensetzung der Portfolios. Von daher kann die Beobachtung der Varianzen der Faktoren und ihrer Korrelationen dazu verhelfen, frühzeitig die Änderungen der Gewichtungen der einzelnen Aktien zu erkennen. Die Formel (10-14) hat somit für die Arbeit der Analysten Bedeutung. Denn ab und zu kann von Meldungen, von politischen Ereignissen und von makroökonomischen Daten auf eine Veränderung der Varianzen und Kovarianzen der verwendeten Faktoren geschlossen werden.

Es wurde untersucht, welche Faktoren am besten die Kovarianzen der Einzelrenditen erklären. Für den amerikanischen Aktienmarkt erwiesen sich diese Faktoren als besonders aussagekräftig:

1. Änderungen der monatlichen Wachstumsraten des Bruttosozialprodukts — offensichtlich weil diese wiederum die Erwartungen der Investoren hinsichtlich der zukünftigen Industrieproduktion und der zukünftigen Unternehmensgewinne beeinflussen.

2. Änderungen der Risikoprämie im Hinblick auf Schuldner verschiedener Bonität, das heißt, der Renditedifferenz zwischen Bonds (ähnlicher Laufzeit) die mit Aaa beziehungsweise Baa geratet sind. Wenn dieser Credit Spread zunimmt, befürchten die Investoren eine Zunahme der Konkurse und sehen die Zukunft düsterer.

3. Änderungen im Unterschied zwischen den Zinssätzen am Kapital- und am Geldmarkt, das heißt, die mittlere Steilheit der Zinsstrukturkurve — denn wird diese steiler, wird ein Anziehen der Zinssätze in der Zukunft als wahrscheinlicher angesehen.

4. Unerwartete Änderungen der Inflationsrate, sei es nach oben oder nach unten — durch unerwartete Änderungen der Inflation werden die meisten Finanzkontrakte ebenso wie Realinvestitionen und deren Werte stark beeinflußt.

5. Änderungen der erwarteten Inflation, die sich nach dem Fisher-Effekt sofort in entsprechenden Änderungen des Einjahreszinssatzes niederschlagen — denn sie beeinflussen die Wirtschaftspolitik und das Konsumentenvertrauen.

Vermutlich sind diese *makroökonomischen Faktoren* auch gut geeignet, Renditen zu prognostizieren.

10.1.6 Wozu dienen Faktormodelle?

Multifaktor-Modelle sind ein Werkzeug universeller Einsatzbreite. Sie tauchen im Portfoliomanagement an verschiedenen Stellen auf. Die gewählten Faktoren variieren mit der jeweiligen Anwendung. Aus diesem Grunde sind Bemerkungen zur Art der Faktoren angebracht.

1. Multifaktor-Modelle, die dazu dienen, das CAPM empirisch zu untersuchen, betrachten als Faktoren in der Regel Indizes, bei denen vermutet wird, dass sie einen Einfluß auf die Aktienrendite haben könnten. Dazu gehören die Größe der Unternehmung, das Verhältnis M/B zwischen dem "Marktwert" (Marktkapitalisierung an der Börse) und dem Buchwert des Eigenkapitals der betreffenden Unternehmung, das Kurs-Gewinn-Verhältnis, die Dividendenrendite und andere Kennzahlen. Diese Faktormodelle liefern Hinweise für den Investmentstil. Beispielsweise zeigen einige Untersuchungen, dass "Value Stocks" (hohe Dividendenrendite, geringes M/B, hohes Verhältnis zwischen Jahresabsatz im Produktmarkt und Marktkapitalisierung) besser performen als aufgrund des CAPM anzunehmen wäre.

2. Multifaktor-Modelle, die Signale für das Timing bieten, also für den taktischen Kauf und Verkauf von Wertpapieren: Hierzu sind makroökonomische Faktoren geeignet. Wirksame makroökonomische Faktoren wurden genannt: 1. Änderungen der Wachstumsraten des Bruttosozialprodukts, 2. Änderungen der Risikoprämie für Anleihen geringerer Bonität (Credit Spread), 3. die Steigung der Zinskurve (Term Spread), 4. unerwartete Änderungen der Inflation und Zinsänderungen (weil sie wirtschaftspolitische Maßnahmen nach sich ziehen).

3. Besonders institutionelle Investoren möchten das Exposure und die Sensitivität ihres Portfolios im Hinblick auf verschiedene "Risikofaktoren" ermitteln. Risikofaktoren, die für einen solchen Investor Bedeutung haben können, sind zum Beispiel die Währungsparität (wenn der Investor Verpflichtungen in der Referenzwährung zu befriedigen hat) oder die Inflation (wenn der institutionelle Investor Ansprüche zu erfüllen hat, die sich eher an der Kaufkraft als an der nominellen Höhe eines Geldbetrags orientieren). Der Investor wird dann in einem Multifaktor-Modell die Faktoren so wählen, dass sie die für ihn relevanten Risikofaktoren repräsentieren. Die Faktorsensitivitäten liefern dann wichtige Informationen über das eingegangene Exposure.

4. Wissenschaftliche Forschungen gehen oft der Frage nach, welchen Einfluß die Branche oder das Land auf die Rendite von Aktien hat. Hierzu werden in einem Multifaktor-Modell die Faktoren so gewählt, dass der gewünschte Untersuchungsgegenstand behandelt werden kann.

Entsprechend mannigfaltig sind die Ergebnisse, die mit Multifaktor-Modellen erzielt werden können.[2] Leserinnen und Leser sollten sich deshalb nicht auf die Frage konzentrieren, ob "Multifaktor-Modelle dem CAPM den Rang abgelaufen" haben oder ob die Wissenschaft "noch am CAPM hängt". Der Punkt ist ein anderer: Multifaktor-Modelle eröffnen ein unüberschaubares Reich empirischer Arbeitsmöglichkeiten. Sei es, dass neue Erkenntnisse zur Bedeutung von Unternehmenskennzahlen gesucht werden, sei es, dass frühe Signale auf ihre Eignung für das Trading überprüft werden sollen. Die Literatur zu Multifaktor-Modellen ist überwältigend. Die Vielfalt der publizierten Arbeiten unterstreicht die Leistungsfähigkeit der Modelle.[3]

10.2 APT

10.2.1 Arbitrage Pricing Theorie

Vom Multifaktor-Modell ist es nur ein kleiner Schritt bis zur Arbitrage Pricing Theory (APT). Dieser Schritt wurde zuerst 1976 von S. A. ROSS

---

[2] 1. GREGORY CONNOR: The Three Types of Factor Models: A Comparison of Their Explanatory Power. *Financial Analysts Journal* (May-June 1995), pp. 42-46. 2. KLAUS RIPPER und THEO KEMPF: Bedeutung der Risikofaktoren am deutschen Aktienmarkt. *Die Bank* 12 (Dezember 1998), pp. 754-758.

[3] 1. NAI-FU CHEN, RICHARD ROLL und STEPHEN A. ROSS: Economic Forces and the Stock Market. *Journal of Business* 59 (July 1986), pp. 383-403. 2. K. C. CHAN, NAI-FU CHEN und DAVID HSIEH: An Exploratory Investigation on the Firm Size Effect, *Journal of Financial Economics* 14 (September 1985), pp. 451-471. 3. STAN BECKERS, PAUL CUMMINS und CHRIS WOODS: The Estimation of Multiple Factor Models and their Applications: The Swiss Equity Market. *Finanzmarkt und Portfolio Management* 7 (1993) 1, pp. 24-45. 4. RETO R. GALLATI: *Multifaktor-Modell für den Schweizer Aktienmarkt.* Bank- und finanzwirtschaftliche Forschungen 181, Verlag Haupt, Bern 1994. 5. MARK GRINBLATT und SHERIDAN TITMAN: Financial Markets and Corporate Strategy, Irwin/McGraw-Hill, Boston, Massachusetts, 1998, pp. 202-205. 6. OTTO L. ADELBERGER und GERD LOCKERT: An Investigation into the Number of Factors Generating German Stock Returns, in: WOLFGANG BÜHLER, HERBERT HAX und REINHART SCHMIDT (eds.): *Empirical Reserach on the German Capital Market*, Physica-Verlag 1999, pp. 151-170. 7. MARTIN WALLMEIER: Determinanten erwarteter Renditen am deutschen Aktienmarkt — Eine empirische Untersuchung anhand ausgewählter Kennzahlen, *Schmalenbachs Business Review* 52 (Feb/2000), pp. 27-57.

vorgeführt.[4] Wir betrachten einen wirklichen Finanzmarkt; n sei die Anzahl der dort gehandelten Instrumente. Diese Anzahl sei groß, beispielsweise 100 oder 200. Ferner nehmen wir an, den Finanzmarkt und die dort gehandelten Instrumente $k = 1, 2, ..., n$ durch ein Multifaktor-Modell mit m Faktoren $\tilde{F}_1, \tilde{F}_2, ..., \tilde{F}_m$ beschreiben zu können. Die Anzahl der Faktoren stellen wir uns als viel kleiner vor, etwa 5 bis maximal 15:

(10-15) $\qquad \tilde{r}_k = a_k + b_{k,1} \cdot \tilde{F}_1 + b_{k,2} \cdot \tilde{F}_2 + ... + b_{k,m} \cdot \tilde{F}_m + \tilde{e}_k$

In diesem Modell (10-15) sollen die auftretenden Residuen bereits unkorreliert sein. Es muss demzufolge nicht noch ein weiterer Faktor $\tilde{F}_{m+1}$ gesucht und eingeführt werden, um eine denkbare Unkorreliertheit der spezifischen Risiken untereinander zu erreichen. Zur Vereinfachung der Notation sollen sämtliche Faktoren $\tilde{F}_1, \tilde{F}_2, ..., \tilde{F}_m$ des weiteren den Erwartungswert 0 besitzen. Dann wissen wir $E[\tilde{r}_k] = a_k$, für alle $k = 1, 2, ..., n$.

Die APT besagt: Wenn der betrachtete Finanzmarkt keine Arbitrage mehr erlaubt, dann gibt es positive Zahlen $p_1, p_2, ..., p_m$, die beschreiben, welche Renditeerwartung mit einem Exposure gegenüber den Faktoren $\tilde{F}_1, \tilde{F}_2, ..., \tilde{F}_m$ verbunden ist. Für *alle* Einzelanlagen $k = 1, 2, ..., n$ muss gelten:

(10-16) $\qquad a_k = p_1 \cdot b_{k,1} + p_2 \cdot b_{k,2} + ... + p_m \cdot b_{k,m}$

Die APT postuliert mithin die Existenz klar definierter *Risikoprämien* für die Faktoren des Multifaktor-Modells.

Die Höhe der Risikoprämien sollten empirisch bestimmt werden können. Jedes in dem Markt gehandelte Instrument muss dann eine Renditeerwartung besitzen, die genau gleich der Summe der Produkte aus Exposures (Faktorsensitivitäten) und Risikoprämien $p_1, p_2, ..., p_m$ sind.

Beispiel 10-1: In unserer Welt gibt es nur zwei Faktoren, das "Ölpreisrisiko" F_1 und das "Wirtschaftsrisiko" F_2. Diese Faktoren sind

---

[4] 1. STEPHEN A. ROSS: The Arbitrage Theory of Capital Asset Pricing. *Journal of Economic Theory* 13 (1976), pp. 341-360. 2. STEPHEN A. ROSS: A Simple Approach to the Valuation of Risky Streams. *Journal of Business* 51 (1978) 3, pp. 453-475. 3. RICHARD ROLL und STEPHEN A. ROSS: An Empirical Investigation of the Arbitrage Pricing Theory. *Journal of Finance* 35 (1980) 5, pp. 1073-1103.

unkorreliert (orthogonal). Es wurden alle 200 Assets untersucht und es zeigte sich, dass die Residuen unkorreliert sind. Es gibt demnach keinen dritten Faktor. Ferner wurde festgestellt, dass generell über alle 200 Assets gesehen ein Exposure gegenüber dem Ölpreisrisiko mit $p_1 = 10\%$ jährlich und eine Exposure gegenüber dem Wirtschaftsrisiko mit $p_2 = 8\%$ vergütet wird. Wir betrachten die Einzelanlage mit der Nummer 99. Ihre Koeffizienten sind a_{99}, $b_{99,1} = 0{,}3$ und $b_{99,2} = 0{,}5$. Die APT läßt den Schluß zu: $a_{99} = 0{,}10 \cdot 0{,}3 + 0{,}08 \cdot 0{,}5 = 0{,}07 = 7\%$ und dies ist die erwartete Rendite der Einzelanlage. ∎

10.2.2 Zum Beweis

Der Beweis der APT vollzieht sich in zwei Schritten.

Im ersten Schritt wird davon ausgegangen, dass die spezifischen Renditen $\tilde{e}_1, \tilde{e}_2, ..., \tilde{e}_n$ der betrachteten Instrumente nicht mehr relevant sind. Sie werden durch Diversifikation im gebildeten Portfolio praktisch nicht mehr auftauchen — vorausgesetzt, dass n eine hinreichend große Anzahl von Instrumenten ist.

Im zweiten Schritte des Beweises der APT wird von einem Satz der Funktionalanalysis Gebrauch gemacht. Es wird ein Investor betrachtet, der die n Einzelanlagen mit den Gewichten $x_1, x_2, ..., x_n$ zu seinem Portfolio P kombiniert. Die erwartete Rendite dieses Portfolios ist durch

(10-17) $\qquad a_P(x_1, x_2, ..., x_n) = x_1 \cdot a_1 + x_2 \cdot a_2 + ... + x_n \cdot a_n$

gegeben. Aufgrund der Diversifikation der spezifischen Risiken ist das Portfolio P nur noch jenen Risiken ausgesetzt, die mit den Faktoren $\tilde{F}_1, \tilde{F}_2, ..., \tilde{F}_m$ verbunden sind. Sein Exposure gegenüber dem Faktor $\tilde{F}_l$, $l = 1, 2, ..., m$ beträgt

(10-18) $\qquad b_{P,l}(x_1, x_2, ..., x_n) = x_1 \cdot b_{1,l} + x_2 \cdot b_{2,l} + ... + x_n \cdot b_{n,l}$

> Der Investor wird nun prüfen, ob er sein Portfolio nicht *umstrukturieren* kann, so dass nach Umstrukturierung die Renditeerwartung gestiegen ist, ohne dass sich bezüglich irgendeiner der Faktoren $\tilde{F}_1, \tilde{F}_2, ..., \tilde{F}_m$ das Exposure erhöht hätte. Eine Umstrukturierung mit dieser Eigenschaft wird als *Arbitrage* bezeichnet.

Jede *Umstrukturierung* ist durch Zahlen $z_1, z_2, ..., z_n$ gegeben, die zum Teil positiv, zum Teil negativ sein werden. Die Zahl z_k gibt an, sofern sie positiv ist, in welchem auf das Anfangsvermögen bezogenen Teil die Einzelanlage k bei der Umstrukturierung hinzu gekauft werden soll — beziehungsweise, falls sie negativ ist, in welchem relativen Umfang die Einzelanlage verkauft werden soll. Nach einer solchen Umstrukturierung umfaßt das *revidierte Portfolio* die n Einzelanlagen in den Anteilen $x_1 + z_1, x_2 + z_2, ..., x_n + z_n$.

Die Suche nach Arbitrage ist demnach die Suche nach einer Umstrukturierung $z_1, z_2, ..., z_n$ mit dieser doppelten Eigenschaft:

(10-19)
$$a_P(x_1, x_2, ..., x_n) < a_P(x_1 + z_1, x_2 + z_2, ..., x_n + z_n)$$
$$b_{P,l}(x_1, x_2, ..., x_n) \geq b_{P,l}(x_1 + z_1, x_2 + z_2, ..., x_n + z_n).$$
$$\text{für alle } l = 1, 2, ..., m$$

Mit einem mathematischen Satz, dem *Minkowski-Farkas-Lemma*,[5] läßt sich folgendes beweisen:

> Entweder gibt es Arbitrage, oder es gibt nicht-negative Zahlen $p_1, p_2, ..., p_m$ (die nicht alle gleich Null sind), so dass für alle Einzelanlagen $k = 1, 2, ..., n$ gilt: $a_k = p_1 \cdot b_{k,1} + p_2 \cdot b_{k,2} + ... + p_m \cdot b_{k,m}$.

Die Aussage also lautet: Entweder gibt es noch wenigstens eine Möglichkeit zur Arbitrage (durch Umstrukturierung des Portfolios) oder es existieren die benannten Prämien. Die Prämien besagen, dass bei jeder Einzelanlage die Renditeerwartung gleich der Summe der mit den Prämien multiplizierten Faktorsensitivitäten ist. Es gibt keine dritte Möglichkeit.

10.2.3 Branchenmodelle als Anwendung der APT

Zu den gängigsten Faktormodellen gehören Branchenmodelle. Empirische Studien lassen erkennen, dass bei Aktien die jeweilige *Branche* und das Branchengeschehen eine hohe Erklärungskraft für die Rendite besitzen.[6] Variationen des Branchengeschehens schlagen besonders

---

[5] 1. AKIRA TAKAYAMA: *Mathematical Economics*. Dryden Press, Hinsdale, Illinois 1974, p. 42. 2. HUKUKANE NIKAIDO: *Convex Structures and Economic Theory*. Academic Press, New York, 1968, p. 38.

[6] Ansätze zu derartigen Untersuchungen gehen zurück auf RICHARD ROLL: Industrial Structure and the Comparative Behavior of International Stock Market Indices. *Journal of*

deutlich auf den Absatz einer einzelnen Unternehmung dieser Branche durch und damit auf ihren Gewinn. Beispielsweise variiert der Kurs von Novartis nicht so sehr mit dem Kurs anderer Großunternehmen, er variiert auch nicht so sehr mit den Kursen anderer Gesellschaften mit Sitz in der Schweiz, er variiert auch nicht so stark mit der Konjunktur in Europa. Am deutlichsten variiert er mit dem Kurs anderer Unternehmen aus der Branche Pharma, Biotechnologie und Life-Science, seien sie aus der Schweiz oder aus einem anderen Land.

Beispiel 10-2: Der für Chemie, Pharma und Biotechnologie zuständige Finanzanalyst einer Investmentbank hat die Analystenpräsentation der Unternehmung *Zeta* AG besucht, eine nationale Pharmaunternehmung mittlerer Größe. Allgemein teilen die anwesenden Analysten von verschiedenen Banken die Überzeugung, die Aktie sei unterbewertet und habe Potenzial. Die Frage lautet, wie hoch das Kursziel beziffert werden soll.

Der Finanzanalyst möchte ein Multifaktor-Modell anwenden, um das Kursziel zu berechnen. Hierzu müssen einerseits die n zu berücksichtigenden Aktien gewählt werden, andererseits die Faktoren $\tilde{F}_1, \tilde{F}_2, ..., \tilde{F}_m$. Ein Mitglied im Team meint: "Wir sollten überlegen, ob die Aktie der *Zeta* AG eher vor dem Hintergrund der Börse allgemein und des makroökonomischen Umfelds unterbewertet erscheint, oder ob sie nur im Branchenvergleich falsch bewertet erscheint." Die Erörterung führt zur Vorentscheidung, die *Zeta* AG eher im Branchenvergleich beurteilen zu wollen. Die Wahl der n Einzelaktien fällt demnach auf internationale Unternehmen der Sektoren Pharma, Chemie, Biotechnik und das sind $n = 10$ Gesellschaften.

Es wird ein Einfaktor-Modell versucht. Als Faktor werden einfach die Renditen des Branchenindexes genommen. Man subtrahiert von ihnen noch den Mittelwert, um zu erreichen, dass der Faktor im Mittel den Wert Null hat. Nun wird mit den historischen Monatsrenditen der letzten drei Jahre gearbeitet. Für jede Rendite der n Einzelaktien wird eine Regression bezüglich des Branchenindex "Pharma" gerechnet. Man erhält so für jede Unternehmung die Faktorsensitivität, und natürlich auch die spezifischen Risiken.

Finance XLVII (1992) Nr. 1, pp.3-41. Die Philosophie wurde zuvor erklärt in RICHARD GRINOLD, ANDREW RUDD und DAN STEFEK: Global factors: Fact or fiction? *Journal of Portfolio Management* (Fall 1989), pp.79-88. Eine empirische Ausarbeitung bieten: MARTIN DRUMMEN und HEINZ ZIMMERMANN: The Structure of European Stock Returns. *Financial Analysts Journal* (July/August 1992), pp. 15-26.

10. FAKTORMODELLE UND APT

Leider zeigt sich, dass die Residuen der n Aktien untereinander nicht unkorreliert sind. Es wird deshalb ein zweiter Faktor gesucht. Ein Teammitglied meint: "Vielleicht ist der Markt als Ganzes doch von Bedeutung." Man nimmt daher den Index der nationalen Börse als zweiten Faktor. Offenkundig sind die beiden Faktoren untereinander nicht unkorreliert, weshalb, um eine Varianz-Dekomposition vornehmen zu können, zunächst orthogonalisiert wird. So wird als zweiter Faktor der Börsenindex von Einflüssen der Pharmaindustrie bereinigt.

Jetzt wird eine multiple Regression gerechnet, bei der die n historischen Renditen durch die historischen Renditen der beiden Faktoren erklärt werden sollen. Man erhält so für jede Unternehmung die beiden Faktorsensitivitäten, und natürlich auch die verbleibenden, spezifischen Risiken. Es zeigt sich, dass diese Residuen praktisch unkorreliert sind. Jetzt kann das Gleichungssystem für die beiden Unbekannten p_1, p_2 aufgestellt werden. Es lautet:

$$a_1 = p_1 \cdot b_{1,1} + p_2 \cdot b_{1,2}$$

$$a_2 = p_1 \cdot b_{2,1} + p_2 \cdot b_{2,2}$$

$$\ldots$$

$$a_n = p_1 \cdot b_{n,1} + p_2 \cdot b_{n,2}$$

Würde keine Arbitrage mehr bestehen, wäre dieses System aus $n = 10$ Gleichungen für die 2 Unbekannten *nicht* überbestimmt. Mit den konkreten Zahlen zeigt sich jedoch, dass das System bei exakter Betrachtung unlösbar, eben überbestimmt ist. Aus der Perspektive des Zweifaktor-Modells wären demnach noch "kleine" Möglichkeiten der Arbitrage gegeben. Man kann aber eine Lösung p_1, p_2 finden, die das System ziemlich genau erfüllt, so dass für diese Werte

$$a_k \approx p_1 \cdot b_{k,1} + p_2 \cdot b_{k,2} \quad \text{und alle Gleichungen } k = 1, 2, \ldots, n$$

gilt. Hierzu werden wieder die Techniken der verallgemeinerten Inversen verwendet. Mit den so bestimmten Prämien p_1, p_2 wird schließlich die Aktie der Zeta AG bewertet. Aus ihren historischen Renditen werden mit dem Zweifaktor-Modell die Sensitivitäten $b_{Zeta,1}$ und $b_{Zeta,2}$ durch Regression ermittelt. Die "Sollrendite"

$$a_{Zeta} = p_1 \cdot b_{Zeta,1} + p_2 \cdot b_{Zeta,2}$$

wird bestimmt. Sie ist um den Faktor 1,5 geringer als die bisherige, mittlere Rendite der Aktie. Derzeit notiert der Kurs der Zeta AG bei 80 Euro. Der Analyst schreibt eine Kaufempfehlung und nennt als Kursziel 120 Euro. Seine Chefin überfliegt den Report und stellt dem Analysten die Frage: "Wie sind Sie auf das Kursziel von 120 gekommen? Haben Sie das einfach so über den Daumen gepeilt?" Der Analyst antwortet: "Die 120 Euro kann man sachverständigen Dritten erklären, weil sie mit anerkannten Verfahren berechnet worden sind." Darauf wird der Report von der Investmentbank groß der Presse mitgeteilt.

Die APT kann also dazu verwendet werden, laufend für verschiedene Aktien die aktuellen Exposures zu ermitteln um daraus nach (10-16) dann die erwartete Rendite zu schätzen. Immerhin zeigen empirische Studien, dass die Risikoprämien im Zeitverlauf variieren.[7] Mit diesen aktuellen Renditeerwartungen ist sodann eine taktische Portfolioselektion möglich. Auf diese Weise werden mit der APT aktuelle Schätzungen der Renditeerwartungen erzeugt und der Portfoliomanager kann dann überlegen, welche Zusammensetzung des Portfolios sich hieraus ergibt. Wichtig: Bei diesem Einsatz der APT zur taktischen Asset Allokation geht es nicht darum "Ineffizienzen" oder "Ungleichgewichte" auszunutzen. Im Gegenteil: Die APT beruht auf der Annahme eines Marktgleichgewichts im Sinne der Arbitragefreiheit. Nur ist es so: Um nach der (klassischen) Portfoliotheorie das optimale Portfolio zu bestimmen, sind neben den Standardabweichungen der Renditen und den Korrelationskoeffizienten vor allem die Renditeerwartungen erforderlich. Hier hat man oft nur grobe Schätzungen und die APT kann die Schätzgenauigkeit erheblich verbessern.[8]

---

[7] 1. BRUNO SOLNIK: International arbitrage pricing theory. *Journal of Finance* 38 (1983), pp. 449-457. 2. 1. CAMPBELL R. HARVEY: The world price of covariance risk. *Journal of Finance* 46 (1991), pp. 111-157. 3. HAIM REISMAN: Intertemporal arbitrage pricing theory. *Review of Financial Studies* 5 (1992), pp. 105-122.

[8] 1. PETER OERTMANN: *Global risk premia on international investments*, Gabler-Verlag, Wiesbaden 1997. 2. WOLFGANG DROBETZ und PETER OERTMANN: Taktische Asset Allocatiopn auf der Basis konditionierter Renditeerwartungen, in: JOCHEN M. KLEEBERG und HEINZ REHKUGLER (eds.), *Handbuch Portfoliomanagement*, 2. Auflage, Uhlenbruch Verlag, Bad Soden / Taunus 2002, pp. 611-647.

10.3 Ergänzungen und Fragen

10.3.1 Zusammenfassung der Abschnitte 12.1 und 12.2

Die Aussage des CAPM und die des damit verwandten Faktormodells müssen unterschieden werden. Faktormodelle dienen der Erklärung von Renditen. Faktormodelle (mit orthogonalisierten Faktoren) bieten zwei in der Praxis der Finanzanalyse häufig verwendete Möglichkeiten: Die Erzeugung der Kovarianzen der Einzelrenditen und die Varianz-Dekomposition. Die Variation der Rendite einer jeden Einzelanlage wird bei der Varianz-Dekomposition als Summe dargestellt. Summiert werden die Quadrate der jeweiligen Sensitivität (Exposure) multipliziert mit der Variation des Faktors und hinzu kommt noch das spezifische Risiko.

Die Varianz-Dekomposition ist ein leistungsfähiges Werkzeug. Man möchte "Renditen erklären" und zieht dazu einen (oder mehrere) Faktoren heran. Wie gut diese Erklärung gelingt, wird durch die Variation der Rendite und die Variation des Faktors beschrieben. Das spezifische Risiko heißt deshalb auch *unerklärte Variation*.

Die APT von ROSS ist mehr als ein Multifaktor-Modell. Sie entsteht aus der Kombination eines Multifaktor-Modells und der Annahme, der Markt sei frei von Arbitrage. Die APT besagt die *Existenz* klar definierter *Risikoprämien* für die Faktoren des Multifaktor-Modells (sofern Arbitragefreiheit herrscht). Die Grundgleichung der APT ist (10-16). Jedes im Markt gehandelte Instrument muss eine Renditeerwartung besitzen, die sich genau als Summe zusammensetzt: Summiert werden die Produkte der Exposures oder Faktorsensitivitäten bezüglich der Risikofaktoren und der Risikoprämien.

10.3.2 Stichworte und Namen

APT, Arbitrage, Erzeugung der Kovarianzen, Faktormodell, Faktorsensitivitäten, spezifisches Risiko, Varianz-Dekomposition.

10.3.3 Fragen
1. Was besagt die Varianz-Dekomposition, was die Erzeugung der Kovarianzen?
2. Was besagt die APT?

10.3.4 Lösungen

1. Vergleiche (10-5) und (10-12) beziehungsweise (10-7) und (10-14).

2. Die APT lehrt: Wenn in einem Finanzmarkt die Renditen durch mehr als einen Faktor erklärt werden können, und wenn der Markt arbitragefrei ist, dann gibt es für jeden Faktor eine Prämie, und die Rendite einer jeden Einzelanlage ist gleich der Summe der mit ihren Faktorsensitivitäten (Exposures) multiplizierten Prämien.

11. LR und ARCH

Der Abschnitt 11.1 bietet eine Repetitorium zur *Linearen Regression*, kurz LR. Anschließend widmet sich 11.2 der *Heteroskedastizität* in Regressionsmodellen.

11.1 Repetitorium: Lineare Regression 291
11.2 ARCH und GARCH 301
11.3 Ergänzungen und Fragen 308

11.1 Repetitorium: Lineare Regression

11.1.1 Daten

Gelegentlich ist eine Reihe von Beobachtungswerten $x_1, x_2, \ldots, x_n$ für einen Faktor x zu vergangenen Zeitpunkten oder Perioden $t = 1, 2, \ldots, n$ gegeben. Parallel dazu ist bekannt, welchen Wert $y_1, y_2, \ldots, y_n$, ein Instrument oder Portfolio zu jenen Zeitpunkten oder Perioden hatte. Oft kann dann ein *Zusammenhang* zwischen den x-Werten und den y-Werten angenommen werden. In vielen Fällen, wenngleich nicht immer, stehen die $y_1, y_2, \ldots, y_n$ dann in einem *linearen* Zusammenhang zu den Werten $x_1, x_2, \ldots, x_n$ des Faktors,

$$(11\text{-}1) \qquad y_t = a + b \cdot x_t + e_t$$

wobei die $e_1, e_2, \ldots, e_n$ *Fehler* sind. Die beiden Zahlen a und b sind die *Parameter*. In der Regel sind zwar die Werte $x_1, x_2, \ldots, x_n$ und die Zahlenwerte $y_1, y_2, \ldots, y_n$ gegeben, nicht aber die der Parameter a und b.

Es wird also *unterstellt*, dass es einen *linearen Zusammenhang* gibt, und es wird versucht, die ihrem Wert nach unbekannten Parameter näherungsweise zu bestimmen, zu schätzen. Diese Vorgehensweise heißt

Regression.[1] Mit den Schätzungen der Parameter steht die Sensitivität der y-Werte in Bezug auf die x-Werte fest. Sie ist durch b gegeben, die Steigung der Geraden, welche den unterstellten linearen Zusammenhang grafisch wiedergibt.

Beispiel 11-1: Für n Perioden werden die Renditen einer Aktie $y_1, y_2, ..., y_n$ sowie die Renditen der Marktportfolios $x_1, x_2, ..., x_n$ beobachtet. Der Parameter b ist das im CAPM benötigte Beta. ∎

11.1.2 Kleinste Quadrate

Die Standardmethode zur Schätzung der Parameter a und b ist die der kleinsten Quadrate (*Least Squares*): Die Parameter a und b der Geraden werden so bestimmt, dass die Summe der Quadrate der Abweichungen $e_1^2 + e_2^2 + ... + e_n^2$ möglichst klein wird. Die Methode kleinster Quadrate für die Regressionsrechnung ist in Taschenrechnern und Programmen implementiert. Die Lösung lautet:

(11-2)
$$\hat{b} = \frac{\sum_{t=1}^{n}(x_t - \bar{x})(y_t - \bar{y})}{\sum_{t=1}^{n}(x_t - \bar{x})^2}$$

$$\hat{a} = \bar{y} - \hat{b} \cdot \bar{x}$$

Mit dem "Dach" auf den Symbolen für die Parameter a und b soll *zunächst* verdeutlicht werden, dass es sich um Lösungen der Aufgabe handelt, die Summe $e_1^2 + e_2^2 + ... + e_n^2$ der Fehlerquadrate zu minimieren. Später werden wir $\hat{a}$ und $\hat{b}$ als *Schätzungen* der Parameter a und b interpretieren, und ein Schätzwert wird in der Statistik üblicherweise durch ein Dach auf dem betreffenden Symbol gekennzeichnet. Mit $\bar{x}$ wird das arithmetische Mittel aller x-Werte bezeichnet,

(11-3)
$$\bar{x} = \frac{1}{n}\sum_{t=1}^{n} x_t$$

---

[1] *Regression*, lateinisch "zurück schreiten": Approximation abhängiger Variablen durch Funktionen unabhängiger Variablen, wobei die Parameter der jeweiligen Funktion zum Beispiel mit der Methode kleinster Quadrate geschätzt werden. Darstellungen der Linearen Regression finden sich in allen Lehrbüchern zu Statistik und Ökonometrie.

und $\bar{y}$ bezeichnet das arithmetische Mittel der Zahlen $y_1, y_2, ..., y_n$. Nachzutragen bleibt: Wird von Hand gerechnet, wird die Formel für $\hat{b}$ in einer äquivalenten Form verwendet, die leichter auszuwerten ist:

$$(11\text{-}4) \qquad \hat{b} = \frac{n \cdot \sum_{t=1}^{n} x_t y_t - \left(\sum_{t=1}^{n} x_t\right)\left(\sum_{t=1}^{n} y_t\right)}{n \cdot \sum_{t=1}^{n} x_t^2 - \left(\sum_{t=1}^{n} x_t\right)^2} \ .$$

Um in einer Anwendung die mit Hilfe der Regressionsrechnung berechnete Sensitivität akzeptieren zu können, sind einige Prüfungen erforderlich. Eine dieser Bedingungen ist, dass der Gesamtfehler keinen zu hohen Wert hat. Der Gesamtfehler wird gemessen durch die Summe der Fehlerquadrate:

$$(11\text{-}5) \qquad SSE = e_1^2 + e_2^2 + ... + e_n^2$$

11.1.3 Korrelation

Zwei Variablen werden als *positiv* korreliert bezeichnet, wenn "hohe" Werte der einen Variablen typischerweise mit "hohen" Werten der anderen einher gehen, und wenn ein "geringer" Wert der einen Variablen häufig dann anzutreffen ist, wenn auch die andere Variable einen "geringen" Wert aufweist. Die Begriffe "hoch" und "gering" beziehen sich dabei auf einen Vergleich mit den jeweiligen arithmetischen Mittelwerten. Zwei Variablen werden als *negativ* korreliert bezeichnet, wenn überdurchschnittliche Werte der einen Variablen häufig dann anzutreffen sind, wenn die andere Variable einen Wert unter ihrem Durchschnitt aufweist. Entsprechend würde in einem ersten Versuch die Korrelation zwischen den Werten $x_1, x_2, ..., x_n$ und $y_1, y_2, ..., y_n$ quantitativ durch die Summe der Produkte

$$(x_1 - \bar{x})(y_1 - \bar{y}) + (x_2 - \bar{x})(y_2 - \bar{y}) + ... + (x_n - \bar{x})(y_n - \bar{y})$$

gemessen werden. In der Tat wird diese Größe noch durch einen Term dividiert, der von den Streuungen der x-Werte sowie der y-Werte abhängt. Formal ist der Koeffizient der Korrelation zwischen den Zahlen $x_1, x_2, \ldots, x_n$ und $y_1, y_2, \ldots, y_n$ definiert durch:

$$(11\text{-}6) \qquad R = \frac{\sum_{t=1}^{n}(x_t - \bar{x})(y_t - \bar{y})}{\sqrt{\sum (x_t - \bar{x})^2 \cdot \sum (y_t - \bar{y})^2}}.$$

So liegt der Korrelationskoeffizient[2] zwischen –1 und +1.

Wer von Hand rechnet, wird diese Definition in leicht geänderter Form auswerten:

$$(11\text{-}7) \qquad R = \frac{n \cdot \sum x_t y_t - \left(\sum x_t\right)\left(\sum y_t\right)}{\left\{\left[n \cdot \sum x_t^2 - \left(\sum x_t\right)^2\right] \cdot \left[n \cdot \sum y_t^2 - \left(\sum y_t\right)^2\right]\right\}^{1/2}}$$

Eine dritte, wiederum äquivalente Formel für den Korrelationskoeffizienten unterstreicht den Zusammenhang zwischen Regressionsrechnung und Korrelationsrechnung. Es gilt

$$(11\text{-}8) \qquad R = \frac{SD_x}{SD_y} \cdot \hat{b}$$

wobei

$$(11\text{-}9) \qquad SD_x = \sqrt{\frac{1}{n-1} \cdot \sum_{t=1}^{n}(x_t - \bar{x})^2}$$

die Streuung der Werte $x_1, x_2, \ldots, x_n$ bezeichnet und in ganz analoger Definition SD_y die Streuung der Zahlen $y_1, y_2, \ldots, y_n$ ist.

---

[2] Dieser Korrelationskoeffizient wird auch nach KARL PEARSON benannt — der britische Mathematiker und Biologe lebte von 1857-1936 und war ab 1884 Professor in London. Er steht im Unterschied zu anderen Koeffizienten zur Korrelationsmessung, die für nichtparametrische Assoziationen entwickelt wurden. Die bekanntesten hierzu wurden von CHARLES EDWARD SPEARMAN entwickelt — der britische Psychologe (1863-1945) schuf um 1904 die Grundlagen der Faktorenanalyse — und von MAURICE G. KENDALL.

11.1.4 Grundmodell

Um die Ergebnisse der Regressionsrechnung interpretieren zu können und damit Genauigkeitsaussagen möglich werden, ist ein über die rein rechnerische Verarbeitung von Zahlen hinausgehender modelltheoretischer Rahmen vorauszusetzen.[3] Ein jedes Modell wird durch Annahmen definiert.

> Im *Modell* der Linearen Regression wird ein Zusammenhang zwischen einer y-Variablen und einer x-Variablen postuliert.
>
> - Die x-Variable heißt *unabhängig*, die y-Variable *abhängig* (weil jeder y-Wert gleichsam von dem x-Wert abhängt). Die y-Werte werden mit Hilfe der x-Werte "erklärt"; die x-Werte dienen als *Prädiktoren* für die y-Werte.
> - Es liegt eine bestimmte Anzahl n von *Beobachtungen* $t = 1, 2, \ldots, n$ vor, für die jeweils der Wert x_t der unabhängigen Variablen feststeht sowie der Wert y_t der abhängigen Variablen.

Annahme 1: Für jeden Wert der unabhängigen Variablen, insbesondere für die Werte $x_1, x_2, \ldots, x_n$, wird die jeweilige abhängige Variable als *Zufallsvariable* verstanden. Sie ergibt sich als Summe einer linearen Transformation des x-Werts und eines zufälligen *Fehlerterms*,

$$\tilde{y}_1 = a + b \cdot x_1 + \tilde{e}_1,$$
$$\tilde{y}_2 = a + b \cdot x_2 + \tilde{e}_2,$$
$$\ldots$$
$$\tilde{y}_n = a + b \cdot x_n + \tilde{e}_n.$$

Die $\tilde{e}_1, \tilde{e}_2, \ldots, \tilde{e}_n$ sind die mit den n Beobachtungen assoziierten Fehler. Weil diese als *zufällig* angenommen wurden, sind auch die derart definierten abhängigen Variablen $\tilde{y}_1, \tilde{y}_2, \ldots, \tilde{y}_n$ zufällig.

Annahme 2: Für die den einzelnen Beobachtungen zugeordneten Fehler $\tilde{e}_1, \tilde{e}_2, \ldots, \tilde{e}_n$ gelte:

1. Sie sollen sämtlich den Erwartungswert 0 haben,
2. statistisch voneinander unabhängig sein, und

---

[3] Überlegungen hierzu und zahlreiche Quellangaben finden sich bei DEIRDRE N. MCCLOSKEY und STEPHEN T. ZILIAK: The Standard Error of Regressions. *Journal of Economic Literature* XXXIV (March 1996), pp. 97-114.

3. alle dieselbe Varianz besitzen, die mit σ^2 bezeichnet sei (Homoskedastizität).

4. Im Hinblick auf statistische Auswertungen wird gefordert, dass die Fehler normalverteilt sind.

Unter der Bedingung normalverteilter Fehler lassen sich die vorangestellten Punkte 1, 2 und 3 der Annahme 2 in folgender Form schreiben:

$$E[\tilde{e}_t] = 0, \; Var[\tilde{e}_t] = \sigma^2, \text{ für } t = 1,2,\ldots,n$$

$$\text{und } Cov[\tilde{e}_j, \tilde{e}_k] = 0 \text{ für } j \neq k.$$

Annahme 3: Zu den n Beobachtungen sind Werte $y_1, y_2, \ldots, y_n$ der abhängigen Variablen gefunden. Der konkrete Zahlenwert y_1 wird als eine Realisation (eine Ziehung) der Zufallsvariablen $\tilde{y}_1$ aufgefaßt, der konkrete Zahlenwert y_2 wird als eine Realisation der Zufallsvariablen $\tilde{y}_2$ verstanden, ... , und die Zahl y_n sei eine Stichprobe der Zufallsvariablen $\tilde{y}_n$.

Im Modell der Linearen Regression tauchen demnach drei Parameter auf, a, b, σ^2, deren Rollen im Modell zwar klar sind, deren wahre Werte aber unbekannt sind. Ziel ist es, anhand der Beobachtungen $y_1, y_2, \ldots, y_n$ die Werte der drei Parameter zu schätzen.

11.1.5 Gauss-Markov-Theorem

Unter den getroffenen drei Modellannahmen wurden in der Statistik verschiedene Aussagen bewiesen. Als bedeutendstes Beispiel sei das Gauss-Markov-Theorem[4] hervorgehoben. Das Theorem besagt, dass die Methode kleinster Quadrate, nun interpretiert als Schätzverfahren, zwei willkommene *statistische Qualitäten* besitzt. Es sei daran erinnert, dass bislang die Methode kleinster Quadrate keine "statistische Schätzmethode" war, sondern lediglich ein Rechenverfahren im Zusammenhang mit konkreten Zahlen, welches der geometrisch anschaulichen und eingängigen Zielsetzung folgte, eine "Gerade durch eine Punktewolke" zu legen.

1. Die mit der Methode kleinster Quadrate berechneten Schätzwerte $\hat{a}$ und $\hat{b}$ der Parameter sind *unverzerrt*. Das heißt, die Schätzmethode — das Rechenverfahren zur Ermittlung der Schätzwerte

---

[4] Benannt nach CARL FRIEDRICH GAUSS (1777-1855), dem "König der Mathematiker", und ANDREI A. MARKOV (1856-1922), der noch vorgestellt wird.

— läßt erwarten, die wahren Parameter zu treffen. Natürlich kann es im Einzelfall immer Fehler geben. Aber das Verfahren ist so konstruiert, dass zu erwarten ist, die wahren Parameter zu treffen.

2. Die zweite Eigenschaft verlangt eine Vorbemerkung. Es wird wohl auch andere Methoden geben, die Parameter zu schätzen. Jede Methode wird gewisse Fehler aufweisen, die unter anderem von den Zufälligkeiten der Beobachtungen abhängen werden. Die Genauigkeit einer Methode kann durch die Varianz des Schätzfehlers gemessen werden. Die Methode kleinster Quadrate hat die *geringste Fehlervarianz* unter allen Methoden oder Schätzverfahren, die unverzerrt und linear sind. Mit "linear" ist gemeint: Die Schätzwerte sind eine lineare Funktion der Realisationen $y_1, y_2, ..., y_n$ der Zufalls*variablen* $\tilde{y}_1, \tilde{y}_2, ..., \tilde{y}_n$. Durchaus dürfen die Schätzwerte in nicht-linearer Weise von den Zahlen $x_1, x_2, ..., x_n$ abhängen, die im Modell "Daten" sind.

11.1.6 Varianz-Dekomposition

Nachdem die Schätzwerte $\hat{a}$ und $\hat{b}$ berechnet sind, ist die Güte des Modells der Linearen Regression zu beurteilen. Hierzu werden üblicherweise drei Fragen gestellt; die erste und zweite beurteilen die Güte der Erklärung des vorliegenden Datensatzes.

1. War es überhaupt angemessen, einen *linearen* Zusammenhang zu postulieren? Oder wäre ein nicht-linearer Zusammenhang zwischen den Zufallsvariablen $\tilde{y}_t$ und den Daten $x_1, x_2, ..., x_n$ nicht richtiger gewesen?

2. Wenn hier die Antwort "Ja" lautet: Sind die Fehler klein, so dass die Erklärungskraft des linearen Zusammenhangs *wesentlich* ist?

3. Welches Vertrauen (*Konfidenz*) darf in Prognosen gelegt werden, die mit dem Modell und den Schätzwerten der Parameter durchgeführt werden?

Zur Beantwortung solcher Fragen wird mit Kennzahlen vor allem gemessen, *wie genau* sich unter Kenntnis der Schätzungen $\hat{a}$ und $\hat{b}$ die Werte $y_1, y_2, ..., y_n$ mit Hilfe der Daten $x_1, x_2, ..., x_n$ vorhersagen lassen.

Wir betonen im folgenden die zweite der eben genannten drei Fragen. Zur Beantwortung ist der R^2 – Koeffizient bedeutend, wenngleich dieser Koeffizient nicht allein die endgültige Antwort vermittelt. Der Koeffizient ist definiert durch

$$(11\text{-}10) \qquad R^2 = \frac{SSY - SSE}{SSY}$$

wobei die darin auftauchenden Größen sogleich erklärt werden. Die Bezeichnung ist gerechtfertigt, weil mit einigen Umrechnungen beweisbar ist, dass es sich in der Tat um das Quadrat des zuvor erklärten Korrelationskoeffizienten R handelt.

- Angenommen, es gäbe kein Modell zur Erklärung der abhängigen Variablen, der Zufallsvariablen $\tilde{y}_1, \tilde{y}_2, \ldots, \tilde{y}_n$. Ohne weitere Information würde man ihre Verteilungen vielleicht als identisch unterstellen und anhand der konkreten Werte $y_1, y_2, \ldots, y_n$ den Mittelwert $\bar{y}$ der Realisationen berechnen

$$\bar{y} = \frac{1}{n} \cdot \sum_{t=1}^{n} y_t$$

- Der Aufforderung folgend, ohne weiteres Wissen einen Wert für die y_t, $t = 1, 2, \ldots, n$ zu prognostizieren, wäre es folglich eine gute Antwort, für alle $\bar{y}$ zu nennen. Die Genauigkeit oder Ungenauigkeit dieses Prädiktors ist durch die Summe der Quadrate der Abweichungen gegeben, durch die *Sum of Squares*, oder wie gesagt wird, die Totale Variation

$$SSY = \sum_{t=1}^{n} (y_t - \bar{y})^2 .$$

- Nun soll zur Vorhersage des Werts von $\tilde{y}_t$ zweierlei bekannt sein. Erstens soll der Wert x_t der unabhängigen Variablen bekannt sein, und zweitens sollen die Schätzwerte $\hat{a}$ und $\hat{b}$ der Parameter vorliegen. Dann würde der Wert der abhängigen Variablen durch $\hat{y}_t = \hat{a} + \hat{b} \cdot x_t$ prognostiziert werden. Auch hierbei gibt es einen Fehler, nämlich

$$y_t - \hat{y}_t = y_t - \hat{a} - \hat{b} \cdot x_t = e_t .$$

- Die Güte der Prädiktion mit dem Modell kann deshalb durch die Summe der Fehlerquadrate beurteilt werden, durch die *Unerklärte Variation*

$$SSE = \sum_{t=1}^{n} (y_t - \hat{y}_t)^2 = \sum_{t=1}^{n} e_t^2 .$$

Also: Ohne Modell würde ein Fehler begangen werden, der durch die Totale Variation SSY zu messen ist. Mit Modell ist der Fehler durch die Unerklärte Variation SSE gegeben. Das Modell wird daher als *wesentlich* angesehen, wenn SSE deutlich geringer ist als SSY, oder anders ausgedrückt, wenn $R^2 = (SSY - SSE)/SSY$ sehr nahe bei 1 liegt.

Die Bedeutung des R^2 – Koeffizienten soll noch anders interpretiert werden. Einige Umrechnungen zeigen, dass

$$SSY - SSE = \sum_{t=1}^{n}(\hat{y}_t - \bar{y})^2$$

gilt. Hierbei handelt es sich um die Quadrate der Unterschiede zwischen den mit dem Modell vorhergesagten Werten $\hat{y}_1, \hat{y}_2, ..., \hat{y}_n$ und dem Mittel $\bar{y}$, also um die auf die Regression zurückgehende Variation, auf die im Modell *erklärte Variation*. Die Identität $SSY = (SSY - SSE) + SSE$ oder

(11-11) $$\sum_{t=1}^{n}(y_t - \bar{y})^2 = \sum_{t=1}^{n}(\hat{y}_t - \bar{y})^2 + \sum_{t=1}^{n}(y_t - \hat{y}_t)^2$$

ist ein grundlegender Zusammenhang, der als *Fundamentalgleichung der Regressionsanalysis* angesprochen wird.

Fundamentalgleichung der Regressionsanalysis: Die Totale Variation ist gleich der Summe aus der Erklärten Variation und der Unerklärten Variation.

Damit ist R-Quadrat der Quotient zwischen der Erklärten und der Totalen Variation. Anders ausgedrückt:

R^2 ist jener Anteil der Variation, der durch das Regressionsmodell erklärt wird.

11.1.7 T-Statistik

Das Regressionsmodell erscheint damit "leistungsfähig", wenn R-Quadrat nahe bei 1 liegt, beziehungsweise wenn SSE klein in Relation zu SSY ist. Von daher besteht die Versuchung, das Modell zu akzeptieren, sobald R^2 oberhalb einer kritischen Grenze liegt.
- Jedoch gilt zu bedenken, dass R^2 *kein absolutes Maß für die Bestimmtheit* ist. Denn R^2 hängt von der Steigung der Regressions-

geraden ab. Es ist daher nicht gegenüber Veränderungen der Skalen invariant, in denen die Variablen gemessen werden. R^2 nimmt einen großen Wert an, wenn die Regressionsgerade steil ist, und einen kleinen Wert, wenn die Regressionsgerade flach ist.

- Zwar ist R^2 ein Maß für den Anteil der Variation, der durch das Regressionsmodell erklärt wird, aber anhand von R^2 läßt sich letztlich doch nicht entscheiden, ob der im Modell postulierte lineare Zusammenhang zu verwerfen ist oder nicht.

Es muss also anders vorgegangen werden: Das Regressionsmodell, das postuliert, dass der y – Wert vom x – Wert abhängt, verliert seinen Kern, wenn der wahre Parameter b in dieser Beziehung gleich Null wäre, denn dann hätten die x – Werte keinerlei Einfluß.

> Das Modell wäre demnach als "wesentlich" (signifikant) zu akzeptieren, wenn die Hypothese $H_0: b = 0$ verworfen werden kann.

Würde die Hypothese $b = 0$ akzeptiert (nicht verworfen), dann würde gelten:

- Entweder hätte im Modell des linearen Zusammenhangs die Kenntnis des x – Werts keinen Wert für die Prognose von $\tilde{y}$
- oder aber die wahre Beziehung zwischen den x – Werten und den $\tilde{y}$ wäre nicht-linearer Natur (beispielsweise quadratisch).

Wird dagegen die Hypothese $b = 0$ verworfen, dann haben das Modell und die Kenntnis des x – Werts signifikante Bedeutung für die Prognose von $\tilde{y}$. Es kann aber zusätzlich zu dem "linearen" Trend noch eine ihn überlagernde nicht-lineare Komponente in der wahren Beziehung zwischen den Variablen geben.

Im Prinzip kann diese Hypothese *nicht* verworfen werden, wenn der Schätzwert $\hat{b}$ nahe bei Null liegt. Genaueres liefert die Teststatistik oder Prüfgröße

$$(11\text{-}12) \qquad T = \sqrt{n-1} \cdot \frac{SD_x}{\hat{\sigma}} \cdot \hat{b}$$

bei der die geschätzte Steigung $\hat{b}$ der Regressionsgeraden mit einem Multiplikator versehen ist. In der Teststatistik bezeichnet SD_x die bereits eingeführte Streuung der Zahlen $x_1, x_2, \ldots, x_n$, vergleiche (11-9) und $\hat{\sigma}$ ist der Schätzwert der Streuung der Fehler. Im Regressionsmodell wird die Varianz der zufälligen Fehler geschätzt durch:

(11-13) $$\hat{\sigma}^2 = \frac{1}{n-2} \cdot SSE = \frac{1}{n-2} \cdot \sum_{t=1}^{n}(y_t - \hat{y}_t)^2$$

Für die eben definierte T – Statistik errechnet sich im Fall einer Anwendung eine konkrete Zahl. Im Rahmen des Regressionsmodells ist die Teststatistik jedoch eine Zufallsgröße: Ihr konkreter Zahlenwert hängt davon ab, welche Realisationen $y_1, y_2, ..., y_n$ der Zufallsvariablen $\tilde{y}_1, \tilde{y}_2, ..., \tilde{y}_n$ gezogen worden sind. Sofern die Nullhypothese $H_0: b = 0$ wahr ist, folgt die Zufallsgröße T einer t – Verteilung mit $n-2$ Freiheitsgraden.

Die t – Verteilung ist tabelliert, und aus einer Tabelle können "kritische Werte" entnommen werden. Auch ohne eine solche Tabelle zur Hand zu nehmen gilt die Faustregel: Die Teststatistik nimmt (für n größer als 6) Werte oberhalb von 2 mit einer Wahrscheinlichkeit von 2,5% und Werte oberhalb von 2,5 mit einer Wahrscheinlichkeit von 1% an.

> Hat im konkreten Fall die T – Statistik einen Wert, der *größer* als 2 oder als 2,5 ist, dann ist die Hypothese $H_0: b = 0$ als *äußerst unwahrscheinlich* zu werten. Entsprechend kann geschlossen werden, dass der wahre Parameter von Null verschieden ist, $b \neq 0$. Die im Modell postulierte lineare Abhängigkeit der $\tilde{y}$ – Variablen von den x – Werten ist dann ein signifikanter Informationsgewinn.

11.2 ARCH und GARCH

11.2.1 Volatilitäts-Cluster

Zunächst sei an das Grundmodell der Ökonometriker erinnert: die Lineare Regression. Sie dient dazu, eine Variable durch andere zu erklären, indem ein linearer Zusammenhang postuliert wird. Allerdings dürfte ein solcher Zusammenhang nie exakt erfüllt sein. Deshalb werden die Fehler oder Residuen berücksichtigt. Sie werden als zufällige Einflußgrößen interpretiert.

Die Fehler seien mit $\tilde{e}_1, \tilde{e}_2, ...$ bezeichnet. Im Grundmodell der Linearen Regression wird (unter anderem) angenommen, dass die Fehler alle den Erwartungswert 0 und dieselbe Varianz besitzen. Die Varianz der Fehler sei mit σ^2 bezeichnet.

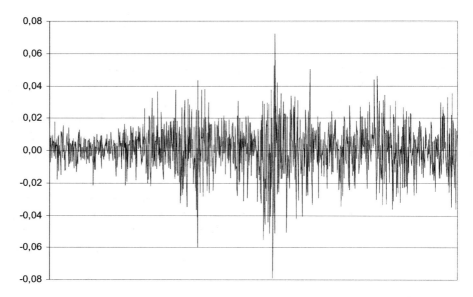

Bild 11-1: Für jeden Handelstag vom 02.01.1996 bis 29.12.2000 ist die Rendite des Deutschen Aktien Index (DAX) gezeigt. Das Bild der Tagesrenditen läßt das Untersuchungsergebnis erkennen: Die Hypothese einer über die Gesamtzeit konstanten Streuung (Homoskedastizität) muss verworfen werden. Es gibt Zeiten, wo die *täglichen* Schwankungen des DAX im Maximum weniger als 2% betragen während sie in anderen Phasen des öfteren mehr als vier Prozent betragen, eine kurze Zeit sogar 6% und fast 8%. Die Betrachtung von Tagesdaten läßt Heteroskedastizität erkennen. Quelle: J. BRZESZCZYNSKI und R. KELM (2002).

In vielen Anwendungen bilden die Variablen, die erklärt werden sollen, eine Zeitreihe. Beispielsweise geht es um die Zeitreihe der Tages-, Wochen-, Monats- oder Jahresrenditen für ein Asset. Dann besagt die Annahme, dass die (unerklärte) Varianz in der Zeitreihe konstant bleibt:

(11-14) $$\sigma^2 = Var[\tilde{e}_1] = Var[\tilde{e}_2] = ...$$

Eine Situation mit konstanter Varianz der Fehler wird mit dem Fachbegriff *Homoskedastizität* bezeichnet.

> Bereits vor einigen Jahrzehnten wurde bei Renditen und anderen Phänomenen jedoch beobachtet, dass die unerklärten Ausschläge, die in Zeitreihen auftreten, *nicht* über den gesamten Beobachtungszeitraum konstant sind. Anders ausgedrückt: Die Varianzen

der Fehler $Var[\tilde{e}_t]$, $t = 1, 2, ...$ sind nicht konstant sondern verändern sich im Verlauf der Zeit (*Heteroskedastizität*).

Für die Heteroskedastizität wurden schnell Erklärungen gefunden: So wird erstens der Strom neuer Informationen nicht als beständig angesehen. Zweitens dürfte das Handelsvolumen einen Einfluß auf die Renditestreuung haben, und es schwankt beträchtlich von Tag zu Tag. Drittens werden auch politische Ereignisse, Änderungen der volkswirtschaftlichen Daten wie Konjunktur und Inflation und ihr ungleichförmiges Eintreten im Zeitablauf bewirken, dass die Renditestreuung *nicht* konstant ist.

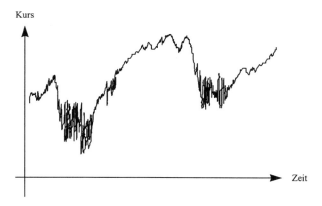

Bild 11-2: Stilisierte Veranschaulichung der Volatilitäts-Cluster.

Nachdem die Heteroskedastizität entdeckt war, begann die Suche, ob es im zeitlichen Verlauf der Fehlervarianzen *Regelmäßigkeiten* gibt. Um solche Regelmäßigkeiten entdecken zu können, werden sehr lange Zeitreihen benötigt. Denn man muss erstens die Varianz schätzten, zweitens Veränderungen der Varianz nachweisen und drittens die postulierten Regelmäßigkeiten untersuchen. Das setzt einen sehr großen Stichprobenumfang voraus. Deshalb wurden verstärkt Tagesrenditen untersucht. Die wichtigste Regelmäßigkeit, die entdeckt wurde, wird als Volatilitätscluster bezeichnet. B. MANDELBROOT hat 1963 beobachtet, dass sich Abschnitte mit geringen Ausschlägen und solche mit hohen Ausschlägen ablösen.

Etwa seit 1980 werden die täglichen Bewegungen an den Börsen und anderen Finanzmärkten, vor allem auch an den Devisenmärkten untersucht. Dabei zeigt sich immer wieder, dass es ruhige Zeitabschnitte gibt, die plötzlich in unruhige Zeitabschnitte umschlagen. Dieses Phänomen heißt *Volatilitäts-Cluster*.[5]

Volatilitäts-Cluster werden formal so erklärt:

- Die Varianz $Var[\tilde{e}_t]$ folgt selbst einem Zufallsprozess, der eine starke positive serielle Korrelation aufweist (Autoregression). Das bedeutet: Ist $Var[\tilde{e}_t]$ gering, so ist auch $Var[\tilde{e}_{t+1}]$ mit hoher Wahrscheinlichkeit gering. Ist $Var[\tilde{e}_t]$ hoch, so ist mit hoher Wahrscheinlichkeit auch $Var[\tilde{e}_{t+1}]$ hoch. Ruhige Zeiten bleiben tendenziell ruhig und unruhige Zeiten bleiben tendenziell unruhig.

- "Mit hoher Wahrscheinlichkeit" heißt aber nicht, dass es in der Reihe der Varianzen $Var[\tilde{e}_t]$, $Var[\tilde{e}_{t+1}]$, $Var[\tilde{e}_{t+2}]$,... nicht doch zu einem Umschlagen kommen kann. Plötzlich ist eine ruhige Phase zu Ende, Unruhe kommt, und sie bleibt dann zumindest für einige Zeit bestehen.

11.2.2 ARCH-Modell

R. F. ENGLE[6] gab 1982 der Volatilitätsforschung durch die Publikation des ARCH-Modells[7] einen neuen Impuls. Die Abkürzung steht für <u>Auto</u>regressive <u>C</u>onditional <u>H</u>eteroskedasticity) Beim ARCH-Modell wird unterstellt, dass die Folge der zufälligen Fehler $\tilde{e}_1, \tilde{e}_2,...$ dem nachstehenden Bildungsgesetz folgt:

(11-15) $$\tilde{e}_t = \tilde{z}_t \cdot \sigma_t$$

Die Zufallsgrößen $\tilde{z}_t, t = 1, 2,...$ sollen alle dieselbe Verteilung haben, ihre Erwartungswerte sind alle gleich Null, $E[\tilde{z}_t = 0]$, ihre Varianzen alle gleich 1, $Var[\tilde{z}_t] = 1$, und sie sollen alle paarweise stochastisch voneinander unabhängig sein. Sie übernehmen genau die Rolle, die vorher, bei Homoskedastizität, die Fehler hatten.

---

[5] 1. BENOIT B. MANDELBROT: The Variation of certain speculative Prices. *Journal of Business* 36 (1963), pp. 394-419. 2. EUGENE F. FAMA: The behavior of stock market prices. *Journal of Business* 38 (1965), pp. 34-105.

[6] ROBERT F. ENGLE ist Professor an der New York University, NY und an der University of California, San Diego. Im Jahr 2003 wurde er mit dem Nobelpreis für Wirtschaftswissenschaften ausgezeichnet.

[7] ROBERT F. ENGLE: Autoregressive conditional hetroscedasticity with estimates of the variance of united kingdom inflation. *Econometrica* 50 (July 1982) 4, pp. 987-1007.

Die σ_t in (11-15) sind Zahlen, die erstens mit der Zeit variieren können und zweitens auch von der Geschichte des Prozesses selbst abhängen dürfen. So hat ENGLE vorgeschlagen, dass die Varianz σ_t^2 eine lineare Funktion des quadrierten Fehlers der Zeitstufe zuvor ist

(11-16) $$\sigma_t^2 \equiv \omega + \alpha \cdot e_{t-1}^2$$

Mit Worten: Die zu erklärende Varianz in der Periode t ist eine Konstante ω plus das α-fache des Quadrats des Fehlers der letzten Periode e_{t-1}^2.

Da in (11-15) zuvor $\tilde{e}_t = \tilde{z}_t \cdot \sigma_t$ festgestellt wurde, ist die Varianz des Fehlers der Periode t eine lineare Funktion der Varianz des Fehlers der Periode $t-1$, wobei allerdings noch der Zufall $\tilde{z}_t$ hinein spielt.

Mit (11-15) und (11-16) ist das einfachste Modell dieser Art beschrieben. Es wird mit $ARCH(1)$ bezeichnet und hat sich in der Finanzmarktforschung als recht leistungsfähig erwiesen.

- Das klassische Modell der Homoskedastizität hat einen Parameter, in dem $Var[\tilde{e}_t] = \sigma^2$ für alle $t = 1, 2, ...$ angenommen wird. Dieser Parameter ist die als konstant angesehene Varianz der Fehler, σ^2.
- In $ARCH(1)$ gibt es zwei Parameter, nämlich ω und α. Für die Varianz der Fehler wird (11-16) unterstellt. Im Fall $\alpha = 0$ stimmt $ARCH(1)$ mit dem klassischen Modell überein. Die Varianzen der Fehler sind in diesem Fall konstant und gleich ω. Im Fall $\alpha \neq 0$ variieren die Fehlervarianzen, und die Fehlervarianz zu t hängt vom realisierten Fehlerquadrat zu $t-1$ ab.

Um es deutlich zu sagen: Das ARCH-Modell ersetzt *nicht* Faktormodelle sondern ist eine *Verfeinerung für den Fehlerterm*. Wir formulieren diesen Sachverhalt für eine Erklärung der Rendite $\tilde{r}_t$ eines Assets in der Periode $t = 1, 2, ...$ mit einem Einfaktor-Modell. Die Realisation F_t des Faktors soll bereits bekannt sein, wenn die Prognose vorgenommen wird. Hierzu wird $\tilde{r}_{t+1}$ als linear abhängig von $\tilde{F}_t$ angenommen wird. Die traditionelle Formulierung mit Homoskedastizität lautet:

(11-17)
$$\tilde{r}_{t+1} = a + b \cdot \tilde{F}_t + \tilde{e}_t$$
$$\tilde{e}_t = \sigma \cdot \tilde{z}_t$$
mit $E[\tilde{z}_t] = 0$ und $Var[\tilde{z}_t] = 1$ für alle $t = 1, 2, \ldots$

Dieses Modell hat die drei Parameter a, b, σ^2. Wir haben hier den Fehler in der Form $\tilde{e}_t = \sigma \cdot \tilde{z}_t$ notiert, um den Unterschied zum ARCH-Modell transparent zu machen. Das (11-17) entsprechende ARCH-Modell lautet:

(11-18)
$$\tilde{r}_{t+1} = a + b \cdot \tilde{F}_t + \tilde{e}_t$$
$$\tilde{e}_t = \sigma_t \cdot \tilde{z}_t$$
$$\sigma_t^2 = \omega + \alpha \cdot e_{t-1}^2$$
mit $E[\tilde{z}_t] = 0$ und $Var[\tilde{z}_t] = 1$ für alle $t = 1, 2, \ldots$

Es hat die vier Parameter a, b, ω, α. Für $\alpha = 0$ stimmt (11-18) mit dem traditionellen Ansatz (11-17) überein.

In vielen Beispielen wird anhand von Daten die Parameter für das Modell (11-17) geschätzt, doch muss dann angesichts geringer Werte der T-Statistik eingestanden werden, dass die Parameter a, b nicht als signifikant von Null verschieden sind. Es kann so nicht behauptet werden, dass die Renditen durch den Faktor erklärbar sind.

Werden dann für die selben Daten die Parameter nach dem Modell (11-18) geschätzt, dann weisen fast immer in solchen Fällen die Parameter a, b hohe Werte der T-Statistik auf und der lineare Zusammenhang ist deshalb signifikant.

Das Argument, dass für den Einsatz des ARCH-Modells spricht, ist also nicht, dass man mit einem "verfeinerten Modell leicht andere Schätzungen für a, b erhält". Für den Einsatz des ARCH-Modells spricht, dass bei Daten und Zeitreihen, die Heteroskedastizität aufweisen, die traditionelle lineare Regression (11-17) den Einfluss gewisser Faktoren vielfach verkennt, während sie mit dem ARCH-Modell (11-18) dann oft erkannt und als signifikant nachgewiesen werden.

Die Volatilitätsforschung hat einige interessante empirische Zusammenhänge zu Tage gebracht — die bei unterstellter Homoskedastizität mit klassischen Modellen nicht gefunden werden können. Zwei Beispiele: 1. Die Streuung von Aktienrenditen verändert sich in Abhängigkeit vom Zinssatz.[8] 2. Der Kurs einer Aktie beeinflußt die Renditestreuung: Steigt der Kurs, geht die Streuung der Rendite zurück; fällt der Kurs, nimmt die Renditestreuung zu.[9]

11.2.3 Verallgemeinerungen

Ein erste Verallgemeinerung führt auf $ARCH(p)$. Hier ist (11-16) durch

(11-19) $$\sigma_t^2 = \omega + \sum_{k=1}^{p} \alpha_k \cdot e_{t-k}^2$$

ersetzt. Hier hängen die Varianzen der Fehler zu t nicht nur vom realisierten Fehlerquadrat zu $t-1$ ab, sondern außerdem von den realisierten Fehlerquadraten zu den weiter zurückliegenden Zeitpunkten $t-2, t-3, ..., t-p$. Das ARCH-Modell wurde 1986 durch T. BOLLERSLEV zum GARCH-Modell (*Generalized Autoregressive Conditional Heteroskedasticity*) verallgemeinert[10] und inzwischen gibt es diverse andere Verallgemeinerungen. Beim GARCH-Modell wird (11-19) aus dem ARCH-Modell übernommen und um einen Term erweitert, so dass

(11-20) $$\sigma_t^2 = \omega + \sum_{k=1}^{p} \alpha_k \cdot e_{t-k}^2 + \sum_{j}^{q} \delta_j \cdot \sigma_{t-j}^2$$

---

[8] PETER S. SPIRO: The Impact of Interest Rate Changes on Stock Price Volatility. *Journal of Portfolio Management* 16 (1990), pp. 63-68.

[9] FISHER BLACK: Living up to the Model. *Risk Magazine* (March 1990).

[10] Literatur: 1. TIM BOLLERSLEV: Generalized Autoregressive Conditional Heteroscedasticity. *Journal of Econometrics* 31 (1986), pp. 307-327. 2. TIM BOLLERSLEV, RAY Y. CHOU und KENNETH F. KRONER: ARCH modeling in finance. *Journal of Econometrics* 52 (1992), pp. 5-59. 3. A. K. BERA UND M. L. HIGGINS: ARCH models: Properties, estimation and testing. *Journal of Economic Survey* 7 (1993) 4, pp. 305-362. 4. CHRISTIAN JOCHUM: *Stock Market Volatility: Estimation and Causes.* Dissertation 2228 der Universität St. Gallen, 1999. 5. HORST RINNE und KATJA SPECHT: *Zeitreihen — Statistische Modellierung, Schätzung und Prognose.* Vahlen, München 2002.

entsteht. Das so entstehende Modell ist $GARCH(p,q)$. Bereits das Modell $GARCH(1,1)$ beschreibt die Varianz der Renditen von Aktien recht gut. Es lautet:

$$(11\text{-}21) \qquad \sigma_{t+1}^2 = \omega + \alpha \cdot e_t^2 + \delta \cdot \sigma_t^2$$

Ökonometriker berichten, dass im Finance bereits $ARCH(1)$ und $GARCH(1,1)$ beachtliche Leistungsfähigkeit bei Zeitreihen zeigen. Einige Ergebnisse sind nachstehend zusammengestellt:

1. Die Volatilität zeigt Cluster.

2. Die Verteilung finanzieller Renditen für kurze Perioden (Tage) zeigt leptokurtosisch, das heißt, die Wahrscheinlichkeit für extrem hohe und niedrige Renditen ist deutlich höher als bei der Normalverteilung (sogenannte Fat Tails).

3. Änderungen der Kurse sind negativ mit Änderungen der Volatilität korreliert. Kurssteigerungen gehen tendenziell mit einer Verringerung der Volatilität einher, Kursrückgänge tendenziell mit einer Erhöhung der Volatilität.

4. Die Volatilität ist oft in folgender Weise mit der seriellen Autokorrelation korreliert: Bei hoher Volatilität ist die serielle Autokorrelation eher gering und bei geringer Volatilität ist die serielle Autokorrelation tendenziell eher höher (Trendbildung).

5. Die Volatilitäten verschiedener Instrumente, Segmente und Märkte sind positiv untereinander korreliert. Man spricht vom *Co-Movement in Volatilitäten*.[11]

11.3 Ergänzungen und Fragen

11.3.1 Zusammenfassung der Abschnitte 11.1 und 11.2

Wichtig bei der Regression ist die Unterscheidung des Ansatzes, der gegebene Zahlen in eine Beziehung zueinander bringt (Sektion 11.1.1) und

---

[11] 1. T. BOLLERSLEV, R. F. ENGLE und D. NELSON: ARCH Models, in: R. F. ENGLE und D. L. MCFADDEN (eds.), *Handbook of Econometrics*, vol IV, Elsevier Science, Amsterdam 1994, pp. 2959-3038. 2. D. NELSON: Conditional heteroskedasticity in asset returns: A new approach. *Econometrica* 59 (1991), pp. 347-370.

das Modell der Regression (11.1.4). Das Modell der Regression wird durch drei Annahmen charakterisiert.

Die Varianz-Dekomposition ist eine Grundeigenschaft der Regression und heißt dort *Fundamentalgleichung der Regressionsanalysis*, siehe Formel (11-11). Sie stellt ein leistungsfähiges Werkzeug dar. Man möchte beispielsweise Renditen erklären und zieht dazu einen Faktor oder mehrere Faktoren heran. Wie gut diese Erklärung gelingt, wird durch die Variation der Rendite und die Variation des Faktors beschrieben. Das spezifische Risiko heißt bei diesen Anwendungen deshalb auch *unerklärte Variation*.

Als wichtig und fruchtbar hat sich die Entdeckung der Heteroskedastizität erwiesen. Einen Impuls zur ökonometrischen Behandlung von Heteroskedastizität ist das ARCH-Modell von R. ENGLE. Dieses Modell wie seine Verallgemeinerungen muss man sich als Add-On für Regressionsmodelle vorstellen. Die Formulierungsunterschiede wurden mit (11-17) und (11-18) erläutert.

11.3.2 Stichworte und Namen

ARCH-Modell, Fundamentalgleichung der Regressionsanalysis, R-Quadrat, T- Statistik, Varianz-Dekomposition, unerklärte Variation.

11.3.3 Fragen

1. Welche drei Annahmen charakterisieren des Grundmodell der Regression?
2. Was besagt die Fundamentalgleichung der Regressionsanalysis?
3. A) Was mißt R-Quadrat? B) Ist R-Quadrat gegenüber Veränderungen der Skalen invariant, in denen die Variablen gemessen werden?

11.3.4 Lösungen

1. Siehe Sektion 11.1.4.
2. Siehe (11-11): Die Totale Variation ist gleich der Summe aus der Erklärten Variation und der Unerklärten Variation.
3. A) R-Quadrat ist jener Anteil der Variation, der durch das Regressionsmodell erklärt wird. B) Nein.

12. Finanzanalyse

Der Finanzanalyst hat vier Aufgaben: 1. Wissen aneignen, 2. Daten im konkreten Einzelfall erheben, 3. Eigene Rechnungen durchführen und 4. Ergebnisse kommunizieren. Sodann diskutieren wir die Fundamentalanalyse und die Technische Analyse. Der fundamental orientierte Analyst ermittelt den Wert und erhebt entsprechende Informationen, die sogenannten Fundamentaldaten. Der technisch orientierte Analyst möchte die Kursentwicklung besser prognostizieren und erhebt technische Daten. Die Wirksamkeit einiger Formationen der "Chartisten" wurden von der modernen ökonometrischen Forschung bestätigt. Denn Trends deuten auf zurückgehende Volatilität hin (Folge: geringere Diskontierung und höherer Wert), während "Zick-Zack-Linien" mit einer Zunahme der Volatilität verbunden sind und daher mit stärkerer Diskontierung und daher geringeren Werten.

12.1 Theorie und Anwendung 311
12.2 Fundamental- und Technische Analyse 320
12.3 Ergänzungen und Fragen 334

12.1 Theorie und Anwendung

12.1.1 Finanzmarktforschung und Theorie

Bei der Finanzmarktforschung kann wie bei vielen anderen beruflichen Tätigkeiten eine eher theoretische oder eine praktische Zielsetzung im Vordergrund stehen.

Der Theoretiker sucht *generelle* Erkenntnisse, die zu einem feineren Verständnis der Preisbildung in Finanzmärkten führen. *Generell* heißt dabei, dass der Gültigkeitsbereich entdeckter Zusammenhänge deutlich allgemeiner ist als der Einzelfall gewisser Wertpapiere und zudem einen längeren Zeitraum beschreibt als die konkrete Phase aktueller Gegenwart oder einen kurzen Zeitabschnitt in der Vergangenheit. Gleichwohl ist kaum zu hoffen, dass nicht nur in diesem Sinn generelle sondern sogar überall und für immer, allgemeingültige Gesetze entdeckt werden. Um sein Ziel zu verfolgen

1. sucht der Theoretiker nach neuen Methoden,
2. verfeinert bekannte methodische Ansätze,
3. wendet sie auf die Daten der großen Finanzmärkte der Wirklichkeit an und
4. verdichtet die Ergebnisse zu Aussagen über die Zusammenhänge und Abhängigkeiten.

Beispiele zu Punkt 1 sind die Schaffung der APT durch S. Ross (Abschnitt 10.2) und die R. ENGLE gelungene Verallgemeinerung der klassischen Linearen Regression zur Beschreibung sich ändernder Varianz durch das ARCH-Modell (11.2.2). Ein Beispiel zu Punkt 2 — Verfeinerung bekannter Ansätze — ist der Ausbau des CAPM zu einem Mehrfaktor-Modell (10.1.4). Ein Beispiel zu Punkt 3 sind die Arbeiten von M. KENDALL zur seriellen Unkorreliertheit der Renditen an den Finanzmärkten. Immerhin legte diese empirische Arbeit den Boden für die Erklärung des Random Walk mit der Informationseffizienz (9.1.2). Ein Beispiel für den Punkt 4 — neue Aussagen über Zusammenhänge — ist die Entdeckung, dass bei Aktien ebenso wie bei Bonds die Koeffizienten der Korrelation der nationalen Märkte untereinander davon abhängen, ob in der Phase für die Schätzung der Korrelation eher eine Aufwärts- oder eine Abwärtsbewegung zu verzeichnen ist.[1]

Die Ergebnisse werden auf wissenschaftlichen Tagungen und in Fachpublikationen vorgestellt. Die meisten Personen, die sich einer solchen theoretischen Richtung verpflichtet haben, wirken an Hochschulen und Forschungsinstituten mit akademischer Orientierung. Die Karrieremöglichkeiten in diesen Einrichtungen sind eng mit der Publikationstätig-

---

[1] Wenn sich die Aktienmärkte der Länder nach oben bewegen, sind die Länderindizes geringer untereinander korreliert als wenn sie nach unten gehen. Bei Bonds ist es gerade umgekehrt: Steigen die Kurse der Bonds (fallende Zinsen) so sind die Länderindizes stärker korreliert (weil die Zinsen dann überall fallen). Fallen die Bondkurse in einem Land, kann diese in anderen Ländern anders sein: die Korrelationen sind dann geringer. Zudem ist etwas über die Korrelation zwischen Aktien und Bonds generell bekannt: Die meisten Anleger halten Aktien und Bonds. Für sie ist das Verhalten der Korrelationen *zwischen* den Aktien- und Bondmärkten wichtig. Hier gibt es in der Krise Einbrüche der Korrelationen zwischen Aktien- und Bondrenditen. Dieses Phänomen wird als *Decoupling* bezeichnet. Es wurde nach dem Crash von 1987, in der Asien- und in der Rußlandkrise 1997 / 1998 bestätigt. Während die Korrelation zwischen Aktien und Bonds in normalen Marktphasen recht stabil sind, fallen sie in Bärenmärkten stark und werden zum Teil sogar negativ. Das ist eine Schutzwirkung für den Investor, der sowohl Aktien als auch Bonds hält. Vergleiche R. B. HARPER: Asset Allocation, Decoupling, and the Opportunity Cost of Cash. *Journal of Portfolio Management*, Summer 2003, 25–35.

keit der Kandidaten verknüpft. Selbstverständlich kommt es für neue berufliche Angebote ebenso auf die persönliche Reputation an, doch die hängt zum Teil wieder von den Veröffentlichungen ab. Es zählt dabei die Originalität der Ideen und ihre gediegene Umsetzung. Ebenso wichtig ist die Klarheit der Darstellung in Veröffentlichungen, in Vorträgen und in der Lehre. Sie leiten den Theoretiker.

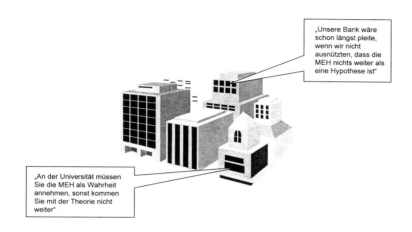

Bei dieser Art von Finanzmarktforschung geht es nicht so sehr um die Frage, ob Finanzmärkte informationseffizient sind oder nicht — denn die Definition der Informationseffizienz könnte noch weiter aufgeweicht werden. Immerhin hatten wir sie schon insofern weich formuliert, als die eigene informatorische Aktivität nur "im Durchschnitt" nicht zu einer Outperformance führen sollte. Wir haben (am Ende von Abschnitt 11.3) zudem bemerkt: Wer wirkliche Finanzmärkte genau beschreiben möchte, vielleicht um erfolgreiche Taktiken zu konzipieren, sollte davon ausgehen, dass die wirklichen Märkte *nicht* informationseffizient sind ... Wer die Theorie weiterentwickeln möchte, soll der MEH folgen.

Der Theoretiker möchte statt dessen aufzeigen,

- von welchen Faktoren die Renditen und
- von welchen die Varianzen der Renditen abhängen.

Der Theoretiker sucht also Zusammenhänge. Um sie entdecken zu können, werden ökonomische Einsichten in Hypothesen über mögliche Zusammenhänge übersetzt. Sodann werden die Hypothesen anhand von Daten geprüft. Hierzu eignen sich etwa Faktormodelle (Kapitel 10).

Selbstverständlich genügt es nicht, die Faktormodelle zu formulieren; der empirische Beweis muss angetreten werden. Es werden Daten beschafft und die Faktormodelle werden anhand der Daten kalibriert. Dazu dient entweder die klassische Regression, oder die Parameter werden mit ARCH geschätzt. Anschließend werden die Hypothesen über die postulierten Zusammenhänge getestet. Die Resultate werden dann zu neuen Aussagen verdichtet und publiziert. Das verlangt mühsame Fleißarbeit — abgesehen von den intellektuellen Voraussetzungen und einer gewissen Übung in der Datenbeschaffung und beim Umgang mit Programmen wie Eviews.

Viele solcher Studien wurden erstmals für die Daten veröffentlicht, die sich auf die USA beziehen. Danach finden sich Forscher in anderen Ländern und übertragen die Ergebnisse auf ihr Land. So verdichtet sich die zunächst für die USA gefundene Erkenntnis. Beispielsweise wurde der *Size Effekt* (kleinere Unternehmen bieten höhere Renditen als ihrem Beta und dem CAPM entspricht) sukzessiv auf alle Länder übertragen und scheint damit — trotz gewisser Zweifel hinsichtlich der bei allen diesen Untersuchungen gewählten Zeitperioden — eine generelle Erkenntnis zu sein.

12.1.2 Finanzmarktforschung und Praxis

Die Praktiker möchten derartige hinreichend generelle Erkenntnisse der Finanzmarktforschung anwenden. Sie setzen die von Theoretikern gewonnenen Erkenntnisse um — und leisten gelegentlich selbst Beiträge zur Erkenntnisgewinnung. Doch die Praktiker fragen primär, was all das nun Bekannte und Bestätigte im konkreten Einzelfall für eine Aktie oder für eine Branche im augenblicklichen Zeitpunkt bedeutet.

Praktiker mit diesem Arbeitsziel bezeichnen sich oft als Analysten. Analysten arbeiten vor allem in Banken sowie in Wirtschaftsprüfungen. Die Analysten haben vier Aufgaben:

1. Aneignung der generellen Erkenntnisse: Wie werden Unternehmen bewertet, was besagt das CAPM, was die APT, wie geht man mit Faktor-Modellen um, welche Unterschiede gibt es zwischen klassischen Regressionen und ARCH? Welche betriebs- und volkswirtschaftlichen Zusammenhänge gibt es?

2. Erhebung von Daten im konkreten Einzelfall. Hierzu werden Unternehmen besucht, Interviews geführt und volkswirtschaftliche Entwicklungen (Zinssätze, Inflation, Steuern, ...) verfolgt.

3. Eigene Rechnungen: Wie groß ist nun das Beta? Wie hoch sind Kapitalkosten? Was folgt für die Renditeerwartung? Welche Multiples sind üblich? Ist die Volatilität derzeit hoch oder tief? Wird das Wertpapier aufgrund vorhersehbarer Entwicklungen in den Portfolios eher stärker oder schwächer gewichtet werden?
4. Kommunikation und Verwendung der Ergebnisse.

Hinsichtlich der Kommunikation und Ergebnisverwendung öffnen sich zahlreiche Berufsfelder.

Wohl am bekanntesten sind Analysten, die ihre Ergebnisse über die Medien mitteilen. Sie arbeiten für eine Bank, schreiben und veröffentlichen Reports, stellen sich in Interviews und bieten sich für Gespräche mit wichtigen Kunden an. Zu diesen *Key Clients* gehören Portfoliomanager, die selbst keine Finanzanalyse betreiben, institutionelle Investoren (Banken, Versicherungen, Pensionskassen) und Privatanleger mit höherem Vermögen. Die Kommunikation hat für den Analysten denselben Stellenwert wie die Publikation der Fachaufsätze für den an Theoriebildung interessierten Forscher. Wer nicht ständig bereit ist, Interviews zu geben oder mit Key Clients zu sprechen und wer nicht in der Lage ist, schnell Reporte zu verfassen, der darf nicht den Berufsweg des Analysten einschlagen.

Immer wieder ist zu hören, dass auch die Analysten das Residuum oder den Fehlerterm nicht außer Kraft setzen können. Das Risiko bleibt immer. Auch für den Analysten wird die spätere Entwicklung von der gegebenen Prognose abweichen. Niemand soll glauben, dass der Analyst "als Experte" die Zukunft genau kennt. Die Varianz bleibt bestehen.

Das liegt in der Natur der Sache. Zudem sind Analysten wie andere Menschen auch von der Zustimmung ihrer Umgebung abhängig. Die Analysten sind keine Außenseiter, keine Querdenker. Sie arbeiten mit gängigen Methoden und erfassen den Markt, so wie er ist. Ihre Aufgabe ist nicht, im Brainstorming das Denkbare auszudrücken. Sie nehmen auch nicht die Rolle des Narren am Königshof ein, der ohne nähere Begründung sagen durfte und sollte, was ihm in den Sinn kam. Es gibt Untersuchungen nach denen Analysten untereinander den Konsens suchen. Kein Analyst gibt eine Prognose ab, bei der er sich stark exponieren würde. Die Gruppe aller Analysten einigt sich schnell auf eine Prognose, die das beschreibt, was ohnehin alle sehen. Meist ist das die Entwicklung der letzten Wochen.

Doch es sind zwei Punkte, durch die Analysten doch eine Hilfestellung bieten: Erstens sind ihre Prognosen, wenngleich immer noch mit Prognosefehlern behaftet, um einen Tick genauer. Sie sind wohl nicht viel genauer. Doch in gewissen Marktsegmenten und in gewissen Phasen bieten sie dem Markt Informationen, die noch nicht vollständig antizipiert sind. Hierzu gehören:

- Informationen über die Aktien kleiner und mittelgroßer Unternehmungen,
- Informationen über die Aktien und die Bonds von Firmen, die sich in der Restrukturierung befinden,
- Informationen über die empfehlenswerte Gewichtung der Länder oder der Branchen in den Portfolios — der Markt der nationalen Märkte ist nicht informationseffizient und hier kann Research zu überlegenen Ergebnissen führen.

Zweitens helfen Analysten dem Portfoliomanager und Kunden (nicht so sehr durch ihre Prognosen als vielmehr) durch die *Begründungen* und die *Erklärungen*, die sie liefern. Die Key Clients möchten hören, *wie* argumentiert wird. Sie können sodann die gebotene Argumentationskette mit ihren eigenen Überlegungen vergleichen. Wenn man so will, geben Analysten mit ihrer Kommunikation Nachhilfe für Kunden, die im Finance nicht so bewandert sind.

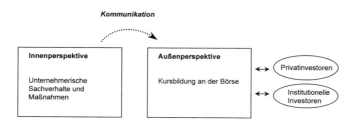

Bild 12-1: Unternehmensbezogene Daten sind einerseits der Innenperspektive zuzurechnen, andererseits ergeben sie sich aus der Kursbildung und gehören damit zu einer Außensicht.

Eine weitere Gruppe von Analysten ist in den Unternehmen selbst tätig. Sie helfen im Corporate Finance, in den Planungsabteilungen und in den Konzernleitungen. Sie bereiten Maßnahmen vor, die (hoffentlich) von den Aktionären geschätzt werden und sie unterstützen das Management bei der Kommunikation dieser Vorhaben. Das ist ein wichtiger Punkt. Ein der Welt zugewandter Mönch meinte einmal, man müsse nicht nur Gutes tun sondern auch darüber sprechen.

Eine dritte Gruppe von Analysten arbeitet im Investment Banking. Große Banken haben Abteilungen für Investment Banking, die sich darauf spezialisieren, Finanzmarkttransaktionen von Kunden vorzubereiten und unterstützend zu begleiten. Am bekanntesten ist der Börsengang (Initial Public Offering, IPO). Die Maklertätigkeit der Zusammenführung von Firmen für Mergers und Akquisitionen sowie das Underwriting. Mit dem Underwriting gibt die Investmentbank die Garantie, dass eine von ihr vorbereitete und begleitete Emission (von Bonds), sofern sie nicht vom Kapitalmarkt vollständig aufgenommen werden sollte, von ihr selbst gezeichnet wird und "in die eigenen Bücher" genommen wird. Verwandt mit dieser Tätigkeit der Analysten im Investment Banking sind die Aufgaben, die in der Wirtschaftsprüfung anfallen. Oft kommt es zu einem Kauf / Verkauf einer Unternehmung und die beiden Parteien wollen für ihre Preisverhandlung ein unabhängiges Wertgutachten einholen. Meistens wenden sie sich dann an eine Wirtschaftsprüfung, in der Analysten tätig sind, die sich auf die Unternehmensbewertung spezialisieren.

Nachdem damit der Punkt 4 (Verwendung der Ergebnisse) besprochen ist, wenden wir uns noch dem Punkt 3 (Eigene Rechnungen) zu. Es ist heute Standard und Best-Practice, dass Analysten quantitativ arbeiten. Selbstverständlich berichten sie in Reporten, in Gesprächen mit Key Clients und in ihren Wertgutachten über die *Ergebnisse* ihrer Rechnungen, führen den Rechenweg aber nicht im Detail vor. Die Reputation der Analysten hilft, dass Kunden Vertrauen haben, dass die vorgestellten Ergebnisse auf sorgfältiger Datenerhebung und methodischer Arbeit mit quantitativen Modellen beruhen. Zudem ist es üblich, eine Sache aus dem Blickwinkel verschiedener Ansätze zu beurteilen und verschiedene Rechnungen vorzunehmen. Beispielsweise kann eine Unternehmung mit dem DCF-Ansatz oder mit Multiples bewertet werden, und der Analyst wird beide Rechnungen durchführen und die auf verschiedenen Wegen ermittelten Werte vergleichen.

Der Analyst verwendet stets mehrere Argumentationsrichtungen parallel. Indessen variiert die mathematische Tiefe der verwendeten Ansätze.

- Viele Analysten konzentrieren sich auf gewisse Kennzahlen, wie etwa das Kurs-Gewinn-Verhältnis oder sie betrachten andere Multiples. Wie wir in Abschnitt 5.3 gesehen haben, sind auch die Multiplikatorenansätze Ergebnis der Bewertungsmodelle, bei denen zukünftige "Erträge" diskontiert werden, seien es nun Dividenden, Gewinne oder Cashflows. Um das richtige Multiple zu finden, müssen die korrekte Diskontrate und die Wachstumsrate bekannt sein. Beide Größen sind innerhalb einer Branche ähnlich, weil bei allen Unternehmungen einer Branche die Risiken und auch das organische Wachstum ähnlich sind. Deshalb ist es eine durchaus leistungsfähige Vorgehensweise, sich auf branchenübliche Multiples zu konzentrieren. Für den Vergleich innerhalb einer Branche können selbst einfache Kennzahlen Kraft entfalten.

- Andere Analysten verfügen über eigene Bewertungsmodelle. Hier handelt es sich bevorzugt um Anwendungen der APT. Für einen Finanzmarkt werden dazu einige Faktoren (Risikofaktoren) gewählt, sodann die Exposures der verfolgten Titel berechnet, die Prämien der Risikofaktoren ermittelt und sodann die Renditeerwartung für jeden Titel berechnet. Anschließend wird aufgrund der aktuellen Kursbildung die Rendite bestimmt, die mit der Aktie im konkreten Markt verbunden sein sollte. Diskrepanzen führen zu mehr oder minder starken Kaufempfehlungen oder zu einer schwachen Formulierung wie "für den langfristigen Investor". Andere Bewertungsmodelle sollen das *Timing* unterstützen, also die Frage, wann der Zeitpunkt gekommen ist, gewisse Kategorien von Wertpapieren (Aktien, Bonds, Optionen) zu kaufen beziehungsweise zu verkaufen. Neuere Ansätze hierzu liegen in der Beobachtung und der Prognose der Volatilität. Ebenso werden für das Timing Modelle herangezogen, die auf Veränderungen der Kovarianzen beruhen und diese durch Faktoren erklären.

Vielleicht noch ein Wort zu Punkt 2 (Erhebung von Daten im konkreten Einzelfall). Analysten erhalten durch Firmenbesuche Insiderwissen. Die Form (direkt an Aktionäre oder indirekt über Analysten) und die Art (periodisch, formal oder *ad hoc*) der Kommunikation zwischen Management und Finanzmarkt wirft daher wichtige Fragen auf. Eigentlich würden es die Unternehmen vorziehen, direkt und simultan alle ihre Aktionäre und alle potentiellen Aktionäre anzusprechen. Doch trotz Internet gibt es hierzu kaum wirksame Kommunikationswege. Das gibt Raum und Existenzgrund für den *Informationsintermediär* — Analysten übernehmen diese Rolle. Unternehmen schätzen, dass Analysten mit den Bankhäusern und Wirtschaftsprüfungen im Hintergrund eine breite Wirkung und große Akzeptanz haben. Um Analysten in die Unternehmung zu locken, muss ihnen das Management einen kleinen informatorischen Vorsprung bieten. Kein Analyst würde einer Einladung zu einem Analysten-Meeting Folge leisten, wenn dort nur Ausdrucke von Seiten verteilt werden, die bereits Tage zuvor auf das Internet gelegt worden sind. Doch sind damit die Fragen der für die Volkswirtschaft optimalen Art und Form der Kommunikation zwischen Unternehmen und Anlegerschaft nicht beantwortet. Besonders von Seiten der Regulierung werden Anstrengungen unternommen, zwischen dem Ziel der Fairness und dem der Wirksamkeit der Informationsmitteilung einen für alle akzeptablen Ausgleich zu finden.

> Die im Durchschnitt höheren Korrelationen der Aktienmärkte zum Anlass genommen, statt der *Länderdiversifikation* für eine *Branchendiversifikation* zu plädieren. Es gab Diskussionen, ob eine Bank für die Kundschaft anstelle der traditionellen Aktienfonds mit Länderfokus nicht besser Branchenfonds auflegen sollte.
>
> Für Branchenfonds spricht, dass die Aktien einiger Sektoren weltweit stabile Merkmale zeigen, wie etwa defensiv oder konjunktur-abhängig, die zur Konstruktion von Portfolios herangezogen werden. Im Börsengeschehen einiger Sektoren (etwa Energie) wirken keine landesspezifischen Einflüsse mehr ein. Für Branchenfonds spricht weiter die Arbeit der Analysten, die auf Sektoren spezialisiert ist und deshalb in die fachliche Tiefe geht. Branchen sind in ihren Risikoeigenschaften genauer bekannt und schärfer zu beschreiben als Länder.
>
> Unbestritten ist, dass jeder Anleger viele Titel aus möglichst allen Ländern und allen Branchen halten soll. Wer eine Diversifikation über Branchen favorisierte, wusste, dass zu jeder Branche Unternehmen aus allen Ländern zu berücksichtigen waren. Die Frage war, ob es für eine gute Diversifikation zweckmässiger ist, Länderindizes als Assetklassen zu betrachten und deren Gewichte zu optimieren oder ob von Branchenindizes ausgegangen werden sollte, für die dann optimale Anteile im Portfolio bestimmt werden. Trotz vieler Argumente für die Branchenorientierung wurde der traditionelle Ansatz des Primats der Länder im Portfoliomanagement bis heute nicht verworfen. Im Grunde gibt es für beide Perspektiven Argumente. Wie R. ROLL zeigte, sorgen die gewachsenen Unterschiede der Wirtschaftsstruktur der Länder dafür, dass die Länderdiversifikation einer Branchendiversifikation ähnlich ist. Die Länderdiversifikation bietet als Vorteil, dass auf die einzelnen Volkswirtschaften bezogene Risikofaktoren, die in der Wirtschafts- und Ordnungspolitik eines jeden Landes verwurzelt sind, in das Portfoliomanagement einfliessen. Als Ergebnis dieser Untersuchungen sehen wir *mehrere* Risikofaktoren. Neben der Wirtschaftsentwicklung generell sind die Inflationsraten sowie die in den einzelnen Ländern typischen Dividendenrenditen solche Risikofaktoren. Das Bemühen um Risikoausgleich bezieht sich auf mehrere Faktoren gleichzeitig.

12.2 Fundamental- und Technische Analyse

12.2.1 Zwei Untersuchungsziele der Analyse

Im Mittelpunkt der Arbeit von Analysten steht die Aufbereitung von Informationen und die Kommunikation mit Kunden. So ist zu fragen, welche Informationen Kunden wünschen. In den Überlegungen zu Wert und Preis (Sektion 2.2.5) stellten wir zwei Typen von Investoren heraus.

- Die einen, wir nannten sie *Anleger*, haben vor, ein Asset für immer zu halten. Sie orientieren sich am Wert und interessieren sich für alle Dividenden bis in die ferne Zukunft. Sodann wird geprüft, ob die Transversalität erfüllt ist, oder ob es noch Perlen oder Lasten gibt, die irgendwann einmal zu Tage treten könnten und — neben den Barwerten aller Dividenden — den Wert bestimmen. Wenn Investoren dieses Typs das Asset erst noch erwerben müssen und es heute kaufen könnten, vergleichen sie den heutigen Wert W_0 mit dem heutigen Preis oder Kurs P_0. Die zukünftigen Preise oder Kurse spielen bei ihren Überlegungen keine Rolle — oder sind am Rande interessant, wenn sich die Investoren nicht sicher sind, ob sie das Asset vielleicht doch einmal verkaufen müssen und nicht für immer halten werden.

- Die anderen Investoren, wir nannten sie *Spekulanten*, wollen ein Asset kaufen um es bald oder nach absehbarer Frist wieder zu verkaufen, sagen wir zum Zeitpunkt T. Für diese Investoren kommt es zwar auch auf Dividenden an, die das Asset in den Jahren $1, 2, ..., T$ bringt. Jedoch interessieren sich Investoren dieses Typs vor allem für den Kurs P_T, der zum Zeitpunkt T erwartet wird, und vergleichen ihn mit dem heutigen Kurs P_0. Sie bilden demnach Erwartungen über die Preisänderung $P_T - P_0$. Der Wert W_0 ist für diese Investoren eher unwichtig. Der Wert W_0 ist allenfalls am Rande interessant, wenn die Investoren denken, dass er nützlich ist, Erwartungen hinsichtlich P_T zu bilden.[2]

Kurz: die einen Investoren interessieren sich für den heutigen Wert und vergleichen ihn mit dem heutigen Kurs. Für sie ist $W_0 - P_0$ entscheidend. Die anderen Investoren interessieren sich für die Entwicklung des Kurses. Für sie ist $P_T - P_0$ entscheidend. Selbstverständlich haben

---

[2] Das wäre der Fall, wenn im betrachteten Marktsegment oder in der Phase ein Unterschied zwischen Wert und Preis besteht, von dem erwartet wird, dass er sich im Verlauf der Zeit abbaut.

wir wie alle Investoren zwei Seelen in unserer Brust und interessieren uns sowohl für $W_0 - P_0$ als auch für $P_T - P_0$. Doch ist es zweckmäßig, die beiden Investor-Typen nicht zu vermischen.

Um beiden Investor-Typen die jeweils gewünschten Informationen zu liefern, konzentrieren sich die Analysten auf zwei Fragen:

1. Welches ist der Wert eines Assets W_0, also der Preis, der sich in einem idealisierten Markt einstellen würde (und den jemand, der für immer anlegt, für sich realisieren kann)?

2. Kann die Entwicklung der Kurse $P_T - P_0$ in einem konkreten Marktumfeld etwas genauer als gemeinhin gedacht prognostiziert werden, in dem weitere Informationen beschafft und aufbereitet werden?

Der ersten Frage widmet sich die Fundamentalanalyse. Die zweite Frage wird besonders von Analysten angegangen, die sich der "technischen Verfassung" des Marktes widmen. Wir sprechen von technischer Analyse. Technische Analyse ist daher ein Oberbegriff für jede Finanzmarktforschung mit dem Ziel, $P_T - P_0$ zu prognostizieren. Unter diesem Dach finden sich verschiedene Methoden und Ansätze, bei denen Charts auf gewisse "Formationen" untersucht werden. Das Ziel, entweder $W_0 - P_0$ oder $P_T - P_0$ zu erkunden, wirkt sich auf die Informationen aus, die der jeweilige Analyst beschaffen möchte.

- Der an $W_0 - P_0$ interessierte Anleger wird für die Fundamentalanalyse jene Daten beschaffen, die mittelfristige und langfristige Bedeutung für die Unternehmung und ihr wirtschaftliches Umfeld (Produkte, Absatzmärkte, Entwicklungen) haben und daher den Wert begründen.

- Der an $P_T - P_0$ interessierte Spekulant und der technisch orientierte Analyst werden Informationen einholen, die kurzfristige Bedeutung für die weitere Marktentwicklung haben. Der technisch orientierte Analyst wird sich für Nachrichten interessieren, die bei der konkreten Unternehmung in nächster Zeit kommen könnten, und hierzu gehören Ankündigungen. Für die technische Analyse wird man sich beispielsweise intensiver mit dem CEO befassen und sich fragen, ob das "Gesicht" für die eine oder andere positive Überraschung gut ist.

Beispiel 12-1: Lutz und Lisa arbeiten als Analysten für eine Bank und sprechen einen Besuch in einem Chemiekonzern ab. Lutz meint, er gehe nur in die Forschungsabteilung und in die Vertriebsabteilung: "Ich schaue mir die Leute dort an, spreche mit ihnen, und möchte hören, wie sie denken. Dann weiß ich, wo die Firma in fünf und in zehn Jahren steht." Lisa entgegnet, dass sie nur den CEO interviewen möchte: "Wenn wir die Aktie empfehlen, prüfen die Kunden unserer Bank, ob sich innerhalb eines Monats etwas mit dem Kurs tut. Solange reicht ihr Gedächtnis. Kein Kunde möchte Empfehlungen, die für ein Jahrzehnt gedacht sind." ■

Investortyp	Rückflüsse	Fokus	Informationen
Anleger	Dividenden	mittelfristig und langfristig	Fundamentaldaten: Produktmarkt, Produktentwicklung, Organisation, Rahmenbedingungen
Spekulant	Verkaufserlös	kurzfristig	Kursprognose: Markttechnik, Ankündigungen

Bild 12-2: Je nach Anlagestrategie wird ein Investor unterschiedliche Informationen einholen.

12.2.2 Fundamentalanalytische Methodik

Das Ziel der Fundamentalanalyse ist es, den Wert W_0 zu ermitteln, um ihn mit dem heutigen Preis oder Kurs P_0 zu vergleichen. Die Information wendet sich an langfristige Investoren, die das Wertpapier eventuell kaufen um es für immer zu halten. Sie entscheiden sich dazu, wenn sich $W_0 > P_0$ herausstellt. In diesem Fall nehmen sie im Verlauf der Jahre W_0 ein, zahlen für die Kapitalanlage aber nur P_0. Für diese Investoren ist es nicht wichtig zu wissen, ob der konkrete Markt den Unterschied zwischen Wert und Preis ausgleicht, weil sie ohnehin einen Verkauf nicht vorhaben. Für diese Analyse kommen alle Bewertungsmodelle in Frage, die behandelt worden sind.

Bei einer Aktie und der üblichen Berichterstattung für das Portfoliomanagement wird der Analyst das Gordon Growth Model (GGM) einsetzen oder Multiples. Das GGM könnte für Dividenden gerechnet werden, doch meistens wird es auf die Gewinne angewandt. Es wird also eine Ertragsbewertung vorgenommen. Dazu wird die "langfristige" Gewinnhöhe geschätzt sowie die Rate, mit der die Gewinne noch wachsen könnten, wenn sie Jahr um Jahr voll ausgeschüttet würden. Das ist die Rate des organischen Wachstums. Hinsichtlich der Informationsbeschaffung steht daher die Gewinnschätzung im Zentrum. Zu diesen Rechnungen muss der Analyst die den Risiken entsprechende Diskontrate bestimmen. Ein Weg läuft über eine Schätzung von Beta und das

CAPM. Ein anderer Weg führt über Branchenvergleiche: Die Diskontrate wird dabei als Branchengröße geschätzt. Anschließend muss bei beiden Wegen berücksichtigt werden, ob die zu bewertende Unternehmung aufgrund ihres Verschuldungsgrads noch eine Adjustierung zur Berücksichtigung des Leverage-Effekts verlangt.

Name	Land	M	S	M/B	KGV	Yield
Erste Bank	Austria	9,260	NA	2,7	21	1,2%
Petrobras	Brasilien	27,181	30,895	1,4	5	3,1%
BP	Britain	193,054	232,571	2,6	19	3,2%
China Mobile	China	56,664	19,162	2,4	13	2,1%
Total	France	122,945	127,796	3,5	14	4,6%
Deutsche Telekom	Germany	70,535	68,187	1,9	28	2,4%
Hutchison Whampoa	Hong Kong	28,445	13,462	0,9	15	3,3%
ENI	Italien	82,072	62,873	2,4	13	4,5%
Toyota Motor	Japan	130,649	156,478	1,6	11	1,1%
Samsung Electronics	Korea	71,071	37,411	3,0	15	1,1%
Gazprom	Russia	70,784	22,205	1,1	15	0,3%
Telefónica	Spanien	72,078	34,680	3,4	17	3,4%
Novartis	Schweiz	125,512	24,864	4,3	24	1,8%
General Electric	USA	328,110	134,187	4,3	20	2,6%

Bild 12-3: Ein Auszug aus der von der *Business Week* jährlich publizierten Liste der 1000 global größten Aktiengesellschaften. Wiedergegeben sind für jedes der gezeigten Länder die Firma mit der größten Marktkapitalisierung M, die in der dritten Spalte gezeigt ist (Milliarden USD). Die vierte Spalte zeigt die Sales, ebenso in Milliarden USD. Es folgen die Market-to-Book Kennzahl M/B, das Kurs-Gewinn-Verhältnis KGV und die Dividendenrendite. Daten vom 26. Juli 2004.

Bei einer Beteiligung oder einer Unternehmung in einer besonderen Situation — IPO, Akquisition, Restrukturierung — bieten sich wieder Multiples an sowie die verschiedenen Bewertungsmodelle. Der Analyst wird zunächst prüfen, ob die Transversalität erfüllt ist, so dass die Varianten des Dividend Discount Model (DDM) Gültigkeit besitzen. Hierzu wird der Analyst erkunden, ob Lasten oder Perlen vorhanden sind, deren zeitliche Entwicklung der Transversalität widerspricht. Ist die Transversalität erfüllt und das DDM folglich gültig, wird der Analyst meist auch hier zu einer Ertragsbewertung greifen. Das ist diejenige Variante des DDM, bei der unterstellt wird, dass die Gewinne Jahr um Jahr voll ausgeschüttet werden und die Unternehmung organisch wächst.

Gerade bei kleineren Unternehmen ist die Valuation anhand der Residual Income (RIM) geschätzt. Hier wird dem Buchwert eine Rolle bei der Bewertung zugewiesen, so dass die Substanzbewertung nicht ganz außer Acht gelassen bleibt. Zum anderen werden bei der RIM die "außergewöhnlichen Erträge" diskontiert, und hier kann der Analyst untersuchen, welche Fakten vielleicht zu solchen außergewöhnlichen Erträgen führen. Ansonsten bietet sich eine DCF-Bewertung an, die besonders bei Unternehmen in der Restrukturierung das wichtigste Bewertungsmodell ist. Hier wird der Analyst sein Augenmerk darauf lenken, wie viele und welche Investitionen budgetiert wurden. Bewertet er am Ende das Unternehmen oder einen zusätzlich postulierten, grandiosen Investitionsplan?

Selbstverständlich muss wieder die Diskontrate bestimmt werden, und hierzu bieten sich wieder Branchenvergleiche an oder das CAPM. Da jedoch in Sondersituationen das Beta nicht leicht zu schätzen ist, wird das im CAPM benötigte Beta durch Branchenvergleiche oder als Expertenmeinung bestimmt. Wieder müssen vor der Diskontierung die Kapitalkosten mit dem Leverage-Effekt adjustiert werden.

Jeder Fundamentalanalyse geht die Datenbeschaffung voran. Beim Einsatz von Multiplikatoren genügt eine Zusammenstellung der Daten der Branche sowie die Ermittlung der Bezugsgröße der zu bewertenden Aktie oder Unternehmung. Beim Einsatz eines Bewertungsmodells wie DCF müssen die Zahlungen im Zähler *und* die Kapitalkosten im Nenner berücksichtigt werden. Für den Zähler werden Dividenden, Gewinne, Cashflows und Wachstumsraten benötigt, für den Nenner müssen die Risiken erkundet werden. Kein Analyst erwartet, dass die Manager einer Aktiengesellschaft oder die Kunden bei einer allgemeinen Bewertungsaufgabe diese Daten schon zurechtgelegt haben, und wenn, dann müssen sie auf materielle Korrektheit geprüft werden.

12.2.3 Fundamentalanalyse in der Praxis

Vielfach können die Daten (Zahlungen im Zähler, Kapitalkosten im Nenner) nicht direkt erhoben werden. Dann begnügen sich die Analysten mit weiteren Informationen, sogenannten *Fundamentaldaten*, die ihnen als Anhaltspunkt oder Indikator für die eigentlich im Bewertungsmodell benötigten Größen dienen. Der Punkt ist also nicht, dass die Fundamentaldaten den Wert bestimmen, sondern dass sie als nützlich erachtet werden, die im Nenner und im Zähler der Bewertungsformeln stehenden Größen zu schätzen. Fundamentaldaten dienen dazu, mittelbar Prognosen über die Ausschüttungen der Unternehmung und deren langfristige Entwicklung zu erstellen und die langfristigen Risiken abzuschätzen. Als Indikatoren eignen sich die Antworten auf folgende Fragen: Welche Erträge oder Gewinne generiert die Unternehmung? Welche Position hat sie im Produktmarkt? Wie ist der Wettbewerb im Produktmarkt? Wie sind die Innovationskraft und die Produktentwicklung der Unternehmung zu beurteilen? Wie effizient und wie effektiv ist Führung und Organisation? Wie sind die staatlichen Rahmenbedingungen — Fiskalpolitik, Steuer, Stabilität, Rechtssicherheit, Liberalität — einzuschätzen?

Ziel	Indikatoren	Fundamentaldaten
Prognose der Ausschüttungen auf mittlere und langfristige Sicht	Ertragskraft und Wachstum	Produktmarkt, Wettbewerb, Innovation, Wissensmanagement, Reserven, Organisation, Gesetze, Regulierung

Beispiel 12-2: Fundamentaldaten führen auf eine Beurteilung von Ertragskraft und Wachstum, die als Indikatoren eine Prognose der Rückflüsse und der mit ihnen verbundenen Risiken erlauben.

Listen solcher betriebswirtschaftlichen und volkswirtschaftlichen Informationen weisen natürlich Variationen auf. Doch ist gute Praxis, sieben Bereiche zu analysieren. Die ersten vier Listenpunkte betreffen den *Produktmarkt*, zwei weitere den *Betrieb* und ein Punkt das staatliche *Umfeld*. Die Gewichtung soll die Bedeutung für die Ertragskraft und das Wachstum widerspiegeln.

1. Der Produktmarkt und die Branche: Wie groß ist der Markt, wie wird er sich entwickeln, welche Trends gibt es in der Branche und wie wirken sie sich auf den Produktmarkt aus? Gibt es Megatrends, die den Produktmarkt und die Branche verändern?

2. Position und Wettbewerb: Welchen Marktanteil (Größe in Prozent und Rang) hat die zu bewertende Unternehmung? Welche Struktur hat der Wettbewerb? Wie hoch sind die Margen? Wie ist das Marketing der betreffenden Unternehmung einzuschätzen? Verfügt sie über einen Markennamen? Was bedeutet das für die Ertragskraft und das Wachstum?

3. Innovation und Produktentwicklung: Über welche Kapazitäten für die Innovation und die Produktentwicklung verfügt die Unternehmung? Wie ist das in Relation zu den anderen Wettbewerbern der Branche und wie generell einzuschätzen? Setzt die Unternehmung eher auf Innovation oder eher auf Imitation? Wie auf-

wendig und wie wichtig sind Innovation und Produktentwicklung für die Ertragskraft und das Wachstum?

4. Diversifikation und Wissensmanagement: Ist das Unternehmensportfolio so gestaltet, dass dadurch das Wissenskapital gepflegt, gesichert und wirkungsvoll eingesetzt wird? Welche Arten von Wissenskapital sind für die Ertragskraft und das Wachstum bedeutend? Welche Möglichkeiten gäbe es für die Unternehmung, das Wissenskapital entsprechend zu mehren, sei es intern, mit externer Hilfe oder durch Akquisitionen?

5. Finanzreserven und Risikomanagement: Wie ist anhand der Bilanz die finanzielle Situation der Unternehmung zu beurteilen? Gibt es Reserven? Ist nicht-betriebsnotwendiges Vermögen vorhanden, und wozu könnte es dienen? Wie ist das Finanzmanagement gestaltet, wie das Risikomanagement? Durch welche Entwicklungen an den Finanzmärkten (Dollar, Zinssätze, Rohstoffpreise) könnte die Unternehmung begünstigt werden? Welche wären abträglich? Wäre in einem solchen Fall die Unternehmung behindert oder sogar gefährdet? Was passiert, wenn sich die Umsatzerlöse aufgrund eines Einbruchs bei Absatz und Produktpreis um 20% verringern? Wie flexibel kann das Kostenmanagement reagieren?

6. Organisation: Ist die Führung effizient und effektiv? Ist die Unternehmung bürokratisch erstarrt? Arbeiten die Bereiche wirklich zusammen? Gibt es "Fürsten", die vieles verhindern? Ist Teamgeist zu spüren, gehen die Mitarbeiter auf Kunden zu? Wie sind die Systeme zur Motivation und Entlohnung gestaltet? Ist die Corporate-Governance wirksam und zweckmäßig? Wie sind die Personen in den Führungsgremien einzuschätzen?

7. Staatliche Rahmenbedingungen: Wie ist die Fiskalpolitik des Staates im Vergleich zu anderen Ländern einzuschätzen? Wie hoch sind die Steuern, und wovon hängen sie ab? Wie ist die Steuerpraxis gestaltet? Wie relevant sind Subventionen? Wie ist die Infrastruktur und der Öffentliche Dienst? Ist das Land stabil, oder gibt es besondere Länderrisiken, die auf die Unternehmung ausstrahlen? Wie liberal sind die ordnungspolitischen Rahmenbedingungen? Wird die Unternehmung ihren Schwerpunkt und eventuell den Rechtssitz verlagern?

Bild 12-4: BENJAMIN GRAHAM (1894-1976). Er hat die Finanzanalyse als wissenschaftliche Disziplin etabliert. Die Eltern waren aus London zugewandert, wo er geboren wurde. Aufgewachsen ist GRAHAM in New York. In New York hat er an der Columbia Universität studiert, und dort ab 1928 Vorlesungen gehalten. Im Jahr 1934 entstand (zusammen mit seinem Kollegen DAVID L. DODD) das Werk *Security Analysis*, das immer populärer und als "Bibel der Finanzanalyse" apostrophiert wurde. Im Jahr 1949 publizierte GRAHAM *The Intelligent Investor*. Im Jahr 1950 hat sich WARREN BUFFET bei GRAHAM als Student eingeschrieben. Um 1955 hat sich GRAHAM nach Kalifornien zurückgezogen.

Unter den fundamental orientierten Anlegern finden sich auch jene, die als Anlagestil auf "Value Stocks" setzen. Das sind Aktien mit 1. einer hohen Dividendenrendite, 2. einem geringen Market-to-Book Verhältnis und 3. einem hohen Absatz auf dem Produktmarkt (Sales) in Relation zur Marktkapitalisierung. Vielfach haben Value Stocks auch ein geringes Kurs-Gewinn-Verhältnis (und damit ein vergleichbar geringes organisches Wachstum). Dieser Anlagestil ist durch B. GRAHAM populär geworden. Seine 1934 gemeinsam mit D. L. DODD veröffentlichte *Security Analysis* wird von den Anhängern als "Bibel der Fundamentalanalysis für Value-Investoren" bezeichnet.

12.2.4 Methoden technischer Analyse

Für Investoren des zweiten Typs, die wir pointiert als Spekulanten bezeichneten, kommt ein sehr langes Halten der Aktie nicht in Frage. Für Spekulanten kommen die Rückflüsse vor allem aus dem Verkauf zustande, denn die Dividenden während der Haltedauer sind im Vergleich dazu gering. Diese Investoren interessieren sich für die Kursentwicklung $P_T - P_0$. Der Wert W_0 beziehungsweise die Differenz $W_0 - P_0$ ist für sie nur insoweit von Interesse, als sie eine bessere Schätzung der Kursentwicklung $P_T - P_0$ ermöglicht. Spekulanten und die sie informierenden Analysten werden sich daher für jene Informationen interessieren, die eine Kursprognose erlauben. Es genügt ihnen oftmals eine Prognose der Preise auf kurze Sicht, weil Spekulanten meistens nicht an einer längeren Haltedauer interessiert sind.

Angesichts der MEH ist zu schließen, dass die beste Prognose für die weitere Kursentwicklung $P_T - P_0$ oder die entsprechende Rendite darin besteht, die erwarteten Renditen anhand der Realisationen der Vergangenheit zu bestimmen. Die Arbeit des technischen Analysten würde sich damit in einer Bestimmung der allgemeinen Renditeerwartung erschöpfen. Allenfalls wird die Marktrendite, etwa mit dem CAPM, auf das systematische Risiko der betrachteten Aktie umgerechnet. Denn die MEH besagt ganz grob, dass weitere Informationen nicht zu einer verbesserten Anlage führen. Jedoch war die MEH so formuliert, dass nur im *Durchschnitt* über alle Marktsegmente und alle Zeiten es unmöglich sein sollte, mit einer Auswertung von historischen Zeitreihen und mit öffentlichen Informationen zu einer besseren Prognose zu gelangen.

Der technisch orientierte Analyst *kann* demnach, selbst wenn die Gültigkeit der MEH nicht in Zweifel gezogen wird, in gewissen Segmenten und in gewissen Phasen zu Empfehlungen gelangen, die das bloße Kaufen und Halten des Marktportfolios schlagen. Natürlich ist damit nicht gesagt, dass jeder, der sich selbst als technischer Analyst sieht, gerade diese superioren Empfehlungen herleitet. Doch es ist nicht ausgeschlossen, dass es in gewissen Segmenten und in gewissen Phasen überlegene Empfehlungen geben könnte. Hierzu muss der Analyst suchen, mit ökonomisch geschulter Phantasie fabulieren, empirisch prüfen und validieren — die Güte vermeintlich überlegener Modelle methodisch beurteilen. Von den besprochenen Ansätzen der Finanzmarktforschung bieten sich Faktor-Modelle. So würde die Aufgabe lauten, immer wieder Faktoren zu suchen und zu erheben, die Renditen damit zu prognostizieren, und die Ansätze zu validieren. Auf diese Weise sind in der Tat einige makroökonomische Faktoren gefunden worden, die nicht immer ganz so schnell von der Kursbildung antizipiert werden, wie die MEH dies als im "Durchschnitt" annimmt. Außerdem sind für gewisse Periodenlängen serielle Korrelationen entdeckt worden, die leicht von Null verschieden sind: Die empirische Forschung mit Mehrfaktor-Modellen bestätigt: Grob gesprochen folgen die Renditen zwar einem Random Walk, aber bei feinerer Betrachtung sind Elemente einer gewissen Prognostizierbarkeit der Kursentwicklung erkennbar, die über die allgemein bekannte Markterwartung hinausgeht:

Mit Strategien, die auf den Momenten der bisherigen Kursentwicklung beruhen ist es in der Tat gelegentlich möglich, eine gegenüber Buy-and-Hold verbesserte Performance erzielen zu können.[3] Besonders in Zeiten geringer Volatilität bilden sich *Trends*, die sich eine gewisse Zeit halten können. So ist aus Sicht der empirischen Forschung durchaus eine prozyklische Strategie angezeigt, wenn die Volatilität gering ist oder sich zurückbildet. Diese Trendbildung wirkt im Bereich von drei bis sechs Monaten.

Für Perioden größerer Länge (Quartale, Jahre) wurde hingegen eine gewisse Mean-Reversion entdeckt. Mit einem Zyklus von etwa fünf bis zehn Jahren Dauer entwickelen sich Aktien nach dem Prinzip der Rückkehr zum "langfristigen Trend". Das heißt: Aktien, die stark zurückgeblieben sind, werden für die kommenden drei bis fünf Jahre sich mit höherer Wahrscheinlichkeit besser entwickeln. Aktien, die stark über den allgemeinen Trend gestiegen sind, werden sich in den kommenden drei bis fünf Jahren mit höherer Wahrscheinlichkeit langsamer entwickeln.

Es gibt zuhauf ökonometrische Untersuchungen über die Preisentwicklung. Drei Punkte, die wir nannten, sind:

1. In gewissen Phasen und für gewisse Segmente des Marktes erweisen sich makroökonomische Faktoren als leistungsfähige Prädiktoren der Aktienrendite (auch wenn sie im Durchschnitt über alle Zeiten und alle Segmente hinweg nicht wirken).
2. Bei sich zurückbildender Volatilität entstehen Trends, die sich einige Wochen und Monate halten. Ihre Identifikation verhilft zu einer besseren Prognose. Die prozyklische Taktik empfiehlt sich daher für die kurze Frist. Der prozyklische Taktiker beobachtet Kursverläufe über drei Monate, kauft die "Läufer", und hält diese Titel dann für eine weitere Frist von drei bis fünf Monaten.
3. Langfristig, über einige Jahre hinweg, wirkt Mean-Reversion: Wer eine antizyklische Asset-Allokation einschlägt, beobachtet Aktien, die in einem Zeitraum von drei bis fünf Jahren gegenüber dem Markt zurückgeblieben sind, kauft diese "Laggards" und hält sie ebenso für drei bis fünf Jahre.

Die technisch orientierten Analysten beobachten selten Kursverläufe über drei oder fünf Jahre (wenngleich es Ausnahmen gibt). Das Au-

---

[3] JOSEF LAKONISHOK, ANDREW SHLEIFER UND ROBERT W. VISHNY: Contrarian Investment, Extrapolation and Risk. *Journal of Finance* 49 (December 1994), pp. 1541-1578.

genmerk der Technischen Analyse gilt Fristen von einigen Wochen oder Monaten. Diese Form der Analyse konzentriert sich auf den kurzfristigen Bereich. Die zitierten empirischen Fakten sind noch sämtlich erklärt. Es ist aber inzwischen bestätigt, dass die in der Chart-Analyse für die Prognose verwendeten Formationen (zu einem gewissen Teil) Kraft besitzen, auch wenn am Finden präziser Erklärungen noch gearbeitet werden muss.[4]

12.2.5 Technische Analyse in der Praxis

Der Praktiker der technischen Analyse ist nicht immer ein Ökonometriker, der sich auf Faktormodelle konzentriert. Er folgt eher einem anderen Arbeitsstil.

Zunächst werden für die Prognose der Kursentwicklung folgende Informationen als geeignet angesehen: Informationen über die Verfassung des Marktes, über die Stimmung der Marktteilnehmer, über Reaktionen der Kurse auf die Geldpolitik (Zins, Währung) und Informationen, die auf Ankündigungen der Unternehmen und der Zentralbanken hindeuten. Um einen Oberbegriff für alle diese Informationen zu haben, wollen wir von *Technischen Daten* sprechen. Hier ist eine Liste solcher Informationen:

1. Charts: Wie war der Kursverlauf der betreffenden Aktie in der letzten Zeit, in Relation zu anderen Unternehmen der Branche, in Relation zum Gesamtmarkt? Wie ist der Kursverlauf in Relation zu Durchschnittslinien? Sind Trends erkennbar? Weisen besondere "Formationen" (Zick-Zack-Linien) auf zunehmende Volatilität hin?

2. Marktverfassung: Wie ist die Stimmung der Marktteilnehmer? Sind viele euphorisch und nehmen einen Lombardkredit auf, um zu investieren? Ist die Stimmung gedrückt, sind sie zurückhaltend und gibt es eventuell viel "Liquidität" (hohe Bestände an Bargeld bei den Investoren)? Werden von "den Unternehmen" eher positive Ankündigungen erwartet oder drohen vielleicht Gewinnwarnungen?

---

[4] Hierzu: 1. Das Buch von ANDREW W. LO und A. CRAIG MACKINLAY: *A Non-Random Walk Down Wall Street*. Princeton University Press, Princeton NJ, 1999, sowie 2. der Artikel: ANDREW W. LO, HARRY MAMAYSKY und JIANG WANG: Foundations of technical analysis: computational algorithms, statistical inference, and empirical implementation. *Journal of Finance* (August 2000), pp. 3. Zuvor wurde die Tatsache, dass sich Trends halten können, mehrfach untersucht, darunter von WILLIAM BROCK, JOSEF LAKONISHOK und BLAKE LEBARON: Simple Technical Trading Rules and the Stochastic Properties of Stock Returns. *Journal of Finance* XLVII (December 1992) 5, pp. 1731-1764.

3. Konjunkturabhängigkeit und Reaktion auf volkswirtschaftliche Größen wie Zins, Inflation, Wirtschaftswachstum, Währungsparitäten. Welcher Gruppe von Aktien (Value-Stock, Growth-Stock, zyklischer Wert) ist die betreffende Gesellschaft zuzuordnen und wie würden viele Personen angesichts der augenblicklichen Phase der Konjunktur das weitere Kurspotential einschätzen? Auf welche makroökonomischen Größen — Beschäftigung, Wirtschaftswachstum, Index der Konsumentenstimmung — dürfte der Kurs der betreffenden Aktie besonders reagieren und welche dieser Daten stehen wann zur Veröffentlichung an? Welche zinspolitischen Schritte der Zentralbanken werden erwartet und wie hat in der Vergangenheit der Kurs der betreffenden Aktie reagiert?

4. Ankündigungen: Wann sind die nächsten Termine für Hauptversammlungen, wann werden Quartalsabschlüsse präsentiert? Gibt es Messen, die Beachtung finden und zu Aktienkäufen führen könnten? Wie sichtbar ist die Unternehmung und welches Ansehen in den Medien genießt der CEO? Was lassen die Vorveröffentlichungen von Wochenzeitschriften am Donnerstag per Internet für die am folgenden Montag eingegebenen Order erwarten?

Von diesen vier Informationsquellen — Charts, Marktverfassung, Reaktion und Ankündigungen haben die *Charts* die meiste Akzeptanz gefunden.

Ziel	Indikatoren	Daten
Prognose der Kursentwicklung auf kurzfristige Sicht	Marktverfassung, Markttechnik, Geldpolitik, Ankündigungen	Charts, technische Reaktionen, Faktor-Modelle, Taktik des CEO für die Kommunikation

Bild 12-5: Technische Daten führen auf eine Beurteilung der Marktverfassung, die als Indikator eine Prognose des Verkaufserlöses gestatten soll, der kurzfristig dem Anleger als Rückfluss seiner Investition möglich sein sollte.

12.2.6 Chart-Analyse

Weil bei ihr die Interpretation von Kursbewegungen im Mittelpunkt steht, bieten Charts prägnante Anschaulichkeit und sprechen die Intuition an. Einige Portfoliomanager setzen Charts als Hauptwerkzeug bei der Selektion von Instrumenten und beim Timing ein.

Chart-Analysten sprechen beispielsweise davon, dass ein Markt *Momentum* zeige. Ein Momentum zeigt sich in einem Trend. Hier wird, genau wie bei Durchschnittslinien, ein Vergleich zwischen den augenblicklichen Kursen und jenen vergangener Zeiten gezogen. So wird der aktuelle Kursverlauf in Relation zum gleitenden Durchschnitt der letzten 30 oder 250 Handelstage gesetzt. Gewisse Formationen werden als Kaufsignal beziehungsweise Verkaufssignal interpretiert.[5]

Zum Zweck der Entdeckung und Auswertung von Kursformationen ziehen die Markttechniker das historische Kursbild der letzten Tage, Wochen oder Monate heran und analysieren es, indem sie versuchen, Formationen zu identifizieren, die zu ihrem Regelwerk grafischer Konfigurationen gehören. Das sind Trendlinien, Unterstützungslinien, Kopf-Schulter-Formation und so fort.

> Die Technische Analyse geht auf CHARLES DOW zurück, der ab 1882 Charts nutzte, um Trends zu identifizieren. CHARLES BERGSTRESSER, CHARLES DOW und EDWARD JONES gründeten 1882 die Firma Dow Jones & Company, Inc., die Finanz- und Geschäftsnachrichten liefert und heute noch bekanntester Lieferant von Trendanalysen ist. Anfänglich wurden die täglichen Transaktionen aggregiert aufgezeichnet, und kurze Zeit später, im Jahr 1884, führt CHARLES DOW den ersten Marktindex ein. Er hat damals die Preisentwicklung von elf Gesellschaften zusammengefasst.

12.2.7 Weiterentwicklungen der Chart-Analyse

Es gab verschiedene Weiterentwicklungen der Chart-Analyse. So werden neben Trends und Formationen, die alle auf dem Kursverlauf *eines* Wertpapiers beruhen, weitere Merkmale und Relationen identifiziert, so beispielsweise die Relative Stärke und die Liquidität. Heute stehen drei Begriffe im Zentrum der Technischen Analyse:

1. Trend und Relative Stärke,
2. Sicherheit versus Unsicherheit und
3. Liquidität und Informiertheit.

---

[5] 1. MARK P. TAYLOR und HELEN ALLEN: The use of technical analysis in the foreign exchange market. *Journal of International Money and Finance* 11 (1992), pp. 304-314. 2. WILLIAM BROCK, JOSEF LAKONISHOK und BLAKE LEBARON: Simple Technical Trading Rules and the Stochastic Properties of Stock Returns. *Journal of Finance* XLVII (December 1992) 5, pp. 1731-1764. 3. PETER C. LIU: The effects of the fundamentalists' and chartists' expectations on market survey. *Applied Financial Economics* 6 (1996), pp. 363-366. 4. L. MENKHOFF: The noise trading approach — questionnaire evidence from foreign exchange. *Journal of International Money and Finance* 17 (1998), pp. 547-564.

12. FINANZANALYSE

Zu den ersten Begriffen Trend und Relative Stärke:

> Beim *Trend* handelt es sich um eine Kursentwicklung über einen Zeitraum der jüngsten Vergangenheit (einige Wochen bis einige Monate), der sich bei vergleichsweise geringen Schwankungen, also bei geringer Unsicherheit oder Volatilität, gut durch eine Gerade oder einen leicht gekrümmten Kurvenzug beschreiben läßt.

Trends werden identifiziert, indem die Kursentwicklung der jüngsten Vergangenheit (trotz ihrer Schwankungen) durch eine Mittellinie beschrieben wird und man prüft, ob die Mittellinie die Kursentwicklung "gut" beschreibt. Hierbei wird durchaus die Regressionsrechnung eingesetzt und es gibt weitere Ansätze und Programme zur Untersuchung von Zeitreihen. Wichtig ist, dass sich ein Trend immer auf die Bewegung des Kurses (oder der Renditen) eines Titels oder eines Marktes bezieht. Es handelt sich nicht um den Trend bei einer Relativgröße, die den Kurs einer Aktie in Beziehung zum Index beschreibt.

> Die *Relative Stärke* setzt dagegen den Kurs einer Aktie in Relation zum Indexverlauf der Branche oder des Marktes.

Selbstverständlich kann die Relative Stärke desgleichen für eine Branche untersucht werden, indem der Branchenindex in Beziehung zum Marktindex gesetzt wird, wobei es sich wiederum um einen Länderindex oder um den Weltindex handelt.

Zweiter Begriff: Volatilität:

Markttechniker beachten Anzeichen für das Maß an Unsicherheit im Markt. Ein Indiz für Unsicherheit sind Trendbrüche und gezackte Kursverläufe. Neben grafischen Formationen werden Kennzahlen betrachtet. Eine bekannte Kennzahl ist der *Advance-Decline-Ratio* (*A-D-Ratio*). Er bestimmt sich als Verhältnis der Anzahl von in einem Markt zusammengefassten Titeln, bei denen in einem Zeitabschnitt steigende Kurse (*advance*) zu verzeichnen waren, zur Anzahl von Titeln mit fallenden Kursen (*decline*).

- Nimmt der A-D-Ratio zu, dann wirken breit hinter dem ganzen Markt stehende Kräfte. Das wird als Zeichen gewertet, dass diese Aufwärtskräfte nicht so schnell versiegen können. Anders ausgedrückt: Die Unsicherheit im Markt nimmt ab.
- Wenn der Marktindex steigt, aber der A-D-Ratio zurückgeht, dann ist der Aufschwung von immer weniger Titeln getragen. Das ist ein Signal zunehmender Unsicherheit und deutet auf eine kritische Entwicklung hin.

Dritter Begriff: Liquidität:

Die *Liquidität* schließlich ist durch das tägliche Umsatzvolumen einer Aktie oder eines Marktes bestimmt. Wenn mehr Transaktionen ablaufen, sollten mehr Finanzinvestoren da sein, die sich vorher — so soll unterstellt werden — selbst über den Wert ihrer Anlagen orientiert haben. Ein liquider Markt spiegelt daher in der Regel die Informationen vieler Akteure wider und wird deshalb gern als Wertmaßstab für die Gültigkeit einer Folgerung akzeptiert. Wenn beispielsweise ein Trend identifiziert wurde und zugleich hohe Handelsvolumina zu verzeichnen sind, gilt der Trend als fest bestätigt. Wird ein Trend bei hohen Handelsvolumina gebrochen, ist das ein starkes Zeichen dafür, dass sich die Volatilität bereits massiv erhöht hat. Dünne Handelsvolumina bei unklarer Richtung sind ein Zeichen für eine sich vielleicht nun erhöhende Unsicherheit. In liquiden Märkten vertrauen die Finanzinvestoren einer relativen Bewertung oftmals mehr als einer absoluten. Es wird dann beispielsweise betont, Aktionäre oder Investoren seien eigentlich nicht an einem Wert „an sich" interessiert, sondern wünschen eine parallele Beurteilung der Marktsituation im Hinblick auf eine bestimmte Aktie oder Unternehmung.

In der Technischen Analyse wird also nicht mehr der Kursverlauf eines Instruments oder eines Marktes allein betrachtet. Heute untersuchen die Markttechniker parallel zum Kursverlauf weitere Merkmale, die auf das Maß an Unsicherheit hindeuten. Außerdem ziehen die *Markttechniker* für ihre Empfehlungen neuerdings die allgemeinen volkswirtschaftlichen Rahmenbedingungen in die Betrachtung ein und kommen damit näher an die Fundamentalanalyse. Was die Rahmenbedingungen anbelangt, haben die Markttechniker einen Vorzug für das Denkgebäude der *Zykliker*. Sie denken also in Zyklen und in Wellen, soweit es diese Dimension der von ihnen verwendeten Signale betrifft.

12.3 Ergänzungen und Fragen

12.3.1 Zusammenfassung

Der Finanzanalyst hat vier Aufgaben: 1. Wissen aneignen, 2. Daten im konkreten Einzelfall erheben, 3. Eigene Rechnungen durchführen und 4. Ergebnisse kommunizieren.

Der fundamental orientierte Analyst ist an $W_0 - P_0$ interessiert und ermittelt dazu den Wert. Da die in den Bewertungsmodellen verlangten Größen nicht immer erhoben werden können, beginnt die Analyse mit sogenannten Fundamentaldaten. Das sind Informationen zum Produktmarkt, zur Produktentwicklung, zur Organisation und zu den Rahmenbedingungen.

Der technisch orientierte Analyst ist an $P_T - P_0$ interessiert und möchte die Kursentwicklung besser prognostizieren. Hierzu eignen sich Faktor-Modelle. Entdeckt wurde der Einfluss, den makroökonomische Variable haben, sodann die Fortsetzung von Trends im kurzfristigen Bereich einiger Monate und schließlich die Mean-Reversion im Bereich einiger Jahre.

Viele technisch orientierte Analysten untersuchen Charts auf Formationen. Die Wirksamkeit einiger Formationen der "Chartisten" wurden von der modernen ökonometrischen Forschung bestätigt. Denn Trends deuten auf zurückgehende Volatilität hin (Folge: geringere Diskontierung und höherer Wert), während "Zick-Zack-Linien" mit einer Zunahme der Volatilität verbunden sind und daher mit stärkerer Diskontierung und daher geringeren Werten.

Die Chart-Analyse wurde ihrerseits ausgebaut. Heute stehen drei Begriffe im Zentrum der Technischen Analyse: 1. Trend und Relative Stärke, 2. Sicherheit versus Unsicherheit und 3. Liquidität und Informiertheit.

12.3.2 Noise Trader

Oft lassen sich Investoren von Stimmungen leiten. Stimmungen können durchaus "fundamentalen" Charakter aufweisen. Wenn beispielsweise viele Menschen eine zuversichtliche Grundstimmung zur Wirtschaftslage haben, dann dürfte eine Unternehmung mehr Güter und Dienstleistungen absetzen können. Gelegentlich entfernen sich die Stimmungen jedoch zu weit von der "fundamentalen" Situation der Wirtschaft. Die Marktverfassung ist dann aus Sicht des langfristig stützbaren Wachstumspfads und aus Sicht langfristig haltbarer Gleichgewichte *nicht* zu erklären. Nicht nur gibt es Stimmungskäufe, die dem an der fundamentalen Situation orientierten Analysten Rätsel aufgeben — ein solcher Beobachter würde von *Noise Tradern* sprechen, weil er deren Verhalten nicht in Einklang mit ökonomischen Daten und Informationen bringen kann.

Ein "smarter" Investor kann dann damit erfolgreich sein, die Stimmungen der kommenden Tage zu erraten und sich als Vorläufer und Stimmungsmacher betätigen. Es wird dann *rational*, den Stimmungen schnell zu folgen, beziehungsweise ihnen sogar vorauszueilen, damit aus ihnen Profit geschlagen werden kann.[6]

Dennoch ist der Analyst dem beruflichen Leitbild verpflichtet, die Werte der zu beurteilenden Kapitalanlagen zu *begründen* und zu *erklären*, was heißt, dass die Argumentationen für sachverständige Dritte *nachvollziehbar* sein müssen. Dazu ist eine gewisse Distanz gegenüber Stimmungen angebracht und allen Aspekten, über die wissenschaftlich nur wenig gesagt werden kann. Der Analyst ist der wissenschaftlichen Methodik und dem wissenschaftlichen Denkgebäude verpflichtet.

12.3.3 Stichworte und Namen

Fundamentalanalyse, Fundamentaldaten, B. GRAHAM, internationale Diversifikation, Mean-Reversion, Relative Stärke, technische Analyse, technische Daten, Trend.

12.3.4 Fragen

1. Welche vier Ziele stehen im Mittelpunkt der theoretischen Finanzmarktforschung?
2. Welche der in Bild 12-3 gezeigten Aktien würden sie als Value Stock ansehen?
3. Macht die Finanzanalyse Sinn, wenn die MEH gilt?
4. Welche Formationen der Chartisten sind wirksam und haben eine Erklärung gefunden?
5. Was ist ein Noise-Trader?

12.3.5 Lösungen

1. Der Theoretiker sucht nach neuen Methoden, verfeinert bekannte methodische Ansätze, wendet sie auf die Daten der großen Finanzmärkte der Wirklichkeit an und verdichtet die Ergebnisse zu Aussagen über die Zusammenhänge und Abhängigkeiten, vergleiche Sektion 12.1.1.

---

[6] BRADFORD DE LONG, ANDREW SHLEIFER, LAWRENCE SUMMERS und ROBERT WALDMANN: Positive Feedback Investment Strategies and Destabilizing Rational Speculation. *Journal of Finance* 45 (1990), pp. 379-395.

2. Ein Kandidat ist Toyota.

3. Ja, aus zwei Gründen. Erstens gehört es zu den Aufgaben des Analysten, Argumentationen mitzuteilen. Zweitens verlangt die MEH nur, dass "im Durchschnitt" die Kurse sofort den Werten entsprechen. In einzelnen Segmenten gibt es ab und zu immer wieder Situationen, in denen trotz MEH bessere Prognosen möglich sind.

4. Dazu gehören erstens Trends. Sie deuten auf geringer werdende Volatilität hin und folglich werden bei der Wertermittlung die zukünftigen Erträge geringer diskontiert: die Werte steigen. Als Zweites sind "Zick-Zack-Linien" zu sehen: Sie deuten auf eine höher werdende Volatilität hin und folglich werden bei der Wertermittlung zukünftige Erträge stärker diskontiert und die Werte fallen.

5. Ein Marktteilnehmer, der erkennt, dass die Kursbildung stark von Stimmungen geprägt ist und sich so verhält: Er antizipiert den weiteren Stimmungsverlauf und erzeugt selbst Stimmungen, um entsprechende Positionen noch vor der Menge der Aktionäre einzunehmen.

13. Risikoneutrale Bewertung

In Kapitel 8 ist deutlich geworden, dass zur Bewertung von Flexibilität und von Realoptionen neue Ansätze entwickelt werden müssen. Der Durchbruch ist vor drei Jahrzehnten mit der Optionspreistheorie gelungen. Wir beginnen einfach und führen in einer Betrachtung mit zwei unsicheren Ergebnissen das Replikationsportfolio ein. (Abschnitt 13.1). Hier zeigt sich die risikoneutrale Bewertung anhand von Pseudo-Wahrscheinlichkeiten. Sie sind in Formel (13-7) bestimmt. Sodann werden der primale und der duale Rechenweg besprochen. Diese Ergebnisse dienen im folgenden Kapitel 14 im Binomial-Modell dazu, allgemeine Kontrakte und Derivate zu bewerten, die sich auf ein Underlying beziehen.

13.1 Replikation 339
13.2 Pseudo-Wahrscheinlichkeiten 346
13.3 Ergänzungen und Fragen 351

13.1 Replikation

13.1.1 Ein neuer Ansatz

Sowohl das CAPM als auch die APT zeigten, dass die im Finanzmarkt mit einer Einzelanlage erwartete Rendite vom Exposure abhängt, dass sie gegenüber den Risikofaktoren besitzt, die im Marktmodell berücksichtigt sind. Im Fall des CAPM ging es um einen einzigen Risikofaktor, der Rendite des Marktportfolios. Das Exposure der Einzelanlage gegenüber diesem einen Risikofaktor wurde durch das Beta gemessen.

Die Perspektive, nach der eine Einzelanlage oder ein Finanzkontrakt ein Exposure gegenüber einem Underlying hat, ist für die Bewertungstheorie sehr fruchtbar.

1. Wenn eine Kapitalanlage oder ein Finanzinstrument bewertet werden soll, wird zunächst nach dem Underlying gefragt, auf das es sich bezieht. In den meisten Fällen wird dies die "allgemeine

Wirtschaftsentwicklung" sein, eben die Rendite auf das Marktportfolio.

2. Sodann wird gefragt, welche Zahlung (Dividende, Gewinn, Cashflow) mit der betrachten Einzelanlage oder dem Finanzkontrakt verbunden ist, sofern das Underlying diesen oder jenen Wert annimmt. Kurz, die Einzelanlage oder der Finanzkontrakt wird durch seine Zahlungen in Abhängigkeit der möglichen Werte der Wirtschaftsentwicklung beschrieben. Grafische Darstellungen heißen Payoff-Diagramm. Das Payoff-Diagramm zeigt das Exposure des zu bewertenden Instruments.

Viele Unternehmen haben mit ihrem Geschäftsplan ein *konstantes* Exposure in dieses Underlying "Wirtschaftsentwicklung". Ihr Freier Cashflow ist größer, wenn die Wirtschaft "gut läuft" und geringer, wenn die Wirtschaft "schlecht läuft". Die Abhängigkeit des Freien Cashflows einer starren Unternehmung vom Underlying ist aufgrund des konstanten Exposures linear, und die Steigung des Payoffs entspricht dem Beta.

Eine Unternehmung mit Realoptionen wird hingegen einen *besonders hohen* Freien Cashflow haben, wenn die Wirtschaft gut läuft (weil sie dann ihr Exposure durch zusätzliche Investitionen noch schnell erhöhen kann) und sie wird keinen zu großen Einbruch beim Cashflow haben, wenn die Wirtschaftsentwicklung schlecht ist (weil sie dann noch schnell ihr Exposure durch Desinvestitionen verringern kann). Ihr Exposure ist nicht konstant. Die Abhängigkeit des Freien Cashflows vom Underlying ist konkav. Dieser Unterschied — konkaver versus linearer Payoff — wurde in Kapitel 8 in Bild 8-4 dargestellt.

Der Bewertungsansatz, der nun vorgeführt wird, eignet sich zur Bewertung beliebiger Payoffs. Sie können wie im fall einer starren Unternehmung linear sein oder wie im Fall einer Option einen Knick aufweisen. Indessen sind noch weitere Formen für den Payoff denkbar und sie alle werden wir in Kürze bewerten können.

Das Grundsätzliche zu diesem neuen Bewertungsansatz wird bereits an einem einfachen Modell sichtbar, in dem es nur zwei Zeitpunkte gibt, 0 und 1. Für die Vorstellung kann helfen, sich die Zeitpunkte ein Jahr auseinander zu denken, doch ist das für die Mathematik nicht wichtig. Wir wählen als Underlying "die Wirtschaftsentwicklung" und nehmen an, dass sie durch einen Börsenindex beschrieben werden kann. Ein wichtiger Punkt bei der Beschreibung der allgemeinen Wirtschaftsentwicklung durch einen Börsenindex ist, dass es damit möglich ist, Geld in diesen zufälligen Prozess "Wirtschaftsentwicklung" anzulegen, weil man in den sie repräsentierenden Index investieren kann.

13.1.2 Beschreibung der Call-Option

Zur Vereinfachung soll die Wirtschaftsentwicklung (ebenso wie der sie beschreibende Börsenindex) nur zwei mögliche Entwicklungen haben, die mit "gut" (oder *up*) und "schlecht" (beziehungsweise *down*) beschrieben werden.

Die Wahrscheinlichkeiten für diese beiden möglichen Entwicklungen, w_u und w_d, müssen nicht bekannt sein. Doch es soll festgelegt sein, wann von einer guten und wann von einer schlechten Wirtschaftsentwicklung gesprochen wird. Das kann durch einen kritischen Wert des Börsenindexes geschehen.

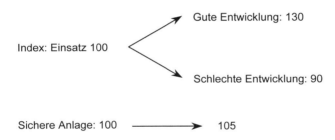

Um ein Zahlenbeispiel zu geben, soll der Einsatz von 100 Euro zum Zeitpunkt 0 in den Index als Ergebnis zum Zeitpunkt 1 entweder 130 (bei guter Entwicklung) oder 90 Euro (bei schlechter Entwicklung) bringen. Außerdem soll es möglich sein, Geld sicher (zum Zinssatz) anzulegen. Der Zinssatz sei im Zahlenbeispiel 5%. Eine sichere Anlage von 100 Euro zum Zeitpunkt 0 hat mithin 105 Euro als Ergebnis zum Zeitpunkt 1, unabhängig davon, ob die Wirtschaftsentwicklung gut oder schlecht verläuft. Die beiden Anlagemöglichkeiten sind oben veranschaulicht.

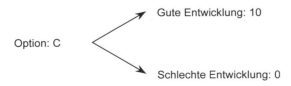

Nun betrachten wir eine Call-Option. Ihr typisches Merkmal ist, dass der Inhaber bei einer guten Wirtschaftsentwicklung dabei stark exponiert ist, während er bei einer schlechten Entwicklung kein Exposure hat. Im Zahlenbeispiel soll dies so ausgedrückt werden, dass die Option im Zeitpunkt 1 als Cashflow 10 Euro bringt, sofern die Wirtschaftsentwicklung (Index) gut verläuft und 0, wenn sie schlecht verläuft. Eine solche Option hat zum Zeitpunkt 0 einen gewissen Wert, der mit C (wie Call) bezeichnet wird. Jetzt soll der Optionswert C berechnet werden.

13.1.3 Replikation

Um C zu ermitteln, wird untersucht, ob die Zahlungen der Option durch eine Kombination einer Investition in den Index und der sicheren Anlage genau *nachgebildet* (repliziert, dupliziert) werden kann.

Die Kombination von einer x-fachen Investition von 100 Euro in den Index und einer y-fachen Zeichnung der sicheren Anlage im Betrag von 100 Euro läßt ein Portfolio entstehen. Dieses Portfolio ist durch die von ihm ausgelösten Zahlungen bestimmt. Das ist einerseits der Wert des Portfolios zum Zeitpunkt 0, der aufgewendet werden muss, um es zu erwerben, das heißt, um die Komponenten im Finanzmarkt zu kaufen. Der Wert des Portfolios zum Zeitpunkt 0 beträgt $x \cdot 100 + y \cdot 100$ Euro. Andererseits sind das die Geldbeträge, die der Inhaber des Portfolios zum Zeitpunkt 1 in den beiden Zuständen der Wirtschaftsentwicklung erhalten wird. Zum Zeitpunkt 1 bewirkt das Portfolio die Zahlung an den Inhaber von $x \cdot 130 + y \cdot 105$ Euro bei guter und von $x \cdot 90 + y \cdot 105$ Euro bei schlechter Wirtschaftsentwicklung.

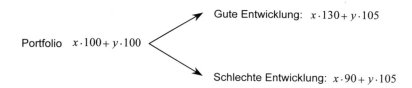

Nun wird versucht, die Gewichte x und y der Komponenten des Portfolios so zu bestimmen, dass die Zahlungen des Portfolios im Zeitpunkt 1 mit denen der Option übereinstimmen:

$$\begin{aligned} x \cdot 130 + y \cdot 105 &= 10 \\ x \cdot 90 + y \cdot 105 &= 0 \end{aligned} \quad (13\text{-}1)$$

Dieses Gleichungssystem hat die eindeutige Lösung

$$x = 1/4 = 0{,}2500 \text{ und } y = -90/420 = -0{,}2143$$

Es werden also 25 Euro in den Index angelegt und 21,43 Euro als Kredit genommen. Diese Lösung kann mit einfachen Umformungen des obigen Gleichungssystems (13-1) gefunden werden: Wenn die untere von der oberen Gleichung abgezogen wird, folgt $x \cdot 40 = 10$. Dies in die untere Gleichung eingesetzt erhält man $y = -90/420$.

> Das durch $x = 0{,}2500$ und $y = -0{,}2143$ spezifizierte Portfolio bildet somit die Zahlung der Option vollständig nach, es dupliziert oder repliziert sie. Daher heißt es *Replikationsportfolio*.

Das Replikationsportfolio hat zum Zeitpunkt 0 den Wert $x \cdot 100 + y \cdot 100$, also $25 - 21{,}43 = 3{,}57$. Da es die Option repliziert, muss der Wert genauso hoch sein wie der Optionswert. Andernfalls wäre *Arbitrage* möglich. Damit ist die Option bewertet: $C = 3{,}57$ Euro.

13.1.4 Replikation einer Put-Option

Wir führen diese Überlegungen noch einmal vor, und wollen diesmal eine Put-Option bewerten, die bei guter Wirtschaftsentwicklung nur den Cashflow 0, bei schlechter Wirtschaftsentwicklung aber 20 Euro bietet.

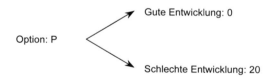

Replizieren führt auf das Gleichungssystem

(13-2)
$$\begin{aligned} x \cdot 130 + y \cdot 105 &= 0 \\ x \cdot 90 + y \cdot 105 &= 20 \end{aligned}$$

Wenn die untere von der oberen Gleichung abgezogen wird, folgt

$$x \cdot 40 = -20 \text{ also } x = -1/2$$

Dies in die untere Gleichung eingesetzt liefert

$$y = 65/105 = 0{,}6190$$

Das Replizieren verlangt diesmal eine Short-Position: Der Index wird im Betrag von 50 Euro leer verkauft. Parallel dazu wird der Betrag von 61,90 Euro sicher angelegt. Das Replikationsportfolio hat wie zuvor den Wert $x \cdot 100 + y \cdot 100$, doch diesmal ist $-50{,}00 + 61{,}90 = 11{,}90$. Folglich muss im Finanzmarkt, wenn dieser arbitragefrei ist (wovon wir stets ausgehen), der Wert der Put-Option damit übereinstimmen, $P = 11{,}90$ Euro.

> Zur Argumentationslogik: Es wird ein Instrument durch seine bedingten Zahlungen beschrieben. Sodann wird ein sogenanntes *Replikationsportfolio* gebildet, dass genau diese Zahlungen nachbildet (repliziert). Wenn der Finanzmarkt *keine Arbitrage* gestattet — das ist eine Grundvoraussetzung für einen gut funktionierenden Markt, auf die wir bereits in Kapitel 1 eingegangen sind — dann muss das Replikationsportfolio denselben Wert haben wie das Instrument. Denn sie haben bei allen möglichen Entwicklungen stets übereinstimmende Zahlungen und sind daher in einer Welt, in der es nur auf Zahlungen ankommt, identisch.

13.1.5 Zustandspreise

Die Rechenergebnisse für die Call-Option und die Put-Option zusammengefasst:

- Die Position, bei guter Wirtschaftsentwicklung 10 Euro zu erhalten (wobei im Fall einer schlechten Entwicklung das Ergebnis Null ist) hat im Finanzmarkt, der durch den Index und die Möglichkeit der sicheren Anlage aufgespannt wird, den Wert $C = 3{,}57$ Euro.

- Bei schlechter Wirtschaftsentwicklung 20 Euro zu erhalten (bei guter Entwicklung ist das Ergebnis Null) hat im Finanzmarkt den Wert $P = 11{,}90$.

Selbstverständlich kann dieses Ergebnis so formuliert werden: Bei guter Wirtschaftsentwicklung 1 Euro zu erhalten hat den Wert $C/10$, also 0,357 Euro. Bei schlechter Wirtschaftsentwicklung 1 Euro zu erhalten hat den Wert $P/20$, also 0,595 Euro. Mit diesem Ergebnis, dass

- 1 Euro zum Zeitpunkt 1 bei guter Wirtschaftsentwicklung den Wert 0,357 Euro besitzt und

- 1 Euro zum Zeitpunkt 1 bei schlechter Wirtschaftsentwicklung den Wert 0,595 Euro hat, können wir nun beliebige Positionen, Kontrakte und Instrumente im Finanzmarkt bewerten. Gemeint sind Positionen, Kontrakte und Instrumente, deren Zahlungen von der Bedingung abhängen, ob die Wirtschaftsentwicklung gut oder schlecht ist.

Als Beispiel sei ein Kontrakt betrachtet, der dem Begünstigten im Fall der guten Wirtschaftsentwicklung eine Zahlung von 200 Euro bringt und im Fall der schlechten Wirtschaftsentwicklung von 100 Euro. Der Wert dieses Kontrakts errechnet sich über $0{,}357 \cdot 200 + 0{,}595 \cdot 100$ zu $K = 130{,}90$ Euro.

Beispiel 13-1: Ein Finanzinstrument bietet dem Investor 1000 Euro bei guter Wirtschaftsentwicklung, verlangt aber im Falle einer schlechten Wirtschaftsentwicklung eine zusätzliche Einlage seitens des Berechtigten Höhe von 200 Euro. Wie hoch ist der Wert des Finanzinstruments? Antwort: $0{,}357 \cdot 1000 + 0{,}595 \cdot (-200) = 238$.

Beispiel 13-2: Ein Investitionsprojekt bietet als Rückfluß zum Zeitpunkt 1 bei guter Wirtschaftsentwicklung 1000 Euro, verlangt aber eine zusätzliche Einlage seitens des Berechtigten in eben dieser Höhe im Falle einer schlechten Wirtschaftsentwicklung.

Wie hoch ist der Wert? Antwort: $0{,}357 \cdot 1000 + 0{,}595 \cdot (-1000) = -238$. Der Wert dieses Projekts ist negativ. Das heißt, der Eigentümer müßte im Finanzmarkt noch 238 Euro zahlen, um davon frei zu kommen. Jeder andere Marktteilnehmer würde diese 238 Euro verlangen, weil er weiß, dass bei schlechter Wirtschaftsentwicklung das Projekt eine weitere Einlage verlangt.

13.2 Pseudo-Wahrscheinlichkeiten 📖

13.2.1 Primaler Rechenweg

Die letzte Betrachtung führt auf eine versprechende Bewertungsformel: der Wert eines Kontrakts, eines Instruments oder eines Projekts ergibt sich als eine Summe der mit gewissen "Zustandspreisen" multiplizierten Geldbeträge, die der Kontrakt, das Instrument oder das Projekt zum Zeitpunkt 1 abwirft. Um diese Darstellung des Werts weiter zu verfolgen, sollen die vorangestellten Überlegungen von den Zahlenbeispielen gelöst und die Zustandspreise allgemein berechnet werden. Der Finanzmarkt werde wieder durch zwei Anlagemöglichkeiten (mit Leerverkaufsmöglichkeit) beschrieben:

- Erstens ist das der Index, der die Wirtschaftsentwicklung beschreibt. Er hat zum Zeitpunkt 0 in den Indexstand S_0 und zum Zeitpunkt 1 entweder den Indexstand S_u bei guter (up) oder S_d bei schlechter (down) Wirtschaftsentwicklung. $S_d < S_u$ sei vorausgesetzt.

- Zweitens soll es möglich sein, Geld sicher (zum Zinssatz) anzulegen. Der Zinssatz sei i, also hat eine sichere Anlage von 1 Euro zum Zeitpunkt 0 mithin $1+i$ Euro als Ergebnis zum Zeitpunkt 1, unabhängig davon, ob die Wirtschaftsentwicklung gut oder schlecht verläuft. Für die Höhe des Zinssatzes sei $S_d < S_0 \cdot (1+i) < S_u$ vorausgesetzt.

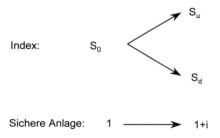

- Wir wollen nun einen allgemeinen, auf diesen Markt bezogenen Kontrakt (Instrument, Projekt) bewerten. Der Kontrakt habe zum Zeitpunkt 1 die Auszahlung in Höhe K_u bei guter und K_d bei schlechter Wirtschaftsentwicklung.

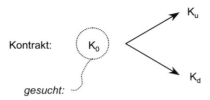

Gesucht ist der mit K_0 bezeichnete Wert dieses Kontrakts.

Replizieren der Auszahlungen dieses Kontrakts mit einem Portfolio, das aus einer x-fachen Investition in den Index und einer Anlage von y Euro in die sichere Anlage besteht, verlangt die Erfüllung der beiden Gleichungen:

(13-3)
$$\begin{aligned} x \cdot S_u + y \cdot (1+i) &= K_u \\ x \cdot S_d + y \cdot (1+i) &= K_d \end{aligned}$$

Zur Lösung: Wenn die untere von der oberen Gleichung abgezogen wird, folgt $x \cdot (S_u - S_d) = K_u - K_d$ also

(13-4)
$$x = \frac{K_u - K_d}{S_u - S_d}$$

Dies in (beispielsweise) die untere Gleichung eingesetzt liefert

(13-5)
$$y = \frac{1}{1+i} \cdot \left[K_d - \frac{K_u - K_d}{S_u - S_d} \cdot S_d \right].$$

Damit ist die Zusammensetzung des Replikationsportfolios bestimmt. Der Wert des Replikationsportfolios ist gleich $x \cdot S_0 + y$, da dieses wie gesagt aus einer x-fachen Investition in den Index und einer sicheren Anlage des Betrags y besteht.

Folglich ist dies der gesuchte Wert des Kontrakts, also $K_0 = x \cdot S_0 + y$. Einsetzen von (13-4) und (13-5) führt auf die Wertformel

(13-6)
$$K_0 = \frac{K_u - K_d}{S_u - S_d} \cdot S_0 + \frac{1}{1+i} \cdot \left[K_d - \frac{K_u - K_d}{S_u - S_d} \cdot S_d \right]$$

Eigentlich wären wir mit (13-6) fertig, doch wir sortieren die rechte Seite um und ordnen die Ausdrücke nach K_u und K_d. Es entsteht:

$$(13\text{-}7) \quad K_0 = \frac{1}{1+i} \cdot \left\{ \frac{(1+i) \cdot S_0 - S_d}{S_u - S_d} \right\} \cdot K_u + \frac{1}{1+i} \cdot \left\{ 1 - \frac{(1+i) \cdot S_0 - S_d}{S_u - S_d} \right\} K_d$$

Sofort fällt auf, dass diese Wertformel (13-8) in der Form

$$(13\text{-}8) \quad K_0 = \frac{1}{1+i} \cdot \left\{ w_u {}^* \cdot K_u + w_d {}^* \cdot K_d \right\}$$

geschrieben werden kann, wobei die beiden Zahlen $w_u{}^*$, $w_d{}^*$ zwischen Null und Eins liegen und sich zu Eins summieren, $w_u{}^* + w_d{}^* = 1$,

$$(13\text{-}9) \quad \begin{aligned} w_u{}^* &= \left\{ \frac{(1+i) \cdot S_0 - S_d}{S_u - S_d} \right\} \\ w_d{}^* &= 1 - w_u{}^* \end{aligned}$$

Sie dürfen daher als "Wahrscheinlichkeiten" interpretiert werden. Allerdings dürften sie in der Regel von den "objektiven" Wahrscheinlichkeiten für die gute und die schlechte Wirtschaftsentwicklung — wir hatten sie oben mit w_u und w_d bezeichnet — verschieden sein. Daher ist eine modifizierte Bezeichnung verlangt.

Die Zahlen $w_u{}^*$, $w_d{}^*$ in (13-8) und (13-9) heißen *Pseudo-Wahrscheinlichkeiten*. Der Wert eines jeden Kontraktes, K_0, ist gleich dem Barwert — es wird in (13-8) mit $1/(1+i)$ diskontiert — des mit den Pseudo-Wahrscheinlichkeiten berechneten Erwartungswerts derjenigen Geldbeträge K_u und K_d, die der Kontrakt in den beiden Zuständen (gute beziehungsweise schlechte Wirtschaftsentwicklung) abwirft.

Die Bewertung eines Kontrakts oder eines Finanzinstruments verlangt demnach drei Schritte:

1. Berechnung der Pseudowahrscheinlichkeiten

2. Ermittlung des Pseudo-Erwartungswerts der bedingten Zahlungen des Instruments $E^* = w_u{}^* \cdot K_u + w_d{}^* \cdot K_d$.

3. Da sich die Bildung des Pseudo-Erwartungswerts auf den Zeitpunkt 1 bezieht, wird dieser Pseudo-Erwartungswert mit dem Zinssatz diskontiert. Im Ergebnis hat man den gesuchten Kontraktwert $K_0 = E*/(1+i)$.

Diese Vorgehensweise heißt *risikoneutrale Bewertung*.

Die Bezeichnung "risikoneutrale Bewertung" erklärt sich so: In der Entscheidungstheorie wird eine Person als *risikoneutral* bezeichnet, wenn sie ein unsicheres Ergebnis allein anhand des Erwartungswerts beurteilt.[1] Das geschieht genau in (13-8). Allerdings stehen dort nicht die objektiven Wahrscheinlichkeiten sondern Pseudo-Wahrscheinlichkeiten — wodurch die Risikoaversion der Marktteilnehmer doch noch Berücksichtigung findet. Hierzu diese Betrachtung: Wenn im Finanzmarkt S_u und S_d als gegeben betrachtet werden, dann wird S_0 um so geringer sein, je höher die Risikoaversion der Marktteilnehmer ist. Wird S_0 geringer, dann wird w_u* geringer, vergleiche (13-9), und w_d* größer. Das heißt: Wenn die Marktteilnehmer stärker risikoavers sind, dann ist die Pseudo-Wahrscheinlichkeit für Zahlungen im guten Zustand geringer und die für Zahlungen im schlechten Zustand größer. Insgesamt sinkt der Wert aller Kontrakte.

13.2.2 Dualer Rechenweg

Mit der Herleitung von (13-8) haben wir mathematisch bewiesen, dass sich der Wert eines jeden Kontrakts, eines Instruments oder eines Projekts, das sich auf die Wirtschaftsentwicklung (Index) bezieht, in der Form risikoneutraler Bewertung gewinnen läßt. Selbstverständlich müssen vor der Bewertung die Pseudo-Wahrscheinlichkeiten (13-9) ermittelt worden sein. Hierfür bieten sich zwei Wege an. Der erste ist der sogenannte *primale Rechenweg*. Hier wird der eben vorgeführte Weg eingeschlagen und die durch x und y bestimmte Zusammensetzung des Replikationsportfolios ermittelt, vergleiche (13-4) und (13-5). Von dort gelangt man auf den Wert (13-8). So ist man auf dem primalen Rechenweg ans Ziel gelangt, denn der Wert ist mit (13-8) bestimmt. Dieser Rechenweg hat indessen einen leichten Nachteil: Wenn in dem Finanzmarkt mehrere Kontrakte bewertet werden sollen, muss jedesmal das Replikationsportfolio neu berechnet werden. Denn in seine Zusammensetzung (13-4), (13-5) fließen die jeweiligen Kontraktdaten ein.

---

[1] GÜNTER BAMBERG und ADOLF GERHARD COENENBERG: *Betriebwirtschaftliche Entscheidungslehre*. Verlag Vahlen, München, 11. Auflage 2002.

Alternativ dazu bietet sich ein *dualer Rechenweg* an, um die Pseudo-Wahrscheinlichkeiten zu bestimmen. Der duale Weg beginnt mit der bewiesenen Tatsache, dass sich der Wert *jeder* Investition in der Form (13-8) als Barwert des mit Pseudo-Wahrscheinlichkeiten errechneten Erwartungswerts der Rückflüsse darstellen läßt. Folglich gehorchen der Index selbst sowie die sichere Anlage diesem Schema. Das heißt, es muss

(13-10)
$$S_0 = \frac{1}{1+i} \cdot \{w_u * \cdot S_u + w_d * \cdot S_d\}$$
$$1 = \frac{1}{1+i} \cdot \{w_u * \cdot (1+i) + w_d * \cdot (1+i)\}$$

erfüllt sein. Die untere Gleichung beschreibt nochmals, dass sich die beiden Pseudo-Wahrscheinlichkeiten zu 1 summieren und liefert keine neuen Informationen. Wird das Gleichungssystem (13-12) für die Unbekannten $w_u *$ und $w_d *$ gelöst, ergibt sich ganz direkt die in (13-9) gezeigte Lösung. Auf dem dualen Weg muss die Zusammensetzung des Replikationsportfolios nicht berechnet werden. Der duale Rechenweg bietet den Vorteil, dass die Pseudo-Wahrscheinlichkeiten unabhängig von jenen Kontrakten sind, die anschließend bewertet werden.

Beispiel 13-3: Eine Investition bringt in der mit A bezeichneten Planungsvariante in einem Jahr 3000 Euro als Cashflow bei guter und −1000 Euro bei schlechter Wirtschaftsentwicklung. In der Planungsvariante B bringt sie zwar nur 1000 Euro bei guter, dafür 0 bei schlechter Entwicklung. Der Index hat einen Stand von 90 und wird bei guter Wirtschaftsentwicklung auf 130 steigen, bei schlechter Wirtschaftsentwicklung auf 80 fallen. Der Zinssatz ist 5%. Die Investition soll für beide Varianten mit dem dualen Rechenweg bewertet werden. Antwort: Nach (13-7) sind die Pseudo-Wahrscheinlichkeiten

$$w_u * = \left\{\frac{(1+i)\cdot S_0 - S_d}{S_u - S_d}\right\} = \frac{1{,}05\cdot 90 - 80}{130 - 80} = 29\%$$
$$w_d * = 1 - w_u * = 71\%$$

Damit zu den Varianten. Zu A: Ihr Pseudo-Erwartungswert beträgt $E_A* = 0{,}29 \cdot 3000 + 0{,}71 \cdot (-1000) = 160$ und folglich ist $160/1{,}05 = 152{,}38$ Euro der Wert. Zu B: $E_B* = 0{,}29 \cdot 1000 + 0{,}71 \cdot 0 = 290$ und $290/1{,}05 = 276{,}19$ als Wert. Die Planungsvariante B ist demnach vorteilhafter. ■

Beispiel 13-4: Der Finanzmarkt sei genau wie im vorangegangenen Beispiel 13-3 beschrieben: Der Index hat einen Stand von 90 und wird bei guter Wirtschaftsentwicklung auf 130 steigen, bei schlechter Wirtschaftsentwicklung auf 80 fallen. Der Zinssatz ist 5%. Die Unternehmung sieht einem Freien Cashflow in einem Jahr von 3000 Euro bei guter und −1000 Euro bei schlechter Wirtschaftsentwicklung entgegen. Sie kann nun durch gewisse Vorbereitungen die Flexibilität schaffen, im Fall der möglichen Aufwärtsentwicklung des Marktes nochmals 3000 Euro zusätzlich zu erzielen, während sich bei schlechter Wirtschaftsentwicklung nichts ändert. Wieviel darf die Schaffung der Flexibilität zusätzlich kosten? Antwort: Die zusätzliche Zahlung von 3000 Euro bei guter Wirtschaftsentwicklung hat demzufolge als Wert $0{,}29 \cdot 3000 / 1{,}05 = 828{,}57$ Euro. Dies ist der Wert der Flexibilität. ■

13.3 Ergänzungen und Fragen

13.3.1 Zusammenfassung

Als ein Baustein für die Lösung der allgemeinen Bewertungsaufgabe wurde in Abschnitt 13.2 ein Instrument bewertet, das überhaupt nur zwei Zahlungen bietet, die davon abhängen, ob die "gute" oder die "schlechte" Entwicklung eintritt.

Die Bewertung begann mit der Betrachtung des Replikationsportfolios. Seine Zusammensetzung wurde mit (13-4) und (13-5) bestimmt. Die Untersuchung zeigte, dass der Wert sich als Barwert des Pseudo-Erwartungswerts der beiden Zahlungen darstellen läßt, (13-8). Diese Form der Darstellung heißt *risikoneutrale Bewertung*. Der Pseudo-Erwartungswert ist die Summe der mit den sogenannten Pseudo-Wahrscheinlichkeiten multiplizierten Zahlungen. Die Pseudo-Wahrscheinlichkeiten wurden explizit berechnet, vergleiche (13-9).

Da nun bekannt wurde, dass der Wert als Barwert des Pseudo-Erwartungswerts dargestellt werden kann, eröffnet sich ein dualer Weg zur Berechnung der Pseudowahrscheinlichkeiten. Er führt direkt auf (13-9).

13.3.2 Stichworte und Namen

Dualer Rechenweg, primaler Rechenweg, risikoneutrale Bewertung, Pseudo-Erwartungswert, Pseudo-Wahrscheinlichkeiten, replizieren, Replikationsportfolio, risikoneutrale Bewertung.

13.3.3 Fragen

Eine Beteiligung wird für eine Laufzeit von vier Jahren betrachtet, dann "soll alles abgeschlossen" sein. Es bietet, wenn die Wirtschaft in dieser Zeit gut läuft, eine finale Auszahlung von $K_u = 1000$. Allerdings muss der Investor in vier Jahren noch Geld einzahlen (Ausschüttung $K_d = -200$, falls die Wirtschaft schlecht laufen sollte. Auch die übrigen Daten beziehen sich nun auf die Vierjahresperiode: $S_0 = 100$, $S_u = 200$, $S_d = 90$, $i = 20\%$.

1. Bewerten Sie die Beteiligung nach dem dualen Ansatz.
2. Es soll nun dieselbe Beteiligung mit einer Haftungsbeschränkung angeboten werden, $K_d = 0$. Welches ist nun ihr Wert?
3. Bewerten Sie vor demselben Hintergrund eine Put-Option mit $P_u = 0$, $P_d = 200$.
4. Vergleichen Sie die Summe der in 1 und 3 gefundenen Werte mit dem in 2 bestimmten Wert!

13.3.4 Lösungen

Aus

$$w_u^* = \left\{\frac{(1+i) \cdot S_0 - S_d}{S_u - S_d}\right\} = \frac{1{,}20 \cdot 100 - 90}{200 - 90} = 27{,}27\%$$

$$w_d^* = 1 - w_u^* = 72{,}73\%$$

folgen

1. $K_0(\text{ohne Haftungsbeschränkung}) = 0{,}2727 \cdot 1000 + 0{,}7273 \cdot (-200) = 127{,}24$
2. $K_0(\text{mit Haftungsbeschränkung}) = 0{,}2727 \cdot 1000 + 0{,}7273 \cdot 0 = 272{,}70$
3. $P_0 = 0{,}2727 \cdot 0 + 0{,}7273 \cdot 200 = 145{,}46$
4. $K_0(\text{ohne Haftungsbeschränkung}) + P_0 = 127{,}24 + 145{,}46 = 272{,}70$

14. Binomial-Modell

Im vorangegangenen Kapitel 13 wurden die risikoneutrale Bewertung und die Bestimmung der Pseudo-Wahrscheinlichkeiten erklärt. Diese Ergebnisse dienen jetzt im Binomial-Modell dazu, allgemeine Kontrakte und Derivate zu bewerten, die sich auf ein Underlying beziehen. Dazu wird der Wertebereich des Underlyings diskretisiert. Das Instrument wird durch die Zahlungen beschrieben, die es in diesen diskreten Werten des Underlyings hat. Auch hier ergibt sich eine Rechenmethode der risikoneutralen Bewertung.

14.1 Die Entwicklung des Underlying 353
14.2 Ein Instrument bewerten 362
14.3 Ergänzungen und Fragen..370

14.1 Die Entwicklung des Underlying

14.1.1 Warum mehr als zwei Zustände?

Im vorangegangenen Kapitel wurde die Perspektive entfaltet, nach der eine Einzelanlage oder ein Finanzkontrakt ein Exposure gegenüber einem Underlying hat. In den meisten Fällen wird dies die "allgemeine Wirtschaftsentwicklung" oder die Rendite auf das Marktportfolio sein. Es wurde gefragt, welche Zahlung (Dividende, Gewinn, Cashflow) mit der betrachten Einzelanlage oder dem betrachteten Finanzkontrakt verbunden ist, sofern das Underlying diesen oder jenen Wert annimmt. Kurz, die Einzelanlage oder der Finanzkontrakt wird durch seine bedingten Zahlungen beschrieben.

Als Schwachpunkt der Analyse in Kapitel 13 könnte angesehen werden, dass für das Underlying immer nur *zwei* Zustände unterschieden wurden, ein guter und ein schlechter, up oder down. Deshalb konnte gleichfalls das zu bewertende Instrument, dessen unsichere Zahlungen sich auf das Underlying beziehen, nur durch *zwei* unsichere Ergebnisse beschrieben werden.

Für praktische Zwecke kann das vollauf genügen. Es kann sogar sein, dass ein Praktiker sich nicht in der Lage sieht, einen zukünftigen unsicheren Freien Cashflow, dessen Wert bestimmt werden soll, durch mehr als zwei Realisationsmöglichkeiten zu beschreiben.

Zudem ist die Beschreibung des Payoffs mit zwei Punkten korrekt und ausreichend, wenn die Zahlungen des zu bewertenden Instruments linear vom Underlying abhängen. Das ist der Fall, wenn die Unternehmung ein konstantes Exposure hat.

Doch einige Kontrakte und Instrumente haben Zahlungen, die sich nicht in linearen Weise auf das Underlying beziehen. Das ist bei Optionen der Fall. Ein nicht-lineares Payoff-Diagramm ist nicht mehr wie eine Gerade durch zwei Punkte festgelegt. Bei Instrumenten mit nicht-linearem Payoff muss daher berücksichtigt werden, dass das Underlying in Wirklichkeit nicht nur zwei sondern viele Werte annehmen kann. Man muss das zu bewertende Instrument dadurch beschreiben, dass für jede dieser vielen Realisationsmöglichkeiten des Underlyings gesagt wird, welches die diesem Zustand entsprechende Zahlung des Kontrakts oder Instruments ist.

Es ist in solchen Fällen zwar erforderlich, den vollen Wertebereich des Underlyings zu berücksichtigen, doch muss nicht jeder reelle Wert, den das Underlying annehmen kann, berücksichtigt werden. Es genügt, den Wertebereich durch eine gewisse Anzahl diskreter Realisationen zu beschreiben. Die Anzahl diskreter Realisationen muss jedoch (deutlich) größer als 2 sein können, wenn es die Rechengenauigkeit notwendig macht — und das ist bei Instrumenten mit nicht-linearem Payoff der Fall.

Für die Behandlung dieses Punkts ist der zuvor in Kapitel 13 studierte Fall zweier Zustände nicht überflüssig, sondern ein wichtiger Baustein. Die meisten Underlyings, so der Börsenindex, zeigen eine Verteilung, die recht nahe an der *Normalverteilung* ist. Wir hatten das schon diskutiert und mit dem Zentralen Grenzwertsatz begründet. Die Normalverteilung kann bekanntlich durch eine Binomialverteilung approximiert werden.[1] Daher genügt es, für das Underlying eine Binomialverteilung zu unterstellen. Die Binomialverteilung ist aber eng mit einem Entwicklungsbaum verwandt, und in diesem Baum kommen

---

[1] Für großes n ähnelt sie einer Normalverteilung mit eben diesem Erwartungswert und dieser Varianz, wie der Grenzwertsatz von DE MOIVRE und LAPLACE zeigt: ABRAHAM DE MOIVRE (1667-1754) und PIERRE SIMON MARQUIS (seit 1804) DE LAPLACE (1749-1827), französische Mathematiker.

14. BINOMIAL-MODELL

Verzweigungen vor, die wir mit dem Rechenweg der riskoneutralen Bewertung behandeln können.

14.1.2 Binomialverteilung

Rekapitulieren wir:

> Die *Binomialverteilung* $B(n,p)$ ist die Wahrscheinlichkeitsverteilung einer diskreten Zufallsgröße $\tilde{x}$, die nur die Zahlen $0, 1, 2, ..., n$ annehmen kann, wobei die Wahrscheinlichkeiten durch Binomialkoeffizienten gegeben sind. Hinter der Binomialverteilung $B(n,p)$ steht die n-fache Durchführung eines Zufallsexperiments mit zwei möglichen Ausgängen (Erfolg, Mißerfolg), wobei p die Erfolgswahrscheinlichkeit ist. Die Binomialverteilung beschreibt die Wahrscheinlichkeiten, mit der die unsicheren Anzahlen $\tilde{x} = 0, 1, 2, ..., n$ von Erfolgen auftreten. Sie hat den Erwartungswert $n \cdot p$ (erwartete Anzahl von Erfolgen) und die Varianz $n \cdot p \cdot (1-p)$. Üblich ist die Darstellung durch einen Baum. Auf jeder Stufe wird das erwähnte zweiwertige Zufallsexperiment durchgeführt. Der Pfad beschreibt die Erfolge und Mißerfolge, die in den einzelnen Stufen eingetreten sind.

Die Wahrscheinlichkeit, dass eine $B(n,p)$-verteilte Zufallsgröße die ganze Zahl x als Realisation annimmt, $0 \leq x \leq n$, ist

$$(14\text{-}1) \quad B(n, p; x) \equiv \binom{n}{x} \cdot p^x \cdot (1-p)^{n-x} = \frac{n!}{x! \cdot (n-x)!} \cdot p^x \cdot (1-p)^{n-x}$$

Bekanntlich gilt $k! = 1 \cdot 2 \cdot 3 \cdot ... \cdot k$ und $0! = 1$. Die Approximation besagt

$$(14\text{-}2) \quad \sum_{x=0}^{k} B(n, p; x) \approx N\left(\frac{k - n \cdot p}{\sqrt{n \cdot p \cdot (1-p)}}\right)$$

wobei $N(.)$ wie üblich die kumulierte Verteilung der Standard-Normalverteilung bezeichnet.

Beispiel 14-1: Für $n = 4$ und $p = 1/2$ haben die 5 möglichen Realisationen $x = 0, 1, 2, ..., 4$ die Wahrscheinlichkeiten $1/16$ $1/4$, $3/8$, $1/4$, $1/16$. Vergleiche die in Bild 9-7 gegebene Tabelle. ■

14.1.3 Up und down

Nun beschreiben wir das Underlying durch die Binomialverteilung. Hierzu stellen wir den gesamten Entwicklungsbaum auf, dessen Enden die binomialverteilten Ergebnisse sind. Allerdings kommt es nicht einzig auf die Anzahl von Erfolgen an sondern vielmehr auf die Wertentwicklung des Underlyings, die damit verbunden ist.

- Jede Stufe im Entwicklungsbaum verlangt ein gewisses Zeitintervall, und in diesem Zeitintervall, so die Vorstellung, kann sich das Underlying mit dem Faktor u (wie up) oder mit dem Faktor d (wie down) entwickeln, wobei $u > d > 0$ gelten soll. Die (objektive) Wahrscheinlichkeit für eine Aufwärtsentwicklung soll in allen Zeitstufen gleich p sein.

- Wenn das Underlying zu Beginn den Wert S aufweist, wird es also nach der ersten Zeitstufe mit Wahrscheinlichkeit p den Wert $S \cdot u$ haben (wir schreiben kurz Su) und mit Wahrscheinlichkeit $1-p$ den Wert $S \cdot d$, kurz Sd. Nach der ersten Zeitstufe sind zwei Werte für das Underlying möglich, so wie wir das zuvor stets betrachtet haben.

- Auf der zweiten Zeitstufe können daraus drei verschiedene Werte entstehen, und zwar $S \cdot u \cdot u$, kurz Suu, $S \cdot u \cdot d$, kurz Sud, sowie $S \cdot d \cdot d$, kurz Sdd.

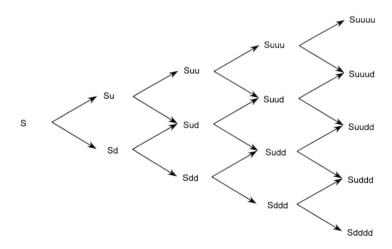

Bild 14-1: Der Entwicklungsbaum für das Underlying über vier Stufen hinweg.

14. BINOMIAL-MODELL

Das Bild 14-1 zeigt einen Entwicklungsbaum für $n=4$ (ein solcher Baum ist in konkreter Form bereits in Beispiel 3-4 besprochen worden). Nach n Zeitstufen sind $n+1$ Realisationen für das Underlying erzeugt. Von unten nach oben sind dies die $n+1$ Realisationen $S \cdot d^n$, $S \cdot u \cdot d^{n-1}$, $S \cdot u^2 \cdot d^{n-2}$, ..., $S \cdot u^{n-1} \cdot d$, $S \cdot u^n$. Ihre Wahrscheinlichkeiten sind (approximativ) normalverteilt. Das Underlying und der Prozess der Kursentwicklung wurden somit *diskretisiert*. Der Baum zeigt denkbare Entstehungen für die diskreten Realisationen des Kurses.

Beispiel 14-2: Es wird $n=2$, $p=1/2$, $u=1{,}19$, $d=0{,}91$, $S=1000$ vorgegeben, um ein Underlying durch 3 Realisationen zu diskretisieren.

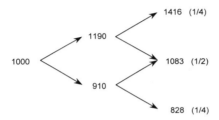

Die drei Realisationen sind 828, 1083 und 1416. Nach Formel (14-1) sind die objektiven Wahrscheinlichkeiten für diese Realisationen $1/4$, $1/2$ und $1/4$. ∎

14.1.4 Kalibrierung des Prozesses für das Underlying

Die mit dem Baum auf der Stufe n erzeugten $n+1$ Realisationen des Underlyings sind

$$(14\text{-}3) \qquad \widetilde{S}(n) = \begin{cases} S \cdot u^n \\ S \cdot d \cdot u^{n-1} \\ \dots \\ S \cdot d^{n-1} \cdot u \\ S \cdot d^n \end{cases}$$

Wenn x mal der Erfolg (up) eintrat, dann ist die Realisation des Underlyings

(14-4) $$S(n) = S \cdot u^x \cdot d^{n-x} = (S \cdot d^n) \cdot \left(\frac{u}{d}\right)^x$$

Da Summen leichter als Produkte gehandhabt werden können, bilden wir die Logarithmen dieser diskreten Realisationen:

(14-5)
$$\begin{aligned}
\ln \widetilde{S}(n) &= \\
&= \ln(S \cdot u^x \cdot d^{n-x}) = (\ln S + n \cdot \ln d) + x \cdot (\ln u - \ln d) \\
&= a + b \cdot x \quad \text{für} \\
& a = \ln S + n \cdot \ln d \quad \text{und} \\
& b = \ln u - \ln d
\end{aligned}$$

Da x jede ganze Zahl $0 \le x \le n$ annehmen kann — eigentlich ist x oder besser $\tilde{x}$ die binomialverteilte Zufallsgröße — steht in Formel (14-5) eine Zufallsgröße. Wir bezeichnen sie mit $\widetilde{Z}(n)$, $\widetilde{Z}(n) = \ln \widetilde{S}(n)$

(14-6) $$\widetilde{Z}(n) = a + b \cdot \tilde{x}$$

$\widetilde{Z}(n)$, die logarithmierten Realisationen des Underlyings auf Stufe n, sind gemäß (14-6) von der Anzahl der Erfolge oder Up-Bewegungen $\tilde{x}$ *linear* abhängig. Somit ist es ein Leichtes, die Formel für den Erwartungswert der Binomialverteilung, $E[\tilde{x}] = n \cdot p$, und die für ihre Varianz, $Var[\tilde{x}] = n \cdot p \cdot (1-p)$ auf die logarithmierten Realisationen $\widetilde{Z}(n)$ zu übertragen. Das Ergebnis:

(14-7)
$$\begin{aligned}
E[\widetilde{Z}(n)] &= E[a + b \cdot \tilde{x}] = a + b \cdot E[\tilde{x}] = a + b \cdot n \cdot p \\
Var[\widetilde{Z}(n)] &= Var[a + b \cdot \tilde{x}] = b^2 \cdot Var[\tilde{x}] = b^2 \cdot n \cdot p \cdot (1-p)
\end{aligned}$$

Wir schreiben diese Parameter nochmals unter Verwendung von u und d anstelle der in (14-5) definierten Parameter a und b. Dabei ziehen wir gleich die Wurzel aus der Varianz:

(14-8)
$$\begin{aligned}
E[\widetilde{Z}(n)] &= (\ln S + n \cdot \ln d) + (\ln u - \ln d) \cdot n \cdot p \\
SD[\widetilde{Z}(n)] &= (\ln u - \ln d) \cdot \sqrt{n \cdot p \cdot (1-p)}
\end{aligned}$$

> Nun können die Parameter u und d so bestimmt werden, dass der Prozess mit den Parametern (14-8) das Underlying in der Realität gut beschreibt. Dieser Vorgang ist die *Kalibrierung*.

Wie gesagt ist $\tilde{Z}$ der Zufallsprozess der logarithmierten Realisationen des Underlyings. Deshalb muss für die Kalibrierung gefragt werden, welches der Erwartungswert und welches die Varianz der *logarithmierten* Werte des Underlyings im realen Finanzmarkt sind.

In vielen Fällen ist das Underlying das Marktportfolio (von Aktien), und hierfür hatten wir bereits Schätzungen vorgenommen (Kapitel 3). Allerdings wird hier nicht Erwartungswert und Varianz der einfachen Rendite oder der in Euro ausgedrückten Wertentwicklung benötigt sondern Erwartungswert und Varianz der *logarithmierten* Wertentwicklung des Underlyings. Wir deshalb auf Sektion 9.2.4 zurück.

- Wir unterstellen einen Gesamtzeitraum von 1 Jahr. Wird der Betrag S in das Marktportfolio investiert, so erhält man nach einem Jahr das unsichere Ergebnis $S \cdot (1+\tilde{r})$, wobei $\tilde{r}$ die als zufällig betrachtete Einjahresrendite auf das Marktportfolio bezeichnet. Nur als Querverweis: Als Schätzungen (aufgrund der Finanzmarktdaten Schweiz 1926-2003) für den Erwartungswert und die Standardabweichung dieser Rendite zeigt Bild 3-3 9,85% beziehungsweise 20,63%.

- Der Logarithmus der Einjahresrendite $\tilde{r}$ ist die *stetige* Rendite, $\tilde{r}^* = \ln(1+\tilde{r})$. Der Logarithmus des Anlageergebnisses — und dieses beschreibt den Zufallsprozess $\tilde{z}$ — ist damit durch $\ln(S \cdot (1+\tilde{r})) = \ln S + \ln(1+\tilde{r}) = \ln S + \tilde{r}^*$ gegeben. Das logarithmierte Ergebnis, $\ln S + \tilde{r}^*$, hat somit den Erwartungswert $\ln S + \mu$ und die Varianz σ^2, wobei μ (wir lassen den Stern weg) der Erwartungswert der *stetigen* Rendite und σ ihre Standardabweichung bezeichnen. Diese Größen haben wir in 9.2.4 mit empirischen Finanzmarktdaten geschätzt. Die Schätzungen lauten: $\mu = 7{,}61\%$ und $\sigma = 19{,}01\%$.

Somit gilt für die beiden Verteilungsparameter Erwartungswert und Standardabweichung des logarithmierten Underlyings am Ende eines Jahres und auf der Stufe n:

$$(14\text{-}9) \quad \begin{aligned} E[\tilde{Z}(n)] &= E[\ln S + \tilde{r}^*] = \ln S + \mu \\ SD[\tilde{Z}(n)] &= SD[\ln S + \tilde{r}^*] = \sigma \end{aligned}$$

Für die Kalibrierung werden (14-8) und (14-9) gleich gesetzt:

(14-10)
$$n \cdot \ln d + (\ln u - \ln d) \cdot n \cdot p = \mu$$
$$(\ln u - \ln d) \cdot \sqrt{n \cdot p \cdot (1-p)} = \sigma$$

In dieser Beziehung (14-10) müssen infolgedessen die drei Parameter p, u, d des Binomial-Modells zu den Parametern μ und σ der stetigen Rendite im konkreten Finanzmarkt stehen.

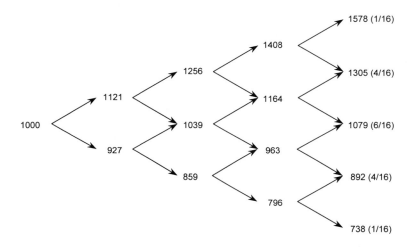

Bild 14-2: Das diskretisierte und kalibrierte Underlying Aktien Schweiz bei Zerlegung des Einjahreszeitraums in n = 4 Stufen. Bei den Realisationen des Underlyings auf der vierten Stufe, 738, 892,..., 1578, sind dazu die Wahrscheinlichkeiten gemäß Formel (14-1) gezeigt.

Für ein vorher gewähltes p kann die Beziehung (14-10) nach u und d aufgelöst werden. Etwa für $p = 1/2$ folgt (14-11), und in dieser Formel sind gleich die genannten konkreten Schätzungen für den Erwartungswert und die Standardabweichung der stetigen Rendite eingesetzt:

(14-11)
$$u = \exp\left(\frac{\mu}{n} + \frac{\sigma}{\sqrt{n}}\right) = \exp\left(\frac{0{,}0761}{n} + \frac{0{,}1901}{\sqrt{n}}\right)$$
$$d = \exp\left(\frac{\mu}{n} - \frac{\sigma}{\sqrt{n}}\right) = \exp\left(\frac{0{,}0761}{n} - \frac{0{,}1901}{\sqrt{n}}\right)$$

Für $n = 4$ liefert die Kalibrierung $u = 1{,}1208$ und $d = 0{,}9268$. Der Prozess entwickelt sich, ausgehend von $S = 1000$, wie in Bild 14-2 konkretisiert ist. Damit ist das Underlying diskretisiert und kalibriert.

Beispiel 14-3: Das Binomial-Modell soll für $n = 12$ Zeitstufen und das Underlying Aktienmarkt Schweiz aufgestellt werden. Die bei der Diskretisierung auftauchende geringste und größte Realisation des Underlyings soll für $S = 1000$ berechnet werden. Antworten: Da zu p nichts gesagt ist, darf $p = 1/2$ gewählt werden. Dafür gibt (14-11) die Lösung an — ansonsten müßte für ein vorgegebenes p (14-10) nach u und d aufgelöst werden. Aus (14-11) folgt $u = 1{,}0631$ und $d = 0{,}9526$. Die geringste Realisation des Underlyings bei dieser Diskretisierung ist $S \cdot d^{12} = 558$, die größte $S \cdot u^{12} = 2084$. ∎

Beispiel 14-4: Das Binomial-Modell soll für $n = 52$ Zeitstufen und $p = 1/2$ aufgestellt werden. Außerdem sollen die bei der Diskretisierung auftauchende geringste und größte Realisation des Underlyings für $S = 1000$ berechnet werden. Antworten: Aus (14-11) folgt $u = 1{,}02822$ und $d = 0{,}97541$. Die geringste Realisation des Underlyings bei dieser Diskretisierung ist $S \cdot d^{52} = 274$, die größte $S \cdot u^{52} = 4251$. ∎

14.1.5 Diskretisierung von Mehrjahreszeiträumen

Bevor wir das Binomial-Modell für eine Bewertung einsetzen, soll auf die Kalibrierung für jenen Fall eingegangen werden, in denen der Zeitraum, der in die n Stufen zerlegt wird, länger oder kürzer als ein Jahr ist. Die Zeitspanne ist die bis zur Fälligkeit der Zahlungen vergehende Restlaufzeit, die der zu bewertende Kontrakt bietet. Sie sei mit T bezeichnet und in Jahren gemessen. Beispielsweise für $T = 2$ und $n = 24$ würde man einen Zweijahreszeitraum in 24 Monate zerlegen. Mit $T = 0{,}5$ und $n = 26$ würde man ein halbes Jahr in 26 Wochen zerlegen. Selbstverständlich sind diese Größen frei von einer Kalendereinteilung: Mit $T = 1{,}7$ und $n = 50$ werden 1,7 Jahre in 50 gleich lange Zeitabschnitte zerlegt. Anstelle von (14-8) gilt in diesem Fall

$$E[\tilde{z}] = E[\ln S + \tilde{r}*] = \ln S + T \cdot \mu$$
$$SD[\tilde{z}] = SD[\ln S + \tilde{r}*] = \sqrt{T} \cdot \sigma$$

Dass bei der Standardabweichung die Zeit mit einer Wurzel versehen ist, wissen Sie, liebe Leserin und lieber Leser, aus Kapitel 9 vom Random Walk. Die Bedingung für die Kalibrierung (14-9) lautet daher

$$n \cdot \ln d + (\ln u - \ln d) \cdot n \cdot p = T \cdot \mu$$
$$(\ln u - \ln d) \cdot \sqrt{n \cdot p \cdot (1-p)} = \sqrt{T} \cdot \sigma$$

Sie führt, wieder für $p = 1/2$, auf

(14-12)
$$u = \exp\left(\frac{T \cdot \mu}{n} + \frac{\sqrt{T} \cdot \sigma}{\sqrt{n}}\right) = \exp\left(\frac{T \cdot 0{,}0761}{n} + \frac{\sqrt{T} \cdot 0{,}1901}{\sqrt{n}}\right)$$
$$d = \exp\left(\frac{T \cdot \mu}{n} - \frac{\sqrt{T} \cdot \sigma}{\sqrt{n}}\right) = \exp\left(\frac{T \cdot 0{,}0761}{n} - \frac{\sqrt{T} \cdot 0{,}1901}{\sqrt{n}}\right)$$

Beispiel 14-5: Zur Diskretisierung des Underlyings — Aktienmarkt Schweiz — in zwei Jahren ($T = 2$) soll diese Zeitspanne mit $n = 1$ als eine einzige Stufe betrachtet werden. Schlagen Sie für $S = 1000$ zwei Realisationen vor, die das Underlying in zwei Jahren repräsentieren können. Antwort: $u = 1{,}5235$ und $d = 0{,}8899$, also $Sd = 890$ und $Su = 1524$. ∎

14.2 Ein Instrument bewerten

14.2.1 Aufstellung der bedingten Zahlungen für das Instrument

Nachdem nun das Underlying durch $n + 1$ mögliche Realisationen oder Zustände $S \cdot d^n$, $S \cdot u \cdot d^{n-1}$, $S \cdot u^2 \cdot d^{n-2}$, ..., $S \cdot u^{n-1} \cdot d$, $S \cdot u^n$ diskretisiert ist, betrachten wir ein Instrument, das bewertet werden soll. Der Kontrakt oder das Instrument wird durch die Zahlungen beschrieben, die es in diesen $n + 1$ Zuständen hat.

Als Beispiel sei eine Finanzoption betrachtet, eine Call-Option. Sie habe die Fälligkeit, die mit dem Ende der Baumentwicklung zusammenfällt, und das sei genau ein Jahr. Der Ausübungspreis sei 1000. Wir legen die in Bild 14-2 gezeigte Diskretisierung mit $n = 4$ sowie $u = 1{,}1208$ und $d = 0{,}9268$ zugrunde. Bei den beiden schlechtesten Entwicklungen des Underlyings 738 und 892 wird man die Call-Option verfallen lassen. Sie hat in diesen Zuständen den Wert 0.

Bereits bei der Realisation des Underlyings von 1079 wird die Call-Option ausgeübt und bringt eine Zahlung, nach Leistung des Ausübungspreises, in Höhe von 79. Im Zustand, in dem das Underlying einen Wert von 1305 erreicht, bringt die Call-Option dem Inhaber eine

Zahlung von 305. Im obersten Zustand des Baums schließlich bringt die Call-Option dem Inhaber eine Zahlung von 578.

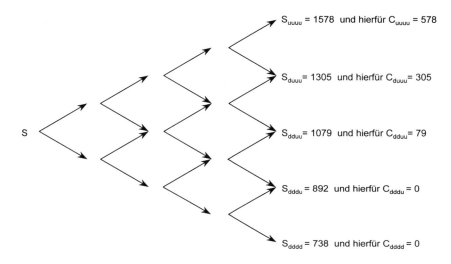

Die bedingten Zahlungen der Call-Option sind nachstehend als Payoff-Diagramm veranschaulicht. Es läßt gut erkennen, dass dieses Instrument keine lineare sondern eine konkave (sogar geknickte) Abhängigkeit der Zahlungen vom Underlying aufweist.

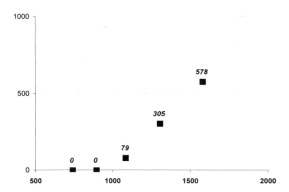

Bild 14-3: Die bedingten Zahlungen der Call-Option. Die Abszisse sind Kurse für das Underlying, die Ordinate Werte der Option. Gut erkennbar ist die Konkavität des dargestellten Payoffs.

14.2.2 Rückwärtsrechnung

Mit dieser Beschreibung des Instruments kann die Frage angegangen werden, welche Werte es eine Zeitstufe zuvor in den dortigen Zuständen haben müßte. Zur Beantwortung dieser Frage wird die im letzten Kapitel in Abschnitt 13.2 entwickelte Methode der riskoneutralen Bewertung mit *zwei* möglichen Zuständen eingesetzt. Wir beginnen mit dem Zustand oben auf der vorletzten Stufe, wo das Underlying den Wert 1408 hat (Bild 14-2). Von dort aus ist die nachstehend gezeigte Entwicklung möglich.

Jetzt fehlt nur noch die Beschreibung der sicheren Anlage. Wenn die Gesamtperiode (wie schon bei der Kalibrierung des Baums für das Underlying unterstellt) ein Jahr beträgt und i der Einjahreszinssatz ist, dann ist $\sqrt[n]{(1+i)}$ die für eine Zeitstufe anzuwendende Verzinsung. Im Zahlenbeispiel soll der Zinssatz für eine Zeitstufe 1% sein, das heißt, wir legen einen Jahreszinssatz von 4,06% zugrunde.

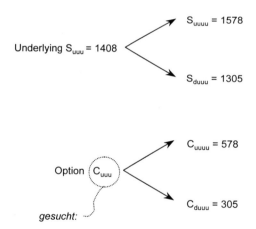

Wir folgen dem dualen Ansatz. Die Formel (13-9) liefert die Pseudo-Wahrscheinlichkeiten

$$w_u^* = \left\{\frac{(1+i)\cdot S_0 - S_d}{S_u - S_d}\right\} = \frac{1{,}01\cdot 1408 - 1305}{1578 - 1305} = 42{,}9\%$$

$$w_d^* = 1 - w_u^* = 57{,}1\%$$

Der Pseudo-Erwartungswert der Zahlungen der Call-Option ist daher $0{,}429 \cdot 578 + 0{,}571 \cdot 305 = 422{,}12$. Jetzt muss noch der Barwert berechnet

14. BINOMIAL-MODELL

werden, 422,12 / 1,01 = 418 und das ist der Wert C_{uuu}, den die Option in diesem Zustand haben müßte.

Als nächstes betrachten wir auf der vorletzten und dritten Stufe den darunter liegenden Zustand, in dem das Underlying den Wert $S_{duu} = 1164$ aufweist.

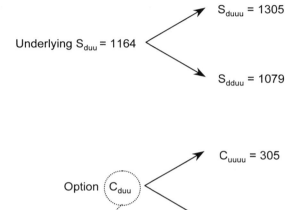

Die Formel (13-9) liefert wiederum die Pseudo-Wahrscheinlichkeiten

$$w_u^* = \left\{\frac{(1+i)\cdot S_0 - S_d}{S_u - S_d}\right\} = \frac{1,01\cdot 1164 - 1079}{1305 - 1079} = 42,8\%$$
$$w_d^* = 1 - w_u^* = 57,2\%$$

Es mag überraschen: Die Pseudo-Wahrscheinlichkeiten haben sich (abgesehen von kleinen Rundungsfehlern) nicht verändert. Das muss so sein. Wenn die Konstruktionsregel für den Prozess in (13-9) eingesetzt wird, dann zeigt sich, dass die Pseudo-Wahrscheinlichkeiten für alle Zustände im Baum identisch sind:

(14-13)
$$w_u^* = \left\{\frac{(1+i) - d}{u - d}\right\}$$
$$w_d^* = 1 - w_u^*$$

Für die konkreten Zahlen $u = 1{,}1208$ und $d = 0{,}9268$ bedeutet das

$$w_u^* = \left\{\frac{(1+i)-d}{u-d}\right\} = \frac{1{,}01-0{,}9268}{1{,}1208-0{,}9268} = 42{,}9\%$$
$$w_d^* = 1 - w_u^* = 57{,}1\%$$

Dieser Sachverhalt *erleichtert* die Anwendung der dualen Methode im Binomial-Modell ungemein.

Der Pseudo-Erwartungswert der Zahlungen der Option ist nun $0{,}429 \cdot 305 + 0{,}571 \cdot 79 = 176$. Wieder muss diskontiert werden, $176/1{,}01 = 174$ und das ist C_{duu}, der Wert, den die Option in diesem Zustand haben müßte.

So kann von den hinteren zu den vorderen Stufen für jeden Zustand im Baum der Wert berechnet werden, den die Call-Option in jenem Zustand haben müßte. Schließlich ist man auf dem anfänglichen Zeitpunkt angelangt und hat damit den (heutigen) Wert der Option gefunden. Er beträgt im Beispiel 100. Die numerischen Ergebnisse sind in Bild 14-4 zusammengetragen. Die Werte sind auf ganze Zahlen gerundet, und Rundungsfehler können sich etwas fortpflanzen. Doch das ist hier nicht so wichtig. Das nachstehende Bild soll gestatten, die Rechnung mit einem Taschenrechner nachvollziehen zu können.

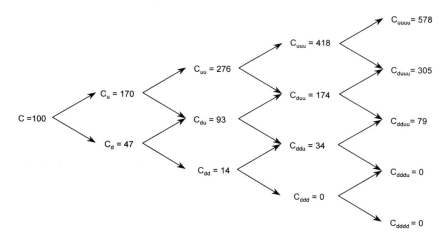

Bild 14-4: Die von rechts nach links im Baum gerechneten Werte für die Option.

14.2.3 Die allgemeinen Pseudowahrscheinlichkeiten

Mit dem vorgeführten Binomial-Modell können verschiedenste Finanzinstrumente bewertet werden. Sie müssen lediglich zum Fälligkeitszeitpunkt durch die bedingten Zahlungen beschrieben werden. Dazu ist für jeden Zustand zu klären: Wenn das Underlying die Realisation $S \cdot d^n$, $S \cdot u \cdot d^{n-1}$, $S \cdot u^2 \cdot d^{n-2}$,..., $S \cdot u^{n-1} \cdot d$, $S \cdot u^n$ hätte, welches wäre dann die Zahlung des Finanzinstruments.

Zudem hat das Beispiel mit der sukzessiven Rechnung erkennen lassen, dass der Wert eines allgemeinen Finanzinstruments sich wieder in der Form eines diskontierten Pseudo-Erwartungswerts schreiben läßt. Um dies besser zu sehen, betrachten wir $n = 2$ Stufen.

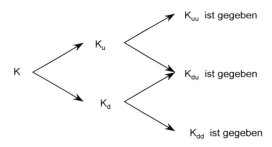

Die drei Werte K_{uu}, K_{du} und K_{dd}, die der zu bewertende Kontrakt in den drei Zuständen hat, sind beliebig vorgegeben. Dann gilt für die Stufe davor:

$$K_u = \frac{w_u * \cdot K_{uu} + w_d * \cdot K_{du}}{1+i} \quad \text{und} \quad K_d = \frac{w_u * \cdot K_{du} + w_d * \cdot K_{dd}}{1+i}$$

Und es folgt für den Kontraktwert (14-14). Er ist damit *wieder* in der *Form risikoneutraler Bewertung* dargestellt. In der geschweiften Klammer steht der Pseudo-Erwartungswert, und dieser Pseudo-Erwartungswert wird mit $(1+i)^2$ diskontiert (weil es hier zwei Zeitstufen sind). Achtung: wir hatten den Zinssatz für *eine* Zeitstufe mit i bezeichnet.

$$K_u = \frac{w_u * \cdot K_u + w_d * \cdot K_d}{1+i} =$$

(14-14)
$$= \frac{w_u * \cdot \left(\frac{w_u * \cdot K_{uu} + w_d * \cdot K_{du}}{1+i}\right) + w_d * \cdot \left(\frac{w_u * \cdot K_{du} + w_d * \cdot K_{dd}}{1+i}\right)}{1+i} =$$

$$= \frac{1}{(1+i)^2} \cdot \left\{ (w_u *)^2 \cdot K_{uu} + (2 \cdot w_u * \cdot w_d *) \cdot K_{du} + (w_d *)^2 \cdot K_{dd} \right\}$$

Sehen wir uns noch die Pseudo-Wahrscheinlichkeiten an, die in der geschweiften Klammer stehen.

Wegen $w_d* = 1 - w_u*$ ist die Summe der drei dort erscheinenden Pseudo-Wahrscheinlichkeiten (es gibt ja auch drei Zustände) gleich $a^2 + 2 \cdot a \cdot (1-a) + (1-a)^2$, und das ist gleich 1. Vielleicht fällt auf, dass diese Pseudo-Wahrscheinlichkeiten einfach die Binomialkoeffizienten (14-1) sind, sobald $p = w_u*$ gesetzt wird.

Dieser Sachverhalt kann auf den Fall übertragen werden, dass das Underlying durch einen Baum mit $n > 2$ Stufen diskretisiert wird. Für jeden der diskreten Werte, die das Underlying nach n Stufen zufälliger Up und Down erreicht, soll der diesem Zustand entsprechende Wert des Instruments gegeben sein. Der Wert, den das Instrument in jenem Zustand hat, der durch x Up-Bewegungen (und $n-x$ Down-Bewegungen) erreicht wird, sei mit $K(x)$ bezeichnet. Die Pseudo-Wahrscheinlichkeiten dieser Zustände sind

(14-15) $$\left\{ \frac{n!}{x! \cdot (n-x)!} \cdot (w_u *)^x \cdot (w_d *)^{n-x} \right\}$$

Dann ist der Pseudo-Erwartungswert des Instruments gegeben durch

(14-16) $$E* = \sum_{x=0}^{n} \left\{ \frac{n!}{x! \cdot (n-x)!} \cdot (w_u *)^x \cdot (w_d *)^{n-x} \right\} \cdot K(x)$$

und der Wert des Instruments ist gleich dem diskontierten Pseudo-Erwartungswert,

$$(14\text{-}17) \qquad K \;=\; \frac{1}{(1+i)^n} \cdot \sum_{x=0}^{n} \left\{ \frac{n!}{x! \cdot (n-x)!} \cdot (w_u{}^*)^x \cdot (w_d{}^*)^{n-x} \right\} \cdot K(x)$$

Beispiel 14-6: Für $n = 3$ soll ein Finanzinstrument bewertet werden, das in einem Jahr fällig wird und in den beiden oberen Zuständen den Geldbetrag 100 Euro liefert und in den unteren beiden der $n+1 = 4$ Zustände nichts abwirft. Es soll mit Pseudowahrscheinlichkeiten von $w_u{}^* = 43\%$ und $w_d{}^* = 57\%$ gerechnet werden, der auf eine Stufe bezogene Zins i sei durch $(1+i)^3 = 1{,}05$ gegeben. Die Formel (14-17) lautet

$$K \;=\; \frac{1}{1{,}05} \cdot \left\langle \begin{array}{l} \left\{\dfrac{6}{6 \cdot 1} \cdot 0{,}43^3\right\} \cdot 100 + \left\{\dfrac{6}{2 \cdot 1} \cdot 0{,}43^2 \cdot 0{,}57\right\} \cdot 100 + \\[4pt] + \left\{\dfrac{6}{1 \cdot 2} \cdot 0{,}43 \cdot 0{,}57^2\right\} \cdot 0 + \left\{\dfrac{6}{1 \cdot 6} \cdot 0{,}57^3\right\} \cdot 0 \end{array} \right\rangle \;=$$

$$= \; \frac{1}{1{,}05} \cdot \langle 0{,}0795 \cdot 100 + 0{,}3162 \cdot 100 + 0{,}4191 \cdot 0 + 0{,}1852 \cdot 0 \rangle \;=$$

$$= \; \frac{39{,}57}{1{,}05} \;=\; 37{,}69$$

Das Instrument hat einen Wert von 37,69 Euro. ∎

14.2.4 Ein Nachsatz

Was Optionen betrifft, so hatte man um 1970 keine andere Möglichkeit, als so vorzugehen:

1. Wähle n, diskretisiere das Underlying und stelle den Entwicklungsbaum auf.
2. Kalibriere die Parameter u und d, damit das wirkliche Underlying gut wiedergegeben wird — Formeln (14-11) bei Fälligkeit in einem Jahr beziehungsweise (14-12) bei Fälligkeit zu T.
3. Berechne die Pseudo-Wahrscheinlichkeiten mit Formel (14-13).
4. Definiere die Option oder das zu bewertende Finanzinstrument durch ihre Zahlungen in den $n+1$ Zuständen auf der letzten Stufe des Baums.
5. Berechne rückwärts die Werte der Option oder des Instruments.

Erst mit der Arbeit von F. BLACK und M. SCHOLES 1972 war eine *analytische* Formel für den Wert einer europäischen Call-Option gefunden. Für allgemeinere Instrumente oder wenn die Voraussetzungen der Black-Scholes-Formel nicht gegeben sind, muss wieder auf die vorgeführte Rechnung im Binomial-Modell zurück gegriffen werden. Zahlreiche Optionsrechner sind im Internet verfügbar, die den vorgeführten Rechenweg mit einem Excel-Programm umsetzen.

14.3 Ergänzungen und Fragen

14.3.1 Zusammenfassung der Abschnitte 14.1 bis 14.2

In diesem Kapitel sind wir der Notwendigkeit nachgegangen, konvex gekrümmte oder eben ganz allgemeine Payoffs zu bewerten. Wie wird dazu vorgegangen? Zunächst wird die "allgemeine Wirtschaftsentwicklung" durch einen Aktienindex beschrieben. Das aus Aktien gebildete Marktportfolio dient als *Underlying*. Sodann wird der mögliche Wertebereich des Underlyings *diskretisiert*.

Hierzu wird die Zeitspanne bis zur Fälligkeit des Instruments, das bewertet werden soll, in n Abschnitte zerlegt und ein Entwicklungsbaum aufgestellt, bei dem in jedem Zustand und Zwischenzustand eine Verzweigung möglich ist: entweder bewegt sich der Index mit dem Faktor u (up) nach oben oder verändert sich mit dem Faktor d (down). Auf diese Weise wird die Entwicklung des Underlyings, das mit dem Anfangswert S beginnt, durch die $n+1$ Realisationen $S \cdot d^n$, $S \cdot u \cdot d^{n-1}$, $S \cdot u^2 \cdot d^{n-2}$,..., $S \cdot u^{n-1} \cdot d$, $S \cdot u^n$ beschrieben. Das also sind die Werte des Underlyings in den $n+1$ Zuständen.

Sodann werden die Faktoren u und d kalibriert, das heißt, numerisch so festgelegt, dass der Entwicklungsprozess die Verhältnisse im wirklichen Finanzmarkt gut beschreibt, vergleiche (14-9) und (14-10).

Anschließend wird der zu bewertende Kontrakt oder das Instrument durch die Zahlungen beschrieben, die er oder es in diesen $n+1$ Zuständen des Underlyings hat. Mit einer Rückwärtsrechnung kann nun für alle Zwischenzustände und den Anfangszustand der Wert berechnet werden, den der Kontrakt oder das Instrument dort hätte. Hierbei wird die in Abschnitt 9.1 gezeigte risikoneutrale Bewertung eingesetzt.

14. BINOMIAL-MODELL

14.3.2 Stichworte und Namen

Binomial-Modell, Black-Scholes-Formel, Binomialverteilung, Diskretisierung des Underlyings, Kalibrierung.

14.3.3 Aufgabe

A) Das Binomial-Modell soll für $n = 3$ Zeitstufen und $p = 1/2$ das Underlying Aktienmarkt Schweiz aufgestellt werden. Berechnen Sie alle bei der Diskretisierung auftauchenden Realisationen des Underlyings für $S = 1000$ und die drei Zeitstufen. B) Eine Call-Option auf dieses in Aufgabe 1 diskretisierte Underlying wird in einem Jahr fällig und hat den Ausübungspreis $K = 1100$. Stellen Sie die Werte der Call-Option zum Verfallstag in Abhängigkeit der bei der Diskretisierung ermittelten vier Werte des Underlyings dar. C) Bewerten Sie die Option für einen auf das ganze Jahr bezogenen Zinssatz 5%.

14.3.4 Lösungen

A) Es wird wie in Beispiel 14-3 vorgegangen: Aus (14-10) folgt $u = 1{,}1447$ und $d = 0{,}9191$. Die beiden Realisationen des Underlyings für die erste Stufe sind bei dieser Diskretisierung $S \cdot d = 919$ und $S \cdot u = 1145$. Auf der zweiten Stufe sind es die drei Realisationen $S \cdot d^2 = 845$, $S \cdot d \cdot u = 1052$ und $S \cdot u^2 = 1310$. Zur dritten Zeitstufe: Die geringste Realisation des Underlyings bei dieser Diskretisierung ist $S \cdot d^3 = 776$, dann kommt $S \cdot d^2 \cdot u = 967$, dann $S \cdot d \cdot u^2 = 1204$ und schließlich die größte $S \cdot u^3 = 1500$.

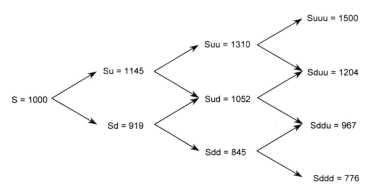

B) Für die beiden diskreten Werte des Underlyings $S_{ddd} = 776$ und $S_{ddu} = 967$ hat die Call-Option mit $K = 1100$ auf der dritten Stufe des

Underlyings den Wert 0, für $S_{duu} = 1204$ den Wert $C_{duu} = 104$ und für $S_{uuu} = 1500$ den Wert $C_{uuu} = 400$:

$$C_{ddd} = 0, \ C_{ddu} = 0, \ C_{duu} = 104, \ C_{uuu} = 400$$

Sie sind zusammen mit dem Ergebnis des nächsten Rechenschrittes in den nachstehenden Baum eingetragen.

C) Um die Pseudo-Wahrscheinlichkeiten nach (14-3) zu ermitteln, muss noch der Jahreszinssatz von 5% auf eine Zeitstufe von einem Drittel Jahr umgerechnet werden: Aus $1+i = \sqrt[3]{1{,}05}$ folgt $i = 1{,}64\%$. So folgt

$$w_u^* = \left\{ \frac{(1+i) - d}{u - d} \right\} = \frac{1{,}0164 - 0{,}9191}{1{,}1447 - 0{,}9191} = 43{,}13\%$$

$$w_d^* = 1 - w_u^* = 56{,}87\%$$

Für die dritte Zeitstufe ergeben sich die Werte

$$C_{dd} = 0{,}4313 \cdot C_{ddu} + 0{,}5687 \cdot C_{ddd} = 0,$$

$$C_{du} = 0{,}4313 \cdot C_{duu} + 0{,}5687 \cdot C_{ddu} = 0{,}4313 \cdot 104 + 0{,}5687 \cdot 0 = 44{,}85,$$

$$C_{uu} = 0{,}4313 \cdot C_{uuu} + 0{,}5687 \cdot C_{duu} = 0{,}4313 \cdot 400 + 0{,}5687 \cdot 104 = 232$$

Für die zweite Zeitstufe errechnet sich daraus

$$C_d = 0{,}4313 \cdot C_{du} + 0{,}5687 \cdot C_{dd} = 0{,}4313 \cdot 44{,}85 + 0{,}5687 \cdot 0 = 19{,}34$$

$$C_u = 0{,}4313 \cdot C_{uu} + 0{,}5687 \cdot C_{du} = 0{,}4313 \cdot 232 + 0{,}5687 \cdot 44{,}85 = 125{,}57$$

Für den Beginn, für den Bewertungszeitpunkt also, folgt

$$C = 0{,}4313 \cdot C_u + 0{,}5687 \cdot C_d = 0{,}4313 \cdot 125{,}57 + 0{,}5687 \cdot 19{,}34 = 65{,}16.$$

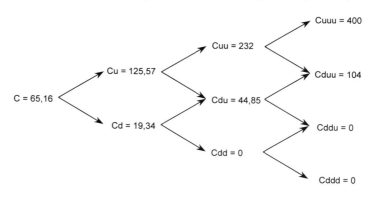

15. Diskontierung durch Replikation

Zu Diskontieren heißt, den Wert oder Barwert einer (unsicheren) Zahlung zu bestimmen, die zu einem zukünftigen Zeitpunkt geleistet wird. In diesem Kapitel greifen wir wieder die Diskontierung der Cashflows einer Unternehmung auf, die mit der Risikoprämienmethode und der Bestimmung der risikogerechten Diskontrate mit einer Schätzung von Beta und dem CAPM längst erledigt schien. Wir betrachten eine Unternehmung, die zu den verschiedenen Jahren Zahlungen an die Berechtigten leistet, deren Höhen von der "allgemeinen Wirtschaftsentwicklung" abhängen, wie das in der Realität typischerweise der Fall ist. Diese bedingten Zahlungen können genau wie Optionen und andere Finanzkontrakte mit Replikation und dem Binomial-Modell bewertet werden. Wenn die Unternehmung ein konstantes Exposure hat (ihren Geschäftsplan nicht dynamisch anpaßt), genügt eine Diskretisierung mit $n = 1$, ungeachtet des Jahres t, in dem der Cashflow anfällt. Wir werden zwei Dinge entdecken: Erstens werden mit der Risikoprämienmethode schnell Unternehmen, die sich in der Restrukturierung befinden, zu hoch bewertet. Zweitens kommt es bei der Diskontierung eines unsicheren Cashflows auf die "Reifezeit" an, die Zeitspanne, in der er wirtschaftlich entstanden ist.

15.1 Replikation des Freien Cashflows 373
15.2 Reifezeit 386
15.3 Ergänzungen und Fragen 391

15.1 Replikation des Freien Cashflows

15.1.1 Vorbereitung

In den vorangegangenen Kapiteln 13 und 14 haben wir den Wert eines beliebigen Instruments, Kontrakts oder Projekts bewertet. Die Zahlungen wurden als von der Entwicklung eines Underlying abhängig angesehen. Meist handelt es sich dabei um die generelle Wirtschaftsentwicklung, die durch einen Marktindex repräsentiert wird.

So konnten Kontrakte und Instrumente mit beliebigem Verlauf des Payoffs betrachtet werden. Die in Kapitel 14 vorgeführte Rechnung lief über eine Diskretisierung (Binomial-Modell), die bei n Stufen auf $n+1$ diskrete Realisationen führte, die das Underlying zum Fälligkeitszeitpunkt haben kann.

Die Diskretisierung muss um so feiner sein — die Anzahl der Stufen n im Binomial-Modell muss mithin um so größer gewählt werden — je mehr Feinheiten des Verlaufs des Payoffs des zu bewertenden Instruments erfaßt werden sollten. Bei einem Instrument, dessen Payoff linear ist, genügen sogar zwei "Punkte" zur Beschreibung des Payoffs, weshalb zwei Zustände, also $n=1$ vollkommen ausreicht.

Die Situation eines linearen Payoffs entspricht einer Unternehmung, die durch ihren (starren) Geschäftsplan ein konstantes Exposure gegenüber der Wirtschaftsentwicklung aufweist. Das ist in der Realität typischerweise der Fall. Wir wollen nun diesen Sachverhalt dazu nutzen, den Wert eines im Jahr t fälligen unsicheren Cashflows zu bestimmen.

Diese Aufgabe ist uns bei jeder Unternehmensbewertung schon zuvor beggnet. Doch bisher hatten wir die Aufgabe, den Barwert einer unsicheren zukünftigen Zahlung zu finden, stets als gelöst betrachtet. Wir sagten, dass nach der Risikoprämienmethode der Erwartungswert der unsicheren Zahlung zu bilden oder der erwartete Cashflow aufzustellen sei und dass dieser durch $(1+r)^t$ dividiert werden müsse. Die Diskontrate r sei dabei als marktgerechte Vergleichsrendite zu bestimmen. Dabei komme es auf das Risiko an, und dieses werde im CAPM durch Beta ausgedrückt. Zwar geschehe es dann und wann, dass ein Analyst das Beta nicht kenne. Doch in solchen Fällen gibt es Expertenmeinungen und ein Blick auf "branchentypische" Betas hilft weiter. Zwar komme noch eine Adjustierung für das Leverage-Risiko hinzu, doch insgesamt sei dies der korrekte Weg für die Diskontierung.

Wir wollen in diesem Kapitel nicht der Risikoprämienmethode folgen sondern die in den Kapiteln 13 und 14 entwickelte risikoneutrale Bewertung einsetzen. Sicher müssen wir dazu die zu diskontierenden zukünftigen Cashflows so beschreiben, dass sie mit dem Binomial-Modell behandelt werden können. Außerdem müssen die Daten des Index gegeben sein, der die Wirtschaftsentwicklung beschreibt, sowie der Zinssatz. Doch diese Größen wurden bereits geschätzt, vergleiche Sektion 9.2.4, und bereits die Beispiele im Kapitel 14 waren mit marktgerechten Zahlen formuliert und gerechnet.

15. DISKONTIERUNG DURCH REPLIKATION

Insofern ist die Anwendung der Replikation zur Diskontierung eines unsicheren Cashflows vielleicht sogar leichter als die Bestimmung der risikogerechten Vergleichsrendite nach dem CAPM. Zudem werden wir auf diese Weise neue Erkenntnisse gewinnen.

Bevor wir weitergehen, sollten wir noch zwei Punkte ansprechen, um sie damit zu erledigen und nicht später immer noch eigens erwähnen zu müssen.

1. In den Kapiteln 13 und 14 hatten wir angenommen, dass das zu bewertende Instrument nur zu *einem* Zeitpunkt Zahlungen leistet. Das ist indessen keine große Einschränkung, wenn wir uns an die *Wertadditivität* erinnern, die in arbitragefreien Märkten gilt. Ist ein Kontrakt, ein Projekt oder eine Unternehmung mit Zahlungen zu *mehreren* Zeitpunkten zu bewerten, dann werden die Zahlungen einfach getrennt bewertet. Anschließend werden die Barwerte der Zahlungen der verschiedenen Zeitpunkte addiert.

2. Eine Unternehmung hat nicht nur ein systematisches Risiko, also Ergebnisse, die mit der allgemeinen Wirtschaftsentwicklung variieren. Sie hat auch ein unsystematisches Risiko. Das unsystematische Risiko zeigt sich darin, dass der Freie Cashflow einer Unternehmung (im Jahr t) nicht nur durch ein Exposure gegenüber dem Index charakterisiert ist sondern zusätzlich eine Komponente aufweist, die mit dem Index unkorreliert ist. Diese zusätzliche Komponente, das unsystematische (CAPM) oder das spezifische (Faktormodell) Risiko, hat jedoch keinen Einfluß auf den Wert. Wir konzentrieren uns daher im folgenden auf das systematische Risiko.

15.1.2 Diskretisierung des Underlyings

Wir unterstellen (in diesem gesamten Kapitel) eine Unternehmung, deren Dividenden, Gewinne oder Freie Cashflows durch ein konstantes Exposure entstehen, das heißt, dass diese "Auszahlungen" oder kurz Zahlungen in linearer Weise von der allgemeinen Wirtschaftsentwicklung abhängen (wie gesagt betrachten wir das unsystematische (CAPM) oder das spezifische (Faktormodell) Risiko nicht mehr).

Die Wirtschaftsentwicklung ist durch den Index repräsentiert. Aufgrund des konstanten Exposures (Linearität des Payoffs) genügt eine Diskretisierung mit $n=1$. Zwei "Punkte" beschreiben den Cashflow: Die Höhe bei guter und die bei schlechter Wirtschaftsentwicklung.

Wir betrachten zunächst das Underlying. Gemeint ist der Wert des Index zum Zeitpunkt der Fälligkeit der Zahlung, die diskontiert werden soll. Wir ziehen für die Kalibrierung (14-11) heran, wenn die Zahlung in einem Jahr fällig ist, und (14-12), sofern sie zu einem späteren Jahr fällig ist. In diese Formeln wird $n = 1$ eingesetzt und man erhält:

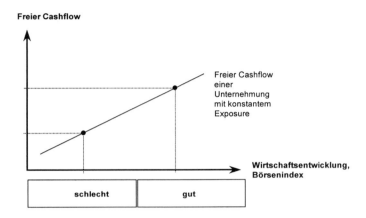

Bild 15-1: Zwei "Punkte" genügen zur Beschreibung des Payoffs: Die Höhe des Cashflows bei guter und die bei schlechter Wirtschaftsentwicklung.

$$(15\text{-}1) \quad \begin{aligned} u &= \exp(\mu + \sigma) = \exp(0{,}0761 + 0{,}1901) = 1{,}305 \\ d &= \exp(\mu - \sigma) = \exp(0{,}0761 - 0{,}1901) = 0{,}892 \end{aligned}$$

für einen Fälligkeitstermin in einem Jahr und

$$(15\text{-}2) \quad \begin{aligned} u &= \exp\!\left(T \cdot \mu + \sqrt{T} \cdot \sigma\right) = \exp\!\left(T \cdot 0{,}0761 + \sqrt{T} \cdot 0{,}1901\right) \\ d &= \exp\!\left(T \cdot \mu - \sqrt{T} \cdot \sigma\right) = \exp\!\left(T \cdot 0{,}0761 - \sqrt{T} \cdot 0{,}01901\right) \end{aligned}$$

für die Diskretisierung des Underlying Wirtschaftsentwicklung im Jahr T (Die Formel (15-2) enthält (15-1) als Spezialfall für $T = 1$). Wie in Kapitel 14 ist μ die erwartete Rendite auf den Index (Marktportfolio) in stetiger Notation und σ ist die Standardabweichung der stetigen Rendite des Marktportfolios, also die Volatilität. In den Formeln sind zudem die Schätzwerte 7,61% und 19,01% (Sektion 9.2.4) dafür eingesetzt.

15. DISKONTIERUNG DURCH REPLIKATION

	$t = 1$	$t = 2$	3	4	5	6	7	8	9	10
$S \cdot u$	1305	1524	1746	1983	2238	2515	2817	3147	3509	3905
$S \cdot d$	892	890	904	927	956	991	1030	1074	1121	1173

Formel (15-2) liefert für $S = 1000$ und verschiedene Jahre $t = 1, 2, ...$ der Fälligkeit die tabellierten und nachstehend bildlich dargestellten Realisationen $S \cdot u$ und $S \cdot u$:

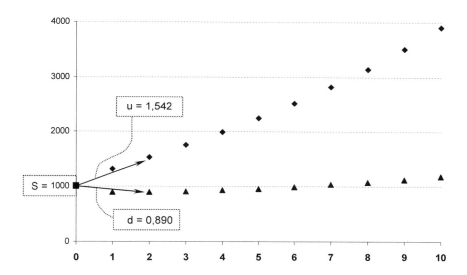

Bild 15-2: Die Diskretisierung des Underlying Wirtschaftsentwicklung (vertreten durch die Entwicklung eines Marktportfolios beginnend mit S=1000) für die Fälligkeiten von 1 bis 10 Jahren. Für das Jahr 2 sind die konkreten Werte für Up und Down genannt und die Entwicklung des Underlying zu den beiden Realisationen ist durch Pfeile angedeutet.

15.1.3 Beschreibung der zu bewertenden Zahlung

Es fällt an (15-1) und (15-2) auf, dass bei dieser Diskretisierung die beiden Entwicklungen Up und Down gerade auf die Grenzen des Sigma-Bandes führen. Die stetige Gesamtrendite bis zum Jahr t, also die Summe der einzelnen Jahresrenditen in stetiger Notation, $\tilde{r}_1^* + \tilde{r}_2^* + ... + \tilde{r}_t^*$, ist normalverteilt (Zentraler Grenzwertsatz) mit dem Erwartungswert $\mu \cdot t$ und der Standardabweichung $\sigma \cdot \sqrt{t}$. Vergleiche Abschnitt 9.2 mit den Formeln (9-10) und (9-11). Deshalb ist $\mu \cdot t + \sigma \cdot \sqrt{t}$ die Obergrenze und $\mu \cdot t - \sigma \cdot \sqrt{t}$ die Untergrenze der stetigen Gesamtrendite $\tilde{r}_1^* + \tilde{r}_2^* + ... + \tilde{r}_t^*$. Folglich nimmt die in stetiger Notation ausgedrückte Entwicklung des Index mit Wahrscheinlichkeit $0{,}6827 \approx 2/3$ Realisationen zwischen $\mu \cdot t - \sigma \cdot \sqrt{t}$ und $\mu \cdot t + \sigma \cdot \sqrt{t}$ an, und mit Wahrscheinlichkeit $(1 - 0{,}6827)/2 = 0{,}1586 \approx 1/6$ liegen die Realisationen darunter beziehungsweise darüber, vergleiche Sektion 3.1.2. Mit der Exponentialfunktion in (15-1) und (15-2) werden die *stetigen* Renditen in *einfache* Renditen umgerechnet, die dann die in Euro ausgedrückte Wertentwicklung beschreiben. Die als Geldbetrag oder Indexstand ausgedrückte Entwicklung führt dann auf die Lognormalverteilung (9.2.3).

Damit können die beiden Repräsentanten des Underlying so beschrieben werden:

- *Up* weist auf eine allgemeine Wirtschaftsentwicklung hin, die so weit über dem Mittel liegt, dass nur mit Wahrscheinlichkeit $1/6$ eine noch bessere Entwicklung eintritt.
- *Down* weist auf eine allgemeine Wirtschaftsentwicklung hin, die so weit unter dem Mittel liegt, dass nur mit Wahrscheinlichkeit $1/6$ eine noch schlechtere Entwicklung eintritt.
- Mit Wahrscheinlichkeit $2/3$ liegt die Wirtschaftsentwicklung *zwischen* Up und Down.

Nun beschreiben wir die zu t fällige unsichere und bedingte Zahlung, von der wir angenommen haben, dass ihr Payoff linear ist, durch die beiden Realisationen, die sie hätte, wenn die Entwicklung Up und wenn die Entwicklung Down eintritt.

> Dazu hilft ein Interview mit der Geschäftsplanung, und es wird etwa so geführt: "Es ist ein guter Ausgangspunkt, dass im Geschäftsplan ein erwartetes oder ein mittleres Szenario beschrieben ist. Betrachten wir den Plan für das Jahr t. Um das Risiko des Freien Cashflows im Jahr t genauer zu erfassen, wird eine Angabe benötigt, wie hoch der Freie Cashflow wäre, wenn sich die allgemeine Wirtschaft bis dahin gut entwickelt, er sei mit B_t bezeichnet. Zusätzlich wird eine Angabe benötigt, wie hoch der Freie Cashflow wäre, wenn sich die allgemeine Wirtschaft bis dahin schlecht entwickelt, er sei mit A_t bezeichnet.

15. DISKONTIERUNG DURCH REPLIKATION

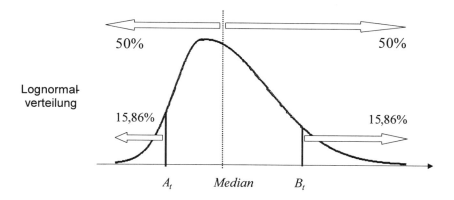

Bild 15-3: Wie bei der zugrundeliegenden allgemeinen Wirtschaftsentwicklung (Index) macht sich auch bei den zu bewertenden Freien Cashflows einer Unternehmung typischerweise eine gewisse Rechtsschiefe bemerkbar, die um so deutlicher ist, je weiter das Jahr t in der Zukunft liegt. Es genügt, den Freien Cashflow durch einen unteren und einen oberen Wert zu repräsentieren.

> Diese beiden Zahlen A_t und B_t sollen keine Extremwerte darstellen, kein schlechtestes und kein allerbestes Szenario. Vielmehr sollen sie so bemessen sein, dass der Freie Cashflow mit Wahrscheinlichkeit 1/6 noch über der "Obergrenze" B_t liegt. Mit derselben Wahrscheinlichkeit 1/6 soll der Freie Cashflow noch unterhalb der "Untergrenze" A_t liegen. Aus dieser Beschreibung folgt, dass der Freie Cashflow mit Wahrscheinlichkeit 2/3 zwischen A_t und B_t liegt.

Der Geschäftsplan in neuer Darstellung enthält demnach diese Zahlen:

	$t=1$	$t=2$	3	4	5	...
Obergrenze	B_1	B_2	B_3	B_4	B_5	...
Untergrenze	A_1	A_2	A_3	A_4	A_5	...

Bild 15-4: Der Geschäftsplan weist zwei Szenarien aus.

In der Tat ist A_t eine Untergrenze und B_t eine Obergrenze, doch eben nicht absolut für alle Werte, die der Freie Cashflow annehmen kann, sondern es handelt sich um die *Unter- und Obergrenze des einfachen Sigma-Bandes im Sinn der gegebenen Beschreibung*. Wenn der Geschäftsplan durch diese beiden Grenzen A_t und B_t beschrieben ist, dann wird dafür *kein Beta* benötigt.

15.1.4 Bewertung der Unternehmung durch Replikation der Cashflows

Mit dieser Beschreibung des Geschäftsplans können die Barwerte der Freien Cashflows mit *Replikation* gefunden werden. Wir verwenden den dualen Rechenweg und bestimmen für die risikoneutrale Bewertung die Pseudowahrscheinlichkeiten mit Formel (14-13). In dieser Formel erscheint der Zinssatz, und dieser Zinssatz bezog sich in Kapitel 14 auf die Zeitdauer einer Stufe im Binomialmodell. Nun wird die gesamte Zeitdauer von t Jahren mit $n=1$ Stufe diskretisiert, so dass das "i" in Formel (14-13) sich auf die Gesamtverzinsung in t Jahren bezieht. Wir schreiben diese Gesamtverzinsung als $(1+i)^t$ wobei dann der Buchstabe i für den Einjahreszinssatz steht. Somit lautet die Formel (14-13) nun

$$(15\text{-}3) \qquad \begin{aligned} w_u^*(t) &= \left\{\frac{(1+i)^t - d}{u - d}\right\} \\ w_d^*(t) &= 1 - w_u^*(t) \end{aligned}$$

Durch die Schreibweise wird berücksichtigt ist, dass die Pseudo-Wahrscheinlichkeiten von t abhängen. Dies zum einen, weil d und u von t abhängen, vergleiche (15-2), und zum andern, weil wie eben dargelegt die Gesamtverzinsung vom Zeitraum abhängt.

Sodann ergibt sich der Wert $W(t)$ des Freien Cashflows im Jahr t als Barwert des Pseudo-Erwartungswerts gemäß

$$(15\text{-}4) \qquad W(t) = \frac{1}{(1+i)^t} \cdot \left\langle w_u^*(t) \cdot B_t + w_u^*(t) \cdot A_t \right\rangle$$

Hierbei ist i wie in (15-3) der Einjahreszinssatz. Die gesamte Unternehmung hat daher (bei Transversalität) den Wert

$$(15\text{-}5) \qquad W = \sum_{t=1}^{\infty} W(t) = \sum_{t=1}^{\infty} \frac{1}{(1+i)^t} \cdot \left\langle w_u^*(t) \cdot B_t + w_d^*(t) \cdot A_t \right\rangle$$

Für praktische Aufgaben sind die Pseudo-Wahrscheinlichkeiten (15-3) in einer Tabelle berechnet und tabelliert. Dabei legen wir die genannten Schätzungen für den Erwartungswert und die Standardabweichung der stetigen Rendite auf das Marktportfolio zugrunde. Die Rechnungen sind in Bild 15-5 für Einjahreszinssätze $i = 3\%, 4\%, 5\%$ durchgeführt.

t	1	2	3	4	5	6	7	8	9	10
$i = 3\%$										
$w_u^*(t)$	0,334	0,270	0,224	0,188	0,158	0,133	0,112	0,093	0,077	0,062
$w_d^*(t)$	0,666	0,730	0,776	0,812	0,842	0,867	0,888	0,907	0,923	0,938
$i = 4\%$										
$w_u^*(t)$	0,358	0,303	0,262	0,230	0,203	0,180	0,160	0,142	0,126	0,112
$w_d^*(t)$	0,642	0,697	0,738	0,770	0,797	0,820	0,840	0,858	0,874	0,888
$i = 5\%$										
$w_u^*(t)$	0,382	0,336	0,301	0,273	0,250	0,229	0,211	0,195	0,180	0,167
$w_d^*(t)$	0,618	0,664	0,699	0,727	0,750	0,771	0,789	0,805	0,820	0,833

Bild 15-5: Die Pseudo-Wahrscheinlichkeiten für die Jahre 1 bis 10, mit denen die Ober- und die Untergrenzen B und A der Freien Cashflows multipliziert den Pseudo-Erwartungswert ergeben, der dann mit dem Zinssatz diskontiert den Wert liefert.

Beispiel 15-1: Eine Unternehmung plant die Freien Cashflows im Detail für die kommenden drei Jahre. Der Planer nennt hierfür 100 ± 30, 140 ± 50, 200 ± 70. Der auf das Jahr 4 bezogene Fortführungswert wird ebenso prognostiziert, und zwar zu 2000 ± 800. Um die Spannbreite der möglichen Realisationen zu beschreiben, hat der Planer eine Bandbreite angegeben, so dass nur noch jeweils 1/3 der sehr optimistischen Szenarien darüber und 1/3 der ganz pessimistischen Szenarien darunter liegen:

	$t = 1$	$t = 2$	$t = 3$	$t = 4$
Obergrenze	130	190	270	2800
Untergrenze	70	90	130	1200

Es soll mit dem Zinssatz $i = 4\%$ gerechnet werden. Aufgrund dieser Angaben errechnet sich der Wert der Unternehmung zu

$$W = \frac{0{,}358 \cdot 130 + 0{,}642 \cdot 70}{1{,}04} + \frac{0{,}303 \cdot 190 + 0{,}697 \cdot 90}{1{,}04^2} +$$
$$+ \frac{0{,}262 \cdot 270 + 0{,}738 \cdot 90}{1{,}04^3} + \frac{0{,}230 \cdot 2800 + 0{,}770 \cdot 1200}{1{,}04^4} =$$
$$= 87{,}96 + 111{,}22 + 121{,}93 + 1340{,}33 = 1661{,}44$$

Ein Anhänger traditioneller Diskontierung wirft ein, ob man dieses Ergebnis nicht auch mit der Risikoprämienmethode hätte finden können, in dem die "mittleren" Szenarien von 100, 140, 200 für die Freien Cashflows und von 2000 für den Fortführungswert mit "geeigneten" Vergleichsrenditen diskontiert werden. Wir machen uns an die Antwort:

- Der Wert des ersten Freien Cashflows ist mit Replikation zu 87,96 berechnet und dieser Betrag läßt sich in der Form $100/(1+r_1)$ der Risikoprämienmethode gewinnen, sofern $1+r_1 = 100/87{,}96 = 1{,}1369$ gewählt wird.[1] Das heißt, die Diskontrate für das erste Jahr müßte $r_1 = 13{,}69\%$ betragen.

- Der Wert des zweiten Freien Cashflows ist 111,22. Er läßt sich in der Form $140/(1+r_2)^2$ gewinnen, sofern $(1+r_2)^2 = 140/111{,}22 = 1{,}2588$ gewählt wird, das heißt, die Diskontrate für das zweite Jahr müßte $r_2 = 12{,}20\%$ betragen.

- Der Wert des dritten Freien Cashflows ist 121,93 und dieser Betrag läßt sich durchaus mit der Risikoprämienmethode in der Form $200/(1+r_3)^3$ gewinnen, sofern $(1+r_3)^3 = 200/121{,}93 = 1{,}6403$ gewählt wird, das heißt, die Diskontrate für das Jahr 3 müßte $r_3 = 17{,}93\%$ betragen.

- Der Wert des Fortführungswerts ist 1340,33 und dieser Betrag läßt sich mit der Risikoprämienmethode in der Form $2000/(1+r_4)^4$ dar-

---

[1] Bei der Risikoprämienmethode steht im Zähler der Erwartungswert der unsicheren Zahlung. Hier wird er in Höhe von 100 festgestellt, und tatsächlich ist dies der Erwartungswert der Ober- und der Untergrenze. Indessen handelt es sich dabei nicht ganz genau um den Erwartungswert des Cashflows. Die besagten 100 sind gleich der Größe exp(Median). Doch ist es nicht unser Ziel, die Risikoprämienmethode noch zu verfeinern. Unser Ziel in diesem Kapitel ist erstens zu zeigen, dass die Replikation, die sich bei viel komplizierteren Fällen so bewährt hat (Optionspreise), im vergleichsweise einfachen Fall der Unternehmensbewertung noch nicht genug berücksichtigt wurde. Zweitens ist unser Ziel, mit der Diskontierung durch Replikation neue Einsichten zu gewinnen. Dazu gehört das Verhalten der Risikoprämienmthode im Fall geringer oder negativer Zahlungen, die zu diskontieren sind, und der Einfluß der Reifezeit — siehe dazu den nächsten Abschnitt 15.2.

stellen, sofern $(1+r_4)^4 = 2000/1340{,}33 = 1{,}4922$ gewählt wird, das heißt, die Diskontrate für das vierte Jahr müßte $r_4 = 10{,}52\%$ betragen.

Zusammengefaßt:

$$W = \frac{100}{1{,}1369} + \frac{140}{1{,}1220^2} + \frac{200}{1{,}1793^3} + \frac{2000}{1{,}1052^4} =$$
$$= 87{,}96 + 111{,}22 + 121{,}93 + 1340{,}33 = 1661{,}44$$

Doch wie hätte man die richtigen Kapitalkosten für die Diskontierung nach der Risikoprämienmethode finden sollen? Noch ein Punkt: Man kann auch einen gleichförmigen Kapitalkostensatz r finden, der

$$\frac{100}{1+r} + \frac{140}{(1+r)^2} + \frac{200}{(1+r)^3} + \frac{2000}{(1+r)^4} = 1661{,}44$$

bewirkt. Mit dem Excel-Solver ergibt sich $r = 11{,}11\%$ — doch wie wäre man auf diese Kapitalkosten gekommen? ∎

Beispiel 15-2: Das Beispiel 15-1 wird fortgeführt. Der Planer ist ganz aufgeregt, weil er bei der Aufstellung der Freien Cashflows vergessen hat, die Investitionen abzuziehen. Die Ausgaben für Investitionen stehen genau fest: Sie betragen in den ersten drei Jahren je 100 und der auf das vierte Jahr bezogene Barwert aller weiteren Investitionen ist 1000. Der Anhänger der traditionellen Diskontierung macht sich an die Korrektur und hält fest: "Die Freien Cashflows werden also mit 0, 40, 100 für die ersten drei Jahre geplant und für das vierte Jahr fließen 1000 als Fortführungswert in die Bewertung ein. Nachdem wir den Kapitalkostensatz von 11,11% kennen, folgt:

$$\frac{0}{1{,}1111} + \frac{40}{(1{,}1111)^2} + \frac{100}{(1{,}1111)^3} + \frac{1000}{(1{,}1111)^4} = 761{,}43$$

als Wert". Wir fragen uns, ob diese Rechnung stimmt. Die Bewertung durch Replikation geht nach der Berücksichtigung der zuvor vergessenen Investitionen von

	$t = 1$	$t = 2$	$t = 3$	$t = 4$
Obergrenze	30	90	170	1800
Untergrenze	-30	-10	30	200

aus, denn der Planer hat seine Zahlen zu 0 ± 30, 40 ± 50, 100 ± 70 für die Cashflows und 1000 ± 800 für den auf das Jahr 4 bezogenen Fortführungswert korrigiert. Am Zinssatz $i = 4\%$ hat sich nichts geändert. Der korrekte, durch Replikation bestimmte Wert der Unternehmung errechnet sich mithin zu

$$W = \frac{0{,}358 \cdot 30 + 0{,}642 \cdot (-30)}{1{,}04} + \frac{0{,}303 \cdot 90 + 0{,}697 \cdot (-10)}{1{,}04^2} +$$
$$+ \frac{0{,}262 \cdot 170 + 0{,}738 \cdot 30}{1{,}04^3} + \frac{0{,}230 \cdot 1800 + 0{,}770 \cdot 200}{1{,}04^4} =$$
$$= -8{,}19 + 18{,}77 + 59{,}28 + 485{,}53 = 555{,}39$$

Wir machen uns wieder an die Aufgabe, diesen korrekten Wert mit der Risikoprämienmethode darzustellen:

Der Wert des ersten Freien Cashflows ist mit Replikation zu $-8{,}19$ berechnet. Es gibt eben Positionen, die einen negativen Wert haben. Wer bei guter Wirtschaftsentwicklung 30 erhält aber bei schlechter Wirtschaftsentwicklung den selben Betrag nachlegen muss, der wird diese Position nur dann verpflichtend übernehmen, wenn man ihm 8,19 dafür gibt. Jedenfalls läßt sich dieser Wert $-8{,}19$ in der Form $0/(1+r_1)$ überhaupt nicht mit der Risikoprämienmethode gewinnen, weil stets $0/(1+r_1) = 0$ gilt. Daraufhin betrachten wir die anderen Zeitpunkte nicht weiter. Es ist aber immerhin noch möglich, einen gleichförmigen Kapitalkostensatz r zu finden, der

$$\frac{0}{1+r} + \frac{40}{(1+r)^2} + \frac{100}{(1+r)^3} + \frac{1000}{(1+r)^4} = 555{,}39$$

bewirkt. Mit dem Excel-Solver ergibt sich $r = 20{,}71\%$ — doch wie wäre man auf diesen Kapitalkostensatz gekommen und wie hätte man verstanden, dass er anders und fast doppelt so hoch wie die 11,11% aus Beispiel 15-1 sein würden? ∎

Beispiel 15-3: Das Beispiel geht noch weiter. Der Planer ist plötzlich ganz außer sich, weil er sich bei der Budgetierung der Investitionen vertan hatte. Die Ausgaben für die Investitionen betragen in den ersten drei Jahren nicht je 100 sondern je 200 und der auf das vierte Jahr bezogene Barwert aller weiteren Investitionen ist nicht 1000 sondern 2000. Der Planer erleichtert sich mit der Feststellung: Die wirklichen Freien Cashflows dürften daher nur -100 ± 30, -60 ± 50, 0 ± 70 sein und der auf das Jahr 4 bezogene Fortführungswert ist 0 ± 800. Der Anhänger der traditionellen Diskontierung macht sich nochmals an die Korrektur und hält fest: "Die Freien Cashflows werden also mit von -100, -60, 0 für die ersten drei Jahre geplant und für das vierte Jahr fließen 0 als Fortführungswert in die Bewertung ein. Bei den Kapitalkosten weiß ich

15. DISKONTIERUNG DURCH REPLIKATION

nicht genau, ob sie nun 11,11% oder 20,71% betragen und ich diskontiere mit beiden Sätzen. Deshalb sollte der Wert im Bereich

$$\frac{-100}{1,1111} + \frac{-60}{1,1111^2} + \frac{0}{1,1111^3} + \frac{0}{1,1111^4} = -138,60$$

$$\frac{-100}{1,2071} + \frac{-60}{1,2071^2} + \frac{0}{1,2071^3} + \frac{0}{1,2071^4} = -124,02$$

liegen. Das ist ein enger Bereich, weshalb ich den Wert ziemlich genau bestimmt habe." Um ganz sicher zu gehen, wird noch eine Investmentbank mit der Bewertung beauftragt. Sie stellt die Ober- und Untergrenze der Freien Cashflows auf

	$t=1$	$t=2$	$t=3$	$t=4$
Obergrenze	-70	-10	70	800
Untergrenze	-130	-110	-70	-800

und bewertet sie mit den Barwerten der Pseudo-Erwartungswerte. Es wird wie zuvor der Einjahreszinssatz $i = 4\%$ angenommen:

$$\begin{aligned} W &= \frac{0{,}358 \cdot (-70) + 0{,}642 \cdot (-130)}{1{,}04} + \frac{0{,}303 \cdot (-10) + 0{,}697 \cdot (-110)}{1{,}04^2} + \\ &\quad + \frac{0{,}262 \cdot 70 + 0{,}738 \cdot (-70)}{1{,}04^3} + \frac{0{,}230 \cdot 800 + 0{,}770 \cdot (-800)}{1{,}04^4} = \\ &= -104{,}35 - 73{,}69 - 29{,}62 - 369{,}28 = -576{,}94 \end{aligned}$$

Der große Unterschied verblüfft den Anhänger der Risikoprämienmethode. Er überlegt, ob der korrekte Wert von $-576{,}94$ auch mit seiner favorisierten Rechenmethode hätte gefunden werden können. Er macht den Ansatz

$$\frac{-100}{1+r} + \frac{-60}{(1+r)^2} + \frac{0}{(1+r)^3} + \frac{0}{(1+r)^4} = -576{,}94$$

und probiert: Für $(1+r) > 1$ ist diese Gleichung nicht erfüllbar; die Diskontrate müßte negativ sein. Sie müßte $r = -57{,}94\%$ betragen, damit eine Diskontierung mit ihr den korrekten Wert liefert. ∎

Die Beispiele zeigen:

1. Die vorgeführte Diskontierung (Wertfindung einer in Zukunft fälligen Zahlung) durch Replikation setzt zwar voraus, dass die zu t fällige und zu bewertende unsichere Zahlung durch eine Unter-

grenze A_t und eine Obergrenze B_t beschrieben wird, indessen sind dafür keine Angaben über ein Beta verlangt. Im Unterschied dazu verlangt die Risikoprämienmethode die Kenntnis der "korrekten" Diskontrate.

2. Bei der Diskontierung durch Replikation wirken sich die unteren Realisationen der zu bewertenden Zahlung besonders stark und abträglich auf den Wert aus: Die Tabelle der Pseudo-Wahrscheinlichkeiten (15-4) zeigt, dass die für das Down stets größer als die für das Up sind, obwohl beide Entwicklungen dieselbe objektive Wahrscheinlichkeit haben. Das starke Gewicht der Untergrenze A der Zahlung ist besonders hoch, wenn der Zinssatz gering und der Fälligkeitszeitpunkt t spät sind.

3. Besonders wenn die Untergrenze der Cashflows gering ist, wird der Wert durch die Risikoprämienmethode bei Verwendung "üblicher" Diskontsätze als zu hoch eingeschätzt; der korrekte (durch Diskontierung mit Replikation gefundene) Wert ist in solchen Situationen geringer. Das ist zu beachten, wenn die Unternehmung sich in einer Phase der Restrukturierung befindet und besonders in den ersten Jahren die Freien Cashflows negativ sind. Hier kann die Risikoprämienmethode leicht zu Ergebnissen führen, die über den korrekten Werten liegen.

4. Wird dennoch an der Risikoprämienmethode festgehalten, so zeigt sich, dass gelegentlich nur negative Diskontraten den korrekten Wert erzeugen. Negative Diskontraten stehen aber nicht im Einklang mit der Intuition. Zudem gilt auch hier, dass man ihre Höhe nur nachträglich ermitteln kann, wenn zuvor der Wert (mit Replikation) bestimmt wurde.

15.2 Reifezeit

Im vorgeführten Ansatz wurden die Freien Cashflows für die Jahre 1, 2,... vor dem Hintergrund der "allgemeinen Wirtschaftsentwicklung" gesehen und diese wurde durch einen Index (Entwicklung des Marktportfolios) beschrieben. In den Rechnungen, insbesondere in der Tabelle mit den Pseudo-Wahrscheinlichkeiten (Bild 15-5) und in den drei Beispielen wurde unterstellt, dass der Freie Cashflow im Jahre T vor dem Hintergrund der Wirtschaftsentwicklung von heute bis ins Jahr T zu sehen ist.

Diese stillschweigende Annahme, dass der Gewinn oder der Cashflow des Jahres T über die Jahre von heute bis T entstehen oder wachsen wird, ist wohl bei vielen Unternehmen erfüllt. Besonders bei Unternehmen mit einem hohen Anteil an Anlagen und Produktionsmitteln ist das Ergebnis im Jahr T eine Folge der gesamten wirtschaftlichen Entwicklung von heute bis in dieses Jahr. Als Beispiel denke man an eine Finanzholding, die ihr Kapital "in der Wirtschaft" investiert hält und Jahr um Jahr einen gewissen Prozentsatz ihres Werts als Gewinn oder als Cashflow darstellt. Dann hängt die unsichere Höhe dieser Ergebnisse von der wirtschaftlichen Entwicklung des gesamten Zeitraums zwischen heute und dem Fälligkeitszeitpunkt ab. Solche Firmen bezeichnen wir als "anlageintensiv" oder als *investitionsintensiv*.

Es gibt andererseits Firmen, bei denen das Ergebnis, das am Ende des Jahres T ausgewiesen wird, praktisch vollständig vor dem Hintergrund der allgemeinen Wirtschaftsentwicklung des Jahres T *allein* zu sehen ist. Als Beispiel sei an eine Consultingfirma oder an einen anderen Dienstleister gedacht. Solche Unternehmen werden die Erfahrung machen, dass ihr Gewinn im Jahr T zwar davon abhängt, ob es allgemein in der Wirtschaft im Jahr T gut oder schlecht läuft, jedoch wird ihr Gewinn oder Cashflow im Jahr T vielleicht unabhängig davon sein, ob die Wirtschaft in den Jahren $1, 2, ..., T-1$ insgesamt gut oder schlecht läuft. Das sind Firmen, die, um ein Wort zu wählen, näher an den "Operations" sind. Wir bezeichnen sie als *operationsintensiv*.

In der Praxis gibt es wohl Anhaltspunkte, ob eine Unternehmung eher anlageintensiv oder operationsintensiv ist. Die empirische Prüfung kann durch eine Studie der Korrelation vorgenommen werden. Dabei bietet nicht nur die Korrelation der zu diskontierenden Größen — Dividenden, Gewinne, Freie Cashflows — mit dem Index Auskunft, sondern ebenso die serielle Korrelation der zu diskontierenden Größen. Zeigen sie eine starke positive serielle Korrelation, liegt eher eine anlageintensive Unternehmung vor. Zeigt sie keine serielle Korrelation, ist eher der Fall einer operationsintensiven Unternehmung gegeben.

> Offensichtlich ist die für die Entstehung des Gewinns oder des Freien Cashflows benötigte *Reifezeit* — wir bezeichnen sie mit m — höchst unterschiedlich von Unternehmung zu Unternehmung. Bei einer investitionsintensiven Firma beträgt die Reifezeit des zu T vorliegenden Ergebnisses vielleicht die gesamten T Jahre, $m = T$, während die Reifezeit bei einer operationsintensiven Firma vielleicht nur ein Jahr beträgt, $m = 1$.

Beispiel 15-4: Peter verwaltet als Portfoliomanager ein Familienvermögen und berichtet: Sie haben einen sehr langen Horizont und wollen alles in Aktien angelegt haben. Jahr um Jahr entnehmen sie zwei Prozent des jeweiligen Vermögens. Paul erzählt darauf, dass er für einen recht seltsamen Kunden das Geld verwalte. Der Kunde möchte, dass ich alles sicher im Geldmarkt angelegt halte wo es sich ganz normal verzinse. Doch jedes Jahr entnimmt der Kunde den Zinsbetrag, legt ihn an der Börse für ein Jahr an und entnimmt den Wert der Aktien jeweils am Jahresende. ∎

Neben den Reifezeiten von einem beziehungsweise von T Jahren sind auch andere Reifezeiten realitätsnah. So dürfte es Firmen geben, bei denen die Reifezeit etwa $m = 4$ Jahre beträgt. Das heißt, der Gewinn oder der Freie Cashflow im Jahr $T = 9$ hängt von der allgemeinen Wirtschaftsentwicklung der vier Jahre 6, 7, 8 und 9 ab, nicht aber von der Wirtschaftsentwicklung der Jahre 1 bis 5.

Die Reifezeit hat selbstverständlich eine Auswirkung auf die Bewertung. Die vorgeführte Bewertungsmethode bezieht sich jetzt nur auf die Reifezeit und liefert den Wert der unsicheren zu T fälligen Zahlung auf den Zeitpunkt $t = T - m$ des Beginns der Reifezeit. Um diesen Wert weiter auf den heutigen Zeitpunkt zu diskontieren, wird nochmals mit dem Zinssatz i oder dem Faktor $(1+i)^t$ diskontiert. Wir übertragen (15-3) sowie (15-4) und erhalten das Ergebnis:

> Der Wert eines unsicheren Freien Cashflows, der zum Jahr T fällig wird, durch die Obergrenze B_T und die Untergrenze A_T beschrieben wird und dabei eine Reifezeit von m Jahren aufweist und, hat den Wert

$$(15\text{-}6) \qquad W = \frac{1}{(1+i)^{T-m}} \cdot \frac{1}{(1+i)^m} \cdot \left\langle w_u^*(m) \cdot B_T + w_d^*(m) \cdot A_T \right\rangle$$

wobei

$$(15\text{-}7) \qquad \begin{aligned} w_u^*(m) &= \left\{ \frac{(1+i)^m - d}{u - d} \right\} \\ w_d^*(m) &= 1 - w_u^*(m) \end{aligned}$$

Beispiel 15-5: Eine Firma hat im Jahr $t = 9$ einen Freien Cashflow mit der Obergrenze $B_9 = 500$ und der Untergrenze $A_9 = 100$ sowie mit einer Reifezeit von $m = 2$ Jahren. Der Zinssatz beträgt $i = 4\%$. Mit den in Bild (15-5) angegebenen Pseudo-Wahrscheinlichkeiten beträgt der auf das Jahr 7 bezogene Wert dieser Zahlung,

$$\frac{0{,}303 \cdot 500 + 0{,}697 \cdot 100}{1{,}04^2}$$

und

$$W = \frac{0{,}303 \cdot 500 + 0{,}697 \cdot 100}{1{,}04^9} = 155{,}41$$

ist der auf heute ($t = 0$) bezogene Wert. Um diesen Wert mit der Risikoprämienmethode zu erzeugen — im Zähler steht dann 300 als Erwartungswert der Zahlung — müßte r_9 gerade $155{,}41 = 300/(1+r_9)^9$ erfüllen, was für $r_9 = 7{,}58\%$ der Fall ist. ∎

> Wenn die Reifezeit m einmal als variabel angenommen wird, die anderen Größen wie Fälligkeit T, Obergrenze B_T und Untergrenze A_T sowie Zinssatz i unverändert bleiben, dann gilt: Der auf den Beginn der Reifezeit $T-m$ bezogene Wert einer Zahlung nimmt mit kürzerer Reifezeit ab. Folglich nimmt auch der bei der für die Risikoprämienmethode richtige Kapitalkostensatz ab, wenn die Reifezeit kürzer ist.

Die Begründung ergibt sich aus der Formel oder der Tabelle der Pseudo-Wahrscheinlichkeiten. In Formel (15-3) und Bild (15-5) hat das dortige t die Bedeutung der Reifezeit, und die Pseudowahrscheinlichkeit $w_u^*(t)$ nimmt zu, die von $w_d^*(t)$ nimmt ab, wenn t kleiner wird.

Dieses Resultat kann auf den heutigen Zeitpunkt der Bewertung bezogen werden. Es besagt dann: Wenn die Reifezeit m variiert, und die anderen Größen wie Fälligkeit T, Obergrenze B_T, Untergrenze A_T und Zinssatz i dabei unverändert bleiben, dann gilt: Der auf heute bezogene Wert einer Zahlung nimmt ab, wenn die Reifezeit kürzer wird. Folglich nimmt auch der bei der für die Risikoprämienmethode richtige Kapitalkostensatz ab, wenn die Reife schneller erfolgt. Daraus folgt:

> Es sei r der richtige Kapitalkostensatz für eine Firma, bei der alle Freien Cashflows die volle Reifezeit benötigen — der Freie Cashflow zu T hat also auch die Reifezeit T. Wenn dann bekannt wird,

> dass die Reifezeit aller Freien Cashflows auf m begrenzt ist, dann ergeben sich drei Folgen:
>
> 1. die für die Risikoprämienmethode richtigen Diskontraten hängen von der Zeit der Fälligkeit der Freien Cashflows ab,
>
> 2. und zwar sind sie mit den Jahren geringer
>
> 3. und sie werden um so schneller geringer, je kleiner die (maximale) Reifezeit m ist.

Damit können wir eine Vermutung klären, die vor Jahren W. BALLWIESER geäußert hat. Er gehört zu den ersten, die bemerkten, dass die bei der Diskontierung anzuwendenden Vergleichsrenditen mit der Zeit vielleicht kleiner werden müßten (wenngleich er keine analytische Untersuchung durchgeführt hat):[2] Die Antwort lautet: Ja, wenn die Reifezeit beschränkt ist, tritt dieser Effekt ein, und er ist um so stärker ausgeprägt, je kürzer die maximale Reifezeit ist. Die Ballwiesersche Vermutung trifft also vor allem bei operationsintensiven Firmen zu, während sie bei investitionsintensiven Firmen nicht oder nur schwach ausgeprägt ist.

Zum Ausdruck der "maximalen" Reifezeit ist festzuhalten: Wenn die Reifezeit etwa auf $m = 3$ beschränkt ist, dann reift der erste Cashflow im Jahr 1, der zweite Cashflow reift in den Jahren 1 und 2, der dritte Cashflow in den Jahren 1, 2, 3, der vierte Cashflow reift in den Jahren 2, 3, 4, und so fort. Es ist also so, dass die frühen Cashflows eventuell eine kürzere Reifezeit als m aufweisen.

Was besagt das alles?

1. Eine Firma in der Restrukturierung, bei der sehr geringe oder sogar negative Freie Cashflows eintreten oder eintreten könnten, hat einen geringeren Wert als mit der Risikoprämienmethode bei typischen Kapitalkostensätzen ermittelt wird.

---

[2] WOLFGANG BALLWIESER schreibt: "Die Risikozuschlagsmethode läuft ... der Intuition zuwider: Will man die Zuschläge so bemessen, dass der Grenzpreis aufgrund dieses Verfahrens übereinstimmt mit dem Grenzpreis aufgrund einer Diskontierung von Sicherheitsäquivalenten, so müssen (durch das Rechenverfahren bedingt) selbst bei identischen Periodenverteilungen im Zeitablauf die Risikozuschläge ... periodenweise sinken." (in: *Unternehmensbewertung und Komplexitätsreduktion*, 3. Auflage, Gabler, Wiesbaden 1990, p. 171). Desweiteren siehe: BALLWIESER: Unternehmensbewertung, Marktorientierung und Ertragswertverfahren; in: UDO WAGNER (Hrsg.), *Zum Erkenntnisstand der Betriebswirtschaftslehre am Beginn des 21. Jahrhunderts — Festschrift für Erich Loitlsberger zum 80. Geburtstag*, Dunker & Humblot, Berlin 2001, pp. 17-32.

2. Wenn die Reifezeit beschränkt ist, dann nehmen die in der Risikoprämienmethode anzuwendenden Vergleichsrenditen mit der Zeit ab.

3. Eine operationsintensive Firma (kurze Reifezeit) hat, wenn sonst alles gleich bleibt, einen geringeren Wert und damit höhere Kapitalkosten als eine investitionsintensive Firma (lange Reife).

15.3 Ergänzungen und Fragen

15.3.1 Zusammenfassung der Abschnitte 15.1 und 15.2

In diesem Kapitel haben wir eine Unternehmung betrachtet, deren Freie Cashflows — abgesehen von einem unsystematischen Risiko — ein konstantes Exposure gegenüber dem Underlying aufweisen. Das Underlying ist die "allgemeine Wirtschaftsentwicklung", beschrieben durch den Index der Entwicklung des Marktportfolios. Weil die Freien Cashflows in linearer Weise vom Index abhängen (Bild 15-1), genügen zwei "Punkte" zur Beschreibung des Payoffs.

Folglich genügt auch eine Diskretisierung mit $n=1$. Für diesen Sachverhalt wurden in vorangegangenen Kapiteln alle nötigen Werkzeuge entwickelt, so die Pseudo-Wahrscheinlichkeiten (14-12) beziehungsweise (15-2).

Entsprechend werden die zu bewertenden Zahlungen in diesem Rahmen auch durch zwei Werte repräsentiert, die sie annehmen können. Die zu t fällige, unsichere Zahlung wird durch eine Obergrenze B_t und eine Untergrenze A_t beschrieben. Genau den beiden Realisationen des Underlying entsprechend sollen diese Grenzen so bemessen werden, dass die zu bewertende Zahlung mit Wahrscheinlichkeit $1/6$ noch über B_t liegt. Mit derselben Wahrscheinlichkeit $1/6$ soll sie unter A_t liegen. Aus dieser Beschreibung folgt, dass die zu diskontierende Zahlung mit Wahrscheinlichkeit $2/3$ zwischen A_t und B_t liegt. Die Grenzen werden einem entsprechend erweiterten Geschäftsplan entnommen, der eben diese beiden Szenarien ausweist (Bild 15-4).

Die drei Beispiele 15-1, 15-2, 15-3 zeigen:

1. Die Diskontierung durch Replikation verlangt keine Angaben über ein Beta.

2. Bei der Diskontierung durch Replikation wirken sich die unteren Realisationen der zu bewertenden Zahlung besonders stark und abträglich auf den Wert aus, vergleiche Bild 15-4.

3. Besonders wenn die Untergrenze der Cashflows gering ist, wird der Wert durch die Risikoprämienmethode bei Verwendung "üblicher" Diskontsätze als zu gering eingeschätzt; der korrekte und durch Diskontierung mit Replikation gefundene Wert ist in solchen Situationen geringer. Das ist besonders zu beachten, wenn die Unternehmung in einer Phase der Restrukturierung ist.

4. Wird dennoch an der Risikoprämienmethode festgehalten, so zeigt sich, dass gelegentlich nur negative Diskontraten den korrekten Wert erzeugen. Negative Diskontraten stehen aber nicht im Einklang mit der Intuition. Zudem gilt auch hier, dass man ihre Höhe nur nachträglich ermitteln kann, wenn zuvor der Wert (mit Replikation) bestimmt wurde.

Eine für die Praxis wichtige Betrachtung ist die der Reifezeit. Offensichtlich ist die für die Entstehung des Gewinns oder des Freien Cashflows benötigte *Reifezeit* — wir bezeichnen sie mit m — höchst unterschiedlich von Unternehmung zu Unternehmung. Bei einer investitionsintensiven Firma beträgt die Reifezeit des zu T vorliegenden Ergebnisses vielleicht die gesamten T Jahre, $m = T$, während die Reifezeit bei einer operationsintensiven Firma vielleicht nur ein Jahr beträgt, $m = 1$. Was besagt das alles? 1. Eine Firma in der Restrukturierung, bei der sehr geringe oder sogar negative Freie Cashflows eintreten oder eintreten könnten, hat einen geringeren Wert als mit der Risikoprämienmethode bei typischen Kapitalkostensätzen ermittelt wird. 2. Wenn die Reifezeit beschränkt ist, dann nehmen die in der Risikoprämienmethode anzuwendenden Vergleichsrenditen mit der Zeit ab. 3. Eine operationsintensive Firma (geringe Reifezeit) hat, wenn sonst alles gleich bleibt, einen geringeren Wert und damit höhere Kapitalkosten als eine investitionsintensive Firma (lange Reifezeit).

15.3.2 Historische Anmerkungen zum Inhalt der Kapitel 13, 14, 15

Die Bewertung von unsicheren Zahlungen, die nicht in einem sondern erst in einigen Jahren fällig werden, wurde vor dreißig Jahren in Amerika zu einem Thema intensiver Forschung. Einige Arbeiten konzentrierten sich auf die Übertragung der Risikoprämienmethode (Diskontrate = Zins + Risikoprämie) auf eine Fälligkeit zu $T > 1$ und verallgemeinerten das CAPM auf den Mehrperiodenfall.[3] Den Impuls zu der in den Kapiteln 13, 14, 15 vorgetragenen risikoneutralen Bewertung gaben hingegen die Arbeiten von F. BLACK und M. SCHOLES (siehe Kapitel 15) sowie von R. MERTON im Jahr 1973. In dieser Denkrichtung folgten die Entwicklung der Arbitrage Pricing Theory durch ROSS 1976 und weitere Arbeiten, so von RUBINSTEIN und von BRENNAN.[4] Es waren wohl zwei Wissensgebiete, die in der amerikanischen Forschung zwischen 1970 und 1980 fruchtbar zusammenkamen: 1. Aus der numerischen Mathematik war bekannt, komplizierte Probleme (etwa der Strömungsmechanik) durch Diskretisierung und Rückwärtsrechnung zu lösen. Auch die um 1960 entstandene dynamische Optimierung (Optimalitätsprinzip von BELLMAN) nutzt die Rückwärtsrechnung. 2. In der mikroökonomischen, allgemeinen Gleichgewichtstheorie wurde mit den Arbeiten von ARROW und DEBREU zur gleichen Zeit deutlich, dass *Arbitragefreiheit* und die *Existenz von Preisen* äquivalent sind. Diese Äquivalenz folgt aus einem Satz der Funktionalanalysis, dem Lemma von FARKAS und MINKOWSKI. In der Verschmelzung beider Wissensgebiete — Numerik, Gleichgewichtstheorie — ist im Finance die risikoneutrale Bewertung entstanden. Diese Schöpfung vor dreißig Jahren in Amerika eröffnete vor allem einen neuen Zugang zur Bewertung von Optionen, also von Payoffs, die nicht-linear vom Underlying abhängen. Die Bewertung war "präferenzfrei" (die Präferenzen sind implizit in der Kursentwicklung des Underlying enthalten). Die präferenzfreie, risikoneutrale Bewertung erlaubte es, auch ganz gewöhnliche Payoffs zu bewerten, die in linearer Weise vom Index abhängen. So wurde untersucht, wann die traditionelle Diskontierung mit ihrer "simplified discounting rule" (Risikoprämienmethode mit konstanter Diskontrate für alle Jahre) korrekt ist: dann, wenn die Zahlungen aller Jahre proportional zum Index sind.[5]

---

[3] 1. MICHAEL BRENNAN: An Approach to the Valuation of Uncertain Income Streams. *Journal of Finance* 28 (1973), pp. 661-674. 2. EUGENE F. FAMA: Risk-Adjusted Discount Rates And Capital Budgeting Under Uncertainty. *Journal of Financial Economics* 5 (1977), pp. 3-24.

[4] 1. ROBERT C. MERTON: Theory of Rational Option Pricing, 1973, wieder abgedruckt in MERTON, *Continuous Finance*, 1 Kapitel 8. 2. STEVEN ROSS: A Simple Approach to the Valuation of Risky Streams. *Journal of Business* 51 (1978), pp. 453-475. 3. MARK RUBINSTEIN: The Valuation of Uncertain Income Streams and the Pricing of Optiions. *Bell Journal of Economics* 1 (1976), pp. 225-244. 4. MICHAEL BRENNAN: The Pricing of Contingent Claims in Discrete Time Models. *Journal of Finance* 34 (1979), pp. 91-102.

[5] 1. FISHER BLACK: A Simple Discounting Rule. *Financial Management* (1988), pp. 7-11. 2. GEORGE CONSTANTINIDES: Theory of Valuation — Overview and Recent Developments, in BHATTACHARYA und CONSTANTINIDES (Ed.), *Theory of Valuation — Frontiers of Modern*

15.3.3 Stichworte und Namen

W. BALLWIESER, investitionsintensive Firma, operationsintensive Firma, Reifezeit, Pseudo-Wahrscheinlichkeiten,

15.3.4 Fragen

Jemand hält eine Beteiligung, die in zehn Jahren ausbezahlt wird und sich genau wie die Gesamtentwicklung der Börse verhält. Eine repräsentative Beschreibung liefern die beiden Werte $B_{10} = 1000$ und $A_{10} = 200$. A) Bewerten Sie die Zahlung mit dem Zinssatz $i = 3\%$ B) Wie hoch müßte die richtige Vergleichsrendite bei der Risikoprämienmethode sein? C) Nun kommt die zusätzliche Information, dass die Reifezeit der in Aufgabe 1 betrachteten Zahlung nur ein Jahr beträgt. Bewerten Sie wieder die Zahlung und Ermitteln Sie erneut die Vergleichsrendite.

15.3.5 Lösungen

Da keine weiteren Angaben dazu gemacht worden sind, werden für die Börsenentwicklung die in 9.2.4 geschätzten Parameter der Börse Schweiz unterstellt, so dass die angegebene Tabelle (Bild 15-5) der Pseudo-Wahrscheinlichkeiten verwendet werden kann.

Für A) liefert Formel (15-4)

$$W(10) = \frac{1}{(1+i)^{10}} \cdot \langle w_u^*(10) \cdot B_{10} + w_u^*(10) \cdot A_{10} \rangle = \frac{0{,}062 \cdot 1000 + 0{,}938 \cdot 200}{1{,}03^{10}} = 185{,}73$$

B) Die mittlere Zahlung ist 600 und die Diskontrate r_{10} müßte $185{,}73 = 600/(1+r_{10})^{10}$ erfüllen, also $r_{10} = 12{,}44\%$.

Mit Formel (15-6) gilt

$$W(10) = \frac{1}{(1+i)^{10}} \cdot \langle w_u^*(3) \cdot B_{10} + w_u^*(3) \cdot A_{10} \rangle = \frac{0{,}334 \cdot 1000 + 0{,}666 \cdot 200}{1{,}03^{10}} = 347{,}64$$

Die Diskontrate r_{10} müßte nun $347{,}64 = 600/(1+r_{10})^{10}$ erfüllen, also $r_{10} = 5{,}61\%$.

Financial Theory, Volume 1, 1988, pp. 1-23. 3. FRANK RICHTER: Simplified Discounting Rules in Binomial Models. *Schmalenbach Business Review* 53 (July 2001), pp. 175-196.

16. Optionen

Zunächst Terminkontrakte und Futures. Anschließend betrachten wir Finanzoptionen, diskutieren die Black-Scholes-Formel und die Put-Call-Parität.

16.1 Terminkontrakte 395
16.2 Finanzoptionen 402
16.3 Ergänzungen und Fragen 416

16.1 Terminkontrakte

Bei einem Kassageschäft wird das Objekt des Kaufs und Verkaufs innerhalb jener Frist übertragen, in der das Clearing und Settlement organisatorisch und technisch abgewickelt werden kann. Typischerweise handelt es sich hier um ein oder zwei Tage.

> Bei einem Termingeschäft vereinbaren die beiden Vertragsseiten die Lieferung und die Entgegennahme des Objekts zu einem Zeitpunkt, der weiter in der Zukunft liegt, etwa in drei Monaten oder in einem Jahr. Der Preis für das Termingeschäft, der *Terminkurs*, wird sofort, eben bei Abschluß des Vertrags, vereinbart. Er ist später von jener Vertragspartei zu zahlen, die sich zur Entgegennahme des Objekts verpflichtet hat. Vielleicht verlangt die Partei, welche die Lieferung verspricht und sich auf die Lieferung vorbereitet, eine kleine Hinterlegung als Garantie für die Abnahme zu den ursprünglich vereinbarten Konditionen.

Als Objekte für ein Termingeschäft eignen sich Rohstoffe, Waren, Fremdwährungen und Wertpapiere. Sie werden dann, wie eingangs erwähnt, Basiswert oder Underlying genannt. Ebenso als Basiswert eignen sich Indizes. Hierbei wird die Lieferung eines Geldbetrags vereinbart, dessen Höhe dem Wert eines Marktindexes am Verfallstermin entspricht. Der Index wird einer klar definierten Rechenvorschrift folgend laufend aus Marktkursen ermittelt, gelegentlich kommt es zu Revisionen der im Index erfaßten Wertpapiere.

16.1.1 Der Terminkurs

Der Terminkurs steht in den meisten Fällen in einer klaren Beziehung zum Kassapreis. KEYNES hat dies am Beispiel der *Zinsparität* verdeutlicht. Angenommen, eine Person mit Referenzwährung Euro möchte 1.000 Dollar in einem Jahr liefern. Ihre Gegenpartei, die sich per Terminkontrakt zu einem heute vereinbarten Kurs zur späteren Entgegennahme der Dollar verpflichtet, könnte sich so absichern:

1. Die Gegenpartei nimmt einen Dollarkredit auf, bei dem in einem Jahr 1.000 Dollar zur Zahlung von Zinsen und Tilgung dienen — gerade die 1.000 Dollar, die sie dann aus dem Termingeschäft erhalten sollte. Der Kreditbetrag beträgt $1.000/(1+i_{USD})$ Dollar, wobei i_{USD} jener Zinssatz ist, zu dem die Gegenpartei den Dollarkredit erhält.

2. Nun wechselt die Gegenpartei den erhaltenen Kreditbetrag von $1.000/(1+i_{USD})$ Dollar in Euro auf dem Kassamarkt. Dort sei der Wechselkurs s (in direkter Notation), das heißt, derzeit kostet ein Dollar s Euro. Die Gegenpartei erhält also $s \cdot 1.000/(1+i_{USD})$ Euro.

3. Diesen Euro-Betrag legt die Gegenpartei auf ein Jahr als Euro-Festgeld an. Dafür erhalte sie den Zins i_{EUR}. In einem Jahr hat sie demnach $s \cdot (1+i_{EUR}) \cdot 1.000/(1+i_{USD})$ Euro. Diesen Betrag kann sie (nach Abzug einer Kommission), der Person bereits heute als Gegenwert für die später zu liefernden Dollar zusagen.

Für einen Dollar würde sie also in etwa $s \cdot (1+i_{EUR})/(1+i_{USD})$ Euro zusagen, und dies ist der Terminkurs. Mit der Absicherung hätte die Gegenpartei kein Risiko.

> Der Terminkurs eines Währungsgeschäfts wird vom heutigen Kassakurs der Fremdwährung bestimmt sowie von den Zinssätzen. *Unerheblich* ist, welche Erwartungen die Person und welche Erwartungen die Gegenpartei hinsichtlich der zukünftigen Währungsparität haben, die zum späteren Zeitpunkt der Fälligkeit am Devisenmarkt herrschen wird.

Beispiel 16-1 Frau Engels hält US-Bonds und möchte sie verkaufen, weil, wie sie meint, der Dollar hoch sei. Andererseits beträgt die Restlaufzeit der Bonds ohnehin nur ein Jahr. Durch Abwarten der Tilgung könnten die ansonsten fälligen Transaktionskosten vermieden werden. Frau Engels entschließt sich, den Dollarkurs für sich auf heutigem Niveau "einzufrieren". Hierzu kauft sie von ihrer Bank 100.000 USD per Termin und verpfändet als Sicherheit für das Termingeschäft ihr Depot.

16. OPTIONEN

Die heutige Währungsparität beträgt $s = 1{,}10$ Dollar für einen Euro. Der Einjahreszinssatz für Euro beträgt 4%, der für Dollar ist 6%. Sie errechnet als Terminkurs

$$s \cdot (1 + i_{EUR}) / (1 + i_{USD}) = 1{,}079.$$

Auf Anfrage erklärt die Hausbank, der Terminkurs für den Ankauf von USD in einem Jahr sei 1,07. Das ist natürlich etwas geringer, weil die Bank Kosten hat und einen Gewinnbeitrag erzielen will. ∎

Analog werden Terminkurse gefunden, wenn es nicht um die Lieferung und Entgegennahme eines Betrags in einer Fremdwährung geht, sondern um die Lieferung und Entgegennahme eines Wertpapiers. Wenn eine Person beispielsweise in einem Jahr eine Aktie haben möchte, könnte ihre Gegenpartei in dem Termingeschäft sich einfach dadurch absichern, dass sie die Aktie sofort kauft, und den Kauf mit einem Kredit finanziert. Auch dann ist der Terminkurs durch den heutigen Kurs des Wertpapiers bestimmt. Er erhöht sich noch leicht, weil die Zinsen für den Kredit zu berücksichtigen sind, eventuell auch Depotkosten für die Aufbewahrung der Aktie, und er erniedrigt sich etwas, wenn die Gegenpartei, welche die Aktie hält, in der Zwischenzeit eine Dividende beziehen kann. Allgemein gilt für die Beziehung zwischen Kassakurs S und Terminkurs F, der sich auf eine *Lieferung in einem Jahr* bezieht:

$$(16\text{-}1) \qquad F = S \cdot \frac{1 + c + i}{1 + y}$$

- Mit c sind die prozentualen und auf Jahr bezogenen Kosten für die Aufbewahrung des dem Termingeschäfts zugrunde liegenden Vermögensobjekts bezeichnet (*Basiswert, Underlying*), sei es eine Ware, ein Rohstoff oder ein Wertpapier; i bezeichnet den Zinssatz. Je größer die Summe der beiden Größen ist, desto teurer kommt es einen Investor, der den Basiswert in einem Jahr haben möchte, ihn sofort zu kaufen und aufzubewahren. Sind diese Größen für alle Teilnehmer im Wirtschaftsleben hoch, dürfte der Terminkurs über dem Spotkurs liegen.
- Den gegenteiligen Effekt üben Vorteile aus, die der Halter des Basiswerts während der Haltezeit erlangt. Dazu gehören bei Wertschriften Zinseinkünfte oder Dividenden. Auch der Halter einer Ware hat gewisse Vorteile, beispielsweise ist er sofort lieferbereit. Der entsprechende Effekt, die sogenannte *Convenience-Yield*, wird durch die Rate y im Nenner der Formel berücksichtigt. Ist

die Convenience-Yield für alle Teilnehmer im Wirtschaftsleben vergleichsweise hoch, liegt der Terminkurs unter dem Kassakurs.

Wieder ist für den Terminkurs unerheblich, welche *Erwartungen* die konkrete Person und die Gegenseite hinsichtlich des Preises des Basiswerts haben, der zum Zeitpunkt der Fälligkeit des Termingeschäfts gelten wird.

Wichtig ist, dass der *Terminkurs nicht* direkt von der *Volatilität des Basiswerts* abhängt. Es wird schon so sein, dass der Preis des Basiswerts von der Volatilität beeinflußt wird, vielleicht verändern sich mit der Unsicherheit im Markt auch die Zinssätze. Wenn sich der Preis des Underlyings ändert, ändert sich auch der Kurs für den Kontrakt entsprechend der Formel. Wenn sich aber beispielsweise die Volatilität ändert, der Preis des Underlyings und die anderen Größen, die in der Formel direkt auftreten unverändert bleiben, dann ändert sich der Terminkurs nicht.

> Diese Eigenschaft (Frage der direkten Abhängigkeit von Volatilität des Basiswerts) bildet einen fundamentalen Unterschied zwischen Terminkontrakten und Optionen. Der Wert von Optionen ändert sich mit der Volatilität — selbst wenn sich der Preis des Underlyings nicht ändern sollte.

Selbstverständlich kann die von einer Person angesprochene Gegenpartei, die Wertpapiere zu einem späteren Zeitpunkt zu liefern verspricht, auch darauf verzichten, die mit dem Termingeschäft eingegangene Position sofort abzusichern. Sie könnte auch später noch, spätestens aber eben zum Zeitpunkt der Fälligkeit die zu liefernden Wertpapiere kaufen. Man sagt, sie tätige *Deckungskäufe*. Auch der Zeichner eines Terminkontrakts kann damit eine Position, die er als "offen" erachtet, hedgen. Gleichwohl könnte er aus spekulativen Überlegungen Terminkontrakte zeichnen.

16.1.2 Indexkontrakte

In einigen Ländern werden Termingeschäfte, bei denen das Underlying ein Wertpapier ist, gesetzlich als Wette oder als Spiel behandelt, und genießen daher nicht den rechtlichen Schutz, der für Verpflichtungen vorgesehen ist. Deshalb werden solche Terminkontrakte nur vereinzelt abgeschlossen. Eine praktisch wichtige Form von Termingeschäften sind *Indexkontrakte*, bei denen die besagte Schwierigkeit nicht besteht.

Bei einem *Indexkontrakt* fungiert als eine der beiden Vertragsseiten eine Investmentbank. Sie verspricht die Lieferung jenes Geldbetrags, der einem Börsenindex zu einem fixierten Tag in der Zukunft entspricht. Alternativ dazu ist sie bereit, die entsprechenden Finanzinstrumente zu liefern. Die andere Vertragsseite wird von Anlegern eingenommen. Die Investmentbank legt so viele Indexkontrakte auf, wie Nachfrage seitens der Kunden besteht.

> Damit sich die Anleger, die sich zur Annahme der Lieferung des Werts des Index verpflichten, im Falle eines Börsenrückgangs nicht einfach aus ihrer Pflicht stehlen können, verlangt die Investmentbank, dass sie den Barwert des Terminkurses sofort und vollständig einzahlen.

Nach der zuvor erläuterten Argumentation entspricht der Terminkurs deshalb dem heutigen Wert des Index zuzüglich einer Gebühr für die Verwahrung (der dem Index entsprechenden Wertpapiere), abzüglich von Dividenden (die im Index aber vielleicht nicht berücksichtigt sind). Als Faustregel kann gesagt werden, dass sich solche Effekte aufheben und der Terminkurs stets ziemlich genau so hoch ist wie der Indexwert zum betreffenden Zeitpunkt. Für Anleger, die den Indexkontrakt nicht bis zur Fälligkeit halten wollen, bietet die Investmentbank einen Dienst als Market-Maker an oder nimmt die Kontrakte zu fairen Bewertungen an Stichtagen zurück.

Viele Anleger wünschen sich für ihre Kapitalanlage eine Wertentwicklung, die mit dem Index Schritt hält. Sollte, wenn der Terminkurs ohnehin sofort zu zahlen ist, ein Anleger nicht besser die im Index enthaltenen Wertpapiere kaufen anstatt einen Indexkontrakt in das Depot zu nehmen?[1]

---

[1] Ein Portfolio so zu führen, dass der Wertverlauf des Portfolios genau den Index nachbildet, verlangt ein großes Depotvolumen und sophistizierte Techniken zum Tracking des Index. Hinzu kommt, dass auch die Zusammensetzung des Index von Zeit zu Zeit geändert. Die Alternative für den Privatanleger ist der Kauf eines entsprechenden Indexfonds, das heißt, eines Investmentfonds, bei dem der Manager einen Index möglichst gut nachbildet. Das Anlageergebnis eines Fonds in Relation zum Index ist mit (kleinen) Unsicherheiten behaftet. Jedoch sind die mit einem Indexkontrakt verbundenen Kosten für einen Anleger oftmals geringer als jene, die direkt oder indirekt mit einem Indexfonds zu tragen sind. Zudem sind alle Gewinne aus einem Indexkontrakt Kursänderungen und werden daher in vielen Ländern steuerlich anders behandelt als Gewinne aus Direktanlagen. Allerdings sind Indexkontrakte einem Gegenparteirisiko ausgesetzt, weil sie von einer Investmentbank aufgelegt werden.

Viele Börsenindizes messen die Kursentwicklung von Aktien, berücksichtigen aber nicht Dividenden.[2] Deshalb sollte bei Indexkontrakten beachtet werden, wie Dividenden behandelt werden. Immerhin könnte die Investmentbank mit den erhaltenen Einzahlungen für die Kontrakte die Basiswerte kaufen, halten, und die Dividenden vereinnahmen.

> *Indexkontrakte* (oder *Indexzertifikate*) sind Instrumente, die von einer Investmentbank aufgelegt werden und dem Käufer die Lieferung des Gegenwerts eines Marktindizes zu einem späteren Zeitpunkt (Fälligkeit) versprechen. Gleichzeitig bietet sich die Investmentbank als Market-Maker für diese Instrumente an, so dass die Anleger auch nach Auflage die Instrumente kaufen und noch vor Fälligkeit verkaufen können. Aufgrund der späteren Ankopplung des Werts des Indexkontrakts bewegen sich auch vorher die Kurse der Indexkontrakte in etwa wie der Index. Allerdings wird berücksichtigt, dass — anders als bei einem Future — der Käufer des Instruments den Kaufpreis sofort zu zahlen hat.
>
> *Indexfonds* sind Investmentfonds (unterliegen also den Gesetzen für Anlagefonds), bei denen der Portfoliomanager die Anlagepolitik verfolgt, den Index möglichst genau nachzubilden. Entsprechend der gesetzlichen Pflicht nimmt der Portfoliomanager Anteile zurück, und legt bei Bedarf neue Fondsanteile auf.

16.1.3 Futures

Zunächst sind Termingeschäfte bilaterale Verträge. Die Terminkontrakte können durchaus so ausgestaltet sein, dass sie übertragbar sind. Dann kann Handel entstehen, und im Laufe des Handels könnte ein lebendiger Terminmarkt entstehen. Von einem Futures wird gesprochen, wenn zwei Merkmale gegeben sind.

1. Die im Terminkontrakt vereinbarten Vertragsinhalte — sie betreffen das Basisobjekt, die betreffende Menge, Zeitpunkt und Ort der Lieferung — sind *standardisiert*. Zahlreiche Kontrakte mit demselben Inhalt werden abgeschlossen.

---

[2] In der Schweiz beispielsweise gibt es einen Marktindex und einen Performanceindex. Der Swiss Market Index SMI gibt die Kurse wieder, der Swiss Performance Index SPI berücksichtigt alle Kapitalerträge, Kursänderungen, Dividenden, Bezugsrechte und dergleichen. Die handelsüblichen Indexkontrakte beziehen sich auf den SMI. Der SMI ist enger: Er wird nach der Marktkapitalisierung der bedeutendsten, an der Schweizer Börse kotierten Unternehmen berechnet, und ist, wie gesagt, nicht dividendenkorrigiert. Weil der Index sich nur auf 29 Aktien bezieht, ist er leichter nachzubilden. Der SPI dagegen deckt praktisch sämtliche an der Schweizer Börse kotierten Unternehmen ab.

2. Der betreffende *Terminmarkt* wird durch eine Börsenorganisation gestaltet, und die Börsenorganisation ist für jeden Kontrakt die Vertragsseite.[3] Es gibt klare Regeln für den Handel und eine börsentägliche Abrechnung der Wertänderungen mit den Investoren.

Eine Person, die einen Future abschließt, geht *short*, wenn sie die spätere Lieferung des Underlyings verspricht. Sie geht *long*, wenn sie die Entgegennahme des Underlyings zum Verfallstermin zusagt.

Die Futuresbörse verlangt von jeder Partei Einlagen als Garantie, sogenannte *Marginzahlungen*. Die Marginzahlungen sind so hoch bemessen, dass sie ausreichen, Kursverluste zu decken, die an einem Tag üblicherweise auftreten können. Eine Person, die sich an der Futuresbörse engagiert, muss aber nicht den gesamten Betrag einzahlen, der dem augenblicklichen Wert des Basisobjekts entspricht. Damit ist es bereits mit kleineren Beträgen möglich, sich an den Futuresbörsen in erheblichem Umfang zu engagieren: Die Beträge können sich innert kürzester Frist verdoppeln oder völlig verloren gehen.

- Ist eine Person mit Futures *short* gegangen (sie hat die spätere Lieferung des Underlyings versprochen), dann muss sie, wenn die Kurse des Underlyings steigen, laufend ihre Wertverluste ausgleichen und neue Marginzahlungen leisten. Wenn die Kurse des Underlyings fallen, erhält sie dagegen börsentäglich entsprechende Gutschriften.

- Ist eine Person mit Futures *long* gegangen (sie hat die Entgegennahme des Underlyings zugesagt), dann muss sie, sofern die Kurse des Underlyings fallen, ihre Wertverluste ausgleichen und neue Marginzahlungen leisten. Solange die Kurse des Underlyings steigen, erhält sie entsprechende Gutschriften.

Futures sind für Akteure interessant, die nicht Vermögen anlegen wollen, sondern die über eigene Informationen verfügen und darauf wetten wollen, dass die entsprechenden Prognosen überdurchschnittlich oft eintreffen. Futures eignen sich daher hervorragend für das taktische Portfoliomanagement, bei dem das *Timing* im Vordergrund steht. Sieht der Portfoliomanager ein Kaufsignal, geht er long in den Marktindex.

---

[3] Für eine Person, die einen Futures abschließt ist die Gegenpartei die Börsengesellschaft. Alle Wertveränderungen werden direkt mit der Futuresbörse abgerechnet — und nicht, vielleicht unter Hilfe der Börse, mit einer Gegenpartei, die außerhalb der Börse zu suchen wäre.

Sieht der Portfoliomanager ein Verkaufssignal, wird das Exposure gegenüber dem Markt reduziert, indem Futures "geshortet" werden.

Ebenso eignen sich Futures für die Absicherung eines dem Marktrisiko ausgesetzten Portfolios. Möchte der Investor aus irgendwelchen Gründen — sie können beispielsweise aus seiner Abwesenheit und einer damit verbundenen Schwierigkeit bestehen, die Marktentwicklung zu beobachten und über Transaktionen zu entscheiden — das Exposure gegenüber dem Index reduzieren oder auf Null bringen, dann bietet es sich an, in entsprechende Futures short zu gehen. Die Transaktionskosten für diese Form der Absicherung sind sehr gering.

16.2 Finanzoptionen

16.2.1 Calls und Puts

Finanzoptionen sehen wie Terminkontrakte die Lieferung und Entgegennahme eines Basisobjekts zu einem späteren Zeitpunkt vor. Jedoch behält bei einer Option die eine der beiden Vertragsseiten — der *Inhaber* — *das Recht zu wählen, ob der Transfer stattfinden soll oder nicht*. Die andere Vertragsseite, der *Stillhalter*, verspricht, sich für den Transfer bereit zu halten, das heißt, die Transaktionsbereitschaft aufrecht zu erhalten. Vielfach verlangt dies, während der Laufzeit keine Änderungen am eigenen Portfolio herbeizuführen, eben "still" zu halten. [4]

> Eine Option wird als Kaufoption oder als *Call* bezeichnet, wenn der Inhaber wählen kann, ob der Stillhalter das Basisobjekt nun liefern soll oder nicht. Eine Option wird als Verkaufsoption oder als *Put* bezeichnet, wenn der Inhaber wählen kann, ob der Stillhalter das Basisobjekt entgegen zu nehmen hat.

Falls die Transfers vom Inhaber später gewünscht werden, sind sie von einer entgegen gerichteten Zahlung begleitet. Der Betrag wird *Ausübungspreis*, *Exercise Price* oder *Strike* genannt und bereits beim Abschluß des Optionsgeschäfts vereinbart. Also: Der Inhaber eines Calls

---

[4] 1. JOHN C. HULL: *Options, Futures, and other Derivatives.* Pearson Education (5th ed.) 2002. 2. J. COX und M. RUBINSTEIN: *Options markets.* Prentice-Hall, Engelwood Cliffs 1985. 3. STEPHEN FIGLEWSKI, WILLIAM L. SILBER und MARTI G. SUBRAHMANYAM (Editors): *Financial Options — From Theory to Practice.* Irwin Publishing, New York 1990. 4. HEINZ ZIMMERMANN: State-Preference Theorie und Asset Pricing, Physica Verlag, Heidelberg 1998.

kann wählen, ob er vom Stillhalter das Basisobjekt zum Ausübungspreis kaufen möchte oder nicht. Der Inhaber eines Puts kann wählen, ob der Stillhalter ihm das Basisobjekt zum Strike abkaufen muss.

Im Angelsächsischen wird die Position, die durch Kauf einer Call-Option erreicht wird, auch als *long call* bezeichnet. Entsprechend wird die Position, die durch das Schreiben einer Call-Option entsteht, als *short call* bezeichnet. Insoweit stimmen diese Bezeichnungen mit der bei Futures überein. Der Begriff *long* bezieht sich auf einen späteren (eventuellen) Erhalt des Underlyings; der Begriff *short* auf eine spätere (eventuelle) Ablieferung des Underlyings. Jedoch ist zu beachten, dass diese intuitive Vorstellung bei einer Put-Option nicht mehr zutrifft. Wer *long put* ist, also einen Put erworben hat, darf wählen, ob er später das Underlying liefern will oder nicht. Wer *short put* ist, also einen Put geschrieben hat, muss zur eventuellen Entgegennahme bereit sein.

> Bei einer *europäischen* Option darf das Wahlrecht nur am Ende der Laufzeit ausgeübt werden, am Tag der Fälligkeit. Bei einer *amerikanischen* Option darf das Wahlrecht an jedem Tag bis zum Ende der Laufzeit ausgeübt werden.

Viele Optionen werden vor ihrem Verfall gehandelt, so dass auch der Inhaber einer europäischen Call-Option diese praktisch jederzeit zum Marktwert verkaufen kann. Der Inhaber einer amerikanischen Option kann sie vor Verfall verkaufen oder auch ausüben. Dies läßt schon verstehen, dass es ganz spezielle Umstände sein müssen, unter denen es für den Inhaber einer amerikanischen Option vorteilhaft sein kann, vor dem Verfalltag auszuüben. Hierzu gehören überraschend hohe Dividendenzahlungen, wenn das Underlying eine Aktie ist.

Wo der Inhaber wählen kann, ob er die Option ausüben oder einfach verfallen lassen möchte, wird er sich zum eigenen Vorteil verhalten. Er wird nur dann ausüben, wenn dadurch sein *Nutzen* steigt. Der Inhaber wird ausüben, wenn er einen *geldwerten Vorteil* erzielt. Gleichzeitig hat der Stillhalter den finanziellen Nachteil. Der Stillhalter muss bereit sein, einen für ihn ungünstigen Transfer auszuführen. Jede Option ist ein *Null-Summen-Spiel*: was der Inhaber verliert oder gewinnt, entspricht dem Betrag, den der Stillhalter gewinnt oder verliert.

Optionen, bei denen das Underlying eine Aktie ist oder ein Index, der ein Aktienportfolio beschreibt, sind häufige Beispiele.

- Hier wird der Inhaber eines Calls ausüben, sofern der Kurs des Underlyings S_T beim Fälligkeitszeitpunkt T sich als größer als der Ausübungspreis K herausstellt. Vielleicht wird der Inhaber nach der Ausübung sofort den erhaltenen Basiswert verkaufen und hat dadurch den Betrag $S_T - K$ erhalten. Eventuell wird der Stillhalter gleich anbieten, die Differenz $S_T - K$ zu zahlen, anstatt die Aktie zu liefern und den Strike zu vereinnahmen.

- Falls der Kurs des Underlyings am Ende der Laufzeit der Call-Option geringer ist als der Strike, $S_T \leq K$, wird der Inhaber wählen, den Call verfallen zu lassen.

Für die Darstellung dieser Fallunterscheidung eignet sich ein besonderes Diagramm, das als *Payoff-Diagramm* bezeichnet wird. Es stellt das geldwerte Ergebnis in Abhängigkeit des Kurses des Basiswerts dar.

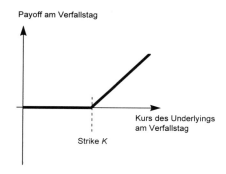

Bild 16-1: Das Payoff-Diagramm für den Inhaber eines Calls. Es wird angenommen, die Person habe den Call bereits und müsse ihn nicht erst noch kaufen und etwas dafür bezahlen. Deshalb wird die Person, wenn der Call nicht ausgeübt wird, nicht von einem Verlust sprechen. Wenn der Kurs des Underlyings am Verfallstermin den Strike K übertrifft, dann wird der Inhaber den Call ausüben. Der Payoff ist dann durch die Differenz der beiden Werte gegeben.

Üblicherweise sind die Kurse des Basiswerts, die zum Fälligkeitszeitpunkt herrschen *könnten*, auf der x-Achse (Abszisse) abgetragen. Die Auszahlungen oder geldwerten Ergebnisse, die vom Kurs des Underlyings abhängen, werden auf der y-Achse (Ordinate) abgetragen. Ein Hinweis: Das Payoff-Diagramm veranschaulicht *nicht* jenes Risiko, das mit einer Anlage in den Basiswert verbunden ist. Es trifft auch keine Erwartung darüber, welchen Kurs das Underlying zum Fälligkeitszeitpunkt wohl haben wird. Der Payoff stellt nur die *Abhängigkeit* dar: Wenn dieser oder jener Kurs des Basiswerts eintritt, dann wird dieses oder jenes Ergebnis für den Finanzkontrakt folgen.

Die Überlegungen, wie sich der Inhaber zum Zeitpunkt des Verfalls T entscheiden wird, führt auf den Begriff des *inneren Werts* einer Option. Beträgt augenblicklich, zum Zeitpunkt t, der Kurs des Underlyings S_t, dann gilt: Der innere Wert des Calls ist gleich $S_t - K$, falls der Kurs des Basisobjekts höher ist als der Ausübungspreis, andernfalls ist er gleich 0. Analog wird bei einem Put verfahren.

> Der *innere Wert einer Option* ist jener Wert, den sie für den Inhaber hätte, wenn er sofort entscheiden könnte und müßte, ob er die Option ausüben wollte oder nicht.

Im Hinblick auf die dabei zu treffende Fallunterscheidung wird gesagt:

- Ein Call ist *im Geld* (in the money), wenn der augenblickliche Kurs des Basisinstruments höher ist als der Ausübungspreis, wenn also der innere Wert positiv ist. Ist der augenblickliche Kurs des Underlyings sehr viel höher als der Strike, wird gesagt, die Call-Option sei *tief* im Geld.
- Der Call ist *am Geld* (at the money), wenn beide Werte ungefähr übereinstimmen. Der innere Wert ist dann in etwa gleich Null.
- Der Call ist *aus dem Geld* (out of the money), wenn der augenblickliche Kurs des Underlyings geringer ist als der Strike. Der innere Wert ist dann eindeutig gleich Null. Ist der Kurs des Basiswerts sehr viel tiefer als der Ausübungspreis der Call-Option, dann wird gesagt, sie sei *weit* aus dem Geld.[5]

16.2.2 Optionswert

Das Wahlrecht hat einen Wert für den Inhaber der Option. Als Stillhalter wird eine Person oder Bank daher nur dann fungieren, wenn die andere Vertragsseite, welche die Position des Inhabers einnehmen möchte, etwas für das Wahlrecht bezahlt: den Wert, den die Option hat. Dieser Wert wird auch als *Optionsprämie* bezeichnet.

- Um die Asymmetrie zu betonen wird auch gesagt, die Vertragspartei, die als Stillhalter fungieren wird, *schreibe* die Option und vereinnahme dafür den Optionspreis. In der Tat: Der Stillhalter "unterschreibt", für einen ungünstigen Transfer bereit zu stehen.

---

[5] Ähnlich wird ein Put als im Geld bezeichnet, wenn der augenblickliche Kurs des Underlyings geringer ist als der Strike. Der Put ist am Geld, wenn beide Werte ungefähr übereinstimmen. Der Put ist aus dem Geld, wenn der augenblickliche Kurs des Basisinstruments höher als der Ausübungspreis ist.

- Die Vertragspartei, die als Inhaber fungieren wird, *kauft* die Option. Sie hat den Optionspreis zu entrichten.

Zum Verfallstag ist der Wert, den eine Option hat, gleich ihrem inneren Wert. Zuvor ist der Wert der Option immer höher als der innere Wert.

> Die Differenz zwischen dem Wert der Option und dem inneren Wert heißt *Aufgeld*. Da das Aufgeld im Verlauf der Zeit geringer wird und bis zum Verfallstag verschwindet, wird es auch *Zeitwert der Option* genannt.

Der Wert einer Option (die Optionsprämie) ist gleich dem inneren Wert der Option plus dem Zeitwert der Option (dem Aufgeld). Das folgende Bild 16-2 gibt die Ergebnisse einer Anlagestrategie wieder. Die Strategie besteht darin, einen Call zu kaufen, bis zum Verfall zu halten und dann zu entscheiden, ob der Call ausgeübt werden sollte oder nicht. Der Wert der Strategie wird wieder als Payoff-Diagramm dargestellt, das heißt, in Abhängigkeit jenes Preises S_T, den das Underlying am Verfallstermin T haben könnte.

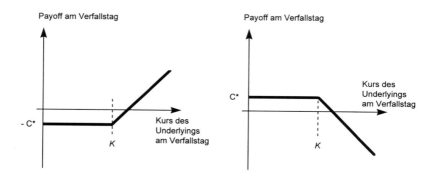

Bild 16-2: Der Payoff für die Strategie, sich einen Call zu kaufen und bis Verfall zu halten (links), sowie die Strategie, als Stillhalter zu fungieren (rechts).

Im Unterschied zur Darstellung von Bild 16-1 muss ein Investor, der diese Strategie wählt, die Option erst kaufen und dafür bezahlen. Deshalb kann er auch etwas verlieren, nämlich den Preis der Option. Er ist mit C bezeichnet. Das Payoff-Diagramm bezieht sich jedoch auf Geldbeträge zum Zeitpunkt des Verfalls T während der Optionspreis bereits "heute" beim Kauf der Option zu entrichten ist. Deshalb kann, auf den Zeitpunkt T bezogen, der Investor jenen Betrag verlieren, der sich ergibt, wenn der heutige Optionspreis verzinst wird. Dieser Betrag ist mit $C*$ notiert.

Viele Optionen werden standardisiert und dann an Optionsbörsen gehandelt. An der Börse werden Optionen mit verschiedenem Strike für den wichtigsten Index und die größten Aktien (Blue-Chips) gehandelt. Die Laufzeit bei Auflage beträgt vielfach drei oder sechs Monate. Neben Aktien werden auch Bonds als Underlyings für Optionen gehandelt, wodurch Geschäfte möglich werden, die sich auf Zinsänderungen beziehen. Daneben legen Investmentbanken Optionen (Warrants) auf, die zum Zeitpunkt der Ausgabe eine deutlich längere Laufzeit besitzen; die Investmentbanken bieten sich auch als Market-Maker für diese Optionen an ("over the counter"). Die Gegenseite ist hier die Investmentbank, nicht mehr die Börsenorganisation. Schließlich geben auch Unternehmen vielfach Optionsscheine im Zusammenhang mit der Kapitalaufnahme an. Bei diesen Optionsscheinen ist die jeweilige Unternehmung die Gegenseite. Die beteiligten Institutionen, der Handel und die Transaktionskosten sind demnach unterschiedlich.

> Dennoch haben alle Optionen dieselbe grundlegende Struktur: Das Payoff-Diagramm ist *gekrümmt*. Man wird entgegnen, das Payoff-Diagramm sei nicht nur gekrümmt, sondern sogar *geknickt*. Der Knick, ergibt sich, sofern die Option bis zum Verfall gehalten wird. Viele Investoren kaufen Optionen und halten sie nicht bis zum Verfall. Für diese Strategien ist das Payoff-Diagramm gekrümmt, aber nicht geknickt. Für einen Käufer einer Option — sei es eine Kaufoption oder eine Verkaufsoption — ist das Payoff-Diagramm immer *konvex*, für einen Stillhalter ist es stets *konkav* gekrümmt oder geknickt.

Typischerweise kann ein Inhaber seine Option einem anderen Inhaber übertragen — der Stillhalter bleibt immer derselbe. Privatpersonen können von daher ohne weiteres Optionen kaufen, das heißt die Position des Inhabers einnehmen — egal ob es sich um einen Call oder um einen Put handelt. Käufer einer Option können gewinnen oder verlieren; der maximale Verlust ist ihr Einsatz, das heißt, der bezahlte Optionspreis. Der auf den Einsatz beschränkte Verlust ist eine gute Voraussetzung für die Handelbarkeit. Privatanlegern ist es jedoch nur in besonderen Fällen möglich, Optionen zu schreiben. Auch der Schreiber einer Option kann gewinnen oder verlieren. Der maximale Gewinn, den der Stillhalter einer Option erhalten kann, ist durch den Optionspreis gegeben, den der Inhaber gezahlt hat. Dieser Betrag bleibt dem Stillhalter, sofern der Inhaber die Option nicht ausübt.

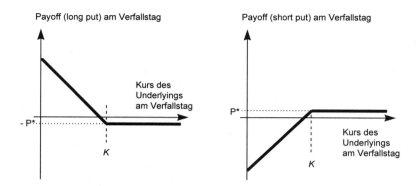

Bild 16-3: Payoff-Diagramm für den Käufer (links) und den Stillhalter bei einer Put-Option.

Der *maximale Verlust* aus dem Schreiben einer Option kann hingegen *beträchtlich* sein (Bild 16-2, rechts). Beim Ausüben eines Calls verlangt der Inhaber die Herausgabe des Underlyings, welches einen sehr hohen Wert haben könnte, und bezahlt nur den Strike. Beim Ausüben eines Puts verlangt der Inhaber die Übernahme des Underlyings, welches einen sehr geringen Wert haben könnte, und verlangt den Strike als Geldbetrag. Der Schreiber eines Calls — sofern er sich nicht durch Reservierung des Underlyings deckt — könnte daher einen unbeschränkt hohen Verlust haben.

Der Schreiber eines Puts muss eventuell einen Verlust in Höhe des Ausübungspreises hinnehmen. So wie im Fall der Ausübung einer Option für den Inhaber beträchtliche Gewinne möglich sein können, muss der Stillhalter mit beträchtlichen Verlusten rechnen. Wenn Privatpersonen Optionen schreiben wollen, müssen sie deshalb glaubhaft zusichern, die Nachteile tragen zu können, die auf sie als Stillhalter im Fall der Ausübung der Option zukämen. Banken verlangen die Hinterlegung eines Betrags oder die Verpfändung des Depots, wenn ein Kunde Optionen schreiben möchte (um den Optionspreis zu vereinnahmen).

16.2.3 Zur Bewertung

Noch vor wenigen Jahrzehnten gab es nur intuitive Vorstellungen, wie eine Option zu bewerten sei. Einige Sachverhalte liegen auf der Hand: Der Wert eines Calls ist — abgesehen von Korrekturen hinsichtlich des Zinssatzes und eventueller Dividenden — durch die Differenz $S - K$ gegeben, also durch den inneren Wert: Der augenblickliche Wert einer Option (für den Inhaber) liegt über dem inneren Wert.

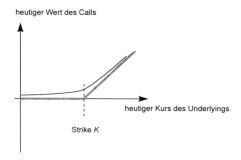

Bild 16-4: Der Wert eines Calls vor Verfall in Abhängigkeit des heutigen Kurses des Underlyings. Der Payoff am Verfallstag ist zur Erinnerung wiedergegeben und weil er eine Untergrenze bildet, die der Wert für Optionen asymptotisch annähert, wenn sie sehr weit im Geld oder sehr weit aus dem Geld sind.

Calls, die *weit im Geld* sind, werden wohl ausgeübt werden, wenn es soweit ist. Sie ähneln daher einem *Terminkontrakt*, bei dem der Inhaber des Calls bei Fälligkeit das Basisinstrument kaufen und den Strike bezahlen wird. Das Aufgeld ist demgegenüber gering. Insbesondere spielt die Volatilität des Underlyings keine wesentliche Rolle. Calls, die deutlich im Geld sind, dürfen als "günstig" bezeichnet werden, weil der Zeitwert gering ist. Calls, die sehr *weit aus dem Geld* sind, werden wohl mit großer Wahrscheinlichkeit nicht ausgeübt werden. Der innere Wert ist gleich Null und das Aufgeld ist sehr gering. Diese Calls haben eine sehr geringe Optionsprämie. Sie scheinen für einen Käufer wenig zu kosten, jedoch dürfte vielfach für den Inhaber der Einsatz völlig verloren gehen.[6] Das größte Aufgeld haben Optionen, die *am Geld* sind. Hier ist völlig unklar, ob sie ausgeübt werden oder nicht, und gerade das verleiht dem mit der Option verbundenen Wahlrecht Wert. Mit diesen Sachverhalten läßt sich der ungefähre Wert einer Option angeben. Üblich ist, den augenblicklichen Wert einer Option ebenso als Funktion des (augenblicklichen) Kurses des Underlyings in das Payoff-Diagramm zu zeichnen. Dabei entsteht ein Verlauf wie in Bild 16-4 gezeigt.

---

[6] Wenn sich dagegen der Kurs des Underlyings erhöht, dann wird die Wahrscheinlichkeit, dass der Call doch noch ausgeübt werden könnte, deutlich höher. Entsprechend steigt der Optionspreis an. Als absoluter Betrag ausgedrückt, ist er immer noch "niedrig". In Relation zu dem, was der Call vor Wertsteigerung des Underlyings gekostet hat, kann der Wertanstieg jedoch beträchtlich sein.

Den Preis bestimmender Faktor und eine angenommene Veränderung	Sensitivität	Reaktion des Werts der Call-Option	Reaktion des Werts der Put-Option
Kurs des Basiswerts steige	Delta	↑	↓
Ausübungspreis werde höher		↓	↑
Restlaufzeit werde länger	Theta	↑	↑
Volatilität sei höher	Vega	↑	↑
Der Zinssatz steige	Rho	↑	↓
Es werde eine (höhere) Dividende gezahlt		↓	↑

Bild 16-5: Den Preis einer (europäischen) Option bestimmende Faktoren. Für sie ist eine Veränderung angenommen und durch die Pfeile gezeigt, in welcher Richtung sich der Preis der Option ändert. Außerdem sind die "griechischen Buchstaben" erwähnt, die in der Theorie dazu dienen, die Sensitivität des Optionspreises in Bezug auf diese Faktoren quantitativ zu messen.

Abgesehen davon waren die wichtigsten Einflußfaktoren bekannt:

1. Die Größe der Kursschwankungen des Basiswerts — die Volatilität. Je größer die Volatilität ist, desto eher verändert sich der Kurs des Underlyings, und desto bedeutsamer wird das mit der Option verbundene Wahlrecht zum Zeitpunkt der Fälligkeit.

2. Die Restlaufzeit: Der Wert einer Option nimmt mit der Länge ihrer restlichen Laufzeit zu. Je länger der Horizont, desto größere Kursänderungen des Underlyings sind bis dahin möglich.

3. Der Ausübungspreis. Bei einem Call gilt: Je höher der Ausübungspreis ist, desto geringer ist der Wert der Option. Das versteht sich von selbst. Bei einem Put ist es umgekehrt: Je höher der Ausübungspreis eines Puts ist, desto höher ist sein Wert.

4. Der derzeitige Kurs des Underlyings: Je höher er ist, desto wahrscheinlicher wird es sein, dass der Inhaber einen Call später dann ausübt und desto höher ist der Wert des Calls.[7]

Der Zinssatz: Da der Strike im Fall der Ausübung erst später zu zahlen ist, hat der Inhaber eines Calls einen um so größeren Vorteil, je höher der Zinssatz ist.[8]

---

[7] Bei einem Put gilt: Je höher der augenblickliche Kurs des Underlyings, desto geringer ist die Wahrscheinlichkeit, dass er ausgeübt wird und desto geringer ist sein Wert.

16. OPTIONEN

Um 1970 war es auch möglich, den Preis einer Option mit Computern zu berechnen. Es wurden damals Binomial-Modelle formuliert oder die Simulation eingesetzt, um den Wert von Optionen numerisch zu ermitteln. Im Jahr 1973, kurz nach Öffnung der ersten Optionsbörse in Chicago, gelang es, eine geschlossene Formel für den Wert eines Calls herzuleiten. Sie ist nach F. BLACK und M. SCHOLES[9] benannt, doch auch andere Forscher waren in jenen Jahren nahe an einer analytischen Lösung für die Berechnung des Werts einer Option. Die Black-Scholes-Formel gibt den Wert C_0 eines Calls wieder, der sich auf einen Call europäischer Art bezieht (Ausübung nur zum Verfallszeitpunkt T möglich), wobei das Underlying eine Aktie oder ein Aktienportfolio sein soll:

(16-2)
$$C_0 = S_0 \cdot N(d) - \exp(-i^* \cdot T) \cdot K \cdot N\left(d - \sigma\sqrt{T}\right)$$
$$d = \frac{\ln\left(\frac{S_0}{K}\right) + \left(i^* + \frac{\sigma^2}{2}\right) \cdot T}{\sigma \cdot \sqrt{T}}$$

Hier ist

- S_0 der heutige Kurs des Underlyings,
- K der Ausübungspreis, und
- $N(.)$ ist die kumulierte Verteilungsfunktion der Standard-Normalverteilung, das heißt, $N(d)$ ist die Wahrscheinlichkeit für Realisationen, die kleiner als d sind.
- i^* ist der stetige Zinssatz; er wird aus dem einfachen Zinssatz i durch $i^* \equiv \ln(1+i)$ berechnet. Der Ausdruck $\exp(-i^* \cdot T)$ ist daher der Diskontfaktor, der für die Restlaufzeit T anzuwenden ist.
- σ ist die Volatilität des Underlyings (Standardabweichung der stetigen Rendite).[10]

---

[8] Der Inhaber eins Puts wird dagegen bedauern, dass er im Fall der Ausübung den Exercise Price erst später vereinnahmt und wird den Put deshalb bei einem geringeren Zinssatz auch niedriger bewerten.

[9] MYRON S. SCHOLES ist 1941 geboren und lebt in Kalifornien. Er hat an der *University of Chicago* studiert und dort 1969 den Ph.D. erworben. Von 1983-1996 hatte er den FRANK E. BUCK Lehrstuhl für Finance an der *Stanford Graduate School of Business* inne. SCHOLES hatte sich 1996 zurückgezogen, um bei der Gründung des LTCM Hedge-Funds mitzuwirken. Im Jahr 1997 erhielt er — zusammen mit ROBERT C. MERTON von *der Harvard Business School* — den Nobelpreis.

[10] Zahlreiche Programme werden zur Auswertung der Black-Scholes-Formel angeboten, zum Teil über das Internet. Ein Hinweis: www.axone.ch/JavaCalculators.htm.

	Call			
Strike K	Vola 20%	Vola 25%	Vola 30%	Vola 35%
75	28,97	29,52	30,30	31,27
80	24,59	25,41	26,46	27,67
85	20,47	21,61	22,92	24,35
90	16,70	18,14	19,70	21,32
95	13,35	15,05	16,80	18,58
100	10,45	12,33	14,23	16,13
105	8,02	10,00	12,98	13,95
110	6,04	8,03	10,02	12,01
115	4,47	6,38	8,34	10,32
120	3,25	5,03	6,90	8,84
125	2,33	3,93	5,69	7,55

Bild 16-6: Preise einer europäischen Call-Option mit Laufzeit 12 Monaten, ausgedrückt in Prozent des augenblicklichen Werts des Underlying. Die Preise sind für verschiedene Ausübungspreise (linke Spalte) genannt, die als Prozentsatz (zwischen 75% und 125%) des Werts Underlyings ausgedrückt sind, sowie für eine Volatilität zwischen 20% und 35%. Der stetige Zinssatz sei 5%. Berechnung mit der Black-Scholes-Formel (16-2).

> Die Black-Scholes-Formel besagt: Der Wert C_0 eines Calls ist gleich dem derzeitigen Kurs S_0 des Underlyings, multipliziert mit dem *Delta*; davon abgezogen wird der Barwert des Ausübungspreises $\exp(-i^* \cdot T) \cdot K$, multipliziert mit einem Gewicht $N(d - \sigma \cdot \sqrt{T})$.

Zu den Voraussetzungen: Bis zum Ende der Laufzeit der Option sollen *keine Dividenden* gezahlt werden. Außerdem wird für den Kursverlauf vorausgesetzt, dass die stetige Gesamtrendite auf den Basiswert einer *Brownschen Bewegung* folgt.[11] Die *Volatilität* des Underlyings soll während der Laufzeit *konstant* sein (Homoskedastizität) und auch der *Zinssatz* soll sich während der Optionslaufzeit *nicht verändern*.

Eine wichtige Frage ist, wie sich der Preis für einen Call verändert, wenn der *Kurs des Underlyings* variiert. Der Preis des Calls hängt von mehreren Einflußfaktoren ab. Die angesprochene Sensitivität ist formal durch die partielle Ableitung von C_0 nach dem Argument S_0 gegeben.

---

[11] Das ist die Verallgemeinerung des Random Walk auf stetige Zeit.

16. OPTIONEN

Sie wird mit dem griechischen Buchstaben *Delta* δ bezeichnet, und es zeigt sich, dass $\delta = N(d)$ gilt.

Alle Größen, mit Ausnahme der Volatilität, sind durch die Daten des Optionskontrakts oder durch den Markt (Kurs des Underlyings) gegeben.

Interessanterweise taucht die *Renditeerwartung* des Underlyings *nicht direkt* in der Formel auf. Jedoch hängt der Kurs des Underlyings von dieser Renditeerwartung ab, und der *Kurs* fließt an zentraler Stelle in die Formel für den Optionspreis ein.

Nun zur Volatilität. Es gibt Verfahren, um sie zu schätzen. Sie beruhen auf der Varianz der Stichprobe historischer Renditen des Underlying. Wenn auch die Volatilität bekannt ist, kann der Optionspreis mit (16-2) bestimmt werden. Oft wird anders vorgegangen: Der Handel mit Optionen wird verfolgt, und die im konkreten Finanzmarkt bestimmten Kurse werden in die linke Seite oben in die Formel (16-2) eingesetzt. Sodann wird jene Volatilität numerisch bestimmt, bei der sie erfüllt ist. Dann ist die Volatilität ist durch den Handel gegeben.

> Die Volatilität, die in die Black-Scholes-Formel (zusammen mit den anderen Größen) eingesetzt jenen Kurs ergibt, der sich im Handel tatsächlich eingestellt hat, heißt *implizite Volatilität*.

Beispiel 16-2: Sven doziert: Die Renditeverteilung von Aktien zeigt Fat-Tails, dass heißt, die Wahrscheinlichkeit extremer Werte ist größer, als es der üblichen Annahme einer Normalverteilung entspricht. Ich kaufe extreme Wertausschläge nach oben, indem ich Calls kaufe, die etwa um 25% aus dem Geld sind. Außerdem schütze ich mich gegen extreme Wertausschläge nach unten, indem ich Puts kaufe, die um etwa 25% aus dem Geld sind. Für beide Operationen zahle ich aber nur die Preise nach BLACK und SCHOLES, weil die Formel im Markt der *Bewertungsstandard* ist, obwohl sie wegen der Fat-Tails eigentlich den wahren Wert der Calls und Puts unterschätzt. "Ja," antwortet sein Gesprächspartner, "aber gerade Optionen, die weit aus dem Geld sind, werden zu Preisen gehandelt, die oberhalb der Black-Scholes-Werte liegen. Das ist der sogenannte *Smile-Effekt*." Sven hat verstanden, dass es nicht so einfach ist, Märkte zu überlisten.[12]

---

[12] J. D. MACBETH UND L. J. MERVILLE: An Empirical Examination of the Black-Scholes Call Option Pricing Model. *Journal of Finance* 34 (1979), pp. 1173-1186.

Handel in *Anleihen* ...	bestimmt die *Zinssätze*.
Handel in *Aktien* ...	legt die *Risikoprämien* fest, jene Mehrrendite im Vergleich zum Zinssatz, die ein Investor erwarten kann, weil er unternehmerische Risiken trägt.
Handel in *Optionen* ...	legt die *Volatilität* fest, das heißt, die Risiken, mit denen derzeit gerechnet werden muss.

Bild 16-7: Märkte generieren Informationen. Der Handel mit Optionen legt implizit die Volatilität fest.

Bild 16-8: FISCHER BLACK (1938-1995) hatte Mathematik studiert und kam früh mit dem Consulting Business in Berührung: um 1965 arbeitete er bei ARTHUR D. LITTLE in Boston. Nach einer beachtlichen Karriere an der University of Chicago und am MIT, Sloan School of Management, ist BLACK 1984 zur Investmentfirma GOLDMAN SACHS gegangen. Neben seiner gemeinsam mit MYRON SCHOLES publizierten Arbeit zur Bewertung von Optionen verdanken wir ihm Beiträge zu empirischen Tests des Capital Asset Pricing Modells und zur Dividendenpolitik.

Die Bedeutung der Black-Scholes-Formel zeigt sich daran, dass sie binnen kürzester Zeit zu einem Markstein der Bewertung von Optionen geworden ist. Sie wird in der Praxis gelegentlich sogar dann angewendet, wenn die Voraussetzungen gar nicht gegeben sind.[13] Die Bedeutung der Arbeiten von BLACK, SCHOLES und anderen liegt aber nur zum Teil darin, dass die Formel das Binomial-Modell oder die numerische

---

[13] Zum Beispiel bei amerikanischen Optionen, bei Aktien mit Dividenden als Underlying, bei Währungen als Underlying, bei nicht-konstanter Volatilität (Heteroskedastizität), bei stochastischen Zinssätzen, bei Underlyings, deren Kursverläufe nicht dem Modell Brownscher Bewegung folgen.

Simulation erspart — sofern die Voraussetzungen gegeben sind. Die hohe theoretische Bedeutung der Arbeiten liegt darin: Bei ihrer Herleitung wurden neue Gedanken vorgeführt, die sich als äußerst fruchtbar herausgestellt haben: Replikationsportfolios und die Modellierung von Werten von Portfolios mit Hilfe stochastischer Differentialgleichungen.

16.2.4 Put-Call-Parität

Wenn der Kurs des Calls bekannt ist, lassen sich auch schnell die Preise für Puts berechnen. Hierbei kommt die *Put-Call-Parität* zum Tragen. Sie besagt: Ist das Underlying eine Aktie oder ein Aktienportfolio (ohne Dividenden), und werden ein Put und ein Call darauf betrachtet — beide sollen europäische Optionen sein, die denselben Strike K haben und zu demselben Zeitpunkt T fällig werden, dann gilt zu allen Zeitpunkten $t \leq T$ (das heißt, zum Fälligkeitszeitpunkt und auch schon davor):

> Der Wert des Underlyings plus dem Wert des Puts ist gleich dem Barwert des Strike plus dem Wert des Calls. Als Formel besagt die *Put-Call-Parität*:

$$(16\text{-}3) \qquad S_t + P_t \;=\; \exp(-i^* \cdot T) \cdot K + C_t$$

Dass diese Parität *zum Fälligkeitszeitpunkt T* gilt, ist schnell mit einer grafischen Veranschaulichung der Payoffs begründet. Wir sparen uns die einfache Zeichnung. Wichtig ist die Begründung, dass sie deshalb zu allen Zeitpunkten davor ebenso gilt:

1. Zum Fälligkeitszeitpunkt hat das Portfolio bestehend aus vier Positionen 1. Aktie (long), 2. Long Put, 3. Short Bond, 4. Short Call den Wert Null. Diesen Wert 0 hat das Portfolio mit Sicherheit, das heißt, egal welche Entwicklung der Kurs des Underlyings nimmt. Ein Portfolio, das zu einem Zeitpunkt T mit Sicherheit den Wert 0 besitzt, wird übrigens als *Hedge-Portfolio* bezeichnet.

2. Ein Portfolio, das zum Zeitpunkt T den (risikofreien) Wert Null hat, und zuvor keine Zahlungen abwirft, muss aber zu allen Zeitpunkten davor auch den Wert Null haben. Denn sichere Zahlungen werden mit dem Zinssatz diskontiert und eine sichere Zahlung in Höhe 0 hat zu allen Zeitpunkten zuvor den Wert 0 — sogar unabhängig von der Höhe des Zinssatzes.

3. Deshalb muss zu jedem Zeitpunkt $t \leq T$ das Hedge-Portfolio — bestehend aus 1. Aktie (long), 2. Long Put, 3. Short Bond, 4. Short Call — den Wert Null haben.

Also gilt die Put-Call-Parität zu allen Zeitpunkten, auch bereits vor Verfall.

Strike K	Put			
	Vola 20%	Vola 25%	Vola 30%	Vola 35%
75	0,32	0,86	1,64	2,61
80	0,69	1,51	2,56	3,77
85	1,32	2,46	3,78	5,20
90	2,31	3,75	5,31	6,93
95	3,71	5,41	7,17	8,95
100	5,57	7,46	9,35	11,25
105	7,90	9,88	11,86	13,82
110	10,67	12,66	14,66	16,65
115	13,86	15,77	17,73	19,71
120	17,40	19,17	21,05	22,98
125	21,23	22,83	24,60	26,46

Bild 16-9: Preise eines europäischen Puts mit Laufzeit 12 Monaten, ausgedrückt in Prozent des augenblicklichen Werts des Underlying. Die Preise sind für verschiedene Ausübungspreise (linke Spalte) zwischen 75% und 125% des Werts Underlyings genannt und für eine Volatilität zwischen 20% und 35%. Der stetige Zinssatz sei 5%, keine Dividende.

16.3 Ergänzungen und Fragen

16.3.1 Zusammenfassung der Abschnitte 16.1 und 16.2

In diesem Kapitel haben wir zunächst Terminkontrakte und Futures besprochen. Interessant an der Wertformel (16-1) ist, dass der Terminkurs nicht von den "Erwartungen" abhängt, den die Marktteilnehmer hinsichtlich des unsicheren, zukünftigen Kassakurses haben. Doch strahlen solche Erwartungen natürlich auf den heutigen Kassakurs (und möglicherweise sogar etwas auf die Zinssätze) aus.

Sodann haben wir die Black-Scholes-Formel (16-2), (16-3) betrachtet. Sie besagt: Der Wert C_0 eines Calls ist gleich dem derzeitigen Kurs S_0 des Underlyings, multipliziert mit dem *Delta*; davon abgezogen wird der Barwert des Ausübungspreises $\exp(-i^* \cdot T) \cdot K$, multipliziert mit einem Gewicht $N(d - \sigma \cdot \sqrt{T})$.

Bei der Put-Call-Parität wurde nochmals der Gedanke des Replikations-Portfolios deutlich: Das Portfolio, das zum Zeitpunkt T aus der Aktie, dem Put, dem geschuldeten Betrag K und einem geschriebenen Call besteht, hat, welchen Wert auch immer dann das Underlying haben wird, den Wert Null. Da dieses Portfolio zuvor keine Zahlungen abwirft, muss es zu allen Zeitpunkten davor ebenso den Wert Null haben. Deshalb gilt die Put-Call-Parität nicht nur zum Fälligkeitszeitpunkt T sondern gleichfalls zu allen Zeitpunkten davor.

16.3.2 Repetitorium Optionen

1. Optionen sind bilaterale Verträge. Die eine Seite (Schreiber, Stillhalter, short) räumt der anderen (Inhaber, Erwerber, long) ein Wahlrecht ein und erhält dafür eine Prämie. Das Wahlrecht des Inhabers besteht darin, den Kauf (Call-Option) oder Verkauf (Put-Option) eines Objektes oder eines Wertpapiers (Underlying) zu festgesetzten Konditionen (Strike, Ausübungspreis) durchführen zu können. Alle Optionen haben eine endliche Laufzeit, und das Wahlrecht kann während der Laufzeit (amerikanische Option) oder nur zum Verfallstag (europäische Option) ausgeübt werden. Einfache Begriffe, die sich anlehnen, sind: im Geld, am Geld, aus dem Geld, innerer Wert, Aufgeld.

2. Die Suche nach einem fairen Preis für eine Option hat 1973 durch die Arbeit von BLACK und SCHOLES eine Krönung erfahren. Sie leiteten eine analytische Formel her, die den Wert eines europäischen Calls für eine Aktie beschreibt, auf die während der Laufzeit keine Dividende gezahlt wird. Zur Herleitung der Formel lösten BLACK und SCHOLES eine partielle stochastische Differentialgleichung, die dem Gedanken der Replikation folgte. Abgesehen von diesem Beweis der Black-Scholes-Formel in stetiger Zeit wurden Verfahren zur Berechnung des Werts einer Option entwickelt, die auf dem Binomial-Modell beruhen.

3. Das Replikationsportfolio ist praktisch wichtig: Der Wert einer Option reagiert auf Änderungen des Werts des Underlyings mit einer Sensitivität, die durch das *Delta* beschrieben wird. Ein

Portfolio, welches Aktien in der Anzahl von Delta enthält, reagiert damit auf Änderungen des Aktienkurses identisch wie die Option. Als Alternative zum Kauf oder Verkauf einer Option bietet sich daher die Nachbildung (Replikation) an. Allerdings variiert das Delta permanent, so dass die Replikation mit hohem Rechenaufwand und mit hohen Transaktionskosten verbunden ist.

4. Auch andere "griechische Buchstaben" sind wichtig, weil sie die Sensitivität des Werts der Option ausdrücken. *Theta* mißt die Veränderung des Werts der Option mit dem Fortschreiten der Zeit. *Rho* drückt die Veränderung des Werts der Option bei Veränderung des Zinssatzes aus. Vega ist die Sensitivität des Werts einer Option bei Veränderungen der Volatilität (der Streuung der stetigen Aktienrendite).[14]

5. Vega: Die Black-Scholes-Formel unterstellt eine konstante Volatilität (Homoskedastizität) und selbstverständlich darf gefragt werden, wie der mit der Formel berechnete Optionswert von der Volatilität (Sigma) abhängt. Das ist Vega. Die Bedeutung von Vega ergibt sich aus empirischen Forschungen, die darauf hin deuten, dass die Volatilität nicht konstant über die Zeit hinweg ist (Heteroskedastizität). Die Bestimmung der aktuellen, augenblicklichen Volatilität ist nicht elementar. Bei Anwendungen der Black-Scholes-Formel werden die Preise, die im Handel entstehen, oft als Wert eingegeben und die Formel wird numerisch nach der Volatilität aufgelöst. So wird die *implizite Volatilität* bestimmt.[15]

6. Optionen, die tief im Geld sind, werden wohl ausgeübt werden. Sie ähneln einem Terminkontrakt beziehungsweise einem Future. Ihr Wert reagiert kaum auf Veränderungen der Volatilität (geringes Vega). Bei Optionen, die am Geld sind, kommt es noch darauf an, was "passieren" wird. Ihr Wert reagiert daher stark auf Veränderungen der Volatilität. Sie haben das größte Vega.

7. Optionen, die weit aus dem Geld sind, werden kaum ausgeübt werden. Deshalb haben sie einen geringen Wert. Als Frankenbetrag ausgedrückt, haben Änderungen der Volatilität keine große Auswirkung — Vega ist nicht so groß wie bei Optionen am Geld.

---

[14] *Vega* ist kein griechischer Buchstabe, sondern der Namen des fünf-hellsten Sterns am Firmament. Es handelt sich um den hellsten Stern im Sternbild *Lyra*, das Beobachter in den Sommermonaten auf der nördlichen Hemisphäre genau über ihren Köpfen sehen. Früher wurde die Sensitivität des Werts einer Option bezüglich der Volatilität nicht durch Vega sondern durch den griechischen Buchstaben *Lambda* bezeichnet.

[15] Es gibt keine analytische Formel, die (16-2) nach der Volatilität auflöst.

In Relation zum Wert der Option sind jedoch hier die Wirkungen der Veränderungen der Option am größten. Wer auf Veränderungen der Volatilität spekuliert, kann in Bezug auf den Kapitaleinsatz mit Optionen, die weit aus dem Geld sind, die größte Wirkung erzielen. Allerdings sind diese Optionen teuer. Das ist der sogenannte Smile-Effekt.

8. Eine grundlegende Beziehung ist die Put-Call-Parität. Hier werden das Underlying, eine Geldanlage, ein Europäischer Put und ein Europäischer Call (auf dieses Underlying, übereinstimmender Preis und Verfallstag) betrachtet. Es wird ein Portfolio betrachtet, welches zum Verfallstag aus long Call, short Put, short Underlying, long Betrag in Höhe des Strike besteht. Wie auch immer der Kurs des Underlyings an jenem Tag sein wird, hat dieses Portfolio den Wert Null. Ein Portfolio, das später einmal "sicher" den Wert Null hat (und keine zwischenzeitlichen Zahlungen abwirft), hat heute diesen Wert diskontiert, das ist auch Null. Also muss bei heutiger Bewertung das Portfolio mit den Komponenten long Call, short Put, short Underlying, short Strike diskontiert ebenso den Wert Null haben.

9. Ein Investor muss sich überlegen, ob wirklich Optionen gekauft werden sollen. Wer einen Call erwirbt, erhöht das Exposure, wer einen Put kauft, reduziert das Exposure. Über die Veränderung der *Steigung* im Payoff-Diagramm hinausgehend wird mit einer Optionsstrategie dessen *Form* verändert. Wer Optionen bis zum Verfall hält, hat, bezogen auf das Verfallsdatum, einen *geknickten* Payoff. Wer Optionen kauft, hat einen nach oben (konvex) geknickten Payoff, wer eine Option schreibt, hat einen nach unten (konkav) geknickten Payoff.

10. Das Besondere an einer Optionsstrategie ist *nicht*, dass die *Steigung* im Payoff-Diagramm verändert wird. Das Besondere besteht darin, dass das Portfolio ein gekrümmtes Payoff erhält. Hier haben Calls und Puts eine merkwürdige Gemeinsamkeit: Der Kauf sowohl von Calls als auch von Puts bewirkt eine Wölbung des Payoffs nach oben (Konvexität). Das Schreiben von Calls ebenso wie das von Puts bewirkt hingegen eine Wölbung des Payoffs nach unten (Konkavität).

11. Generell sind konkave Krümmungen weniger interessant für einen typischen Privatinvestor, weil die Partizipation bei sehr positiven Börsenentwicklungen bis zum Verfallstag gering ist und bei sehr negativen Börsenentwicklungen bis zum Verfallstag noch et-

was zugelegt wird. Aber hinsichtlich der Portfolio-Insurance soll man sich keinen Illusionen hingeben. Sie ist teuer. Die Frage lautet daher: Möchte ein Investor sein Vermögen nur "einfrieren" oder möchte er die Partizipation an Börsengewinnen behalten? Das Erste ist günstig zu haben — es entstehen lediglich Transaktionskosten, das Zweite teuer.

12. Das Schreiben von Optionen entspricht dem Anbieten einer Versicherung. Es erzeugt konvexe Krümmungen des Payoffs. Wer Optionen schreibt, seien es nun Calls oder Puts, nimmt die Position einer "Versicherung gegen das Börsenrisiko" ein. Das ist ein Geschäft für institutionelle Investoren mit einem langen Horizont und einer großzügigen Liquiditätssituation, oder für Privatpersonen mit ähnlichen Charakteristika.[16]

13. Strategien mit Optionen bieten sich aus *strategischen* Überlegungen an. Unabhängig davon, wer welche Markterwartungen hat, werden sie systematisch wiederholt. Privatinvestoren mit einem kurzen Horizont und einer knappen Liquiditätssituation stehen auf der Seite der Käufer von Call-Optionen wie von Put-Optionen. Investoren mit einem langen Horizont und einer großzügigen Liquiditätssituation stehen auf der Seite der Schreiber von Optionen.

14. Legionen von Analysten befassen sich mit dem taktischen Einsatz von Optionen. Der Taktiker kann erstens auf Veränderungen der Volatilität spekulieren. Zweitens könnte der Optionstaktiker versuchen, Markttrends zu identifizieren und mit geringem Geldeinsatz auf Läufer zu springen.

15. Jede Option verändert die Risikoposition des Portfolios nicht nur einmalig zum Zeitpunkt des Erwerbs oder des Schreibens. Vor allem mit der Zeit und mit den Kursveränderungen des Underlyings ändern sich Optionswert und Delta. Deshalb verlangt der Einsatz von Optionen ein ständiges Monitoring.

16.3.3 Stichworte und Namen

Black-Scholes-Formel, Hedge-Portfolio, implizite Volatilität, Put-Call-Parität, Smile-Effekt.

---

[16] GERHARD SCHEUENSTUHL und KLAUS SPREMANN: Absolute Return Vermögensanlagen auf Basis langfristiger Optionsstrategien; in: K. SPREMANN (ed.), *Versicherung im Umbruch*. Springer-Verlag, Berlin 2004.

16. OPTIONEN

16.3.4 Fragen

1. Wird, wenn die Convenience-Yield höher wird, der Futureskurs steigen oder eher fallen?
2. Welche Argumente sind zu berücksichtigen, wenn ein Anleger "in den Marktindex" investieren möchte und neben einer Direktanlage die Möglichkeit eines Indexzertifikates und eines Indexfonds in Erwägung zieht?
3. Richtig oder falsch: A) Das Payoff-Diagramm zeigt die Wahrscheinlichkeitsverteilung der Ergebnisse einer Optionsstrategie. B) Das Payoff-Diagramm für den Inhaber einer Option ist stets konvex, egal ob es sich um einen Call oder um einen Put handelt. C) Um die Black-Scholes-Formel anwenden zu können, muss die Volatilität bekannt sein.
4. A) Was besagt die Put-Call-Parität? B) Gilt sie nur zum Verfallstag oder bereits zuvor?

16.3.5 Lösungen

1. In Formel (16-1) steht die Convenience Yield y im Nenner. Also wird der Futureskurs fallen, wenn y steigt. Das entspricht der Intuition: Der Halter, der das Underlying auf dem Spotmarkt gekauft hat, kommt in den Vorteil einer höheren Convenience Yield.
2. Vergleiche Fußnote 1
3. A) falsch, B) richtig, C) nur wenn der Wert ermittelt werden soll.
4. A) Vergleiche (16-3), B zu allen Zeitpunkten.

Konklusion

Die Kernideen der 16 Kapitel, eine Zusammenstellung wichtiger Formeln, das Verzeichnis der im Text erwähnten Personen und das der Stichwörter:

Die Kernideen der 16 Kapitel 423
Zusammenstellung wichtiger Formeln 426
Verzeichnis der Personen und der Stichworte 435

Die Kernideen der 16 Kapitel

Im Zentrum von Kapitel 1 steht die Idee, von einem gut funktionierenden Finanzmarkt auszugehen. Wie an den wirklichen Finanzmärkten orientieren sich die Marktteilnehmer am "Geld, das sie zurück erhalten werden" und nicht an anderen Aspekten. Die in einem Finanzmarkt gehandelten Objekte — Projekte, Kapitalanlagen, Wertpapiere — werden demnach durch Zahlungsreihen beschrieben. FISHER zeigte, dass für einen Investor nicht die persönliche Zeitpräferenz maßgeblich ist, ob ein Objekt für ihn persönlich vorteilhaft ist, sondern der Kapitalwert.

Kapitel 2 begann damit, die Zeitreihe aufzustellen, die mit dem Kauf, dem Halten für eine gewisse Zeit und dem Verkauf einer Kapitalanlage verbunden ist. Ziel war es, daraus eine Bedingung für den Wert (heutiger Preis im idealen Finanzmarkt) herzuleiten. Dies gelingt, sofern die Transversalität erfüllt ist. Dann ist der Wert gleich der Summe der Barwerte aller Dividenden. Dies ist das sogenannte Dividend Discount Model (DDM). Das Kapitel 2 erläutert damit die Bedeutung der Transversalität. Ist sie nicht erfüllt, dann stimmen der Wert der Kapitalanlage und die Summe der Dividendenbarwerte nicht überein — es gibt dann schwebende Perlen oder Lasten, die hinzu kommen.

Im Kern von Kapitel 3 geht es um eine Schätzung der Rendite, die mit einem gut diversifizierten Portfolio aus Aktien erwartet werden kann (Marktportfolio). Zwei Schätzmethoden für diese Marktrendite wurden unterschieden, die finanzwirtschaftliche und die realwirtschaftliche

Schätzung. Leider stimmen die Ergebnisse der Schätzungen nicht überein sondern liegen um gut 2% auseinander, was Anlaß zu weiteren Untersuchungen gibt.

Im Kapitel 4 über das CAPM geht es darum, aus der als bekannt vorausgesetzten Marktrendite die Rendite zu bestimmen, die mit einer konkreten Einzelanlage zu erwarten ist. Dabei ist das Beta der Einzelanlage wichtig. Das Beta mißt das systematische Risiko der Einzelanlage in Relation zum Risiko des Marktportfolios. Das CAPM besagt, dass die Überrendite einer jeden Einzelanlage proportional zur Überrendite des Marktportfolios ist, wobei das jeweilige Beta die Proportionalitätskonstante ist.

Mit Kapitel 5 beginnt der Teil II über die Unternehmensbewertung. Im Kern von Kapitel 5 steht die Irrelevanz der Dividendenpolitik — eine auch für die Bewertungspraxis höchst wichtige Erkenntnis von Modigliani und Miller. Sie besagt, dass man den Wert der Unternehmung durchaus auch mit einer anderen Ausschüttungspolitik finden kann, einer rein fiktiven Ausschüttungspolitik, die in Wirklichkeit nicht praktiziert wird. Nur muss dann das bei der Bewertung unterstellte (fiktive) Wachstum der Firma an die (fiktiven) Ausschüttungen angepaßt werden...

Kapitel 6 greift die DCF-Methode auf und betont, dass die dabei diskontierten Freien Cashflows noch stark von den budgetierten Investitionen abhängen. So ist es — ganz im Einklang mit der Irrelevanz der Ausschüttungspolitik — möglich, sehr wenige Investitionen zu budgetieren. Dann wird die Unternehmung nah am derzeitigen Betriebsgeschehen bewertet, doch wenn dann die Cashflows wie unterstellt ausgeschüttet würden, wäre kaum Wachstum zu verzeichnen. Eine mittlere Variante der Budgetierung könnte so viele Investitionen vorsehen, dass die Freien Cashflows in etwa die Höhe der Gewinne ausschütten. Eine dritte Variante könnte für die Bewertung nach dem DCF-Ansatz so viele Investitionen budgetieren, wie von der Unternehmung in der Wirklichkeit tatsächlich vorgenommen werden. Dann würde die DCF-Formel und das DDM übereinstimmen. Jedoch muss der Praktiker aufpassen: Je mehr an Investitionen budgetiert werden, desto näher rückt der Wert der Unternehmung an den Wert der postulierten Investitionen, und hier kann das Blaue vom Himmel versprochen werden, um die vielleicht mickrigen Cashflows zu übertünchen.

Kapitel 7 hatte einen wichtigen Punkt: Wer Fremdkapital einsetzt, erhöht das auf den Euro Eigenkapital überwälzte unternehmerische Risiko. Eigenkapitalgeber erwarten daher eine höhere Rendite, wenn

Fremdkapital eingesetzt wird. Näheres beschrieb der Leverage-Effekt. Von daher ist es kein Argument, Fremdkapital deshalb einzusetzen, weil der Zinssatz geringer ist als der Eigenkapitalkostensatz. Fremdkapital ist nicht "günstiger". Die Fremdkapitalkosten sind nur niedriger als die Eigenkapitalkosten, weil Fremdkapitalgeber kein Risiko tragen (wenn von der Ausfallgefahr abgesehen wird). Doch die Relation ist stets marktgerecht. Fremdkapital ist also nicht, wie gelegentlich behauptet wird, "günstig", doch ist es steuerlich begünstigt. Das ist ein anderer Punkt, der in der Tat für den Einsatz von Fremdkapital spricht.

Mit Kapitel 8 wird der Übergang zur *modernen* Finance vorbereitet. Wir besprechen Realoptionen. Anders als bei einem starren Geschäftsplan kann das Management, wenn es Realoptionen gibt, den Plan an die Wirtschaftsentwicklung anpassen. Sie wird bei guter Entwicklung das Exposure erhöhen und bei einem schlechten Gang der Dinge das Exposure reduzieren. So wird mit einer Realoption das Exposure nichtlinear, es ist wie eine Wanne geformt, konvex.

Kapitel 9 beginnt den Teil III über die Finanzmarktforschung mit einer Darstellung der Informationseffizienz und einem einfachen stochastischen Prozess, dem Random Walk. Eine wichtige Erkenntnis: Der Erwartungswert der stetigen Gesamtrendite wächst proportional mit der Zeit, die Standardabweichung der stetigen Gesamtrendite wächst proportional mit der Wurzel der Zeit.

Im Kapitel 10 werden Faktor-Modelle besprochen. Sie sind das wohl wichtigste Instrument der empirischen Finanzmarktforschung. Zwei Möglichkeiten solcher Modelle sind die Varianz-Dekomposition und die Erzeugung der Kovarianzen. Tausende solcher Modelle werden ausprobiert, und einige haben recht interessante Zusammenhänge über die wirklichen Finanzmärkte zu Tage gebracht. Eine wichtige Weiterentwicklung führt von einem Mehrfaktor-Modell, wenn zusätzlich Arbitragefreiheit unterstellt wird, weiter zur Arbitrage Pricing Theory (APT).

Kapitel 11 ist vor allem ein Repetitorium der Linearen Regression. Es wird deutlich, warum es trotz R^2 noch einen T-Test gibt. Außerdem formulieren wir das ARCH-Modell.

Das Kapitel 12 beleuchtet die Arbeit der Finanzanalysten und geht auf die Fundamentalanalyse und die Technische Analyse ein. Wichtig: Der fundamental orientierte Analyst ist an $W_0 - P_0$ interessiert und ermittelt dazu den Wert. Der technisch orientierte Analyst ist an $P_T - P_0$ interessiert und möchte die Kursentwicklung besser prognostizieren.

Mit Kapitel 13 beginnt der Teil IV über das Asset Pricing, also die Bewertungstheorie. Das Kapitel 13 ist das kürzeste im Buch und konzentriert sich auf einen einzigen Punkt: Die Erläuterung der Replikation und die Darstellung des Werts als diskontierter Pseudo-Erwartungswert, die sogenannte risikoneutrale Bewertung.

In Kapitel 14 wird dieser Ansatz ausgebaut, um das Underlying durch mehr als nur zwei Realisationen zu diskretisieren. Das geschieht im Binomial-Modell. Die risikoneutrale Bewertung läßt sich auf das Binomial-Modell übertragen. Der Wert ist gleich dem diskontierten Pseudo-Erwartungswert der Zahlungen, die mit einem Kontrakt oder einem Instrument verbunden sind, vergleiche Formel (14-17).

Kapitel 15 überträgt die Bewertung durch Replikation auf den eigentlich einfachen Fall einer Unternehmung, deren Freie Cashflows, abgesehen von unsystematischen Schwankungen, proportional zum Underlying, der allgemeinen Wirtschaftsentwicklung sind. Die auf diese Weise gewonnene Formel der Unternehmensbewertung verlangt nicht die Kenntnis von Beta oder der Vergleichsrendite.

Das Buch endet mit Kapitel 16, einem Ausflug in die Welt der Finanzoptionen.

Zusammenstellung wichtiger Formeln

Nachstehend sind Kopien der wichtigsten Formeln zusammengestellt. Sie sind ohne nähere Erklärung der Symbole wiedergegeben, die sich beim Original zusammen mit weiteren Erklärungen finden. Nochmals ein genereller Hinweis: Wie im Fach Economics üblich, ist in diesem Buch der Zinssatz mit i wie *interest* bezeichnet, und nicht, wie es SHARPE und andere praktizieren, mit r_f, das für *rate free of risk* steht.

Sie, liebe Leserin und lieber Leser werden bemerkt haben, dass deshalb als Laufindex bei Summen nie i sondern stets k oder j oder t verwendet wurde. Schließlich hoffe ich, dass es Sie nicht stört, dass konsequent nach einer Formel kein Satzzeichen verwendet wird.

Die erste, Ihnen gleichwohl längst bekannte Formel ist die in Kapitel 1 in (1-1) gegebene Formel des Net Present Value (NPV)

$$NPV(X) = X_0 + \frac{X_1}{1+i} + \frac{X_2}{(1+i)^2} + \ldots + \frac{X_T}{(1+i)^T}$$

16. KONKLUSION

In Kapitel 2 folgt die Bedingung der Transversalität (2-6),

$$\lim_{T\to\infty} \frac{W_T}{(1+r)^T} = 0$$

Ist sie erfüllt, wird der Wert durch das Dividend Discount Model (2-7) beschrieben,

$$W = \lim_{T\to\infty} \sum_{t=1}^{T} \frac{D_t}{(1+r)^t} = \frac{D_1}{(1+r)} + \frac{D_2}{(1+r)^2} + \frac{D_3}{(1+r)^3} + \ldots$$

Der Wert ist bei Transversalität gleich der Summe aller diskontierten Dividenden. Im Grunde ist dieses DDM das allgemeinste Bewertungsmodell. Nur werden bei den Varianten die Dividenden im DDM nicht als *Dividenden* angesprochen, sondern als *Freie Cashflows* oder als *Gewinne*, und es wird dann gesagt, dass die Bewertung ihre Ausschüttung unterstellt.

In Kapitel 3 wurde daran erinnert, dass für die dichotome Lotterie

der Erwartungswert, die Varianz, und die Standardabweichung durch (3-1) gegeben sind, also:

$$E[\tilde{x}] = p_1 \cdot x_1 + p_2 \cdot x_2$$
$$Var[\tilde{x}] = p_1 \cdot (x_1 - E[\tilde{x}])^2 + p_2 \cdot (x_2 - E[\tilde{x}])^2$$
$$SD[\tilde{x}] = \sqrt{Var[\tilde{x}]}$$

Daran zu erinnern ist für kleinere Beispiele nützlich. Am Ende von Sektion 3.1.2 war eine Tabelle der (kumulierten) Normalverteilung gegeben, mit der man sich nochmals vertraut machen sollte. Sie wird auch benötigt, wenn in (3-7) als Konfidenzintervall für die Renditeerwartung

$$\hat{r}_M \pm l \cdot \sigma_M / \sqrt{T}$$

genannt ist. Denn hier hängt l vom Konfidenzniveau ab und der Zusammenhang wird durch die Normalverteilung vermittelt.

Im Kapitel 4 ist die Grundgleichung des CAPM (4-5) wichtig,

$$r_k = i + \beta_k \cdot (r_M - i)$$

sowie die Definition von Beta, (4-4),

$$\beta_k \equiv \frac{\rho_{k,M} \cdot \sigma_k}{\sigma_M}$$

als relatives systematisches Risiko.

Das Kapitel 5 hat mehrere Formeln erklärt, die für die praktische Arbeit des Analysten hilfreich sind. Die erste dieser Formeln, (5-3),

$$W = \frac{D_1}{r-g}$$

beschreibt das Dividenden-Wachstums-Modell oder *Gordon Growth Model* (GGM). Die zweite, (5-14) ist die Formel für den Ertragswert,

$$W = \frac{E_1}{r-g(e)}$$

und hierbei ist $g(e)$ die Rate organischen Wachstums (5-13),

$$g(e) = r - e$$

wobei wiederum e die Gewinnrendite ist, vergleiche (5-12),

$$e = \frac{E_1}{W}$$

Nur nebenbei: Damit ist auch das im idealen Markt sich einstellende *KGV* bestimmt. Es gilt $KGV = 1/(r - g(e))$ und diese Beziehung wird dazu verwendet, die bei der Preisbildung unterstellte Rate des organischen Wachstums zu schätzen. Hier ist ein Blick auf die in Kapitel 5 gegebene Tabelle (Bild 5-4) empfohlen.

Beim DCF-Ansatz, Kapitel 6, werden die Freien Cashflows (6-1) diskontiert,

$$FCF_t \equiv CF_t - I_t$$

und die Grundformel für den DCF (6-7) — auch hier Transversalität vorausgesetzt — entspricht ganz dem DDM,

$$W = \sum_{t=1}^{\infty} \frac{FCF_t}{(1+r)^t}$$

In der Praxis wird sie stets in der Form angewendet, wo die unendliche Summe durch Verwendung des Fortführungswerts abgekürzt wird,

16. KONKLUSION

$$W = \frac{FCF_1}{1+r} + \frac{FCF_2}{(1+r)^2} + \ldots + \frac{FCF_T}{(1+r)^T} + \frac{1}{(1+r)^T} \cdot W_T =$$

$$= \sum_{t=1}^{T} \frac{FCF_t}{(1+r)^t} + \frac{W_T}{(1+r)^T}$$

Der Fortführungswert wird meistens mit dem GGM berechnet wird, vergleiche (6-9),

$$W_T = \frac{FCF_{T+1}}{1+r} + \frac{FCF_{T+2}}{(1+r)^2} + \frac{FCF_{T+3}}{(1+r)^3} + \ldots =$$

$$\vdots = FCF_{T+1} \cdot \left(\frac{1}{1+r} + \frac{1+g}{(1+r)^2} + \frac{(1+g)^2}{(1+r)^3} + \ldots \right)$$

$$= \frac{FCF_{T+1}}{r-g}$$

In den Ergänzungen zu Kapitel 6 wurde das Residual Income Valuation Model (RIM) erklärt, Formel (6-14),

$$W = B + \sum_{t=1}^{\infty} \frac{RI_t}{(1+r)^t}$$

wobei das *Residualeinkommen* oder *Residual Income* so definiert ist:

$$RI_t = E_t - r \cdot B$$

Damit kommen wir zu Kapitel 7. Die Formel (7-9) liefert den Equity-Value einer Unternehmung, die Fremdkapital in Höhe FK einsetzt:

$$W(FK) \approx \sum_{t=1}^{\infty} \frac{FCF_t - i \cdot FK}{(1+r_{EK})^t} \quad mit$$

$$r_{EK} = r + \frac{FK}{W(FK)} \cdot (r-i)$$

und für die Praxis liefert (7-18),

$$Entity(FK) = \sum_{t=1}^{} \frac{EBIT_t \cdot (1-s)}{(1+MECC)^t}$$

$$MECC = r - \frac{FK}{EK+FK} \cdot s \cdot i$$

den Entity-Value dieser Unternehmung.

Das Kapitel 8 enthielt keine einzige Formel. In Kapitel 9 sind zunächst die drei ersten Formeln wichtig. Sie zeigen die Entwicklung eines Portfolios,

$$\widetilde{S}_1 = S_0 \cdot (1+\widetilde{r}_1)$$
$$\widetilde{S}_2 = \widetilde{S}_1 \cdot (1+\widetilde{r}_2) = S_0 \cdot (1+\widetilde{r}_1) \cdot (1+\widetilde{r}_2)$$
$$\ldots$$
$$\widetilde{S}_t = \widetilde{S}_{t-1} \cdot (1+\widetilde{r}_t) = S_0 \cdot (1+\widetilde{r}_1) \cdot (1+\widetilde{r}_2) \cdot \ldots \cdot (1+\widetilde{r}_t)$$

und wenn, wie bei Wachstumsvorgängen üblich, die *multiplikativen* Zusammenhänge mehrerer Jahre in *additive* transformiert werden, wird die wachsende Größe (Wert des Portfolios) in logarithmischer Skala dargestellt:

$$\ln \widetilde{S}_t = \ln S_0 + \ln(1+\widetilde{r}_1) + \ln(1+\widetilde{r}_2) + \ldots + \ln(1+\widetilde{r}_t) =$$
$$= \ln S_0 + \widetilde{r}_1{}^* + \widetilde{r}_2{}^* + \ldots + \widetilde{r}_t{}^*$$

Hier sind $\widetilde{r}_1{}^*, \widetilde{r}_2{}^*, \ldots, \widetilde{r}_t{}^*$ die Renditen in *stetiger* Schreibweise. Sie sind mit einem Stern gekennzeichnet und gemäß (9-3) durch

$$r_t{}^* \equiv \ln(1+r_t)$$

definiert. Der Logarithmus des Anlageergebnisses ist also gleich dem Logarithmus des anfänglichen Anlagebetrags plus der *Summe aller Jahresrenditen in stetiger Schreibweise*. Weiter sind die Parameter des Random Walk wichtig, also (9-10)

$$E\left[\widetilde{Z}_t\right] = Z_0 + t \cdot \mu$$

und (9-11),

$$Var\left[\widetilde{Z}_t\right] = t \cdot \sigma^2$$

Für die in Euro ausgedrückten, lognormalverteilten Ergebnisse des Anlageprozesses sind die drei Lageparameter Erwartungswert E, Median M und Modus L gemäß (9-12) gleich

$$E\left[\widetilde{S}_t\right] = S_0 \cdot \exp\left(\left(\mu + \frac{\sigma^2}{2}\right) \cdot t\right)$$

$$M\left[\widetilde{S}_t\right] = S_0 \cdot \exp(\mu \cdot t)$$

$$L\left[\widetilde{S}_t\right] = S_0 \cdot \exp\left(\left(\mu - \sigma^2\right) \cdot t\right)$$

16. KONKLUSION

Bei den Tests war die Varianz-Schranke (9-27) beachtenswert,

$$Var[\widetilde{W}_t^*] \geq Var[P_t]$$

Wenn der Markt informationseffizient ist, dann dürfen die Kurse nicht mehr schwanken als die ex-post-rationalen Werte.

Kommen wir zu Kapitel 10. In der Praxis sind die Formeln für die Varianz-Dekomposition (10-5)

$$Var[\widetilde{r}_k] = b_k^2 \cdot Var[\widetilde{F}] + Var[\widetilde{e}_k]$$

und die Erzeugung der Kovarianzen (10-7) wichtig,

$$Cov[\widetilde{r}_j, \widetilde{r}_k] = Cov[a_j + b_j \cdot \widetilde{F} + \widetilde{e}_j, a_k + b_k \cdot \widetilde{F} + \widetilde{e}_k] = b_j \cdot b_k \cdot Var[\widetilde{F}]$$

Für Mehrfaktor-Modelle sind die entsprechenden Formeln (10-12)

$$Var[\widetilde{r}_k] = b_{k,F}^2 \cdot Var[\widetilde{F}] + b_{k,G}^2 \cdot Var[\widetilde{G}] + b_{k,H}^2 \cdot Var[\widetilde{H}] + \ldots + Var[\widetilde{e}_k]$$

und (10-13)

$$Cov[\widetilde{r}_j, \widetilde{r}_k] = \sum_{X=F,G,H,\ldots} \sum_{Y=F,G,H,\ldots} b_{j,X} \cdot b_{k,Y} \cdot Cov[\widetilde{X}, \widetilde{Y}]$$

Die Grundaussage der APT ist schließlich (10-16), dass

$$a_k = p_1 \cdot b_{k,1} + p_2 \cdot b_{k,2} + \ldots + p_m \cdot b_{k,m}$$

für alle Assets k gilt, sofern der betrachtete Finanzmarkt arbitragefrei ist. Die Zahlen $p_1, p_2, \ldots, p_m$ sind Prämien, die mit den Risikofaktoren verbunden sind.

In Kapitel 11 ist zunächst (11-10) wichtig,

$$R^2 = \frac{SSY - SSE}{SSY}$$

R^2 ist jener Anteil der Variation, der durch das Regressionsmodell erklärt wird. Sodann sollten die Formeln (11-17) und (11-18) nochmals angesehen werden: Die traditionelle Formulierung mit Homoskedastizität lautet:

$$\widetilde{r}_{t+1} = a + b \cdot \widetilde{F}_t + \widetilde{e}_t$$
$$\widetilde{e}_t = \sigma \cdot \widetilde{z}_t$$
$$\text{mit } E[\widetilde{z}_t] = 0 \quad \text{und} \quad Var[\widetilde{z}_t] = 1 \quad \text{für alle } t = 1, 2, \ldots$$

Dieses Modell hat die drei Parameter a, b, σ^2. Wir haben hier den Fehler in der Form $\tilde{e}_t = \sigma \cdot \tilde{z}_t$ notiert, um den Unterschied zum ARCH-Modell transparent zu machen. Das entsprechende ARCH-Modell lautet

$$\tilde{r}_{t+1} = a + b \cdot \tilde{F}_t + \tilde{e}_t$$
$$\tilde{e}_t = \sigma_t \cdot \tilde{z}_t$$
$$\sigma_t^2 = \omega + \alpha \cdot e_{t-1}^2$$
$$\text{mit } E[\tilde{z}_t] = 0 \text{ und } Var[\tilde{z}_t] = 1 \text{ für alle } t = 1, 2, \ldots$$

In Kapitel 13 sind die drei Formeln (13-7), (13-8) und (13-9) hilfreich. Sie beschreiben den Wert eines Kontrakts,

$$K_0 = \frac{1}{1+i} \cdot \left\{ \frac{(1+i) \cdot S_0 - S_d}{S_u - S_d} \right\} \cdot K_u + \frac{1}{1+i} \cdot \left\{ 1 - \frac{(1+i) \cdot S_0 - S_d}{S_u - S_d} \right\} K_d$$

in der Form

$$K_0 = \frac{1}{1+i} \cdot \left\{ w_u{}^* \cdot K_u + w_d{}^* \cdot K_d \right\}$$

wobei die beiden Zahlen $w_u{}^*$, $w_d{}^*$ zwischen Null und Eins liegen und sich zu Eins summieren, $w_u{}^* + w_d{}^* = 1$,

$$w_u{}^* = \left\{ \frac{(1+i) \cdot S_0 - S_d}{S_u - S_d} \right\}$$
$$w_d{}^* = 1 - w_u{}^*$$

Sie dürfen daher als "Wahrscheinlichkeiten" interpretiert werden. Allerdings dürften sie in der Regel von den "objektiven" Wahrscheinlichkeiten für die gute und die schlechte Wirtschaftsentwicklung verschieden sein. Daher eine modifizierte Bezeichnung: Sie heißen *Pseudo-Wahrscheinlichkeiten*.

Diese Bewertungsformel wurde im Kapitel 14 für den Fall verallgemeinert, dass die bedingten Zahlungen des Kontrakts nicht durch 2 sondern durch $n+1$ Punkte beschrieben sind, vergleiche dazu Bild 14-3. Im Binomial-Modell lautet die Wertformel

$$K = \frac{1}{(1+i)^n} \cdot \sum_{x=0}^{n} \left\{ \frac{n!}{x! \cdot (n-x)!} \cdot (w_u{}^*)^x \cdot (w_d{}^*)^{n-x} \right\} \cdot K(x)$$

wobei $K(x)$ der Wert ist, den das Instrument in jenem Zustand hat, der durch x Up-Bewegungen (und $n-x$ Down-Bewegungen) erreicht wird. Für die Pseudo-Wahrscheinlichkeiten dieser Zustände ist (14-13) anzuwenden,

16. KONKLUSION

$$w_u^* = \left\{\frac{(1+i)-d}{u-d}\right\}$$
$$w_d^* = 1 - w_u^*$$

Dabei ist i der auf eine der n Stufen bezogene Zinssatz. Dabei sollen die Parameter für das Up und das Down so bemessen werden, dass das Underlying erfaßt wird. Die Formeln für die Kalibrierung sind (14-12) für den Fall der Fälligkeit in einem Jahr, und etwas allgemeiner (14-13) wenn es für das zu bewertende Instrument im Jahr T zu den Zahlungen kommt,

$$u = \exp\left(\frac{T \cdot \mu}{n} + \frac{\sqrt{T} \cdot \sigma}{\sqrt{n}}\right) = \exp\left(\frac{T \cdot 0{,}0761}{n} + \frac{\sqrt{T} \cdot 0{,}1901}{\sqrt{n}}\right)$$

$$d = \exp\left(\frac{T \cdot \mu}{n} - \frac{\sqrt{T} \cdot \sigma}{\sqrt{n}}\right) = \exp\left(\frac{T \cdot 0{,}0761}{n} - \frac{\sqrt{T} \cdot 0{,}1901}{\sqrt{n}}\right)$$

Im Kapitel 15 haben wir schließlich als Wert durch Replikation gemäß der Formel (15-6) beschrieben,

$$W = \frac{1}{(1+i)^T} \cdot \langle w_u^*(m) \cdot B_T + w_u^*(m) \cdot A_T \rangle$$

Die Pseudowahrscheinlichkeiten sind nach (15-7)

$$w_u^*(m) = \left\{\frac{(1+i)^m - d}{u-d}\right\}$$
$$w_d^*(m) = 1 - w_u^*(m)$$

wobei nun i der auf ein Jahr bezogene Zinssatz ist und m die Reifezeit. Die Auswertung mit kalibrierten Daten lieferte eine Tabelle (Bild 15-5), die hier nochmals wiedergegeben ist, aber nur ausschnittsweise:

t	1	2	3	4	5	6	7	8	9	10
$i = 4\%$										
$w_u^*(t)$	0,358	0,303	0,262	0,230	0,203	0,180	0,160	0,142	0,126	0,112
$w_d^*(t)$	0,642	0,697	0,738	0,770	0,797	0,820	0,840	0,858	0,874	0,888

Um die Tabelle anwenden zu können muss der Geschäftsplan in der folgenden Form (Bild 15-4) gegeben sein und zwei Szenarien ausweisen.

	$t=1$	$t=2$	3	4	5	...
Obergrenze	B_1	B_2	B_3	B_4	B_5	...
Untergrenze	A_1	A_2	A_3	A_4	A_5	...

Die Grenzen sind dabei so definiert, wie in Bild 15-3 veranschaulicht,

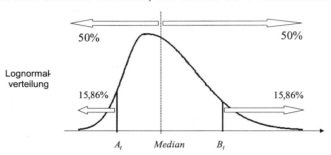

Dazu hilft ein Interview mit der Geschäftsplanung, das so geführt wird: "Es ist ein guter Ausgangspunkt, dass im Geschäftsplan ein erwartetes oder ein mittleres Szenario beschrieben ist. Betrachten wir den Plan für das Jahr t. Um das Risiko des Freien Cashflows im Jahr t genauer zu erfassen, wird eine Angabe benötigt, wie hoch der Freie Cashflow wäre, wenn sich die allgemeine Wirtschaft bis dahin gut entwickelt, er sei mit B_t bezeichnet. Zusätzlich wird eine Angabe benötigt, wie hoch der Freie Cashflow hätte, wenn sich die allgemeine Wirtschaft bis dahin schlecht entwickelt, er sei mit A_t bezeichnet. Diese beiden Zahlen A_t und B_t sollen keine Extremwerte darstellen, kein schlechtestes und kein allerbestes Szenario. Vielmehr sollen sie so bemessen sein, dass der Freie Cashflow mit Wahrscheinlichkeit $1/6$ noch über B_t liegt und mit eben dieser Wahrscheinlichkeit von $1/6$ noch unter A_t liegt."

Kapitel 16 zeigte drei Formeln. Zunächst erklärte (16-1) die Beziehung zwischen Kassakurs S und Terminkurs F, der sich auf eine *Lieferung in einem Jahr* bezieht:

$$F = S \cdot \frac{1+c+i}{1+y}$$

Die nächste Formel (16-2) zeigte die Black-Scholes-Formel,

$$C_0 = S_0 \cdot N(d) - \exp(-i^* \cdot T) \cdot K \cdot N\left(d - \sigma\sqrt{T}\right)$$

16. KONKLUSION

Hier ist S_0 der heutige Kurs des Underlyings, K der Ausübungspreis, und $N(.)$ ist die Verteilungsfunktion der Standard-Normalverteilung. Das heißt, $N(d)$ ist die Wahrscheinlichkeit für Realisationen, die kleiner als d sind. Die Argumente der Verteilungsfunktion sind definiert durch:

$$d = \frac{\ln\left(\frac{S_0}{K}\right) + \left(i* + \frac{\sigma^2}{2}\right) \cdot T}{\sigma \cdot \sqrt{T}}$$

Schließlich gab (16-3) die Put-Call-Parität wider,

$$S_t + P_t = \exp(-i* \cdot T) \cdot K + C_t$$

Verzeichnis der Personen und der Stichworte

A

Abnormal Earnings, 175
Abstraktion und Modellebene, 25
Adjusted-Present-Value-Ansatz (APV), 203
Advance-Decline-Ratio, 333
Agency Theory, 189
Antizipation, 235
Arbitrage, 58, 284
arbitragefrei, 23
Arbitrage Pricing Theory (APT), 282-283
ARCH-Modell, 305
Asset Stripping, 58

B

BALLWIESER, 390
Beispiel der Goldmine, 224-225
Beta, 108, 110
Bewertung durch Replikation, 225
Bewertungsmodell, 50

Binomialverteilung, 355
BLACK, 414
Black-Scholes-Formel, 411
BOLLERSLEV (GARCH-Modell), 307
Boot-Strapping, 224
BRENNAN, 226
BRENNAN und SCHWARTZ, 224
Brutto-Cashflow, 162
budgetierte Investitionen, 160
BÜHLER, 115

C

Capital Asset Pricing Model (CAPM), 108, 271
Cashflow, 157
Chart-Analyse, 332
Continuing Value, 167
Course-Outline, 8
COWLES und JONES, 258
Cowles-Jones-Ratio, 259
Cowles-Jones-Test, 257-260

D

Data-Mining, 240
Daten von Pictet, 80
DCF-Formel, 167
Discounted Cash Flow (DCF), 156
Discount Dividend Model (DDM), 128
Diskontierung, 56, 373-386
Diversifikation, 104-106
Dividenden-Wachstums-Modell, 127-137
DODD, 327
Drift, 246, 248

E

EBIT, 162, 207
Economic Value Added (EVA), 176
Eigenkapital, 20
Eigenschaften des gut funktionierenden Kapitalmarkts,
Einfaktor-Modell, 272
Endwert, 55, 59
ENGLE, 304
Entity-Value, 196, 205
Equity-Value, 187, 205
Ertragswert, 66, 144-145
Erwartungswert, 73, 253
Erzeugung der Kovarianzen, 274-275, 279
EZZELL, 206
Excess Earnings, 175
Exposure, 273

F

Faktoren, 280
Faktorsensitivität, 273
FAMA, 234, 239

FAMA und FRENCH, 97
FELTHAM, 177
fiktive Dividendenpolitik, 140, 155
Finanzkapital, 18
Finanzkontrakte, 20
finanzwirtschaftliche Schätzung, 86, 255-256
FISHER, 36, 37
Fisher-Separation, 35, 36
flexible Planung, 217
Formen der Informationseffizienz, 237-238
Fortführungswert, 167, 169
Fragen zum CAPM, 120
Freier Cashflow, 160, 161, 188, 190, 198, 227
Fremdkapital, 20
Fundamentalanalyse, 322
Fundamentaldaten, 325-326
fundamentales Umfeld, 63, 320-322

G

GAUSS, 74
Gauss-Markov-Theorem, 296
geometrische Durchschnittsrendite, 87, 256-257
Geschäftsplan, 156, 216
Gesetz der Großen Zahl, 72
Gewinne diskontieren,
Gewinnrendite, 143
gleichförmiges Wachstum, 128
Goodwill, 174
GÖPPL, 115
GORDON, 129
Gordon Growth Model, 128-129
GRAHAM, 327

H

Hackordnung der Finanzierung, 183-184

HAMILTON, 176

Hedge-Portfolio, 415

HERTZ, 216

Heteroskedastizität, 303

historische Aktienrenditen, 80

historische Betas, 113

Homoskedastizität, 302, 412

Hurdle Rate, 208

hyperbolische Diskontierung, 43

I

implizite Volatilität, 413

Indexkontrakte, 400

informationseffizient, 23

Innenfinanzierung,

investitionsintensive Firma, 387

Irrelevanz der Dividendenpolitik, 138

Irreversibilität, 215

J

JENSEN und MECKLING, 189

K

Kalibrierung (Binomial-Modell), 359

Kapital, 17

Kapitalkosten, 137

KENDALL, 234, 243

KEYNES, 64

Kleinste Quadrate, 292-293

Konfidenzintervall, 88

Korrelation, 294

KOSTOLANY, 94

Kurs-Gewinn-Verhältnis (KGV), 142, 146

L

Lageparameter (Lognormalverteilung), 253

Ländervergleich, 90

Länder- versus Branchendiversifikation, 319

Leverage-Effekt, 192

Liquidität, 21, 39-42, 334

Lognormalverteilung, 252-253

M

MALKIEL, 234

MANDELBROOT, 303

Marginzahlung, 401

Market Efficiency Hypothesis (MEH), 24, 234

Marktkapitalisierung 51

Marktportfolio, 103, 122-123

Marktrendite, 157

MARKOWITZ, 104, 275

MARSHALL, 176

Martingal, 257-258 Mezzanine, 19, 20

Median, 253

MEHRA, 91

Metapher des Schönheitswettbewerbs (KEYNES), 64

Miles-Ezzell-Cost-of-Capital (MECC), 206-207

Miles-Ezzell-Formel, 206,

MYERS und MAJLUF, 183

Modell der Linearen Regression, 295

Modellebene, 49

MODIGLIANI und MILLER, 140, 151-153, 195, 203
Modus, 253
MÖLLER, 115
MOSSIN, 114
Multifaktor-Modell, 276
Multiple, 147-150
Multiplikatorenansätze, MYERS, 203

N
Net-Present-Value, 35, 44
Noise-Trader, 335336
Normalverteilung, 75-78

O
Obergrenze, 379
OHLSON, 177
operationsintensive Firma, 387
Option, 402-403
organisches Wachstum, 143-144
Outperformance, 176

P
Parameter des Random Walk, 249
Payoff, 363, 376, 404, 406-408
PEASNELL, 177

Planungsvarianten A, B, C, 163, 166
Prädiktor, 271
Preis, 52
PRESCOTT, 91
Present-Value, 44
primaler und dualer Rechenweg, 346-351

Pseudo-Erwartungswert, 348, 368, 380
Pseudo-Wahrscheinlichkeiten, 348, 365, 380, 381
Put-Call-Parität, 415

R
Random Walk, 243, 245-246
RAPPAPORT, 178
Realkapital, 17
Realoption, 216, 224-228
realwirtschaftliche Schätzung, 91-99
Regressionsrechnung, 294
Regularitäten, 242
Reifezeit, 387
Relative Stärke, 333
Repetitorium Optionen, 417-420
Replikation, 342-344, 373
Replikationsportfolio, 343
Residual Income Valuation Model (RIM), 174-175
risikoneutrale Bewertung, 349, 367
Risikoprämie, 24, 97, 283
Risikoprämien-Puzzle, 91
ROBERTS, 234
ROLL, 116
ROSENBERG, 278
ROSS, 282
Round Ticket, 22
Rückwärtsrechnung im Binomial-Modell, 364-365
Run-Test, 260

S
Sachkapital, 18
SAMUELSON, 234

KONKLUSION

Schätzung der Marktrendite,
SCHOLES, 411
SCHUMPETER, 67, 94-95
Security Market Line (SML), 109
serielle Korrelation, 84-85, 233, 260
Separation of Ownership and Control, 42
Sequenzen und Umkehrungen, 258
Shareholder-Value-Ansatz, 177
SHARPE, 114, 115
Sigma-Band, 74
Simulation, 221-222
Smile-Effekt, 413
spekulativ orientierte Marktsituation, 63-64, 320-322
spezifisches Risiko, 274, 277
Standardabweichung, 73
STEHLE, 115
Steuer, 202
stetige Rendite, 244, 248
Stichproben, 78, 86
Substanzwert, 66, 175
Sum of Squares, 298
Survival-Bias, 91
systematisches Risiko, 106-108

T

Tabelle der Normalverteilung, 76
Tax-Shield, 203
Technische Analyse, 329-331
Termingeschäft, 395
Terminkurs, 396-397
Terminal Value, 55
Tests (CAPM), 116
Tests (Random Walk), 257-266
TOBIN, 123

Transversalität, 53, 60-61
Trend, 333
TREYNOR, 114
T-Statistik, 300

U

Umstrukturierung, 284
Unerklärte Variation, 298
Untergrenze, 379
unsystematisches Risiko, 106
Up und Down, 356, 378

V

Varianz, 73,
Varianz-Dekomposition, 273, 277, 297-299
Varianz-Schranke, 264
Variation, 274
Vergleichsrendite, 110, 137
Verschuldungsgrad, 207
Volatilität, 249
Volatilitäts-Cluster, 303-304
Vorteile der DCF-Methode, 156

W

WACC, 197
Wert, 48
Wertadditivitätsprinzip, 56, 375
Wertformel, 61, 128, 145, 167, 168, 169, 191, 196, 198, 206, 207, 369, 380, 388
Wertsensitivität (Option), 410
Werttreiber, 179
wertvoll (Lexikondefinition), 47
WIESE, 67
WILLIAMS, 67

Wissenskapital, 18

Z

Zahlungsreihe, 30

Zeitpräferenz, 31

Zentraler Grenzwertsatz, 79, 251

ZHANG, 177